KB091346

의사결정 알고리듬

Algorithms for Decision Making by Mykel J. Kochenderfer, Tim A. Wheeler, Kyle H. Wray
Copyright © 2022 Massachusetts Institute of Technology
All rights reserved.
This Korean edition was published by aCORN Publishing Co. in 2024
by arrangement with The MIT Press through KCC(Korea Copyright Center Inc.), Seoul.

이 책은 (주)한국저작권센터(KCC)를 통한 저작권자와의 독점계약으로 에이콘출판(주)에서 출간되었습니다.
저작권법에 의해 한국 내에서 보호를 받는 저작물이므로 무단전재와 복제를 금합니다.

의사결정 알고리듬

줄리아로 이해하는 에이전트와 강화학습

마이켈 J. 코첸더퍼 · 팀 A. 윌러 · 카일 H. 레이 지음　　이병욱 옮김

i!i
에이콘

에이콘출판의 기틀을 마련하신 故 정완재 선생님 (1935-2004)

내 가족에게 이 책을 바칩니다.

지은이 소개

마이켈 J. 코첸더퍼 Mykel J. Kochenderfer

스탠퍼드 대학교의 부교수이며, 스탠퍼드 인텔리전트 시스템 연구실SISL, Stanford Intelligent Systems Laboratory의 임원이다. 『Decision Making Under Uncertainty』(MIT Press, 2015)의 저자이기도 하다.

팀 A. 윌러 Tim A. Wheeler

베이 에어리어Bay Area에서 자율성, 제어, 의사결정 시스템에 관심을 갖고 소프트웨어 엔지니어로 일한다. 코첸더퍼와 윌러는 『실용 최적화 알고리즘』(에이콘, 2020)의 공동 저자다.

카일 H. 레이 Kyle H. Wray

실제 세계 로봇에 대한 의사결정 시스템을 설계하고 구현하는 연구원이다.

옮긴이 소개

이병욱(byunguk@gmail.com)
서울과학종합대학원 주임교수
한국과학기술원KAIST 겸직교수
한국금융연수원 겸임교수
인공지능연구원AIRI 부사장

– 금융위원회 금융규제혁신회의 위원
– 금융위원회 법령해석심의위원회 위원
– 금융위원회 적극행정위원회 위원
– 금융위원회 가상자산 자문위원
– 금융정보분석원 '특금법 후속조치를 위한 TF' 위원
– 한국산업기술진흥원KIAT '규제자유특구 분과위원회' 위원
– 과기정통부 우정사업본부 정보센터 네트워크 & 블록체인 자문위원
전) BNP 파리바 카디프 전무
전) 삼성생명 마케팅 개발 수석
전) 보험넷 Founder & CEO
전) LG전자 연구원

서울과학종합대학원 AI · 전략경영 주임교수와 한국과학기술원^{KAIST} 겸직교수를 맡고 있으며, 한국금융연수원 겸임교수와 함께 인공지능연구원^{AIRI, AI Research Institute}의 부사장으로도 재직 중이다. 한국과학기술원 전산학과 계산 이론 연구실에서 공부했으며 공학을 전공한 금융 전문가로, 세계 최초의 핸드헬드-PC^{Handheld-PC} 개발에 참여해 한글 윈도우 CE 1.0과 2.0을 미국 마이크로소프트 본사에서 공동 개발했다.

1999년에는 전 보험사 보험료 실시간 비교 서비스를 제공하는 핀테크 전문회사 ㈜보험넷을 창업해 업계에 큰 반향을 불러일으켰다. 이후 삼성생명을 비롯한 생명 보험사 및 손해 보험사에서 마케팅 총괄 상무^{CMO, Chief Marketing Officer}, 영업 및 마케팅 총괄 전무^{CSMO, Chief Social Media Officer} 등을 역임하면서 혁신적인 상품과 서비스를 개발, 총괄했다.

인공지능연구원에서 머신러닝 기반의 금융 솔루션 개발에 관련된 다양한 활동을 하고 있으며, 금융위원회, 금융정보분석원 등에 다양한 자문을 하고 있다.

저서로는 2022년 문체부 세종도서로 선정된 『돈의 정체』(에이콘, 2021)와 함께 『비트코인과 블록체인, 탐욕이 삼켜버린 기술』(에이콘, 2018), 대한민국학술원이 2019 교육부 우수학술도서로 선정한 『블록체인 해설서』(에이콘, 2019) 그리고 한국금융연수원의 핀테크 전문 교재인 『헬로, 핀테크!』(공저, 2020), 『헬로, 핀테크!-인공지능 편』(2021)이 있다.

옮긴이의 말

'불확실uncertain'한 환경에서 최대한 '옳은' 결정을 내리기 위한 다양한 방법론을 소개하는 책이다. 많은 의사결정은 불확실한 상황에서 이뤄진다. 이 책은 계산 관점에서 이러한 문제를 바라보고 이 문제를 해결하는 다양한 의사결정 모델의 이론을 살펴본다. 에이전트가 행동을 취하고 그로 인해 환경에 영향을 미치는 상호 작용을 여러 가지 방법론에 의한 강화학습 프레임워크로 설명한다. 초기 신뢰분포로부터 이를 갱신해나가는 기본 과정은 물론, 전체적인 강화학습의 프레임워크를 제대로 설명해주는 책을 찾고 있었다면 이 교재는 대부분의 의문에 답변을 해줄 것이다. 특히 항공기 충돌과 우는 아기 문제 등의 몇 가지 예제는 반복적으로 등장하면서, 각각 다른 기법에 적용돼 각 전략의 장단점이 어떻게 되는지 쉽게 비교하면서 살펴볼 수 있다. 이를 통해 보다 효율적이면서도 심도 있는 이해를 할 수 있게 배려했다. 모든 예제는 효율적인 언어인 줄리아Julia를 사용해 제시하고 있으며 풍부한 예제와 알고리듬을 제공해 각 단원에서 설명하는 개념의 이해를 돕는다.

각 장의 끝에는 연습 문제가 있으며, 이를 통해 각 장에서 설명한 기본 개념을 다시금 다질 수 있도록 배려했다. 또한 풍부한 예제를 통해 특정 전략을 다면으로 이해할 수 있도록 했다.

서문

불확실성하에서 의사결정을 위한 다양한 알고리듬에 대해 포괄적으로 소개하는 책이다. 의사결정과 관련된 다양한 주제를 다루며, 이에 대한 기본적인 수학적 문제 정의와 이를 해결하는 알고리듬을 살펴본다. 그림, 예시, 연습 문제를 제공해 다양한 접근 방법의 직관을 전달한다.

고급 레벨의 학부생, 대학원생, 전문가들을 대상으로 한다. 수학적 지식이 필요하며, 다변수 미적분, 선형 대수, 확률 개념을 이미 안다고 가정한다. 일부 복습 자료는 부록에서 제공된다. 수학, 통계, 컴퓨터과학, 항공우주 공학, 전기 공학, 운영 연구 등의 학문 분야에 특히 유용할 수 있다.

이 교재의 핵심은 알고리듬이 모두 줄리아 프로그래밍 언어로 구현됐다는 것이다. 우리는 이 언어가 인간이 이해하기 쉬운 형태로 알고리듬을 명시하는 데 이상적이라고 판단했다. 알고리듬 구현의 설계 우선순위는 효율성보다는 해석 가능성이었다. 예를 들어, 산업 응용에서는 대체적인 구현이 유용할 수 있다.

이 책과 관련된 코드는 무료로 사용할 수 있으며, 코드의 출처가 인용되는 조건 하에 사용이 허가된다.

2022년 2월 28일
캘리포니아 주 스탠퍼드

마이켈 J. 코첸더퍼

팀 A. 윌러

카일 H. 레이

감사의 글

이 교재는 스탠퍼드에서 개최된 불확실성하에서의 의사결정 강의를 기반으로 발전해왔다. 지난 6년 동안 이 강의를 형성하는 데 도움을 준 학생들과 조교들에게 감사드린다.

원고 초안에 대한 유용한 피드백을 제공해준 다양한 분께 감사드린다. 이들은 딜런 아스마르[Dylan Asmar], 드류 바그넬[Drew Bagnell], 사파 바크시[Safa Bakhshi], 에드워드 바라반[Edward Balaban], 진 베터튼[Jean Betterton], 라우나크 바타차야[Raunak Bhattacharyya], 켈시 빙[Kelsey Bing], 막시메 부통[Maxime Bouton], 오스틴 찬[Austin Chan], 사이먼 쇼빈[Simon Chauvin], 슈시만 추드리[Shushman Choudhury], 존 콕스[Jon Cox], 매튜 달리[Matthew Daly], 빅토리아 닥스[Victoria Dax], 리처드 듀이[Richard Dewey], 디아 드레슬[Dea Dressel], 벤 듀프레이[Ben Duprey], 토르스테인 엘리아센[Torstein Eliassen], 요하네스 피셔[Johannes Fischer], 루실 고라디아[Rushil Goradia], 자예쉬 굽타[Jayesh Gupta], 아렉 잠고치안[Arec Jamgochian], 로한 카프레[Rohan Kapre], 마크 코렌[Mark Koren], 리암 크루즈[Liam Kruse], 토르 래티모어[Tor Lattimore], 버나드 랭[Bernard Lange], 리치 리[Ritchie Lee], 생 리[Sheng Li], 마이클 리트만[Michael Littman], 로버트 모스[Robert Moss], 조슈아 옷[Joshua Ott], 오리아나 펠처[Oriana Peltzer], 프란체스코 피콜리[Francesco Piccoli], 제프리 사르노프[Jeffrey Sarnoff], 마크 슐리스팅[Marc Schlichting], 란살루 세나나야케[Ransalu Senanayake], 첼시 시드레인[Chelsea Sidrane], 크리스 스트롱[Chris Strong], 자크 선버그[Zach Sunberg], 아비 테쇼메[Abiy Teshome], 알렉산드로스 치카스[Alexandros Tzikas], 케말 우레[Kemal Ure], 조쉬 울프[Josh Wolff], 아닐 이르디스[Anil Yıldız], 정장 장[Zongzhang Zhang]이다. 또한 1장의 토론에 기여한 시드니 카츠[Sydney Katz], 쿠날 멘다[Kunal Menda], 아얀 묵호파댜이[Ayan Mukhopadhyay]에게도 감사드린다. 로스 알렉산더[Ross Alexander]는 이 책

전체에 걸쳐 다양한 연습 문제를 제공했다. MIT 출판사^{MIT Press}의 엘리자베스 스웨이지^{Elizabeth Swayze}와 함께 이 원고를 출판하기 위해 협력하는 것은 즐거운 작업이었다.

원서의 스타일은 에드워드 터프트^{Edward Tufte}에게서 영감을 받았다. 다른 스타일 요소 중에서도, 그의 넓은 여백과 작은 다중 그래프를 채용했다. 원서의 조판은 케빈 갓비^{Kevin Godby}, 빌 클레브^{Bil Kleb}, 빌 우드^{Bill Wood}가 개발한 Tufte-LaTeX 패키지를 기반으로 한다. 또한 책의 색 구성은 서브라임 텍스트^{Sublime Text}(sublimetext.com)의 존 스키너^{Jon Skinner}가 개발한 Monokai 테마와 색맹을 고려한 팔레트를 적용해 개발됐다.[1] 도면은 스테판 반 데르 월트^{Stéfan van der Walt}와 나다니엘 스미스^{Nathaniel Smith}가 정의한 비리디스^{viridis} 컬러맵을 사용했다.

또한 이 교재는 다양한 오픈소스 패키지의 혜택을 받았다. 이 교재가 사용한 패키지들은 부록 G를 참조하라. 코드의 조판은 제프리 푸어^{Geoffrey Poore}가 관리하는 pythontex를 통해 이뤄졌다. 알고리듬에 사용된 서체는 JuliaMono(github.com/cormullion/juliamono)다. 그리고 그래프 작성은 크리스티안 포이어생거^{Christian Feuersänger}가 관리하는 pgfplots를 사용했다.

1 B. Wong, "Points of View: Color Blindness," *Nature Methods*, vol. 8, no. 6, pp. 441–442, 2011.

차례

1부 — 확률적 추론

2장   표현식   **53**

2부 — 순차 문제

3부 ― 모델 불확실성

4부 — 상태 불확실성

부록

예제 파일 다운로드

이 책에서 사용하는 코드는 다음 깃허브(https://github.com/algorithmsbooks/decisionmaking-code)에서 다운로드할 수 있다. 사용하는 문제, 이미지 파일 등의 자료들은 다음 깃허브(https://github.com/algorithmsbooks/decisionmaking-ancillaries)에서 확인할 수 있다. 에이콘출판사 깃허브(https://github.com/AcornPublishing/algorithms-decision)에서도 동일한 코드와 자료를 다운로드할 수 있다.

오탈자

한국어판의 정오표는 에이콘출판사 도서정보 페이지(http://www.acornpub.co.kr/book/algorithms-decision)에서 볼 수 있다.

문의 사항

한국어판에 관한 질문은 에이콘출판사 편집 팀(editor@acornpub.co.kr)이나 옮긴이의 이메일로 문의하길 바란다.

01

서론

많은 중요한 문제가 불확실성하에서의 의사결정으로 이뤄진다. 비행기 충돌 회피, 산불 관리, 재난 대응 등이 여기에 해당한다. 자동 의사결정 시스템 또는 의사결정 지원 시스템을 설계할 때에는 다양한 불확실성 요소를 고려하고 여러 목표를 균형 있게 고려하는 것이 중요하다. 여기서는 이러한 도전들을 계산적인 관점에서도 다루지만, 의사결정 모델과 계산 접근 방법의 이론을 제공하는 것을 목표로 한다. 1장에서는 불확실성하에서의 의사결정 문제를 소개하고, 몇 가지 응용 사례를 제시하며, 계산 접근 방법의 영역을 간략하게 설명한다. 그리고 어떻게 다양한 학문 분야가 지능형 의사결정에 기여했는지를 요약하고, 그 내재된 사회 영향 부분을 조명해본다. 또한 책의 나머지 부분에 대한 개략적인 설명을 한다.

1.1 의사결정

에이전트[agent]는 환경을 관찰한 다음 그에 기반해 행동하는 개체[entity]다. 에이전트는 인간이나 로봇과 같은 물리적 개체일 수도 있으나, 전적으로 소프트웨어로 구현된 의사결정 지원 시스템 등의 비물리적 개체일 수 있다. 그림 1.1에서처럼 에이전트와 환경 간의 상호 작용은 **관찰-행동**[observe-act] 주기 혹은 **루프**[loop]를 따른다.

에이전트는 시각 t에서 환경으로부터 **관찰**[observation]을 수신하고 이는 o_t로 표기한다. 관찰은 예컨대 사람과 같이 생물학적 감각 과정을 통해 행해지거나 항공 교통 관제 시스템의 레이더처럼 센서 시스템을 통해 얻을 수 있다. 관찰은 상당수 불완전하거나 잡음이 많다. 인간은 접근하는 항공기를 보지 못하고 레이더 시스템은 전자기 간섭으로 인해 탐지를 놓칠 수 있다. 그런 다음 에이전트는 의사결정 프로세스를 통해 작업을 선택한다.

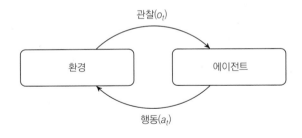

◀ **그림 1.1** 에이전트와 환경 간의 상호 작용

경고음을 울리는 것과 같은 그런 **행동**[action]은 환경에 **비결정적**[nondeterministic] 영향을 미칠 수 있다.

우리의 관심사는 시간이 흐름에 따라 목표 달성을 위해 지능적으로 상호 작용하는 에이전트에 있다. 과거 관측의 시퀀스 $o_1, \ldots, o_t$와 환경에 대한 지식이 주어지면 에이전트는 결국 다양한 불확실성[1]이 존재하는 상황에서 목표를 가장 잘 달성하는 조치를 선택해야 하는데, 다음과 같은 불확실성이 있다.

- **결과의 불확실성**[outcome uncertainty]: 행동의 결과가 불확실함을 의미한다.

1 여기서는 이산 시간 문제에 중점을 둔다. 연속 시간 문제는 제어 이론 분야에서 연구되고 있다. 다음 문헌을 참고하라. D. E. Kirk, *Optimal Control Theory: An Introduction*, Prentice-Hall, 1970.

- 모델의 불확실성^{model uncertainty}: 문제 해결을 위한 모델의 불확실성을 의미한다.
- 상태의 불확실성^{state uncertainty}: 환경의 참 상태의 불확실성을 의미한다.
- 상호 작용 불확실성^{interaction uncertainty}: 환경과 상호 작용하는 다른 에이전트의 행동이 불확실하다.

이 책은 이러한 네 가지 불확실성 원인을 중심으로 구성돼 있다. 불확실성이 존재하는 상황에서 결정을 내리는 것은 1.4절에 설명된 대로 인공지능^{AI, Artificial Intelligence}[2]에서도 핵심 분야다. 여기서는 불확실성에도 불구하고 안정적인 결정을 내리기 위한 다양한 알고리듬과 계산 과정에 대해 살펴볼 것이다.

2 인공지능에 대한 포괄적인 소개는 다음 문헌을 참고하라. S. Russell and P. Norvig, *Artificial Intelligence: A Modern Approach*, 4th ed. Pearson, 2021.

1.2 응용

1.1절에서 설명한 의사결정 프레임워크는 다양한 분야에 적용될 수 있다. 1.2절에서는 실제 응용 프로그램에 관한 몇 가지 개념적 예시를 설명한다. 부록 F에는 여기 논의된 알고리듬을 설명하기 위해 이 문맥 전체에서 사용된 추가적인 개념 문제를 다룬다.

1.2.1 항공기 충돌 회피

항공기 간의 공중 충돌을 방지하기 위해 조종사에게 잠재적인 위협을 경고하고, 이를 피하기 위한 기동 방법을 지시할 수 있는 시스템을 설계하고자 한다.[3] 이 시스템은 다른 항공기의 트랜스폰더^{transponder}와 통신해 특정 정확도로 위치를 알아낸다. 데이터를 통해 조종사에게 제공해야 하는 지침을 결정하는 것은 어려운 일이다. 조종사가 주어진 지침에 대해 얼마나 빨리 대응하고 얼마나 적극적으로 준수할지는 미지수다. 또한 다른 항공기의 행동에도 불확실성이 있다. 우리는 조종

3 이 문제는 다음 문헌의 'Collision Avoidance' 장에서 다루고 있다. M. J. Kochenderfer, *Decision Making Under Uncertainty: Theory and Application*. MIT Press, 2015.

사가 충돌을 피하기 위해 항공기를 조종할 수 있는 충분한 시간을 부여할 수 있도록 시스템이 충분히 일찍 경고해주기를 원하지만, 시스템이 너무 일찍 경고를 발동함으로써 불필요한 행동을 유발하는 것도 원치 않는다. 이 시스템은 전 세계적으로 지속적으로 사용돼야 하므로 탁월한 수준의 안전성을 제공할 필요가 있다.

1.2.2 자율주행

도시 환경에서 안전하게 운전할 수 있는 자율 주행 차량을 생각해보자.[4] 차량은 안전한 결정을 내리기 위해 주변 환경을 인식하는 일련의 센서에 의존해야 한다. 센서 중 하나는 장애물까지의 거리를 결정하기 위해 환경에서 레이저 반사를 측정하는 라이다 LiDAR, Light Detection And Ranging다. 또 다른 유형의 센서는 컴퓨터 비전 알고리듬을 통해 보행자와 다른 차량을 감지할 수 있는 카메라다. 이러한 두 가지 유형의 센서는 모두 불완전하며 잡음 및 가림 현상에 취약하다. 예를 들어, 주차된 트럭은 횡단보도에서 건너려고 하는 보행자를 가릴 수 있다. 시스템은 목적지까지 안전하게 이동하기 위해 관찰 가능한 행동으로부터 다른 차량, 보행자, 기타 도로 사용자의 의도와 향후 경로를 예측해야 한다.

4 다음 문헌에서 유사한 응용을 살펴볼 수 있다. M. Bouton, A. Nakhaei, K. Fujimura, and M. J. Kochenderfer, "Safe Reinforcement Learning with Scene Decomposition for Navigating Complex Urban Environments," in *IEEE Intelligent Vehicles Symposium (IV)*, 2019.

1.2.3 유방암 검진

전 세계적으로 유방암은 여성에게 가장 흔한 암이다. 유방암을 조기에 발견하면 생명을 구하는 데 도움이 될 수 있으며, 유방조영술은 가장 효과적인 선별 도구다. 그러나 유방조영술은 거짓 양성 false positive을 포함해 불필요한 침윤성 invasive 진단으로 후속 조치를 초래할 수 있는 잠재적 위험을 수반한다. 수년에 걸친 연구 결과 테스트의 이점과 위험의 균형을 맞추기 위해 연령에 따라 다양한 인구 기반 선별 검사 일정이 만들어졌다. 개인의 위험 특성을 기반으로 추천할 수 있는 시스템 개발과 과거 이력을 살피면 보다 나은 건강 결과를 얻을 가능성이 있다.[5] 이러

5 다음 문헌에 해당 개념이 설명돼 있다. T.Ayer, O. Alagoz, and N. K. Stout, "A POMDP Approach to Personalize Mammography Screening Decisions," *Operations Research*, vol. 60, no. 5, pp. 1019–1034, 2012.

한 시스템의 성공은 총 예상 품질 조정 수명, 유방조영술 수, 거짓 양성의 유병률, 발견되지 않은 침윤성 암의 위험 관점에서 전체 인구 대비 검사 비율과 비교해볼 수 있다.

1.2.4 금융 소비 및 포트폴리오 배분

특정 연도에 개인 자산을 얼마만큼 소비하고 얼마만큼 투자해야 하는지 추천하는 시스템을 구축하고 싶다고 가정해보자.[6] 투자 포트폴리오에는 다양한 위험 수준과 기대 수익을 가진 주식과 채권이 포함될 수 있다. 부의 진화는 근로 소득과 투자 소득 모두의 불확실성으로 인해 확률적이며, 대개 투자자가 은퇴에 가까워질 때까지 증가했다가 꾸준히 감소한다. 1년 동안 한 단위의 부를 소비함으로써 얻는 즐거움은 일반적으로 소비량에 따라 감소하므로 개인의 수명 동안 소비를 원활하게 하려는 욕구가 생긴다.

1.2.5 분산 산불 감시

산불과 싸울 때는 상황 인식이 주요한 과제다. 화재 상태는 바람과 환경의 연료 분포와 같은 요인의 영향을 받아 시간이 지남에 따라 전개된다. 많은 산불이 넓은 지역에 걸쳐 발생한다. 산불을 모니터링하는 한 가지 개념은 센서가 장착된 드론 팀을 사용해 그 위로 날아가는 것이다.[7] 개별 드론의 감지 범위는 제한적이지만 팀의 정보를 융합해 자원 할당을 결정하기 위한 전체적인 통합된 스냅숏을 얻을 수 있다. 우리는 팀 구성원이 서로 협력해 화재에 대한 최상의 각자의 담당 구역을 찾는 방법을 자율적으로 결정하기를 바란다. 효과적인 모니터링을 위해서는 유용한 새로운 센서 정보가 있을 가능성이 있는 영역을 찾기 위해 기동하는 방법을 결정해야 한다. 불이 타고 있는지 아닌지 이미 확신할 수 있는 곳에서 시간을 보내는 것은 낭비다. 탐색할 중요한 영역을 식별하려면 현재 상태에 대한 불완전

6   다음 문헌에서 관련 연구를 찾아볼 수 있다. R. C. Merton, "Optimum Consumption and Portfolio Rules in a Continuous-Time Model," *Journal of Economic Theory*, vol. 3, no. 4, pp. 373–413, 1971.

7   다음 문헌에서 해당 방법을 찾아볼 수 있다. K. D. Julian and M. J. Kochenderfer, "Distributed Wildfire Surveillance with Autonomous Aircraft Using Deep Reinforcement Learning," *AIAA Journal of Guidance, Control, and Dynamics*, vol. 42, no. 8, pp. 1768–1778, 2019.

한 지식만 주어진 경우 화재의 확률론적 진화에 대한 추론이 필요하다.

1.2.6 화성 과학 탐사

로버^{Rover}는 화성에 대한 중요한 발견을 하고 화성에 대한 우리의 이해를 높였다. 그러나 과학 탐사에 있어 주요 병목 현상은 로버와 지구의 운영 팀 간의 통신 연결이었다. 센서 정보가 화성에서 지구로 전송되고 명령이 지구에서 화성으로 전송되는 데 최대 30분이 소요될 수 있다. 또한 화성과 행성 간의 정보 중계 역할을 하는 궤도선의 위치로 인해 화성과의 업로드 및 다운로드 창구가 제한적이기 때문에 로버에 대한 지침은 사전에 계획돼야 한다. 최근 연구에 따르면 더 높은 수준의 자율성을 도입하면 과학 탐사 임무의 효율성이 5배 향상될 수 있다고 한다.[8] 인간 조작자는 여전히 임무 목표에 대해 높은 수준의 지침을 제공하지만, 로버는 최신 정보를 사용해 자체 과학 목표를 선택한다. 또한 로버는 인간의 개입 없이 다양한 위험과 시스템 장애에 적절하게 대응하는 것이 바람직할 것이다.

8 다음 문헌에 해당 개념이 소개돼 있다. Gaines, G. Doran, M. Paton, B. Rothrock, J. Russino, R. Mackey, R. Anderson, R. Francis, C. Joswig, H. Justice, K. Kolcio, G. Rabideau, S. Schaffer, J. Sawoniewicz, A. Vasavada, V. Wong, K. Yu, and A.-a. Agha-mohammadi, "Self-Reliant Rovers for Increased Mission Productivity," *Journal of Field Robotics*, vol. 37, no. 7, pp. 1171–1196, 2020.

1.3 방법

의사결정 에이전트를 설계하는 방법에는 여러 가지가 있다. 응용 프로그램에 따라 일부는 다른 것보다 더 적절할 수 있다. 이는 설계자의 책임과 자동화에 남겨진 과제에 따라 다를 수 있다. 1.3절에서는 이러한 방법 모음에 대해 간략하게 설명한다. 이 책은 주로 계획과 강화학습에 초점을 맞추지만 일부 기술에는 지도학습과 최적화 요소가 포함된다.

1.3.1 명시적 프로그래밍

의사결정 에이전트를 설계하는 가장 직접적인 방법은 에이전트가 신뢰를 가질 수 있는 모든 시나리오를 예상하고, 각 시나리오에 대한 응답으로 에이전트가 수행해야 하는 작업을 명시적으로 프로그래밍하는 것이다. 명시적 프로그래밍 접근 방식은 단순한 문제에 적합할 수 있지만 완전한 전략을 제공하자면 설계자에게 큰 부담이 된다. 에이전트 프로그래밍을 보다 쉽게 하기 위해 다양한 에이전트 프로그래밍 언어와 프레임워크가 제안됐다.

1.3.2 지도 학습

어떤 문제는 에이전트가 따라야 할 프로그램을 작성하는 것보다 에이전트에게 무엇을 해야 하는지 보여주는 것이 더 쉬울 수 있다. 설계자는 훈련 예제 집합을 제공하고 자동화된 학습 알고리듬은 이러한 예제에서 일반화된 규칙을 찾아야 한다. 이 접근 방식은 지도 학습$^{supervised\ learning}$으로 알려져 있으며 분류 문제에 널리 적용됐다. 이 기술은 관찰에서 행동으로의 학습 매핑을 적용하는 경우에는 종종 행동 복제$^{behavioral\ cloning}$라 불린다. 행동 복제는 전문 설계자가 대표적인 상황 모음에 대한 최선의 행동 방침을 실제로 알고 있을 때 잘 작동한다. 다양한 학습 알고리듬이 존재하지만 일반적으로 새로운 상황에서 인간 설계자보다 더 잘 수행할 수 없다.

1.3.3 최적화

또 다른 접근 방식은 설계자가 가능한 의사결정 전략의 공간과 최대화할 성능 측정을 지정하는 것이다. 의사결정 전략의 성능을 평가하려면 일반적으로 시뮬레이션 배치를 실행해야 한다. 그런 다음 최적화 알고리듬은 최적의 전략을 위해 이 공간에서 검색을 수행한다. 공간이 상대적으로 작고 성능 측정에 지역 최적이 많지 않은 경우 다양한 지역 방법이나 전역 검색 방법이 적합할 수 있다. 일반적으로 동적 모델은 시뮬레이션을 수행하는 것으로 생각하지만, 복잡한 문제에서 중요할 수 있는 검색을 안내하는 데 사용되지는 않는다.

1.3.4 계획

계획은 검색에 도움을 주도록 문제의 역학 모델을 사용하는 최적화의 한 형태다. 광범위한 문헌에서 결정론적 문제에 초점을 맞춘 다양한 계획 문제를 탐구하고 있다. 어떤 문제의 경우 결정론적 모델을 사용해 동역학을 근사화하는 것이 허용될 수 있다. 결정론적 모델을 가정하면 고차원 문제로 보다 쉽게 확장할 수 있다. 또 다른 문제의 경우 미래의 불확실성을 설명하는 것이 중요하다. 이 책은 불확실성에 대한 설명이 중요한 문제에 전적으로 초점을 맞추고 있다.

1.3.5 강화학습

강화학습은 계획의 가정 중 모델이 사전에 알려져 있다는 조건을 완화한다. 대신 에이전트가 환경과 상호 작용하는 동안 의사결정 전략을 학습한다. 설계자는 성능 측도만 제공하면 된다. 에이전트의 행동을 최적화하는 것은 학습 알고리듬에 달려 있다. 강화학습에서의 재미난 복잡성 중 하나는 에이전트가 행동을 선택하면 즉각적인 목표 달성 유무에만 영향을 미치는 것이 아니라 에이전트가 탐색 중인 환경에 대해 학습하고 가능한 문제의 특성을 식별하는 능력에도 영향을 미친다는 것이다.

1.4 연혁

의사결정 과정을 자동화하는 이론은 초기 철학자, 과학자, 수학자, 작가들의 꿈에 뿌리를 두고 있다. 고대 그리스인들은 기원전 800년에 이미 자동화를 신화와 이야기에 통합하기 시작했다. 오토마톤^{automaton}이라는 단어는 호머^{Homer}의 『일리아드^{Iliad}』에서 처음 사용됐는데, 거기에는 저녁 식사 손님을 대접하는 데 사용되는 기계식 삼각대를 포함해 자동 기계의 개념에 대한 언급이 들어 있다.[9] 17세기에 철

9 S. Vasileiadou, D. Kalligeropoulos, and N. Karcanias, "Systems, Modelling and Control in Ancient Greece: Part 1: Mythical Automata," *Measurement and Control*, vol. 36, no. 3, pp. 76 - 80, 2003.

학자들은 불일치를 자동으로 해결하기 위해 논리 규칙을 사용할 것을 제안했다. 그들의 아이디어는 기계화된 추론mechanized reasoning의 기초를 만들었다. 18세기 후반부터 발명가들은 노동을 수행하는 자동 기계를 만들기 시작했다. 특히, 섬유 산업에서의 일련의 혁신은 자동 직기의 발전으로 이어져 최초의 공장 로봇의 토대를 마련했다.[10] 19세기 초, 노동을 자동화하기 위해 지능형 기계를 사용한 공상 과학 소설이 등장하기 시작했다. 로봇robot이라는 단어는 체코의 작가 카렐 차페크Karel Čapek의 연극 RURRossum's Universal Robots에서 유래했으며, 인간이 원하지 않는 작업을 대신 수행할 수 있는 기계에 대해 설명한다. 이 연극은 다른 SF 작가들에게 영감을 줘 그들의 글에 로봇이 등장했다. 20세기 중반 저명한 작가이자 교수인 아이작 아시모프Isaac Asimov는 그의 유명한 로봇 시리즈에서 로봇 공학에 대한 자신의 비전을 제시했다.

자동화된 의사결정의 실제 구현에서 주요 과제는 불확실성을 설명하는 것이다. 20세기 말에도 심플렉스simplex 알고리듬을 개발한 것으로 가장 유명한 조지 단치그George Dantzig는 1991년에 다음과 같이 말했다.

> 돌이켜보면 내 연구를 시작한 원래 문제, 즉 시간이 지남에 따라 동적으로 계획하거나 스케줄링하는 문제, 특히 불확실성하에서 동적으로 계획하는 문제가 여전히 미해결 상태라는 사실이 흥미롭다. 그러한 문제가 성공적으로 해결될 수 있다면 (결국 더 나은 계획을 통해) 세계의 안녕과 안정에 기여할 수 있다.[11]

불확실성하에서의 의사결정은 여전히 활발한 연구 분야로 남아 있지만 지난 몇 세기 동안 연구원과 공학자들은 이러한 초기 몽상가가 제시한 개념을 가능하게 만드는 데 한결 더 가까워졌다. 현재의 최첨단 의사결정 알고리듬은 경제학, 심리학, 신경과학, 컴퓨터과학, 공학, 수학, 운영 연구를 포함한 여러 분야에서 개발된 개념의 융합에 의존한다. 1.4절에서는 이러한 분야의 몇 가지 주요 기여를 살펴본다. 분야 간의 융합은 최근 많은 발전을 가져왔으며 앞으로도 계속 성장을 지원할

10 N. J. Nilsson, *The Quest for Artificial Intelligence*, Cambridge University Press, 2009.

11 G. B. Dantzig, "Linear Programming," *Operations Research*, vol. 50, no. 1, pp. 42–47, 2002.

것이다.

1.4.1 경제학

경제학에는 인간의 의사결정 모델이 필요하다. 이러한 모델을 구축하는 한 가지 접근 방식은 18세기 후반에 처음 도입된 효용 이론^{utility theory}이다.[12] 효용 이론은 다양한 결과의 바람직함을 모델링하고 비교하는 수단을 제공한다. 예를 들어, 효용은 금전적 양^{monetary quantities}의 바람직한 정도를 비교하는 데 사용할 수 있다. 『입법론^{Theory of Legislation}』에서 제레미 벤담^{Jeremy Bentham}은 돈의 효용에 대한 비선형성^{nonlinearity}을 다음과 같이 요약했다.

1. 부의 각 부분에는 그에 상응하는 행복 부분이 있다.
2. 불평등한 재산을 가진 두 사람 중 가장 많은 재산을 가진 사람이 가장 큰 행복을 누린다.
3. 부자의 행복의 과잉은 그의 부의 과잉만큼 크지 않을 것이다.[13]

20세기 중반 경제학자들은 효용 개념을 합리적인 의사결정 개념과 결합해 최대 기대 효용 원칙의 기초를 확립했다. 이 원칙은 자율적 의사결정 에이전트 생성의 핵심 개념이다. 효용 이론은 또한 게임 이론의 발전을 가져왔는데, 게임 이론은 이익을 극대화하기 위해 서로 존재하는 여러 에이전트의 행동을 이해하려는 시도다.[14]

1.4.2 심리학

심리학자들은 또한 일반적으로 인간 행동의 관점에서 인간의 의사결정을 연구한다. 자극에 대한 동물의 반응을 연구함으로써 심리학자들은 19세기부터 시행착오 학습 이론을 발전시켜 왔다. 연구자들은 동물들이 이전의 유사한 상황에서 경험한 만족이나 불편함에 따라 결정을 내리는 경향이 있다는 사실을 알아냈다. 러시

12 G. J. Stigler, "The Development of Utility Theory, I," *Journal of Political Economy*, vol. 58, no. 4, pp. 307 – 327, 1950.

13 J. Bentham, Theory of Legislation. Trübner & Company, 1887.

14 O. Morgenstern and J. von Neumann, *Theory of Games and Economic Behavior.* Princeton University Press, 1953.

아의 심리학자 이반 파블로프Ivan Pavlov는 먹이를 줄 때 개의 타액 분비 패턴을 관찰한 후 이 아이디어를 강화학습 개념과 결합했다. 심리학자들은 특정 자극을 지속적으로 강화하면 행동 패턴이 강화되거나 약화될 수 있음을 발견했다. 20세기 중반, 수학자이자 컴퓨터 과학자인 앨런 튜링Alan Turing은 기계가 동일한 방식으로 학습할 수 있는 가능성을 다음과 같이 표현했다.

> 기계를 범용 기계로 조직하는 것은 간섭에 입력이 거의 포함되지 않는 경우 가장 인상적일 것이다. 인간 아이의 훈련은 보상과 처벌의 체계에 크게 의존하며, 이는 '쾌락' 또는 '보상(reward)(R)'이라는 두 가지 간섭 입력만으로 조직화를 수행하는 것이 가능해야 함을 시사한다. 다른 하나는 '고통' 또는 '처벌(punishment)(P)'이다.[15]

심리학자들의 업적은 에이전트가 불확실한 환경에서 결정을 내리도록 가르치는 데 사용되는 중요한 기술인 강화학습 분야의 토대를 마련했다.[16]

1.4.3 신경과학

심리학자들은 인간의 행동을 연구하는 반면 신경과학자들은 행동을 만드는 데 사용되는 생물학적 과정에 초점을 맞춘다. 19세기 말 과학자들은 뇌가 상호 연결된 뉴런 네트워크로 구성돼 있으며, 이 네트워크가 세상을 지각하고 추론하는 능력을 담당한다는 사실을 발견했다. 인공지능의 선구자인 닐스 닐슨Nils Nilsson은 이러한 발견을 의사결정에 적용하는 방법을 다음과 같이 설명한다.

> 감각 정보를 행동으로 전이하는 역할을 하는 것이 동물의 뇌이기 때문에 뇌와 그 기본 구성 요소인 뉴런을 연구하는 신경생리학자와 신경해부학자의 작업에서 여러 가지 좋은 아이디어를 찾을 수 있을 것으로 기대된다.[17]

1940년대에 연구자들은 처음으로 뉴런이 네트워크로 결합될 때 계산 작업을 수행할 수 있는 개별 '논리 단위logic unit'로 간주될 수 있다고 제시했다. 이 작업은 인공

15 A. M. Turing, "Intelligent Machinery," National Physical Laboratory, Report, 1948.

16 R. S. Sutton and A. G. Barto, *Reinforcement Learning: An Introduction*, 2nd ed. MIT Press, 2018.

17 N. J. Nilsson, *The Quest for Artificial Intelligence*. Cambridge University Press, 2009.

지능 분야에서 다양하고 복잡한 작업을 수행하는 데 사용되는 신경망의 기반이 됐다.

1.4.4 컴퓨터과학

20세기 중반에 컴퓨터 과학자들은 지능적인 의사결정 문제를 형식 논리를 통한 기호 조작 문제로 공식화하기 시작했다. 자동화된 추론을 수행하기 위해 20세기 중반에 작성된 컴퓨터 프로그램 논리 이론가[logic theorist]는 수학적 정리를 증명하기 위해 이러한 사고 방식을 사용했다. 발명가 중 한 명인 허버트 사이먼[Herbert Simon]은 프로그램을 인간의 마음과 관련시켜 프로그램의 기호적[symbolic] 특성을 언급했다.

> 우리는 비수치적으로 사고할 수 있는 컴퓨터 프로그램을 발명해 물질로 구성된 시스템이 어떻게 마음의 속성을 가질 수 있는지 설명하면서 오래된 심신 문제를 해결했다.[18]

18 J. Agar, *Science in the 20th Century and Beyond*, Polity, 2012.

이러한 기호적 시스템은 인간의 전문성에 크게 의존했다. **연결주의**[connectionism]라고 하는 지능에 대한 대안적 접근 방식은 부분적으로 신경과학의 발전에 영감을 받았으며, 인공 신경망을 지능의 기질로 사용하는 데 중점을 둔다. 패턴 인식을 위해 신경망을 훈련할 수 있다는 지식을 바탕으로 연결주의자는 전문가의 하드 코딩된 지식이 아닌 데이터나 경험에서 지능적인 행동을 배우려고 시도한다. 연결주의 패러다임은 바둑에서 인간 전문가를 이긴 자율 프로그램인 알파고[AlphaGo]의 성공과 자율 차량 개발의 많은 부분을 뒷받침했다. 기호적 패러다임과 연결주의적 패러다임을 결합하는 알고리듬은 오늘날에도 활발한 연구 분야로 남아 있다.

1.4.5 공학

공학 분야는 로봇과 같은 물리적 시스템이 지능적인 결정을 내릴 수 있도록 하는 데 중점을 뒀다. 세계적으로 유명한 로봇 공학자 세바스찬 스런[Sebastian Thrun]은 이러한 시스템의 구성 요소를 다음과 같이 설명한다.

로보틱스 시스템은 물리적 세계에 위치하고 센서를 통해 환경을 인식하고 움직이는 사물을 통해 환경을 조작한다는 공통점이 있다.[19]

이러한 시스템을 설계하려면 엔지니어는 인식, 계획, 행동을 해결해야 한다. 물리적 시스템은 센서를 사용해 환경의 두드러진 특징을 표현함으로써 세상을 인식한다. 상태 추정 분야는 센서 측정을 사용해 세계 상태에 대한 신념을 구축하는 데 중점을 뒀다. 계획에는 설계된 작업을 실행하는 방법에 대한 추론이 필요하다. 계획 프로세스는 수십 년에 걸친 반도체 산업의 발전으로 가능해졌다.[20] 일단 계획이 만들어지면 자율 에이전트는 현실 세계에서 이에 따라 행동해야 한다. 이 작업에는 하드웨어(액추에이터 형태)와 액추에이터를 제어하고 교란을 이겨내는 알고리듬이 모두 필요하다. 제어 이론 분야는 피드백 제어를 통한 기계 시스템의 안정화에 중점을 뒀다.[21] 자동 제어 시스템은 오븐의 온도 조절에서 항공 우주 시스템의 탐색에 이르기까지 여러 산업 분야에서 널리 사용된다.

1.4.6 수학

에이전트는 불확실한 환경에서 정보에 입각한 결정을 내리기 위해 불확실성을 정량화할 수 있어야 한다. 의사결정 분야는 이 작업에 대한 확률 이론에 크게 의존한다. 특히 베이지안 통계는 이 맥락에서 중요한 역할을 한다. 1763년에 토마스 베이즈[Thomas Bayes]의 사후에 베이즈의 법칙[Bayes' rule]으로 알려진 논문이 출판됐다. 확률론적 추론에 대한 그의 접근 방식은 20세기 중반까지는 호불호가 엇갈렸지만, 그때부터 연구자들은 다양한 상황에서 베이지안 방법[Bayesian method]이 유용하다는 것을 발견하기 시작했다.[22] 수학자 버나드 쿠프만[Bernard Koopman]은 제2차 세계대전 동안에 베이즈 이론의 실용성을 발견했다.

19 S. Thrun, "Probabilistic Robotics," *Communications of the ACM*, vol. 45, no. 3, pp. 52–57, 2002.

20 G. E. Moore, "Cramming More Components onto Integrated Circuits," *Electronics*, vol. 38, no. 8, pp. 114–117, 1965.

21 D. A. Mindell, *Between Human and Machine: Feedback, Control, and Computing Before Cybernetics*. JHU Press, 2002.

22 W. M. Bolstad and J. M. Curran, *Introduction to Bayesian Statistics*. Wiley, 2016.

검색과 관련된 모든 작업은 불확실성에 시달린다. [...] 확률의 관점에서만 정량적으로 이해할 수 있다. 이는 이제 자명한 이치로 간주될 수 있지만 제2차 세계대전의 작전 연구의 발전을 통해 실제적인 의미를 내포한 것으로 보인다.[23]

23 B. O. Koopman, *Search and Screening: General Principles with Historical Applications*, Pergamon Press, 1980.

맨해튼 프로젝트의 일환으로 대규모 계산을 위해 20세기 초에 개발된 샘플링 기반 방법(때때로 몬테 카를로 기법Monte Carlo method이라고도 함)은 이전에는 다루기 어려웠던 일부 추론 기술을 가능하게 했다. 이러한 기반은 20세기 후반 인공지능 분야에서 인기가 높아진 베이지안 네트워크의 기초 역할을 한다.

1.4.7 운용 과학

운용 과학operations research은 자원 할당, 자산 투자, 유지 관리 일정과 같은 의사결정 문제에 대한 최적의 해를 찾는 것이다. 19세기 후반에 연구자들은 상품과 서비스 생산에 대한 수학적 및 과학적 분석의 적용을 탐구하기 시작했다. 이 분야는 기업이 전반적인 의사결정의 고유한 측면을 담당하는 부서로 경영진을 세분화하기 시작한 산업 혁명 중에 가속화됐다. 제2차 세계대전 중에 의사결정 최적화는 군대에 자원을 할당하는 데 적용됐다. 전쟁이 끝난 후 기업들은 이전에 군사 결정을 내리는 데 사용된 것과 동일한 작전 연구 개념이 비즈니스 결정을 최적화하는 데 도움이 될 수 있음을 인식하기 시작했다. 이러한 깨달음은 조직 이론가 해롤드 쿤츠Harold Koontz가 설명한 것처럼 경영 과학management science의 발전으로 이어졌다.

이 그룹의 변함없는 믿음은 관리, 조직, 계획 또는 의사결정이 논리적 프로세스라면 수학적 기호와 관계로 표현될 수 있다는 것이다. 이 학파의 중심 접근 방식은 모델이다. 왜냐하면 이러한 장치를 통해 문제가 기본 관계와 선택된 목표 또는 목표 측면에서 표현되기 때문이다.[24]

24 H. Koontz, "The Management Theory Jungle," *Academy of Management Journal*, vol. 4, no. 3, pp. 174–188, 1961.

비즈니스 의사결정을 더 잘 모델링하고 이해할 수 있기를 바라는 이러한 욕구는

선형 계획법, 동적 계획법, 대기열 이론과 같이 오늘날 사용되는 여러 개념의 개발을 촉발시켰다.[25]

25 F. S. Hillier, *Introduction to Operations Research*, McGraw-Hill, 2012.

1.5 사회적 영향

의사결정에 대한 알고리듬적 접근법은 사회를 변형시키고 앞으로도 그러할 가능성이 크다. 1.5절은 의사결정 알고리듬이 사회에 기여할 수 있는 몇 가지 방법을 간단히 소개하며, 폭넓은 혜택을 보장하기 위해 해결해야 할 도전도 소개한다.[26]

26 보다 심도 있는 내용은 다음 문헌을 참고하라. Z. R. Shi, C. Wang, and F. Fang, "Artificial Intelligence for Social Good: A Survey," 2020. arXiv: 2001.01818v1.

알고리듬 접근 방식은 환경 지속 가능성에 기여했다. 예를 들어, 에너지 관리의 맥락에서 베이지안 최적화는 자동화된 가정 에너지 관리 시스템에 적용됐다. 멀티에이전트 시스템 분야의 알고리듬은 스마트 그리드smart grid의 운영을 예측하고 에너지 거래 시장을 설계하며 옥상 태양열 발전 채택을 예측하는 데 사용된다. 생물 다양성을 보호하기 위한 알고리듬도 개발됐다. 예를 들어, 신경망은 야생 동물 개체수 조사를 자동화하는 데 사용되며, 게임 이론 접근 방식은 숲에서 밀렵과 싸우고 최적화 기술을 사용해 서식지 관리를 위한 자원을 할당하는 데 이용된다.

의사결정 알고리듬은 수십 년 동안 의학 분야에서 성공적으로 활용돼 왔다. 이러한 알고리듬은 주거민과 병원, 그리고 장기 기증자와 환자를 연결하는 데 사용됐다. 책의 첫 부분에서 다루게 될 베이지안 네트워크는 초기에 질병 진단에 적용됐다. 그 이후, 베이지안 네트워크는 질병의 진단과 예후를 위해 의학 분야에서 널리 사용되고 있다. 의료 영상 처리 분야는 딥러닝에 의해 변형됐으며, 최근에는 알고리듬적 아이디어가 질병 전파를 이해하는 데 중요한 역할을 하고 있다.

알고리듬은 도시 지역의 성장을 이해하고 설계하는 데 도움을 줬다. 데이터 기반 알고리듬은 공공 인프라를 개선하는 데 널리 사용됐다. 예를 들어, 확률적 과정은 수도 파이프라인의 고장을 예측하는 데 사용됐으며, 딥러닝은 교통 관리를 개선했으며, 마르코프 결정 프로세스Markov decision process와 몬테 카를로 기법은 비상 대응을 개선하는 데 사용됐다. 분산형 다중 에이전트 시스템의 아이디어는 여행 경로를 최적화하고, 경로 계획 기술은 상품 배송을 최적화하는 데 사용됐다. 의사결정 알고리듬은 자율 주행 차량과 항공기 안전을 향상시키는 데 사용됐다.

의사결정을 최적화하는 알고리듬은 사용자들의 의도와 상관없이 사용자들의 영향력을 증폭시킬 수 있다. 예를 들어, 이러한 알고리듬의 사용자가 정치 선거 중에 허위 정보를 확산시키는 것을 목표로 한다면, 최적화 과정이 이를 도와줄 수 있다. 그러나 비슷한 알고리듬은 잘못된 정보의 확산을 감시하고 대응하는 데 사용될 수 있다. 때로는 이러한 의사결정 알고리듬의 구현은 사용자들이 의도하지 않은 결과를 초래할 수 있다.[27]

알고리듬은 상당한 혜택을 가져다줄 수 있는 잠재력이 있지만, 사회에서의 구현과 관련해 도전적인 면도 존재한다. 데이터 기반 알고리듬은 종종 데이터 수집 방식으로 인해 내재적인 편향bias과 사각지대에 영향을 받을 수 있다. 알고리듬이 우리 삶의 일부가 되는 상황에서 편향의 위험을 어떻게 줄일 수 있는지, 알고리듬 적 발전의 혜택을 공정하고 공평하게 분배하는 방법을 이해하는 것이 중요하다. 또한 알고리듬은 적대적 조작에 취약할 수 있으며, 이러한 공격에 강건한robust 알고리듬을 설계하는 것이 중요하다. 의도하지 않은 결과를 방지하고 책임을 부여하기 위해 도덕적이고 법적인 기준을 확장하는 것도 중요하다.

27 일반적 논의는 다음 문헌을 참고하라. B. Christian, *The Alignment Problem*, Norton & Company, 2020과 D. Amodei, C. Olah, J. Steinhardt, P. Christiano, J. Schulman, and D. Mané, "Concrete Problems in AI Safety," 2016. arXiv: 1606.06565v2.

1.6 개요

이 책은 5부로 구성돼 있다. 1부에서는 단일 시간 시점에서 불확실성과 목표에 대한 단순 결정에 대해 다룬다. 2부에서는 순차적 문제로 의사결정을 확장하며, 행동을 진행하는 도중에 그 결과에 대한 정보에 대응해 일련의 결정을 내려야 한다. 3부에서는 모델의 불확실성을 다루며, 알려진 모델로 시작하지 않고 환경과 상호작용을 통해 어떻게 행동할지 학습해야 한다. 4부에서는 상태의 불확실성을 다루며, 불완전한 지각 정보로 인해 환경의 전체 상태를 알 수 없다. 마지막 5부에서는 여러 에이전트가 관련된 의사결정 상황에 대해 설명한다.

1.6.1 확률적 추론

합리적인 의사결정에는 불확실성과 목표에 대한 추론이 필요하다. 여기서는 불확실성을 확률 분포로 표현하는 방법을 논의하는 것으로 시작한다. 실제 문제에는 많은 변수의 분포에 대한 추론이 필요하다. 이러한 모델을 구성하는 방법, 모델을 사용해 추론하는 방법, 데이터에서 모델의 매개 변수와 구조를 학습하는 방법에 대해 설명한다. 그런 다음 효용 이론의 기초를 소개하고 최대 기대 효용 원리를 통해 불확실성하에서 합리적 의사결정의 기초를 형성하는 방법을 보여준다. 그다음, 앞서 소개된 확률적 그래픽 모델에 효용 이론 개념을 통합해 의사결정 네트워크라고 불리는 것을 형성하는 방법에 대해 알아본다.

1.6.2 순차적 문제

많은 중요한 문제는 연속된 의사결정이 필요하다. 최대 기대 효용과 같은 원칙은 여전히 적용되지만, 순차적 맥락에서 최적의 의사결정은 미래의 일련의 행동과 관찰에 대한 추론이 필요하다. 책에서는 행동의 결과가 불확실한 확률적 환경에서 순차적인 결정 문제에 대해 논의할 것이다. 모델이 알려져 있고 환경이 완전히 관찰 가능하다는 가정하에 순차적 결정 문제의 일반적인 공식화에 초점을 맞출 것이다. 그런 다음 책의 뒷부분에서 이 두 가지 가정을 완화할 것이다. 설명은 마르코프 결정 프로세스^{MDP, Markov Decision Process}의 소개부터 시작하는데, 이는 순차 결정 문제에 대한 표준적 수학 모델이다. 이러한 유형의 문제에 대한 정확한 해결책을 찾기 위한 몇 가지 접근 방식을 살펴볼 것이다. 규모가 큰 문제는 정확한 해를 효율적으로 찾을 수 없는 경우가 있기 때문에 매개 변수화된 결정 정책의 공간을 직접 검색하는 방법 유형과 함께 오프라인 및 온라인 근사해 방법을 모두 살펴볼 것이다. 마지막으로 의사결정 전략이 실제 세계에 배치될 때 예상대로 수행되는지 검증하기 위한 접근 방식을 알아볼 것이다.

1.6.3 모델 불확실성

지금까지 순차 결정 문제에 대한 논의에서는 전이와 보상 모델이 알려져 있다고 가정했다. 그러나 많은 문제에서 역학 및 보상이 정확히 알려져 있지 않으며, 에이전트는 경험을 통해 행동하는 방법을 학습해야 한다. 에이전트는 상태 전이와 보상의 형태로 행동의 결과를 관찰함으로써 장기적인 보상 축적을 극대화하는 행동을 선택해야 한다. 모델 불확실성이 있는 이러한 문제를 해결하는 것이 강화학습 분야의 주제이자 해당 분야에 대한 이 책에서의 초점이다. 모델 불확실성을 해결하는 데 있어 몇 가지 문제를 살펴볼 것이다. 첫째, 에이전트는 환경 탐색과 경험을 통해 얻은 지식의 활용 사이에서 신중하게 균형을 맞춰야 한다. 둘째, 중요한 결정을 내리고 오랜 시간이 지난 후 보상을 받을 수 있으므로 나중 보상에 대한 공로를 이전 결정에 할당해야 한다. 셋째, 에이전트는 제한된 경험으로부터 일반화해야 한다. 이러한 문제를 해결하기 위한 이론과 몇 가지 주요 알고리듬을 알아볼 것이다.

1.6.4 상태 불확실성

여기서는 상태를 포함하도록 불확실성을 확장한다. 상태를 정확히 관찰하는 대신 상태와 확률적 관계만 있는 결과를 받는다. 이러한 문제는 부분적으로 관찰 가능한 마르코프 결정 프로세스^{POMDP, Partially Observable Markov Decision Process}로 모델링할 수 있다. POMDP를 해결하는 일반적인 접근 방식은 현재 시간 단계에서 기저 상태에 대한 신뢰 분포를 추론한 다음 신뢰를 행동에 매핑하는 정책을 적용하는 것이다. 이 부분은 과거의 관찰 및 행동 순서가 주어졌을 때 신뢰 분포를 갱신^{update}하는 방법을 설명하는 것으로 시작한다. 그런 다음 POMDP를 해결하기 위한 정확한 방법과 함께 다양한 근사 방법도 설명한다.

1.6.5 다중 에이전트 시스템

지금까지 환경 내에서 결정을 내리는 에이전트는 단 하나뿐이었다. 이 부분에서는 앞의 1부부터 4부를 여러 에이전트로 확장해 상호 작용 불확실성에서 발생하는 문제를 알아본다. 에이전트 그룹이 동시에 각각 행동을 선택하는 단순 게임부터 살펴본다. 그 결과는 결합된 공동 행동을 기반으로 각 에이전트에 주어지는 개별 보상이다. 마르코프 게임^{MG, Markov Game}은 간단한 게임을 여러 상태로 일반화하고 MDP를 여러 에이전트로 일반화한다. 결과적으로 에이전트는 공유 환경의 상태를 확률적으로 변경할 수 있는 행동을 선택한다. MG 알고리듬은 다른 에이전트의 정책에 대한 불확실성으로 인해 강화학습에 의존한다. POMG^{Partially Observable Markov Game}는 상태 불확실성을 도입해 MG와 POMDP를 더욱 일반화한다. 에이전트는 이제 잡음이 많은 지역 관찰만 수신하기 때문이다. 분산된 부분적으로 관찰 가능한 마르코프 결정 프로세스^{Dec-POMDP, Decentralized POMDP}는 POMG를 에이전트 간에 공유 보상이 있는 협업 다중 에이전트 팀에 집중한다. 책에서는 이러한 네 가지 범주의 문제를 제시하고 이를 해결하는 정확한 방법과 함께 근사 알고리듬도 설명한다.

1 부

확률적 추론

합리적인 의사결정에는 불확실성과 목표에 대한 추론이 필요하다. 불확실성은 미래 사건을 예측하는 능력에 대한 실제적이고 이론적인 한계에서 발생한다. 예를 들어, 의사결정 지원 시스템의 조언에 대해 인간 운영자가 어떻게 반응할지 정확히 예측하려면 무엇보다도 인간 두뇌가 작동하는 방식에 대한 자세한 모델이 필요하다. 위성의 경로조차 예측하기 어려울 수 있다. 뉴턴^{Newton} 물리학은 위성 궤적의 매우 정확한 예측을 계산할 수 있게 해주지만 자세 추진기가 고장난다면 기준 경로에서 큰 편차를 초래할 수 있으며, 심지어 작은 부정확성도 시간이 지날수록 복잡해질 수 있다. 목표를 달성하기 위한 강건한 의사결정 시스템은 현재 상태와 미래 사건의 다양한 불확실성 원인을 설명해야 한다. 책에서는 확률 분포를 사용해 불확실성을 표현하는 방법을 살펴보는 것부터 알아본다. 실제 문제에는 많은 변수에 대한 분포 추론이 필요하다. 이러한 모델을 구성하고, 이를 사용해 추론하고, 데이터에서 매개 변수와 구조를 학습하는 방법에 대해 알아본다. 그런 다음 효용 이론의 기초를 소개하고 그것이 불확실성하에서 합리적인 의사결정의 기초를 형성하는 방법을 보여준다. 효용 이론은 결정 네트워크라고 하는 것을 형성하기 위해 이전에 도입된 확률적 그래픽 모델에 통합될 수 있다. 책의 다음 부분에서 순차적 결정 문제에 대한 논의를 통해 단일 단계 결정에 초점을 맞춘다.

02

표현식

불확실성을 계산적으로 설명하려면 공식적인 표현식이 필요하다. 2장에서는 불확실성을 표현하는 방법에 대해 설명한다.[1] 먼저 신뢰도 개념을 소개하고 일련의 공리가 확률 분포를 사용해 어떻게 불확실성을 정량화할 수 있는지 보여준다.[2] 이산과 연속 변수에 대한 여러 유용한 분포 형태를 살펴본다. 여러 중요한 문제는 변수가 많은 확률 분포와 관련되기 때문에 변수 간의 조건부 독립성을 활용해 결합분포를 효율적으로 표현하는 방법을 알아본다.

1 표현식에 대한 보다 자세한 논의는 다음 문헌을 참고하라. F. Cuzzolin, *The Geometry of Uncertainty*. Springer, 2021.

2 보다 자세한 내용은 다음 문헌을 참고하라. E. T. Jaynes, *Probability Theory: The Logic of Science*. Cambridge University Press, 2003.

2.1 신뢰와 확률의 정도

불확실성을 포함하는 문제에서는 서로 다른 주장들의 타당성을 비교할 수 있는 것이 필수적이다. 예를 들어, 주장 A가 주장 B보다 더 타당하다는 것을 표현하고 싶다고 하자. 만약 A가 '내 액추에이터가 고장났다'를 나타내고, B가 '내 센서가 고장났다'를 나타내면 $A \succ B$라고 쓸 수 있다. 이 기본 관계 $\succ$를 사용해 다른 여러 관계를 정의할 수 있다.[3]

3 편의상 책에서 if and only if 관계는 모두 iff 로 줄여서 표기한다. — 옮긴이

$$A \prec B \text{ iff } B \succ A \tag{2.1}$$
$$A \sim B \text{ iff } (A \succ B \text{와} B \succ A) \text{ 둘 다 아닐 경우} \tag{2.2}$$
$$A \succeq B \text{ iff } A \succeq B \text{ 또는 } A \sim B \tag{2.3}$$
$$A \preceq B \text{ iff } B \succeq A \text{ 또는 } A \sim B \tag{2.4}$$

연산자 $\succ$, $\sim$, $\prec$에 의해 유도된 관계에 대해 특정한 가정을 하고자 한다. '범용적 비교 가능성universal comparability'이 되려면 정확히 $A \succ B$, $A \sim B$, $A \prec B$ 중 하나가 성립해야 한다.

이행성transitivity 가정에는 만약 $A \succeq B$이고 $B \succeq C$이면 $A \succeq C$라는 조건이 필요하다. 범용적 비교 가능성과 이행성 가정은 다음 두 성질을 가진 실수 함수 P의 타당성을 표현할 수 있게 해준다.[4]

4 E. T. Jaynes, *Probability Theory: The Logic of Science*, Cambridge University Press, 2003.

$$P(A) > P(B) \text{ iff } A > B \tag{2.5}$$
$$P(A) = P(B) \text{ iff } A \sim B \tag{2.6}$$

P의 형태에 대해 일련의 추가적인 가정을 하면[5] P가 **확률의 기본 공리**를 충족해야 함을 보일 수 있다(부록 A.2 참고). A를 확신한다면 $P(A) = 1$이다. A가 불가능하다고 믿는다면 $P(A) = 0$이다. A의 진실에 대한 불확실성은 두 극단 사이의 값으로 표현된다. 따라서 확률 질량은 0과 1 사이에 있어야 하며 $0 \le P(A) \le 1$이 된다.

5 해당 공리는 다음 문헌을 참고하라. P. C. Fishburn, "The Axioms of Subjective Probability," *Statistical Science*, vol. 1, no. 3, pp. 335 – 345, 1986. 보다 최근의 공리는 다음 문헌에 소개돼 있다. M. J. Dupré and F. J. Tipler, "New Axioms for Rigorous Bayesian Probability," *Bayesian Analysis*, vol. 4, no. 3, pp. 599 – 606, 2009.

2.2 확률 분포

확률 분포probability distribution는 서로 다른 결과outcome에 확률을 할당한다.[6] 이산 또는 연속 결과를 포함하는지 여부에 따라 확률 분포를 나타내는 다양한 방법이 있다.

6 확률론에 대한 소개는 다음 문헌을 참고하라. D. P. Bertsekas and J. N. Tsitsiklis, *Introduction to Probability*, Athena Scientific, 2002.

2.2.1 이산 확률 분포

이산 확률 분포discrete probability distribution는 이산값을 가진 집합에 대한 분포다. 이러한 분포를 확률 질량 함수로 나타낼 수 있다. 이 함수는 입력 변수의 값에 대한 모든 가능한 할당에 확률을 할당한다. 예를 들어, $1, \ldots, n$의 n개의 값 중 하나를 취할 수 있는 변수 X가 있다고 가정하자. 이를 콜론colon 기호를 사용하면 $1 : n$으로 나타낼 수 있다.[7] X와 관련된 분포는 해당 변수에 다양한 값이 할당된 n개의 확률을 지정한다. 즉 $P(X = 1), \ldots, P(X = n)$이다.

그림 2.1은 이산 분포의 예를 보여준다. 이산 분포와 관련된 확률 질량에 제약 조건이 있다. 질량의 합은 1이어야 한다.

$$\sum_{i=1}^{n} P(X = i) = 1 \tag{2.7}$$

그리고 모든 i에 대해 $0 \leq P(X = i) \leq 1$이다.

표기의 편의상 변수에 값을 할당하는 방법을 설명할 때 소문자와 위첨자를 사용하기로 하자. 예를 들어, $P(x^3)$은 $P(X = 3)$의 간단한 표현이다. X가 이진 변수인 경우 참 또는 거짓 중 하나의 값을 가질 수 있다.[8] 거짓을 나타내는 데 0을 사용하고 참을 나타내는 데 1을 사용한다. 예를 들어, $P(x^0)$는 X가 거짓일 확률을 나타낸다.

분포에 대한 매개 변수parameter는 다른 할당 값에 연계된 확률을 제어한다. 예를 들어, X를 사용해 육면체 주사위 굴림의 결과를 나타낸다면 $P(x^1) = \theta_1, \ldots, P(x^6) = \theta_6$이 될 것이고 여기서 $\theta_{1:6}$는 분포의 6개 매개 변수가 될 것이다. 그러나 분포의 합이 1이어야 한다는 것을 알고 있기 때문에 던진 결과에 대한 분포를 고유하게 지정하려면 5개의 독립 매개 변수independent parameter만 있어도 된다.

7 여기서는 편의상 콜론(:) 표기법을 사용할 것이다. 다른 문헌에서는 1부터 n까지의 구간에 대해 가끔 $[1..n]$이라는 표기법을 사용하기도 할 것이다. 또한 이 콜론 표기법을 사용해 벡터(vector)와 행렬(matrix)을 색인화한다. 예를 들어, $x_{1:n}$은 $x_1, \ldots, x_n$를 나타낸다. 종종 줄리아 및 MATLAB과 같은 프로그래밍 언어에서 사용된다.

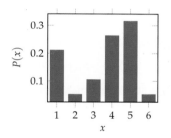

▲ **그림 2.1** 1:6 분포에서의 확률 밀도 함수

8 줄리아 같은 프로그램에서는 다른 여러 응용 프로그램과 마찬가지로 유사하게 부울 값을 수치 연산은 0과 1로 취급한다.

2.2.2 연속 확률 분포

연속 확률 분포^{continuous probability distribution}는 연속적인 값 집합에 대한 분포다. 연속 변수에 대한 분포를 나타내는 것은 이산 변수보다 약간 복잡하다. 예를 들어, 많은 연속 분포에서 변수가 특정 값을 가질 확률은 극히 작다. 연속 확률 분포를 나타내는 한 가지 방법은 소문자로 표시한 **확률 밀도 함수**^{probability density function}(그림 2.2 참고)를 사용하는 것이다. $p(x)$가 X에 대한 확률 밀도 함수인 경우 $p(x)dx$는 $dx \to 0$에 따라 X가 구간 $(x, x+dx)$ 내에 포함될 확률이다. 이산 분포와 관련된 확률 질량의 합이 1이 돼야 하는 것과 유사하게 확률 밀도 함수 $p(x)$의 적분값은 1이 돼야 한다.

$$\int_{-\infty}^{\infty} p(x)\, \mathrm{d}x = 1 \tag{2.8}$$

연속 분포를 나타내는 또 다른 방법은 **누적 분포 함수**^{cumulative distribution function}(그림 2.3 참고)를 사용하는 것이다. 이 함수는 특정 임계치 미만의 값과 관련된 확률 질량을 지정한다. 변수 X와 관련된 누적 분포 함수 P가 있는 경우 $P(x)$는 x보다 작거나 같은 값을 취하는 X와 관련된 확률 질량을 나타낸다. 누적 분포 함수는 다음과 같이 확률 밀도 함수 p로 정의할 수 있다.

$$\mathrm{cdf}_X(x) = P(X \le x) = \int_{-\infty}^{x} p(x')\, \mathrm{d}x' \tag{2.9}$$

누적 분포 함수와 관련된 것은 **역누적 분포 함수**^{inverse cumulative distribution function}라고도 하는 **분위수 함수**^{quantile function}다(그림 2.4 참고). $\mathrm{quantile}_X(\alpha)$의 값은 $P(X \le x) = \alpha$가 되는 값 x다. 즉 분위수 함수는 누적 분포 값이 α보다 크거나 같은 x의 최솟값을 반환한다. 물론 $0 \le \alpha \le 1$이다.

매개 변수화된 다양한 분포군이 있다. 부록 B에서 몇 가지를 설명한다. 간단한 분포 계열은 **균등 분포**^{uniform distribution} $\mathcal{U}(a, b)$로서 a와 b 사이에 균등한 확률 밀도가 할당되며, 그 이외에는 0이 할당된다. 따라서 구간 $[a, b]$에서의 x를 나타내는 확

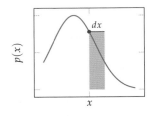

▲ **그림 2.2** 연속 확률 분포를 위해서는 확률 밀도 함수가 사용된다. $p(x)$가 확률 밀도이면, $p(x)dx$는 푸른 사각형 아래의 면적은 $dx \to 0$으로 감에 따라 확률 변수로부터의 표본이 $(x, x+dx)$ 구간 내에 있을 확률이 된다.

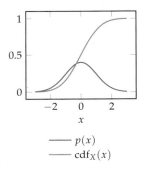

▲ **그림 2.3** 표준 가우스 분포에 대한 확률 밀도 함수와 누적 확률 함수

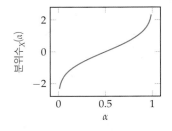

▲ **그림 2.4** 표준 가우스 분포에 대한 분위수 함수

률 밀도 함수는 $p(x) = 1/(b − a)$가 된다. x에서의 밀도는 $\mathcal{U}(x \mid a, b)$로 나타낼 수 있다.[9] 분포의 서포트^{support}란 0이 아닌 밀도가 할당된 값들의 집합이다. $\mathcal{U}(a, b)$의 경우 서포트는 구간 $[a, b]$가 된다. 예제 2.1을 참고하라.

9 일부 책에는 세미콜론을 사용해 분포의 매개 변수를 구분한다. 예를 들어, $\mathcal{U}(x; a, b)$로 나타낼 수 있다.

예제 2.1 하한이 0이고 상한이 10인 균등 분포의 예

균등 분포 $\mathcal{U}(0, 10)$은 범위 $[0, 10]$의 모든 값에 다음과 같이 동일한 확률을 할당한다.

$$\mathcal{U}(x \mid 0, 10) = \begin{cases} 1/10 & \text{만약} \quad 0 \le x \le 10 \\ 0 & \text{그외} \end{cases} \tag{2.10}$$

이 분포의 임의 표본이 상수 π와 같을 확률은 본질적으로 0이다. 그러나 $[3, 5]$와 같이 일부 구간 내에 있는 샘플에 대해 0이 아닌 확률을 정의할 수 있다. 예를 들어, 여기에 표시된 분포에서의 표본이 3과 5 사이에 있을 확률은 다음과 같다.

$$\int_3^5 \mathcal{U}(x \mid 0, 10) \, dx = \frac{5 − 3}{10} = \frac{1}{5} \tag{2.11}$$

이 분포의 서포트는 구간 $[0, 10]$이다.

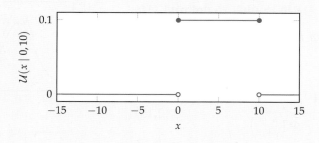

연속 변수에 대한 또 다른 일반적인 분포는 가우스 분포^{Gaussian distribution}(정규 분포라고도 함)다. 가우스 분포는 평균 μ와 분산 σ^2로 매개 변수화된다.

$$p(x) = \mathcal{N}(x \mid \mu, \sigma^2) \tag{2.12}$$

여기서 σ는 분산의 제곱근인 **표준 편차**standard deviation다. 분산은 일반적으로 v로 표시된다. 대개 $\mathcal{N}(\mu, \sigma^2)$는 매개 변수가 μ와 σ^2인 가우스 분포를 나타낸다. 그리고 $\mathcal{N}(x \mid \mu, \sigma^2)$는 다음 식에 의해 주어진 확률 밀도를 나타낸다.

$$\mathcal{N}(x \mid \mu, \sigma^2) = \frac{1}{\sigma} \phi\left(\frac{x - \mu}{\sigma}\right) \tag{2.13}$$

여기서 ϕ는 **표준 정규 밀도 함수**standard normal density function다.

$$\phi(x) = \frac{1}{\sqrt{2\pi}} \exp\left(-\frac{x^2}{2}\right) \tag{2.14}$$

부록 B는 다양한 매개 변수에 대한 가우스 밀도 함수를 도식화해준다.

가우스 분포는 단 2개의 매개 변수로 정의되고 계산과 도출이 쉽기 때문에 대개 편리하지만 몇 가지 제약 사항이 있다. 큰 양수 값과 음수 값에 0이 아닌 확률을 할당하므로 모델링하려는 정량quantity에 적합하지 않을 수 있다. 예를 들어, 비행기가 지면 아래로 날거나 실행 불가능한 고도에서 비행할 확률에 0이 아닌 확률 값을 할당하고 싶지는 않을 것이다. 가능한 값의 서포트를 제한하기 위해 잘린 가우스 분포truncated Gaussian distribution(그림 2.5 참고)를 사용할 수 있다. 즉 0이 아닌 확률이 할당된 값의 범위다. 밀도 함수는 x가 구간 (a, b) 내에 있을 때 다음과 같이 지정된다.

$$\mathcal{N}(x \mid \mu, \sigma^2, a, b) = \frac{\frac{1}{\sigma}\phi\left(\frac{x-\mu}{\sigma}\right)}{\Phi\left(\frac{b-\mu}{\sigma}\right) - \Phi\left(\frac{a-\mu}{\sigma}\right)} \tag{2.15}$$

함수 Φ는 다음 식에 의해 주어진 표준 정규 누적 분포 함수다.

$$\Phi(x) = \int_{-\infty}^{x} \phi(x')\, \mathrm{d}x' \tag{2.16}$$

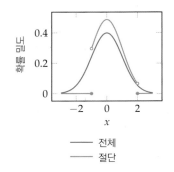

—— 전체
—— 절단

▲ **그림 2.5** 단위 가우스 분포의 확률 밀도 함수와 −1에서 2 사이에서 절단된 동일한 분포

가우스 분포는 단봉^{unimodal}이며, 밀도가 한쪽에서는 증가하고 다른 쪽에서는 감소하는 분포 지점이 있음을 의미한다. 다중 모드인 연속 분포를 나타내는 여러 가지 방법이 있다. 한 가지 방법은 여러 분포가 혼합된 혼합 모델을 사용하는 것이다. 다중 모드 분포를 얻기 위해 단일 모드 분포 모음을 함께 혼합한다. 가우스 혼합 모델은 단순히 다양한 가우스 분포의 가중 평균인 혼합 모델이다. 가우스 혼합 모델의 매개 변수에는 가우스 분포 성분의 매개 변수 $\mu_{1:n}$, $\sigma^2_{1:n}$과 그 가중치 $\rho_{1:n}$이 들어 있다. 밀도는 다음과 같다.

$$p(x \mid \mu_{1:n}, \sigma^2_{1:n}, \rho_{1:n}) = \sum_{i=1}^{n} \rho_i \mathcal{N}(x \mid \mu_i, \sigma_i^2) \tag{2.17}$$

여기서 가중치의 합은 1이어야 한다. 예제 2.2는 두 가지 구성 요소가 있는 가우스 혼합 모델을 보여준다.

각각 $\mu_1 = 5$, $\sigma_1 = 2$와 $\mu_2 = -5$, $\sigma^2 = 4$ 그리고 가중치가 $\rho_1 = 0.6$과 $\rho_2 = 0.4$의 두 성분을 가진 가우스 혼합 모델을 만들 수 있다. 여기서는 가중치로 크기 조정된 두 구성 요소의 밀도를 도식화했다.

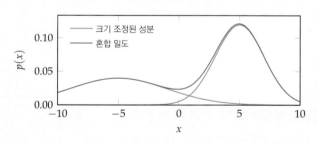

예제 2.2 가우스 혼합 모델의 예

다중 모드 연속 분포를 나타내는 또 다른 접근 방식은 이산화다. 예를 들어, 연속 변수에 대한 분포를 구분-균등 밀도^{piecewise-uniform density}로 나타낼 수 있다. 밀도는 구간의 가장자리로 지정되며 확률 질량은 각 구간과 연결된다. 이러한 구분-균등 분포는 성분이 균등 분포인 혼합 모델의 한 유형이다.

2.3 결합 분포

결합 분포^{joint distribution}는 여러 변수에 대한 확률 분포다. 단일 변수에 대한 분포를 일변량 분포^{univariate distribution}라고 하고 여러 변수에 대한 분포를 다변량 분포 ^{multivariate distribution}라고 한다. 2개의 이산 변수 X와 Y에 대한 결합 분포의 경우 $P(x, y)$는 $X = x$ 및 $Y = y$일 확률을 나타낸다.

결합 분포에서는 **총 확률의 법칙**^{law of total probability}을 사용해 다른 모든 변수를 합산해 변수 또는 변수 집합의 한계^{marginal} 분포를 계산할 수 있다.[10]

$$P(x) = \sum_y P(x, y) \tag{2.18}$$

이 속성은 이 책 전체에서 사용된다.

실제 의사결정에는 대개 많은 변수가 포함된 결합 분포에 대한 추론이 필요하다. 때때로 나타내야 하는 중요한 변수 사이에 복잡한 관계가 있다. 변수가 이산 또는 연속 값을 포함하는지 여부에 따라 결합 분포를 나타낼 때 다른 전략을 사용할 수 있다.

2.3.1 이산 결합 분포

변수가 이산이면 결합 분포는 표 2.1에 표시된 것과 같은 표로 나타낼 수 있다. 표 2.1에는 3개의 이진 변수에 대한 가능한 모든 값 할당이 나열돼 있다. 각 변수는 0 또는 1만 될 수 있으므로 $2^3 = 8$가지의 가능한 할당이 있다. 다른 이산 분포와 마찬가지로 표의 확률 합계는 1이어야 한다. 표에는 8개의 항목이 있지만 그중 7개만이 독립적이다. θ_i가 표의 i번째 행의 확률을 나타내는 경우 매개 변수 $\theta_1, \dots, \theta_7$만 있으면 분포를 나타낼 수 있다. $\theta_8 = 1 - (\theta_1 + \dots + \theta_7)$라는 것을 알고 있기 때문이다.

n개의 이진 변수가 있는 경우 결합 분포를 지정하기 위해서는 $2^n - 1$개의 독립

10 분포가 연속이면 주변화(marginalizing)할 때 다른 변수를 통합한다. 예를 들면, 다음과 같다.

$$p(x) = \int p(x, y)\, \mathrm{d}y$$

▼ **표 2.1** 이진 변수 X, Y, Z가 있는 결합 분포의 예시

X	Y	Z	$P(X, Y, Z)$
0	0	0	0.08
0	0	1	0.31
0	1	0	0.09
0	1	1	0.37
1	0	0	0.01
1	0	1	0.05
1	1	0	0.02
1	1	1	0.07

매개 변수가 필요하다. 매개 변수 수가 이렇게 기하급수적으로 증가하면 분포를 메모리에 저장하기가 어려워진다. 경우에 따라 변수가 독립적이라고 가정할 수 있다. 즉 하나의 실현값^realization이 다른 변수의 확률 분포에 영향을 미치지 않는다는 의미다. X와 Y가 독립적인 경우(때때로 $X \perp Y$로 표시됨) 모든 x와 y에 대해 $P(x, y)$ $= P(x)P(y)$임을 알고 있다. 모두 독립인 이진 변수 $X_1, \ldots, X_n$이 있다고 가정하자. 따라서 $P(x_{1:n}) = \prod_i P(x_i)$다. 이 분해를 통해 독립성을 가정할 수 없을 때 필요한 $2^n - 1$ 대신 n개의 독립 매개 변수만으로 이 결합 분포를 나타낼 수 있다(표 2.2 참고).

요인^factor의 관점에서 결합 분포를 나타낼 수도 있다. 변수 집합에 대한 요인 ϕ 는 해당 변수를 실수에 할당하는 함수다. 확률 분포를 나타내려면 요인의 실수가 음수가 아니어야 한다. 음수가 아닌 값을 가진 요인은 확률 분포를 나타내도록 정규화될 수 있다. 알고리듬 2.1은 이산 요소에 대한 구현을 보여주고 예제 2.3은 작동 방식을 보여준다.

▼ **표 2.2** 표 2.1의 변수가 독립이라는 것을 알고 있으면 곱 $P(x)P(y)P(z)$를 사용해 $P(x, y, z)$를 나타낼 수 있다. 이 표현에는 세 가지 일변량 분포 각각에 대해 하나의 매개 변수만 필요하다.

X	$P(X)$	Y	$P(Y)$
0	0.85	0	0.45
1	0.15	1	0.55

Z	$P(Z)$
0	0.20
1	0.80

```
struct Variable
    name::Symbol
    r::Int # 가능한 수의 개수
end

const Assignment = Dict{Symbol,Int}
const FactorTable = Dict{Assignment,Float64}

struct Factor
    vars::Vector{Variable}
    table::FactorTable
end

variablenames(ϕ::Factor) = [var.name for var in ϕ.vars]

select(a::Assignment, varnames::Vector{Symbol}) =
    Assignment(n=>a[n] for n in varnames)
```

알고리듬 2.1 이산 변수 집합에 대한 요인과 작업하기 위한 유형과 함수. 변수에는 이름(기호로 표시)이 부여되며 1에서 m까지의 정수를 가질 수 있다. 할당(assignment)은 변수 이름에서 정수로 표시되는 값으로의 매핑이다. 요인은 요인 표에 의해 정의되며 변수 집합을 포함한 다양한 값을 할당하고, 이는 할당에서 실숫값으로의 매핑이다. 이 매핑은 딕셔너리로 표시된다. 딕셔너리에 포함되지 않은 할당은 0으로 설정된다. 또한 이 알고리듬 블록에는 요인과 관련된 변수 이름을 반환하고, 할당의 하위 집합을 선택하고, 가능한 할당을 열거하고, 요인을 정규화하기 위한 일부 효용 함수가 있다. 부록 G.3.3에서 설명한 바와 같이 product는 컬렉션 집합에서 데카르트 곱(Cartesian product)을 생성한다. Base.Iterator 에서 임포트한다.

```
function assignments(vars::AbstractVector{Variable})
    names = [var.name for var in vars]
    return vec([Assignment(n=>v for (n,v) in zip(names, values))
            for values in product((1:v.r for v in vars)...)])
end

function normalize!(φ::Factor)
    z = sum(p for (a,p) in φ.table)
    for (a,p) in φ.table
        φ.table[a] = p/z
    end
    return φ
end
```

다음 코드를 사용해 표 2.1을 Factor 형식으로 인스턴스화할 수 있다.

```
# 부록. G.5에 있는 편의 함수가 필요하다.
X = Variable(:x, 2)
Y = Variable(:y, 2)
Z = Variable(:z, 2)
φ = Factor([X, Y, Z], FactorTable(
    (x=1, y=1, z=1) => 0.08, (x=1, y=1, z=2) => 0.31,
    (x=1, y=2, z=1) => 0.09, (x=1, y=2, z=2) => 0.37,
    (x=2, y=1, z=1) => 0.01, (x=2, y=1, z=2) => 0.05,
    (x=2, y=2, z=1) => 0.02, (x=2, y=2, z=2) => 0.07,
))
```

예제 2.3 이산 요인 구성. 명명된 튜플을 사용하는 요인 표의 구성에는 정의된 효용 함수를 활용한다.

반복되는 값이 있는 결합 분포를 나타내는 데 필요한 저장 공간을 줄이는 또 다른 접근 방식은 의사결정 트리$^{decision\ tree}$를 사용하는 것이다. 3개의 이산 데이터를 가진 결정 트리는 예제 2.4에 있다. 매개 변수 개수 측면에서, 이 예제는 절감 효과가 크지 않을 수 있지만 많은 변수와 반복되는 값이 있는 경우 상당히 커질 수 있다.

결합 확률 분포를 나타내는 다음 표가 있다고 가정하자. 오른쪽의 의사결정
트리를 사용해 표의 값을 보다 간결하게 나타낼 수 있다. 변수가 0이면 빨간
색 화살표를 따르고 변수가 1이면 파란색 화살표를 따른다. 8개의 확률을 저
장하는 대신 트리의 표현과 함께 5개만 저장한다.

X	Y	Z	$P(X, Y, Z)$
0	0	0	0.01
0	0	1	0.01
0	1	0	0.50
0	1	1	0.38
1	0	0	0.02
1	0	1	0.03
1	1	0	0.02
1	1	1	0.03

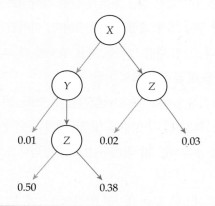

2.3.2 연속 결합 분포

연속 변수에 대한 결합 분포를 정의할 수도 있다. 다소 단순한 분포는 다변량 균등
분포^{multivariate uniform distribution}인데, 서포트가 있는 모든 곳에서 밀도를 나타내기 위
해 상수 $\mathcal{U}(\mathbf{a}, \mathbf{b})$를 할당한다. 상자에 대해 균등 분포를 사용할 수 있는데, 이는 구
간의 데카르트 곱이며 $[a_i, b_i]$는 i번째 구간이다. 이 균등 분포 계열은 일변량 분포
의 곱으로 정의된 분포인 다변량 곱 분포^{multivariate product distribution}의 특수한 유형이
다. 이 경우는 다음과 같다.

$$\mathcal{U}(\mathbf{x} \mid \mathbf{a}, \mathbf{b}) = \prod_i \mathcal{U}(x_i \mid a_i, b_i) \tag{2.19}$$

일변량 분포와 마찬가지로 다변량 균등 분포의 가중 컬렉션에서 혼합 모델을

만들 수 있다. n개의 변수와 k개의 혼합 성분에 대한 결합 분포의 경우 $k(2n + 1)$ $- 1$개의 독립 매개 변수를 정의해야 한다. 각 k 구성 요소에 대해 각 변수의 상한 및 하한과 가중치를 정의해야 한다. 가중치의 합이 1이 돼야 하므로 1을 뺄 수 있다. 그림 2.6은 다섯 가지 구성 요소로 나타낼 수 있는 예를 보여준다.

각 변수를 독립적으로 이산화해 부분별^{piecewise} 상수 밀도 함수를 나타내는 것도 일반적이다. 이산화는 각 변수에 대한 구간 경계 집합으로 표시된다. 이러한 구간 경계는 변수에 대한 그리드를 정의한다. 그런 다음 일정한 확률 밀도를 각 그리드 셀과 연결한다. 구간 가장자리는 균등하게 분리될 필요가 없다.

경우에 따라 특정 값 주변에서 해상도를 높이는 것이 바람직할 수 있다. 변수에 따라 변수와 연결된 구간 경계가 다를 수 있다. 각 변수에 대해 n개의 변수와 m개의 구간이 있는 경우 구간 가장자리를 정의하는 값 외에도 분포를 정의하기 위해 $m^n - 1$개의 독립 매개 변수가 필요하다.

경우에 따라 이산 결합 분포에 대해 설명한 것과 유사한 방식으로 연속 결합 분포를 의사결정 트리로 나타내는 것이 메모리 효율성이 더 높을 수 있다. 내부 노드는 변수를 임계치와 비교하고 단말 노드는 밀도 값이 된다. 그림 2.7은 그림 2.6의 밀도 함수를 나타내는 결정 트리를 보여준다.

또 다른 유용한 분포는 다음의 밀도 함수를 갖는 다변량 가우스 분포^{multivariate} ^{Gaussian distribution}다.

$$\mathcal{N}(\mathbf{x} \mid \boldsymbol{\mu}, \boldsymbol{\Sigma}) = \frac{1}{(2\pi)^{n/2}|\boldsymbol{\Sigma}|^{1/2}} \exp\left(-\frac{1}{2}(\mathbf{x} - \boldsymbol{\mu})^{\top}\boldsymbol{\Sigma}^{-1}(\mathbf{x} - \boldsymbol{\mu})\right) \quad (2.20)$$

여기서 $\mathbf{x}$는 $\mathbb{R}^n$에 있고 $\boldsymbol{\mu}$는 평균 벡터이고 $\boldsymbol{\Sigma}$는 공분산 행렬이다. 여기에 주어진 밀도 함수는 $\boldsymbol{\Sigma}$가 양의 정부호여야 한다.[11] 독립 매개 변수의 수는 $n + (n + 1)n/2$이고, $\boldsymbol{\mu}$의 성분 수에 행렬 $\boldsymbol{\Sigma}$의 상삼각 성분 개수를 더한 것과 같다.[12] 부록 B는 다양한 다변량 가우스 밀도 함수를 보여준다. 또한 다변량 가우스 혼합 모델을 정의할 수도 있다. 그림 2.8은 세 가지 구성 요소가 있는 예를 보여준다.

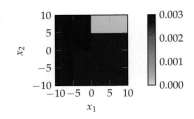

▲ **그림 2.6** 다변량 균등 분포의 혼합에 대한 밀도 함수

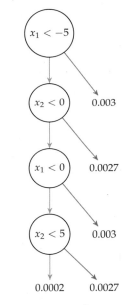

▲ **그림 2.7** $[-10, 10]^2$ 구간의 x_1, x_2에 대해 정의된 부분별 상수 결합 확률 분포를 나타내는 결정 트리의 예

11 이 정의는 부록 A.5에서 살펴본다.

12 Σ의 상삼각의 매개 변수를 알고 있다면 하삼각 또한 알 수 있다. Σ는 대칭이기 때문이다.

모든 변수가 독립인 다변량 가우스가 있는 경우 공분산 행렬 $\mathbf{\Sigma}$는 n개의 독립 매개 변수만 있는 대각 행렬이다. 사실 일변량 가우스 밀도의 곱으로 밀도 함수를 작성할 수 있다.

$$\mathcal{N}(\mathbf{x} \mid \mathbf{\mu}, \mathbf{\Sigma}) = \prod_i \mathcal{N}(x_i \mid \mu_i, \Sigma_{ii}) \tag{2.21}$$

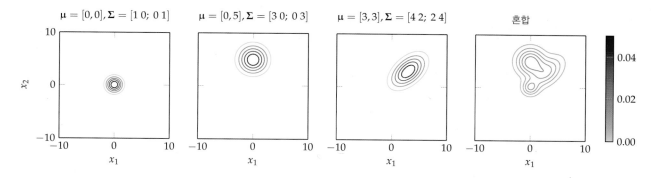

▲ **그림 2.8** 세 가지 구성 요소가 있는 다변량 가우스 혼합 모델. 구성 요소는 각각 가중치 0.1, 0.5 및 0.4와 함께 혼합된다.

2.4 조건부 분포

2.3절에서는 결합 분포를 정의하는 데 사용되는 매개 변수의 수를 줄이는 데 도움이 될 수 있는 독립성의 개념을 소개했다. 그러나 언급한 바와 같이 독립성은 너무 강한 가정일 수 있다. 2.4절에서는 강력한 가정을 하지 않고도 독립 매개 변수의 수를 줄이는 데 도움이 되는 조건부 독립 개념을 소개한다. 조건부 독립성을 논의하기 전에 하나 이상의 값이 주어진 경우 그 변수에 대한 다른 변수의 분포를 의미하는 조건부 분포^{conditional distribution}의 개념을 소개한다.

조건부 확률^{conditional probability}의 정의는 다음과 같다.

$$P(x \mid y) = \frac{P(x, y)}{P(y)} \tag{2.22}$$

여기서 $P(x \mid y)$는 '주어진 y에 대한 x의 확률'이라고 읽는다. 종종 y를 증거 evidence라고 부르기도 한다.

조건부 확률 분포도 어떤 주어진 증거에 대한 하나 이상의 변수에 대한 확률 분포이므로 이산값 X에 대해 다음의 사실을 알고 있다.

$$\sum_x P(x \mid y) = 1 \tag{2.23}$$

X가 연속이면 적분값이 1이 된다.

조건부 확률의 정의를 방정식 (2.18)에 통합해 이산 분포에 대해 약간 다른 형태의 전체 확률 법칙을 얻을 수 있다.

$$P(x) = \sum_y P(x \mid y)P(y) \tag{2.24}$$

조건부 정의를 따르는 또 다른 유용한 관계는 바로 베이즈 규칙Bayes' rule이다.[13]

$$P(x \mid y) = \frac{P(y \mid x)P(x)}{P(y)} \tag{2.25}$$

조건부 분포 $P(y \mid x)$가 있는 경우 베이즈 규칙을 적용해 x와 y를 바꾸면 조건부 확률 $P(x \mid y)$를 얻을 수 있다. 이제 조건부 확률을 나타내는 다양한 방법에 대해 알아보자.

2.4.1 이산 조건부 모델

이산 변수에 대한 조건부 확률 분포는 표를 사용해 나타낼 수 있다. 사실 2.3.1절에서 결합 분포에 사용한 것과 동일한 이산 요인 표현을 사용할 수 있다. 표 2.3은 모든 이진 변수가 있는 $P(X \mid Y, Z)$를 나타내는 표의 예를 보여준다. 결합 표(예: 표 2.1)와 달리 확률을 포함하는 열의 합계는 1이 될 필요가 없다. 그러나 우리가 조건화하고 있는 것에 대해서 확률을 합산하면 1을 얻어야 한다. 예를 들어, y^0와

13 영국의 통계학자이자 장로교 목사인 토마스 베이즈(Thomas Bayes)(1701~1761)의 이름을 땄는데, 그는 이 정리를 형식화했다. 관련된 역사는 다음 문헌을 참고하라. S. B. McGrayne, *The Theory That Would Not Die*. Yale University Press, 2011.

z^0(증거)에 조건을 지정하면 다음과 같다.

$$P(x^0 \mid y^0, z^0) + P(x^1 \mid y^0, z^0) = 0.08 + 0.92 = 1 \qquad (2.26)$$

조건부 확률표는 상당히 커질 수 있다. 모든 변수가 m 값을 가질 수 있고 n 변수를 조건으로 했던 표 2.3과 같은 표를 생성한다면 m^{n+1}개의 행이 있을 것이다. 그러나 조건화하지 않은 변수의 m개 값의 합이 1이어야 하므로 $(m-1)m^n$개의 독립 매개 변수만 있다. 우리가 조건화하는 변수 개수는 여전히 기하급수적으로 증가하고 있다. 조건부 확률표에 반복되는 값이 많을 때는 2.3.1절에서 소개한 의사결정 트리가 더 효율적인 표현이 될 수 있다.

2.4.2 조건부 가우스 모델

조건부 가우스 모델$^{\text{conditional Gaussian model}}$은 하나 이상의 이산 변수가 주어졌을 때 연속 변수에 대한 분포를 나타내는 데 사용할 수 있다. 예를 들어, 연속 변수 X와 값이 $1:n$인 이산 변수 Y가 있는 경우 다음과 같이 조건부 가우스 모델을 정의할 수 있다.[14]

$$p(x \mid y) = \begin{cases} \mathcal{N}(x \mid \mu_1, \sigma_1^2) & \text{만약 } y^1 \\ \vdots & \\ \mathcal{N}(x \mid \mu_n, \sigma_n^2) & \text{만약 } y^n \end{cases} \qquad (2.27)$$

여기서 매개 변수 벡터는 $\boldsymbol{\theta} = [\mu_{1:n}, \sigma_{1:n}]$이다. $2n$개의 모든 매개 변수는 독립적으로 변할 수 있다. 여러 이산 변수에 대한 조건을 지정하려면 더 많은 사례와 관련 매개 변수를 추가하기만 하면 된다.

2.4.3 선형 가우스 모델

선형 가우스 모델$^{\text{linear Gaussian model}}$ $P(X \mid Y)$는 연속 변수 X에 대한 분포를 평균이

▼ **표 2.3** 이항 변수 X, Y, Z를 포함하는 조건부 분포의 예

X	Y	Z	$P(X \mid Y, Z)$
0	0	0	0.08
0	0	1	0.15
0	1	0	0.05
0	1	1	0.10
1	0	0	0.92
1	0	1	0.85
1	1	0	0.95
1	1	1	0.90

14 이 정의는 단변량 가우스의 혼합에 대한 것이지만 개념은 다차원 가우스의 혼합으로 쉽게 일반화될 수 있다.

연속 변수 Y 값의 선형 함수인 가우스 분포로 나타낸다. 조건부 밀도 함수는 다음과 같다.

$$p(x \mid y) = \mathcal{N}(x \mid my + b, \sigma^2) \tag{2.28}$$

여기서 매개 변수는 $\boldsymbol{\theta} = [m, b, \sigma]$이다. 평균은 매개 변수 m과 b로 정의되는 y의 선형 함수다. 분산은 일정하다. 그림 2.9에 예가 나와 있다.

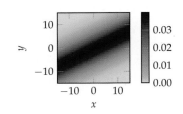

▲ **그림 2.9** $p(x \mid y) = \mathcal{N}(x \mid 2y + 1, 10^2)$인 선형 가우스 모델

2.4.4 조건부 선형 가우스 모델

조건부 선형 가우스 모델은 조건부 가우스 모델과 선형 가우스 모델의 아이디어를 결합해 이산 변수와 연속 변수 모두에서 연속 변수를 조건화할 수 있다. $p(X \mid Y, Z)$를 나타내려고 한다고 가정해보자. 여기서 X와 Y는 연속이고 Z는 $1 : n$ 값을 갖는 이산이다. 그러면 조건부 밀도 함수는 다음과 같다.

$$p(x \mid y, z) = \begin{cases} \mathcal{N}(x \mid m_1 y + b_1, \sigma_1^2) & \text{if } z^1 \\ \vdots & \\ \mathcal{N}(x \mid m_n y + b_n, \sigma_n^2) & \text{if } z^n \end{cases} \tag{2.29}$$

여기서 매개 변수 벡터 $\boldsymbol{\theta} = [m_{1:n}, b_{1:n}, \sigma_{1:n}]$은 $3n$개의 성분을 가진다.

2.4.5 시그모이드 모델

시그모이드sigmoid[15] 모델을 사용해 연속 변수를 조건으로 하는 이진 변수에 대한 분포를 나타낼 수 있다. 예를 들어, x는 이진수이고 y는 연속인 $P(x^1 \mid y)$를 나타내는 경우를 생각해보자. 물론 임계치 θ를 설정할 수도 있고 $y < \theta$이면 $P(x^1 \mid y) = 0$으로, 그렇지 않으면 $P(x^1 \mid y) = 1$이라고 할 수도 있다. 그러나 많은 응용 프로그램에서 특정 y 값에 대해 x^1에 0 확률을 할당하는 결과를 낳는 엄격한 임계치는 원

15 시그모이드는 S자형 곡선이다. 이러한 곡선을 수학적으로 표현할 수 있는 다양한 방법이 있지만 여기서는 로짓(logit) 모델만 살펴본다.

치 않을 수 있다.

하드 임계치^{hard threshold} 대신 소프트 임계치^{soft threshold}를 사용해 임계치 미만일 때
는 낮은 확률을 할당하고 임계치 이상일 때 높은 확률을 할당할 수 있다. 소프트 임
계치를 나타내는 한 가지 방법은 시그모이드 곡선을 생성하는 로짓 모델을 사용하
는 것이다.

$$P(x^1 \mid y) = \frac{1}{1 + \exp\left(-2\frac{y-\theta_1}{\theta_2}\right)} \qquad (2.30)$$

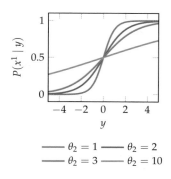

▲ **그림 2.10** $\theta_1 = 0$이고 여러 θ_2에 대한
로짓 모델

매개 변수 θ_1은 임계치의 위치를 제어하고 θ_2는 확률의 '부드러움^{softness}' 또는 확산
^{spread}을 제어한다. 그림 2.10은 로짓 모델이 있는 $P(x^1 \mid y)$의 그림을 보여준다.

2.4.6 결정론적 변수

어떤 문제는 결정론적 변수^{deterministic variable}와 관련돼 있으며, 그 값은 주어진 증거
에 따라 고정된다. 즉 증거에 대한 결정론적 함수인 값에 확률 1을 할당한다. 이산
결정론적 변수를 나타내기 위해 조건부 확률표를 사용하는 것은 가능하지만 낭비
적이다. 단일 변수 인스턴스화는 각 상위 인스턴스화에 대해 확률 1을 가지며 나
머지 항목은 0이다. 여기서의 구현은 보다 간결한 표현을 위해 이 희소성을 활용
할 수 있다. 이산 요인을 사용하는 이 텍스트의 알고리듬은 요인 표에서 누락된
모든 할당을 값 0으로 처리하므로 확률이 0이 아닌 할당만 저장해야 한다.

2.5 베이즈 네트워크

베이즈 네트워크^{Bayesian network}는 결합 확률 분포를 나타내는 데 사용할 수 있다.[16]
베이즈 네트워크의 구조는 노드와 방향성 선분으로 구성된 방향성 비순환 그래프
^{directed acyclic graph}로 정의된다.[17] 각 노드는 변수에 해당한다. 방향성 선분은 노드

16 베이즈 네트워크에 대한 보다 자세한 것
과 확률 그래픽 모델의 다른 형식들은 다음 문
헌을 참고하라. D. Koller and N. Friedman,
*Probabilistic Graphical Models: Principles
and Techniques*, MIT Press, 2009.

17 부록 A.16은 일반적 그래프 용어에 대해 알
아본다.

쌍을 연결하며 그래프에서 순환 구조는 금지된다.

방향성 선분은 직접적인 확률적 관계를 나타낸다.[18] 각 노드 X_i에 연계된 값은 조건부 확률 분포 $P(X_i \mid \text{Pa}(X_i))$이며, 여기서 여기서 $\text{Pa}(X_i)$는 그래프에서 X_i의 부모를 나타낸다. 알고리듬 2.2는 베이즈 네트워크 데이터 구조의 구현을 보여준다. 예제 2.5는 베이즈 네트워크를 위성 모니터링 문제에 적용하는 방법을 보여준다.

18 인과 그래프의 경우 선분의 방향은 변수 간의 인과관계를 나타낸다. 그러나 인과관계는 일반적으로 베이즈 네트워크에서는 필요치 않다. J. Pearl, *Causality: Models, Reasoning, and Inference*, 2nd ed. Cambridge University Press, 2009.

```
struct BayesianNetwork
    vars::Vector{Variable}
    factors::Vector{Factor}
    graph::SimpleDiGraph{Int64}
end
```

알고리듬 2.2 일련의 변수, 요소, 그래프 측면에서 이산 베이즈 네트워크 표현이다. 그래프 데이터 구조는 `Graphs.jl`에서 제공된다

베이즈 네트워크의 연쇄 법칙[chain rule]은 로컬 조건부 확률 분포에서 결합 분포를 구성하는 방법을 지정해준다. 변수 $X_{1:n}$이 있고 이 모든 변수에 값 $P(x_{1:n})$이 할당될 특정 확률을 계산하고자 한다고 가정해보자. 연쇄 법칙에 따르면 다음과 같다.

$$P(x_{1:n}) = \prod_{i=1}^{n} P(x_i \mid \text{pa}(x_i)) \tag{2.31}$$

여기서 $\text{pa}(x_i)$는 X_i의 부모가 해당 값에 할당한 특정 할당이다. 알고리듬 2.3은 이산 요인으로 표현되는 조건부 확률 분포를 사용해 베이즈 네트워크에 대한 구현을 보여준다.

```
function probability(bn::BayesianNetwork, assignment)
    subassignment(ϕ) = select(assignment, variablenames(ϕ))
    probability(ϕ) = get(ϕ.table, subassignment(ϕ), 0.0)
    return prod(probability(ϕ) for ϕ in bn.factors)
end
```

알고리듬 2.3 주어진 베이즈 네트워크 bn에 대한 할당 확률을 계산하는 함수. 예를 들어, bn이 예제 2.5처럼 정의되면 a = (b=1,s=1,e=1,d=2,c=1) probability(bn, Assignment(a))는 0.034228655999999996을 반환한다.

위성satellite 예제에서 모두 정상일 확률, 즉 $P(b^0, s^0, e^0, d^0, c^0)$를 계산한다고 가정해보자. 연쇄법칙으로부터 다음과 같다.

$$P(b^0, s^0, e^0, d^0, c^0) = P(b^0)P(s^0)P(e^0 \mid b^0, s^0)P(d^0 \mid e^0)P(c^0 \mid e^0) \quad (2.32)$$

5개 변수 B, S, E, D, C에 대한 결합 분포를 완전히 지정했다면 $2^5 - 1 = 31$개의 독립 매개 변수가 필요했을 것이다. 베이즈 네트워크에서 가정한 구조를 통해 $1 + 1 + 4 + 2 + 2 = 10$개의 독립 매개 변수만 사용해 결합 분포를 지정할 수 있다.

그림에는 5개의 이진 변수를 포함하는 위성 모니터링 문제에 대한 베이즈 네트워크를 보여준다. 다행스럽게도 배터리 고장과 태양 전지판 고장은 모두 드물지만 태양 전지판 고장은 배터리 고장보다 다소 가능성이 높다. 둘 중 하나에 오류가 발생하면 전기 시스템 오류가 발생할 수 있다. 전원 관리 장치 문제와 같이 배터리 또는 태양열 패널 고장 이외의 전기 시스템 고장 원인이 있을 수 있다. 전기 시스템 장애는 망원경으로 지구에서 관찰할 수 있는 궤적 편차를 초래할 수 있을 뿐만 아니라 다양한 지상국으로의 원격 측정 및 임무 데이터 전송을 방해하는 통신 손실을 초래할 수 있다. 전기 시스템과 관련되지 않은 다른 이상은 궤적 편차 및 통신 손실을 초래할 수 있다.

5개의 변수 각각과 관련된 것은 5개의 조건부 확률 분포다. B와 S에는 부모가 없기 때문에 $P(B)$와 $P(S)$만 지정하면 된다. 여기의 코드는 연관된 요인 표의 요소에 대한 예제 값을 사용해 베이즈 네트워크 구조를 생성한다. 요인 표의 튜플은 변수의 도메인으로 인덱싱되는데, 이는 모든 변수에 대해 $\{0, 1\}$이다. 예를 들어, (e=2,b=1,s=1)은 (e^1, b^0, s^0)에 해당한다.

```
# 부록 G.5의 편의 함수가 필요하다.
B = Variable(:b, 2); S = Variable(:s, 2)
E = Variable(:e, 2)
D = Variable(:d, 2); C = Variable(:c, 2)
```

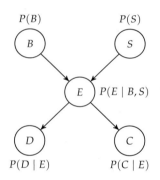

예제 2.5 위성 모니터링 문제를 나타내는 베이즈 네트워크. 다음은 방향성 비순환 그래프로 표현되는 네트워크의 구조다. 각 노드에 연계된 것은 조건부 확률 분포다.

B 배터리 고장
S 태양 전지판 고장
E 전기 시스템 고장
D 궤적 편차
C 통신 두절

```
vars = [B, S, E, D, C]
factors = [
    Factor([B], FactorTable((b=1,) => 0.99, (b=2,) => 0.01)),
    Factor([S], FactorTable((s=1,) => 0.98, (s=2,) => 0.02)),
    Factor([E,B,S], FactorTable(
        (e=1,b=1,s=1) => 0.90, (e=1,b=1,s=2) => 0.04,
        (e=1,b=2,s=1) => 0.05, (e=1,b=2,s=2) => 0.01,
        (e=2,b=1,s=1) => 0.10, (e=2,b=1,s=2) => 0.96,
        (e=2,b=2,s=1) => 0.95, (e=2,b=2,s=2) => 0.99)),
    Factor([D, E], FactorTable(
        (d=1,e=1) => 0.96, (d=1,e=2) => 0.03,
        (d=2,e=1) => 0.04, (d=2,e=2) => 0.97)),
    Factor([C, E], FactorTable(
        (c=1,e=1) => 0.98, (c=1,e=2) => 0.01,
        (c=2,e=1) => 0.02, (c=2,e=2) => 0.99))
]
graph = SimpleDiGraph(5)
add_edge!(graph, 1, 3); add_edge!(graph, 2, 3)
add_edge!(graph, 3, 4); add_edge!(graph, 3, 5)
bn = BayesianNetwork(vars, factors, graph)
```

10과 31이라는 차이는 매개 변수 수에서 상당한 절감 효과를 나타내지는 않지만, 더 큰 베이즈 네트워크에서는 절감 효과가 엄청날 수 있다. 베이즈 네트워크의 힘은 결합 확률 분포를 지정하는 데 필요한 매개 변수의 수를 줄이는 능력에서 비롯된다.

2.6 조건부 독립

베이즈 네트워크가 일반적으로 필요한 것보다 적은 수의 독립 매개 변수로 결합 분포를 나타낼 수 있는 이유는 그래픽 구조에 인코딩된 조건부 독립 가정 때문이다.[19] 조건부 독립은 2.3.1절에서 소개된 독립 개념의 일반화다. 변수 X와 Y가

19 베이즈 네트워크에서의 조건부 독립 가정이 유효하지 않다면 5장에서 설명한 것처럼 결합 분포에 대한 모델링이 적절하지 않을 수 있는 위험이 있다.

$P(X, Y \mid Z) = P(X \mid Z)P(Y \mid Z)$가 성립할 때만 Z에 대해 조건부 독립이라고 한다. 주어진 Z에 대해 X와 Y가 조건부 독립이라는 주장은 $(X \perp Y \mid Z)$로 표기한다. 이 정의로부터 $P(X \mid Z) = P(X, Y \mid Z)$가 성립하면 $(X \perp Y \mid Z)$라는 것을 증명할 수 있다. 주어진 Z에 대해, Y에 관한 정보는 X에 대한 그 어떠한 추가적 정보도 제공하지 못하며, 그 반대도 마찬가지다. 예제 2.6은 이 경우를 보여준다.

전기 시스템 고장(E)이 있다는 사실이 알려진 상태라면 위성 궤적 편차(D)에 관한 정보는 통신 손실(C)이 있는지 여부와 조건부로 독립적이라고 가정하자. 이는 $(D \perp C \mid E)$로 표기한다. 전기 시스템 고장이 있다는 것을 안다면 통신 두절을 관찰했다는 사실은 궤적 편차가 있다는 우리의 믿음에 영향을 미치지 않는다. 궤도 편차가 있을 것이라는 높은 기대치를 가질 수 있지만 이는 전기 시스템 오류가 발생했음을 알고 있기 때문이다.

예제 2.6 위성 추적 문제에서의 조건부 독립

일련의 규칙을 사용하면 다른 증거 변수 집합이 주어졌을 때 베이즈 네트워크의 구조가, 두 변수가 조건부로 독립적이어야 함을 의미하는지 여부를 결정할 수 있다.[20] 네트워크 구조에 의해 $(A \perp B \mid C)$가 암시됐는지 확인하려 한다고 하자. 여기서 C는 증거 변수의 집합이다. 이를 위해 A에서 B로의 가능한 모든 무방향 경로를 확인해야 한다. 이를 d-분리$^{\text{d-separation}}$라고 한다.

만약 다음이 성립한다면 A에서 B로의 경로는 C에 의해 d-분리됐다고 한다.

1. 경로는 노드의 체인 $X \to Y \to Z$를 포함한다. 여기서 Y는 C에 포함된다.

2. Y는 $X \leftarrow Y \to Z$ 분기^{fork}를 포함한다. 여기서 Y는 C에 포함된다

3. 경로는 역분기$^{\text{inverted fork}}$(이를 v 구조$^{\text{v-structure}}$라고도 한다) $X \to Y \leftarrow Z$를 포함한다. 여기서 Y는 C에 속하지 않아야 하고 Y의 어떠한 자손도 C에 포함돼서는 안 된다. 예제 2.7은 이 규칙에 대한 일부 직관을 설명해준다.

20 네트워크의 구조가 조건부 독립성을 의미하지 않더라도 조건부 확률 분포의 선택에 따라 여전히 조건부 독립성이 있을 수 있다. 예제 2.10을 참고하라.

A와 B 사이의 모든 경로가 C에 의해 d-분리된 경우 'A와 B는 C에 의해 d-분리됐다'고 말한다. 이 d-분리는 $(A \perp B \mid C)$를 암시한다.[21]

21 d-분리를 효율적으로 결정하는 알고리듬은 약간 복잡하다. 다음 문헌에서 알고리듬 3.1을 참고하라. D. Koller and N. Friedman, *Probabilistic Graphical Models: Principles and Techniques*. MIT Press, 2009.

예제 2.7 체인, 분기, 역분기에 암시된(암시되지 않은) 조건부 독립 가정 뒤의 직감

Y에서의 증거가 있을 때 $X \to Y \to Z$(체인) 또는 $X \leftarrow Y \to Z$(분기)라면 X와 Z는 조건부로 독립이다. 즉 $P(X, Y \mid Z) = P(X \mid Y)$. 흥미로운 것은 화살표의 방향이 살짝 달랐다면, 즉 $X \to Y \leftarrow Z$(역분기)였다면 X와 Z는 주어진 Y에 대해 더 이상 조건부 독립이 아닐 수 있다는 것이다. 다시 말해 $P(B \mid E) \neq P(B \mid S, E)$일 수 있다. 직관을 위해 배터리 고장 B로부터 전기 시스템 고장 E를 거쳐 태양열 패널 고장 S로의 역분기 경로를 생각해보자. 전기 고장이 있다는 것을 알고 있다고 가정한다. 배터리 고장이 아니라는 사실을 안다면 전기 고장의 또 다른 원인으로 인해 태양 전지판 고장이 있다고 믿을 가능성이 더 크다. 반대로 배터리 고장이 있다는 사실을 알게 되면 태양 전지판 고장이 있다는 믿음이 줄어든다. 이러한 것을 '설명 규명explaining away' 효과라고 한다. 태양광 패널 고장을 관찰하면 전기 시스템 고장의 원인을 '설명 규명'할 수 있다.

때때로 노드 X의 '마르코프 담요Markov blanket'[22]라는 용어를 쓰기도 한다. 값이 알려져 있다면 마르코프의 담요란 X가 다른 모든 노드와 조건부 독립으로 만들게 하는 최소 노드의 집합을 의미한다. 특정 노드의 마르코프 담요는 부모, 자식 및 자식의 다른 부모로 구성되는 것으로 밝혀졌다.

22 J. 러시아 수학자 안드레이 마르코프 (Andrey Andreyevich Markov)(1856~1922)의 이름을 딴 것이다. Pearl, *Probabilistic Reasoning in Intelligent Systems: Networks of Plausible Inference*. Morgan Kaufmann, 1988.

그림에 표시된 네트워크가 $(D \perp E \mid F)$를 의미하는지 확인하고자 한다고 가정하자. D에서 B로 2개의 무방향성 경로가 있다. 두 경로 모두 d-분리인지 확인해야 한다.

예제 2.8 아래 그래픽 구조가 암시하는 조건부 독립 가정

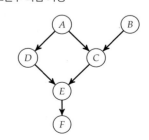

경로 $D \leftarrow A \rightarrow C \leftarrow B$에는 분기 $D \leftarrow A \rightarrow C$와 함께 역분기 $A \rightarrow C \leftarrow B$가 있다. A에서의 증거는 없으므로 분기에서는 d-분리가 없다. F는 C의 자손이기 때문에 역분기를 따른 d-분리도 없다.

두 번째 경로 $D \rightarrow E \leftarrow C \leftarrow B$에는 역분기 $D \rightarrow E \leftarrow C$와 체인 $E \leftarrow C \leftarrow B$가 있다. F는 E의 자손이기 때문에 역분기를 따른 d-분리가 없다. 이 경로의 체인 부분을 따라 d-분리가 없기 때문에 D에서 B로 가는 경로에는 d-분리가 없다.

주어진 F에 대해 D와 B가 조건부 독립이 되려면 D에서 B로의 모든 무방향 경로에 대해 d-분리가 있어야 한다. 이 경우 두 경로 모두 d-분리가 없다. 따라서 조건부 독립성은 네트워크 구조에 의해 암시되지 않는다.

2.7 요약

- 불확실성을 확률 분포로 나타내는 것은 서로 다른 진술의 타당성 비교와 관계된 일련의 공리에 의해 동력이 부여된다.
- 이산 확률 분포와 연속 확률 분포의 많은 계열이 있다.
- 연속 확률 분포는 밀도 함수로 나타낼 수 있다.
- 확률 분포군을 혼합해 더 많은 유연한 분포를 생성할 수 있다.
- 결합 분포는 여러 변수에 대한 분포다.
- 조건부 분포는 주어진 증거 변수 값에 대한 하나 이상의 변수에 대한 분포다.
- 베이즈 네트워크는 그래픽 구조와 조건부 분포 집합으로 정의된다.
- 베이즈 네트워크의 구조에 따라 조건부 독립 가정으로 인해 더 적은 매개변수로 결합 분포를 나타낼 수 있다.

2.8 연습 문제

연습 2.1 음이 아닌 서포트를 가진 밀도가 $p(x \mid \lambda) = \lambda \exp(-\lambda x)$인 λ에 의해 매개 변수화된 지수 분포를 따르는 연속 확률 변수 X를 생각해보자. X의 누적 분포 함수를 계산하라.

해법: 누적 분포 함수의 정의로 시작한다. 분포의 서포트의 하나 값이 $x = 0$이기 때문에 구간 $(-\infty, 0)$에는 확률 질량이 없으므로 적분의 하한을 0으로 조정할 수 있다. 적분을 계산한 후 $\mathrm{cdf}_X(x)$를 구한다.

$$\mathrm{cdf}_X(x) = \int_{-\infty}^{x} p(x') \, \mathrm{d}x'$$

$$\mathrm{cdf}_X(x) = \int_{0}^{x} \lambda e^{-\lambda x'} \, \mathrm{d}x'$$

$$\mathrm{cdf}_X(x) = \left. -e^{-\lambda x'} \right|_{0}^{x}$$

$$\mathrm{cdf}_X(x) = 1 - e^{-\lambda x}$$

연습 2.2 그림 2.6의 밀도 함수에서 혼합의 다섯 가지 성분은 무엇인가? (유효한 답이 여러 개 있다.)

해법: 해법 중 하나는 $\mathcal{U}([-10, -10], [-5, 10])$, $\mathcal{U}([-5, 0], [0, 10])$, $\mathcal{U}([-5, -10], [0, 0])$, $\mathcal{U}([0, -10], [10, 5])$, $\mathcal{U}([0, 5], [10, 10])$이다.

연습 2.3 다음 $P(X, Y, Z)$의 표를 보고 동일한 결정 트리 형식으로 나타내보라.

X	Y	Z	$P(X, Y, Z)$
0	0	0	0.13
0	0	1	0.02
0	1	0	0.05
0	1	1	0.02
1	0	0	0.13
1	0	1	0.01
1	1	0	0.05
1	1	1	0.17
2	0	0	0.13
2	0	1	0.12
2	1	0	0.05
2	1	1	0.12

해법: $Z = 0$, $Y = 0$일 때 발생하는 0.13과 $Z = 0$ 및 $Y = 1$일 때 발생하는 0.05 등 가장 일반적인 확률부터 시작한다. Z를 의사결정 트리의 루트로 선택하고 $Z = 0$일 때 Y 노드로 계속 진행한다. Y 값에 따라 0.13 또는 0.05로 분기한다. 다음으로 $Z = 1$인 경우를 계속 진행한다. 가장 일반적인 확률은 $Z = 1$이고 $X = 0$일 때 발생하는 0.02와 $Z = 1$이고 $X = 2$일 때 발생하는 0.12이다. 따라서 $Z = 1$일 때 X 노드로 계속 진행하도록 선택한다. X가 0, 1 또는 2인지 여부에 따라 각각 0.02, Y 노드 또는 0.12로 계속 진행한다. 마지막으로, Y 값을 기준으로 0.01 또는 0.17로 분기한다.

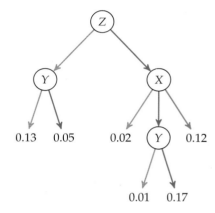

연습 2.4 4개의 변수로 정의된 3개의 구성 요소를 가진 다변량 가우스 혼합 모델을 지정하려고 한다고 가정하자. 3개의 가우스 분포 중 2개는 4개의 변수 사이에서 독립성을 가정하고 다른 가우스 분포는 독립성을 가정하지 않고 정의해야 한다. 이 혼합 모델을 지정하는 데 필요한 독립 매개 변수의 수는 몇 개인가?

해법: 독립 가정이 있는 4개 변수($n = 4$)에 대한 가우스 분포의 경우 $n + n = 2n = 8$개의 독립 매개 변수를 지정해야 한다. 각각 평균 벡터에 대한 4개의 매개 변수와 공분산 행렬에 대한 4개의 매개 변수가 있다(4개의 독립적인 일변량 가우스 분포의 평균 및 분산 매개 변수와 동일). 독립 가정이 없는 4개 변수에 대한 가우스 분포의 경우 $n + n(n + 1)/2 = 14$개의 독립 매개 변수를 지정해야 한다. 각각 평균 벡터

에 대한 4개의 매개 변수와 공분산 행렬에 대한 10개의 매개 변수가 있다. 또한 세 가지 혼합 성분($k = 3$)에 대해 가중치에 대해 $k - 1 = 2$개의 독립 매개 변수를 지정해야 한다. 따라서 이 혼합 분포를 지정하려면 $2(8) + 1(14) + 2 = 32$개의 독립 매개 변수가 필요하다.

연습 2.5 각각 4개, 7개, 3개의 구간 선분을 갖는 부분별 상수 밀도로 정의된 3개의 독립 변수 $X_{1:3}$이 있다. 결합 분포를 지정하는 데 필요한 독립 매개 변수의 수는 몇 개인가?

해법: m개의 구간 선분이 있는 조각별 상수 밀도의 경우 $m - 1$개의 구간과 $m - 2$개의 독립 매개 변수를 가진다. 이 문제의 경우 $(4 - 2) + (7 - 2) + (3 - 2) = 8$이 된다.

연습 2.6 4개의 연속 확률 변수 X_1, X_2, Y_1, Y_2가 있을 때 주어진 $Y = Y_{1:2}$에 대해 $X = X_{1:2}$의 선형 가우스 모델, 즉 $p(X \mid Y)$를 구성하려고 한다. 이 모델을 지정하는 데 필요한 독립 매개 변수의 수는 몇 개인가?

해법: 이 경우 가우스 분포에 대한 평균 벡터는 2차원이며 변환 행렬 $\mathbf{M}$에 대한 4개의 독립 매개 변수와 편향 벡터 $\mathbf{b}$에 대한 2개의 독립 매개 변수가 필요하다. 또한 공분산 행렬 $\boldsymbol{\Sigma}$에 대해 3개의 독립 매개 변수가 필요하다. 전체적으로 이 모델을 지정하려면 $4 + 2 + 3 = 9$개의 독립 매개 변수가 필요하다.

$$p(\mathbf{x} \mid \mathbf{y}) = \mathcal{N}(\mathbf{x} \mid \mathbf{M}\mathbf{y} + \mathbf{b}, \boldsymbol{\Sigma})$$

연습 2.7 각 노드가 네 가지 값 중 하나를 취할 수 있는 다음 베이즈 네트워크가 주어졌을 때 얼마나 많은 독립 매개 변수가 있는가? 전체 결합 확률표를 사용할 때와 비교해 다음 베이즈 네트워크를 사용할 때 필요한 독립 매개 변수 수의 감소율은 얼마인가?

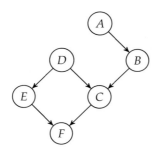

해법: 각 노드의 독립 매개 변수 수는 $(k-1)k^m$이다. 여기서 k는 각 노드가 취할 수 있는 값의 개수이고 m은 각 노드가 가진 부모의 수다. 변수 A에는 3개, B에는 12개, C에는 48개, D에는 3개, E에는 12개, F에는 48개의 독립 매개 변수가 있다. 결국 이 베이즈 네트워크에는 총 126개의 독립 매개 변수가 있다. k개 값을 취할 수 있는 n개의 변수를 가진 결합 확률표를 지정하는 데 필요한 독립 매개 변수의 수는 $k^n - 1$이다. 따라서 결합 확률표에는 $4^6 - 1 = 4096 - 1 = 4095$개의 독립 매개 변수가 필요하다. 필요 매개 변수에 대한 감소율은 $(4095 - 126)/4095 \approx$ 96.9%다.

연습 2.8 다음의 베이즈 네트워크에서 주어진 C에 대해 A는 E로부터 d-분리인가?

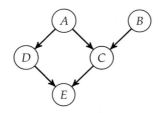

해법: A에서 E까지 2개의 경로, 즉 $A \to D \to E$ 그리고 $A \to C \to E$가 있다. 두 번째 경로에는 d-분리가 있지만 첫 번째는 그렇지 않다. 따라서 주어진 C에 대해 A는 E에서 d-분리가 아니다.

연습 2.9 다음 베이즈 네트워크에서 B의 마르코프 담요를 구하라.

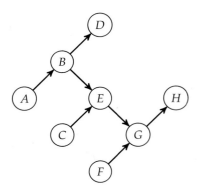

해법: B에서 A로의 경로는 주어진 A에 대해서만 d-분리될 수 있다. B에서 D로의 경로는 주어진 D에서만 d-분리될 수 있다. B에서 E로, 그리고 동시에 F, G, H로의 경로는 주어진 E에서 효율적으로 d-분리될 수 있다. B에서 C로 가는 경로는 v 구조로 인해 자연스럽게 d-분리된다. 그러나 E는 마르코프 담요에 포함돼야 하므로 B에서 C까지의 경로는 E가 주어지면 C가 주어질 때만 d-분리될 수 있다. 따라서 B의 마르코프 담요는 $\{A, C, D, E\}$다.

연습 2.10 $A \rightarrow B$ 구조의 베이지 네트워크에서 A는 B와 독립적일 수 있는가?

해법: A에서 B로의 직접적인 화살표가 있는데, 이는 독립성이 암시되지 않음을 나타낸다. 그러나 이것이 그들이 독립적이지 않다는 것을 의미하지는 않는다. A와 B가 독립적인지 여부는 조건부 확률표의 선택에 따라 다르다. 독립성이 있도록 표를 선택할 수 있다. 예를 들어, 두 변수가 모두 이진 변수이고 $P(a) = 0.5$가 균등이며, $P(b \mid a) = 0.5$라고 가정하자. 명백히 $P(A)P(B \mid A) = P(A)P(B)$가 되고 이는 독립적임을 의미한다.

03

추론

2장에서는 확률 분포를 표현하는 방법을 설명했다. 3장에서는 이러한 확률식을 추론에 활용하는 방법을 보여줄 것이다. 추론은 관측 변수 집합에 연결된 값들을 기반으로 하나 이상의 미지수에 대한 확률 분포를 결정하는 것이다. 먼저 정확한 추론 방법을 소개한다. 그러나 네트워크의 구조에 따라 정확한 추론은 계산적으로 어려울 수 있으므로 근사 추론을 위한 여러 알고리듬에 대해서도 알아볼 것이다.

3.1 베이즈 네트워크에서의 추론

추론 문제에서는 관찰된 증거 변수^{evidence variables}가 주어졌을 때 쿼리 변수^{query variables}에 대한 분포를 추론하려고 한다. 다른 노드는 은닉 변수^{hidden variables}라고 한다. 쿼리 변수에 대한 분포를 대개 사후 분포^{posterior distribution}라고 한다.

추론과 관련된 계산을 설명하기 위해 예제 2.5의 베이즈 네트워크를 생각해보

자. 네트워크의 구조는 그림 3.1에 재현돼 있다.

B라는 쿼리 변수가 있고 증거 변수는 각각 $D = 1$이고 $C = 1$이다. 추론 과제는 $P(b^1 \mid d^1, c^1)$를 계산하는 것인데, 이는 관찰된 궤적의 편차와 통신 손실이 주어졌을 때 배터리 고장이 발생할 확률을 계산하는 것과 같다.

우리는 방정식 (2.22)에 도입된 조건부 확률의 정의로부터 다음을 알고 있다.

$$P(b^1 \mid d^1, c^1) = \frac{P(b^1, d^1, c^1)}{P(d^1, c^1)} \tag{3.1}$$

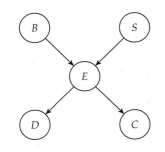

▲ **그림 3.1** 예제 2.5의 베이즈 네트워크 구조

여기서 분자를 계산하려면 관련되지 않은 변수(이 경우 S와 E)를 합산하는 **주변화** marginalization라는 프로세스를 사용해야 한다.

$$P(b^1, d^1, c^1) = \sum_s \sum_e P(b^1, s, e, d^1, c^1) \tag{3.2}$$

방정식 (2.31)에 도입된 베이즈 네트워크에 대한 연쇄 법칙으로부터 다음을 알고 있다.

$$P(b^1, s, e, d^1, c^1) = P(b^1)P(s)P(e \mid b^1, s)P(d^1 \mid e)P(c^1 \mid e) \tag{3.3}$$

우변의 모든 구성 팩터factor는 베이즈 네트워크의 노드와 관련된 조건부 확률 분포에 지정된다. 동일한 접근 방식을 사용해 방정식 (3.1)의 분모를 계산할 수 있지만 B 값에 대한 추가적인 합산을 해야 한다.

조건부 확률의 정의, 주변화, 연쇄 법칙을 사용하는 이 프로세스는 모든 베이즈 네트워크에서 정확한 추론을 수행하는 데 사용할 수 있다. 팩터를 사용하면 정확한 추론을 구현할 수 있다. 펙터는 이산 다변량 분포를 나타낸다는 것을 기억하자. 이를 위해 팩터에 대해 다음 세 가지 작업을 사용한다.

- 두 팩터를 결합해 입력 팩터들의 병합된 범위scope인 더 큰 팩터를 생성하기 위해 **팩터 곱**factor product(알고리듬 3.1)을 사용한다. 만약 $\phi(X, Y)$와

$\psi(Y, Z)$가 있다면, $\phi \cdot \psi$는 X, Y, Z에 대해 적용된 것이 되며, $(\phi \cdot \psi)$ $(x, y, z) = \phi(x, y)\psi(y, z)$가 된다. 팩터 곱은 예제 3.1에서 시연된다.

- 팩터 주변화^{factor marginalization}(알고리듬 3.2)를 사용해 전체 팩터 표에서 특정 변수를 합산해 결과 범위에서 제거한다. 예제 3.2는 이 프로세스를 보여준다.

- 일부 증거와 관련해 **팩터 조건화**^{factor conditioning}(알고리듬 3.3)를 사용해 해당 증거와 일치하지 않는 표의 행을 제거한다. 예제 3.3은 팩터 조건화를 보여준다.

이 세 가지 팩터 연산은 정확한 추론을 수행하기 위해 알고리듬 3.4에서 함께 사용된다. 모든 팩터의 곱을 계산하고, 증거를 조건으로 하고, 숨겨진 변수를 제외하고 정규화하는 것부터 시작한다. 이 접근 방식의 한 가지 잠재적인 문제는 모든 팩터 곱의 크기다. 팩터 곱의 크기는 각 변수가 가정할 수 있는 값 수의 곱과 같다. 위성 예제 문제의 경우 가능한 할당은 $2^5 = 32$개뿐이지만 많은 흥미로운 문제에는 실제로 열거하기에는 너무 큰 팩터 곱이 있다.

```
function Base.:*(ϕ::Factor, ψ::Factor)
    ϕnames = variablenames(ϕ)
    ψnames = variablenames(ψ)
    ψonly = setdiff(ψ.vars, ϕ.vars)
    table = FactorTable()
    for (ϕa,ϕp) in ϕ.table
        for a in assignments(ψonly)
            a = merge(ϕa, a)
            ψa = select(a, ψnames)
            table[a] = ϕp * get(ψ.table, ψa, 0.0)
        end
    end
    vars = vcat(ϕ.vars, ψonly)
    return Factor(vars, table)
end
```

알고리듬 3.1 2개의 더 작은 팩터 ϕ 및 ψ 의 결합 분포를 나타내는 팩터를 구성하는 팩터 곱의 구현. ϕ와 ψ의 팩터 곱을 계산하려면 간단히 ϕ∗ψ라고 표기한다.

두 팩터의 팩터 곱은 그 변수들의 합집합에 대한 새로운 팩터를 생성한다. 여기서는 변수를 공유하는 두 팩터로부터 새로운 팩터를 생성한다.

X	Y	$\phi_1(X, Y)$
0	0	0.3
0	1	0.4
1	0	0.2
1	1	0.1

Y	Z	$\phi_2(Y, Z)$
0	0	0.2
0	1	0.0
1	0	0.3
1	1	0.5

X	Y	Z	$\phi_3(X, Y, Z)$
0	0	0	0.06
0	0	1	0.00
0	1	0	0.12
0	1	1	0.20
1	0	0	0.04
1	0	1	0.00
1	1	0	0.03
1	1	1	0.05

예제 3.1 $\phi_1(X, Y)$ 및 $\phi_2(Y, Z)$를 나타내는 두 팩터를 결합해 $\phi_3(X, Y, Z)$를 나타내는 팩터를 생성하는 팩터 곱의 그림

```
function marginalize(ϕ::Factor, name)
    table = FactorTable()
    for (a, p) in ϕ.table
        a' = delete!(copy(a), name)
        table[a'] = get(table, a', 0.0) + p
    end
    vars = filter(v -> v.name != name, ϕ.vars)
    return Factor(vars, table)
end
```

알고리듬 3.2 팩터 ϕ에서 name이라는 변수를 주변화하는 방법

표 2.1의 결합 확률 분포 $P(X, Y, Z)$를 생각해보자. X와 Z에 대해 일치하는 할당이 있는 각 행의 확률을 합산해 Y를 주변화할 수 있다.

X	Y	Z	$\phi(X, Y, Z)$
0	0	0	0.08
0	0	1	0.31
0	1	0	0.09
0	1	1	0.37
1	0	0	0.01
1	0	1	0.05
1	1	0	0.02
1	1	1	0.07

X	Z	$\phi(X, Z)$
0	0	0.17
0	1	0.68
1	0	0.03
1	1	0.12

```
in_scope(name, ϕ) = any(name == v.name for v in ϕ.vars)

function condition(ϕ::Factor, name, value)
    if !in_scope(name, ϕ)
        return ϕ
    end
    table = FactorTable()
    for (a, p) in ϕ.table
        if a[name] == value
            table[delete!(copy(a), name)] = p
        end
    end
    vars = filter(v -> v.name != name, ϕ.vars)
    return Factor(vars, table)
end
```

```
function condition(ϕ::Factor, evidence)
    for (name, value) in pairs(evidence)
        ϕ = condition(ϕ, name, value)
    end
    return ϕ
end
```

팩터 조건화는 증거와 불일치하는 모든 행을 제거한다. 여기서 팩터는 표 2.1 에서 얻은 것이고 $Y = 1$에 조건화한다. $Y \neq 1$인 모든 행은 제거된다.

예제 3.3 증거를 설정하는 예시. 이 경우 Y에 대한 증거를 팩터로 설정하는 예다. 결괏값을 다시 정규화해야만 한다.

X	Y	Z	$\phi(X,Y,Z)$
0	0	0	0.08
0	0	1	0.31
0	1	0	0.09
0	1	1	0.37
1	0	0	0.01
1	0	1	0.05
1	1	0	0.02
1	1	1	0.07

$Y = 1$ →

X	Z	$\phi(X,Z)$
0	0	0.09
0	1	0.37
1	0	0.02
1	1	0.07

```
struct ExactInference end

function infer(M::ExactInference, bn, query, evidence)
    ϕ = prod(bn.factors)
    ϕ = condition(ϕ, evidence)
    for name in setdiff(variablenames(ϕ), query)
        ϕ = marginalize(ϕ, name)
    end
    return normalize!(ϕ)
end
```

알고리듬 3.4 이산 베이즈 네트워크 bn 에 대한 나이브(nive) 정확한 추론 알고리 듬은 일련의 쿼리 변수 이름 query와 값 과 관찰된 변수를 연결하는 evidence를 입력으로 사용한다. 알고리듬은 팩터의 형태로 쿼리 변수에 대한 결합 분포를 계 산한다. 3장의 나머지 부분에서 볼 수 있 듯이 다양한 추론 방법으로 infer를 호 출할 수 있도록 ExactInference 유형 을 소개한다.

3.2 나이브 베이즈 모델에서의 추론

3.1절에서는 모든 베이지안 네트워크에서 정확한 추론을 수행하는 일반적인 방법을 소개했다. 3.2절에서는 이와 동일한 방법이 특정 유형의 베이지안 네트워크 구조인 나이브 베이즈 모델^{naive Bayes model}에 적용돼 분류 문제를 해결하는 방법에 대해 알아본다. 그 구조는 그림 3.2에 제시돼 있다. 같은 내용을 더 간결하게 나타낸 동일한 표현은 그림 3.3에 있으며, 여기서는 플레이트^{plate}로 표현돼 둥근 상자로 나타낸다. 상자 하단에 있는 $i = 1:n$은 변수 이름의 첨자^{subscript}로 표시된 i가 1부터 n까지 반복됨을 나타낸다.

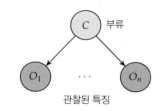

▲ **그림 3.2** 나이브 베이즈 모델

나이브 베이즈 모델에서 부류 C는 쿼리 변수이고 관찰된 특징 $O_{1:n}$은 증거 변수다. 나이브 베이즈 모델은 부류가 주어진 증거 변수 사이에 조건부 독립성을 가정하기 때문에 나이브라고 한다. 2.6절에서 소개한 표기법을 사용해 모든 $i \neq j$에 대해 $(O_i \perp O_j \mid C)$라고 할 수 있다. 물론 이러한 조건부 독립 가정이 유지되지 않으면 관찰된 특징 사이에 필요한 방향성 선분을 추가할 수 있다.

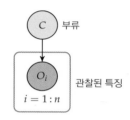

▲ **그림 3.3** 나이브 베이즈 모델의 단순 표현

사전^{prior} $P(C)$와 부류 조건부 분포^{class-conditional distribution} $P(O_i \mid C)$를 설정해야 한다. 3.1절에서 수행한 것처럼 결합 분포를 계산하기 위해 연쇄법칙을 적용할 수 있다.

$$P(c, o_{1:n}) = P(c) \prod_{i=1}^{n} P(o_i \mid c) \tag{3.4}$$

분류 작업을 위해서는 조건부 확률 $P(c \mid o_{1:n})$를 계산해야 한다. 조건부 확률의 정의로부터 다음을 얻는다.

$$P(c \mid o_{1:n}) = \frac{P(c, o_{1:n})}{P(o_{1:n})} \tag{3.5}$$

결합 분포를 주변화해 분모를 계산할 수 있다.

$$P(o_{1:n}) = \sum_c P(c, o_{1:n}) \tag{3.6}$$

방정식 (3.5)의 분모는 C의 함수가 아니므로 상수로 취급할 수 있다. 따라서 다음처럼 기술할 수 있다.

$$P(c \mid o_{1:n}) = \kappa P(c, o_{1:n}) \tag{3.7}$$

여기서 κ는 $\sum_c P(c \mid o_{1:n}) = 1$를 만족하는 정규화 상수$^{\text{normalization constant}}$다. 대개 κ를 생략하고 다음과 같이 나타낸다.

$$P(c \mid o_{1:n}) \propto P(c, o_{1:n}) \tag{3.8}$$

여기서 비례 기호 $\propto$는 좌변이 우변에 비례함을 나타내는 데 사용된다. 예제 3.4는 레이더 흔적^{track} 분류에 추론을 적용하는 방법을 보여준다.

이 방법을 사용해 부류에 대한 분포를 추론할 수 있지만 많은 응용 프로그램의 경우 특정 부류에 따라야 한다. 사후 확률이 가장 높은 부류인 $\arg\max_c P(c \mid o_{1:n})$에 따라 분류하는 것이 일반적이다. 그러나 부류를 선택하는 것은 결정 문제인데, 종종 잘못된 분류 결과를 초래한다. 예를 들어, 항공 교통 관제 목적으로 항공기가 아닌 대상을 필터링하기 위해 분류기를 사용하는 경우 때때로 몇 마리의 새와 기타 잡동사니가 필터를 통과하도록 허용할 수 있다. 그러나 진짜 항공기는 필터링하지 않아야 할 것이다. 충돌로 이어질 수 있기 때문이다. 이 경우 사후 확률이 1에 가까운 경우에만 지나간 흔적을 새라고 분류하고 싶을 것이다. 결정 문제는 6장에서 다룬다.

3.3 합-곱 변수 제거

보다 복잡한 베이즈 네트워크에서 효율적인 추론을 수행하기 위해 다양한 방법을 사용할 수 있다. 한 가지 방법은 은닉 변수(합)를 제거하고 연쇄 법칙(곱)을 적용하는 합-곱 변수 제거^{sum-product variable elimination}다. 큰 팩터가 생성되지 않도록 가능한
한 빨리 변수를 주변화하는 것이 더 효율적이다.

예제 3.4 레이더 흔적이 새인지 아니면
항공기인지 여부를 결정하는 레이더 표적
분류

레이더 흔적이 있고 그것이 새에 의해 생성됐는지 항공기에 의해 생성됐는지
확인하려고 한다고 가정하자. 대기 속도^{airspeed}와 방향 변동의 양을 기반으로
추론한다. 첫 번째는 흔적에 대한 정보가 없는 경우 대상이 새인지 항공기인
지에 대한 우리의 신뢰를 나타낸다. 다음은 레이더 데이터에서 추정한 대기
속도 v에 대한 부류 조건부 분포의 예다.

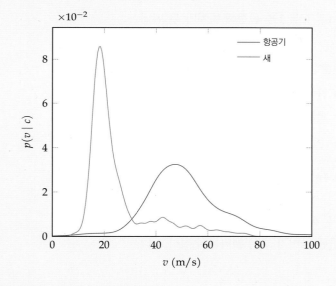

연쇄 법칙에서 다음을 결정한다고 가정한다.

$$P(\text{조류, 느림, 방향 변동 거의 없음}) = 0.03$$
$$P(\text{항공기, 느림, 방향 변동 거의 없음}) = 0.01$$

물론 이 확률의 합은 1이 되지는 않는다. 증거가 주어졌을 때 대상이 새일 확
률을 결정하려면 다음과 같이 계산한다.

$$P(\text{조류} \mid \text{느림, 방향 변동 거의 없음}) \;=\; \frac{0.03}{0.03 + 0.01} = 0.75$$

그림 3.1에서는 베이즈 네트워크에 대한 $P(B \mid d_1, c_1)$를 계산함으로써 변수 제거 알고리듬을 설명한다. 네트워크의 노드와 관련된 조건부 확률 분포는 다음 팩터로 나타낼 수 있다.

$$\phi_1(B), \phi_2(S), \phi_3(E, B, S), \phi_4(D, E), \phi_5(C, E) \tag{3.9}$$

D와 C는 관측된 변수이기 때문에 증거 $D = 1$과 $C = 1$을 설정해 마지막 두 팩터를 $\phi_6(E)$와 $\phi_7(E)$로 대체할 수 있다.

그런 다음 은닉 변수를 순서대로 제거해 진행한다. 순서를 선택하는 데 다른 전략을 사용할 수 있지만 이 예에서는 임의로 E를 선택한 다음 S를 선택한다. E를 제거하기 위해 E와 관련된 모든 팩터의 곱을 취한 다음 E를 주변화해 새 팩터를 얻는다.

$$\phi_8(B, S) = \sum_e \phi_3(e, B, S)\phi_6(e)\phi_7(e) \tag{3.10}$$

이제 필요한 모든 정보가 ϕ_8에 포함돼 있으므로 ϕ_3, ϕ_6, ϕ_7를 버릴 수 있다.

다음으로 S를 제거한다. 이번에도 S와 관련된 나머지 모든 팩터를 수집하고 다음 팩터의 곱에서 S를 제외한다.

$$\phi_9(B) = \sum_s \phi_2(s)\phi_8(B, s) \tag{3.11}$$

이제 ϕ_2와 ϕ_8을 버리고 $\phi_1(B)$와 $\phi_9(B)$가 남는다. 마지막으로, 이 두 팩터의 곱을 취하고 결과를 정규화해 $P(B \mid d_1, c_1)$을 나타내는 팩터를 얻는다.

이 절차는 다음을 계산하는 것과 같다.

$$P(B \mid d^1, c^1) \propto \phi_1(B) \sum_s \left(\phi_2(s) \sum_e \left(\phi_3(e \mid B, s)\phi_4(d^1 \mid e)\phi_5(c^1 \mid e) \right) \right) \quad (3.12)$$

이것은 모든 팩터의 곱을 취한 다음 주변화하는 순진한 절차와 동일한 결과를 생성하지만 더 효율적이다.

$$P(B \mid d^1, c^1) \propto \sum_s \sum_e \phi_1(B)\phi_2(s)\phi_3(e \mid B, s)\phi_4(d^1 \mid e)\phi_5(c^1 \mid e) \quad (3.13)$$

합-곱 변수 제거 알고리듬은 알고리듬 3.5에서 구현돼 있다. 베이즈 네트워크, 쿼리 변수 집합, 관찰된 값 목록, 변수 순서를 입력으로 사용한다. 먼저 모든 관찰 값을 설정한다. 그런 다음 각 변수에 대해 해당 변수를 포함하는 모든 팩터를 곱한 다음 해당 변수를 주변화한다. 이 새로운 팩터는 소비된 팩터를 대체하고 다음 변수에 대해 프로세스를 반복한다.

많은 네트워크에서 변수 제거를 사용하면 네트워크 크기에 따라 선형적으로 확장되는 시간 내에 추론을 수행할 수 있지만, 최악의 경우 기하급수적인 시간 복잡도가 된다. 계산량에 영향을 미치는 것은 변수 제거 순서다. 최적의 제거 순서를 선택하는 것은 NP-hard[1]이며, 최악의 경우 다항 시간 내에 수행할 수 없음을 의미한다(3.5절). 최적의 제거 순서를 찾았더라도 변수 제거에는 여전히 기하급수적인 계산이 필요할 수 있다. 변수 제거 휴리스틱은 일반적으로 알고리듬에 의해 생성된 중간 팩터과 관련된 변수의 수를 최소화하려고 시도한다.

1 S. Arnborg, D. G. Corneil, and A. Proskurowski, "Complexity of Finding Embeddings in a *k*-Tree," *SIAM Journal on Algebraic Discrete Methods*, vol. 8, no. 2, pp. 277 – 284, 1987.

알고리듬 3.5 베이즈 네트워크 bn, 쿼리 변수 query 리스트와 증거 evidence를 취하는 합-곱 변수 제거 알고리듬의 구현. 변수는 ordering에 따라 지정된 순서대로 처리된다.

```
struct VariableElimination
    ordering # 변수 인덱스의 배열
end

function infer(M::VariableElimination, bn, query, evidence)
    Φ = [condition(ϕ, evidence) for ϕ in bn.factors]
    for i in M.ordering
        name = bn.vars[i].name
```

```
    if name ∉ query
        inds = findall(ϕ->in_scope(name, ϕ), Φ)
        if !isempty(inds)
            ϕ = prod(Φ[inds])
            deleteat!(Φ, inds)
            ϕ = marginalize(ϕ, name)
            push!(Φ, ϕ)
        end
    end
end
return normalize!(prod(Φ))
end
```

3.4 신뢰 전파

신뢰 전파[belief propagation]로 알려진 추론 접근 방식은 쿼리 변수의 주변 분포를 계산하기 위해 합-곱 알고리듬을 사용해 네트워크를 통해 '메시지[message]'를 전파하는 방식이다.[2] 신뢰 전파에는 선형 시간이 필요하지만 네트워크에 무방향 순환[undirected cycle]이 없을 경우에만 정확한 답을 얻을 수 있다. 네트워크에 무방향 순환이 존재하는 경우 결합 트리 알고리듬[junction tree algorithm]을 사용해 여러 변수를 단일 노드로 결합해 트리로 변환할 수 있다. 결과 네트워크에서 하나의 노드로 결합해야 하는 변수의 수가 적으면 효율적으로 추론할 수 있다. 루피 신뢰 전파[loopy faith propagation]로 알려진 신뢰 전파의 변형은 무방향 순환을 가진 네트워크에서 근사적 해를 제공할 수 있다. 이 접근 방식은 어떠한 보장도 제공하지 않고 수렴되지 않을 수도 있지만 실제로는 잘 작동할 수 있다.[3]

2 별도의 커뮤니티에서 개발된 다른 많은 알고리듬과의 연결에 대한 설명과 함께 합-곱 알고리듬에 대한 내용은 다음 문헌을 참고하라. F. Kschischang, B. Frey, and H.-A. Loeliger, "Factor Graphs and the Sum-Product Algorithm," IEEE Transactions on Information Theory, vol. 47, no. 2, pp. 498-519, 2001.

3 신뢰 전파와 유관 알고리듬에 대한 보다 자세한 사항은 다음 문헌을 참고하라. D. Barber, *Bayesian Reasoning and Machine Learning*. Cambridge University Press, 2012.

3.5 계산 복잡도

3SAT[4]라는 NP-complete 문제를 사용해 베이즈 네트워크의 추론이 NP-hard 임을 증명할 수 있다. 임의의 3SAT 문제로부터 베이즈 네트워크를 구성하는 것은 쉽다. 예를 들어, 다음 3SAT 공식을 보자.[5]

$$
F(x_1, x_2, x_3, x_4) =
\begin{array}{ccccccc}
(& x_1 & \vee & x_2 & \vee & x_3 &) \wedge \\
(& \neg x_1 & \vee & \neg x_2 & \vee & x_3 &) \wedge \\
(& x_2 & \vee & \neg x_3 & \vee & x_4 &)
\end{array}
\tag{3.14}
$$

여기서 ¬는 논리 부정('not'), ∧는 논리 곱('and'), ∨는 논리 합('or')을 나타낸다. 수식은 절^{clause}의 논리곱으로 이뤄져 있는데, 이는 리터럴^{literal}이라 불리는 것의 논리 합이다. 리터럴은 단순히 변수 혹은 그 부정이다.

그림 3.4는 해당 베이즈 네트워크 식을 보여준다. 변수는 $X_{1:4}$로 표시되고 절은 $C_{1:3}$으로 표시된다. 변수 분포는 균등이다. 절을 나타내는 노드는 참여 변수를 부모로 갖는다. 이것은 3SAT 문제이기 때문에 각 절 노드에는 정확히 3개의 부모가 있다. 각 절 노드는 절을 충족하지 않는 할당^{assignment}에는 확률 0을 할당하고 충족하는 모든 할당에는 확률 1을 부여한다. 나머지 노드는 그 모든 부모가 참이면 확률 1을 부여한다. 원래 문제는 $P(y^1) > 0$인 경우에만 충족이다. 따라서 베이즈 네트워크의 추론은 적어도 3SAT만큼 어렵다.

4 G. F. Cooper, "The Computational Complexity of Probabilistic Inference Using Bayesian Belief Networks," *Artificial Intelligence*, vol. 42, no. 2-3, pp. 393-405, 1990. 이 절에서의 베이즈 네트워크는 해당 논문을 따른다. 복잡도 부류는 부록 C를 참고하라.

5 이 공식도 부록 C의 예제 C.3에 있다.

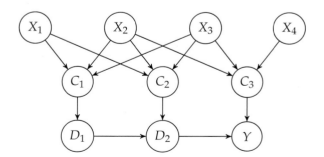

◀ **그림 3.4** 3SAT 문제를 나타내는 베이즈 네트워크

베이즈 네트워크에서 추론이 NP-hard임을 보여주기 위해 노력하는 이유는 모든 베이즈 네트워크에서 작동하는 효율적이고 정확한 추론 알고리듬을 찾는 데 시간을 낭비하지 않도록 하기 위함이다. 따라서 지난 수십 년간의 연구는 근사 추론 방법에 중점을 뒀으며 이에 대해서는 다음에 설명한다.

3.6 직접 샘플링

정확한 추론은 계산적으로 어렵다는 사실에 자극을 받아 많은 근사 방법이 개발됐다. 추론을 위한 가장 간단한 방법 중 하나는 결합 분포의 무작위 표본을 사용해 확률 추정값에 도달하는 **직접 샘플링**direct sampling에 기반한다.[6] 이 점을 설명하기 위해 결합 분포 $P(b, s, e, d, c)$를 가진 n개의 샘플의 집합으로부터 $P(b^1 \mid d^1, c^1)$를 추론하는 경우를 생각해보자. 괄호 위 첨자는 샘플의 인덱스를 나타내며 i번째 샘플은 $(b^{(i)}, s^{(i)}, e^{(i)}, d^{(i)}, c^{(i)})$로 표기한다. 직접 표본 추정값은 다음과 같다.

$$P(b^1 \mid d^1, c^1) \approx \frac{\sum_i (b^{(i)} = 1 \land d^{(i)} = 1 \land c^{(i)} = 1)}{\sum_i (d^{(i)} = 1 \land c^{(i)} = 1)} \tag{3.15}$$

괄호 안의 논리적 문장이 참일 때 1, 거짓일 때 0으로 수치적으로 처리되는 규칙을 사용한다. 분자는 모두 1로 설정된 b, d, c와 일치하는 샘플 수이고 분모는 모두 1로 설정된 d 및 c와 일치하는 샘플 수다.

베이즈 네트워크로 표현된 결합 분포에서 샘플링하는 것은 간단하다. 첫 번째 단계는 베이즈 네트워크에서 노드의 **토폴로지 정렬**topological sort을 찾는 것이다. 무방향 비순환 그래프에서 노드의 토폴로지 정렬은, 선분 $A \to B$의 경우 A가 B보다 먼저 오도록 정렬한 목록이다.[7] 예를 들어, 그림 3.1의 네트워크에 대한 토폴로지 정렬은 B, S, E, D, C다. 토폴로지 정렬은 항상 존재하지만 고유하지 않을 수 있다. 네트워크의 또 다른 토폴로지 정렬은 S, B, E, C, D다.

6 임의의 샘플링을 포함하는 접근 방식을 대개 몬테 카를로 방법이라고 한다. 그 이름은 모나코의 몬테 카를로 카지노에서 유래됐다. 무작위 알고리듬에 대한 소개와 다양한 문제 영역에 대한 적용은 다음 문헌에서 찾아볼 수 있다. R. Motwani and P. Raghavan, *Randomized Algorithms*. Cambridge University Press, 1995.

7 A. B. Kahn, "Topological Sorting of Large Networks," *Communications of the ACM*, vol. 5, no. 11, pp. 558–562, 1962. 토폴로지 정렬의 구현은 Graphs.jl 패키지로 돼 있다.

토폴로지 정렬이 있으면 조건부 확률 분포에서 샘플링을 시작할 수 있다. 알고리듬 3.6은 토폴로지 정렬을 나타내는 순서 $X_{1:n}$이 지정된 베이즈 네트워크에서 샘플링하는 방법을 보여준다. 이미 할당된 부모의 값이 주어진 X_i와 관련된 조건부 분포에서 샘플을 추출한다. $X_{1:n}$은 토폴로지 정렬이므로 X_i의 모든 부모가 이미 인스턴스화돼 이 샘플링을 수행할 수 있음을 알고 있다. 직접 샘플링은 알고리듬 3.7에서 구현되며 예제 3.5에 설명돼 있다.

```
function Base.rand(ϕ::Factor)
    tot, p, w = 0.0, rand(), sum(values(ϕ.table))
    for (a,v) in ϕ.table
        tot += v/w
        if tot >= p
            return a
        end
    end
    return Assignment()
end

function Base.rand(bn::BayesianNetwork)
    a = Assignment()
    for i in topological_sort(bn.graph)
        name, ϕ = bn.vars[i].name, bn.factors[i]
        a[name] = rand(condition(ϕ, a))[name]
    end
    return a
end
```

알고리듬 3.6 베이즈 네트워크 bn에서 할당을 샘플링하는 방법. 또한 팩터 φ에서 할당을 샘플링하는 방법도 제공한다.

그림 3.1의 네트워크에서 10개의 무작위 샘플을 추출한다고 가정하자. 여기서는 $P(b^1 \mid d^1, c^1)$를 추론하는 데 관심이 있다. 10개 샘플 중 2개(표에 표시됨)만이 관측값 d^1 및 c^1과 일치한다. 한 샘플은 $b = 1$이고 다른 샘플은 $b = 0$이다. 이 샘플에서 $P(b^1 \mid d^1, c^1) = 0.5$라고 추론한다. 물론 $P(b^1 \mid d^1, c^1)$의 정확한 추론을 위해서는 둘 이상의 샘플을 사용하고자 할 것이다.

예제 3.5 베이즈 네트워크의 직접 샘플을 추론에 사용할 수 있는 방법의 예

B	S	E	D	C	
0	0	1	1	0	
0	0	0	0	0	
1	0	1	0	0	
1	0	1	1	1	←
0	0	0	0	0	
0	0	0	1	0	
0	0	0	0	1	
0	1	1	1	1	←
0	0	0	0	0	
0	0	0	1	0	

```
struct DirectSampling
    m # 샘플 개수
end

function infer(M::DirectSampling, bn, query, evidence)
    table = FactorTable()
    for i in 1:(M.m)
        a = rand(bn)
        if all(a[k] == v for (k,v) in pairs(evidence))
            b = select(a, query)
            table[b] = get(table, b, 0) + 1
        end
```

알고리듬 3.7 베이즈 네트워크 bn, 쿼리 변수 리스트 query와 증거 evidence를 취하는 직접 샘플링 추론 방법. 이 방법은 베이즈 네트워크에서 m개의 샘플을 추출하고 증거와 일치하는 샘플을 유지한다. 쿼리 변수에 대한 팩터가 반환된다. 이 방법은 증거를 만족하는 샘플이 없으면 실패할 수 있다.

```
    end
    vars = filter(v->v.name ∈ query, bn.vars)
    return normalize!(Factor(vars, table))
end
```

3.7 우도 가중 샘플링

직접 샘플링의 문제는 관찰과 일치하지 않는 샘플을 생성하는 데 시간을 낭비할
수 있다는 것이다. 특히 있을 법하지 않은 관찰이 생성될 수도 있다. 대체 접근 방
식 중 우도 가중 샘플링은 관측값과 일치하는 가중 샘플을 생성하는 방식이다.

설명을 위해 $P(b^1 \mid d^1, c^1)$를 추론해보자. 여기서는 n개의 샘플 집합이 있으며
이번에도 i번째 샘플은 다시 $(b^{(i)}, s^{(i)}, e^{(i)}, d^{(i)}, c^{(i)})$로 표시한다. i번째 샘플의 가중
치는 w_i이다. 가중 추정값은 다음과 같다.

$$P(b^1 \mid d^1, c^1) \approx \frac{\sum_i w_i(b^{(i)} = 1 \land d^{(i)} = 1 \land c^{(i)} = 1)}{\sum_i w_i(d^{(i)} = 1 \land c^{(i)} = 1)} \tag{3.16}$$

$$= \frac{\sum_i w_i(b^{(i)} = 1)}{\sum_i w_i} \tag{3.17}$$

이러한 가중 샘플을 생성하기 위해 조건부 분포의 토폴로지 정렬과 샘플을 순
서대로 시작한다. 우도 가중치의 유일한 차이점은 관찰된 변수를 처리하는 방법
이다. 조건부 분포에서 값을 샘플링하는 대신 관찰된 값에 변수를 할당하고 샘플
의 가중치를 적절하게 조정한다. 샘플의 가중치는 단순히 관찰된 노드에서 조건
부 확률의 곱이다. 우도 가중 샘플링은 알고리듬 3.8에서 구현된다. 예제 3.6은
우도 가중 샘플링을 사용한 추론을 보여준다.

```
struct LikelihoodWeightedSampling
    m # 샘플 개수
end

function infer(M::LikelihoodWeightedSampling, bn, query, evidence)
    table = FactorTable()
    ordering = topological_sort(bn.graph)
    for i in 1:(M.m)
        a, w = Assignment(), 1.0
        for j in ordering
            name, ϕ = bn.vars[j].name, bn.factors[j]
            if haskey(evidence, name)
                a[name] = evidence[name]
                w *= ϕ.table[select(a, variablenames(ϕ))]
            else
                a[name] = rand(condition(ϕ, a))[name]
            end
        end
        b = select(a, query)
        table[b] = get(table, b, 0) + w
    end
    vars = filter(v->v.name ∈ query, bn.vars)
    return normalize!(Factor(vars, table))
end
```

알고리듬 3.8 확률 가중 추론 샘플링 방법은 베이즈 네트워크 bn, 쿼리 변수 리스트 query와 증거 evidence를 취한다. 이 방법은 베이즈 네트워크에서 m개의 샘플을 추출하지만 가능한 경우 증거에서 값을 설정하고 그렇게 할 때 조건부 확률을 추적한다. 이러한 확률은 추정값이 정확하도록 샘플 추론에 가중치를 부여하는 데 사용된다. 쿼리 변수에 대한 팩터가 반환된다.

여기 표는 그림 3.1의 네트워크에서 5개의 우도 가중 샘플을 보여준다. 직접 샘플링과 마찬가지로 $P(B)$, $P(S)$, $P(E \mid B, S)$에서 샘플링한다. D와 C에 도달하면 $D = 1$, $C = 1$로 지정한다. 샘플에 $E = 1$이 있으면 가중치는 $P(d^1 \mid e^1)$ $P(c^1 \mid e^1)$이다. 그렇지 않으면 가중치는 $P(d^1 \mid e^0)P(c^1 \mid e^0)$이다. 다음처럼 가정하면

예제 3.6 베이즈 네트워크의 우도 가중 샘플

$$P(d^1 \mid e^1)P(c^1 \mid e^1) = 0.95$$
$$P(d^1 \mid e^0)P(c^1 \mid e^0) = 0.01$$

표의 표본에서 근사할 수 있다.

$$P(b^1 \mid d^1, c^1) = \frac{0.95}{0.95 + 0.95 + 0.01 + 0.01 + 0.95} \approx 0.331$$

B	S	E	D	C		가중치
1	0	1	1	1	$P(d^1 \mid e^1)P(c^1 \mid e^1)$
0	1	1	1	1	$P(d^1 \mid e^1)P(c^1 \mid e^1)$
0	0	0	1	1	$P(d^1 \mid e^0)P(c^1 \mid e^0)$
0	0	0	1	1	$P(d^1 \mid e^0)P(c^1 \mid e^0)$
0	0	1	1	1	$P(d^1 \mid e^1)P(c^1 \mid e^1)$

우도 가중치를 사용하면 모든 샘플이 관측값과 일치하지만 여전히 낭비적일 수 있다. 그림 3.5에 표시된 간단한 화학적 탐지 베이즈 네트워크를 고려해 관심 대상의 화학 물질을 탐지했다고 가정하자. $P(c^1 \mid d^1)$를 추론하고자 한다. 이 네트워크는 작기 때문에 베이즈 규칙을 사용해 간단히 확률을 계산할 수 있다.

$$P(c^1 \mid d^1) = \frac{P(d^1 \mid c^1)P(c^1)}{P(d^1 \mid c^1)P(c^1) + P(d^1 \mid c^0)P(c^0)} \tag{3.18}$$

$$= \frac{0.999 \times 0.001}{0.999 \times 0.001 + 0.001 \times 0.999} \tag{3.19}$$

$$= 0.5 \tag{3.20}$$

우도 가중치를 사용하면 샘플의 99.9%가 $C = 0$이고 가중치는 0.001이다. 관련 가중치가 0.999인 $C = 1$의 샘플을 얻을 때까지 $P(c^1 \mid d^1)$의 추정값은 0일 것이다.

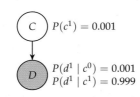

▲ **그림 3.5** 화학 물질 검출 베이즈 네트워크. C는 화학 물질 존재 여부를 나타내고 D는 화학 물질 검출 여부를 나타낸다.

3.8 깁스 샘플링

추론에 대한 또 다른 접근 방식은 일종의 마르코프 체인 몬테 카를로$^{Markov\ chain\ Monte}$ $_{Carlo}$ 기법인 깁스 샘플링$^{Gibbs\ sampling}$[8]이다. 깁스 샘플링은 가중치를 포함하지 않는 방식으로 증거와 일치하는 샘플을 추출하는 작업이다. 이러한 샘플에서 쿼리 변수에 대한 분포를 유추할 수 있다.

깁스 샘플링은 일련의 샘플을 생성하는데, 먼저 최초 샘플 $x_{1:n}^{(1)}$에서 출발해 증거를 그 관측값으로 설정하고 무작위로 생성한다. k번째 샘플 $x_{1:n}^{(k)}$는 이전 샘플, $x_{1:n}^{(k-1)}$에 확률적으로 종속된다. 다음과 같이 $x_{1:n}^{(k-1)}$를 수정해 $x_{1:n}^{(k)}$를 구한다.

미관측 변수로부터 어떠한 순서를 사용해도 되며 이는 토폴로지 정렬일 필요가 없다. $x_i^{(k)}$는 $P(X_i \mid x_{-i}^{(k)})$ 분포로부터 샘플링된다. 여기서 $x_{-i}^{(k)}$는 표본 k에서 X_i를 제외한 나머지 모든 변숫값을 나타낸다. $P(X_i \mid x_{-i}^{(k)})$에서 샘플링하는 것은 변수 X_i의 마르코프 담요만 고려하면 되므로 효율적으로 수행할 수 있다(2.6절 참고).

지금까지 설명한 다른 샘플링 방법과 달리 이 방법으로 생성된 샘플은 독립적이지 않다. 그러나 한도 내에서 표본이 주어진 관측에 대해, 관측되지 않은 분포의 결합 분포로부터 정확하게 추출된다는 것을 증명할 수 있다. 알고리듬 3.9는 $P(X_i \mid x_{-i})$의 팩터를 계산하는 방법을 보여준다. 깁스 샘플링은 알고리듬 3.10에 구현돼 있다.

8 맥스웰(James Clerk Maxwell) 및 볼츠만(Ludwig Boltzman)과 함께 통계역학 분야를 만든 미국 과학자 깁스(Josiah Willard Gibbs)(1839~1903)의 이름을 따서 명명됐다.

```
function blanket(bn, a, i)
    name = bn.vars[i].name
    val = a[name]
    a = delete!(copy(a), name)
    Φ = filter(ϕ -> in_scope(name, ϕ), bn.factors)
    ϕ = prod(condition(ϕ, a) for ϕ in Φ)
    return normalize!(ϕ)
end
```

알고리듬 3.9 현재 할당 a가 주어진 베이즈 네트워크 bn에서 $P(X_i \mid x_{-i})$를 구하는 방법현 예제에 깁스 샘플링을 적용할 수 있다. m개 샘플을 사용해 다음을 추정할 수 있다.

$$P(b^1 \mid d^1, c^1) \approx \frac{1}{m} \sum_i (b^{(i)} = 1) \qquad (3..21)$$

그림 3.6은 화학 탐지 네트워크에서 직접, 우도 가중치, 깁스 샘플링을 사용해 $P(c^1 \mid d^1)$를 추정한 것의 수렴을 비교한다. 직접 샘플링은 수렴하는 데 가장 오래 걸린다. 직접 샘플링 곡선은 샘플이 관측값과 일치하지 않기 때문에 추정값이 변경되지 않는 기간이 길다. 우도 가중 샘플링은 이 예에서 더 빠르게 수렴된다. 샘플이 $C = 1$로 생성될 때 스파이크spike가 발생하고 점차 감소한다. 이 예에서 깁스 샘플링은 실제 값인 0.5로 빠르게 수렴된다.

앞서 언급한 바와 같이 깁스 샘플링은 다른 마르코프 체인 몬테 카를로 방법과 마찬가지로 한도 내에서 원하는 분포에서 샘플을 생성한다. 실제로 정상 상태 분포로 수렴되기 전에 번인burn-in 기간이라고 불리는 일정 시간 동안 깁스를 실행해야 한다. 번인 중에 생성된 샘플은 일반적으로 폐기된다. 단일 깁스 샘플링 계열에서 많은 샘플을 사용할 경우 샘플 간의 잠재적 상관관계 때문에 h번째 샘플만 유지해 샘플을 얇게thin 만드는 것이 일반적이다.

```
function update_gibbs_sample!(a, bn, evidence, ordering)
    for i in ordering
        name = bn.vars[i].name
        if !haskey(evidence, name)
            b = blanket(bn, a, i)
            a[name] = rand(b)[name]
        end
    end
end
```

알고리듬 3.10 베이즈 네트워크 bn에 대해 증거 evidence 및 순서 ordering에서 구현된 깁스 샘플링. 이 메서드는 m 반복에 대해 할당을 반복적으로 갱신한다.

```
function gibbs_sample!(a, bn, evidence, ordering, m)
    for j in 1:m
        update_gibbs_sample!(a, bn, evidence, ordering)
    end
end

struct GibbsSampling
    m_samples # 사용할 샘플 개수
    m_burnin  # 번인 중 폐기할 샘플 개수
    m_skip    # 얇게 만들기 위해 건너뛸 샘플 개수
    ordering  # 변수 인덱스의 배열
end

function infer(M::GibbsSampling, bn, query, evidence)
    table = FactorTable()
    a = merge(rand(bn), evidence)
    gibbs_sample!(a, bn, evidence, M.ordering, M.m_burnin)
    for i in 1:(M.m_samples)
        gibbs_sample!(a, bn, evidence, M.ordering, M.m_skip)
        b = select(a, query)
        table[b] = get(table, b, 0) + 1
    end
    vars = filter(v->v.name ∈ query, bn.vars)
    return normalize!(Factor(vars, table))
end
```

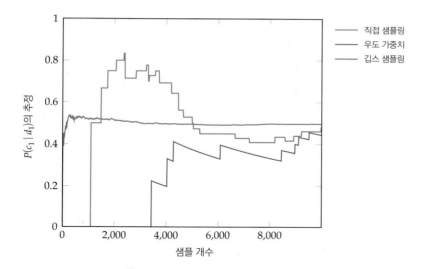

▲ **그림 3.6** 화학 탐지 네트워크에서 샘플링 기반 추론 방법 비교. 우도 가중 샘플링과 직접 샘플링 모두 이벤트의 희소성으로 인해 수렴이 좋지 않은 반면, 깁스 샘플링은 번인(burn-in) 기간이나 세선화(thinning) 없이도 효율적으로 참값으로 수렴할 수 있다.

3.9 가우시안 모델의 추론

결합 분포가 가우시안이면 분석적으로 정확한 추론을 수행할 수 있다. 2개의 결합 가우시안 확률 변수 a와 b를 다음과 같이 쓸 수 있다.

$$\begin{bmatrix} \mathbf{a} \\ \mathbf{b} \end{bmatrix} \sim \mathcal{N}\left(\begin{bmatrix} \mathbf{\mu_a} \\ \mathbf{\mu_b} \end{bmatrix}, \begin{bmatrix} \mathbf{A} & \mathbf{C} \\ \mathbf{C}^\top & \mathbf{B} \end{bmatrix} \right) \tag{3.22}$$

다변량 가우시안의 주변 분포도 가우시안이다.

$$\mathbf{a} \sim \mathcal{N}(\mathbf{\mu_a}, \mathbf{A}) \qquad \mathbf{b} \sim \mathcal{N}(\mathbf{\mu_b}, \mathbf{B}) \tag{3.23}$$

다변량 가우시안의 조건부 분포 역시 가우시안이며, 편리한 닫힌 식 해를 가진다.

$$p(\mathbf{a} \mid \mathbf{b}) = \mathcal{N}\left(\mathbf{a} \mid \mathbf{\mu_{a|b}}, \mathbf{\Sigma_{a|b}} \right) \tag{3.24}$$

$$\mu_{a|b} = \mu_a + CB^{-1}(b - \mu_b) \qquad (3.25)$$

$$\Sigma_{a|b} = A - CB^{-1}C^\top \qquad (3.26)$$

알고리듬 3.11은 이러한 방정식을 사용해 증거가 제공된 일련의 쿼리 변수에 대한 분포를 추론하는 방법을 보여준다. 예제 3.7에서는 다변량 가우시안에서 주변 및 조건부 분포를 추출하는 방법을 보여 준다.

```
function infer(D::MvNormal, query, evidencevars, evidence)
    μ, Σ = D.μ, D.Σ.mat
    b, μa, μb = evidence, μ[query], μ[evidencevars]
    A = Σ[query,query]
    B = Σ[evidencevars,evidencevars]
    C = Σ[query,evidencevars]
    μ = μ[query] + C * (B\(b - μb))
    Σ = A - C * (B \ C')
    return MvNormal(μ, Σ)
end
```

알고리듬 3.11 다변량 가우스 분포의 추론 D. 정수 벡터는 query 인수에서 쿼리 변수를 지정하고 정수 벡터는 evidencevars 인수에서 증거 변수를 지정한다. 증거 변수의 값은 벡터 evidence에 포함된다. Distributions.jl 패키지는 MvNormal 분포를 정의한다.

다음을 고려해보자.

$$\begin{bmatrix} x_1 \\ x_2 \end{bmatrix} \sim \mathcal{N}\left(\begin{bmatrix} 0 \\ 1 \end{bmatrix}, \begin{bmatrix} 3 & 1 \\ 1 & 2 \end{bmatrix} \right)$$

예제 3.7 다변량 가우시안에 대한 한계 및 조건부 분포

x_1에 대한 한계 분포는 $\mathcal{N}(0, 3)$이고 x_2의 주변 분포는 $\mathcal{N}(1, 2)$다. $x_2 = 2$일 때 x_1에 대한 조건부 분포는 다음과 같다.

$$\mu_{x_1|x_2=2} = 0 + 1 \cdot 2^{-1} \cdot (2 - 1) = 0.5$$

$$\Sigma_{x_1|x_2=2} = 3 - 1 \cdot 2^{-1} \cdot 1 = 2.5$$

$$x_1 \mid (x_2 = 2) \sim \mathcal{N}(0.5, 2.5)$$

결합 분포를 구성해 알고리듬 3.11을 사용해 이 추론 계산을 수행할 수 있다.

```
D = MvNormal([0.0,1.0],[3.0 1.0; 1.0 2.0])
```

그다음 `infer(D, [1], [2], [2.0])`를 호출한다.

3.10 요약

- 추론은 주어진 증거에 대해 쿼리 변수의 확률을 결정하는 것에 관한 것이다.

- 정확한 추론은 변수들 사이의 결합 분포를 계산하고, 증거를 설정하고, 은닉 변수들을 주변화해 수행될 수 있다.

- 단일 부모 변수가 여러 조건부 독립 자손에 영향을 주는 나이브 베이즈 모델에서 효율적으로 추론할 수 있다.

- 변수 제거 알고리듬은 순차적으로 변수를 주변화함으로써 정확한 추론을 보다 효율적으로 만들 수 있다.

- 신뢰 전파는 정보가 팩터 간에 반복적으로 전달돼 결과에 도달하는 또 다른 추론 방법을 나타낸다.

- 베이즈 네트워크의 추론은 3SAT 문제로의 축소를 통해 NP-hard로 표시될 수 있으며 근사 추론 방법의 개발에 동기를 부여한다.

- 근사 추론은 베이즈 네트워크로 표현되는 결합 분포에서 직접 샘플링해 수행할 수 있지만, 증거와 일치하지 않는 많은 샘플을 폐기해야 할 수 있다.

- 우도 가중치 샘플링은 증거와 일치하는 샘플만 생성하고 그에 따라 각 샘플에 가중치를 부여해 근사 추론에 필요한 계산을 줄일 수 있다.

- 깁스 샘플링은 증거와 일치하고 대략적인 추론 속도를 크게 높일 수 있는 일련의 비가중 샘플을 생성한다.

- 결합 분포가 가우시안일 때 행렬 연산을 통해 정확한 추론을 효율적으로 수행할 수 있다.

3.11 연습 문제

연습 3.1 다음 베이즈 네트워크 및 관련 조건부 확률 분포가 주어졌을 때 쿼리 $P(a^1 \mid d^1)$를 정확히 추론하기 위한 방정식을 기술하라.

해법: 먼저 조건부 확률의 정의를 사용해 추론 표현을 확장한다.

$$P(a^1 \mid d^1) = \frac{P(a^1, d^1)}{P(d^1)}$$

은닉 변수에 대한 주변화로 분자를 다시 작성할 수 있으며 숨겨진 변수와 쿼리 변수 모두에 대한 주변화로 분모를 다시 작성할 수 있다.

$$P(a^1 \mid d^1) = \frac{\sum_b \sum_c P(a^1, b, c, d^1)}{\sum_a \sum_b \sum_c P(a, b, c, d^1)}$$

분자와 분모 모두에서 결합 확률의 정의는 베이즈 네트워크에 대한 연쇄 법칙을 사용해 다시 작성할 수 있으며 결과 방정식은 합계 내부에서 상수를 제거해 단순화할 수 있다.

$$
\begin{aligned}
P(a^1 \mid d^1) &= \frac{\sum_b \sum_c P(a^1)P(b \mid a^1)P(c \mid b)P(d^1 \mid c)}{\sum_a \sum_b \sum_c P(a)P(b \mid a)P(c \mid b)P(d^1 \mid c)} \\
&= \frac{P(a^1)\sum_b \sum_c P(b \mid a^1)P(c \mid b)P(d^1 \mid c)}{\sum_a \sum_b \sum_c P(a)P(b \mid a)P(c \mid b)P(d^1 \mid c)} \\
&= \frac{P(a^1)\sum_b P(b \mid a^1)\sum_c P(c \mid b)P(d^1 \mid c)}{\sum_a P(a)\sum_b P(b \mid a)\sum_c P(c \mid b)P(d^1 \mid c)}
\end{aligned}
$$

연습 3.2 다음 베이즈 네트워크 및 관련 조건부 확률 분포가 주어졌을 때 쿼리 $P(c^1, d^1 \mid a^0, f^1)$에 대한 정확한 추론을 수행하는 데 필요한 방정식을 작성하라.

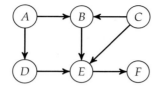

해법: 먼저 조건부 확률의 정의를 사용해 추론 표현을 확장한다.

$$P(c^1, d^1 \mid a^0, f^1) = \frac{P(a^0, c^1, d^1, f^1)}{P(a^0, f^1)}$$

은닉 변수에 대한 주변화로 분자를 다시 작성할 수 있으며, 은닉 변수와 쿼리 변수 모두에 대한 주변화로 분모를 다시 작성할 수 있다.

$$P(c^1, d^1 \mid a^0, f^1) = \frac{\sum_b \sum_e P(a^0, b, c^1, d^1, e, f^1)}{\sum_b \sum_c \sum_d \sum_e P(a^0, b, c, d, e, f^1)}$$

분자와 분모 모두에서 결합 확률의 정의는 베이즈 네트워크에 대한 연쇄 법칙을 사용해 다시 작성할 수 있으며, 결과 방정식은 합계 내부에서 상수를 제거해 단순화할 수 있다. 최종 방정식에서 합계의 가능한 순서는 여러 가지가 있다는 점에 유의하자.

$$
\begin{aligned}
P(c^1, d^1 \mid a^0, f^1) &= \frac{\sum_b \sum_e P(a^0) P(b \mid a^0, c^1) P(c^1) P(d^1 \mid a^0) P(e \mid b, c^1, d^1) P(f^1 \mid e)}{\sum_b \sum_c \sum_d \sum_e P(a^0) P(b \mid a^0, c) P(c) P(d \mid a^0) P(e \mid b, c, d) P(f^1 \mid e)} \\
&= \frac{P(a^0) P(c^1) P(d^1 \mid a^0) \sum_b \sum_e P(b \mid a^0, c^1) P(e \mid b, c^1, d^1) P(f^1 \mid e)}{P(a^0) \sum_b \sum_c \sum_d \sum_e P(b \mid a^0, c) P(c) P(d \mid a^0) P(e \mid b, c, d) P(f^1 \mid e)} \\
&= \frac{P(c^1) P(d^1 \mid a^0) \sum_b P(b \mid a^0, c^1) \sum_e P(e \mid b, c^1, d^1) P(f^1 \mid e)}{\sum_c P(c) \sum_b P(b \mid a^0, c) \sum_d P(d \mid a^0) \sum_e P(e \mid b, c, d) P(f^1 \mid e)}
\end{aligned}
$$

연습 3.3 도시에서 자율 주행 차량을 위한 물체 감지 시스템을 개발하고 있다고 가정해보자. 우리 차량의 인식 시스템은 물체의 크기 S(작음, 중간 또는 큼)와 속도 V(느림, 보통 또는 빠름) 값을 보고한다. 물체의 크기와 속도를 관찰해 물체(차량, 보행자 또는 공)의 부류 C를 결정하는 모델을 설계하려고 한다. 다음과 같은 부류 사전 및 부류 조건부 분포가 있는 나이브 베이즈 모델을 가정하면 관찰 $S = $ 중간 및 $V = $ 느림이 주어졌을 때 감지된 부류는 무엇인가?

C	$P(C)$
차량	0.80
보행자	0.19
공	0.01

C	S	$P(S \mid C)$
차량	작음	0.001
차량	중간	0.009
차량	큼	0.990
보행자	작음	0.200
보행자	중간	0.750
보행자	큼	0.050
공	작음	0.800
공	중간	0.199
공	큼	0.001

C	V	$P(V \mid C)$
차량	느림	0.2
차량	중간	0.2
차량	빠름	0.6
보행자	느림	0.5
보행자	중간	0.4
보행자	빠름	0.1
공	느림	0.4
공	중간	0.4
공	빠름	0.2

해법: 사후 분포 $P(c \mid o_{1:n})$, 분포를 계산하기 위해 방정식 (3.4)의 나이브 베이즈 모델의 결합 분포에 대한 정의를 사용한다.

$$P(c \mid o_{1:n}) \propto P(c) \prod_{i=1}^{n} P(o_i \mid c)$$

$$P(\text{차량} \mid \text{중간, 느림}) \propto P(\text{차량})P(S = \text{중간} \mid \text{차량})P(V = \text{느림} \mid \text{차량})$$

$$P(\text{차량} \mid \text{중간, 느림}) \propto (0.80)(0.009)(0.2) = 0.00144$$

$$P(\text{보행자} \mid \text{중간, 느림}) \propto P(\text{보행자})P(S = \text{중간} \mid \text{보행자})P(V = \text{느림} \mid \text{보행자})$$

$$P(\text{보행자} \mid \text{중간, 느림}) \propto (0.19)(0.75)(0.5) = 0.07125$$

$$P(\text{공} \mid \text{중간, 느림}) \propto P(\text{공})P(S = \text{중간} \mid \text{공})P(V = \text{느림} \mid \text{공})$$

$$P(\text{공} \mid \text{중간, 느림}) \propto (0.01)(0.199)(0.4) = 0.000796$$

$P(\text{보행자} \mid \text{중간, 느림})$이 가장 큰 확률을 가지므로 물체는 보행자로 분류된다.

연습 3.4 방정식 (3.14)에서의 3SAT 공식과 그림 3.4에서의 베이즈 네트워크 구조가 주어졌을 때 $P(c_3^1 \mid x_2^1, x_3^0, x_4^1)$와 $P(y^1 \mid d_2^1, c_3^0)$의 값은 무엇인가?

해법: x_2^1, x_3^0, x_4^1가 세 번째 절을 참으로 만들므로 $P(c_3^1 \mid x_2^1, x_3^0, x_4^1) = 1$이다. 그리고 $Y = 1$이려면 D_2와 C_3 모두 참이어야 하므로 $P(y^1 \mid d_2^1, c_3^0) = 0$이다.

연습 3.5 다음의 각 방향 그래프에서 토폴로지 정렬을 찾아보라.

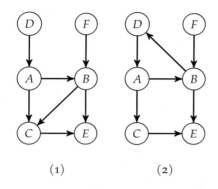

(1)   (2)

해법: 첫 번째 방향 그래프(베이즈 네트워크)에는 (F, D, A, B, C, E), (D, A, F, B, C, E), (D, F, A, B, C, E)의 세 가지 유효한 토폴로지 정렬이 있다. 두 번째 방향 그래프는 순환 구조이므로 유효한 토폴로지 정렬이 없다.

연습 3.6 다음의 베이즈 네트워크에서 추리 쿼리 $P(e^1 \mid b^0, d^1)$를 근사하는데 우도 가중치 샘플링을 사용하고자 한다. 다음 샘플이 주어졌을 때 각 샘플 가중치에 대한 식을 작성하라. 또한 샘플 가중치 w_i에 대해 $P(e^1 \mid b^0, d^1)$를 추정하는 방정식을 작성하라.

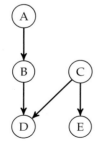

A	B	C	D	E
0	0	0	1	0
1	0	0	1	0
0	0	0	1	1
1	0	1	1	1
0	0	1	1	0
1	0	1	1	1

해법: 우도 가중 샘플링의 경우 샘플 가중치는 상위 값에 따라 조건이 지정된 증거 변수에 대한 분포의 곱이다. 따라서 가중치의 일반 형식은 $P(b^0 \mid a)P(d^1 \mid b^0, c)$이다. 그런 다음 결합 분포에서 각 샘플의 각 값을 일치시킨다.

A	B	C	D	E	가중치
0	0	0	1	0	$P(b^0 \mid a^0)P(d^1 \mid b^0, c^0)$
1	0	0	1	0	$P(b^0 \mid a^1)P(d^1 \mid b^0, c^0)$
0	0	0	1	1	$P(b^0 \mid a^0)P(d^1 \mid b^0, c^0)$
1	0	1	1	1	$P(b^0 \mid a^1)P(d^1 \mid b^0, c^1)$
0	0	1	1	0	$P(b^0 \mid a^0)P(d^1 \mid b^0, c^1)$
1	0	1	1	1	$P(b^0 \mid a^1)P(d^1 \mid b^0, c^1)$

$P(e^1 \mid b^0, d^1)$를 추정하려면 단순히 쿼리 변수와 일치하는 모든 샘플의 가중치를 더하고 이를 모든 가중치의 합으로 나누면 된다.

$$P(e^1 \mid b^0, d^1) = \frac{\sum_i w_i(e^{(i)} = 1)}{\sum_i w_i} = \frac{w_3 + w_4 + w_6}{w_1 + w_2 + w_3 + w_4 + w_5 + w_6}$$

연습 3.7 매년 우리는 표준화된 수학 M, 읽기 R, 쓰기 W 시험에서 학생 점수를 받는다. 이전 연도의 데이터를 사용해 다음 분포를 생성했다.

$$\begin{bmatrix} M \\ R \\ W \end{bmatrix} \sim \mathcal{N}\left(\begin{bmatrix} 81 \\ 82 \\ 80 \end{bmatrix}, \begin{bmatrix} 25 & -9 & -16 \\ -9 & 36 & 16 \\ -16 & 16 & 36 \end{bmatrix} \right)$$

작문 점수가 90점일 때 학생의 수학 및 읽기 시험 점수에 대한 조건부 분포의 매개 변수를 계산하라.

해법: **a**가 수학 및 읽기 점수의 벡터를 나타내고 **b**가 쓰기 점수를 나타내는 경우 결합 및 조건부 분포는 다음과 같다.

$$\begin{bmatrix} \mathbf{a} \\ \mathbf{b} \end{bmatrix} \sim \mathcal{N}\left(\begin{bmatrix} \boldsymbol{\mu}_a \\ \boldsymbol{\mu}_b \end{bmatrix}, \begin{bmatrix} \mathbf{A} & \mathbf{C} \\ \mathbf{C}^\top & \mathbf{B} \end{bmatrix} \right)$$
$$p(\mathbf{a} \mid \mathbf{b}) = \mathcal{N}\left(\mathbf{a} \mid \boldsymbol{\mu}_{a|b}, \boldsymbol{\Sigma}_{a|b} \right)$$

$$\boldsymbol{\mu}_{a|b} = \boldsymbol{\mu}_a + \mathbf{CB}^{-1}(\mathbf{b} - \boldsymbol{\mu}_b)$$

$$\boldsymbol{\Sigma}_{a|b} = \mathbf{A} - \mathbf{CB}^{-1}\mathbf{C}^\top$$

이 예에는 다음과 같은 정의가 있다.

$$\boldsymbol{\mu}_a = \begin{bmatrix} 81 \\ 82 \end{bmatrix} \qquad \boldsymbol{\mu}_b = \begin{bmatrix} 80 \end{bmatrix} \qquad \mathbf{A} = \begin{bmatrix} 25 & -9 \\ -9 & 36 \end{bmatrix} \qquad \mathbf{B} = \begin{bmatrix} 36 \end{bmatrix} \qquad \mathbf{C} = \begin{bmatrix} -16 \\ 16 \end{bmatrix}$$

따라서 $\mathbf{b} = W = 90$으로 주어진 조건부 분포의 매개 변수는 다음과 같다.

$$\boldsymbol{\mu}_{M,R|W=90} = \begin{bmatrix} 81 \\ 82 \end{bmatrix} + \begin{bmatrix} -16 \\ 16 \end{bmatrix} \frac{1}{36}(90 - 80) \approx \begin{bmatrix} 76.5 \\ 86.4 \end{bmatrix}$$

$$\boldsymbol{\Sigma}_{M,R|W=90} = \begin{bmatrix} 25 & -9 \\ -9 & 36 \end{bmatrix} - \begin{bmatrix} -16 \\ 16 \end{bmatrix} \frac{1}{36} \begin{bmatrix} -16 & 16 \end{bmatrix} \approx \begin{bmatrix} 25 & -9 \\ -9 & 36 \end{bmatrix} - \begin{bmatrix} 7.1 & -7.1 \\ -7.1 & 7.1 \end{bmatrix} = \begin{bmatrix} 17.9 & -1.9 \\ -1.9 & 28.9 \end{bmatrix}$$

조건부 분포에 따라 학생이 쓰기 시험에서 90점을 받았다고 가정할 때 우리는 학생이 수학 시험에서 76.5점, 표준 편차 $\sqrt{17.9}$, 읽기 시험에서는 86.4점, 표준편차 $\sqrt{28.9}$를 받을 것으로 예상한다.

04

매개 변수 학습

지금까지는 확률 모델의 매개 변수와 구조를 알고 있다고 가정했다. 4장에서는 데이터에서 모델 매개 변수를 학습하거나 적합화하는 문제를 다룬다.[1] 먼저 데이터 관찰 가능성을 최대화하는 모델의 매개 변수를 식별하는 접근 방식을 소개한다. 이러한 접근 방식의 한계를 논의한 후, 미지의 매개 변수에 대한 확률 분포로 시작한 다음, 확률 법칙을 사용해 관찰된 데이터를 기반으로 해당 분포를 갱신하는 대안적인 베이즈 접근 방식을 소개한다. 그런 다음 고정된 수의 매개 변수를 사용하지 않는 확률 모델에 대해 살펴본다.

1 4장에서는 머신러닝 분야의 중요한 구성 요소인 데이터에서 모델 매개 변수를 학습하는 데 중점을 둔다. 이 분야에 대한 폭넓은 소개는 다음 문헌을 참고하라. K. P. Murphy, *Probabilistic Machine Learning: An Introduction*. MIT Press, 2022..

4.1 최대 우도 매개 변수 학습

최대 우도 매개 변수 학습maximum likelihood parameter learning에서는 데이터 관찰 가능성을 최대화하는 분포의 매개 변수를 찾으려고 시도한다. θ가 분포의 매개 변수를 나타낸다면 최대 우도 추정값은 다음과 같이 기술할 수 있다.

$$\hat{\theta} = \arg\max_{\theta} P(D \mid \theta) \tag{4.1}$$

여기서 $P(D \mid \theta)$란 확률 모델이 모델 매개 변수가 θ로 설정될 때 확률 모델이 데이터 D에 할당한 가능성 값이다.[2] 매개 변수의 추정값을 나타낼 때는 대개 '^' 표기를 사용한다.

최대 우도 매개 변수 학습과 관련된 두 가지 문제가 있다. 하나는 θ를 정의하는 적절한 확률 모델을 선택하는 것이다. 우리는 종종 데이터 D의 샘플이 **독립 동일 분포**independently and identically distributed라고 가정한다. 즉 샘플 $D = o_{1:m}$이 분포 $o_i \sim P(\cdot \mid \theta)$로부터 다음과 같이 추출됐다는 의미다.

$$P(D \mid \theta) = \prod_i P(o_i \mid \theta) \tag{4.2}$$

확률 모델은 예컨대 이전의 장들에서 언급한 범주 분포 또는 가우시안 분포 등이 될 수 있다.

다른 문제는 방정식 (4.3)에서 최대화를 수행하는 것이다. 많은 일반적인 확률 모델의 경우 이 최적화를 해석적으로 수행할 수 있다. 다른 것들은 어려울 수 있다. 일반적인 접근 방식은 로그 우도를 최대화하는 것인데, 종종 $\ell(\theta)$로 표기한다. 로그 변환이 단조 증가하므로 로그 우도를 최대화하는 것은 우도를 최대화하는 것과 같다.[3]

$$\hat{\theta} = \arg\max_{\theta} \sum_i \log P(o_i \mid \theta) \tag{4.3}$$

로그 우도의 합을 계산하는 것은 일반적으로 많은 작은 확률 질량 또는 밀도의 곱을 계산하는 것과 비교해 수치적으로 훨씬 더 안정적이다. 4.1절의 나머지 부분에서는 다양한 분포 유형에 대해 방정식 (4.3)을 최적화하는 방법을 보여준다.

2 여기서는 $P(D \mid \theta)$를 마치 이산 분포와 관련된 확률 질량인 것처럼 표기한다. 그러나 확률 모델은 연속일 수 있으며 이 경우 밀도로 작업한다.

3 이 방정식에서 자연 로그(밑 e) 또는 상용 로그(밑 10)를 최대화하는지 여부는 중요하지 않지만, 이 책 전체에서 $\log(x)$는 e를 밑으로 하는 x의 로그를 의미한다.

4.1.1 범주형 분포에 대한 최대 우도 추정

확률 변수 C가 비행기가 공중 충돌을 일으킬지 여부를 나타낸다고 할 때 우리는 분포 $P(C)$를 추정하는 데 관심이 있다. C는 0 또는 1이므로 매개 변수 $\theta = P(c_1)$를 추정하는 것으로 충분하다. 우리가 원하는 것은 데이터 D에서 θ를 추론하는 것이다. 여기에 n번의 공중 충돌이 있었던 m번의 비행으로 구성된 10년에 걸친 과거 데이터베이스가 있다. 물론 직관적으로는 데이터 D가 주어졌을 때 θ에 대한 좋은 추정값으로는 n/m일 것이다. 항공편 간 결과가 독립이라고 가정하면 n개의 공중 충돌이 있는 D에서 m개의 연속된 결과의 확률은 다음과 같다.

$$P(D \mid \theta) = \theta^n (1 - \theta)^{m-n} \tag{4.4}$$

최대 우도 추정값 $\hat{\theta}$는 방정식 (4.4)를 최대화하는 θ의 값이며, 이는 다음의 로그 우도를 최대화하는 것과 같다.

$$\ell(\theta) = \log\big(\theta^n (1 - \theta)^{m-n}\big) \tag{4.5}$$
$$= n \log \theta + (m - n) \log(1 - \theta) \tag{4.6}$$

ℓ의 1차 도함수를 0으로 설정한 다음 θ에 대한 해를 찾는 방법으로 함수의 최댓값을 찾는 표준 기법을 사용할 수 있다. 도함수는 다음과 같이 주어진다.

$$\frac{\partial}{\partial \theta} \ell(\theta) = \frac{n}{\theta} - \frac{m - n}{1 - \theta} \tag{4.7}$$

도함수를 0으로 설정해 $\hat{\theta}$를 풀 수 있다.

$$\frac{n}{\hat{\theta}} - \frac{m - n}{1 - \hat{\theta}} = 0 \tag{4.8}$$

몇 번의 대수적 계산 후에 실제로 $\hat{\theta} = n/m$임을 알 수 있다.

k 값을 가정할 수 있는 변수 X에 대한 최대 우도 추정값을 계산하는 것도 간단하다. $n_{1:k}$가 k개의 다른 값에 대해 관찰된 개수인 경우 $P(x_i \mid n_{1:k})$의 최대 우도는

다음과 같다.

$$\hat{\theta}_i = \frac{n_i}{\sum_{j=1}^{k} n_j} \tag{4.9}$$

4.1.2 가우스 분포에 대한 최대 우도 추정

가우시안 분포에서 평균이 μ이고 분산이 σ^2인 m개 샘플의 로그 우도는 다음과 같다.

$$\ell(\mu, \sigma^2) \propto -m \log \sigma - \frac{\sum_i (o_i - \mu)^2}{2\sigma^2} \tag{4.10}$$

이번에도 매개 변수에 대해 미분을 0으로 설정하고 최대 우도 추정을 해결할 수 있다.

$$\frac{\partial}{\partial \mu} \ell(\mu, \sigma^2) = \frac{\sum_i (o_i - \hat{\mu})}{\hat{\sigma}^2} = 0 \tag{4.11}$$

$$\frac{\partial}{\partial \sigma} \ell(\mu, \sigma^2) = -\frac{m}{\hat{\sigma}} + \frac{\sum_i (o_i - \hat{\mu})^2}{\hat{\sigma}^3} = 0 \tag{4.12}$$

약간의 대수적 연산 후에 다음을 얻을 수 있다.

$$\hat{\mu} = \frac{\sum_i o_i}{m} \qquad \hat{\sigma}^2 = \frac{\sum_i (o_i - \hat{\mu})^2}{m} \tag{4.13}$$

그림 4.1은 가우시안을 데이터에 적합화하는 예를 보여준다.

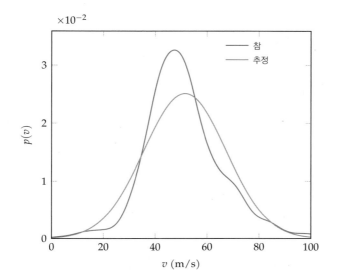

◀ **그림 4.1** m개의 항공기 흔적에서 속도 측정값이 $o_{1:m}$이고 가우시안 모델을 적합화하려 한다고 가정하자. 이 그림은 최대 우도 추정값 $\hat{\mu} = 51.5\text{m/s}$과 $\hat{\sigma} = 15.9\text{m/s}$의 가우시안을 보여준다. 비교를 위해 '참' 분포가 표시된다. 이 경우 가우시안은 참 분포에 대한 상당히 합리적인 근삿값이다.

4.1.3 베이지안 네트워크에 대한 최대 우도 추정

베이지안 네트워크에 최대 우도 매개 변수 학습을 적용할 수 있다. 여기서는 네트워크가 $X_{1:n}$으로 표시되는 n개의 이산 변수 집합으로 구성돼 있다고 가정한다. 데이터 $D = \{\mathbf{o}_1, \ldots, \mathbf{o}_m\}$는 해당 변수에서 관찰된 샘플로 구성된다. 구조가 G인 네트워크에서 r_i는 X_i의 인스턴스화 수이고 q_i는 X_i 부모의 인스턴스화 수다. X_i에 부모가 없으면 $q_i = 1$이다. X_i의 부모의 j번째 인스턴스화는 π_{ij}로 표시한다.

따라서 X_i에 대한 인수 테이블에는 $r_i q_i$ 항목이 있으므로 베이즈 네트워크에는 총 $\sum_{i=1}^{n} r_i q_i$ 매개 변수가 있다. 각 매개 변수는 θ_{ijk}로 표기하며, 다음을 구한다.

$$P(X_i = k \mid \boldsymbol{\pi}_{ij}) = \theta_{ijk} \tag{4.14}$$

비록 $\sum_{i=1}^{n} r_i q_i$개의 매개 변수가 있지만 θ를 사용해 모든 매개 변수 집합을 나타낸다. m_{ijk}는 데이터 집합에서 주어진 상위 인스턴스 j에 대한 $X_i = k$번의 횟수를 나타낸다. 알고리듬 4.1은 데이터 집합에서 이러한 개수 또는 통계량을 추출하기 위한 함수 구현을 제공한다. m_{ijk}의 우도는 다음과 같다.

$$P(D \mid \boldsymbol{\theta}, G) = \prod_{i=1}^{n} \prod_{j=1}^{q_i} \prod_{k=1}^{r_i} \theta_{ijk}^{m_{ijk}} \tag{4.15}$$

방정식 (4.9)의 일변량 분포에 대한 최대 우도 추정값과 유사하게 이산 베이지안 네트워크 모델의 최대 우도 추정값은 다음과 같다.

$$\hat{\theta}_{ijk} = \frac{m_{ijk}}{\sum_{k'} m_{ijk'}} \tag{4.16}$$

예제 4.1은 이 프로세스를 보여준다.

```
function sub2ind(siz, x)
    k = vcat(1, cumprod(siz[1:end-1]))
    return dot(k, x .- 1) + 1
end

function statistics(vars, G, D::Matrix{Int})
    n = size(D, 1)
    r = [vars[i].r for i in 1:n]
    q = [prod([r[j] for j in inneighbors(G,i)]) for i in 1:n]
    M = [zeros(q[i], r[i]) for i in 1:n]
    for o in eachcol(D)
        for i in 1:n
            k = o[i]
            parents = inneighbors(G,i)
            j = 1
            if !isempty(parents)
                j = sub2ind(r[parents], o[parents])
            end
            M[i][j,k] += 1.0
        end
    end
    return M
end
```

알고리듬 4.1 변수 vars 및 구조 G가 있는 베이지안 네트워크를 가정해 이산 데이터 집합 D에서 통계량 또는 개수를 추출하는 함수다. 데이터 집합은 $n \times m$행렬이며, 여기서 n은 변수의 개수이고 m은 데이터 포인트의 수다. 이 함수는 길이가 n인 배열 M을 반환한다. i번째 구성 요소는 개수의 $q_i \times r_i$ 행렬로 구성된다. sub2ind(siz, x) 함수는 선형 인덱스를 배열로 반환하는데 그 차원은 주어진 좌표 x에 대해 siz로 주어진다. 특정 데이터 포인트 및 변수와 관련된 상위 인스턴스화를 식별하는 데 사용된다.

4.2 베이지안 매개 변수 학습

베이지안 매개 변수 학습^{Bayesian parameter learning}은 특히 데이터 양이 제한적인 경우에
최대 우도 추정의 몇 가지 단점을 해결한다. 예를 들어, 항공 안전 데이터베이스
가 지난주 사건만으로 제한돼 있고 기록된 공중 충돌을 발견하지 못했다고 가정
해보자. θ가 비행기가 공중 충돌로 이어질 확률이라면 최대 우도 추정값은 $\hat{\theta} = 0$
일 것이다. 공중 충돌 가능성이 전혀 없다고 믿는 것은, 예컨대 사전 가설이 '모든
비행이 완벽하게 안전하다'가 아닌 한 합리적인 결론이 아니다.

작은 네트워크 $A \rightarrow B \leftarrow C$가 있고 데이터 행렬 D로부터 통계량을 추출하고
자 한다고 가정하자. 다음 코드를 사용할 수 있다.

```
G = SimpleDiGraph(3)
add_edge!(G, 1, 2)
add_edge!(G, 3, 2)
vars = [Variable(:A,2), Variable(:B,2), Variable(:C,2)]
D = [1 2 2 1; 1 2 2 1; 2 2 2 2]
M = statistics(vars, G, D)
```

출력은 각각 크기가 $q_i \times r_i$인 3개의 개수^{count} 행렬로 구성된 배열 M이다.

$$\begin{bmatrix} 2 & 2 \end{bmatrix} \quad \begin{bmatrix} 0 & 0 \\ 0 & 0 \\ 2 & 0 \\ 0 & 2 \end{bmatrix} \quad \begin{bmatrix} 0 & 4 \end{bmatrix}$$

행렬 M에 있는 행을 정규화해 최대 우도 추정값을 계산할 수 있다.

```
θ = [mapslices(x->normalize(x,1), Mi, dims=2) for Mi in M]
```

이는 다음을 생성한다.

예제 4.1 statistics 함수를 사용해 데
이터 집합에서 통계량을 추출. 베이지안
매개 변수 학습을 사용해 NAN 값을 피
할 수 있지만 사전(prior)을 지정해야 한다.

$$\begin{bmatrix} 0.5 & 0.5 \end{bmatrix} \quad \begin{bmatrix} \text{NAN} & \text{NAN} \\ \text{NAN} & \text{NAN} \\ 1 & 0 \\ 0 & 1 \end{bmatrix} \quad \begin{bmatrix} 0 & 1 \end{bmatrix}$$

보다시피 두 번째 변수 B의 첫 번째 및 두 번째 상위 인스턴스화는 NAN[Not A Number]을 추정했다. 데이터에서 이러한 두 부모 인스턴스화에 대한 관찰이 없기 때문에 방정식 (4.16)의 분모는 0과 같으며 매개 변수 추정값은 정의되지 않는다. 대부분의 다른 매개 변수는 NAN이 아니다. 예를 들어, 매개 변수 $\theta_{112} = 0.5$는 $P(a^2)$의 최대 우도 추정값이 0.5임을 의미한다.

베이즈 접근 방식을 이용해 매개 변수 학습을 하는 것은 주어진 데이터 D에 대해 사후 분포인 $p(\theta \mid D)$를 추정하는 것이다. 최대 우도 추정에서와 같이 점 추정값 $\hat{\theta}$를 얻는 대신 분포를 얻는다. 이 분포는 θ의 실제 값에 대한 불확실성을 정량화하는 데 도움이 될 수 있다. 기댓값을 계산하면 이 분포를 점 추정값으로 변환할 수 있다.

$$\hat{\theta} = \mathbb{E}_{\theta \sim p(\cdot \mid D)}[\theta] = \int \theta p(\theta \mid D)\, \mathrm{d}\theta \qquad (4.17)$$

그러나 경우에 따라 그림 4.2에 나와 있는 것처럼 기댓값이 수용 가능한 추정값이 아닐 수 있다. 대안은 **최대 사후 추정값**을 사용하는 것이다.

$$\hat{\theta} = \arg\max_{\theta} p(\theta \mid D) \qquad (4.18)$$

이 추정값은 가장 큰 밀도가 할당된 θ 값에 해당한다. 이를 종종 분포의 모드[mode]라고 한다. 그림 4.2와 같이 모드가 고유하지 않을 수 있다.

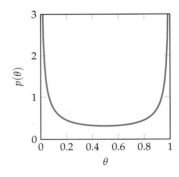

▲ **그림 4.2** θ의 기댓값이 좋은 추정값이 아닌 분포의 예시. 0.5라는 기댓값은 0 또는 1의 극단적인 값에서 발생하는 것보다 밀도가 낮다. 이 분포는 곧 알아볼 매개 변수(0.2, 0.2)를 사용한 분포 유형인 베타 분포(beta distribution)다.

베이지안 매개 변수 학습은 그림 4.3의 구조를 가진 베이지안 네트워크에서 추론으로 볼 수 있으며, 관찰된 변수는 서로 조건부로 독립적이라는 가정을 한다. 베이즈 네트워크에서와 마찬가지로 $p(\theta)$와 $P(O_i \mid \theta)$를 지정해야만 한다. 대개 균등 사전 $p(\theta)$를 사용한다. 이 절의 나머지 부분에서는 베이지안 매개 변수 학습을 $P(O_i \mid \theta)$의 다른 모델에 적용하는 방법을 알아본다.

4.2.1 이진 분포를 위한 베이지안 학습

이진 분포의 매개 변수를 학습한다고 가정해보자. 여기서는 $P(o^1 \mid \theta) = \theta$를 사용한다. 그림 4.3의 베이지안 네트워크에서 θ에 대한 분포를 추론하고자 추론 수행을 위해 3장에서 설명한 표준 방법을 수행할 수 있다.

여기서는 균등 사전을 가정한다.

$$p(\theta \mid o_{1:m}) \propto p(\theta, o_{1:m}) \tag{4.19}$$

$$= p(\theta) \prod_{i=1}^{m} P(o_i \mid \theta) \tag{4.20}$$

$$= \prod_{i=1}^{m} P(o_i \mid \theta) \tag{4.21}$$

$$= \prod_{i=1}^{m} \theta^{o_i} (1 - \theta)^{1 - o_i} \tag{4.22}$$

$$= \theta^n (1 - \theta)^{m-n} \tag{4.23}$$

사후는 $\theta^n (1 - \theta)^{m-n}$에 비례하는데 여기서 n은 $O_i = 1$인 횟수다. 정규화 상수를 찾기 위해 다음을 적분한다.

$$\int_0^1 \theta^n (1 - \theta)^{m-n} \, \mathrm{d}\theta = \frac{\Gamma(n+1)\Gamma(m-n+1)}{\Gamma(m+2)} \tag{4.24}$$

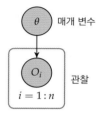

▲ **그림 4.3** 매개 변수 학습을 나타내는 베이지안 네트워크

여기서 Γ는 감마 함수$^{gamma\ function}$다. 감마 함수는 계승^{factorial}의 실숫값 일반화다. m이 정수이면 $\Gamma(m) = (m-1)!$다. 정규화를 고려하면 다음과 같다.

$$p(\theta \mid o_{1:m}) = \frac{\Gamma(m+2)}{\Gamma(n+1)\Gamma(m-n+1)}\theta^n(1-\theta)^{m-n} \tag{4.25}$$

$$= \text{Beta}(\theta \mid n+1, m-n+1) \tag{4.26}$$

베타 분포 $\text{Beta}(\alpha, \beta)$는 매개 변수 α 및 β에 의해 정의되며 이 분포에 대한 곡선은 그림 4.4에 나와 있다. 분포 $\text{Beta}(1,1)$는 0에서 1까지의 균등 분포에 해당한다.

분포 $\text{Beta}(\alpha, \beta)$의 평균은 다음과 같다.

$$\frac{\alpha}{\alpha + \beta} \tag{4.27}$$

α와 β가 모두 1보다 크면 모드는 다음과 같다.

$$\frac{\alpha - 1}{\alpha + \beta - 2} \tag{4.28}$$

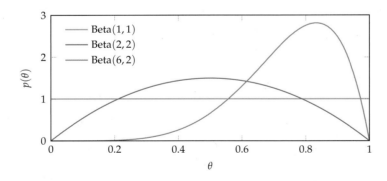

◀ **그림 4.4** 여러 베타 확률 밀도를 겹쳐 그린 것

편리하게도 이항 분포의 매개 변수에 대해 베타 분포가 사전 분포로 사용된다면 그 사후 분포도 또한 베타 분포가 된다. 특히 만약 사전 분포가 $\text{Beta}(\alpha, \beta)$로 주어지고 관측 o_i를 하게 될 경우 o_i가 1이면 사후 분포는 $\text{Beta}(\alpha+1, \beta)$가 되며 o_i가

0이면 $Beta(\alpha, \beta + 1)$가 된다. 따라서 만약 $Beta(\alpha, \beta)$로 주어진 사전을 갖고 데이터에서 m번의 비행 중 n번의 충돌이 있었다고 한다면 사후 분포는 $Beta(\alpha + n, \beta + m - n)$로 주어질 것이다. 사전의 α와 β 매개 변수는 때때로 의사 개수[pseudocounts]라고 불리며, 사후 분포에서 두 결과 부류의 관측 개수와 유사하게 처리된다. 그러나 의사 개수는 정수일 필요는 없다.

원칙적으로 사전 분포를 선택하는 것은 사후 분포를 계산하는 데 사용된 데이터에 대한 정보 없이 이뤄져야 한다. 실제로 균등 사전 분포는 종종 잘 작동하지만, 전문가의 지식이 있는 경우 이를 사전에 포함시킬 수도 있다. 예를 들어, 약간 휜 동전이 있고 동전이 앞면이 나올 확률인 θ를 추정하려고 한다고 가정해보자. 동전을 던지기 전에 우리는 주로 0.5 주변일 것으로 예상되는 확률 θ로 시작할 것이다. 균등 사전인 $Beta(1, 1)$ 대신에 더욱 0.5 주변 값을 중요시하는 $Beta(2, 2)$를 사용할 수 있다(그림 4.4에 나와 있음). 만약 0.5 주변의 추정값에 대해 더 자신 있다면 의사 개수를 증가시켜 사전의 분산을 줄일 수도 있다. $Beta(10, 10)$인 사전은 $Beta(2, 2)$보다 더 뾰족한 분포를 갖게 된다. 그러나 일반적으로 사후 분포를 계산하는 데 사용된 데이터의 양이 증가함에 따라 사전의 중요성이 감소한다. 수천 번의 동전 던지기를 관찰한다면 $Beta(1 + n, 1 + m - n)$과 $Beta(10 + n, 10 + m - n)$ 간의 차이는 무시할 수 있을 것이다.

4.2.2 범주형 분포에서 베이지안 학습

디리클레 분포[Dirichlet distribution][4]는 베타 분포의 일반화이며 이 분포는 범주형 분포의 매개 변수를 추정하는 데 사용된다. X가 1에서 n까지의 정숫값을 갖는 이산 확률 변수라고 가정하자. 분포의 매개 변수를 $\theta_{1:n}$으로 정의한다. 여기서 $P(x^i) = \theta^i$다. 물론 매개 변수의 합은 1이어야 하므로 첫 번째 $n - 1$개의 매개 변수만 독립이다. 디리클레 분포는 사전 및 사후 분포를 나타내는 데 모두 사용할 수 있으며, $\alpha_{1:n}$으

4 이 분포는 범주형 분포의 매개 변수를 추정하는 데 사용된 독일 수학자 요한 페터 구스타프 르죈 디리클레(Johann Peter Gustav Lejeune Dirichlet)(1805~1859)의 이름을 따서 명명됐다.

로 매개 변수화된다. 밀도는 다음과 같이 주어진다.

$$\text{Dir}(\theta_{1:n} \mid \alpha_{1:n}) = \frac{\Gamma(\alpha_0)}{\prod_{i=1}^{n} \Gamma(\alpha_i)} \prod_{i=1}^{n} \theta_i^{\alpha_i - 1} \tag{4.29}$$

여기서 α_0은 매개 변수 $\alpha_{1:n}$의 합계를 나타내는 데 사용된다.[5] $n = 2$이면 식 (4.29)가 베타 분포와 같다는 것을 쉽게 알 수 있다.

5 다른 매개 변수에 따른 디리클레 분포 밀도 그림은 부록 B를 참고하라.

모든 디리클레 매개 변수 $\alpha_{1:n}$를 1로 설정된 균등 사전을 사용하는 것이 일반적이다. 베타 분포와 마찬가지로 디리클레의 매개 변수는 종종 의사 개수라고 한다. $\theta_{1:n}$의 사전이 $\text{Dir}(\alpha_{1:n})$으로 주어지고 $X = i$가 m_i번의 관측치가 있는 경우 사후는 다음과 같이 주어진다.

$$p(\theta_{1:n} \mid \alpha_{1:n}, m_{1:n}) = \text{Dir}(\theta_{1:n} \mid \alpha_1 + m_1, \ldots, \alpha_n + m_n) \tag{4.30}$$

분포 $\text{Dir}(\alpha_{1:n})$는 i번째 성분이 다음과 같은 평균 벡터를 가진다.

$$\frac{\alpha_i}{\sum_{j=1}^{n} \alpha_j} \tag{4.31}$$

$\alpha_i > 1$인 경우 모드의 i번째 구성 요소는 다음과 같다.

$$\frac{\alpha_i - 1}{\sum_{j=1}^{n} \alpha_j - n} \tag{4.32}$$

앞서 본 것처럼 베이지안 매개 변수 추정은 단순히 데이터에서의 다양한 사건의 횟수를 세는 것이므로 이진이나 이산 확률 변수의 경우 간단하다. 베이즈 규칙은 다른 매개 변수 분포에서 매개 변수에 대한 분포를 추론하는 데 사용할 수 있다. 사전 선택과 매개 변수 분포의 형태에 따라 매개 변수 공간에 대한 사후 계산도 해석적으로 수행될 수 있다.

베이지안 매개 변수 학습을 이산 베이지안 네트워크에 적용할 수 있다. 베이지안 네트워크 매개 변수 $\boldsymbol{\theta}$의 사전은 다음과 같이 분해할 수 있다.

$$p(\boldsymbol{\theta} \mid G) = \prod_{i=1}^{n} \prod_{j=1}^{q_i} p(\boldsymbol{\theta}_{ij}) \tag{4.33}$$

여기서 $\boldsymbol{\theta}_{ij} = (\theta_{ij1}, \ldots, \theta_{ijri})$이다. 사전 $p(\boldsymbol{\theta}_{ij})$는 일부 약한 가정하에서 디리클레 분포 $\mathrm{Dir}(\alpha_{ij1}, \ldots, \alpha_{ijri})$를 따른다는 것을 증명할 수 있다. 알고리듬 4.2는 균등 사전에 해당하는 모든 항목이 1인 α_{ijk}를 보유하는 데이터 구조를 생성하기 위한 구현을 보여준다.

m_{ijk} 개수 형태의 데이터를 관찰한 후(4.1.3절에서 소개한 대로), 사후는 방정식 (4.30)과 유사하게 다음과 같다.

$$p(\boldsymbol{\theta}_{ij} \mid \alpha_{ij}, m_{ij}) = \mathrm{Dir}(\boldsymbol{\theta}_{ij} \mid \alpha_{ij1} + m_{ij1}, \ldots, \alpha_{ijr_i} + m_{ijr_i}) \tag{4.34}$$

예제 4.2는 이 프로세스를 보여준다.

```
function prior(vars, G)
    n = length(vars)
    r = [vars[i].r for i in 1:n]
    q = [prod([r[j] for j in inneighbors(G,i)]) for i in 1:n]
    return [ones(q[i], r[i]) for i in 1:n]
end
```

알고리듬 4.2 모든 항목이 1인 사전 αijk를 생성하는 함수. 이 함수가 반환하는 행렬 배열은 알고리듬 4.1에서 생성된 통계량과 동일한 형식을 취한다. 적절한 차원을 결정하기 위해 함수는 변수 vars 및 구조 G의 리스트를 입력으로 사용한다.

사전 매개 변수와 개수를 간단히 추가해 베이지안 네트워크와 관련된 사후 매개 변수를 계산할 수 있다(방정식 (4.34)). 예제 4.1에서 얻은 개수 M의 행렬을 사용하는 경우 이를 사전 매개 변수 α = prior(vars, G)의 행렬에 추가해 사후 매개 변수 집합 M + α를 얻을 수 있다.

예제 4.2 베이지안 네트워크에서 사후 매개 변수를 계산한다. 예제 4.1과 달리 여기에는 NAN 값이 없다.

$$\begin{bmatrix} 3 & 3 \end{bmatrix} \qquad \begin{bmatrix} 1 & 1 \\ 1 & 1 \\ 3 & 1 \\ 1 & 3 \end{bmatrix} \qquad \begin{bmatrix} 1 & 5 \end{bmatrix}$$

4.3 비매개 변수적 학습

4.1절과 4.2절에서는 확률 모델이 고정된 형식이고 고정된 매개 변수 집합이 데이터에서 학습된다고 가정했다. 다른 접근 방식은 매개 변수 개수가 데이터 양에 따라 조정되는 비매개 변수적 방법에 기반한다. 일반적인 비매개 변수적 방법은 커널 밀도 추정(알고리듬 4.3)이다. 관측치 $o_{1:m}$이 주어지면 커널 밀도 추정은 다음과 같이 밀도를 나타낸다.

$$p(x) = \frac{1}{m} \sum_{i=1}^{m} \phi(x - o_i) \tag{4.35}$$

여기서 ϕ는 적분 값이 1이 되는 커널 함수kernel function다. 커널 함수는 관찰된 데이터 포인트 근처의 값에 더 큰 밀도를 할당하는 데 사용된다. 커널 함수는 일반적으로 대칭, 즉 $\phi(x) = \phi(-x)$를 의미한다. 일반적인 커널은 평균이 0인 가우시안 분포다. 이러한 커널을 사용하는 경우 표준 편차는 종종 대역폭bandwidth이라고 하며, 밀도 함수의 평활도를 제어하기 위해 조정할 수 있다. 대역폭이 클수록 일반적으로 밀도가 더 부드러워진다. 데이터를 기반으로 적절한 대역폭을 선택하기 위해 베이지안 방법을 적용할 수 있다. 대역폭 선택의 효과는 그림 4.5에 나와 있다.

```
gaussian_kernel(b) = x->pdf(Normal(0,b), x)

function kernel_density_estimate(ϕ, O)
    return x -> sum([ϕ(x - o) for o in O])/length(O)
end
```

알고리듬 4.3 `gaussian_kernel` 메서드는 대역폭이 b인 0-평균 가우시안 커널 $\phi(x)$를 반환한다. 커널 밀도 추정은 커널 ϕ 및 관측 목록 O에 대해서도 구현된다.

4.4 누락된 데이터로 학습

확률 모델의 매개 변수를 학습할 때 데이터에 누락된 항목이 있을 수 있다.[6] 예를 들어, 설문 조사를 수행하는 경우 일부 응답자는 질문을 건너뛰고 대답하지 않을

6 누락된 데이터를 사용한 학습은 많은 문헌에서 다룬 주제다. 포괄적인 소개와 리뷰는 다음 문헌을 참고하라. G. Kenward, A. Tsiatis, and G. Verbeke, eds., *Handbook of Missing Data Methodology*. CRC Press, 2014.

수 있다. 표 4.1은 A, B, C의 세 가지 이진 변수와 관련된 항목이 누락된 데이터 집합의 예를 보여준다. 누락된 데이터를 처리하는 한 가지 방법은 누락된 항목이 하나 이상 있는 불완전한 인스턴스를 모두 삭제하는 것이다. 누락된 데이터의 양에 따라 많은 데이터를 삭제해야 할 수도 있다. 표 4.1에서는 행 중 하나를 제외하고 모두 삭제해야 하므로 낭비일 수 있다.

▼ **표 4.1** 6개의 결측치를 가진 4개의 인스턴스로 구성된 데이터 예시

A	B	C
1	1	0
?	1	1
1	?	?
?	?	?

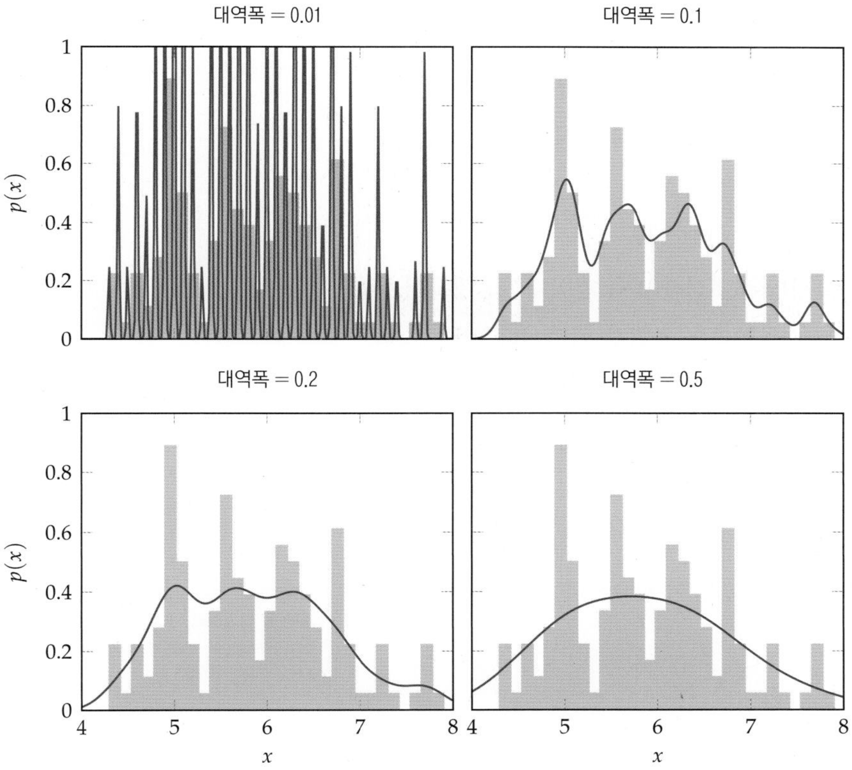

◀ **그림 4.5** 대역폭이 다른 0-평균 가우시안 커널을 사용해 동일한 데이터 집합에 적용된 커널 밀도 추정. 파란색의 히스토그램은 기본 데이터 집합 빈도를 나타내고 검은색 선은 커널 밀도 추정의 확률 밀도를 나타낸다. 더 큰 대역폭은 추정값을 평활화하는 반면 더 작은 대역폭은 특정 샘플에 과적합될 수 있다.

최대 우도 또는 베이지안 접근 방식을 사용해 누락된 데이터에서 모델 매개 변수를 학습할 수 있다. 베이지안 최댓값을 사후 접근 방식으로 사용하는 경우 추정값을 찾고자 한다.

$$\hat{\theta} = \arg\max_{\theta} p(\theta \mid D_{\mathrm{obs}}) \tag{4.36}$$

$$= \arg\max_{\theta} \sum_{D_{\mathrm{mis}}} p(\theta \mid D_{\mathrm{obs}}, D_{\mathrm{mis}}) P(D_{\mathrm{mis}} \mid D_{\mathrm{obs}}) \tag{4.37}$$

여기서 D_{obs}와 D_{mis}는 각각 관찰된 모든 데이터와 누락된 데이터로 구성된다. 데이터가 연속이면 합계가 적분으로 대체된다. 누락된 데이터에 대한 주변화는 계산 비용이 많이 들 수 있다. 동일한 주변화는 베이지안 접근 방식의 계산 처리 용이성에도 영향을 미친다.

4.3절에서는 누락된 값의 가능한 모든 조합을 열거할 필요 없이도 누락된 데이터로 학습하기 위한 두 가지 일반적인 접근 방식에 대해 설명한다. 첫 번째는 누락된 항목의 예측 값을 사용해 분포 매개 변수를 학습하는 것이다. 두 번째는 매개 변수 추정값을 개선하기 위한 반복적인 접근 방식이다.

여기서는 데이터가 무작위로 누락되는 상황에 초점을 맞출 것이다. 즉 항목이 누락될 확률은 주어진 관찰 변수에 대해 해당 값과는 조건부 독립이다. 이 가정을 준수하지 않는 상황의 예로는 대상까지의 레이더 거리 측정 데이터가 있다. 레이더 거리 측정은 잡음에 영향을 받거나 또는 대상이 측정 가능 범위를 벗어나는 등으로 해서 그 측정값이 누락될 수 있는데, 레이더 데이터 항목이 누락됐다는 사실은 그 누락된 값이 매우 클 가능성이 높다는 지표다. 이러한 형태의 누락을 설명하려면 여기에서 설명한 것과 다른 모델과 알고리듬이 필요하다.[7]

7 다른 누락 메커니즘과 연관 추론 기술은 다음 문헌을 참고하라. R. J. A. Little and D. B. Rubin, *Statistical Analysis with Missing Data*, 3rd ed. Wiley, 2020.

4.4.1 결측치 처리

불완전한 인스턴스를 버리기 위한 대안은 누락된 항목의 값을 대치^{impute}하는 것이다. 결측치 처리는 누락된 항목에 대한 값을 추론하는 프로세스다. 대치 방법 중 하나는 방정식 (4.37)의 근삿값이다.

$$\hat{D}_{\mathrm{mis}} = \arg\max_{D_{\mathrm{mis}}} p(D_{\mathrm{mis}} \mid D_{\mathrm{obs}}) \tag{4.38}$$

일단 누락 값을 대치했으면 해당 데이터를 사용해 최대 사후 추정값을 생성할 수 있다.

$$\hat{\theta} = \arg\max_{\theta} p(\theta \mid D_{\text{obs}}) \approx \arg\max_{\theta} p(\theta \mid D_{\text{obs}}, \hat{D}_{\text{mis}}) \qquad (4.39)$$

또는 대안적으로 최대 우도 접근 방식을 취할 수 있다.

방정식 (4.38)을 푸는 것은 여전히 계산적으로는 어려울 수 있다. 이산 데이터 집합에 대한 한 가지 간단한 접근 방식은 누락된 항목을 마진 모드marginal mode라고 하는 가장 일반적으로 관찰되는 값으로 대체하는 것이다. 예를 들어, 표 4.1에서 A에 대한 모든 결측값을 마진 모드 1로 대치할 수 있다.

연속형 데이터는 대개 중복이 없다. 그러나 분포를 연속값에 적합화시키고, 그 결과 분포의 최빈값을 사용할 수 있다. 예를 들어, 표 4.2의 데이터에 가우시안 분포를 적합시킨 다음, 누락된 항목을 각 변수에 연결된 관측값들의 평균으로 대체할 수 있다.

그림 4.6의 왼쪽 상단 그래프는 이 접근 방식이 2차원 데이터에 미치는 영향을 보여준다. 빨간색 선들은 누락된 첫 번째 또는 두 번째 요소를 그것들의 대치값과 짝지은 것을 보여준다. 그런 다음, 관측된 데이터와 대치된 데이터를 사용해 결합 가우시안 분포의 최대 우도 추정을 얻을 수 있다. 보는 것처럼 이 대치 방법은 항상 합리적인 예측을 만들어내지는 못하며, 학습된 모델은 상당히 부적합할 수 있다.

종종 관측된 변수와 관측되지 않은 변수 사이의 확률적 관계를 고려한다면 더 나은 결과를 얻을 수 있다. 그림 4.6에서 두 변수 사이에는 분명한 상관관계가 있으며, 따라서 하나의 변수의 값이 다른 변수의 값을 예측하는 데 도움이 될 수 있다. 일반적인 대안 방법인 최근접-이웃 대치nearest-neighbor imputation는 관측된 변수들에 대해 정의된 거리 측정 기준에 따라 가장 가까운 인스턴스와 연관된 값을 사용하는 것이다. 그림 4.6의 오른쪽 상단 그래프는 대치를 위해 유클리드 거리를 사용한다. 이 접근 방식은 일반적으로 더 좋은 대치와 학습된 분포를 얻게 된다.

▼ **표 4.2** 연속 값에서의 데이터 예시

A	B	C
−6.5	0.9	4.2
?	4.4	9.2
7.8	?	?
?	?	?

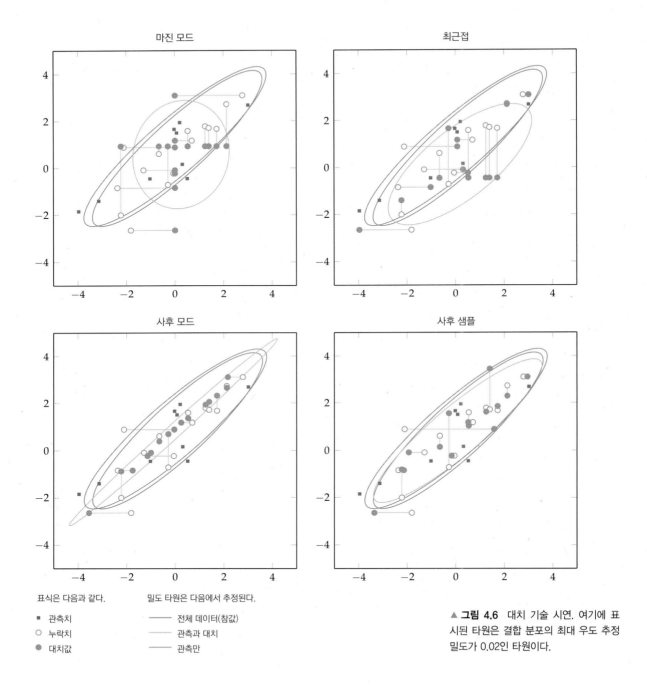

마진 모드

최근접

사후 모드

사후 샘플

표식은 다음과 같다.

- ■ 관측치
- ○ 누락치
- ● 대치값

밀도 타원은 다음에서 추정된다.

— 전체 데이터(참값)
— 관측과 대치
— 관측만

▲ **그림 4.6** 대치 기술 시연. 여기에 표시된 타원은 결합 분포의 최대 우도 추정 밀도가 0.02인 타원이다.

다른 접근 방식은 완전히 관찰된 데이터에 분포를 적합화한 다음 해당 분포를 사용해 누락된 값을 추론하는 것이다. 이 추론을 수행하기 위해 3장의 추론 알고리듬을 사용할 수 있다. 예를 들어, 데이터가 이산이고 베이즈 네트워크 구조를 가정할 수 있는 경우 변수 제거 또는 깁스 샘플링을 사용해 관찰된 변수에서 인스턴스에 대한 누락된 변수의 분포를 생성할 수 있다. 이 분포에서 평균 또는 최빈 값을 사용해 누락된 값을 대치하거나 이 분포에서 샘플을 뽑아낼 수 있다.

데이터가 연속이고 결합 가우시안이라고 가정할 수 있는 경우 알고리듬 3.11을 사용해 사후 분포를 추론할 수 있다. 그림 4.6의 하단 그림은 이러한 사후 모드 및 사후 샘플링 접근 방식을 사용한 대치를 보여준다.

4.4.2 기댓값 최대화

기댓값 최대화[EM, Expectation-Maximization] 범주의 접근 방식은 분포 매개 변수 추정값 $\hat{\theta}$ 를 반복적으로 개선하는 것이다.[8] 먼저 초기 $\hat{\theta}$를 시작으로 한다. 이 값은 추측일 수 있으며, 분포 매개 변수에 대한 사전 분포로부터 무작위로 추출되거나, 4.4.1절에서 논의한 방법 중 하나를 사용해 추정될 수 있다. 각 반복마다 $\hat{\theta}$를 갱신하기 위해 두 단계의 프로세스를 수행한다.

첫 번째 단계는 기댓값 단계[E-step]라고 불리며, 현재 θ의 추정값을 사용해 데이터의 누락 값을 추론한다. 예를 들어, 이산 베이지안 네트워크를 사용해 데이터를 모델링한다면 각 인스턴스의 누락된 항목에 대한 분포를 추론하는 추론 알고리듬 중 하나를 사용할 수 있다. 개수를 추출할 때는 예제 4.3에 나와 있는 것과 같이 완료 가능성에 비례하는 가중치를 적용한다. 누락된 변수가 많은 경우 '가능한 완성'이 실제로 열거하기에 너무 많을 수 있으므로 샘플링 기반 접근 방식이 유리할 수 있다. 또한 변수가 연속인 경우에는 근사 방법으로 샘플링을 사용할 수도 있다.

두 번째 단계는 최대화 단계[M-step]라고 불리며, 완료된 데이터의 우도를 최대화하는 새로운 $\hat{\theta}$를 찾는 것을 목표로 한다. 가중 개수[count]를 사용한 이산 베이지안 네

8 기댓값-최대화는 다음 문헌에 소개돼 있다. A. P. Dempster, N. M. Laird, and D. B. Rubin, "Maximum Likelihood from Incomplete Data via the EM Algorithm," *Journal of the Royal Statistical Society, Series B (Methodological)*, vol. 39, no. 1, pp. 1-38, 1977.

트워크가 있다면, 4장의 앞부분에서 논의한 최대 우도 추정을 수행할 수 있다. 또는 사전을 포함하고 싶은 경우 최대 사후 추정을 사용할 수도 있다.

이 접근 방식은 보통 관측된 데이터의 가능도를 최대화하는 모델 매개 변수로 수렴되지 않을 수 있으나, 실제로는 잘 작동할 수 있다. 알고리듬이 지역 최적점으로만 수렴하는 위험을 줄이기 위해 매개 변수 공간에서 여러 다른 초기점부터 수렴까지 알고리듬을 실행할 수 있다. 마지막에 우도를 최대화하는 결과의 매개 변수 추정값을 선택하기만 하면 된다.

기댓값 최대화는 데이터에서 전혀 관찰되지 않는 변수에 대한 값을 대치하는 데에도 사용할 수 있다. 이러한 변수를 잠재 변수^{latent variables}라고 한다. 베이즈 네트워크 $Z \rightarrow X$가 있고 X는 연속이며, Z는 세 가지 값 중 하나만 갖는 이산이라고 가정하자.

이진 베이즈 네트워크 $A \rightarrow B$가 있다고 가정하자. 먼저 $\hat{\theta}$가 다음을 의미한다고 가정하고 시작한다.

$$P(a^1) = 0.5 \qquad P(b^1 \mid a^0) = 0.2 \qquad P(b^1 \mid a^1) = 0.6$$

이러한 매개 변수를 사용해 누락된 값이 있는 데이터 집합(왼쪽)을 가능한 모든 개별 완료가 있는 가중 데이터 집합(오른쪽)으로 확장할 수 있다.

A	B		A	B	가중치
1	1		1	1	1
0	1		0	1	1
0	?		0	0	$1 - P(b^1 \mid a^0) = 0.8$
?	0		0	1	$P(b^1 \mid a^0) = 0.2$
			0	0	$\alpha P(a^0) P(b^0 \mid a^0) = \alpha 0.4 = 2/3$
			1	0	$\alpha P(a^1) P(b^0 \mid a^1) = \alpha 0.2 = 1/3$

예제 4.3 가정된 모델 매개 변수를 사용해 불완전한 데이터 집합을 확장한다.

여기 계산의 α는 정규화 상수로, 각 인스턴스가 가중치의 합이 1인 인스턴스로 확장된다. 그러면 개수 행렬은 다음과 같다.

$$\begin{bmatrix} (2+2/3) & (1+1/3) \end{bmatrix} \qquad \begin{bmatrix} (0.8+2/3) & 1.2 \\ 1/3 & 1 \end{bmatrix}$$

우리 모델은 $p(x \mid z)$가 조건부 가우시안이라고 가정한다. 데이터 집합에는 X에 대한 값만 포함돼 있고 Z에 대한 값은 없다. 먼저 초기 $\hat{\theta}$로 시작하고 이를 사용해 각 인스턴스에 대해 X 값이 주어지면 Z 값에 대한 확률 분포를 추론한다. 누락된 항목 완료에 대한 분포는 $P(Z)$와 $P(X \mid Z)$의 매개 변수 추정값을 갱신하는 데 사용된다. 이는 예제 4.4에서 설명한 것과 같다. 수렴때까지 반복하며, 이는 종종 매우 빠르게 발생한다. 이 예제에서 얻은 매개 변수는 2.2.2절에서 소개된 가우시안 혼합 모델을 정의한다.

베이즈 네트워크 $Z \to X$가 있고, 여기서 Z는 3개의 값을 갖는 이산 잠재 변수다. X는 조건부 가우스를 모델로 $p(x \mid z)$를 가진 연속이다. 따라서 우리는 $P(z^1)$, $P(z^2)$, $P(z^3)$를 정의하는 매개 변수와 서로 다른 Z 값과 관련된 세 가지 가우시안 분포 각각에 대한 μ_i 및 σ_i를 갖고 있다. 이 예에서는 모든 i에 대해 $P(z^i) = 1/3$ 및 $\sigma_i = 1$을 지정하는 초기 매개 변수 벡터 $\hat{\theta}$를 사용한다. 평균은 $\mu_1 = -4$, $\mu_2 = 0$, $\mu_3 = 4$로 확산한다.

데이터의 첫 번째 인스턴스에 $X = 4.2$가 있다고 가정한다. 그 인스턴스에 대해 Z의 분포를 추론하고자 한다.

$$P(z^i \mid X = 4.2) = \frac{P(z^i)\, \mathcal{N}(4.2 \mid \mu_i, \sigma_i^2)}{\sum_j P(z^j)\, \mathcal{N}(4.2 \mid \mu_j, \sigma_j^2)}$$

예제 4.4 가우시안 혼합 모델의 매개 변수 학습에 적용되는 기대 최대화(EM, Expectation Maximization)

데이터 집합의 모든 인스턴스에 대해 이 분포를 계산한다. 가중 완료에 대해 $\hat{\theta}$에 대한 새로운 추정값을 얻을 수 있다. 데이터 집합의 인스턴스 전체에서 평균을 취해 $P(z^i)$를 추정한다. μ_i 및 σ_i를 추정하기 위해 다양한 인스턴스와 관련된 z^i의 확률로 가중된 데이터 집합의 인스턴스에 대한 X 값의 평균 및 표준 편차를 사용한다.

수렴이 발생할 때까지 프로세스를 반복한다. 아래 그림은 세 번의 반복을 보여준다. 히스토그램은 X 값에서 생성됐다. 진한 파란색 함수는 추론된 밀도를 나타낸다. 세 번째 반복에서 가우시안 혼합 모델의 매개 변수는 데이터 분포를 밀접하게 나타낸다.

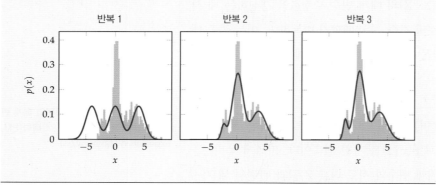

4.5 요약

- 매개 변수 학습에는 데이터로부터의 확률 모델 매개 변수 추론이 포함된다.
- 매개 변수 학습에 대한 최대 우도 접근법은 최대화를 포함하며, 모델에 따라 해석적으로 수행할 수 있다.
- 매개 변수 학습에 대한 베이지안 접근 방식에는 베이즈 규칙을 사용해 기본 매개 변수에 대한 확률 분포를 추론하는 것이다.

- 베타 및 디리클레 분포는 증거 기반으로 쉽게 갱신되는 베이지안 사전 분포의 예다.
- 확률 모델의 고정된 매개 변수화를 가정하는 매개 변수 학습과 달리 비매개 변수 학습은 데이터 양과 함께 증가하는 표현을 사용한다.
- 관찰된 값을 기반으로 추론하는 데이터 대치 또는 기댓값 최대화와 같은 방법을 사용해 누락된 데이터에서 매개 변수를 학습하는 문제에 접근할 수 있다.

4.6 연습 문제

연습 4.1 안나가 농구 자유투를 쏘고 있다고 가정하자. 그녀의 경기를 보기 전에 그녀가 숏당 성공적으로 골을 성공시킬 확률보다 먼저 독립적인 균등 사전으로 시작한다. 그녀가 3개의 숏을 시도하는 것을 관찰했고 그중 2개는 성공적으로 골로 이어졌다. 그녀가 다음 골을 넣을 확률은 얼마인가?

해법: 골을 넣을 확률을 θ로 나타낸다. 균등 사전 $\text{Beta}(1, 1)$로 시작하고 2개의 골과 하나의 실수를 관찰했으므로 사후는 $\text{Beta}(1 + 2, 1 + 1) = \text{Beta}(3, 2)$다. 골 확률은 다음과 같이 계산하려고 한다.

$$P(\text{골}) = \int P(\text{골} \mid \theta) \, \text{Beta}(\theta \mid 3, 2) \, d\theta = \int \theta \, \text{Beta}(\theta \mid 3, 2) \, d\theta$$

이 식은 단순히 $P(\text{골}) = 3/5$인 베타 분포의 기댓값(또는 평균)이다.

연습 4.2 다음의 밀도를 갖고 μ와 b로 매개 변수화된 라플라스 분포^{Laplace distribution}를 따르는 연속 확률 변수 X가 있다고 하자.

$$p(x \mid \mu, b) = \frac{1}{2b} \exp\left(-\frac{|x - \mu|}{b}\right)$$

m개의 독립 관측치 $x_{1:m}$의 데이터 집합 D가 주어졌을 때 라플라스 분포 $/\partial x$ $= \text{sign}(u)\partial u/\partial x$의 매개 변수에 대한 최대 우도 추정값을 계산하라. $\partial |u|/\partial x$ $= \text{sign}(u)\partial u/\partial x$에서 sign 함수는 인수의 부호를 반환한다는 것에 유의하라.

해법: 관측값이 독립적이므로 로그 우도 함수를 합계로 작성할 수 있다.

$$\ell(\mu, b) = \sum_{i=1}^{m} \log\left[\frac{1}{2b}\exp\left(-\frac{|x_i - \mu|}{b}\right)\right]$$

$$= -\sum_{i=1}^{m} \log 2b - \sum_{i=1}^{m} \frac{|x_i - \mu|}{b}$$

$$= -m\log 2b - \frac{1}{b}\sum_{i=1}^{m} |x_i - \mu|$$

실제 매개 변수 μ 및 b의 최대 우도 추정값을 얻기 위해 각 매개 변수에 대한 로그 우도의 편도 함수를 취해 0으로 설정하고 각 매개 변수에 대해 해결한다. 먼저 $\hat{\mu}$에 대해 해결한다.

$$\frac{\partial}{\partial \mu}\ell(\mu, b) = \frac{1}{\hat{b}}\sum_{i=1}^{m} \text{sign}(x_i - \mu)$$

$$0 = \frac{1}{\hat{b}}\sum_{i=1}^{m} \text{sign}(x_i - \hat{\mu})$$

$$0 = \sum_{i=1}^{m} \text{sign}(x_i - \hat{\mu})$$

$$\hat{\mu} = \text{median}(x_{1:m})$$

이제 $\hat{b}$에 대해 풀이한다.

$$\frac{\partial}{\partial b}\ell(\mu, b) = -\frac{m}{b} + \frac{1}{b^2}\sum_{i=1}^{m} |x_i - \hat{\mu}|$$

$$0 = -\frac{m}{\hat{b}} + \frac{1}{\hat{b}^2}\sum_{i=1}^{m} |x_i - \hat{\mu}|$$

$$\frac{m}{\hat{b}} = \frac{1}{\hat{b}^2}\sum_{i=1}^{m} |x_i - \hat{\mu}|$$

$$\hat{b} = \frac{1}{m}\sum_{i=1}^{m} |x_i - \hat{\mu}|$$

따라서 라플라스 분포의 매개 변수에 대한 최대 우도 추정값은 관측값의 중앙값인 $\hat{\mu}$이고 중앙값에서 절대 편차의 평균인 $\hat{b}$이다.

연습 4.3 이 질문은 일부 측정값이 부분적으로만 알려진 중도 절단 데이터에 대한 최대 우도 추정의 적용을 탐구한다. 쿼드콥터 드론을 위한 전기 모터를 제작하고 있으며 고장날 때까지 얼마나 오래 지속되는지에 대한 모델을 생성하고 싶다고 가정하자. 구성 요소의 신뢰도를 모델링하는 데 더 적합한 분포가 있을 수 있지만[9] 확률 밀도 함수 $\lambda \exp(-\lambda x)$ 및 누적 분포 함수 $1 - \exp(-\lambda x)$와 함께 λ로 매개 변수화된 지수 분포를 사용한다. 5대의 드론을 날린다. 3대는 132시간, 42시간, 1시간, 89시간 후에 모터 고장이 발생했다. 우리는 실패 없이 200시간 후에 다른 2대에 대한 테스트를 중단했다. 중단 때까지 작동된 드론은 그 고장 발생 시간을 알 수 없다. 단지 200시간보다는 크다는 것만 알고 있다. 주어진 데이터에 대해 λ의 최대 우도 추정값은 얼마인가?

9 K. S. Trivedi and A. Bobbio, *Reliability and Availability Engineering*. Cambridge University Press, 2017.

해법: 이 문제에는 $n = 3$개의 완전히 관찰된 측정값과 $m = 2$개의 중도 절단된 측정값이 있다. t_i는 완전히 관측된 i번째 측정값을 나타내고 t_j는 j번째 중도 절단된 측정값을 나타낸다. t_j 위의 단일 측정 우도는 단순히 $\exp(-t_j)$인 누적 분포 함수의 보수complement다. 따라서 데이터의 우도는 다음과 같다.

$$\left(\prod_{i=1}^{n} \lambda e^{-\lambda t_i}\right)\left(\prod_{j=1}^{m} e^{-\lambda t_j}\right)$$

다음과 같이 로그 우도를 최대화하는 표준 접근 방식을 사용한다.

$$\ell(\lambda) = \sum_{i=1}^{n} (\log \lambda - \lambda t_i) + \sum_{j=1}^{m} -\lambda t_j$$

λ에 대한 도함수는 다음과 같다.

$$\frac{\partial \ell}{\partial \lambda} = \frac{n}{\lambda} - \sum_{i=1}^{n} t_i - \sum_{j=1}^{m} t_j$$

이 도함수를 0으로 설정하면 λ를 해결해 최대 우도 추정값을 얻을 수 있다.

$$\hat{\lambda} = \frac{n}{\sum_{i=1}^{n} t_i + \sum_{j=1}^{m} t_j} = \frac{3}{132 + 42 + 89 + 200 + 200} \approx 0.00452$$

지수 분포의 평균은 $1/\lambda$이며 문제의 평균은 221시간이다.

연습 4.4 변수 $X_{1:3}$은 $\{1, 2\}$ 중 값을 취할 수 있고, X_4는 $\{1, 2, 3\}$ 중 한 값을 취할 수 있는 베이즈 네트워크가 있다. 그림에서처럼 관측 $o_{1:m}$의 데이터 집합 D가 주어졌을 때 연계된 조건부 분포 매개 변수 θ의 최대 우도 추정을 만들어라.

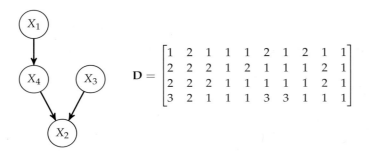

$$D = \begin{bmatrix} 1 & 2 & 1 & 1 & 1 & 2 & 1 & 2 & 1 & 1 \\ 2 & 2 & 2 & 1 & 2 & 1 & 1 & 1 & 2 & 1 \\ 2 & 2 & 2 & 1 & 1 & 1 & 1 & 1 & 2 & 1 \\ 3 & 2 & 1 & 1 & 1 & 3 & 3 & 1 & 1 & 1 \end{bmatrix}$$

해법: 각 노드에 대해 데이터 집합을 반복하며 개수를 저장해 $q_i \times r_i$ 크기의 개수 행렬 $\mathbf{M}_i$를 생성할 수 있다. 그런 다음 개수 행렬의 각 행을 정규화해 매개 변수의 최대 우도 추정값을 포함하는 행렬을 생성한다.

$$\mathbf{M}_1 = \begin{bmatrix} 7 & 3 \end{bmatrix} \qquad \mathbf{M}_2 = \begin{bmatrix} 3 & 1 \\ 0 & 0 \\ 2 & 0 \\ 0 & 2 \\ 0 & 1 \\ 0 & 1 \end{bmatrix} \qquad \mathbf{M}_3 = \begin{bmatrix} 6 & 4 \end{bmatrix} \qquad \mathbf{M}_4 = \begin{bmatrix} 5 & 0 & 2 \\ 1 & 1 & 1 \end{bmatrix}$$

$$\hat{\theta}_1 = \begin{bmatrix} 0.7 & 0.3 \end{bmatrix} \qquad \hat{\theta}_2 = \begin{bmatrix} 0.75 & 0.25 \\ \text{NAN} & \text{NAN} \\ 1.0 & 0.0 \\ 0.0 & 1.0 \\ 0.0 & 1.0 \\ 0.0 & 1.0 \end{bmatrix} \qquad \hat{\theta}_3 = \begin{bmatrix} 0.6 & 0.4 \end{bmatrix} \qquad \hat{\theta}_4 \approx \begin{bmatrix} 0.71 & 0.0 & 0.29 \\ 0.33 & 0.33 & 0.34 \end{bmatrix}$$

연습 4.5 편향된 동전이 있고 던진 동전이 앞면이 될 확률을 지정하는 베르누이 Bernoulli 매개 변수 ϕ를 추정하려고 한다. 첫 번째 던지기가 앞면일 때($o_1 = 1$) 다음 질문에 답하라.

- ϕ의 최대 우도 추정값은 얼마인가?
- 균등 사전을 사용하면 ϕ의 최대 사후 추정값은 얼마인가?
- 균등 사전을 사용하면 ϕ에 대한 사후 분포의 기댓값은 얼마인가?

해법: 첫 번째 던지기가 앞면이므로 $n = 1$번의 성공과 $m = 1$번의 시도가 있다.

- ϕ의 최대 우도 추정값은 $n/m = 1$이다.
- 균등 $\text{Beta}(1, 1)$ 사전을 사용하면 사후 분포는 $\text{Beta}(1 + n, 1 + m - n) = \text{Beta}(2, 1)$이다. ϕ의 사후 추정값 또는 사후 분포의 모드는 다음과 같다.

$$\frac{\alpha - 1}{\alpha + \beta - 2} = \frac{2 - 1}{2 + 1 - 2} = 1$$

- 사후 분포의 평균은 다음과 같다.

$$\frac{\alpha}{\alpha + \beta} = \frac{2}{2 + 1} = \frac{2}{3}$$

연습 4.6 누락된 값이 하나 있는 다음의 데이터 집합이 있다고 가정하자. 주변 분포가 가우시안이라고 가정할 때 마진 모드 대치를 사용해 귀속될 값은 무엇인가? 최근접 이웃-대치를 사용해 대치될 값은 무엇인가?

X_1	X_2
0.5	1.0
?	0.3
−0.6	−0.3
0.1	0.2

해법: X_1에 대한 주변 분포가 가우시안이라고 가정하면 가우시안 분포의 평균 매개 변수인 마진 모드를 계산할 수 있다.

$$\mu = \frac{1}{m} \sum_{i=1}^{m} x_i = \frac{0.5 - 0.6 + 0.1}{3} = 0$$

따라서 마진 모드 대체의 경우 누락된 값이 0으로 설정된다. 최근접 이웃 대체의 경우 $X_2 = 0.3$에 가장 가까운 샘플이 네 번째 샘플이므로 결측값은 0.1로 설정된다.

연습 4.7 2개의 변수 $X_{1:2}$에 대해 다수의 결측값이 있는 데이터 집합이 주어졌다고 가정하자. $X_{1:2}$가 결합으로 가우시안이라고 가정하고 완전히 관찰된 샘플을 사용해 다음 분포에 적합화한다.

$$\begin{bmatrix} X_1 \\ X_2 \end{bmatrix} \sim \mathcal{N} \left(\begin{bmatrix} 5 \\ 2 \end{bmatrix}, \begin{bmatrix} 4 & 1 \\ 1 & 2 \end{bmatrix} \right)$$

사후 모드 대치를 사용해 샘플 $X_2 = 1.5$에 대해 X_1에 대해 대치될 값은 무엇인가? 사후 샘플 대치를 위해 어떤 분포에서 샘플을 추출해야 하나?

해법: $X_{1:2}$가 결합으로 가우시안이라고 가정했기 때문에 X_2가 주어진 X_1에 대한 사후 분포도 가우시안이며 모드는 사후 분포의 평균 매개 변수다. 사후 분포의 평균은 다음과 같이 계산할 수 있다.

$$p(x_1 \mid x_2) = \mathcal{N} \left(x_1 \mid \mu_{x_1 | x_2}, \sigma^2_{x_1 | x_2} \right)$$
$$\mu_{x_1 | x_2 = 1.5} = 5 + (1)(2)^{-1}(1.5 - 2) = 4.75$$

따라서 사후 모드 대치의 경우 누락된 값이 4.75로 설정된다. 사후 샘플 대치의 경우 값 $X_1 \sim \mathcal{N}(4.75, 3.5)$를 샘플링한다.

05
구조 학습

지금까지는 확률 모델의 구조를 알고 있다고 가정했다. 5장에서는 데이터에서 모델의 구조를 학습하는 방법에 대해 설명한다.[1] 먼저 주어진 데이터에서 그래픽 구조의 확률을 계산하는 방법을 설명한다. 일반적으로 우리는 이 확률을 최대화하려고 한다. 가능한 그래픽 구조의 공간은 일반적으로 열거하기에는 너무 크기 때문에 이 공간을 효율적으로 검색하는 방법도 논의한다.

1 베이즈 네트워크 구조 학습은 다음의 문헌에서 찾아볼 수 있다. D. Koller and N. Friedman, *Probabilistic Graphical Models: Principles and Techniques*. MIT Press, 2009. R. E. Neapolitan, *Learning Bayesian Networks*. Prentice Hall, 2003.

5.1 베이지안 네트워크 스코어링

네트워크 구조 G가 데이터를 얼마나 잘 모델링하는지에 따라 점수를 매길 수 있기를 원한다고 하자. 구조 학습에 대한 최대 사후 접근 방식은 $P(G \mid D)$를 최대화하는 G를 찾는다. 먼저 G가 데이터를 얼마나 잘 모델링하는지 측정하기 위해 $P(G \mid D)$에 기반해 베이지안 점수를 계산하는 방법을 설명한다. 그런 다음 네트워크 공간에서 가장 높은 점수를 받은 네트워크를 검색하는 방법을 설명한다. 베이지안 네트워크의 추론과 마찬가지로 일반 그래프와 입력 데이터의 경우 베이지안 네트워크의 구조를 학습하는 것이 NP-hard임을 알 수 있다.[2]

베이즈 규칙과 전체 확률 법칙을 사용해 $P(G \mid D)$를 계산한다.

$$P(G \mid D) \propto P(G)P(D \mid G) \tag{5.1}$$

$$= P(G) \int P(D \mid \theta, G) p(\theta \mid G) \, d\theta \tag{5.2}$$

2 D. M. Chickering, "Learning Bayesian Networks is NPComplete," in *Learning from Data: Artificial Intelligence and Statistics V*, D. Fisher and H.-J. Lenz, eds., Springer, 1996, pp. 121–130. D. M. Chickering, D. Heckerman, and C. Meek, "Large-Sample Learning of Bayesian Networks is NP-Hard," *Journal of Machine Learning Research*, vol. 5, pp. 1287–1330, 2004.

여기서 θ는 4장에서 소개한 네트워크 매개 변수를 포함한다. θ 결과에 대해 적분하면 다음을 얻는다.[3]

$$P(G \mid D) = P(G) \prod_{i=1}^{n} \prod_{j=1}^{q_i} \frac{\Gamma(\alpha_{ij0})}{\Gamma(\alpha_{ij0} + m_{ij0})} \prod_{k=1}^{r_i} \frac{\Gamma(\alpha_{ijk} + m_{ijk})}{\Gamma(\alpha_{ijk})} \tag{5.3}$$

3 미분의 경우 부록 G를 참고하라. F. Cooper and E. Herskovits, "A Bayesian Method for the Induction of Probabilistic Networks from Data," *Machine Learning*, vol. 4, no. 9, pp. 309–347, 1992.

여기서 α_{ijk}의 값은 유사 개수pseudocounts이고 m_{ijk}는 4장에서 소개한 개수다. 또한 다음을 정의한다.

$$\alpha_{ij0} = \sum_{k=1}^{r_i} \alpha_{ijk} \qquad m_{ij0} = \sum_{k=1}^{r_i} m_{ijk} \tag{5.4}$$

방정식 (5.2)를 최대화하는 G를 찾는 것은 이른바 베이지안 점수Bayesian score를 최대화하는 G를 찾는 것과 같다.

$$\log P(G \mid D) = \log P(G) + \sum_{i=1}^{n} \sum_{j=1}^{q_i} \left(\log\left(\frac{\Gamma(\alpha_{ij0})}{\Gamma(\alpha_{ij0} + m_{ij0})} \right) + \sum_{k=1}^{r_i} \log\left(\frac{\Gamma(\alpha_{ijk} + m_{ijk})}{\Gamma(\alpha_{ijk})} \right) \right) \tag{5.5}$$

베이지안 점수는 작은 수를 곱하는 것보다 작은 수의 로그를 더하는 것이 더 쉽기 때문에 수치적으로 계산하는 것이 더 편리하다. 많은 소프트웨어 라이브러리에서 감마 함수의 로그를 직접 계산할 수 있다.

다양한 사전 그래프가 문헌에서 연구됐지만 균등 사전이 실제로 자주 사용되며, 이 경우 $\log P(G)$는 방정식 (5.5)의 베이지안 점수 계산에서 제외될 수 있다. 알고리듬 5.1은 그 구현을 보여준다.

```
function bayesian_score_component(M, α)
    p = sum(loggamma.(α + M))
    p -= sum(loggamma.(α))
    p += sum(loggamma.(sum(α,dims=2)))
    p -= sum(loggamma.(sum(α,dims=2) + sum(M,dims=2)))
    return p
end

function bayesian_score(vars, G, D)
    n = length(vars)
    M = statistics(vars, G, D)
    α = prior(vars, G)
    return sum(bayesian_score_component(M[i], α[i]) for i in 1:n)
end
```

알고리듬 5.1 주어진 데이터 D에 대해 그래프 G와 변수 vars 리스트에 대한 베이지안 점수를 계산하는 알고리듬. 이 방법은 알고리듬 4.2에 의해 생성된 모든 j 및 k에 대해 균등 사전 $\alpha_{ijk} = 1$을 사용한다. loggamma 함수는 SpecialFunctions.jl에서 제공된다. 4장에서는 statistics와 prior 함수를 소개했다. $\log(\Gamma(\alpha)/\Gamma(\alpha + m)) = \log \Gamma(\alpha) - \log \Gamma(\alpha + m)$이고 $\log \Gamma(1) = 0$이라는 점에 주목하자.

베이지안 점수에 관해 구조를 최적화하는 부산물은, 우리가 가진 데이터를 고려해 모델 복잡도의 적절한 균형을 찾을 수 있게 된다는 것이다. 우리는 변수 간 중요한 관계를 포착하지 못하는 모델은 원치 않지만, 한정된 데이터로부터 충분히 학습되기 어려운 많은 매개 변수를 가진 모델 역시 원치 않는다.

베이지안 점수가 모델 복잡도의 균형을 맞추는 데 어떻게 도움이 되는지 보려면 그림 5.1의 네트워크를 살펴보라. A의 값은 B의 값에 약하게 영향을 미치며 C는 다른 변수와 독립이다. 이 '참' 모델에서 샘플링해 데이터 D를 생성한 다음 모델 구조를 학습하려고 한다. 3개의 변수를 가진 25개의 가능한 네트워크 구조가 있지만 여기서는 그림 5.2의 모델 점수에만 초점을 맞출 것이다.

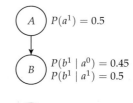

▲ **그림 5.1** 베이지안 점수가 모델 복잡성의 균형을 맞추는 데 어떻게 도움이 되는지 보여주는 간단한 베이지안 네트워크

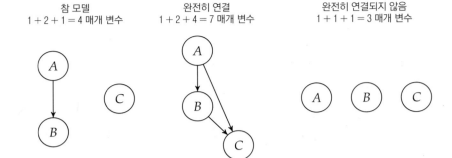

◀ **그림 5.2** 다양한 수준의 복잡성을 가진 세 가지 베이지안 네트워크 구조

그림 5.3은 데이터 양이 증가함에 따라 참 모델과 완전 연결된 모델과 연결되지 않은 모델의 베이지안 점수가 어떻게 비교되는지 보여준다. 그림에서는 참 모델의 점수를 뺀다. 따라서 0보다 큰 값은 사용 가능한 데이터가 주어졌을 때 모델이 참 모델보다 더 나은 표현을 제공한다는 것을 나타낸다. 그림은 5×10^3 미만의 샘플이 있을 때 연결되지 않은 모델이 참 모델보다 더 잘 수행됨을 보여준다. 완전 연결된 모델은 참 모델보다 결코 낮지 않지만 약 10^4개의 샘플에서는 연결되지 않은 모델보다 더 잘하기 시작한다. 왜냐하면 7개의 독립 매개 변수를 적절하게 추정하기에 충분한 데이터가 있기 때문이다.

5.2 방향성 그래프 검색

방향성 그래프 검색에서는 베이지안 점수를 최대화하는 방향성 비순환 그래프 공간을 검색한다.[4] 노드가 10개이면 4.2×10^{18}개의 가능한 방향 비순환 그래프가 있다. 노드가 20개이면 2.4×10^{72}이다. 노드가 별로 없는 베이지안 네트워크를 제외하고는 최고 점수를 찾기 위한 가능한 구조 공간을 열거하는 것은 불가능하다. 따라서 검색 전략에 의존해야 한다.

4 R. W. Robinson, "Counting Labeled Acyclic Digraphs," in *Ann Arbor Conference on Graph Theory*, 1973.

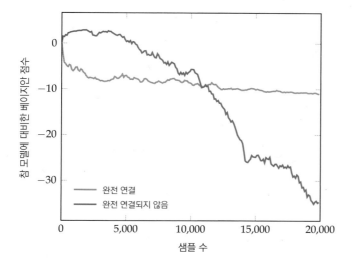

◀ **그림 5.3** 베이지안 네트워크 구조 학습은 모델 복잡성과 사용 가능한 데이터의 균형을 맞춘다. 완전 연결된 모델은 결코 참 모델을 능가하지 못하는 반면, 완전히 연결되지 않은 모델은 약 5×10^3개 이상의 샘플이 추출되면 결국 성능이 저하된다. 이 결과는 더 복잡한 모델이 샘플을 생성한 경우에도 데이터가 부족할 때 간단한 모델이 복잡한 모델을 능가할 수 있음을 나타낸다.

다행스럽게도 검색은 일반적인 문제이며 수년 동안 다양한 일반 검색 알고리듬이 연구됐다.

가장 일반적인 검색 전략 중 하나는 K_2다.[5] 검색(알고리듬 5.2)은 다항 시간에 실행되지만 전역적으로 최적의 네트워크 구조를 찾는 것이 보장되지 않는다. 모든 스코어링 함수를 사용할 수 있지만 모델의 복잡성과 사용 가능한 데이터의 양의 균형을 맞추는 기능 때문에 베이지안 점수와 함께 자주 사용된다. K_2는 무방향 선분 그래프로 시작한 다음 제공된 순서에 따라 변수를 반복해 점수를 최대로 높이는 방식으로 노드에 부모를 그리디^{greedy} 방식으로 추가한다. K_2는 필요한 계산을 줄이기 위해 한 노드의 부모 수에 상한을 두는 것이 일반적이다. 원래 K_2 알고리듬은 모든 i, j, k에 대해 $\alpha_{ijk} = 1$인 단위 균등 디리클레 사전을 가정했지만 원칙적으로 모든 사전을 사용할 수 있다.

일반적인 검색 전략은 지역 검색$^{local\ search}$으로, 때로는 언덕 오르기$^{hill\ climbing}$라고도 한다. 알고리듬 5.3은 이 개념을 구현하고 있다. 초기 그래프로 시작한 다음 가장 높은 점수를 받은 이웃으로 이동한다. 그래프의 이웃은 단 하나의 기본 그래프

5 이 이름은 쿠타토(Kutató)라는 시스템의 진화라는 사실에서 유래됐다. 알고리듬은 다음 문헌에 소개돼 있다. G. F. Cooper and E. Herskovits, "A Bayesian Method for the Induction of Probabilistic Networks from Data," *Machine Learning*, vol. 4, no. 9, pp. 309–347, 1992.

작업 거리에 있는 그래프로 구성되며 기본 그래프 작업에는 선분 도입, 선분 제거, 선분 반전이 포함된다. 물론 특정 그래프에서 모든 작업이 가능한 것은 아니며, 그래프에 순환을 초래하는 연산은 유효하지 않다.

```
struct K2Search
    ordering::Vector{Int} # 변수 정렬
end

function fit(method::K2Search, vars, D)
    G = SimpleDiGraph(length(vars))
    for (k,i) in enumerate(method.ordering[2:end])
        y = bayesian_score(vars, G, D)
        while true
            y_best, j_best = -Inf, 0
            for j in method.ordering[1:k]
                if !has_edge(G, j, i)
                    add_edge!(G, j, i)
                    y' = bayesian_score(vars, G, D)
                    if y' > y_best
                        y_best, j_best = y', j
                    end
                    rem_edge!(G, j, i)
                end
            end
            if y_best > y
                y = y_best
                add_edge!(G, j_best, i)
            else
                break
            end
        end
    end
    return G
end
```

알고리듬 5.2 지정된 변수 순서를 사용해 방향성 비순환 그래프의 공간에 대한 K_2 검색. 이 변수 순서는 결과 그래프에 토폴로지 정렬이다. `fit` 함수는 정렬된 리스트 변수 `vars`와 데이터 집합 D를 사용한다. 이 방법은 빈 그래프에서 시작해 베이지안 점수를 최대로 향상시키는 다음 부모를 반복적으로 추가한다.

현재 그래프의 점수가 이웃보다 낮지 않을 때까지 검색이 계속된다.

지역 검색의 기회적^{opportunistic} 버전은 알고리듬 5.3에서 구현된다. 모든 반복에서 모든 이웃 그래프를 생성하는 대신 이 방법은 하나의 임의 이웃을 생성하고 베이지안 점수가 현재 그래프의 점수보다 크면 수락한다.

```
struct LocalDirectedGraphSearch
    G     # 최초 그래프
    k_max # 반복 횟수
end

function rand_graph_neighbor(G)
    n = nv(G)
    i = rand(1:n)
    j = mod1(i + rand(2:n)-1, n)
    G' = copy(G)
    has_edge(G, i, j) ? rem_edge!(G', i, j) : add_edge!(G', i, j)
    return G'
end

function fit(method::LocalDirectedGraphSearch, vars, D)
    G = method.G
    y = bayesian_score(vars, G, D)
    for k in 1:method.k_max
        G' = rand_graph_neighbor(G)
        y' = is_cyclic(G') ? -Inf : bayesian_score(vars, G', D)
        if y' > y
            y, G = y', G'
        end
    end
    return G
end
```

알고리듬 5.3 지역 방향 그래프 검색은 초기 방향 그래프 G로 시작해 베이지안 점수가 더 클 때마다 무작위 그래프 이웃으로 기회적으로 이동한다. k_max 번 동안 이 프로세스를 반복한다. 임의 그래프 이웃은 단일 선분을 추가하거나 제거해 생성된다. 이 알고리듬은 선분의 방향 반전을 포함하도록 확장될 수 있다. 선분 추가는 순환이 있는 그래프를 생성할 수 있으며, 이 경우 $-\infty$ 점수를 할당한다.

지역 검색은 **지역 최적**에 갇혀 전역적으로 최적인 네트워크 구조를 찾지 못할 수 있다. 다음을 포함해 지역 최적을 해결하기 위한 다양한 전략이 제안됐다.[6]

6 최적화 분야는 매우 방대하고 지역 최적 해결을 위한 여러 기법이 개발됐다. 개요에 대해서는 다음 문헌을 참고하라. M. J. Kochenderfer and T. A. Wheeler, *Algorithms for Optimization*. MIT Press, 2019.

- 무작위 재시작: 지역 최적이 발견되면 간단히 검색 공간의 임의 지점에서 재시작한다.

- 모의 어닐링annealing: 항상 적합도가 가장 높은 이웃으로 이동하는 대신, 검색은 일부 무작위 탐색 전략에 따라 적합도가 낮은 이웃을 방문할 수 있다. 검색이 진행됨에 따라 탐색의 무작위성은 특정 스케줄에 따라 감소한다. 이 접근법은 금속학의 어닐링에서 영감을 받았기 때문에 모의 어닐링이라고 한다.

- 유전자genetic 알고리듬: 이 절차는 이진 문자열로 표현된 검색 공간의 초기 무작위 점 모집단으로 시작된다. 문자열의 각 비트는 두 노드 사이에 화살표가 있는지 여부를 나타낸다. 따라서 문자열 조작을 통해 방향 그래프의 공간을 검색할 수 있다. 모집단의 개체는 점수에 비례하는 비율로 번식한다. 번식을 위해 선택된 개체는 무작위로 선택된 두 개체의 교차점을 선택한 다음 그 지점 이후에 문자열을 교체하는 유전자 교차를 통해 무작위로 문자열을 재결합한다. 돌연변이는 또한 문자열의 비트를 무작위로 뒤집음으로써 모집단에 무작위로 도입된다. 검색 공간에서 만족스러운 지점을 찾을 때까지 진화 과정이 계속된다.

- 모방memetic 알고리듬: 유전자 지역 검색이라고도 하는 이 접근 방식은 단순히 유전자 알고리듬과 지역 검색의 조합이다. 유전자 재조합 후 개인에 대한 지역 검색이 적용된다.

- 금기tabu 검색: 이전 방법을 보강하면 검색 공간에서 최근에 방문한 지점을 포함하는 금기 목록을 유지할 수 있다. 검색 알고리듬은 금기 목록에 있는 이웃을 피한다.

일부 검색 전략은 특정 데이터 집합에서 다른 것보다 더 잘 작동할 수 있지만 일반적으로 전역 최적값을 찾는 것은 여전히 NP-hard다. 그러나 많은 응용에는 전역적으로 최적의 네트워크 구조가 필요하지 않다. 지역적으로 최적인 구조가 종종 허용된다.

5.3 마르코프 등가 부류

앞서 설명한 것처럼 베이지안 네트워크의 구조는 일련의 조건부 독립 가정을 인코딩하고 있다. 베이지안 네트워크의 구조를 배우려고 할 때 중요한 관찰은 2개의 다른 그래프가 동일한 독립 가정을 인코딩할 수 있다는 것이다. 간단한 예로서 2개의 변수 네트워크 $A \rightarrow B$는 $A \leftarrow B$와 같은 독립 가정을 가진다. 데이터만으로는 A와 B 사이 선분의 방향을 정당화할 수 없다.

2개의 네트워크가 동일한 조건부 독립 가정을 인코딩하는 경우 마르코프 등가Markov equivalent라고 한다. 두 그래프가 (1) 방향에 관계없이 동일한 선분 (2) 동일한 비건전immoral v 구조 집합을 갖는 경우, 두 그래프는 마르코프 등가임을 증명할 수 있다. 비건전 v 구조는 v 구조 $X \rightarrow Y \leftarrow Z$로서 그림 5.4에서처럼 X와 Z가 직접 연결되지 않은 것이다. 마르코프 등가 부류는 각각에게 마르코프 등가인 모든 방향 비순환 그래프를 가진 집합이다. 마르코프 등가를 검사하는 방법은 알고리듬 5.4에 있다.

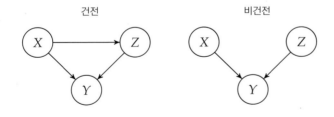

◀ **그림 5.4** 건전과 비건전 v 구조

일반적으로 동일한 마르코프 등가 부류에 속하는 두 구조에 서로 다른 점수가 부여될 수 있다. 그러나 베이지안 점수를 사용해 $\kappa = \sum_j \sum_k \alpha_{ijk}$가 모든 i에 대해 일정하도록 디리클레 사전과 함께 사용되면 2개의 마르코프 등가 구조에 동일한

점수가 할당된다.[7]

이러한 사전을 BDe라고 하며 특수한 경우는 $BDeu$ 사전[8]으로서 $\alpha_{ijk} = \kappa/(q_i r_i)$ 을 할당한다. 일반적으로 사용되는 균등 사전 $\alpha_{ijk} = 1$이 늘 동일 등가 부류 구조에 동일 점수를 할당하는 것은 아니지만 대개 상당히 가깝다. 동일 부류의 모든 구조에 동일한 점수를 할당하는 점수를 매기는 함수를 점수 등가[score equivalent]라고 한다.

7 이는 다음 문헌에 증명돼 있다. D. Heckerman, D. Geiger, and D. M. Chickering, "Learning Bayesian Networks: The Combination of Knowledge and Statistical Data," *Machine Learning*, vol. 20, no. 3, pp. 197–243, 1995.

8 W. L. Buntine, "Theory Refinement on Bayesian Networks," in *Conference on Uncertainty in Artificial Intelligence (UAI)*, 1991.

5.4 부분 방향성 그래프 검색

마르코프 등가 부류는 때때로 필수 그래프[essential graph] 또는 방향 비순환 그래프 패턴이라고도 하는 부분 방향 그래프[partially directed graph]로 나타낼 수 있다. 부분 방향 그래프는 방향 선분과 무방향 선분을 모두 포함할 수 있다. 마르코프 등가 부류를 인코딩하는 부분 방향 그래프의 예가 그림 5.5에 나와 있다.

방향 비순환 그래프 G는 G가 방향에 관계없이 G'와 동일한 선분을 갖고 G'와 동일한 비건전 v 구조를 갖는 경우에만 부분 유향 그래프 G'에 의해 인코딩된 마르코프 등가 부류의 구성원이 된다.

```
function are_markov_equivalent(G, H)
    if nv(G) != nv(H) || ne(G) != ne(H) ||
        !all(has_edge(H, e) || has_edge(H, reverse(e))
                                        for e in edges(G))
        return false
    end
    for (I, J) in [(G,H), (H,G)]
        for c in 1:nv(I)
            parents = inneighbors(I, c)
            for (a, b) in subsets(parents, 2)
                if !has_edge(I, a, b) && !has_edge(I, b, a) &&
                    !(has_edge(J, a, c) && has_edge(J, b, c))
                    return false
```

알고리듬 5.4 방향성 비순환 그래프 G 및 H가 마르코프 등가인지 여부를 알아내는 방법. IterTools.jl의 subsets 함수는 주어진 집합과 지정한 크기의 모든 부분집합을 반환한다.

```
                    end
                end
            end
        end

        return true
end
```

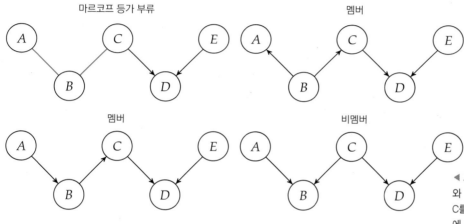

마르코프 등가 부류

멤버

멤버

비멤버

◀ **그림 5.5** 마르코프 등가 부류 및 멤버와 비멤버의 예. 비멤버는 비건전 v 구조 C를 초래하기 때문에 마르코프 등가 부류에 속하지 않는다. 이는 부분 방향 그래프에 표시되지 않는다.

방향 비순환 그래프의 공간을 탐색하는 대신 부분 방향성 그래프로 표현되는 마르코프 등가 부류의 공간을 탐색할 수 있다.[9] 물론 마르코프 등가 부류의 공간은 방향성 비순환 그래프의 공간보다 작지만, 크게 작지는 않다. 방향 비순환 그래프 대 등가 부류 비율은 점근적으로 상당히 빠르게 약 3.7이 된다.[10]

방향 비순환 그래프 공간의 언덕 오르기에 있어서 한 가지 문제점은 이웃이 동일한 점수를 가진 동일한 등가 부류에 있는 다른 그래프로 구성될 수 있다는 것이며, 검색이 지역 최적값에 갇힐 수 있다. 등가 부류의 공간을 검색하면 현재 등가 부류 외부의 다른 방향성 비순환 그래프로 이동할 수 있다.

9 이 공간을 탐색하는 구체적인 방법은 다음 문헌을 참고하라. D. M. Chickering, "Learning Equivalence Classes of Bayesian-Network Structures," *Journal of Machine Learning Research*, vol. 2, pp. 445–498, 2002.

10 S. B. Gillispie and M. D. Perlman, "The Size Distribution for Markov Equivalence Classes of Acyclic Digraph Models," *Artificial Intelligence*, vol. 141, no. 1–2, pp. 137–155, 2002.

5.2절에 제시된 모든 일반 검색 전략을 사용할 수 있다. 지역 검색 형식을 사용하는 경우 그래프의 이웃을 정의하는 지역 그래프 작업을 정의해야 한다. 지역 그래프 작업의 예는 다음과 같다.

- X와 Y 사이에 선분이 존재하지 않는 경우 $X - Y$ 또는 $X \to Y$를 추가한다.
- $X - Y$ 또는 $X \to Y$이면 X와 Y 사이의 선분을 제거한다.
- $X \to Y$이면 $X \gets Y$를 얻기 위해 선분 방향을 뒤집는다.
- $X - Y - Z$이면 $X \to Y \gets Z$를 추가한다.

부분 방향 그래프의 점수를 매기기 위해 마르코프 등가 부류의 구성원을 생성하고 점수를 계산한다.

5.5 요약

- 베이지안 네트워크를 데이터에 적합화하려면 변수 간의 조건부 종속성을 지시하는 베이지안 네트워크 구조를 선택해야 한다.
- 구조 학습에 대한 베이지안 접근법은 베이지안 점수를 최대화하는 것으로서, 주어진 데이터 집합에 대한 그래프 구조의 확률과 관련이 있다.
- 베이지안 점수는 더 작은 데이터 집합에 대해 더 간단한 구조를 제시하고 더 큰 데이터 집합에 대해 더 복잡한 구조를 지원한다.
- 가능한 구조의 수는 변수의 수에서 초지수적superexponential이며 베이지안 점수를 최대화하는 구조를 찾는 것은 NP-hard다.
- K_2 및 지역 검색과 같은 방향성 그래프 검색 알고리듬은 효율적일 수 있지만 최적성을 보장하지 않는다.

- 부분 방향 그래프 검색과 같은 방법은 마르코프 등가 부류의 공간을 가로지르며 방향성 비순환 그래프의 더 큰 공간을 검색하는 것보다 더 효율적일 수 있다.

5.6 연습 문제

연습 5.1 m개의 노드를 가진 선분 없는 방향성 비순환 그래프에는 몇 개의 이웃이 있나?

해법: 세 가지 기본 그래프 연산 중 선분 추가만 할 수 있다. 선분이 없는 방향성 비순환 그래프에 임의의 선분을 추가할 수 있으며, 비순환 상태로 유지된다. $m(m-1) = m^2 - m$개의 노드 쌍이 있으므로 동수의 이웃을 가진다.

연습 5.2 다음 베이지안 네트워크의 이웃에 몇 개의 네트워크가 있는가?

해법: 다음 그래프 작업을 수행할 수 있다.

- 추가 $A \rightarrow D$, $D \rightarrow A$, $D \rightarrow C$
- 제거 $A \rightarrow B$, $A \rightarrow C$, $B \rightarrow C$, $D \rightarrow B$
- 뒤집기 $A \rightarrow B$, $B \rightarrow C$, $D \rightarrow B$

따라서 이웃에는 10개의 베이지안 네트워크가 있다.

연습 5.3 베이지안 네트워크 G로 지역 검색을 시작한다고 가정한다. 최적의 베이지안 네트워크 G^*로 수렴하기 위해 수행할 수 있는 지역 검색의 최소 반복 횟수는 얼마인가?

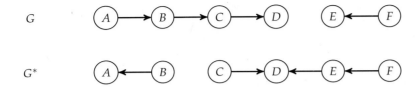

해법: 각 반복에서 지역 검색은 원래 네트워크에서 이웃에 있는 네트워크로 이동할 수 있다. 이는 원래 네트워크에서 최대 하나의 선분 연산이다. G와 G^*의 가장자리 사이에는 세 가지 차이가 있으므로 G에서 지역 검색을 수행하려면 G^*에 도달하기까지 최소 세 번의 반복이 필요하다. 지역 검색 반복에 있어서 하나의 잠재적인 최소 시퀀스는 뒤집기 $A \rightarrow B$, 제거 $B \rightarrow C$, 추가 $E \rightarrow D$다. 이러한 선분 연산으로 형성된 그래프가 고려된 이웃의 모든 그래프 중 가장 높은 베이지안 점수를 산출했다고 가정한다.

연습 5.4 다음 베이지안 네트워크의 마르코프 등가 부류를 나타내는 부분 방향성 비순환 그래프를 그려라. 이 마르코프 등가 부류에는 몇 개의 그래프가 있나?

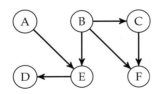

해법: 마르코프 등가 부류는 다음과 같은 부분 방향성 비순환 그래프로 나타낼 수 있다.

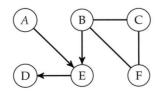

이 마르코프 등가 부류에는 다음과 같은 6개의 네트워크가 있다.

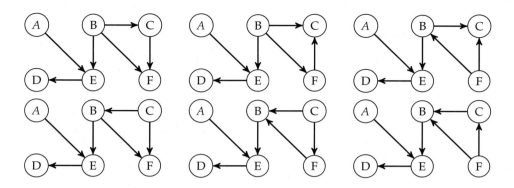

연습 5.5 4개의 노드를 가진 부분 방향 비순환 그래프 중에서 비어 있지 않은 마르코프 동가 부류를 정의하지 않는 예를 들어보라.

해법: 다음의 부분 방향성 비순환 그래프를 살펴보자.

무방향 선분을 방향성 선분으로 교체할 수 없다. 그렇게 하면 새로운 v 구조가 도입되기 때문이다.

06

단순 결정

6장에서는 불확실성하에서 단일 결정을 내리는 단순 결정^{simple decisions}의 개념을 소개한다.[1] 효용 이론^{utility theory}의 관점에서 의사결정 문제를 연구할 것이며 이는 에이전트를 불확실한 결과에 대한 실수 함수로서 모델링하는 것과 연계된다.[2] 이 효용 함수는 일련의 선호^{preference} 쿼리로부터 유추할 수 있다. 그런 다음 최대 기대 효용 원칙을 합리성의 정의로부터 소개하는데, 이는 책에서 의사결정 원칙을 도출하는 데 사용되는 의사결정 이론의 주요 개념이기도 하다.[3] 여기서는 의사결정 문제를 어떻게 결정 네트워크로 나타내는지 보여주고 최적 결정 문제 해결 알고리듬을 보여준다. 정보 가치에 대한 개념이 도입되는데, 이는 추가적인 변수를 관찰함으로써 얻게 되는 효용을 측정한다. 6장은 인간의 의사결정이 최대 기대 효용 원칙과 항상 일치하지는 않는다는 간략한 논의로 결론을 내린다.

1 단순 결정은 이 책의 나머지 부분에서 초점을 맞추는 순차적인 문제에 비해 간단하다. 그렇다고 단순 결정이 반드시 해결하기 쉬운 것은 아니다.

2 효용 이론의 발전에 대한 개요는 다음 문헌을 참고하라. P. J. H. Schoemaker, "The Expected Utility Model: Its Variants, Purposes, Evidence and Limitations," *Journal of Economic Literature*, vol. 20, no. 2, pp. 529–563, 1982. P. C. Fishburn, "Utility Theory," *Management Science*, vol. 14, no. 5, pp. 335–378, 1968.

3 의사결정 이론 분야의 주요 연구는 다음 문헌을 참고하라. M. Peterson, *An Introduction to Decision Theory*, Cambridge University Press, 2009.

6.1 합리적 선호에 대한 제약

2장에서는 서로 다른 진술에 대한 신뢰 정도를 비교할 필요성을 확인함으로써 불확실성에 대한 논의를 시작했다. 6장에서는 두 가지 다른 결과의 바람직한 정도를 비교할 수 있는 힘이 필요하다. 다음 연산자를 사용해 기본 선호를 지정한다.

- B보다 A를 선호한다면 $A \succ B$다.
- A와 B 사이에 선호가 없다면 $A \sim B$다.
- B보다 A를 더 선호하거나 선호도가 같다면 $A \succeq B$다.

신념이 주관적일 수 있는 것처럼 선호도도 주관적일 수 있다.

사건을 비교하는 것 외에도 선호도 연산자를 사용해 불확실한 결과에 대한 선호도를 비교할 수 있다. 복권은 어떤 결과들과 관련된 일련의 확률이다. 예를 들어, $S_{1:n}$이 일련의 결과이고 $p_{1:n}$이 관련 확률인 경우 이러한 결과 및 확률을 가진 복권은 다음과 같이 나타낼 수 있다.

$$[S_1 : p_1; \ \ldots; \ S_n : p_n] \tag{6.1}$$

실수값으로 된 효용 측도의 존재는 선호에 관한 일련의 가정으로부터 나타난다.[4] 이 효용 함수로부터 불확실성하에서 합리적인 결정을 내리는 방법을 정의할 수 있다. 앞서 신뢰에 제약을 가한 것처럼 선호에도 일부 제약을 가할 것이다.[5]

- 완결성^{completeness}: 정확히 다음 중 하나만 성립한다. $A \succ B$, $B \succ A$, 또는 $A \sim B$.
- 전이성^{transitivity}: $A \succeq B$이고 $B \succeq C$이면 $A \succeq C$이다.
- 연속성^{continuity}: $A \succeq C \succeq B$이면 $[A : p; \ B : 1 - p] \sim C$인 확률 p가 존재한다.
- 독립성^{independence}: $A \succ B$이면 모든 C와 확률 p에 대해 $[A : p; \ C : 1 - p] \succeq [B : p; \ C : 1 - p]$다.

4 기대 효용 이론은 1738년 스위스 수학자이자 물리학자인 다니엘 베르누이(Daniel Bernoulli)(1700~1782)가 도입했다. 다음 문헌을 참고하라. D. Bernoulli, "Exposition of a New Theory on the Measurement of Risk," *Econometrica*, vol. 22, no. 1, pp. 23 – 36, 1954.

5 이 제약은 헝가리계 미국인 수학자이자 물리학자인 폰 노이만(John von Neumann)(1903 – 1957)과 오스트리아계의 미국 경제학자 모르겐스턴(Oskar Morgenstern)(1902~1977)의 이름에서 유래해 노이만 모르겐스턴 공리(Neumann – Morgenstern axioms)라고 한다. 그들은 이 공리의 여러 변형을 공식화했다. 다음 문헌을 참고하라. J. von Neumann and O. Morgenstern, *Theory of Games and Economic Behavior*, Princeton University Press, 1944. Critiques of these axioms are discussed by P. Anand, "Are the Preference Axioms Really Rational?" *Theory and Decision*, vol. 23, no. 2, pp. 189 – 214, 1987.

이러한 제약은 합리적인 선호^{rational preference}에 대한 것이다. 사실 이는 인간의 실제 선호도와 다르다. 인간이 항상 합리적인 것은 아니라는 점에는 강력한 증거가 있다(6.7절에서 더 자세히 논의할 요점). 이 책의 목표는 유용한 시스템을 구축할 수 있도록 연산 관점에서 합리적 의사결정을 이해하는 것이다. 이 이론을 인간의 의사결정을 이해하는 데로 확장할 수 있는지 여부는 부차적인 관심일 뿐이다.

6.2 효용 함수

서로 다른 진술의 타당성 비교에 대한 제약으로부터 실수 확률 측도로 이어진 것처럼 합리적 선호에 대한 제약으로부터 실수 효용 측도를 만들 수 있다. 합리적인 선호에 대한 우리의 제약으로부터 다음과 같은 실수 효용 함수 U가 존재한다는 결론이 나온다.

- $U(A) \rangle U(B)$ iff $A > B$
- $U(A) = U(B)$ iff $A \sim B$

효용 함수는 양의 아핀 변환^{positive affine transformation}에 대해 고유하다. 즉 임의의 상수 $m > 0$과 b에 대해 U에 의해 유도된 선호도가 U와 동일한 경우에만 $U'(S) = mU(S) + b$가 성립한다. 효용은 온도와 유사하다. 켈빈^{Kelvin}, 섭씨 또는 화씨를 사용해 온도를 비교할 수 있으며 이는 모두 서로에 대한 아핀 변환이다.

합리적 선호에 대한 제약으로부터 복권의 효용은 다음과 같이 나타낼 수 있다.

$$U([S_1 : p_1; \ \ldots; \ S_n : p_n]) = \sum_{i=1}^{n} p_i U(S_i) \tag{6.2}$$

예제 6.1은 충돌 방지 시스템과 관련된 결과의 유용성을 계산하기 위해 이 방정식을 적용한다.

충돌 방지 시스템을 구축한다고 가정하자. 항공기들이 서로 맞닥뜨린 결과는 시스템 경고 여부(A)와 충돌 발생 여부(C)로 정의된다. A와 C는 이진수이므로 네 가지 가능한 결과가 있다. 선호도가 합리적인 한, 가능한 복권 공간에 대한 효용 함수는 4개 매개 변수 $U(a^0, c^0)$, $U(a^1, c^0)$, $U(a^0, c^1)$, $U(a^1, c^1)$에 대해 기술할 수 있다. 예를 들어,

$$U([a^0, c^0 : 0.5; \quad a^1, c^0 : 0.3; \quad a^0, c^1 : 0.1; \quad a^1, c^1 : 0.1])$$

는

$$0.5U(a^0, c^0) + 0.3U(a^1, c^0) + 0.1U(a^0, c^1) + 0.1U(a^1, c^1)$$

와 동일하다.

효용 함수가 제한돼 있으면 정규화된 효용 함수[normalized utility function]를 정의할 수 있다. 여기서 가능한 최상의 결과는 효용 1로 할당되고 가능한 최악의 결과는 효용 0으로 할당된다. 다른 각 결과의 유용성은 필요에 따라 확장되고 변환된다.

6.3 효용 도출

의사결정 또는 의사결정 지원 시스템을 구축할 때 사람 혹은 사람의 그룹으로부터 효용 함수를 추론하면 종종 도움이 된다. 이 접근법을 효용 도출[utility elicitation] 또는 선호도 도출[preference elicitation]이라고 한다.[6] 이를 수행하는 한 가지 방법은 최악의 결과 $\underline{S}$를 0으로, 최상의 결과 $\overline{S}$를 1로 고정하는 것이다. 결과의 효용이 제한돼 있는 한 우리는 선호도를 변경하지 않고 효용을 변환하고 확장할 수 있다. 결과 S에 대한 효용을 구하려면 $S \sim [\overline{S} : p; \underline{S} : 1 - p]$가 되는 확률 p를 구하면 된다. 그러면 $U(S) = p$가 성립한다. 예제 6.2는 충돌 방지 문제와 관련된 효용 함수를 결정

6 효용 도출에 대한 다양한 연구는 다음 문헌을 참고하라. P. H. Farquhar, "Utility Assessment Methods," *Management Science*, vol. 30, no. 11, pp. 1283–1300, 1984.

하기 위해 이 프로세스를 적용한다.

예제 6.2 충돌 회피에 적용되는 효용 도출

충돌 회피 예제에서 가능한 최선의 이벤트는 경고도 없고 충돌도 않는 것이므로 $U(a^0, c^0) = 1$로 설정한다. 최악의 상황은 경고하고 충돌하는 것이므로 $U(a^1, c^1) = 0$으로 설정한다. 복권 $L(p)$를 $[a^0, c^0 : p; a^1, c^1 : 1 - p]$로 정의한다. $U(a^1, c^0)$를 구하려면 $(a^1, c^0) \sim L(p)$가 되는 p를 찾아야 한다. 마찬가지로 $U(a^0, c^1)$를 구하기 위해 $(a^0, c^1) \sim L(p)$를 만족하는 p를 찾는다.

효용 함수를 추론하기 위해 금전적 가치를 사용하려는 유혹을 느낄 수도 있을 것이다. 예를 들어, 산불 관리를 위한 의사결정 지원 시스템을 구축하는 경우 재산 피해로 인한 금전적 비용과 화재 진압 자원 배치에 대한 금전적 비용 측면에서 효용 함수를 정의하고 싶을 수 있다. 그러나 일반적으로 부의 효용이 선형적이지 않다는 것은 경제학에서 잘 알려져 있다.[7] 효용과 부 사이에 선형 관계가 있다면 기대되는 금전적 가치를 최대화하는 측면에서 결정을 내려야 한다. 보험 증권의 예상 금전적 가치는 일반적으로 음수이기 때문에 기대 금전적 가치를 최대화하려는 사람은 보험이 필요 없을 것이다.

기대 부를 최대화하려고 노력하는 대신 일반적으로 부의 기대 효용을 최대화하려고 한다. 물론 사람마다 효용 함수가 다르다. 그림 6.1은 효용 함수의 예를 보여준다. 적은 양의 부의 경우 곡선은 대략 선형이며 100달러가 50달러일 때의 약 두 배다. 그러나 더 많은 부의 경우 곡선이 평평해지는 경향이 있다. 결국, 억만장자에게 1,000달러는 일반인보다 가치가 적다. 곡선의 평탄화는 종종 한계 효용 체감 diminishing marginal utility이라고도 한다.

통화monetary 효용 함수를 논의할 때 다음에 나열된 세 가지 용어가 자주 사용된다. 이를 설명하기 위해 A는 50달러를 받은 것을 의미하고 B는 100달러를 얻을 확률이 50%인 것으로 가정하자.

7 H. Markowitz, "The Utility of Wealth," *Journal of Political Economy*, vol. 60, no. 2, pp. 151–158, 1952.

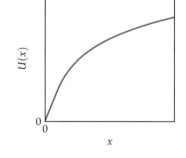

▲ **그림 6.1** 부 x의 효용은 대개 작은 값에 대해서는 선형으로 모델링되고 더 큰 값에 대해서는 오목하게 모델링돼 위험 회피를 나타낸다.

- 위험 중립risk neutral: 효용 함수는 선형이다. 50달러와 100달러를 벌 확률 50% 사이에는 선호되는 것이 없다($A \sim B$).

- 위험 추구risk seeking: 효용 함수는 볼록하다. 100달러를 벌 확률 50%를 더 선호한다($A \prec B$).

- 위험 회피risk averse: 효용 함수는 오목하다. 50달러를 더 선호한다($A \succ B$).

부 또는 병상hospital bed 가용성과 같은 스칼라scalar 수량[8]의 위험 회피를 모델링하기 위한 몇 가지 일반적인 함수 형식이 있다. 그중 하나는 다음의 2차 효용 함수다.

$$U(x) = \lambda x - x^2 \tag{6.3}$$

여기서 매개 변수 $\lambda > 0$은 위험 회피를 제어한다. 일반적으로 부와 같은 정량적 효용을 모델링할 때 이 효용 함수가 단조 증가하기를 원하기 때문에 이 함수에 $x = \lambda/2$로 상한을 둔다. 그 시점 이후 효용은 감소하기 시작한다. 또 다른 단순 형태는 지수 효용exponential utility 함수다.

$$U(x) = 1 - e^{-\lambda x} \tag{6.4}$$

여기서 $\lambda > 0$이다. 비록 편리한 수학적 형태를 갖고 있지만, 일반적으로 부의 효용에 대한 그럴듯한 모델로는 간주되지 않는다. 그 대안은 멱power 효용 함수다.

$$U(x) = \frac{x^{1-\lambda} - 1}{1 - \lambda} \tag{6.5}$$

여기서 $\lambda \geq 0$이고 $\lambda \neq 1$이다. 로그 효용은 다음과 같다.

$$U(x) = \log x \tag{6.6}$$

$x > 0$인 경우는 $\lambda \to 1$인 멱 효용의 특수한 경우로 볼 수 있다. 그림 6.2는 멱 효용 함수를 보여주는데, 멱 함수의 특수한 경우로서의 로그 효용 함수를 보여준다.

8 이 함수 형태는 경제와 금융에서 많이 연구됐다. J. E. Ingersoll, *Theory of Financial Decision Making*, Rowman and Littlefield Publishers, 1987.

6.4 최대 기대 효용 원리

우리는 세상의 상태에 대한 불완전한 지식으로부터 합리적인 결정을 내리는 문제에 관심이 있다. $P(s' \mid o, a)$는 o를 관찰하고 행동 a를 취했을 때 세상의 상태가 s'가될 확률을 나타내는 확률 모델이다. 결과 공간에 대한 선호도를 인코딩해주는 효용 함수 $U(s')$가 있다고 하자. 관측치 o가 주어지면 행동 a를 취했을 때의 기대 효용은 다음과 같다.

$$EU(a \mid o) = \sum_{s'} P(s' \mid a, o)U(s') \tag{6.7}$$

최대 기대 효용의 원칙$^{\text{principle of maximum expected utility}}$에 따르면 합리적 행위자는 기대 효용을 극대화하는 행동을 선택해야 한다.

$$a^* = \arg\max_a EU(a \mid o) \tag{6.8}$$

우리는 합리적인 에이전트를 구축하는 데 관심이 있기 때문에 방정식 (6.8)이 이책에서 중심 역할을 한다.[9] 예제 6.3은 이 원칙을 단순 결정 문제에 적용한다.

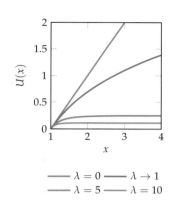

▲ **그림 6.2** 멱 효용 함수

9 다음 문헌은 인공지능에서 최대 기대 효용 원칙의 중요성을 다뤘다. S. Russell and P. Norvig, *Artificial Intelligence: A Modern Approach*, 4th ed. Pearson, 2021.

6.5 의사결정 네트워크

의사결정 네트워크$^{\text{decision network}}$는 때로 영향도 다이어그램$^{\text{influence diagram}}$이라고도 불리며, 행동 및 효용 노드를 포함해 의사결정 문제를 정의하는 확률과 효용 모델을 간결하게 나타낼 수 있도록 베이지안 네트워크를 일반화한 것이다.[10] 6.4절의 상태, 행동, 관찰 공간은 요인화될 수 있으며 의사결정 네트워크의 구조는 다양한 구성 요소 간의 관계를 포착한다.

의사결정 네트워크는 세 가지 유형의 노드로 구성된다.

- 기회 노드$^{\text{chance node}}$는 확률 변수(원으로 표시)에 해당한다.

10 의사결정 네트워크에 대한 더 많은 논의는 다음 문헌에서 찾을 수 있다. F. V. Jensen and T. D. Nielsen, *Bayesian Networks and Decision Graphs*, 2nd ed. Springer, 2007.

- 행동 노드^{action node}는 의사결정 변수(사각형으로 표시)에 해당한다.
- 효용 노드^{utility node}는 효용 변수(다이아몬드로 표시)에 해당하고 자식 노드를 가질 수 없다.

예제 6.3 우산을 가져갈 것인지의 단순 결정에 최대 기대 효용의 원칙을 적용한다.

휴가 목적지에 대한 일기 예보가 주어졌을 때 휴가에 우산을 가져갈지 여부를 결정하고자 한다. 먼저 일기 예보 o를 관찰한다. 예보 결과는 비 또는 맑음 중 하나의 값을 가진다. 행동 a는 우산을 가져가거나 우산을 두고 가는 것이다. 결과 상태 s'는 우리가 우산을 가져왔는지와 목적지가 맑은지 비가 오는지의 조합이다. 확률 모델은 다음과 같다.

o	a	s'	$P(s' \mid a, o)$
일기예보 비	우산 가져가기	비올 때 우산	0.9
일기예보 비	우산 두고 가기	비올 때 우산 없음	0.9
일기예보 비	우산 가져가기	맑을 때 우산	0.1
일기예보 비	우산 두고 가기	맑을 때 우산 없음	0.1
일기예보 맑음	우산 가져가기	비올 때 우산	0.2
일기예보 맑음	우산 두고 가기	비올 때 우산 없음	0.2
일기예보 맑음	우산 가져가기	맑을 때 우산	0.8
일기예보 맑음	우산 두고 가기	맑을 때 우산 없음	0.8

표에 표시된 대로 일기예보는 불완전하다고 가정한다. 비 예보는 90%, 맑음 예보는 80% 맞다. 또한 (일부 사람들은 이 가정에 의문을 제기할 수도 있겠지만) 우산을 가져오는 것이 날씨에는 영향을 미치지 않는다고 가정한다. 효용 함수는 다음과 같다.

s'	$U(s')$
비올 때 우산	−0.1
비올 때 우산 없음	−1
맑을 때 우산	0.9
맑을 때 우산 없음	1

방정식 (6.7)을 사용해 비가 예측된 경우 우산을 가져갈 때의 기대 효용을 계산할 수 있다.

$$EU(\text{우산 가져가기} \mid \text{일기예보 비}) = 0.9 \times -0.1 + 0.1 \times 0.9 = 0$$

마찬가지로 방정식 (6.7)을 사용해 비가 예측된 경우 우산을 놔둘 때의 예상 효용을 계산할 수 있다.

$$EU(\text{우산 두고 가기} \mid \text{일기예보 비}) = 0.9 \times -1 + 0.1 \times 1 = -0.8$$

따라서 우산을 가져가고 싶을 것이다.

방향 선분에는 세 가지 종류가 있다.

- 조건부 선분conditional edge은 기회 노드에서 끝나고 기회 노드에서의 불확실성이 모든 부모 노드의 값에 따라 결정됨을 나타낸다.
- 정보 선분informational edge은 행동 노드에서 끝나고 해당 노드와 관련된 결정은 부모의 값을 알고 내리게 됨을 나타낸다(이러한 선분은 종종 점선으로 그려지며 편의상 다이어그램에서 생략되는 경우가 있다).
- 기능적 선분functional edge은 효용 노드에서 끝나고 효용 노드가 부모 노드들의 결과에 따라 결정된다는 것을 나타낸다.

베이지안 네트워크와 마찬가지로 의사결정 네트워크는 순환 구조를 가질 수 없다. 행동과 관련된 효용은 모든 효용 노드에서의 값을 합계한 것과 같다. 예제 6.4는 의사결정 네트워크를 이용해 주어진 진단 테스트 결과에 따라 질병을 치료할지 여부를 결정하는 문제를 모델링하는 방법을 보여준다.

우리는 특정 질병의 존재를 나타낼 수 있는 진단 테스트 결과 집합을 갖고 있다. 테스트에 대해 알려진 내용을 바탕으로 치료를 시행할지 여부를 결정해야 한다. 효용은 치료가 시행되는지 여부와 실제로 질병이 존재하는지에 따라 결정되는 함수다. 조건부 선분은 D를 O_1, O_2, O_3에 연결한다. 정보 선분은 그림에 명시적으로 표시되지 않았지만 관찰 결과를 T에 연결할 것이다. 기능적 선분은 T와 D를 U에 연결한다.

T	D	$U(T,D)$
0	0	0
0	1	-10
1	0	-1
1	1	-1

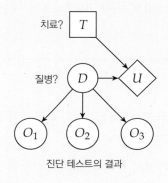

치료? T

질병? D

U

O_1 O_2 O_3

진단 테스트의 결과

단순 문제를 해결하기 위해서(알고리듬 6.1) 기대 효용을 최대화하는 결정을 찾기 위해 모든 가능한 결정 인스턴스를 반복적으로 순회해야 한다. 각 인스턴스마다 관련 예상 효용을 평가해야 한다. 먼저 행동 노드와 관찰된 기회 노드를 인스턴스화하는 것부터 시작한다. 그런 다음 모든 추론 알고리듬을 적용해 효용 함수에 대한 입력의 사후를 계산할 수 있다. 기대 효용은 효용 노드에 있는 값의 합계다. 예제 6.5는 이 프로세스를 실행 중인 예제에 어떻게 적용할 수 있는지 보여준다.

```
struct SimpleProblem
    bn::BayesianNetwork
    chance_vars::Vector{Variable}
    decision_vars::Vector{Variable}
    utility_vars::Vector{Variable}
    utilities::Dict{Symbol, Vector{Float64}}
end

function solve(𝒫::SimpleProblem, evidence, M)
    query = [var.name for var in 𝒫.utility_vars]
    U(a) = sum(𝒫.utilities[uname][a[uname]] for uname in query)
    best = (a=nothing, u=-Inf)
    for assignment in assignments(𝒫.decision_vars)
        evidence = merge(evidence, assignment)
        ϕ = infer(M, 𝒫.bn, query, evidence)
        u = sum(p*U(a) for (a, p) in ϕ.table)
        if u > best.u
            best = (a=assignment, u=u)
        end
    end
    return best
end
```

알고리듬 6.1 의사결정 네트워크로 나타낸 단순 문제. 의사결정 네트워크는 기회, 결정, 효용 변수가 있는 베이지안 네트워크다. 효용 변수는 결정적 변수로 취급된다. 베이지안 네트워크의 변수는 $1:r_i$에서 값을 가져오기 때문에 효용 변수는 utilities 필드에 의해 실제 값에 매핑된다. 예를 들어, 효용 변수 :u1의 경우 해당 변수와 연관된 i번째 효용은 utility[:u1][i]다. solve 함수는 문제, 증거, 추론 방법을 입력으로 사용해 의사결정 변수 및 관련 예상 효용에 대한 최상의 할당을 반환한다.

의사결정 네트워크를 보다 효율적으로 평가하기 위해 다양한 방법이 개발됐다.[11] 한 가지 방법은 기회, 정보, 기능 선분에서 정의된 대로 자식이 없는 경우 의사결정 네트워크에서 행동과 기회 노드를 제거하는 것이다. 예제 6.5에서는 O_2와 O_3에 자식이 없기 때문에 제거할 수 있다. 우리는 O_1을 관찰된 것으로 취급했기 때문에 O_1을 제거할 수 없다. 이는 O_1에서 T까지 (명시적으로 그려지지는 않았지만) 정보 선분이 있음을 나타낸다.

11 R. D. Shachter, "Evaluating Influence Diagrams," Operations Research, vol. 34, no. 6, pp. 871-882, 1986. R. D. Shachter, "Probabilistic Inference and Influence Diagrams," Operations Research, vol. 36, no. 4, pp. 589-604, 1988.

6.6 정보의 가치

우리는 관찰한 내용에 따라 결정을 내린다. 많은 응용 프로그램에서 정보의 가치 value of information 를 정량화하려는 것은 자연스러운 일이다. 이는 추가 변수를 관찰함으로써 효용을 얼마나 증가시킬 것으로 예상되는지에 관한 것이다.[12]

12 R. A. Howard, "Information Value Theory," *IEEE Transactions on Systems Science and Cybernetics*, vol. 2, no. 1, pp. 22-26, 1966. 의사결정에 대한 응용은 다음 문헌에서 찾을 수 있다. S. L. Dittmer and F. V. Jensen, "Myopic Value of Information in Influence Diagrams," in *Conference on Uncertainty in Artificial Intelligence (UAI)*, 1997. R. D. Shachter, "Efficient Value of Information Computation," in *Conference on Uncertainty in Artificial Intelligence (UAI)*, 1999.

예제 6.5 진단 테스트 문제의 결정 네트워크 평가

방정식 (6.7)을 사용해 예제 6.4의 의사결정 네트워크에 대한 질병 치료의 예상 효용을 계산할 수 있다. 지금은 1차 진단 결과만 나왔고 양성으로 나왔다고 가정하자. 다이어그램에서 첫 번째 진단 테스트에 대한 지식을 명시적으로 만들고 싶다면 O_1에서 T로 정보 선분을 그리면 다음을 얻게 된다.

$$EU(t^1 \mid o_1^1) = \sum_{o_3} \sum_{o_2} \sum_{d} P(d, o_2, o_3 \mid t^1, o_1^1) U(t^1, d, o_1^1, o_2, o_3)$$

베이지안 네트워크에 대한 연쇄 법칙과 조건부 확률의 정의로부터 $P(d, o_2, o_3 \mid t^1, o_1^1)$를 계산할 수 있다. 효용 노드는 질병이 있는지와 치료할 것이냐의 여부에만 종속되므로 $U(t^1, d, o_1^1, o_2, o_3)$를 간단히 $U(t^1, d)$로 단순화할 수 있다. 따라서 다음과 같다.

$$EU(t^1 \mid o_1^1) = \sum_{d} P(d \mid t^1, o_1^1) U(t^1, d)$$

이전 장에서 소개된 모든 정확 또는 근사 추론 기법을 사용해 $P(d \mid t^1, o_1^1)$를 계산할 수 있다. 치료 여부를 결정하기 위해 $EU(t^1 \mid o_1^1)$와 $EU(t^0 \mid o_1^1)$를 계산하고 가장 높은 기대 효용을 따라 결정한다.

예를 들어, 예제 6.5의 질병 치료에서는 관찰 o_1^1만 있다고 가정했다. 그 한 가지 진단 테스트만으로 양성 결과가 나왔다면 치료를 하지 않기로 결정할 수 있다. 그러나 실제로는 존재하는 질병을 치료하지 않는 위험을 줄이기 위해서는 추가적 진단 검사를 실시하는 것이 좋을 것이다.

정보의 가치를 계산할 경우 관찰 o가 주어졌을 때 최적 행동의 기대 효용은 $EU^*(o)$로 표기할 것이다. 주어진 관찰 o에 대해 변수 O'의 정보 가치는 다음과 같다.

$$VOI(O' \mid o) = \left(\sum_{o'} P(o' \mid o) EU^*(o, o') \right) - EU^*(o) \qquad (6.9)$$

즉 변수에 대한 정보 가치란 그 변수가 관찰됐을 때의 기대 효용의 증가다. 알고리듬 6.2는 이에 대한 구현을 보여준다.

```
function value_of_information(𝒫, query, evidence, M)
    φ = infer(M, 𝒫.bn, query, evidence)
    voi = -solve(𝒫, evidence, M).u
    query_vars = filter(v->v.name ∈ query, 𝒫.chance_vars)
    for o' in assignments(query_vars)
        oo' = merge(evidence, o')
        p = φ.table[o']
        voi += p*solve(𝒫, oo', M).u
    end
    return voi
end
```

알고리듬 6.2 관측된 확률 변수와 그 값 evidence로 주어진 쿼리 query의 정보 가치를 계산하는 방법. 이 방법은 추가적으로 간단한 문제 𝒫와 추론 전략 M을 사용한다.

정보의 가치는 결코 음수가 될 수 없다. 기대 효용은 추가 관찰이 다른 최적 결정으로 이어질 수 있는 경우에만 증가할 수 있다. 새로운 변수 O'를 관찰해도 행동 선택에 차이가 없다면 모든 o'에 대해 $EU^*(o, o') = EU^*(o)$이며, 이 경우 방정식 (6.9)는 0으로 평가된다. 예를 들어, 최적의 결정이 진단 검사 결과와 상관없이 질병을 치료하는 것이라면 검사 결과를 관찰하는 가치는 0이다.

정보의 가치는 관찰을 통해 기대 효용의 증가만을 포착한다. 비용은 특정 관찰과 관련될 수 있다. 체온 측정과 같은 일부 진단 검사는 저렴할 수 있지만, 요추천자$^{lumbar\ puncture}$와 같은 진단 검사는 비용이 많이 들며, 외과적 방법이다. 요추천자로 얻은 정보의 가치는 체온 측정값보다 훨씬 클 수 있지만 검사 비용도 고려해야 한다.

정보의 가치는 관찰 대상을 선택하는 데 중요하고도 자주 사용되는 측정 기준이다. 때로는 정보 측도의 값을 사용해 적절한 관찰 순서를 결정한다. 각 관찰 후나머지 관찰되지 않은 변수에 대한 정보값이 결정된다. 그런 다음 가장 큰 정보값을 가진 미관측 변수 중 관찰을 위해 선택된다. 관찰과 관련된 비용이 있는 경우관찰할 변수를 결정할 때 이러한 비용을 정보값에서 뺀다. 이 프로세스는 변수를관찰하는 것이 더 이상 유익하지 않을 때까지 계속된다. 그런 다음 최적의 작업이선택된다. 이 그리디 방식의 관찰 선택은 휴리스틱일 뿐이다. 이 방식이 최적의관찰 순서를 나타내지 않을 수 있다. 최적의 관찰 선택은 이후의 장들에서 소개하는 순차적 의사결정 기술을 사용해 결정할 수 있다.

6.7 비합리성

의사결정 이론은 규범적 이론$^{normative\ theory}$으로서 규범적인 이론일 뿐 인간 행동을예측하는 기술적 이론$^{descriptive\ theory}$은 아니다. 인간의 판단과 선호는 6.1절에 요약된 합리성의 규칙을 따르지 않는 경우가 많다.[13] 심지어 전문가조차 일관성 없는선호 집합을 가질 수 있으며, 이는 기대 효용을 최대화하려는 의사결정 지원 시스템을 설계할 때 문제가 될 수 있다.

예제 6.6에서는 확실한 손실과 단지 가능성이 있는 손실과 비교할 때, '확실성'이 종종 손실을 과장하는 것을 보여준다. 이러한 확실성 효과$^{certainty\ effect}$는 이익에도 적용된다. 확실한 작은 이익은 대개 단지 가능성만 있는 훨씬 더 큰 이익보다

13 카너만(Kahneman)과 츠베스키(Tversky)는 기대 효용에 대해 비판하고 대안 모델인 전망 이론을 도입했는데, 이는 인간 행동과 보다 더 일치하는 것으로 보인다. D. Kahneman and A. Tversky, "Prospect Theory: An Analysis of Decision Under Risk," *Econometrica*, vol. 47, no. 2, pp. 263 – 292, 1979.

선호되는데, 이로 인해 합리성의 공리가 필연적으로 위배될 수 있다.

예제 6.7은 프레이밍 효과$^{framing\ effect}$를 보여준다. 예제에서 사람들은 손실로 표현됐는지 이익으로 표현됐는지에 따라 선택을 결정한다. 다른 많은 인지 편향은 효용 이론에 규정된 것으로부터 벗어나게 할 수 있다.[14] 의사결정 지원 시스템을 구축하기 위해 전문가로부터 효용 함수를 추출할 때는 특별한 주의를 기울여야 한다. 의사결정 지원 시스템의 권장 사항이 합리적일 수는 있지만 특정 상황에서의 인간의 선호도를 정확히 반영하지 않을 수 있다.

14 일부 문헌에서는 인간의 명백한 비합리성에 대해 설명하고 있다. D. Ariely, *Predictably Irrational: The Hidden Forces That Shape Our Decisions*, Harper, 2008. J. Lehrer, *How We Decide*, Houghton Mifflin, 2009.

예제 6.6 확실성이 단순 가능성만 있는 손실에 비해 확실한 손실을 과장하는 경우가 많다는 것을 보여주는 실험. A. Tversky and D. Kahneman, "The Framing of Decisions and the Psychology of Choice," *Science*, vol. 211, no. 4481, pp. 453–458, 1981.

츠베스키와 카너만은 교실 환경에서 설문지에 답한 대학생들의 선호도를 연구했다. 그들은 전염병에 대한 대응을 다루는 질문을 학생들에게 제시했다. 학생들에게 다음 두 가지 결과 중에서 더 선호하는 것을 밝히게 했다.

- A: 75명의 생명을 잃을 확률 100%
- B: 100명의 목숨을 잃을 확률 80%

대부분 A보다 B를 더 선호했다. 방정식 (6.2)로부터 우리는 다음을 알고 있다.

$$U(\text{lose } 75) < 0.8U(\text{lose } 100) \tag{6.10}$$

그리고 다음 두 가지 결과 중에서 선택하라는 요청을 받았다.

- C: 75명의 생명을 잃을 확률 10%
- D: 100명의 생명을 잃을 확률 8%

대부분 D보다 C를 선호했다. 따라서 $0.1U(\text{손실 } 75) > 0.08U(\text{손실 } 100)$이다. 양변에 10을 곱하면 다음과 같다.

$$U(\text{lose } 75) > 0.8U(\text{lose } 100) \tag{6.11}$$

물론 방정식 (6.10)과 (6.11)은 서로 모순된다. U(75 손실)와 U(100 손실)의 실제 가치에 대해 가정하지 않았다. 100명의 생명을 잃는 것이 75명의 생명을 잃는 것보다 더 나쁘다는 가정조차 하지 않았다. 방정식 (6.2)는 6.1절에 주어진 폰 노이만-모르겐스턴 공리를 직접 따르기 때문에 B와 C를 선택한 많은 사람은 공리에 동의할지 몰라도, 적어도 공리 중 하나를 위반하게 된다.

츠베스키와 카너만은 전염병으로 600명이 사망할 것으로 예상되는 가상 시나리오를 사용해 프레이밍 효과를 시연했다. 그들은 학생들에게 다음 두 가지 결과를 제시했다.

- E: 200명이 살게 될 것이다.
- F: 600명이 살게 될 확률이 1/3, 아무도 살지 못할 확률이 2/3이다.

대다수의 학생들은 F보다 E를 선택했다. 그리고 학생들에게 다음 둘 중 하나를 선택하게 했다.

- G: 400명이 죽을 것이다.
- H: 아무도 죽지 않을 확률이 1/3, 600명이 죽을 확률이 2/3이다.

E가 G와 동등하고 F가 H와 동등함에도 불구하고 대부분의 학생은 G보다 H를 선택했다. 이러한 불일치는 질문의 구성 방식, 즉 프레임frame을 그렇게 만들었기 때문이다.

예제 6.7 프레이밍 효과를 보여주는 실험. A. Tversky and D. Kahneman, "The Framing of Decisions and the Psychology of Choice," *Science*, vol. 211, no. 4481, pp. 453–458, 1981.

6.8 요약

- 합리적인 의사결정은 확률과 효용 이론을 병합한다.
- 효용 함수의 존재는 합리적인 선호에 대한 제약에서 비롯된다.
- 합리적인 의사결정은 기대 효용을 최대화하는 의사결정이다.
- 의사결정 문제는 결정 네트워크를 사용해 모델링할 수 있으며, 이는 베이지안 네트워크의 확장으로서 행동과 효용을 포함한다.
- 단순 결정을 해결하는 것은 베이지안 네트워크의 추론을 포함하므로 NP-hard다.
- 정보의 가치는 새로운 변수가 제공해야만 하는 기대 효용의 이득을 측정한다.
- 인간이 항상 합리적인 것은 아니다.

6.9 연습 문제

연습 6.1 유한 최댓값 $\overline{U}$와 유한 최솟값 $\underline{U}$를 갖는 효용 함수 $U(s)$가 있다고 가정하자. 동일한 선호도를 유지하는 해당 정규화 효용 함수 $\hat{U}(s)$는 무엇인가?

해법: 정규화된 효용 함수의 최댓값은 1이고 최솟값은 0이다. 선호도는 아핀 변환에서 유지되므로 단위 경계와 일치하는 $U(s)$의 아핀 변환을 구한다. 변환은 다음과 같다.

$$\hat{U}(s) = \frac{U(s) - \underline{U}}{\overline{U} - \underline{U}} = \frac{1}{\overline{U} - \underline{U}} U(s) - \frac{\underline{U}}{\overline{U} - \underline{U}}$$

연습 6.2 만약 $A \succeq C \succeq B$이고 각 결과의 효용이 $U(A) = 450$, $U(B) = -150$, $U(C) = 60$이라고 하자. 복권과 C 사이에 선호도가 없어지게 되는 A와 B에 대한 복권은 무엇인가?

해법: A와 B에 대한 복권은 $[A : p; \ B : 1 - p]$로 정의된다. 복권과 $C([A : p; \ B : 1 - p] \sim C)$ 사이의 선호도가 없도록 하기 위해서는 $U([A : p; \ B : 1 - p]) = U(C)$ 이어야 한다. 따라서 등식을 만족하는 p를 계산하면 된다.

$$U([A : p; B : 1 - p]) = U(C)$$
$$pU(A) + (1 - p)U(B) = U(C)$$
$$p = \frac{U(C) - U(B)}{U(A) - U(B)}$$
$$p = \frac{60 - (-150)}{450 - (-150)} = 0.35$$

이것은 복권 $[A : 0.35; \ B : 0.65]$는 C와 원하는 정도가 동일한 값이라는 의미가 된다.

연습 6.3 세 가지 결과 A, B, C에 대한 효용 함수 U에 대해 $U(A) = 5$, $U(B) = 20$, $U(C) = 0$이라고 가정하자. B가 나올 확률이 50%이고 C가 나올 확률이 50%인 복권과 A가 보장되는 복권 중에서 하나를 선택해야 한다. 선호 복권을 계산하고 $m = 2$ 및 $b = 30$인 양의 아핀 변환하에서 동일한 복권에 대한 선호도를 유지한다는 것을 보여라.

해법: 첫 번째 복권은 $[A : 0.0; \ B : 0.5; \ C : 0.5]$, 두 번째 복권은 $[A : 1.0; \ B : 0.0; \ C : 0.0]$이다. 각 복권의 원래 효용은 다음과 같다.

$$U([A : 0.0; B : 0.5; C : 0.5]) = 0.0U(A) + 0.5U(B) + 0.5U(C) = 10$$
$$U([A : 1.0; B : 0.0; C : 0.0]) = 1.0U(A) + 0.0U(B) + 0.0U(C) = 5$$

따라서 $U([A : 0.0; \ B : 0.5; \ C : 0.5]) > U([A : 1.0; \ B : 0.0; \ C : 0.0])$이므로 첫 번째 복권을 선호한다. 양의 아핀 변환 $m = 2$ 및 $b = 30$에서 새 효용은 $U' = 2U + 30$으로 계산할 수 있다. 새로운 효용은 $U'(A) = 40$, $U'(B) = 70$, $U'(C) = 30$이다. 각 복권의 새로운 효용은 다음과 같다.

$$U'([A : 0.0; B : 0.5; C : 0.5]) = 0.0U'(A) + 0.5U'(B) + 0.5U'(C) = 50$$
$$U'([A : 1.0; B : 0.0; C : 0.0]) = 1.0U'(A) + 0.0U'(B) + 0.0U'(C) = 40$$

$U'([A:0.0; B:0.5; C:0.5]) > U'([A:1.0; B:0.0; C:0.0])$이므로 첫 번째 복권에 대한 선호도가 유지된다.

연습 6.4 방정식 (6.5)의 지수 효용 함수가 모든 $x > 0$ 및 $\lambda > 0$, $\lambda \neq 1$에 대해 위험 회피임을 증명하라.

해법: 위험 회피는 효용 함수가 오목함을 의미하므로 효용 함수의 2차 도함수는 음수가 돼야 한다. 효용 함수와 그 도함수는 다음과 같이 계산된다.

$$U(x) = \frac{x^{1-\lambda} - 1}{1 - \lambda}$$
$$\frac{dU}{dx} = \frac{1}{x^\lambda}$$
$$\frac{d^2U}{dx^2} = \frac{-\lambda}{x^{\lambda+1}}$$

$x > 0$ 및 $\lambda > 0$, $\lambda \neq 1$의 경우 $x^{\lambda+1}$는 양수임이 보장된다. 이것을 $-\lambda$로 곱하면 2차 도함수가 음수라는 것이 보장된다. 따라서 모든 $x > 0$ 및 $\lambda > 0$, $\lambda \neq 1$에 대해 지수 효용 함수가 위험 회피임을 보장한다.

연습 6.5 예제 6.3에 주어진 매개 변수를 사용해 맑음이 예보될 때 우산을 가져오는 것의 기대 효용과 맑음이 예보될 때 우산을 두고 가는 것의 기대 효용을 계산하라. 맑음이 예측될 때 기대 효용을 극대화하는 행동은 무엇인가?

해법:

$$EU(\text{우산 가져가기} \mid \text{일기예보 맑음}) = 0.2 \times -0.1 + 0.8 \times 0.9 = 0.7$$
$$EU(\text{우산 두고 가기} \mid \text{일기예보 맑음}) = 0.2 \times -1.0 + 0.8 \times 1.0 = 0.6$$

맑음이 예보될 때 기대 효용을 극대화하는 행동은 우산을 가져오는 것이다.

연습 6.6 강아지가 배고플 가능성(H)에 따라 새 강아지에게 먹이를 줄지 여부(F)를 최적으로 결정하려고 한다고 가정한다. 강아지가 낑낑거리는지(W), 최근에 다른 사람이 강아지에게 먹이를 주었는지(R) 관찰할 수 있다. 먹이와 배고픔의 각 조합과 의사결정 네트워크 표현의 효용은 다음과 같다.

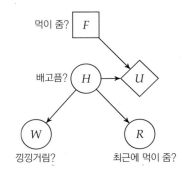

F	H	$U(F,H)$
0	0	0.0
0	1	−1.0
1	0	−0.5
1	1	−0.1

$P(h^1 \mid w^1) = 0.78$가 주어졌을때, 강아지가 낑낑거림을 것을 관찰하면(w^1), 강아지에게 먹이를 주지 않고(f^0)과 먹이 줌(f^1)의 기대 효용은 무엇인가? 최적의 행동은 무엇인가?

해법: 기대 효용의 정의부터 시작해 효용이 H와 F에만 종속된다는 것을 알아낸다.

$$EU(f^0 \mid w^1) = \sum_h P(h \mid w^1) U(f^0, h)$$

이제 강아지가 낑낑거릴 때 먹이를 주는 것의 기대 효용을 계산할 수 있다. 앞서와 유사하게 강아지가 낑낑거릴 때 먹이를 주지 않는 것의 기대 효용도 계산할 수 있다.

$$EU(f^0 \mid w^1) = 0.22 \times 0.0 + 0.78 \times -1.0 = -0.78$$
$$EU(f^1 \mid w^1) = 0.22 \times -0.5 + 0.78 \times -0.1 = -0.188$$

따라서 최적의 행동은 강아지에게 먹이를 주는 것이다(f^1). 왜냐하면 기대 효용 $EU^*(w^1) = -0.188$을 최대화하기 때문이다.

연습 6.7 연습 6.6의 결과를 사용해 $P(r^1 \mid w^1) = 0.2$, $P(h^1 \mid w^1, r^0) = 0.9$, $P(h^1 \mid w^1, r^1) = 0.3$이라면 강아지가 낑낑거리는 것을 관찰했을 때$(w^1)$ 최근에 먹이를 주었는지 누군가 물어보는 것의 정보 가치는 얼마인가?

해법: 다음을 계산한다.

$$\text{VOI}(R \mid w^1) = \left(\sum_r P(r \mid w^1) EU^*(w^1, r) \right) - EU^*(w^1)$$

먼저 모든 f와 r에 대해 $EU(f \mid w^1, r)$을 계산한다. 연습 6.6과 유사한 도출을 통해 다음을 얻는다.

$$EU(f^0 \mid w^1, r^0) = \sum_h P(h \mid w^1, r^0) U(f^0, h)$$

따라서 F와 R의 각 조합에는 다음과 같은 기대 효용이 있다.

$$EU(f^0 \mid w^1, r^0) = \sum_h P(h \mid w^1, r^0) U(f^0, h) = 0.1 \times 0.0 + 0.9 \times -1.0 = -0.9$$

$$EU(f^1 \mid w^1, r^0) = \sum_h P(h \mid w^1, r^0) U(f^1, h) = 0.1 \times -0.5 + 0.9 \times -0.1 = -0.14$$

$$EU(f^0 \mid w^1, r^1) = \sum_h P(h \mid w^1, r^1) U(f^0, h) = 0.7 \times 0.0 + 0.3 \times -1.0 = -0.3$$

$$EU(f^1 \mid w^1, r^1) = \sum_h P(h \mid w^1, r^1) U(f^1, h) = 0.7 \times -0.5 + 0.3 \times -0.1 = -0.38$$

최적의 기대 효용은 다음과 같다.

$$EU^*(w^1, r^0) = -0.14$$
$$EU^*(w^1, r^1) = -0.3$$

이제 정보의 가치를 계산할 수 있다.

$$\text{VOI}(R \mid w^1) = 0.8(-0.14) + 0.2(-0.3) - (-0.188) = 0.016$$

2부

순차 문제

지금까지는 한 시점에서 단일 결정을 내리는 것으로 가정했지만, 많은 중요한 문제에는 연속적인 결정을 내려야 한다. 최대 기대 효용 원칙은 여전히 동일하게 적용되지만, 순차적 맥락에서 최적의 의사결정을 내리려면 미래의 행동과 관찰 순서에 대한 추론이 필요하다. 2부에서는 확률적 환경에서의 순차적 결정 문제에 대해 설명한다. 모델이 알려져 있고 환경이 완전히 관찰 가능하다는 가정하에 순차적 결정 문제의 일반적인 공식화에 초점을 맞출 것이다. 이 두 가지 가정은 나중에 완화할 것이다. 논의는 먼저 순차 결정 문제에 대한 표준 수학적 모델인 마르코프 결정 프로세스^{MDP, Markov Decision Process}의 도입부터 시작된다. 정확한 해를 찾기 위한 몇 가지 접근 방식에 대해 알아볼 것이다. 큰 문제는 정확한 해를 효율적으로 찾을 수 없는 경우가 있으므로 매개 변수화된 결정 정책의 공간을 직접 검색하는 방법과 함께 오프라인 및 온라인 근사 해^{approximate solution} 방법을 모두 살펴볼 것이다. 마지막으로 의사결정 전략이 실제 세계에 배치될 때 예상대로 수행되는지 검증하기 위한 접근 방식에 대해 논의할 것이다.

07

정확한 해 방법

7장에서는 행동의 효과가 불확실한 순차적 결정 문제를 표현하는 MDP라는 모델을 소개한다.[1] 먼저 모델 기술^{description}부터 살펴보는데 모델 기술이란 시스템의 확률적 역학과 그 진화에 연계된 효용을 모두 설정하는 것이다. 결정 전략과 관련된 효용을 계산하고 최적의 전략을 찾기 위해 다양한 알고리듬을 사용할 수 있다. 특정 가정하에서 MDP에 대한 정확한 해를 찾을 수 있다. 이후의 장들에서는 더 큰 문제로 더 잘 확장되는 경향을 가진 근사 방법에 대해 살펴볼 것이다.

7.1 MDP

MDP(알고리듬 7.1)에서는 관찰 상태 s_t에 기반해 시각 t에서의 행동 a_t를 선택한다. 그런 다음 보상 r_t를 받는다. **행동 공간** $\mathcal{A}$는 가능한 행동의 집합이고, **상태 공간** $\mathcal{S}$는 가능한 상태의 집합이다. 일부 알고리듬에서는 이 집합이 유한하다고 가정하지만

1 이러한 모델은 원래 1950년대부터 시작됐다. R. E. Bellman, *Dynamic Programming*. Princeton University Press, 1957. 최근 방식은 다음 문헌에서 찾을 수 있다. M. L. Puterman, *Markov Decision Processes: Discrete Stochastic Dynamic Programming*. Wiley, 2005.

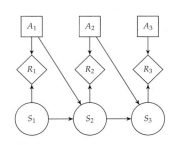

▲ **그림 7.1** MDP 결정 네트워크

일반적으로는 그렇지 않다. 상태는 현재 상태에서 우리가 취하는 행동에 따라 확률적으로 진화한다. 다음 상태가 이전 상태나 행동이 아닌 현재 상태와 행동에만 종속된다는 가정을 마르코프 가정이라고 한다.

MDP는 그림 7.1과 같이 의사결정 네트워크를 사용해 나타낼 수 있다. $A_{1:t-1}$와 $S_{1:t}$로부터 A_t로 가는 정보 선분(여기서는 표시하지 않음)이 있다. 효용 함수는 보상 $R_{1:t}$로 분해된다. 여기서는 $P(S_{t+1} \mid S_t, A_t)$와 $P(R_t \mid S_t, A_t)$가 시간에 따라 변하지 않는 정상성stationary MDP에 초점을 맞춘다. 정상성 MDP는 그림 7.2에 보인 것처럼 동적 결정 다이어그램으로 간결하게 나타낼 수 있다.

상태 전이 모델state transition model $T(s' \mid s, a)$는 행동 a를 실행한 후 상태 s에서 s'로 전이할 확률을 나타낸다. 보상 함수 $R(s, a)$는 상태 s에서 행동 a를 실행할 때 받을 예상 보상을 나타낸다.

보상 함수는 기댓값을 나타내기 때문에 s와 a의 결정론적 함수이지만 보상은 환경에서 확률적으로 생성되거나 결과로 나타난 다음 상태에 따라 달라질 수 있다.[2] 예제 7.1은 충돌 방지 문제를 MDP로 구성하는 방법을 보여준다.

항공기 충돌 문제는 MDP로 나타낼 수 있다. 상태는 항공기와 침입 항공기의 위치와 속도를 나타내고, 행동은 상승, 하강 또는 수평 유지 여부를 나타낸다. 다른 항공기와 충돌하면 큰 부정적 보상을 받고, 상승이나 하강은 작은 부정적 보상을 받는다.

현 상태에 대한 지식이 주어지면 회피 움직임이 필요한지 여부를 결정해야 한다. 문제는 항공기의 위치가 확률적으로 진화하기 때문에 까다롭다는 것이다. 충돌을 피할 수 있을 만큼 움직임을 일찍 시작하되 불필요한 움직임은 피할 수 있도록 충분히 늦게 시작해야 한다.

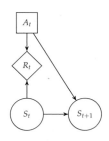

▲ **그림 7.2** 정상성 MDP 결정 네트워크 다이어그램. 모든 MDP는 이러한 일반 구조를 가진다.

2 예컨대 보상이 $R(s, a, s')$에 의한 다음 상태에 따라 달라지면 예상 보상 함수는 다음 방정식과 같다.

$$R(s, a) = \sum_{s'} T(s' \mid s, a) R(s, a, s')$$

예제 7.1 MDP로 프레임 된 항공기 충돌 방지. 다른 많은 실제 응용 프로그램은 다음 문헌에서 찾아볼 수 있다. D. J. White, "A Survey of Applications of Markov Decision Processes," *Journal of the Operational Research Society*, vol. 44, no. 11, pp. 1073 – 1096, 1993.

```
struct MDP
    γ  # 할인.요인
    S  # 상태 공간
    A  # 행동 공간
    T  # 전이 함수
    R  # 보상 함수
    TR # 표본 전이 및 보상
end
```

알고리듬 7.1 MDP의 데이터 구조. 나중에 TR 필드를 사용해 현재 상태와 행동이 주어진 다음 상태와 보상을 샘플링할 것이다. s', r = TR(s, a). 수학식에서 MDP는 때때로 MDP의 다양한 구성 요소로 구성된 튜플로 정의된다($S, A, T, R, γ$).

MDP에서의 보상은 가법적^{additively}으로 분해된 효용 함수의 구성 요소로 취급된다. n개의 결정이 존재하는 유한 기간 문제$^{finite\ horizon\ problem}$에서 일련의 보상 $r_{1:n}$과 관련된 효용은 단순히 다음과 같다.

$$\sum_{t=1}^{n} r_t \tag{7.1}$$

보상의 합계를 때때로 **총보상값**^{return}이라고 한다.

결정 횟수에 제한이 없는 무한 기간 문제에서는 보상의 합이 무한해질 수 있다.[3] 무한 지평 문제에서 개별 보상의 관점에서 효용을 정의하는 방법에는 여러 가지가 있다. 한 가지 방법은 0과 1 사이의 할인 요인$^{discount\ factor}$ $γ$을 부과하는 것이다. 이제 효용 함수는 다음과 같이 된다.

$$\sum_{t=1}^{\infty} γ^{t-1} r_t \tag{7.2}$$

이 값은 종종 **할인된 총보상값**$^{discounted\ return}$이라고 한다. $0 \leq γ < 1$이고 보상이 유한하다면 효용은 유한하다. 할인 요인은 현재의 보상이 미래의 보상보다 더 가치가 있도록 만드는데, 이는 경제학에서도 등장하는 개념이다.

무한 기간 문제에서 효용을 정의하는 또 다른 방법은 **평균 보상**$^{average\ reward}$을 사용하는 것으로서 보상은 다음과 같이 주어진다.

3 전략 A는 시간 단계별 1의 보상을, 전략 B는 100의 보상을 준다고 하자. 직관적으로 합리적 에이전트라면 전략 B를 더 선호할 것이지만 둘 다 동일한 무한대의 기대 효용값을 가진다.

$$\lim_{n \to \infty} \frac{1}{n} \sum_{t=1}^{n} r_t \qquad (7.3)$$

이 공식은 할인 요인을 선택할 필요가 없기 때문에 매력적일 수 있지만, 이 공식과 할인 요인이 1에 가까운 할인 총보상 사이에는 실질적인 차이가 없는 경우가 많다. 할인된 총보상이 대개 계산적으로 작업이 더 간단하기 때문에 여기서는 할인 공식에 초점을 맞출 것이다.

정책^policy은 상태와 과거 행동 기록을 고려할 때 어떤 행동을 선택해야 하는지 알려준다. 히스토리 $h_t = (s_{1:t}, a_{1:t-1})$가 주어졌을 때 시간 t에서 선택하는 행동은 $\pi_t(h_t)$로 나타낸다. 미래 상태와 보상은 현재 상태와 행동에만 종속되므로(그림 7.1의 조건부 독립 가정에서 명백히 알 수 있듯이) 현재 상태에 의존하는 정책에만 주의를 기울이면 된다. 또한 MDP에는 결정론적 최적의 정책이 존재하기 때문에 주로 결정론적 정책에 초점을 맞출 것이다. 이후의 장들에서는 **확률적 정책**을 논하는데 그때는 $\pi_t(a_t \mid s_t)$가 시각 t의 상태 s_t에서 행동 a_t를 취하는 정책의 확률을 나타낸다.

정상성 전환 및 보상이 있는 무한 기간 문제에서는 시간에 종속되지 않으므로 **정상성 정책**에 더욱 관심을 기울일 수 있다. 상태 s의 정상성 정책 π와 관련된 행동을 시간 첨자 없이 $\pi(s)$로 표기할 것이다. 그러나 유한 기간 문제에서는 남은 시간 단계 수에 따라 다른 행동을 선택하는 것이 유리할 수 있다. 예를 들어, 농구를 할 때 남은 경기 시간이 몇 초밖에 되지 않는 상황이 아닌 한 하프 코트 슛을 시도하는 것은 일반적으로 좋은 전략이 아니다. 시간을 상태 변수로 통합해 정상성 정책이 시간을 설명하도록 할 수 있다.

상태 s에서 π를 실행할 때 기대되는 효용은 $U^\pi(s)$로 표시한다. MDP의 맥락에서 U^π는 종종 가치 함수^value function라고 한다. 최적의 정책 π^*는 기대 효용을 최대화하는 정책이다.[4]

모든 상태 s에 대해 다음과 같다.

4 그렇게 하는 것은 6.4절에서 소개한 최대 기대 효용 원칙과 부합한다.

$$\pi^*(s) = \arg\max_\pi U^\pi(s) \tag{7.4}$$

모델에 따라 최적의 정책이 여러 개 있을 수 있다. 최적 정책 π^*와 관련된 가치 함수는 최적 가치 함수optimal value function라고 하며 U^*로 표시한다.

　최적 정책은 동적 계획법dynamic programming[5]에 의해 찾을 수 있는데, 이는 복잡한 문제를 재귀적인 방식으로 더 간단한 하위 문제로 분해해 단순화한다. 여기서는 MDP를 위한 동적 프로그래밍 알고리듬에 초점을 맞추겠지만, 동적 프로그래밍은 다양한 다른 문제에 적용할 수 있는 일반적인 기술이다. 예를 들어, 동적 프로그래밍은 피보나치Fibonacci 수열을 계산하고 두 문자열 사이에서 가장 긴 공통 하위 수열을 찾는 데 사용할 수 있다.[6] 일반적으로 동적 프로그래밍을 사용해 MDP를 해결하는 알고리듬은 무차별 대입 방법보다 훨씬 효율적이다.

5 '동적 계획법'이라는 용어는 미국 수학자 벨만(Richard Ernest Bellman)(1920~1984)에 의해 만들어졌다. '동적'은 문제가 시간에 따라 변한다는 사실을 의미하고 '계획법'은 최적의 프로그램 또는 결정 전략을 찾는 방법론을 의미한다. R. Bellman, *Eye of the Hurricane: An Autobiography*, World Scientific, 1984.

6 T. H. Cormen, C. E. Leiserson, R. L. Rivest, and C. Stein, *Introduction to Algorithms*, 3rd ed. MIT Press, 2009.

7.2 정책 평가

최적의 정책을 계산하는 방법을 논의하기 전에 가치 함수 U^π를 계산하는 정책 평가policy evaluation에 대해 알아볼 것이다. 정책 평가는 반복적으로 수행할 수 있다. 정책이 단일 단계에 대해 실행되는 경우 효용은 $U_1^\pi(s) = R(s, \pi(s))$다. 추가적인 단계는 예측lookahead 방정식에서 구할 수 있다.

$$U_{k+1}^\pi(s) = R(s, \pi(s)) + \gamma \sum_{s'} T(s' \mid s, \pi(s)) U_k^\pi(s') \tag{7.5}$$

이 방정식은 알고리듬 7.2에서 구현된다. 반복 정책 평가는 알고리듬 7.3에서 구현된다. 여러 반복은 그림 7.3에 나와 있다.

　가치 함수 U^π는 예측 방정식을 충분히 반복하면 임의의 정밀도로 계산될 수 있다. 방정식 (7.5)의 갱신이 축약 매핑contraction mapping(부록 A.15에서 설명)이기 때문에 수렴이 보장된다.[7]

7 예제 7.12를 참고하라.

수렴 시 다음의 등식이 유지된다.

$$U^{\pi}(s) = R(s, \pi(s)) + \gamma \sum_{s'} T(s' \mid s, \pi(s)) U^{\pi}(s') \tag{7.6}$$

```
function lookahead(𝒫::MDP, U, s, a)
    𝒮, T, R, γ = 𝒫.𝒮, 𝒫.T, 𝒫.R, 𝒫.γ
    return R(s,a) + γ*sum(T(s,a,s')*U(s') for s' in 𝒮)
end
function lookahead(𝒫::MDP, U::Vector, s, a)
    𝒮, T, R, γ = 𝒫.𝒮, 𝒫.T, 𝒫.R, 𝒫.γ
    return R(s,a) + γ*sum(T(s,a,s')*U[i] for (i,s') in enumerate(𝒮))
end
```

알고리듬 7.2 MDP 𝒫에 대한 가치 함수 U의 추정값을 사용해 행동 a가 주어진 상태 s로부터 예측 상태-행동 값을 계산하는 함수. 두 번째 버전은 U가 벡터인 경우를 처리한다.

```
function iterative_policy_evaluation(𝒫::MDP, π, k_max)
    𝒮, T, R, γ = 𝒫.𝒮, 𝒫.T, 𝒫.R, 𝒫.γ
    U = [0.0 for s in 𝒮]
    for k in 1:k_max
        U = [lookahead(𝒫, U, s, π(s)) for s in 𝒮]
    end
    return U
end
```

알고리듬 7.3 k_max 반복을 사용해 이산 상태와 행동 공간이 있는 MDP 𝒫에 대한 정책 π의 가치 함수를 반복적으로 계산하는 반복 정책 평가

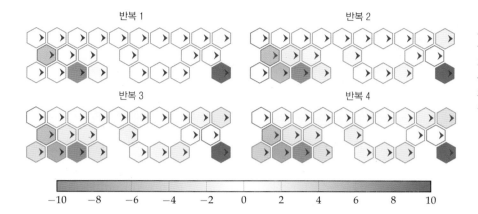

◀ **그림 7.3** 육각 세계 문제(부록 F.1 참고)에 대한 동쪽 이동(east-moving) 정책을 평가하는 데 사용되는 반복 정책 평가 화살표는 정책에서 권장하는 방향(항상 동쪽으로 이동)을 나타내고 색상은 상태와 관련된 값을 나타낸다. 반복할 때마다 값이 변경된다.

반복 1   반복 2

반복 3   반복 4

$$-10 \quad -8 \quad -6 \quad -4 \quad -2 \quad 0 \quad 2 \quad 4 \quad 6 \quad 8 \quad 10$$

이 등식을 **벨만 기대 방정식**Bellman expectation equation이라고 한다.[8]

벨만 기대 방정식의 방정식 시스템을 직접 풀면 반복 없이 정책 평가를 수행할 수 있다. 방정식 (7.6)은 각 상태의 값에 해당하는 $|S|$개의 미지수를 가진 $|s|$ 선형 방정식 집합을 정의한다. 이 방정식 시스템을 푸는 한 가지 방법은 먼저 이를 행렬 형식으로 변환하는 것이다.

$$\mathbf{U}^{\pi} = \mathbf{R}^{\pi} + \gamma \mathbf{T}^{\pi} \mathbf{U}^{\pi} \tag{7.7}$$

여기서 $\mathbf{U}^{\pi}$ 및 $\mathbf{R}^{\pi}$는 $|S|$개 구성 요소를 가진 벡터 형태에 표시되는 효용 및 보상 함수다. $|S| \times |S|$ 행렬 $\mathbf{T}^{\pi}$는 상태 전환 확률을 갖고 있고, 여기서 T_{ij}^{π}는 i번째 상태에서 j번째 상태로의 전환 확률이다.

가치 함수는 다음과 같이 구한다.

$$\mathbf{U}^{\pi} - \gamma \mathbf{T}^{\pi} \mathbf{U}^{\pi} = \mathbf{R}^{\pi} \tag{7.8}$$

$$(\mathbf{I} - \gamma \mathbf{T}^{\pi}) \mathbf{U}^{\pi} = \mathbf{R}^{\pi} \tag{7.9}$$

$$\mathbf{U}^{\pi} = (\mathbf{I} - \gamma \mathbf{T}^{\pi})^{-1} \mathbf{R}^{\pi} \tag{7.10}$$

8 이 방정식은 동적 프로그래밍의 개척자 중 한 명인 벨만(Richard E. Bellman)의 이름에서 따온 것이다. R. E. Bellman, *Dynamic Programming*. Princeton University Press, 1957.

이 방법은 알고리듬 7.4에서 구현된다. 이런 식으로 $\mathbf{U}^{\pi}$에 대해 해결하려면 $O(|\mathcal{S}|^3)$의 시간이 소요된다. 이 기법은 그림 7.4에서 정책을 계산하기 위해 사용된다.

```
function policy_evaluation(𝒫::MDP, π)
    S, R, T, γ = 𝒫.S, 𝒫.R, 𝒫.T, 𝒫.γ
    R' = [R(s, π(s)) for s in S]
    T' = [T(s, π(s), s') for s in S, s' in S]
    return (I - γ*T')\R'
end
```

알고리듬 7.4 이산 상태 및 행동 공간이 있는 MDP $\mathcal{P}$의 정책 π의 가치 함수를 계산하는 정확한 정책 평가

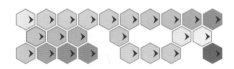

◀ **그림 7.4** 육각 세계 문제에 대한 동쪽 이동 정책을 평가하는 데 사용되는 정확한 정책 평가. 정확한 솔루션은 그림 7.3의 반복 정책 평가의 처음 몇 단계에 포함된 것보다 낮은 값을 포함한다. 더 많은 반복 동안 반복 정책 평가를 실행하면 동일한 가치 함수로 수렴된다.

7.3 가치 함수 정책

7.2절에서는 정책과 관련된 가치 함수를 계산하는 방법을 보여줬다. 7.3절에서는 나중에 최적의 정책을 생성할 때 사용하는 가치 함수에서 정책을 추출하는 방법을 보여준다. 최적의 가치 함수일 수도 있고 그렇지 않을 수도 있는 가치 함수 U가 주어졌을 때 방정식 (7.5)에 소개된 예측^{lookahead} 방정식을 최대화하는 정책 π를 구성할 수 있다.

$$\pi(s) = \arg\max_{a} \left(R(s,a) + \gamma \sum_{s'} T(s' \mid s,a) U(s') \right) \tag{7.11}$$

이 정책을 U에 대한 그리디 정책$^{\text{greedy policy}}$이라고 부른다. U가 최적 가치 함수이면 추출된 정책이 최적이 된다. 알고리듬 7.5에서 이 아이디어를 구현한다.

정책을 나타내는 또 다른 방법은 Q-함수라고도 하는 행동 가치 함수^{action value}를 사용하는 것이다. 행동 가치 함수는 상태 s에서 시작해 행동 a를 취한 다음 Q와 관련해 그리디 정책을 계속할 때 기대 총보상을 나타낸다.

$$Q(s,a) = R(s,a) + \gamma \sum_{s'} T(s' \mid s,a) U(s') \tag{7.12}$$

이 행동 가치 함수에서 가치 함수를 얻을 수 있다.

$$U(s) = \max_a Q(s,a) \tag{7.13}$$

또한 정책도 구할 수 있다.

$$\pi(s) = \arg\max_a Q(s,a) \tag{7.14}$$

이산 문제에 대해 명시적으로 Q를 저장하려면 U에 대해 $O(|\mathcal{S}|)$가 아닌 $O(|\mathcal{S}| \times |\mathcal{A}|)$의 저장 공간이 소요되지만, 정책을 추출하기 위해 R과 T를 사용할 필요가 없다.

정책은 어드밴티지 함수^{advantage function}를 사용해 나타낼 수도 있는데, 이 경우 그리디 행동을 취했을 때와 비교해 취한 행동의 이점을 정량화한다. 이는 Q와 U의 차이로 정의할 수 있다.

$$A(s,a) = Q(s,a) - U(s) \tag{7.15}$$

그리디 행동은 어드밴티지가 없고 그리디하지 않은 행동은 음의 어드밴티지^{negative advantage}를 가진다. 이 책의 뒷부분에서 논의할 일부 알고리듬은 U 표현을 사용하지만 다른 알고리듬은 Q 또는 A를 사용한다.

```
struct ValueFunctionPolicy
    𝒫 # 문제
    U # 효용 함수
end

function greedy(𝒫::MDP, U, s)
    u, a = findmax(a->lookahead(𝒫, U, s, a), 𝒫.𝒜)
    return (a=a, u=u)
end

(π::ValueFunctionPolicy)(s) = greedy(π.𝒫, π.U, s).a
```

알고리듬 7.5 MDP 𝒫에 대한 가치 함수 U에서 추출한 가치 함수 정책. greedy 함수는 다른 알고리듬에서 사용된다.

7.4 정책 반복

정책 반복^{policy iteration}(알고리듬 7.6)은 최적의 정책을 계산하는 한 가지 방법이다. 여기에는 정책 평가(7.2절)와 그리디 정책(알고리듬 7.5)을 통한 정책 개선 사이의 반복이 포함된다. 정책 반복은 초기 정책에 따라 수렴되도록 보장된다. 한정된 수의 정책이 있고 모든 반복은 정책이 개선될 수 있는 경우 개선되기 때문에 한정된 수의 반복으로 수렴된다. 가능한 정책의 수는 상태의 수에 따라 기하급수적이지만 정책 반복은 종종 빠르게 수렴된다. 그림 7.5는 육각 세계 문제에 대한 정책 반복을 보여준다.

```
struct PolicyIteration
    π # 초기 정책
    k_max # 최대 반복 횟수
end

function solve(M::PolicyIteration, 𝒫::MDP)
    π, 𝒮 = M.π, 𝒫.𝒮
    for k = 1:M.k_max
```

알고리듬 7.6 이상 상태 외 행동 공간을 가진 MDP 𝒫에 대한 최적의 정책을 얻기 위해 초기 정책 π를 반복적으로 개선하는 정책 반복

```
    U = policy_evaluation(𝒫, π)
    π′ = ValueFunctionPolicy(𝒫, U)
    if all(π(s) == π′(s) for s in 𝒮)
        break
    end
    π = π′
end
return π
end
```

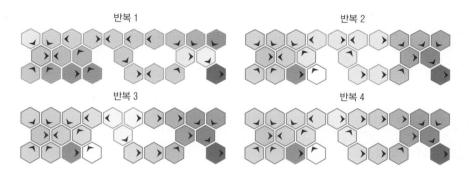

반복 1   반복 2

반복 3   반복 4

◀ **그림 7.5** 정책 반복은 최적의 정책을 얻기 위해 육각 세계 문제에서 초기에 동쪽으로 이동하는 정책을 반복적으로 개선하는 데 사용된다. 첫 번째 반복에서는 동쪽으로 이동하는 정책과 관련된 가치 함수와 해당 가치 함수와 관련해 그리디 정책을 나타내는 화살표를 볼 수 있다. 정책 반복은 네 번의 반복으로 수렴된다. 다섯 번째 이상의 반복을 실행하면 동일한 정책이 적용된다.

정책 반복은 각 반복에서 정책을 평가해야 하기 때문에 비용이 많이 드는 경향이 있다. 수정 정책 반복modified policy iteration[9]이라는 정책 반복의 변형은 정확한 정책 평가 대신 반복적인 정책 평가를 사용해 가치 함수를 근사화한다. 정책 개선 단계 사이의 정책 평가 반복 횟수를 선택할 수 있다. 단계 사이에 한 번의 반복만 사용하는 경우 이 접근 방식은 값 반복과 동일하다.

9 M. L. Puterman and M. C. Shin, "Modified Policy Iteration Algorithms for Discounted Markov Decision Problems," *Management Science*, vol. 24, no. 11, pp. 1127–1137, 1978.

7.5 가치 반복

가치 반복$^{value\ iteration}$은 그 단순함 때문에 자주 사용되는 정책 반복의 대안이다. 정책 개선과 달리 가치 반복은 가치 함수를 직접 갱신한다. 먼저 유한 가치 함수 U, 즉 모든 s에 대해 $|U(s)| < \infty$로 시작한다. 일반적인 초기화 방법 중 하나는 모든 s에 대해 $U(s) = 0$이다.

가치함수는 벨만 백업$^{Bellman\ backup}$을 적용해 개선할 수 있는데, 벨만 갱신$^{Bellman\ update}$으로도 불린다.[10]

10 백업(backup) 연산이라 불리는 이유는 정보를 그 미래 상태로부터 역으로 전달하기 때문이다.

$$U_{k+1}(s) = \max_a \left(R(s,a) + \gamma \sum_{s'} T(s' \mid s,a) U_k(s') \right) \quad (7.16)$$

이 백업 절차는 알고리듬 7.7에서 구현된다.

```
function backup(𝒫::MDP, U, s)
    return maximum(lookahead(𝒫, U, s, a) for a in 𝒫.𝒜)
end
```

알고리듬 7.7 상태 s에서 가치 함수 U를 개선하는 MDP 𝒫에 적용된 백업 절차

이 갱신을 반복 적용하면 최적 가치 함수로 수렴할 수 있다. 반복적인 정책 평가와 마찬가지로 갱신이 수축 매핑이라는 사실로부터 수렴을 증명할 수 있다.[11] 이 최적 정책은 다음의 벨만 최적 방정식$^{Bellman\ optimality\ equation}$을 만족함이 보장된다.

11 연습 문제 7.13 참고

$$U^*(s) = \max_a \left(R(s,a) + \gamma \sum_{s'} T(s' \mid s,a) U^*(s') \right) \quad (7.17)$$

이 등식이 성립되면 벨만 백업을 추가적으로 적용하더라도 가치 함수가 변경되지 않는다. 방정식 (7.11)을 사용해 U^*에서 최적 정책을 추출할 수 있다. 가치 반복은 알고리듬 7.8에서 구현되며 그림 7.6의 육각 세계 문제에 적용된다.

알고리듬 7.8의 구현은 정해진 반복 횟수 후에 중지하지만 벨만 잔차[Bellman residual]라고 불리는 값 $\|U_{k+1} - U_k\|_\infty$의 최대 변화에 기반해 조기 종료하는 것도 일반적이다. 벨만 잔차가 임계치 δ 아래로 떨어지면 반복이 종료된다. δ의 벨만 잔차는 U^*의 값 반복에 의해 얻은 최적의 가치 함수가 $\epsilon = \delta\gamma/(1 - \gamma)$ 이내임을 보장한다.[12] 미래 보상을 크게 할인하면(γ가 0에 가까움) 미래까지 반복할 필요가 없다. 이 효과는 예제 7.2에 설명돼 있다.

최적 가치 함수에서의 추정된 최대 편차 $\|U_k - U^*\|_\infty < \epsilon$를 알면 최적 정책 π^*에서 추출된 정책 π에서 얻은 보상의 편차인 최대 최적 가치 함수를 제한할 수 있다. 이 정책 손실 $\|U_k - U^*\|_\infty$은 $2\epsilon\gamma/(1 - \gamma)$로 제한된다.[13]

12 연습 문제 7.8 참고

13 S. P. Singh and R. C. Yee, "An Upper Bound on the Loss from Approximate Optimal-Value Functions," *Machine Learning*, vol. 16, no. 3, pp. 227 – 233, 1994

알고리듬 7.8 이산 상태와 행동 공간을 가진 MDP p에 대한 최적의 정책을 얻기 위해 가치 함수 U를 반복적으로 개선하는 가치 반복. k_max 반복 후에 종료된다.

```
struct ValueIteration
    k_max # 최대 반복 횟수
end

function solve(M::ValueIteration, 𝒫::MDP)
    U = [0.0 for s in 𝒫.𝒮]
    for k = 1:M.k_max
        U = [backup(𝒫, U, s) for s in 𝒫.𝒮]
    end
    return ValueFunctionPolicy(𝒫, U)
end
```

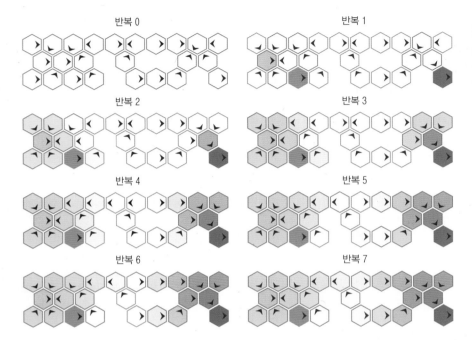

반복 0 반복 1 반복 2 반복 3 반복 4 반복 5 반복 6 반복 7

◀ **그림 7.6** 최적의 정책을 얻기 위해 육각 세계 문제에서 값 반복. 각 육각은 가치 함수에 따라 색상이 지정되며 화살표는 해당 가치 함수와 관련해 그리디 정책을 나타낸다.

10의 보상을 생성하는 끝에 하나의 소비 타일이 있는 직선 타일로 구성된 육각 세계 문제의 간단한 변형을 고려해보자. 할인 요인은 소비 타일의 보상이 다른 타일로 전파되는 속도에 직접적인 영향을 미치므로 값 반복이 얼마나 빨리 수렴되는지에 영향을 미친다.

◀ **예제 7.2** 가치 반복의 수렴에 대한 할인 요인의 효과. 각각의 경우에 벨만 잔차가 1 미만이 될 때까지 값 반복이 실행됐다.

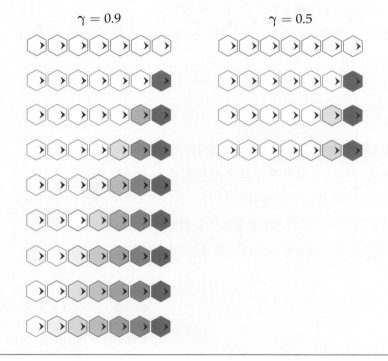

7.6 비동기 가치 반복

가치 반복은 U_{k+1}을 얻기 위해 각 반복에서 가치 함수 U_k의 모든 항목이 갱신되므로 계산량이 과도한 경향을 가진다. 비동기 가치 반복에서는 상태의 하위 집합만 각 반복으로 갱신된다. 비동기식 가치 반복은 각 상태가 무한대로 갱신되는 경우 최적의 가치 함수로 수렴이 여전히 보장된다. 일반적 비동기 가치 반복 방법 중 하나인 가우스-자이델 가치 반복^{Gauss-Seidel value iteration}(알고리듬 7.9)은 상태 순서를 모두 거치고, 벨만 갱신을 그 자리에 즉시 적용한다.

$$U(s) \leftarrow \max_a \left(R(s,a) + \gamma \sum_{s'} T(s' \mid s,a)U(s') \right) \tag{7.18}$$

계산 절감은 각 반복마다 메모리에 두 번째 가치 함수를 구성할 필요가 없다는 데에서 기인한다. 가우스-자이델 가치 반복은 선택한 순서에 따라 표준 가치 반복보다 더 빨리 수렴할 수 있다.[14] 마지막 시간 가치 반복에서 시작해 가우스-자이델 가치 반복을 적용하고 역으로 작업하면 그 프로세스를 역방향 유도 가치 반복^{backward induction value iteration}이라고 부른다. 상태 순서의 영향에 대한 예는 예제 7.3에 나와 있다.

14 가우스-자이델에서 순서를 잘못 선정하더라도 알고리듬이 표준 가치 반복보다 더 느려지는 것은 아니다.

알고리듬 7.9 가치 반복과 다른 방식으로 상태를 갱신하는 비동기식 가치 반복을 사용하면 종종 계산 시간을 절약할 수 있다. 메서드는 k_max 반복 후에 종료된다.

```
struct GaussSeidelValueIteration
    k_max # 최대 반복 횟수
end

function solve(M::GaussSeidelValueIteration, 𝒫::MDP)
    U = [0.0 for s in 𝒫.𝒮]
    for k = 1:M.k_max
        for (i, s) in enumerate(𝒫.𝒮)
            U[i] = backup(𝒫, U, s)
        end
    end
    return ValueFunctionPolicy(𝒫, U)
end
```

예제 7.2에서 육각 세계 문제의 선형 변형을 고려해보자. 비동기 값 반복을 사용해 동일한 문제를 해결할 수 있다. 상태의 순서는 소비 타일의 보상이 라인을 따라 다른 타일로 전파되는 속도와 방법이 얼마나 빨리 수렴되는지에 직접적인 영향을 미친다.

예제 7.3 비동기 가치 반복의 수렴에 대한 상태 순서 지정의 효과. 이 경우 오른쪽에서 왼쪽으로 평가하면 수렴이 훨씬 적은 반복으로 발생할 수 있다.

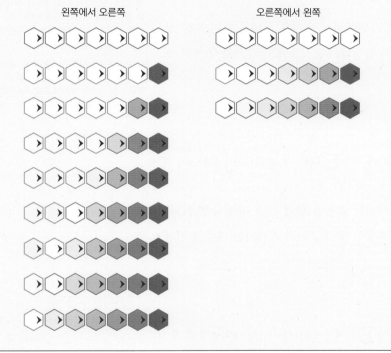

왼쪽에서 오른쪽   오른쪽에서 왼쪽

7.7 선형 프로그램 공식화

최적의 정책을 찾는 문제는 선형 목적 함수와 일련의 선형 등식 또는 부등식 제약 조건이 있는 최적화 문제인 선형 프로그램^{linear program}으로 공식화할 수 있다. 문제를 선형 프로그램으로 나타내면 많은 선형 프로그래밍 해법 중 하나를 사용할 수 있다.[15]

벨만 최적 방정식을 선형 프로그램으로 변환하는 방법을 보여주기 위해 각 상태 s에서 $U(s)$를 최소화하면서 벨만 최적 방정식의 등식을 일련의 부등식 제약 조건으로 대체하는 것부터 시작한다.[16]

$$\text{minimize} \sum_s U(s)$$

$$\text{제약 조건} \quad U(s) \geq \max_a \left(R(s,a) + \gamma \sum_{s'} T(s' \mid s,a) U(s') \right) \text{ 모든 } s\text{에 대해}$$

(7.19)

최적화의 변수는 각 상태의 효용이다. 이러한 효용을 알게 되면 방정식 (7.11)을 사용해 최적의 정책을 추출할 수 있다. 부등식 제약 조건의 최대화는 다음의 선형 제약 연립방정식으로 대체될 수 있다.

$$\text{minimize} \sum_s U(s)$$

$$\text{제약 조건} \quad U(s) \geq R(s,a) + \gamma \sum_{s'} T(s' \mid s,a) U(s') \text{ 모든 } s\text{와 } a\text{에 대해}$$

(7.20)

방정식 (7.20)에 표시된 선형 프로그램에서 변수의 수는 상태의 수와 같고 제약 조건의 수는 상태의 수에 작업의 수를 곱한 것과 같다. 선형 프로그램은 다항 시간에 풀 수 있기 때문에[17] MDP도 다항 시간에 풀 수 있다. 선형 프로그래밍 접근 방식이 이러한 점근적 복잡성을 보장하지만 실제로는 단순히 가치 반복을 사용하는 것이 더 효율적인 경우가 많다. 알고리듬 7.10은 이에 대한 구현을 제공한다.

15 선형 프로그래밍의 개요에 대해서는 다음 문헌을 참고하라. R. Vanderbei, *Linear Programming, Foundations and Extensions*, 4th ed. Springer, 2014참고.

16 직관적으로 부등 제약을 등식 제약으로 변환하기 위해 가치 $U(s)$를 모든 상태 s에 넣으려 한다. 따라서 모든 효용의 합을 최소화한다.

17 증명은 다음 문헌을 참고하라. L. G. Khachiyan, "Polynomial Algorithms in Linear Programming," *USSR Computational Mathematics and Mathematical Physics*, vol. 20, no. 1, pp. 53–72, 1980. Modern algorithms tend to be more efficient in practice.

7.8 2차 보상 선형 시스템

지금까지 이산 상태 공간과 행동 공간을 가정했다. 7.8절에서는 이 가정을 완화해 연속 벡터 가치 상태 및 작업을 허용한다. 이산 문제에 대한 벨만 최적 방정식은 다음과 같이 수정할 수 있다.[18]

18 7.8절에서는 문제를 할인되지 않은 유한 기간으로 가정하지만 이러한 방정식은 쉽게 일반화될 수 있다.

```
struct LinearProgramFormulation end

function tensorform(𝒫::MDP)
    𝒮, 𝒜, R, T = 𝒫.𝒮, 𝒫.𝒜, 𝒫.R, 𝒫.T
    𝒮' = eachindex(𝒮)
    𝒜' = eachindex(𝒜)
    R' = [R(s,a) for s in 𝒮, a in 𝒜]
    T' = [T(s,a,s') for s in 𝒮, a in 𝒜, s' in 𝒮]
    return 𝒮', 𝒜', R', T'
end

solve(𝒫::MDP) = solve(LinearProgramFormulation(), 𝒫)

function solve(M::LinearProgramFormulation, 𝒫::MDP)
    𝒮, 𝒜, R, T = tensorform(𝒫)
    model = Model(GLPK.Optimizer)
    @variable(model, U[𝒮])
    @objective(model, Min, sum(U))
    @constraint(model, [s=𝒮,a=𝒜], U[s] ≥ R[s,a] + 𝒫.γ*T[s,a,:]⋅U)
    optimize!(model)
    return ValueFunctionPolicy(𝒫, value.(U))
end
```

알고리듬 7.10 선형 계획 공식을 사용해 이산 MDP를 해결하는 방법. 선형 프로그램 지정의 편의상 MDP를 텐서 형태로 변환하는 함수를 정의한다. 여기서 상태와 행동은 정수 인덱스로 구성되고 보상 함수는 행렬이며 전이 함수는 3차원 텐서다. 수학적 프로그래밍을 위해 JuMP.jl 패키지를 사용한다. 옵티마이저는 GLPK.jl을 사용하도록 설정돼 있지만 대신 다른 것을 사용할 수 있다. 또한 MDP가 이 공식을 사용하도록 기본 해결 동작을 정의한다.

$$U_{h+1}(\mathbf{s}) = \max_{\mathbf{a}} \left(R(\mathbf{s},\mathbf{a}) + \int T(\mathbf{s}' \mid \mathbf{s},\mathbf{a}) U_h(\mathbf{s}') \, \mathrm{d}\mathbf{s}' \right) \qquad (7.21)$$

여기서 방정식 (7.16)의 s와 a는 해당 벡터로 대체되고 합계는 적분으로 대체되며 T는 확률 질량이 아닌 확률 밀도를 제공한다. 방정식 (7.21)의 계산은 임의의 연속 전이 분포 및 보상 함수에 대해서는 간단하지 않다.

경우에 따라 연속 상태 및 행동 공간이 있는 MDP에 대해 정확한 해 기법이 존재한다.[19] 특히 문제가 선형 동역학linear dynamics을 갖고 있고 2차 보상인 경우 최적의 정책은 닫힌 식으로 효율적으로 찾을 수 있다. 이러한 시스템은 제어 이론에서 LQRLinear Quadratic Regulator로 알려져 있으며 잘 연구돼 있다.[20]

전환 함수의 형식이 다음과 같은 경우 문제는 선형 동역학을 가진다.

$$T(\mathbf{s}' \mid \mathbf{s}, \mathbf{a}) = \mathbf{T}_s \mathbf{s} + \mathbf{T}_a \mathbf{a} + \mathbf{w} \tag{7.22}$$

여기서 $\mathbf{T}_s$와 $\mathbf{T}_a$는 주어진 s에서 다음 상태 s′의 평균을 결정하는 행렬이다. 그리고 $\mathbf{a}$와 $\mathbf{w}$는 s와 a에 종속되지 않는 0 평균, 유한 분산 분포에서 도출된 무작위 교란disturbance이다. 일반적인 선택 중 하나는 다변량 가우시안이다.

보상 함수는 다음 식으로 쓸 수 있는 경우 2차 함수다.[21]

$$R(\mathbf{s}, \mathbf{a}) = \mathbf{s}^\top \mathbf{R}_s \mathbf{s} + \mathbf{a}^\top \mathbf{R}_a \mathbf{a} \tag{7.23}$$

여기서 $\mathbf{R}_s$와 $\mathbf{R}_a$는 상태와 행동 구성 요소 조합이 보상에 기여하는 방법을 결정하는 행렬이다. 추가로 $\mathbf{R}_s$는 음의 준정부호semidefinite이고 $\mathbf{R}_a$는 음의 정부호definite여야 한다. 이러한 보상 함수는 0에서 벗어나는 상태와 행동에 페널티를 준다.

선형 동역학과 2차 보상을 가진 문제는 원하는 값에서 크게 벗어나지 않도록 프로세스를 조절하려는 제어 이론에서는 흔하다. 2차 비용은 원점에 가까운 상태보다 원점에서 멀리 떨어진 상태에 훨씬 더 높은 비용을 할당한다. 선형 동역학 및 2차 보상 문제에 대한 최적의 정책에는 해석적 닫힌 해가 있다. 많은 MDP는 선형 2차 MDP로 근사화되고 해결될 수 있으며 종종 원래 문제에 대한 합리적인 정책을 산출한다.

전이와 보상 함수를 방정식 (7.21)에 대입하면 다음과 같이 된다.

$$U_{h+1}(\mathbf{s}) = \max_{\mathbf{a}} \left(\mathbf{s}^\top \mathbf{R}_s \mathbf{s} + \mathbf{a}^\top \mathbf{R}_a \mathbf{a} + \int p(\mathbf{w}) U_h(\mathbf{T}_s \mathbf{s} + \mathbf{T}_a \mathbf{a} + \mathbf{w}) \, d\mathbf{w} \right) \tag{7.24}$$

19 보다 자세한 개요는 다음 문헌을 참고하라. D. P. Bertsekas, *Dynamic Programming and Optimal Control*. Athena Scientific, 2007.

20 LQR가 다른 연관 제어 문제에 대한 간략한 정리는 다음 문헌을 참고하라. A. Shaiju and I. R. Petersen, "Formulas for Discrete Time LQR, LQG, LEQG and Minimax LQG Optimal Control Problems," *IFAC Proceedings Volumes*, vol. 41, no. 2, pp. 8773–8778, 2008.

21 세 번째 항 $2\mathbf{s}^\top \mathbf{R}_{sa} \mathbf{a}$도 포함시킬 수 있다. 예로서는 다음 문헌을 참고하라. Shaiju and Petersen (2008).

여기서 $p(\mathbf{w})$는 임의의 0-평균 분포 $\mathbf{w}$의 확률 밀도다.

최적의 1단계 가치 함수는 다음과 같다.

$$U_1(\mathbf{s}) = \max_{\mathbf{a}} \left(\mathbf{s}^\top \mathbf{R}_s \mathbf{s} + \mathbf{a}^\top \mathbf{R}_a \mathbf{a} \right) = \mathbf{s}^\top \mathbf{R}_s \mathbf{s} \tag{7.25}$$

여기서 최적의 행동은 $\mathbf{a} = \mathbf{0}$이다.

이제 귀납법을 통해 $U_h(\mathbf{s})$가 대칭 행렬 $\mathbf{V}_h$를 갖는 2차 형식 $\mathbf{s}^\top \mathbf{V}_h \mathbf{s} + q_h$임을 보일 것이다. 1단계 가치 함수의 경우 $\mathbf{V}_1 = \mathbf{R}_s$ 그리고 $q_1 = 0$이다. 이 2차 형식을 방정식 (7.24)에 대입하면 다음과 같다.

$$U_{h+1}(\mathbf{s}) = \mathbf{s}^\top \mathbf{R}_s \mathbf{s} + \max_{\mathbf{a}} \left(\mathbf{a}^\top \mathbf{R}_a \mathbf{a} + \int p(\mathbf{w}) \left((\mathbf{T}_s \mathbf{s} + \mathbf{T}_a \mathbf{a} + \mathbf{w})^\top \mathbf{V}_h (\mathbf{T}_s \mathbf{s} + \mathbf{T}_a \mathbf{a} + \mathbf{w}) + q_h \right) d\mathbf{w} \right) \tag{7.26}$$

이는 $\int p(\mathbf{w}) \, d\mathbf{w} = 1$이고 $\int \mathbf{w} p(\mathbf{w}) \, d\mathbf{w} = 0$이라는 사실을 확장해 단순화할 수 있다.

$$\begin{aligned} U_{h+1}(\mathbf{s}) = {} & \mathbf{s}^\top \mathbf{R}_s \mathbf{s} + \mathbf{s}^\top \mathbf{T}_s^\top \mathbf{V}_h \mathbf{T}_s \mathbf{s} \\ & + \max_{\mathbf{a}} \left(\mathbf{a}^\top \mathbf{R}_a \mathbf{a} + 2 \mathbf{s}^\top \mathbf{T}_s^\top \mathbf{V}_h \mathbf{T}_a \mathbf{a} + \mathbf{a}^\top \mathbf{T}_a^\top \mathbf{V}_h \mathbf{T}_a \mathbf{a} \right) \\ & + \int p(\mathbf{w}) \left(\mathbf{w}^\top \mathbf{V}_h \mathbf{w} \right) d\mathbf{w} + q_h \end{aligned} \tag{7.27}$$

최적 행동은 $\mathbf{a}$에 대해 미분하고 $\mathbf{0}$으로 설정하면 구할 수 있다.[22]

$$\begin{aligned} \mathbf{0} &= \left(\mathbf{R}_a + \mathbf{R}_a^\top \right) \mathbf{a} + 2 \mathbf{T}_a^\top \mathbf{V}_h \mathbf{T}_s \mathbf{s} + \left(\mathbf{T}_a^\top \mathbf{V}_h \mathbf{T}_a + \left(\mathbf{T}_a^\top \mathbf{V}_h \mathbf{T}_a \right)^\top \right) \mathbf{a} \\ &= 2 \mathbf{R}_a \mathbf{a} + 2 \mathbf{T}_a^\top \mathbf{V}_h \mathbf{T}_s \mathbf{s} + 2 \mathbf{T}_a^\top \mathbf{V}_h \mathbf{T}_a \mathbf{a} \end{aligned} \tag{7.28}$$

최적의 행동에 대해 풀면 다음과 같이 된다.[23]

$$\mathbf{a} = - \left(\mathbf{R}_a + \mathbf{T}_a^\top \mathbf{V}_h \mathbf{T}_a \right)^{-1} \mathbf{T}_a^\top \mathbf{V}_h \mathbf{T}_s \mathbf{s} \tag{7.29}$$

22    $\nabla_{\mathbf{x}} \mathbf{A} \mathbf{x} = \mathbf{A}^\top$
$\nabla_{\mathbf{x}} \mathbf{x}^\top \mathbf{A} \mathbf{x} = (\mathbf{A} + \mathbf{A}^\top) \mathbf{x}$
임을 기억하자.

23 행렬 $\mathbf{R}_a + \mathbf{T}_a^\top \mathbf{V}_h \mathbf{T}_a$ 은 음의 정부호이므로 가역적이다.

최적의 행동을 $U_{h+1}(\mathbf{s})$로 대체하면 우리가 찾던 2차 형식 $U_{h+1}(\mathbf{s}) = \mathbf{s}^\top \mathbf{V}_{h+1}\mathbf{s} + q_{h+1}$이 나오고 다음과 같이 된다.[24]

$$\mathbf{V}_{h+1} = \mathbf{R}_s + \mathbf{T}_s^\top \mathbf{V}_h^\top \mathbf{T}_s - \left(\mathbf{T}_a^\top \mathbf{V}_h \mathbf{T}_s\right)^\top \left(\mathbf{R}_a + \mathbf{T}_a^\top \mathbf{V}_h \mathbf{T}_a\right)^{-1} \left(\mathbf{T}_a^\top \mathbf{V}_h \mathbf{T}_s\right) \quad (7.30)$$

그리고

$$q_{h+1} = \sum_{i=1}^{h} \mathbb{E}_{\mathbf{w}} \left[\mathbf{w}^\top \mathbf{V}_i \mathbf{w} \right] \quad (7.31)$$

$\mathbf{w} \sim \mathcal{N}(\mathbf{0}, \boldsymbol{\Sigma})$라면 다음과 같다.

$$q_{h+1} = \sum_{i=1}^{h} \mathrm{Tr}(\boldsymbol{\Sigma}\mathbf{V}_i) \quad (7.32)$$

$\mathbf{V}_1 = \mathbf{R}_s$ 및 $q_1 = 0$에서 시작해 방정식 (7.30) 및 (7.31)을 반복하면 모든 수평선 h까지 $\mathbf{V}_h$ 및 q_h를 계산할 수 있다. h-단계 정책에 대한 최적의 행동은 방정식 (7.29)로부터 직접 얻을 수 있다.

$$\pi_h(\mathbf{s}) = -\left(\mathbf{T}_a^\top \mathbf{V}_{h-1}\mathbf{T}_a + \mathbf{R}_a\right)^{-1} \mathbf{T}_a^\top \mathbf{V}_{h-1}\mathbf{T}_s \mathbf{s} \quad (7.33)$$

최적의 행동은 0-평균 교란^{disturbance} 분포와 무관하다는 사실에 주목하자.[25] 그러나 교란의 분산은 기대 효용에 영향을 미친다. 알고리듬 7.11은 구현을 보여준다. 예제 7.4는 선형 가우스 동역학을 사용하는 단순 문제에서 이 프로세스를 변경하지 않고 보여준다.

24 이 방정식은 베네치아 수학자 리카티 (Jacopo Riccati)(1676~1754)의 이름을 딴 이산 시간 리카티 방정식이라고도 한다.

25 이 경우 최적 정책을 변경하지 않고 무작위 교란을 그 기대 가치로 대체할 수 있다. 이 성질은 확실성 등가(certainty equivalence)라고 알려져 있다.

```
struct LinearQuadraticProblem
    Ts # 상태에 대한 전이
    Ta # 행동에 대한 전이
    Rs # 상태(음의 반정칙)에 대한 보상 행렬
    Ra # 행동(음의 정칙)에 대한 보상 행렬
    h_max # 기간
end


function solve(𝒫::LinearQuadraticProblem)
    Ts, Ta, Rs, Ra, h_max = 𝒫.Ts, 𝒫.Ta, 𝒫.Rs, 𝒫.Ra, 𝒫.h_max
    V = zeros(size(Rs))
    πs = Any[s -> zeros(size(Ta, 2))]
    for h in 2:h_max
        V = Ts'*(V - V*Ta*((Ta'*V*Ta + Ra) \ Ta'*V))*Ts + Rs
        L = -(Ta'*V*Ta + Ra) \ Ta' * V * Ts
        push!(πs, s -> L*s)
    end
    return πs
end
```

상태가 스칼라 위치와 속도 $s = [x, v]$로 구성된 연속 MDP를 고려해보자. 행동은 각각 시간 단계 $\Delta t = 1$에 걸쳐 실행되는 스칼라 가속 a다. 2차 보상이 주어진 경우 $s_0 = [-10, 0]$로부터의 최적 5-단계 정책을 찾아보라.

$$R(\mathbf{s}, a) = -x^2 - v^2 - 0.5a^2$$

시스템이 $s = \mathbf{0}$에서 정지하는 경향이 있다.

전이 역학은 다음과 같다.

$$\begin{bmatrix} x' \\ v' \end{bmatrix} = \begin{bmatrix} x + v\Delta t + \frac{1}{2}a\Delta t^2 + w_1 \\ v + a\Delta t + w_2 \end{bmatrix} = \begin{bmatrix} 1 & \Delta t \\ 0 & 1 \end{bmatrix} \begin{bmatrix} x \\ v \end{bmatrix} + \begin{bmatrix} 0.5\Delta t^2 \\ \Delta t \end{bmatrix} [a] + \mathbf{w}$$

예제 7.4 선형 전이 함수와 2차 보상으로 유한 기간 MDP를 해결한다. 그림은 $[-10, 0]$에서 시스템의 진행을 보여준다. 파란색 등고선은 각 반복에서 상태에 대한 가우시안 분포를 보여준다. 초기 신뢰는 원형이지만 칼만 필터를 사용해 신뢰를 전방으로 전파함에 따라 비원형 모양으로 왜곡된다.

여기서 **w**는 공분산이 0.1**I**인 제로 평균 다변량 가우시안 분포에서 도출된다.

보상 행렬은 **R**$_s = -$**I**, **R**$_a = -[0.5]$이다.

결과 최적 정책은 다음과 같다.

$$\pi_1(\mathbf{s}) = \begin{bmatrix} 0 & 0 \end{bmatrix} \mathbf{s}$$

$$\pi_2(\mathbf{s}) = \begin{bmatrix} -0.286 & -0.857 \end{bmatrix} \mathbf{s}$$

$$\pi_3(\mathbf{s}) = \begin{bmatrix} -0.462 & -1.077 \end{bmatrix} \mathbf{s}$$

$$\pi_4(\mathbf{s}) = \begin{bmatrix} -0.499 & -1.118 \end{bmatrix} \mathbf{s}$$

$$\pi_5(\mathbf{s}) = \begin{bmatrix} -0.504 & -1.124 \end{bmatrix} \mathbf{s}$$

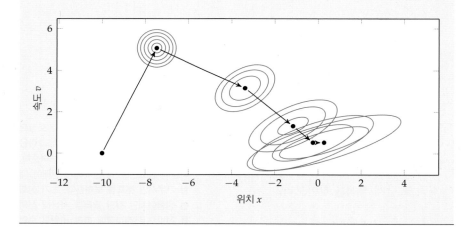

7.9 요약

- 한정된 보상이 있는 이산 MDP는 동적 프로그래밍을 통해 정확하게 해결할 수 있다.

- 이러한 문제에 대한 정책 평가는 역행렬을 통해 정확하게 수행하거나 반복 알고리듬으로 근사화할 수 있다.

- 정책 반복은 정책 평가와 정책 개선 사이를 반복해 최적의 정책을 해결하는 데 사용할 수 있다.

- 가치 반복과 비동기 가치 반복은 가치 함수를 직접 반복해 계산을 절약한다.

- 최적의 정책을 찾는 문제는 선형 프로그램으로 구성할 수 있으며 다항 시간으로 해결할 수 있다.

- 선형 전이 함수와 2차 보상이 있는 연속 문제는 정확하게 해결할 수 있다.

7.10 연습 문제

연습 7.1 상수 보상의 무한 시퀀스(모든 t에 대해 $r_t = r$)에 대해 무한 기간 할인 총보상은 $r/(1-\gamma)$에 수렴한다는 것을 보여라.

해법: 할인된 상수 보상의 무한 시퀀스가 다음 단계에서 $r/(1-\gamma)$로 수렴됨을 증명할 수 있다.

$$\sum_{t=1}^{\infty} \gamma^{t-1} r_t = r + \gamma^1 r + \gamma^2 r + \cdots$$
$$= r + \gamma \sum_{t=1}^{\infty} \gamma^{t-1} r_t$$

합계를 좌변으로 이동하고 $(1-\gamma)$ 인수를 제거할 수 있다.

$$(1 - \gamma) \sum_{t=1}^{\infty} \gamma^{t-1} r = r$$

$$\sum_{t=1}^{\infty} \gamma^{t-1} r = \frac{r}{1 - \gamma}$$

연습 7.2 5개의 상태($s_{1:5}$)와 유지(a_S) 및 계속(a_C)의 두 행동으로 구성된 MDP가 있다고 가정하자. 다음과 같다.

$$
\begin{aligned}
T(s_i \mid s_i, a_S) &= 1 &&i \in \{1, 2, 3, 4\} \text{에 대해} \\
T(s_{i+1} \mid s_i, a_C) &= 1 &&i \in \{1, 2, 3, 4\} \text{에 대해} \\
T(s_5 \mid s_5, a) &= 1 &&\text{모든 행동 } a \text{에 대해} \\
R(s_i, a) &= 0 &&i \in \{1, 2, 3, 5\} \text{에 대해 그리고 모든 행동 } a \text{에 대해} \\
R(s_4, a_S) &= 0 \\
R(s_4, a_C) &= 10
\end{aligned}
$$

최적 값 $U^*(s_1) = 1$인 경우 할인 계수 γ는 얼마인가?

해법: $U^*(s_1)$의 최적값은 s_1에서 시작하는 최적 정책 π^*를 따르는 것과 관련된다. 전이 모델이 주어지면 s_1에서 최적의 정책은 s_5에 도달할 때까지 계속하는 것이다. 이 상태는 더 이상 다른 상태로 전이되거나 추가 보상을 축적할 수 없는 최종 상태다. 따라서 s_1의 최적값은 다음과 같이 계산할 수 있다.

$$U^*(s_1) = \sum_{t=1}^{\infty} \gamma^{t-1} r_t$$
$$U^*(s_1) = R(s_1, a_C) + \gamma^1 R(s_2, a_C) + \gamma^2 R(s_3, a_C) + \gamma^3 R(s_4, a_C) + \gamma^4 R(s_5, a_C) + \cdots$$
$$U^*(s_1) = 0 + \gamma^1 \times 0 + \gamma^2 \times 0 + \gamma^3 \times 10 + \gamma^4 \times 0 + 0$$
$$1 = 10\gamma^3$$

그러므로 할인 계수는 $\gamma = 0.1^{1/3} \approx 0.464$다.

연습 7.3 반복 정책 평가의 k 단계를 수행할 때의 시간 복잡도는 얼마인가?

해법: 반복적인 정책 평가에는 다음의 예측 방정식을 계산해야 한다.

$$U_{k+1}^{\pi}(s) = R(s, \pi(s)) + \gamma \sum_{s'} T(s' \mid s, \pi(s)) U_k^{\pi}(s')$$

단일 상태에서 값을 갱신하려면 모든 $|\mathcal{S}|$ 상태에 대해 합산해야 한다. 모든 상태에 대한 단일 반복에서 이 연산을 $|\mathcal{S}|$번 해야 한다. 따라서 k-단계 반복 정책 연산의 시간 복잡도는 $O(k|\mathcal{S}|^2)$가 된다.

연습 7.4 6개의 상태$(s_{1:6})$와 4개의 작업$(a_{1:4})$이 있는 MDP가 있다고 가정하자. 다음 표의 행동 가치 함수 $Q(s, a)$를 사용해 $U(s)$, $\pi(s)$와 $A(s, a)$를 계산하라.

$Q(s,a)$	a_1	a_2	a_3	a_4
s_1	0.41	0.46	0.37	0.37
s_2	0.50	0.55	0.46	0.37
s_3	0.60	0.50	0.38	0.44
s_4	0.41	0.50	0.33	0.41
s_5	0.50	0.60	0.41	0.39
s_6	0.71	0.70	0.61	0.59

해법: 다음 방정식을 사용해 $U(s)$, $\pi(s)$와 $A(s, a)$를 계산할 수 있다.

$$U(s) = \max_a Q(s,a) \qquad \pi(s) = \arg\max_a Q(s,a) \qquad A(s,a) = Q(s,a) - U(s)$$

s	$U(s)$	$\pi(s)$	$A(s,a_1)$	$A(s,a_2)$	$A(s,a_3)$	$A(s,a_4)$
s_1	0.46	a_2	−0.05	0.00	−0.09	−0.09
s_2	0.55	a_2	−0.05	0.00	−0.09	−0.18
s_3	0.60	a_1	0.00	−0.10	−0.22	−0.16
s_4	0.50	a_2	−0.09	0.00	−0.17	−0.09
s_5	0.60	a_2	−0.10	0.00	−0.19	−0.21
s_6	0.71	a_1	0.00	−0.01	−0.10	−0.12

연습 7.5 가장 오른쪽 타일이 흡수^{absorbing} 상태인 3개의 타일, 직선 육각 세계(부록 F.1)가 있다고 가정하자. 가장 오른쪽 상태에서 행동을 취하면 10의 보상을 받고 더 이상 보상을 받지 못하는 네 번째 최종 상태로 이동한다. $\gamma = 0.9$의 할인 계수를 사용하고 초기 정책 π가 첫 번째 타일에서 동쪽으로, 두 번째 타일에서 북동쪽으로, 세 번째 타일에서 남서쪽으로 이동하는 정책 반복의 단일 단계를 수행한다.

정책 평가 단계에서는 전이 행렬 $\mathbf{T}^\pi$와 보상 벡터 $\mathbf{R}^\pi$를 작성한 다음 행렬 반전을 사용해 무한 기간 가치 함수 $\mathbf{U}^\pi$를 직접 해결해보라. 정책 개선 단계에서는 예측 방정식을 최대화해 갱신된 정책 π'를 계산한다.

해법: 정책 평가 단계에서는 방정식 (7.10)을 사용하며 다음으로 반복한다.

$$\mathbf{U}^\pi = (\mathbf{I} - \gamma \mathbf{T}^\pi)^{-1} \mathbf{R}^\pi$$

최종 상태에 대한 추가 상태로 전이 행렬 $\mathbf{T}^\pi$ 및 보상 벡터 $\mathbf{R}^\pi$를 형성하면 무한 기간 가치 함수 $\mathbf{U}^\pi$를 풀 수 있다.[26]

$$\mathbf{U}^\pi = \left(\begin{bmatrix} 1 & 0 & 0 & 0 \\ 0 & 1 & 0 & 0 \\ 0 & 0 & 1 & 0 \\ 0 & 0 & 0 & 1 \end{bmatrix} - (0.9) \begin{bmatrix} 0.3 & 0.7 & 0 & 0 \\ 0 & 0.85 & 0.15 & 0 \\ 0 & 0 & 0 & 1 \\ 0 & 0 & 0 & 1 \end{bmatrix} \right)^{-1} \begin{bmatrix} -0.3 \\ -0.85 \\ 10 \\ 0 \end{bmatrix} \approx \begin{bmatrix} 1.425 \\ 2.128 \\ 10 \\ 0 \end{bmatrix}$$

정책 개선 단계에서는 갱신된 가치 함수를 사용해 방정식 (7.11)을 적용한다. $\arg\max$ 항의 행동들은 a_E, a_{NE}, a_{NW}, a_W, a_{SW}, a_{SE}에 해당한다.

$$\pi(s_1) = \arg\max(1.425, 0.527, 0.283, 0.283, 0.283, 0.527) = a_E$$
$$\pi(s_2) = \arg\max(6.575, 2.128, 0.970, 1.172, 0.970, 2.128) = a_E$$
$$\pi(s_3) = \arg\max(10, 10, 10, 10, 10, 10) \text{ (모든 행동은 동등하게 바람직하다.)}$$

연습 7.6 모든 s에 대해 초깃값 함수 $U_0(s) = 0$으로 시작해 연습 7.5를 두 단계의 가치 반복을 수행하라.

해법: 가치 함수를 반복적으로 갱신하려면 벨만 백업(방정식 (7.16))을 사용해야 한다. 최대 항의 행동들은 a_E, a_{NE}, a_{NW}, a_W, a_{SW}, a_{SE}에 해당한다. 첫 번째 반복에서 가치 함수는 모든 상태에 대해 0이므로 보상 구성 요소만 고려하면 된다.

$$U_1(s_1) = \max(-0.3, -0.85, -1, -1, -1, -0.85) = -0.3$$
$$U_1(s_2) = \max(-0.3, -0.85, -0.85, -0.3, -0.85, -0.85) = -0.3$$
$$U_1(s_3) = \max(10, 10, 10, 10, 10, 10) = 10$$

26 육각 세계 문제는 $R(s, a, s')$를 정의하므로 $\mathbf{R}^\pi$에 대한 항목을 생성하려면 다음을 계산해야 한다.

$$R(s, a) = \sum_{s'} T(s' \mid s, a) R(s, a, s')$$

예를 들어, -0.3이라는 값은 동쪽으로 이동하면 경계와 충돌할 확률이 30%이고 비용은 -1이기 때문이다.

두 번째 반복의 경우 다음과 같다.

$$U_2(s_1) = \max(-0.57, -1.12, -1.27, -1.27, -1.27, -1.12) = -0.57$$
$$U_2(s_2) = \max(5.919, 0.271, -1.12, -0.57, -1.12, 0.271) = 5.919$$
$$U_2(s_3) = \max(10, 10, 10, 10, 10, 10) = 10$$

연습 7.7 모든 s에 대해, 초깃값 함수 $U_0(s) = 0$으로 시작해 연습 7.5에 비동기 가치 반복의 한 번 적용하라. 오른쪽에서 왼쪽으로 상태를 갱신하라.

해법: 벨만 백업(방정식 (7.16))을 사용해 순서에 따라 각 상태에 대해 가치 함수를 반복적으로 갱신한다. 최대 항의 행동은 a_E, a_{NE}, a_{NW}, a_W, a_{SW}, a_{SE}에 해당한다.

$$U(s_3) = \max(10, 10, 10, 10, 10, 10) = 10$$
$$U(s_2) = \max(6, 0.5, -0.85, -0.3, -0.85, 0.5) = 6$$
$$U(s_1) = \max(3.48, -0.04, -1, -1, -1, -0.04) = 3.48$$

연습 7.8 δ의 벨만 잔차가 가치 반복에서 구한 가치 함수가 모든 상태 s에서 $U^*(s)$의 $\delta\gamma/(1 - \gamma)$ 이내임을 보장한다는 것을 증명하라.

해법: 주어진 U_k에 대해 $\|Uk - U_{k-1}\|_\infty < \delta$를 알고 있다고 가정하자. 그러면 다음 반복의 개선은 다음으로 제한된다.

$$
\begin{aligned}
U_{k+1}(s) - U_k(s) &= \max_a \left(R(s,a) + \gamma \sum_{s'} T(s' \mid s, a) U_k(s') \right) \\
&\quad - \max_a \left(R(s,a) + \gamma \sum_{s'} T(s' \mid s, a) U_{k-1}(s') \right) \\
&< \max_a \left(R(s,a) + \gamma \sum_{s'} T(s' \mid s, a) U_k(s') \right) \\
&\quad - \max_a \left(R(s,a) + \gamma \sum_{s'} T(s' \mid s, a) \left(U_k(s') - \delta \right) \right) \\
&= \delta\gamma
\end{aligned}
$$

마찬가지로

$$U_{k+1}(s) - U_k(s) > \max_a \left(R(s,a) + \gamma \sum_{s'} T(s' \mid s,a) U_k(s') \right)$$
$$- \max_a \left(R(s,a) + \gamma \sum_{s'} T(s' \mid s,a) \big(U_k(s') + \delta \big) \right)$$
$$= -\delta\gamma$$

따라서 무한 반복 후 누적 개선은 다음과 같이 제한된다.

$$\|U^*(s) - U_k(s)\|_\infty < \sum_{i=1}^{\infty} \delta\gamma^i = \frac{\delta\gamma}{1-\gamma}$$

따라서 δ의 벨만 잔차는 가치 반복으로 얻은 최적 가치 함수가 U^*의 $\delta\gamma/(1-\gamma)$이 내임을 보장한다.

연습 7.9 가치 함수를 얻기 위해 전문가 정책에 대해 정책 평가를 실행한다고 가정하자. 해당 가치 함수에 대해 그리디하게 행동하는 것이 전문가 정책과 동일하다면 전문가 정책에 대해 무엇을 추론할 수 있는가?

해법: 벨만 최적성 방정식에서 최적 가치 함수에 대한 그리디 예측이 정상성임을 알고 있다. 그리디 정책이 전문가 정책과 일치하면 두 정책 모두 최적이 된다.

연습 7.10 2차 보상 함수 $R(\mathbf{s}, \mathbf{a}) = \mathbf{s}^\top \mathbf{R}_s \mathbf{s} + \mathbf{a}^\top \mathbf{R}_a \mathbf{a}$를 가진 LQR 문제가 보상 함수를 $\mathbf{s}$와 $\mathbf{a}$에 선형 항을 포함하도록 재구성하는 방법을 보여라.

해법: 항상 1인 추가 상태 차원을 도입해 선형 역학을 가진 새로운 시스템을 생성할 수 있다.

$$\begin{bmatrix} \mathbf{s}' \\ 1 \end{bmatrix} = \begin{bmatrix} \mathbf{T}_s & \mathbf{0} \\ \mathbf{0}^\top & 1 \end{bmatrix} \begin{bmatrix} \mathbf{s} \\ 1 \end{bmatrix} + \mathbf{T}_a \mathbf{a}$$

증강된 시스템의 보상 함수는 이제 선형 상태 보상 항을 가질 수 있다.

$$\begin{bmatrix} \mathbf{s} \\ 1 \end{bmatrix}^\top \mathbf{R}_{\text{augmented}} \begin{bmatrix} \mathbf{s} \\ 1 \end{bmatrix} = \mathbf{s}^\top \mathbf{R}_s \mathbf{s} + 2\mathbf{r}_{s,\text{linear}}^\top \mathbf{s} + r_{s,\text{scalar}}$$

마찬가지로 선형 행동 보상 조건을 얻기 위해 항상 1인 추가 행동 차원을 포함할 수 있다.

연습 7.11 예제 7.4에서 얻은 최적의 정책이 기간이 더 커지면 더 큰 규모의 행동을 취하는 이유를 설명하라.

해법: 예제 7.4의 문제에는 원점에서 벗어난 편차에 페널티를 주는 2차 보상이 있다. 기간이 길수록 누적될 수 있는 부정적인 보상이 커지므로 원점에 더 빨리 도달하는 것이 더 가치 있게 설정된다.

연습 7.12 반복적 정책 평가가 방정식 (7.6)의 해로 수렴됨을 증명하라.

해법: 방정식 (7.5)의 정책 π에 적용되는 반복적인 정책 평가를 고려해보자.

$$U_{k+1}^{\pi}(s) = R(s, \pi(s)) + \gamma \sum_{s'} T(s' \mid s, \pi(s)) U_k^{\pi}(s')$$

연산자 B_π를 정의하고 이를 $U_{k+1}^{\pi} = B_\pi U_k^{\pi}$로 다시 기술하자. B_π는 수축 매핑임을 증명할 수 있다.

$$\begin{aligned}
B_\pi U^\pi(s) &= R(s, \pi(s)) + \gamma \sum_{s'} T(s' \mid s, \pi(s)) U^\pi(s') \\
&= R(s, \pi(s)) + \gamma \sum_{s'} T(s' \mid s, \pi(s))\left(U^\pi(s') - \hat{U}^\pi(s') + \hat{U}^\pi(s')\right) \\
&= B_\pi \hat{U}^\pi(s) + \gamma \sum_{s'} T(s' \mid s, \pi(s))\left(U^\pi(s') - \hat{U}^\pi(s')\right) \\
&\leq B_\pi \hat{U}^\pi(s) + \gamma \|U^\pi - \hat{U}^\pi\|_\infty
\end{aligned}$$

따라서 $\alpha = \gamma$에 대해 $\|B_\pi U^\pi - B_\pi \hat{U}^\pi\|_\infty \leq \alpha \|U^\pi - \hat{U}^\pi\|_\infty$는 B_π가 수축 매핑임을 암시한다. 부록 A.15에서 설명된 것처럼 $\lim_{t \to \infty} B_\pi^t U_1^\pi$는 $U^\pi = B_\pi U^\pi$에 대해 고유한 고정 점 U^π에 수렴한다.

연습 7.13 가치 반복이 고유한 해로 수렴된다는 것을 증명하라.

해법: 가치 반복 갱신(방정식 (7.16))은 다음과 같다.

$$U^{k+1}(s) = \max_a \left(R(s,a) + \gamma \sum_{s'} T(s' \mid s,a) U_k(s') \right)$$

벨만 연산자를 B로 표시하고 벨만 백업 응용 프로그램은 $U_{k+1} = BU_k$로 다시 작성한다. 이전 문제와 마찬가지로 B가 수축 매핑이면 B를 U에 반복 적용하면 고유한 고정 점으로 수렴된다.

B가 수축 매핑임을 보여줄 수 있다.

$$\begin{aligned}
BU(s) &= \max_a \left(R(s,a) + \gamma \sum_{s'} T(s' \mid s,a) U(s') \right) \\
&= \max_a \left(R(s,a) + \gamma \sum_{s'} T(s' \mid s,a) \left(U(s') - \hat{U}(s') + \hat{U}(s') \right) \right) \\
&\leq B\hat{U}(s) + \gamma \max_a \sum_{s'} T(s' \mid s,a) \left(U(s') - \hat{U}(s') \right) \\
&\leq B\hat{U}(s) + \alpha \|U - \hat{U}\|_\infty
\end{aligned}$$

$\alpha = \gamma \max_s \max_a \sum_{s'} T(s' \mid s,a)$에 대해 $0 \leq \alpha < 1$이다. 이는 B가 수축 매핑임을 의미한다. 따라서 $\|BU - B\hat{U}\|_\infty \leq \alpha \|U - \hat{U}\|_\infty$이고 이는 B가 수축 매핑이라는 것을 암시한다.

연습 7.14 가치 반복이 수렴하는 지점이 최적 가치 함수에 해당함을 증명하라.

해법: U가 가치 반복에 의해 생성된 가치 함수라고 하자. $U = U^*$임을 보이고자 한다. 수렴 시 $BU = U$다. U_0가 모든 상태 BU_0에 매핑하는 가치 함수라고 하자. 모든 정책 π에 대해 B_π의 정의로부터 $B_\pi U_0 \leq BU_0$이다. 마찬가지로 $B_\pi^t U_0 \leq B^t U_0$이다. $t \to \infty$에 따라 $B_{\pi^*}^t U_0 \to U^*$이고 $B^t U_0 \to U$이므로 $U^* \leq U$가 된다. 이는 $U = U^*$일 경우에만 성립한다.

연습 7.15 교란 $\mathbf{w} \sim \mathcal{N}(\mathbf{0}, \mathbf{\Sigma})$와 2차 보상을 가진 선형 가우시안 문제가 있다고 가정하자. 효용 함수의 스칼라 항이 다음 형식임을 증명하라.

$$q_{h+1} = \sum_{i=1}^{h} \mathbb{E}_{\mathbf{w}}\left[\mathbf{w}^{\top}\mathbf{V}_i\mathbf{w}\right] = \sum_{i=1}^{h} \text{Tr}(\mathbf{\Sigma}\mathbf{V}_i)$$

추적 트릭$^{\text{trace trick}}$을 사용할 수 있다.

$$\mathbf{x}^{\top}\mathbf{A}\mathbf{x} = \text{Tr}\left(\mathbf{x}^{\top}\mathbf{A}\mathbf{x}\right) = \text{Tr}\left(\mathbf{A}\mathbf{x}\mathbf{x}^{\top}\right)$$

해법: 이 방정식은 $\mathbb{E}_{\mathbf{w}}\left[\mathbf{w}^{\top}\mathbf{V}_i\mathbf{w}\right] = \text{Tr}(\mathbf{\Sigma}\mathbf{V}_i)$이면 참이다. 도출식은 다음과 같다.

$$\begin{aligned}
\mathbb{E}_{\mathbf{w}\sim\mathcal{N}(\mathbf{0},\mathbf{\Sigma})}\left[\mathbf{w}^{\top}\mathbf{V}_i\mathbf{w}\right] &= \mathbb{E}_{\mathbf{w}\sim\mathcal{N}(\mathbf{0},\mathbf{\Sigma})}\left[\text{Tr}\left(\mathbf{w}^{\top}\mathbf{V}_i\mathbf{w}\right)\right] \\
&= \mathbb{E}_{\mathbf{w}\sim\mathcal{N}(\mathbf{0},\mathbf{\Sigma})}\left[\text{Tr}\left(\mathbf{V}_i\mathbf{w}\mathbf{w}^{\top}\right)\right] \\
&= \text{Tr}\left(\mathbb{E}_{\mathbf{w}\sim\mathcal{N}(\mathbf{0},\mathbf{\Sigma})}\left[\mathbf{V}_i\mathbf{w}\mathbf{w}^{\top}\right]\right) \\
&= \text{Tr}\left(\mathbf{V}_i\,\mathbb{E}_{\mathbf{w}\sim\mathcal{N}(\mathbf{0},\mathbf{\Sigma})}\left[\mathbf{w}\mathbf{w}^{\top}\right]\right) \\
&= \text{Tr}(\mathbf{V}_i\mathbf{\Sigma}) \\
&= \text{Tr}(\mathbf{\Sigma}\mathbf{V}_i)
\end{aligned}$$

연습 7.16 방정식 (7.31)에 주어진 LQR 최적값 함수에서 스칼라 항 q의 역할은 무엇인가?

$$q_{h+1} = \sum_{i=1}^{h} \mathbb{E}_{\mathbf{w}}\left[\mathbf{w}^{\top}\mathbf{V}_i\mathbf{w}\right]$$

해법: 행렬 $\mathbf{M}$은 0이 아닌 모든 $\mathbf{x}$, $\mathbf{x}^{\top}\mathbf{M}\mathbf{x} > 0$에 대해 양의 정부호다. 방정식 (7.31)에서 모든 $\mathbf{V}_i$는 음의 준정부호이므로 모든 $\mathbf{w}$에 대해 $\mathbf{w}^{\top}\mathbf{V}\mathbf{w} \leq 0$이다. 따라서 이 q 항들은 양수가 아닌 것이 보장된다. 이는 LQR 문제에서 긍정적인 보상을 얻는 것이 불가능하기 때문에 예상해야 하며 대신 비용을 최소화하려고 한다.

q 스칼라는 2차 최적 가치 함수의 오프셋^{offset}이다.

$$U(\mathbf{s}) = \mathbf{s}^{\top}\mathbf{V}\mathbf{s} + q$$

각 q는 $\mathbf{s}^\top \mathbf{Vs}$ 항이 변동하는 기준선^{baseline} 보상을 나타낸다. $\mathbf{v}$가 음의 정부호임을 알고 있으므로 $\mathbf{s}^\top \mathbf{Vs} \leq 0$이고 q는 원점 $\mathbf{s} = \mathbf{0}$에 있다면 얻었을 기대 보상을 나타낸다.

08
근사 가치 함수

지금까지는 가치 함수가 표로 표현될 수 있다고 가정했다. 표는 작은 이산 문제에 대해서만 유용한 표현 방법이다. 더 큰 상태 공간 문제에는 실현 불가능한 양의 메모리가 필요할 수 있으며 7장에서 논의된 정확한 방법에는 실현 불가능한 양의 계산이 필요할 수 있다. 이러한 문제에 대해서는 종종 근사 동적 계획법approximate dynamic programming에 의존해야 하는데 여기서 해는 정확하지 않을 수 있다.[1] 해를 근사하는 한 가지 방법은 8장의 주제인 가치 함수 근사value function approximation를 사용하는 것이다. 가치 함수를 근사화하는 다양한 접근 방식과 동적 프로그래밍을 통합해 대략적으로 최적의 정책을 도출하는 방법에 대해 살펴볼 것이다.

1 이 주제에 대한 심도 있는 내용은 다음 문헌에서 다루고 있다. W. B. Powell, *Approximate Dynamic Programming: Solving the Curses of Dimensionality*, 2nd ed. Wiley, 2011. 유관된 통찰은 다양한 분야에서 볼 수 있으며 이는 다음 문헌을 참고하라. W. B. Powell, *Reinforcement Learning and Stochastic. Optimization*. Wiley, 2022.

8.1 매개 변수적 표현

$U_\theta(s)$라는 표기를 사용해 가치 함수의 매개 변수적 표현parametric representation을 나타낼 것이다. 여기서 θ는 매개 변수의 벡터다. $U_\theta(s)$를 표현하는 방법에는 여러 가지

가 있으며 그중 몇 가지는 8장의 뒷부분에서 언급할 것이다. 이러한 근삿값이 있다고 가정하면 다음과 같은 행동을 추출할 수 있다.

$$\pi(s) = \arg\max_a \left(R(s,a) + \gamma \sum_{s'} T(s' \mid s,a) U_{\theta}(s') \right) \qquad (8.1)$$

가치 함수 근사는 종종 연속 상태 공간 문제에 사용되며, 이 경우 위의 합계는 적분으로 대체될 수 있다. 전이 모델 샘플을 사용하면 적분을 근사할 수 있다.

방정식 (8.1)의 계산에 대한 대안은 행동 가치 함수 $Q(s,a)$를 근사하는 것이다. 매개 변수적 근사를 나타내기 위해 $Q_{\theta}(s,a)$라는 표기를 사용하면 다음에 따른 행동을 구할 수 있다.

$$\pi(s) = \arg\max_a Q_{\theta}(s,a) \qquad (8.2)$$

8장에서는 유한한 상태 집합 $S = s_{1:m}$에 동적 프로그래밍을 적용해 전체 상태 공간에 대한 가치 함수의 매개 변수 근삿값에 도달하는 방법에 대해 설명한다. 이 집합을 생성하기 위해 다른 체계를 사용할 수 있다. 상태 공간이 상대적으로 낮은 차원인 경우 그리드를 정의할 수 있다. 또 다른 접근 방식은 상태 공간에서 무작위 샘플링을 사용하는 것이다. 그러나 일부 상태는 다른 상태보다 발생할 가능성이 더 높으므로 가치 함수를 구성하는 데 더 중요하다. 그럴듯한 초기 상태 집합에서 일부 정책(아마도 처음에는 무작위)으로 시뮬레이션을 실행해 더 중요한 상태로 샘플링을 편향시킬 수 있다.

S의 상태에서 가치 함수의 근사를 향상시키기 위해 반복적 접근 방식을 사용할 수 있다. 동적 프로그래밍을 사용해 S에서 값 추정값을 개선하는 것과 해당 상태에서 근삿값의 재적합화를 번갈아가며 수행할 수 있다. 알고리듬 8.1은 동적 프로그래밍 단계가 가치 반복에서 수행된 것처럼 벨만 백업으로 구성된 구현 예를 제공한다(7.5절 참고). 행동 값 근삿값 Q_{θ}에 대해 유사한 알고리듬을 생성할 수 있다.[2]

2 가치 함수 근사를 최적화하기 위한 몇 가지 다른 범주의 접근법은 다음 문헌을 참고하라. A. Geramifard, T. J. Walsh, S. Tellex, G. Chowdhary, N. Roy, and J. P. How, "A Tutorial on Linear Function Approximators for Dynamic Programming and Reinforcement Learning," *Foundations and Trends in Machine Learning*, vol. 6, no. 4, pp. 375–451, 2013.

```
struct ApproximateValueIteration
    Uθ      # fit!를 지지하는 초기 매개 변수적 가치 함수
    S       # 백업을 수행하는 이산 상태 집합
    k_max # 최대 반복 횟수
end

function solve(M::ApproximateValueIteration, 𝒫::MDP)
    Uθ, S, k_max = M.Uθ, M.S, M.k_max
    for k in 1:k_max
        U = [backup(𝒫, Uθ, s) for s in S]
        fit!(Uθ, S, U)
    end
    return ValueFunctionPolicy(𝒫, Uθ)
end
```

알고리듬 8.1 매개 변수화된 가치 함수 근삿값 Uθ를 사용해 MDP에 대한 대략적인 가치 반복. 효용 U의 벡터를 얻기 위해 S의 상태에서 백업(알고리듬 7.7에 정의됨)을 수행한다. 그런 다음 fit!(Uθ, S, U)를 호출한다. 이는 S의 상태 값을 U의 효용에 더 잘 일치시키기 위해 매개 변수적 표현 Uθ를 수정한다. 서로 다른 매개 변수 근삿값은 fit!에 대해 서로 다른 구현을 가진다.

8장에서 논의된 모든 매개 변수적 표현은 알고리듬 8.1과 함께 사용할 수 있다. 해당 알고리듬과 함께 사용하려면 표현이 U_θ의 계산과 S의 점에서 효용을 추정하기 위한 U_θ의 적합화를 지원해야 한다.

매개 변수적 표현을 두 가지 범주로 그룹화할 수 있다. 첫 번째 범주에는 지역 근사local approximation 방법이 포함되며, 여기서 θ는 S의 상태 값에 해당한다. 임의의 상태 s에서 $U_\theta(s)$를 계산하기 위해 S에 저장된 값의 가중 합을 취한다. 두 번째 범주에는 전역 근사 방법이 포함되며, 여기서 θ는 S의 상태 값과 직접적으로 관련되지 않는다. 실제로 θ는 S에 있는 상태보다 훨씬 적거나 훨씬 더 많은 구성 요소를 가질 수 있다.

지역 근사와 많은 전역 근사 모두 선형 함수 근사linear function approximation $U_\theta(s) = \theta^\top \beta(s)$로 볼 수 있다. 여기서 벡터 함수 β를 정의하는 방법이 다르다. 지역 근사 방법에서 $\beta(s)$는 상태 s의 효용을 근사화하기 위해 S에 있는 상태의 효용에 가중치를 부여하는 방법을 결정한다. 가중치는 일반적으로 음수가 아니며 합은 1이다. 많은 전역 근사 방법에서 $\beta(s)$는 임의의 s에 대한 근사를 얻기 위해 선형 방식으로

결합되는 기본 함수 집합으로 간주된다.

또한 선형 함수 $Q_\theta(s, a) = \theta^\top \beta(s, a)$를 사용해 행동 가치 함수를 근사할 수 있다. 지역 근사의 맥락에서는 유한한 행동 집합 $A \subset \mathcal{A}$를 선택해 연속 행동 공간에 대한 근삿값을 제공할 수 있다. 그러면 매개 변수 벡터 θ는 $|S| \times |A|$ 구성 요소로 이뤄지며, 각각 상태-행동 값에 해당한다. 함수 $\beta(s, a)$는 동일한 수의 구성 요소가 있는 벡터를 반환하는데, 상태 s와 행동 a와 관련된 효용의 추정값을 얻기 위해 상태-행동 값의 유한 집합에 가중치를 함께 부여하는 방법을 지정한다.

8.2 최근접 이웃

지역 근사에 대한 간단한 접근 방식은 s의 가장 가까운 이웃인 S의 상태 값을 사용하는 것이다. 이 접근 방식을 사용하려면 거리 척도가 필요하다(부록 A.3 참고). $d(s, s')$는 두 상태 s와 s' 사이의 거리를 나타낸다. 그러면 근사 가치 함수는 $U_\theta(s) = \theta_i$, 여기서 $i = \arg\min_{j \in 1:m} d(s_j, s)$다. 그림 8.1은 최근접 이웃 체계를 사용해 표현된 가치 함수의 예를 보여준다.

이 접근법을 일반화해 k-최근접 이웃$^{\text{k-nearest neighbor}}$의 값을 함께 평균화할 수 있다. 이 접근 방식은 여전히 부분별 상수 가치 함수를 생성하지만 다른 k 값은 더 나은 근삿값을 생성할 수 있다. 그림 8.1은 k에 대한 서로 다른 값으로 근사화된 가치 함수의 예를 보여준다. 알고리듬 8.2는 이에 대한 구현을 제공한다.

최근접이웃($k = 1$)

$k = 2$

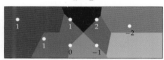

$k = 3$

$k = 4$

▲ **그림 8.1** 유클리드 거리에 따른 k-최근접 이웃의 효용 값의 평균을 사용해 2차원 연속 상태 공간에서 상태 값을 근사한다. 결과 가치 함수는 부분별 상수다.

```
mutable struct NearestNeighborValueFunction
    k # 이웃 수
    d # 거리 함수 d(s, s')
    S # 이산 상태 집합
    θ # S에서 상태들의 가치 벡터
end

function (Uθ::NearestNeighborValueFunction)(s)
    dists = [Uθ.d(s,s') for s' in Uθ.S]
    ind = sortperm(dists)[1:Uθ.k]
    return mean(Uθ.θ[i] for i in ind)
end

function fit!(Uθ::NearestNeighborValueFunction, S, U)
    Uθ.θ = U
    return Uθ
end
```

알고리즘 8.2 거리 함수 d에 의해 결정된 S에서 가장 가까운 k개의 상태를 기반으로 상태 s의 값을 근사화하는 k-최근접 이웃 기법. 벡터 θ는 S의 상태 값을 포함한다. NearestNeighbors.jl에 구현된 kd-트리와 같은 특수 데이터 구조를 사용해 효율성을 높일 수 있다.

8.3 커널 평활화

또 다른 지역 근사 방법은 S의 상태 효용이 전체 상태 공간에서 평활화되는 커널 평활화kernel smoothing다. 이 방법은 상태 쌍 s와 s'를 관련시키는 커널 함수 $k(s, s')$를 정의해야 한다. 일반적으로 $k(s, s')$ 값이 서로 더 가까운 상태에 대해 더 높기를 원한다. 그 값이 S의 상태와 관련된 효용에 함께 가중치를 부여하는 방법을 알려주기 때문이다. 이 방법은 다음과 같은 선형 근사 결과를 생성한다.

$$U_{\boldsymbol{\theta}}(s) = \sum_{i=1}^{m} \theta_i \beta_i(s) = \boldsymbol{\theta}^\top \boldsymbol{\beta}(s) \tag{8.3}$$

여기서

$$\beta_i(s) = \frac{k(s, s_i)}{\sum_{j=1}^{m} k(s, s_j)} \tag{8.4}$$

알고리듬 8.3은 이를 구현한 것이다.

커널 함수를 정의하는 방법에는 여러 가지가 있다. 여기서는 커널을 단순히 상태 간 거리의 역수로 정의한다.

$$k(s, s') = \max(d(s, s'), \epsilon)^{-1} \tag{8.5}$$

여기서 ϵ는 $s = s'$일 때 0으로 나누는 것을 피하기 위한 작은 양의 상수다. 그림 8.2는 여러 거리 함수를 사용한 값 근삿값을 보여준다. 알 수 있듯이 커널 평활화는 k-최근접 이웃과 달리 평활한 가치 함수 근삿값을 얻을 수 있다. 그림 8.3은 이 커널을 이산 육각 세계 문제에 적용하고 근사 가치 반복(알고리듬 8.1)의 몇 가지 반복 결과를 보여준다. 그림 8.4는 연속 상태 공간이 있는 산악 차량 문제(부록 F.4)에 대해 학습된 가치 함수 및 정책을 보여준다.

또 다른 일반적인 커널은 가우시안 커널$^{\text{Gaussian kernel}}$이다.

$$k(s, s') = \exp\left(-\frac{d(s, s')^2}{2\sigma^2}\right) \tag{8.6}$$

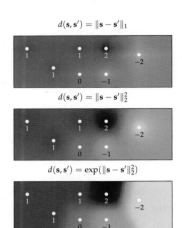

▲ **그림 8.2** 2차원 연속 상태 공간에서 알려진 값을 가진 여러 상태에 대한 근접성을 기반으로 값을 할당해 상태 값을 근사화한다. 근삿값은 여러 거리 함수를 사용해 구성된다.

알고리듬 8.3 S의 상태에서 커널 함수 k와 효용 벡터 θ로 정의되는 지역 가중 가치 함수 근사

```julia
mutable struct LocallyWeightedValueFunction
    k # 커널 함수 k(s, s')
    S # 이산 상태의 집합
    θ # S에서 상태들의 값 벡터
end

function (Uθ::LocallyWeightedValueFunction)(s)
    w = normalize([Uθ.k(s,s') for s' in Uθ.S], 1)
    return Uθ.θ · w
end

function fit!(Uθ::LocallyWeightedValueFunction, S, U)
    Uθ.θ = U
    return Uθ
end
```

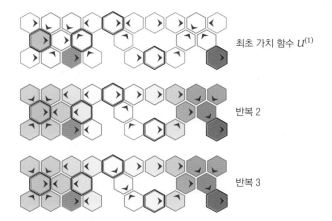

최초 가치 함수 $U^{(1)}$

반복 2

반복 3

▶ **그림 8.3** 육각 세계 문제에서 근사 가치 함수를 반복적으로 개선하는 데 사용되는 지역 근사 가치 반복. 5개의 윤곽선 상태는 가치 함수를 근사화하는 데 사용된다. 나머지 상태의 값은 거리 함수 $\|\mathbf{s}-\mathbf{s}'\|_2^2$ 를 사용해 근사화된다. 결과로 나타난 정책은 합리적이지만 그럼에도 차선책이다. 긍정 보상은 파란색으로 표시되고 부정 보상은 빨간색으로 표시된다.

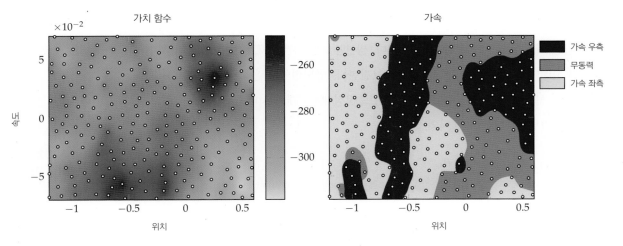

▲ **그림 8.4** 산악 차량 문제에서 거리 함수 $\|\mathbf{s}-\mathbf{s}'\|_2 + 0.1$을 이용해 유한 상태 집합(흰색)에 대한 행동 값을 학습해 얻은 효용 함수 및 정책

8.4 선형 보간

선형 보간^{linear interpolation}은 지역 근사에 대한 또 다른 일반적인 접근 방식이다. 차원 사례는 간단하며, 두 상태 s_1과 s_2 사이의 상태 s에 대한 근삿값은 다음과 같다.

$$U_\theta(s) = \alpha\theta_1 + (1 - \alpha)\theta_2 \tag{8.7}$$

여기서 $\alpha = (s_2 - s)/(s_2 - s_1)$이다. 이 경우는 그림 8.5 및 8.6에 나와 있다.

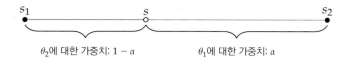

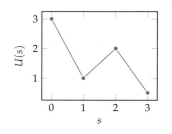

▲ **그림 8.5** 1차원 선형 보간은 두 점을 연결하는 선분을 따라 보간된 값을 생성한다.

◀ **그림 8.6** 1차원의 각 점에 할당된 가중치는 보간 상태의 반대편에 있는 세그먼트의 길이에 비례한다.

선형 보간은 다차원 그리드로 확장될 수 있다. 쌍선형 보간^{bilinear interpolation}이라고 하는 2차원 사례에서는 4개의 꼭짓점 사이를 보간한다. 쌍선형 보간은 각 축에서 한 번씩 1차원 선형 보간을 통해 수행되며 그리드 정점에서 4개의 상태를 사용해야 한다. 이 보간법은 그림 8.7에 나와 있다.

◀ **그림 8.7** 2차원 그리드의 선형 보간은 순서에 관계없이 각 축에 대한 선형 보간을 통해 이뤄진다.

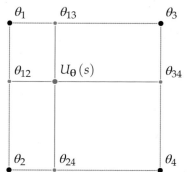

θ_{12} = 세로축을 따라 θ_1과 θ_2 사이의 1D 보간
θ_{24} = 가로축을 따라 θ_2와 θ_4 사이의 1D 보간
θ_{13} = 가로축을 따라 θ_1과 θ_3 사이의 1D 보간
θ_{34} = 세로축을 따라 θ_3과 θ_4 사이의 1D 보간

$$U(s) = \begin{cases} \text{수평축을 따라 } \theta_{12}\text{와 } \theta_{34} \text{ 사이의 1D 보간} \\ \text{또는} \\ \text{수직 축을 따라 } \theta_{13}\text{과 } \theta_{24} \text{ 사이의 1D 보간} \end{cases}$$

4개의 꼭짓점 좌표 $s_1 = [x_1, y_1]$, $s_2 = [x_1, y_2]$, $s_3 = [x_2, y_1]$, $s_4 = [x_2, y_2]$와 샘플 상태 $s = [x, y]$가 주어지면 보간된 값은 다음과 같다.

$$U_\theta(s) = \alpha \theta_{12} + (1 - \alpha)\theta_{34} \tag{8.8}$$

$$= \frac{x_2 - x}{x_2 - x_1}\theta_{12} + \frac{x - x_1}{x_2 - x_1}\theta_{34} \tag{8.9}$$

$$= \frac{x_2 - x}{x_2 - x_1}(\alpha\theta_1 + (1 - \alpha)\theta_2) + \frac{x - x_1}{x_2 - x_1}(\alpha\theta_3 + (1 - \alpha)\theta_4) \tag{8.10}$$

$$= \frac{x_2 - x}{x_2 - x_1}\left(\frac{y_2 - y}{y_2 - y_1}\theta_1 + \frac{y - y_1}{y_2 - y_1}\theta_2\right) + \frac{x - x_1}{x_2 - x_1}\left(\frac{y_2 - y}{y_2 - y_1}\theta_3 + \frac{y - y_1}{y_2 - y_1}\theta_4\right) \tag{8.11}$$

$$= \frac{(x_2 - x)(y_2 - y)}{(x_2 - x_1)(y_2 - y_1)}\theta_1 + \frac{(x_2 - x)(y - y_1)}{(x_2 - x_1)(y_2 - y_1)}\theta_2 + \frac{(x - x_1)(y_2 - y)}{(x_2 - x_1)(y_2 - y_1)}\theta_3 + \frac{(x - x_1)(y - y_1)}{(x_2 - x_1)(y_2 - y_1)}\theta_4 \tag{8.12}$$

보간 결과는 그림 8.8과 같이 반대쪽 사분면의 영역에 따라 각 꼭짓점에 가중치를 부여한다.

d 차원의 다중 선형 보간multilinear interpolation은 각 축을 따라 선형 보간해 유사하게 달성되며 2^d개의 꼭짓점이 필요하다. 여기서도 각 꼭짓점의 효용은 반대쪽 초직사각형hyperrectangle의 부피에 따라 가중치가 부여된다. 다중 선형 보간은 알고리듬 8.4에서 구현된다. 그림 8.9는 2차원 상태 공간에서 이 접근 방식을 보여준다.

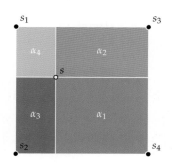

▲ **그림 8.8** 2차원 그리드에서의 선형 보간은 각 꼭짓점이 그 반대 사분면의 면적과 동일한 기여를 한다. $U_\theta(s) = \alpha_1\theta_1 + \alpha_2\theta_2 + \alpha_3\theta_3 + \alpha_4\theta_4$

▲ **그림 8.9** 3 × 7 그리드에 대한 2차원 선형 보간

8.5 심플렉스 보간

다선형 보간은 고차원에서 비효율적일 수 있다. 심플렉스 보간simplex interpolation은 2^d개 점의 기여도에 가중치를 부여하는 대신 지정된 상태 근처에 있는 $d + 1$개 점만 고려해 알려진 샘플 점과 일치하는 연속 표면을 생성한다.

먼저 다차원 그리드로 시작해 각 셀을 $d!$ 심플렉스로 나눈다. 이는 $d + 1$개 꼭짓점 컨벡스 헐convex hull로 정의되는 삼각형의 다차원 일반화다.

이 프로세스는 코세터-프뢰이덴탈-쿤 삼각법Coxeter-Freudenthal-Kuhn triangulation[3]으로 알려져 있으며 면을 공유하는 2개의 심플렉스가 면 전체에 걸쳐 동일한 값을 생성

3　A. W. Moore, "Simplicial Mesh Generation with Applications," Ph.D. dissertation, Cornell University, 1992.

하므로 그림 8.10과 같이 보간 시 연속성을 생성한다.

```julia
mutable struct MultilinearValueFunction
    o # 좌하단 구석 위치
    δ # 너비 벡터
    θ # S의 상태들 벡터
end

function (Uθ::MultilinearValueFunction)(s)
    o, δ, θ = Uθ.o, Uθ.δ, Uθ.θ
    Δ = (s - o)./δ
    # 좌하단 셀의 다차원 인덱스
    i = min.(floor.(Int, Δ) .+ 1, size(θ) .- 1)
    vertex_index = similar(i)
    d = length(s)
    u = 0.0
    for vertex in 0:2^d-1
        weight = 1.0
        for j in 1:d
            # j번째 비트가 설정 상태인지 확인
            if vertex & (1 << (j-1)) > 0
                vertex_index[j] = i[j] + 1
                weight *= Δ[j] - i[j] + 1
            else
                vertex_index[j] = i[j]
                weight *= i[j] - Δ[j]
            end
        end
        u += θ[vertex_index...]*weight
    end
    return u
end

function fit!(Uθ::MultilinearValueFunction, S, U)
    Uθ.θ = U
    return Uθ
end
```

알고리듬 8.4 왼쪽 하단 꼭짓점 o와 너비 δ의 벡터로 정의된 그리드에 대해 알려진 상태 값 θ에 대한 상태 벡터 s의 값을 추정하기 위해 다중 선형 보간을 수행하는 방법이다. 그리드의 꼭짓점은 음이 아닌 적분 벡터 i에 대해 모두 o + δ.*i로 쓸 수 있다. Interpolations.jl 패키지는 다중 선형 및 기타 보간 방법도 제공한다.

설명의 편의상 상태를 포함하는 셀을 변환하고 크기를 조정해 가장 낮은 꼭짓점이 **0**이 되고 대각선 반대쪽 꼭짓점은 **1**이 되도록 했다고 가정하자. $1 : d$의 각 순열에 대해 심플렉스가 존재한다. 순열 **p**에 의해 주어진 심플렉스는 다음을 만족하는 점 **x**의 집합이다.

$$0 \leq x_{p_1} \leq x_{p_2} \leq \cdots \leq x_{p_d} \leq 1 \tag{8.13}$$

그림 8.11은 단위 정육면체에 대해 얻은 심플렉스를 보여준다.

심플렉스 보간은 먼저 상태 벡터 **s**를 해당 셀의 단위 하이퍼큐브hypercube로 변환하고 크기 조정해 **s′**를 얻는다. 그런 다음 **s′**의 항목을 정렬해 **s′**를 포함하는 심플렉스를 결정한다. 그러면 **s′**의 효용은 해당 심플렉스 정점의 고유한 선형 조합으로 표현될 수 있다. 예제 8.1에서는 심플렉스 보간의 예를 제공한다. 프로세스는 알고리듬 8.5에 구현돼 있다.

▲ **그림 8.10** 3×7 그리드에 대한 2차원 심플렉스 보간

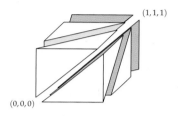

▲ **그림 8.11** 단위 정육면체의 삼각 분할. A. W. Moore, "Simplicial Mesh Generation with Applications," Ph.D. dissertation, Cornell University, 1992.

예제 8.1 3차원에서 심플렉스 보간

심플렉스 내의 점이 $0 \leq x_3 \leq x_1 \leq x_2 \leq 1$을 만족하도록 순열 $\mathbf{p} = [3, 1, 2]$에 의해 주어진 3차원 심플렉스를 고려해보자. 이 심플렉스의 꼭짓점은 $(0, 0, 0)$, $(0, 1, 0)$, $(1, 1, 0)$, $(1, 1, 1)$이다.

심플렉스에 속하는 모든 점 **s**는 따라서 꼭짓점의 가중치로 표현될 수 있다.

$$\begin{bmatrix} s_1 \\ s_2 \\ s_3 \end{bmatrix} = w_1 \begin{bmatrix} 0 \\ 0 \\ 0 \end{bmatrix} + w_2 \begin{bmatrix} 0 \\ 1 \\ 0 \end{bmatrix} + w_3 \begin{bmatrix} 1 \\ 1 \\ 0 \end{bmatrix} + w_4 \begin{bmatrix} 1 \\ 1 \\ 1 \end{bmatrix}$$

마지막 세 가중치 값을 연속적으로 결정할 수 있다.

$$w_4 = s_3 \qquad w_3 = s_1 - w_4 \qquad w_2 = s_2 - w_3 - w_4$$

가중치 합이 1이 되도록 강제해 w_1을 얻는다.

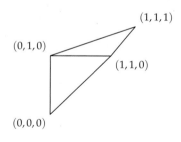

$s = [0.3, 0.7, 0.2]$이면 가중치는 다음과 같다.

$$w_4 = 0.2 \qquad w_3 = 0.1 \qquad w_2 = 0.4 \qquad w_1 = 0.3$$

```
mutable struct SimplexValueFunction
    o # 좌하단 구석 위치
    δ # 너비의 벡터
    θ # S의 상태들 벡터
end

function (Uθ::SimplexValueFunction)(s)
    Δ = (s - Uθ.o)./Uθ.δ
    # 우상단 셀의 다차원 인덱스
    i = min.(floor.(Int, Δ) .+ 1, size(Uθ.θ) .- 1) .+ 1
    u = 0.0
    s' = (s - (Uθ.o + Uθ.δ.*(i.-2))) ./ Uθ.δ
    p = sortperm(s') # 증가 순서
    for j in p
        w = s'[j] - w_tot
        u += w*Uθ.θ[i...]
        i[j] -= 1
        w_tot += w
    end
    u += (1 - w_tot)*Uθ.θ[i...]
    return u
end

function fit!(Uθ::SimplexValueFunction, S, U)
    Uθ.θ = U
    return Uθ
end
```

알고리듬 8.5 좌하단 꼭짓점 o과 너비 δ의 벡터로 정의된 그리드에 대해 알려진 상태 값 θ에 대한 상태 벡터 s의 값을 추정하기 위해 심플렉스 보간을 수행하는 방법. 그리드의 꼭짓점은 음이 아닌 적분 벡터 i에 대해 모두 o + δ.*i 로 쓸 수 있다. 단순 보간법은 일반 GridInterpolations.jl 패키지에서도 구현된다.

8.6 선형 회귀

간단한 전역 근사 접근 방식은 선형 회귀$^{linear\ regression}$이며, 여기서 $U_\theta(s)$는 일반적으로 특징^{feature}이라고도 하는 기저 함수$^{basis\ function}$의 선형 조합이다. 이러한 기저 함수는 일반적으로 상태 s의 비선형 함수이며, 벡터 함수 $\beta(s)$ 또는 $\beta(s,a)$로 결합돼 근삿값을 생성한다.

$$U_\theta(s) = \theta^\top \beta(s) \qquad Q_\theta(s,a) = \theta^\top \beta(s,a) \qquad (8.14)$$

근사는 기본 함수에 대해 선형적이지만 결과 근사는 기본 상태 변수에 대해 비선형일 수 있다. 그림 8.12는 이 개념을 설명한다. 예제 8.2는 연속 산악 차량 문제에 대해 다항식 기저 함수를 사용해 상태 변수에 대해 비선형 가치 함수 근사를 초래하는 전역 선형 값 근사의 예를 제공한다.

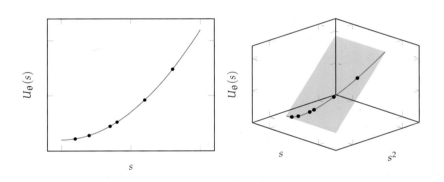

◀ **그림 8.12** 비선형 기저 함수를 사용한 선형 회귀는 고차원에서 선형이다. 여기서 다항식 회귀는 3차원 공간에서 선형으로 볼 수 있다. 함수는 그 밑면에서 형성된 평면에 존재하지만 항이 독립적이지 않기 때문에 전체 평면을 점유하지 않는다.

더 많은 기저 함수를 추가하면 일반적으로 S의 상태들에서 목표 효용을 일치시키는 능력이 향상되지만 너무 많은 기저 함수는 다른 상태에서 잘못된 근삿값을 초래할 수 있다. 회귀 모델에 적합한 기본 함수 집합을 선택하기 위한 원칙적 방법이 있다.[4]

선형 모델 적합화에는 $S = s_{1:m}$의 상태에서 예측의 제곱 오차를 최소화하는 벡터 θ를 찾는 작업이 포함된다. 이러한 상태와 관련된 효용을 $u_{1:m}$으로 표기되면

4 다음 문헌의 14장을 참고하라. M. J. Kochenderfer and T. A. Wheeler, *Algorithms for Optimization*. MIT Press, 2019. 또는 다음 문헌의 7장을 참고하라. T. Hastie, R. Tibshirani, and J. Friedman, *The Elements of Statistical Learning: Data Mining, Inference, and Prediction*, 2nd ed. Springer Series in Statistics, 2001.

다음을 최소화하는 $\boldsymbol{\theta}$를 찾고자 하는 것이다.

$$\sum_{i=1}^{m}(\hat{U}_{\boldsymbol{\theta}}(s_i) - u_i)^2 = \sum_{i=1}^{m}(\boldsymbol{\theta}^\top\boldsymbol{\beta}(s_i) - u_i)^2 \tag{8.15}$$

선형 근사를 사용해 산악 차량 문제에 대한 가치 함수를 근사할 수 있다. 이 문제는 위치 x와 속도 v로 구성된 2차원의 연속 상태 공간을 가진다. 다음은 6차까지의 기저 함수다.

$$\boldsymbol{\beta}(s) = \begin{array}{l} [1, \\ x, \quad v, \\ x^2, \quad xv, \quad v^2, \\ x^3, \quad x^2v, \quad xv^2, \quad v^3, \\ x^4, \quad x^3v, \quad x^2v^2, \quad xv^3, \quad v^4, \\ x^5, \quad x^4v, \quad x^3v^2, \quad x^2v^3, \quad xv^4, \quad v^5, \\ x^6, \quad x^5v, \quad x^4v^2, \quad x^3v^3, \quad x^2v^4, \quad xv^5, \quad v^6] \end{array}$$

다음은 전문가 정책으로부터의 상태-값 쌍에 맞는 근사 가치 함수의 그림이다.

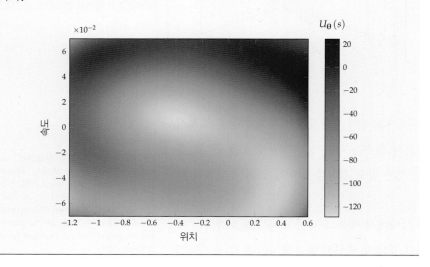

예제 8.2 산악 자동차 가치 함수에 대한 선형 근사를 사용한다. 기저 함수의 선택은 큰 차이를 만든다. 산악 차량에 대한 최적의 가치 함수는 나선형 모양과 이산 비선형이다. 6차 다항식조차 완벽하게 적합하지 못한다.

몇 가지 간단한 행렬 연산을 통해 최적의 θ를 계산할 수 있다. 먼저 행렬 $\mathbf{X}$를 구성한다. 여기에서 각 m행 $\mathbf{X}_i$는 $\beta(s_i)^\top$를 포함한다.[5] 제곱 오차를 최소화하는 θ의 값은 다음과 같다는 것을 증명할 수 있다.

5 선형 회귀 및 고급 기술과 관련된 수학에 대한 개요는 다음 문헌을 참고하라. T. Hastie, R. Tibshirani, and J. Friedman, *The Elements of Statistical Learning: Data Mining, Inference, and Prediction*, 2nd ed. Springer Series in Statistics, 2001.

$$\theta = \left(\mathbf{X}^\top\mathbf{X}\right)^{-1}\mathbf{X}^\top u_{1:m} = \mathbf{X}^+ u_{1:m} \tag{8.16}$$

여기서 $\mathbf{X}^+$는 행렬 $\mathbf{X}$의 무어-펜로즈 유사 역행렬^Moore-Penrose pseudoinverse이다. 유사 역행렬은 종종 특이값 분해^singular value decomposition $\mathbf{X} = \mathbf{U\Sigma U}^*$를 먼저 계산해 구현된다. 그러면 다음과 같다.

$$\mathbf{X}^+ = \mathbf{U\Sigma}^+\mathbf{U}^* \tag{8.17}$$

대각 행렬 $\mathbf{\Sigma}$의 유사 역행렬은 대각 중 0이 아닌 각 요소의 역수를 취한 다음 결과를 전치해 얻는다.

그림 8.13은 S에서 상태의 효용이 여러 기저 함수 계열에 어떻게 적합화되는지 보여준다. 기저 함수를 바꾸면 오차도 달라진다.

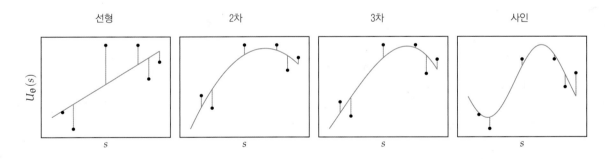

▲ **그림 8.13** 다양한 기저 함수군을 사용한 선형 회귀

알고리듬 8.6은 가치 함수의 선형 회귀 모델을 계산하고 적합화하기 위한 구현을 보여준다. 예제 8.3은 산악 차량 문제에 이 접근 방식을 적용한다.

8.7 신경망 회귀

신경망 회귀$^{\text{neural network regression}}$는 선형 회귀에서 필요한 적절한 기저 함수 집합의 구성에 대한 부담을 덜어준다. 대신 신경망을 사용해 가치 함수를 나타낸다. 신경망에 대한 설명은 부록 D를 참고하라. 신경망에 대한 입력은 상태 변수이고 출력은 효용 추정값이다. 매개 변수 θ는 신경망의 가중치에 해당한다.

```
mutable struct LinearRegressionValueFunction
    β # 기저 벡터 함수
    θ # 매개 변수의 벡터
end

function (Uθ::LinearRegressionValueFunction)(s)
    return Uθ.β(s) ⋅ Uθ.θ
end

function fit!(Uθ::LinearRegressionValueFunction, S, U)
    X = hcat([Uθ.β(s) for s in S]...)'
    Uθ.θ = pinv(X)*U
    return Uθ
end
```

알고리듬 8.6 기저 벡터 함수 β와 매개 변수 벡터 θ로 정의되는 선형 회귀 가치 함수 근사. 함수 pinv는 유사 역행렬을 구현한다. 줄리아 및 기타 언어는 백슬래시(\) 연산자를 지원하므로 fit! 함수에서 pinv(X)*U 대신 X \ U로 쓸 수 있다.

부록 D에서 설명한 것처럼 이 특정 목표를 달성하기 위해 네트워크 가중치를 최적화할 수 있다. 근사 동적 계획법의 맥락에서 우리는 이전 절에서 했던 것처럼 예측의 오차를 최소화하기를 원할 것이다. 그러나 제곱 오차를 최소화하는 것은 단순한 행렬 연산으로는 불가능하다. 대신 일반적으로 경사 하강법과 같은 최적화 기술에 의존해야 한다. 다행스럽게도 신경망의 기울기를 계산하는 것은 미분 연쇄 법칙을 직접 적용해 정확하게 수행할 수 있다.

산악 차량 문제에 대한 가치 함수를 학습하기 위해 선형 회귀를 적용할 수 있다. 최적 가치 함수는 다항 기저 함수로 근사하기 어려울 수 있는 나선형의 형태를 가진다(예제 8.2 참고). 구성 요소가 다음 형식을 취하는 푸리에 기저 함수를 사용한다.

$$b_0(x) = 1/2$$
$$b_{s,i}(x) = \sin(2\pi i x / T) \quad i = 1, 2, \ldots \text{에 대해}$$
$$b_{c,i}(x) = \cos(2\pi i x / T) \quad i = 1, 2, \ldots \text{에 대해}$$

여기서 T는 구성 요소 도메인의 너비다. 다차원 푸리에 기저 함수는 상태 공간 축에 걸친 1차원 구성 요소의 모든 조합이다. 여기서는 8차 근사를 사용하므로 i의 범위는 최대 8이다. 전문가 정책은 운동 방향으로 가속하는 것이다.

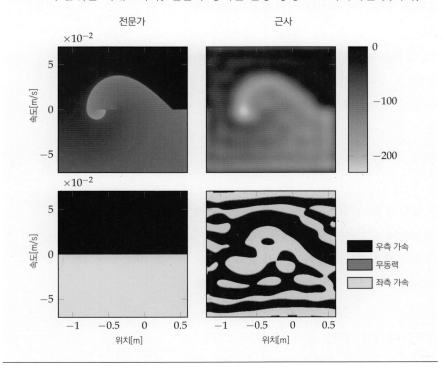

예제 8.3 산악 차량 문제에 대한 가치 함수를 근사화하는 데 사용되는 푸리에 기저(Fourier base)를 사용하는 선형 회귀(부록 F.4). 가치 함수(상단 행) 및 결과 정책(하단 행)이 표시된다. 전역적으로 근사 가치 함수는 8차 푸리에 기저 함수를 사용함에도 불구하고 잘 적합화되지 않는다. 그 결과 근사 정책은 전문가 정책에 근접한 근사가 아니다. 산악 차량 문제의 작은 시간 단계는 가치 함수 환경의 작은 변화라도 정책에 영향을 미치게 한다. 최적의 효용 함수는 종종 전역 기저 함수로 포착하기 어려울 수 있는 복잡한 기하학을 갖고 있다.

8.8 요약

- 규모가 크거나 연속 문제의 경우 가치 함수의 매개 변수화된 모델로 표현되는 근사 정책을 찾으려 시도할 수 있다.
- 8장에서 취한 접근 방식에는 유한한 상태 집합에서 동적 프로그래밍 단계를 반복적으로 적용하고 매개 변수 근사를 개선하는 것이 포함된다.
- 지역 근사화 기법은 값이 알려진 주변의 상태 값에 기반해 가치 함수를 근사화한다.
- 다양한 지역 근사화 기술에는 최근접 이웃, 커널 평활화, 선형 보간, 심플렉스 보간 등이 있다.
- 전역 근사 기법에는 선형 회귀 및 신경망 회귀 등이 있다.
- 비선형 효용 함수는 선형 회귀를 사용할 때 비선형 기저 함수의 적절한 선택과 결합하면 얻을 수 있다.
- 신경망 회귀를 사용하면 기저 함수를 지정하지 않아도 되지만, 적합화하는 작업이 더 복잡하고 일반적으로 그래디언트 하강법$^{gradient\ descent}$을 사용해 가치 함수의 매개 변수 근삿값을 조정해야 한다.

8.9 연습 문제

연습 8.1 8장에서 제시하는 가치 함수 근사 방법은 대부분 연속 상태 공간을 가정했다. 육각 세계 문제인 부록 F.1은 불연속이지만 대부분의 상태를 2차원 위치에 매핑할 수 있다. 그러나 2차원 위치가 없는 0 보상을 생성하는 추가 종료 상태를 갖고 있다. 이러한 상태를 처리하기 위해 8장의 연속 가치 함수 근사 방법을 어떻게 수정할 수 있나?

정답: 육각 세계 문제는 에이전트가 2차원 육각형 격자를 통해 검색한다. 그러나 에이전트는 여러 그리드 육각 중 하나에서 단일 종료 상태로 들어갈 수 있다. 이

단일 종료 상태는 상태의 값을 추론하기 위해 종종 근접성에 의존하는 가치 함수 근사 방법 문제를 사용한다.

종료 상태가 다른 상태와 같은 상태 공간에 투영될 수 있지만, 이 에이전트는 그럼에도 종료 상태의 가치 계산에 일종의 근접성을 강요한다. 여러 선행 상태와 등거리에 있어야 하는 상태에 대해 단일 위치를 선택하면 편향이 발생한다.

한 가지 대안은 종료 상태를 특별한 경우로 취급하는 것이다. 종료 상태와 다른 상태 사이의 거리를 무한으로 설정하도록 커널 함수를 수정할 수도 있다.

또 다른 옵션은 최종 보상을 생성하는 모든 육각에 대해 종료 상태를 갖도록 문제를 조정하는 것이다. 각 종료 상태는 이전 상태와 일치할 수 있지만 추가 차원에서 오프셋된다. 이 변환은 추가 상태를 희생시키면서 근접성을 유지한다.

연습 8.2 표 형식 표현은 선형 근사 가치 함수의 특수한 경우다. 이산 문제에 대해 표 표현이 선형 근사 가치 함수로 구성될 수 있는 방법을 보여라.

해답: m개의 상태 $s_{1:m}$와 n개의 행동 $a_{1:n}$을 가진 개별 MDP를 고려해보자. 표 형식은 값을 각 상태 및 상태-행동 쌍과 연결된다. 선형 근사 가치 함수를 사용해 동일한 행동을 복구할 수 있다. 입력이 주어진 상태 또는 상태-동작 쌍이면 값이 1이고 그렇지 않으면 0인 각 상태 또는 상태-동작 쌍과 표시^{indicator} 함수를 연결한다.

$$\beta_i(s) = (s = s_i) = \begin{cases} 1 & \text{if } s = s_i \\ 0 & \text{otherwise} \end{cases}$$

또는

$$\beta_{ij}(s, a) = ((s, a) = (s_i, a_j)) = \begin{cases} 1 & \text{if } (s, a) = (s_i, a_j) \\ 0 & \text{otherwise} \end{cases}$$

연습 8.3 연속 상태 공간과 행동 공간에 문제가 있고 행동 가치 함수 $Q(s, a) = \theta^\top \beta(s, a)$의 지역 근사와 전역 근사를 모두 구성하고 싶다고 가정하자. 전역 근사를 위해 다음의 기저 함수를 선택한다.

$$\beta(s,a) = \left[1, s, a, s^2, sa, a^2\right]$$

100개의 상태 집합 $S = s_{1:100}$과 5개의 행동 집합 $A = a_{1:5}$가 주어지면 지역 근사 방법에 대해 θ에 몇 개의 매개 변수가 있는가? 지정된 전역 근사화 방법에 대해 θ에 몇 개의 매개 변수가 있는가?

해답: 지역 근사화 방법에서 상태–행동 값은 매개 변수다. θ에서 $|S| \times |A| = 100 \times 5 = 500$개 매개 변수가 있다. 전역 근사법에서는 기저 함수의 계수가 매개 변수가 된다. $\beta(s,a)$에 6개의 구성 요소가 있으므로 θ에 6개의 매개 변수가 있다.

연습 8.4 상태 $s_1 = (4, 5)$, $s_2 = (2, 6)$ 및 $s_3 = (1)$과 해당 가치 $U(s_1) = 2$, $U(s_2) = 10$ 및 $U(s_3) = 30$가 주어졌다. L_1 거리 척도, L_2 거리 척도와 L_∞ 거리 척도를 사용해 2-최근접 이웃 지역 근사를 사용해 상태 $s = (1, 2)$에서 값을 계산하라.

해법: s에서 점 $s' \in S$까지의 거리를 표로 만든다.

$s' \in S$	L_1	L_2	L_∞
$s_1 = (4, 5)$	6	$\sqrt{18}$	3
$s_2 = (2, 6)$	5	$\sqrt{17}$	4
$s_3 = (-1, -1)$	5	$\sqrt{13}$	3

L_1 노름^{norm}을 사용해 $U(s) = (10 + 30)/2 = 20$을 추정한다. L_2 노름을 사용하면 $U(s) = (10 + 30)/2 = 20$이다. L_∞ 노름을 사용하면 $U(s) = (2 + 30)/2 = 16$이다.

연습 8.5 2개의 상태 집합 $S = \{s_1, s_2\}$에서 값이 주어지면 상태 s에서 값을 추정하고 싶다. 지역 근사 가치 반복을 사용하려는 경우 다음 가중 함수 중 유효한 것은 무엇인가? 유효하지 않다면 가중치 함수를 수정해 유효하게 만드는 방법은 무엇인가?

- $\beta(s) = [1, 1]$

- $\boldsymbol{\beta}(s) = [1 - \lambda, \lambda]$ 여기서 $\lambda \in [0, 1]$
- $\boldsymbol{\beta}(s) = \left[e^{(s-s_1)^2}, e^{(s-s_2)^2} \right]$

해답: 가중 함수의 첫 번째 집합은 제약 조건 $\sum_i \beta_i(s) = 1$을 위반하므로 유효하지 않다. 합을 정규화하도록 가중치 함수를 수정할 수 있다.

$$\boldsymbol{\beta}(s) = \left[\frac{1}{1+1}, \frac{1}{1+1} \right] = \left[\frac{1}{2}, \frac{1}{2} \right]$$

가중치 함수의 두 번째 집합은 유효하다. 가중 함수의 세 번째 집합은 제약 조건 $\sum_i \beta_i(s) = 1$을 위반하므로 유효하지 않다. 합으로 정규화하도록 가중치 함수를 수정할 수 있다.

$$\boldsymbol{\beta}(s) = \left[\frac{e^{(s-s_1)^2}}{e^{(s-s_1)^2} + e^{(s-s_2)^2}}, \frac{e^{(s-s_2)^2}}{e^{(s-s_1)^2} + e^{(s-s_2)^2}} \right]$$

연습 8.6 쌍선형 보간이 (0이 아닌) 선형 그리드 크기 조정에서 불변임을 증명하라.

해법: 보간된 값이 한 축 또는 두 축의 선형 스케일링에 대해 $\tilde{U}_{\boldsymbol{\theta}}(\tilde{s}) = U_{\boldsymbol{\theta}}(s)$이 되도록 불변임을 증명하는 것은 간단하다. 모든 x와 y 값을 크기 조정된 버전인 $\tilde{x} = \beta x$, $\tilde{y} = \gamma y$로 대체하고 그리드 크기 조정이 상쇄됨을 보여줌으로써 이를 증명할 수 있다.

$$\tilde{U}_{\boldsymbol{\theta}}(\tilde{s}) = \frac{(\tilde{x}_2 - \tilde{x})(\tilde{y}_2 - \tilde{y})}{(\tilde{x}_2 - \tilde{x}_1)(\tilde{y}_2 - \tilde{y}_1)}\theta_1 + \frac{(\tilde{x}_2 - \tilde{x})(\tilde{y} - \tilde{y}_1)}{(\tilde{x}_2 - \tilde{x}_1)(\tilde{y}_2 - \tilde{y}_1)}\theta_2 + \frac{(\tilde{x} - \tilde{x}_1)(\tilde{y}_2 - \tilde{y})}{(\tilde{x}_2 - \tilde{x}_1)(\tilde{y}_2 - \tilde{y}_1)}\theta_3 + \frac{(\tilde{x} - \tilde{x}_1)(\tilde{y} - \tilde{y}_1)}{(\tilde{x}_2 - \tilde{x}_1)(\tilde{y}_2 - \tilde{y}_1)}\theta_4$$

$$\tilde{U}_{\boldsymbol{\theta}}(\tilde{s}) = \frac{\beta(x_2 - x)\gamma(y_2 - y)}{\beta(x_2 - x_1)\gamma(y_2 - y_1)}\theta_1 + \frac{\beta(x_2 - x)\gamma(y - y_1)}{\beta(x_2 - x_1)\gamma(y_2 - y_1)}\theta_2 + \frac{\beta(x - x_1)\gamma(y_2 - y)}{\beta(x_2 - x_1)\gamma(y_2 - y_1)}\theta_3 + \frac{\beta(x - x_1)\gamma(y - y_1)}{\beta(x_2 - x_1)\gamma(y_2 - y_1)}\theta_4$$

$$\tilde{U}_{\boldsymbol{\theta}}(\tilde{s}) = \frac{(x_2 - x)(y_2 - y)}{(x_2 - x_1)(y_2 - y_1)}\theta_1 + \frac{(x_2 - x)(y - y_1)}{(x_2 - x_1)(y_2 - y_1)}\theta_2 + \frac{(x - x_1)(y_2 - y)}{(x_2 - x_1)(y_2 - y_1)}\theta_3 + \frac{(x - x_1)(y - y_1)}{(x_2 - x_1)(y_2 - y_1)}\theta_4$$

$$\tilde{U}_{\boldsymbol{\theta}}(\tilde{s}) = U_{\boldsymbol{\theta}}(s)$$

연습 8.7 4개의 상태 $s_1 = [0, 5]$, $s_2 = [0, 25]$, $s_3 = [1, 5]$, $s_4 = [1, 25]$와 샘플 상태 $s = [0.7, 10]$이 주어졌을 때 임의의 $\boldsymbol{\theta}$에 대한 보간 방정식 $U_{\boldsymbol{\theta}}(s)$을 생성하라.

해법: 쌍선형 보간에 대한 일반 형식은 방정식 (8.12)에 있고, 여기에서 재현해본다. 보간을 생성하기 위해 값을 방정식으로 대체하고 단순화한다.

$$U_\theta(s) = \frac{(x_2-x)(y_2-y)}{(x_2-x_1)(y_2-y_1)}\theta_1 + \frac{(x_2-x)(y-y_1)}{(x_2-x_1)(y_2-y_1)}\theta_2 + \frac{(x-x_1)(y_2-y)}{(x_2-x_1)(y_2-y_1)}\theta_3 + \frac{(x-x_1)(y-y_1)}{(x_2-x_1)(y_2-y_1)}\theta_4$$

$$U_\theta(s) = \frac{(1-0.7)(25-10)}{(1-0)(25-5)}\theta_1 + \frac{(1-0.7)(10-5)}{(1-0)(25-5)}\theta_2 + \frac{(0.7-0)(25-10)}{(1-0)(25-5)}\theta_3 + \frac{(0.7-0)(10-5)}{(1-0)(25-5)}\theta_4$$

$$U_\theta(s) = \frac{9}{40}\theta_1 + \frac{3}{40}\theta_2 + \frac{21}{40}\theta_3 + \frac{7}{40}\theta_4$$

연습 8.8 예제 8.1에 따라 상태 $s = [0.4, 0.95, 0.6]$에 대한 심플렉스 보간 가중치는 무엇인가?

해법: 주어진 상태 $\mathbf{s}$에 대해 $0 \le x_1 \le x_3 \le x_2 \le 1$이므로 순열 벡터는 $\mathbf{p} = [1, 3, 2]$다. 심플렉스의 꼭짓점은 $(0, 0, 0)$에서 시작해 순열 벡터의 역순으로 각 0을 1로 변경해 생성할 수 있다. 따라서 심플렉스의 꼭짓점은 $(0, 0, 0)$, $(0, 1, 0)$, $(0, 1, 1)$, $(1, 1, 1)$이다.

심플렉스에 속하는 모든 점 $\mathbf{s}$는 따라서 다음 꼭짓점의 가중치로 표현할 수 있다.

$$\begin{bmatrix} s_1 \\ s_2 \\ s_3 \end{bmatrix} = w_1 \begin{bmatrix} 0 \\ 0 \\ 0 \end{bmatrix} + w_2 \begin{bmatrix} 0 \\ 1 \\ 0 \end{bmatrix} + w_3 \begin{bmatrix} 0 \\ 1 \\ 1 \end{bmatrix} + w_4 \begin{bmatrix} 1 \\ 1 \\ 1 \end{bmatrix}$$

가중치의 합이 1이 돼야 한다는 제약 조건을 적용하고 w_1에 대해 최종적으로 해결함으로써 가중치 값을 역순으로 결정할 수 있다. 그런 다음 $\mathbf{s} = [0.4, 0.95, 0.6]$에 대한 가중치를 계산할 수 있다.

$w_4 = s_1$	$w_3 = s_3 - w_4$	$w_2 = s_2 - w_3 - w_4$	$w_1 = 1 - w_2 - w_3 - w_4$
$w_4 = 0.4$	$w_3 = 0.2$	$w_2 = 0.35$	$w_1 = 0.05$

09
온라인 계획

지금까지 설명한 해법은 실제 문제에서 작업이 실행되기 전에 정책을 오프라인으로 계산한다. 오프라인 근사 방법조차도 많은 고차원 문제에서는 다루기 힘들 수 있다. 9장에서는 현 상태에서 도달할 수 있는 상태에 대한 추론을 기반으로 행동을 찾는 온라인 계획 방법에 대해 설명한다. 도달 가능한 상태 공간은 종종 전체 상태 공간보다 훨씬 작기 때문에 오프라인 방법에 비해 저장 및 계산 요구 사항을 크게 줄일 수 있다. 상태 공간 가지치기prune, 샘플링, 더 유망해 보이는 궤적을 따라 더 깊이 계획하는 등 온라인 계획을 효율적으로 만드는 것을 목표로 하는 다양한 알고리듬에 대해 살펴볼 것이다.

9.1 후향적 기간 계획

후향적 기간 계획$^{\text{receding horizon planning}}$에서는 현재 상태에서 최대 고정 기간이나 깊이 d까지 계획한다. 그리고 현재 상태에서 행동을 실행하고, 다음 상태로 전환한 뒤 다시 계획한다. 9장에서 설명하는 온라인 계획 방법은 이 후향적 계획 방법을 따른다. 서로 다른 행동 과정을 탐구하는 방식이 다르다.

후향적 기간 계획을 적용할 때의 문제는 적절한 깊이를 알아내는 것이다. 더 깊은 계획에는 일반적으로 더 많은 계산이 필요하다. 일부 문제의 경우 얕은 깊이가 매우 효과적일 수 있다. 각 단계에서 다시 계획한다는 사실은 장기 모델링의 부족을 보완할 수 있다. 다른 문제에서는 예제 9.1에서 설명한 것처럼 계획자가 목표를 향해 나아가거나 안전하지 않은 상태에서 벗어날 수 있도록 더 큰 계획 깊이가 필요할 수 있다.

예제 9.1 다양한 계획 깊이에 대한 충돌 방지를 위한 후향적 기간 계획. 이 문제에는 4개의 상태 변수가 있다. 이 그림은 항공기가 현재 기간이고 아직 주의보가 없다는 가정하에 상태 공간의 일부를 보여준다. 가로축은 충돌 시간 t_{col}이고 세로축은 침입자에 대한 우리의 고도 h다. 부록 F.6은 이 문제에 대한 추가 세부 정보를 제공한다.

항공기 충돌 회피에 후향적 기간 계획을 적용한다고 가정하자. 목표는 충돌을 피하기 위해 필요한 경우 하강 또는 상승이라는 조언을 제공하는 것이다. 충돌은 침입자에 대한 상대적 고도가 ±50m이고 잠재적 충돌까지의 시간 t_{col}이 0 일 때 발생한다. 우리는 높은 수준의 신뢰를 갖고 충돌을 피하기 위해 충분히 일찍 조언을 제공할 수 있도록 깊이 계획하고자 한다. 여기 그림은 깊이가 다른 후향적 기간 계획자가 취할 수 있는 행동을 보여준다.

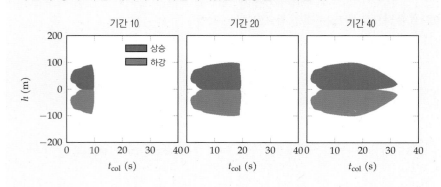

깊이가 $d = 10$이면 충돌 10초 이내에만 조언을 제공한다. 차량 동역학의 한계와 다른 항공기의 동작에 대한 불확실성으로 인해 이렇게 늦게 조언을 제공하면 안전이 위협받는다. $d = 20$이면 더 잘할 수 있지만 충돌 위험을 더 줄이기 위해 조금 더 조기에 경고해야 하는 경우가 생긴다. 충돌 가능성보다 훨씬 앞선 행동을 조언할 필요는 없기 때문에 $d = 40$보다 더 깊이 계획할 동인은 없다.

9.2 롤아웃을 활용한 예측

8장에서는 1단계-예측$^{one\text{-}step\ lookahead}$를 사용해 대략적인 가치 함수 U에 대해 그리디 정책을 추출했다.[1] 간단한 온라인 전략은 깊이 d까지 시뮬레이션을 통해 추정된 값에 대해 그리디하게 행동하는 것이다. 시뮬레이션을 실행하려면 시뮬레이션할 정책이 필요하다. 물론 최적의 정책은 모르지만 **롤아웃**^{rollout2} 정책을 대신 사용할 수 있다. 롤아웃 정책은 일반적으로 분포 $a \sim \pi(s)$에서 추출한 행동과 함께 확률적이다. 이러한 롤아웃 시뮬레이션을 생성하기 위해 **생성 모델**$^{generative\ model}$을 $s' \sim T(s, a)$를 사용해 분포 $T(s' \mid s, a)$로부터 후속 상태 s'을 생성한다. 이 생성 모델은 난수 생성기로부터의 추출을 통해 구현할 수 있으며 명시적으로 분포 $T(s' \mid s, a)$를 나타내는 것보다 실제로 구현하기가 더 쉽다.

알고리듬 9.1은 1단계 예측을 롤아웃을 통해 추정된 값과 결합한다. 이 접근 방식은 원래 롤아웃 정책보다 동작이 더 나은 경우가 많지만 최적성은 보장되지 않는다. 이는 정책 반복 알고리듬(7.4절)에서 사용되는 정책 개선의 대략적인 형태라고 볼 수 있다. 이 알고리듬의 간단한 변형은 여러 롤아웃을 사용해 예상 할인 총 보상을 더 잘 추정하는 것이다. 각 행동과 결과 상태에 대해 m개의 시뮬레이션을 실행하면 시간 복잡도는 $O(m \times |\mathcal{A}| \times |\mathcal{S}| \times d)$다.

1 예측 전략은 원래 정확한 해법에 대한 설명의 일부로 알고리듬 7.2에서 도입됐다.

2 '롤아웃'은 주로 강화학습에서 사용되는 용어로, 특정 정책 또는 행동 시퀀스에 따라 시스템이 어떻게 작동할지를 시뮬레이션하는 것을 말한다. – 옮긴이

9.3 순방향 검색

순방향 검색은 가능한 모든 전환을 깊이 d까지 확장해 초기 상태 s에서 취할 최선의 행동을 결정한다. 이러한 확장은 검색 트리를 형성한다.[3] 이 탐색 트리는 최악의 경우 가지가 $|S| \times |A|$개가 돼 계산 복잡도는 $O((|S| \times |A|)^d)$가 된다. 그림 9.1은 3개의 상태와 2개의 행동을 가진 문제에 적용한 탐색 트리를 보여준다. 그림 9.2는 육각 세계 문제에 대한 순방향 검색 중에 방문한 상태들을 시각화한다.

알고리듬 9.2는 지정된 깊이까지 재귀적으로 자신을 호출한다. 지정된 깊이에 도달하면 함수 U가 제공하는 효용의 추정값을 사용한다. 단순히 지정된 기간까지 계획하려는 경우 $U(s) = 0$으로 설정한다. 문제가 온라인에서 계산할 수 있는 깊이 이상의 계획이 필요한 경우, 예컨대 이전 장에서 설명한 가치 함수 근삿값 중 하나를 사용해 오프라인에서 얻은 가치 함수의 추정값을 사용할 수 있다. 이런 식으로 온라인과 오프라인을 결합하는 방법을 대개 하이브리드 계획[hybrid planning]이라고 한다.

3 트리 검색은 깊이 우선(depth-first) 방식으로 진행된다. 부록 E에서 깊이 우선 탐색과 다른 결정론적 방식의 탐색 알고리듬을 설명한다.

```
struct RolloutLookahead
    𝒫 # 문제
    π # 롤아웃 정책
    d # 깊이
end

randstep(𝒫::MDP, s, a) = 𝒫.TR(s, a)

function rollout(𝒫, s, π, d)
    ret = 0.0
    for t in 1:d
        a = π(s)
        s, r = randstep(𝒫, s, a)
        ret += 𝒫.γ^(t-1) * r
    end
    return ret
end
```

알고리듬 9.1 상태 s에서 깊이 d까지 문제 𝒫에서 정책 π의 롤아웃을 실행하는 함수. 총 할인 보상을 반환한다. 이 함수는 원래 롤아웃 정책보다 개선될 가능성이 있는 행동를 생성하기 위해 그리디 함수(알고리듬 7.5에 소개)와 함께 사용할 수 있다. 나중에 이 알고리듬을 MDP 이외의 문제에 사용할 것이므로 randstep만 적절하게 수정하면 된다.

```
function (π::RolloutLookahead)(s)
    U(s) = rollout(π.𝒫, s, π.π, π.d)
    return greedy(π.𝒫, U, s).a
end
```

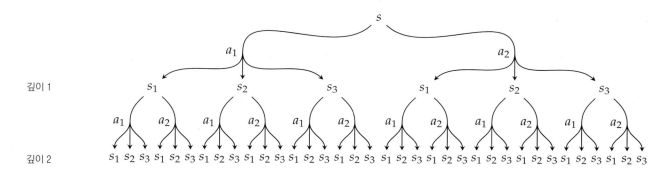

깊이 1

깊이 2

▲ 그림 9.1 세 가지 상태와 두 가지 행동이 있는 문제에 대한 순방향 검색 트리

알고리듬 9.2 현재 상태 s에서 문제 𝒫에 대한 대략적인 최적의 온라인 동작을 찾기 위한 순방향 검색 알고리듬. 검색은 깊이 d까지 수행되며, 이 지점에서 근삿값 함수 U로 종단 값이 추정된다. 반환된 명명된 튜플은 최상의 행동 a와 유한 기간 예상 값 u로 구성된다. 문제 유형은 MDP로 제한되지 않는다. 22.2절은 lookahead를 위한 다른 구현과 함께 부분적으로 관찰 가능한 문제의 맥락에서 이 동일한 알고리듬을 사용한다.

```
struct ForwardSearch
    𝒫 # 문제
    d # 깊이
    U # 깊이 d에서의 가치 함수
end

function forward_search(𝒫, s, d, U)
    if d ≤ 0
        return (a=nothing, u=U(s))
    end
    best = (a=nothing, u=-Inf)
    U'(s) = forward_search(𝒫, s, d-1, U).u
    for a in 𝒫.𝒜
        u = lookahead(𝒫, U', s, a)
        if u > best.u
            best = (a=a, u=u)
```

```
        end
    end
    return best
end

(π::ForwardSearch)(s) = forward_search(π.𝒫, s, π.d, π.U).a
```

9.4 분기 및 제한

분기 및 제한branch and bound(알고리듬 9.3)은 순방향 검색의 기하급수적인 계산 복잡성
을 피하려고 시도한다. 이 방법은 가치 함수의 범위를 추론해 분기를 정리한다.
이 알고리듬은 가치 함수 $U(s)$의 하한값과 행동 가치 함수 $\overline{Q}(s, a)$의 상한값을 알
아야 한다. 하한은 최대 깊이에서 상태를 평가하는 데 사용된다. 이 하한은 벨만
갱신을 통해 트리를 통해 위쪽으로 전파된다. 상태에서의 행동 상한이 해당 상태
에서 이전에 탐색된 행동의 하한보다 낮다는 것을 알게 되면 해당 행동은 탐색할
필요가 없으므로 관련 하위 트리를 가지치기할 수 있다.

분기 및 제한은 순방향 검색과 동일한 결과를 제공하지만 가지치기되는 분기
수에 따라 더 효율적일 수 있다. 분기 및 제한은 최악의 경우 복잡도가 순방향 검
색과 동일하다.

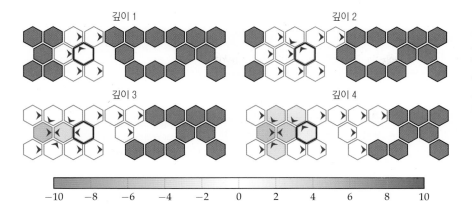

-10   -8   -6   -4   -2   0   2   4   6   8   10

◀ **그림 9.2** 최대 깊이가 4개인 육각 세계 문제에 순방향 검색이 적용됐다. 검색은 노드를 여러 번 방문할 수 있다. 방문한 상태에 대한 행동과 색상은 해당 상태에 대한 검색 트리에서 가장 얕고 값이 가장 높은 노드에 따라 선택됐다. 초기 상태에는 검은색 테두리가 추가로 있다.

알고리듬 9.3 현재 상태 s에서 불연속 MDP $\mathcal{P}$에 대한 대략적인 최적의 온라인 행동을 찾기 위한 분기 및 제한 알고리듬. 가치 함수 하한 Ulo와 행동 가치 함수 상한 Qhi를 사용해 깊이 d까지 검색이 수행된다. 반환된 명명된 튜플은 최상의 행동 a와 유한 기간 예상 값 u로 구성된다. 이 알고리듬은 POMDP에도 사용된다.

```
struct BranchAndBound
    𝒫   # 문제
    d   # 깊이
    Ulo # 깊이 d에서 가치 함수의 하한
    Qhi # 행동 가치 함수에 대한 상한
end

function branch_and_bound(𝒫, s, d, Ulo, Qhi)
    if d ≤ 0
        return (a=nothing, u=Ulo(s))
    end
    U′(s) = branch_and_bound(𝒫, s, d-1, Ulo, Qhi).u
    best = (a=nothing, u=-Inf)
    for a in sort(𝒫.𝒜, by=a->Qhi(s,a), rev=true)
        if Qhi(s, a) < best.u
            return best # safe to prune
        end
        u = lookahead(𝒫, U′, s, a)
        if u > best.u
            best = (a=a, u=u)
        end
    end
    return best
```

```
end

(π::BranchAndBound)(s) = branch_and_bound(π.𝒫, s, π.d, π.Ulo, π.Qhi).a
```

산악 자동차 문제에 분기 및 제한을 적용하는 것을 고려하자. 항상 동작 방향으로 가속하는 휴리스틱 정책과 같은 하한 $U(s)$에 대한 휴리스틱 정책의 가치 함수를 사용할 수 있다. 상한 $\overline{Q}([x,v],a)$의 경우 언덕 없이 목표를 향해 가속할 때 예상되는 반환값을 사용할 수 있다. 분기 및 제한 방문은 순방향 검색보다 약 1/3의 상태를 방문한다.

예제 9.2 산악 차량 문제에 적용되는 분기 및 제한(부록 F.4). 분기 및 제한은 순방향 검색보다 상당한 속도 향상을 달성할 수 있다.

9.5 희소 샘플링

희소 샘플링sparse sampling[4](알고리듬 9.4)으로 알려진 방법은 순방향 검색 및 분기 및 제한의 분기 요소를 줄이려고 시도한다. 가능한 모든 다음 상태에서 분기하는 대신 다음 상태의 제한된 수의 샘플만 고려한다. 다음 상태의 샘플링 결과가 근삿값이 되더라도 이 방법은 실제로 잘 작동하고 계산량을 크게 줄일 수 있다. 검색 트리의 각 행동 노드에 대해 다음 상태의 m 샘플을 추출하는 경우 계산 복잡도는 $O((m \times |A|)^d)$이며 깊이는 여전히 기하급수적이지만 더 이상 상태 공간의 크기에 종속되지 않는다. 그림 9.3에 예시가 나와 있다.

[4] M. J. Kearns, Y. Mansour, and A. Y. Ng, "A Sparse Sampling Algorithm for Near-Optimal Planning in Large Markov Decision Processes," *Machine Learning*, vol. 49, no. 2-3, pp. 193-208, 2002.

9.6 몬테 카를로 트리 검색

몬테 카를로 트리 검색Monte Carlo tree search(알고리듬 9.5)은 현 상태에서 m개의 시뮬레이션을 실행해 기하급수적 복잡성을 피한다.[5] 이러한 시뮬레이션 중에 알고리듬

[5] 자료는 다음 문헌을 참고하라. C. B. Browne, E. Powley, D. Whitehouse, S. M. Lucas, P. I. Cowling, P. Rohlfshagen, S. Tavener, D. Perez, S. Samothrakis, and S. Colton, "A Survey of Monte Carlo Tree Search Methods," *IEEE Transactions on Computational Intelligence and AI in Games*, vol. 4, no. 1, pp. 1-43, 2012.

은 행동 가치 함수 $Q(s,a)$의 추정값과 특정 상태-행동 쌍이 선택된 횟수, $N(s,a)$를 기록해 갱신한다. 현재 상태 s에서 이러한 시뮬레이션을 m회 실행한 후 $Q(s,a)$ 추정값을 최대화하는 행동을 선택하면 된다.

시뮬레이션(알고리듬 9.6)은 Q와 N의 추정값이 있는 상태로 구성된 탐색된 상태 공간을 탐색하는 것으로 시작된다. 탐색 전략을 따라 다양한 상태에서 행동을 선택한다. 일반적인 접근 방식은 UCB_1 탐색 휴리스틱exploration heuristic을 최대화하는 작업을 선택하는 것이다.[6]

6 UCB는 Upper Confidence Bound의 약자다. 이것은 다음 문헌에서 논의된 많은 전략 중 하나다. P. Auer, N. Cesa-Bianchi, and P. Fischer, "Finite-Time Analysis of the Multiarmed Bandit Problem," *Machine Learning*, vol. 47, no. 2-3, pp. 235-256, 2002. 방정식은 체르노프-회프딩(Chernoff-Hoeffding) 경계에서 도출된다.

알고리듬 9.4 현재 상태 s에서 깊이 d까지의 이산 문제 $\mathcal{P}$에 대해 작업당 m 샘플을 사용해 온라인에서 대략적인 최적의 작업을 찾기 위한 희소 샘플링 알고리듬. 반환된 명명된 튜플은 최상의 행동 a와 유한 기간 예상 값 u로 구성된다.

```
struct SparseSampling
    𝒫 # 문제
    d # 깊이
    m # 샘플 수
    U # 깊이 d에서의 가치 함수
end

function sparse_sampling(𝒫, s, d, m, U)
    if d ≤ 0
        return (a=nothing, u=U(s))
    end
    best = (a=nothing, u=-Inf)
    for a in 𝒫.𝒜
        u = 0.0
        for i in 1:m
            s', r = randstep(𝒫, s, a)
            a', u' = sparse_sampling(𝒫, s', d-1, m, U)
            u += (r + 𝒫.γ*u') / m
        end
        if u > best.u
            best = (a=a, u=u)
        end
    end
    return best
end

(π::SparseSampling)(s) = sparse_sampling(π.𝒫, s, π.d, π.m, π.U).a
```

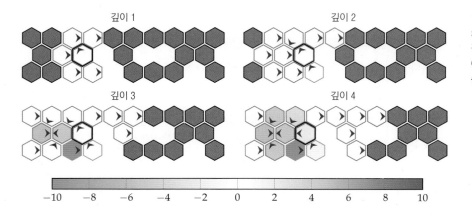

깊이 1 깊이 2 깊이 3 깊이 4

◀ **그림 9.3** 육각 세계 문제에 적용되는 $m = 10$의 희소 샘플링. 방문한 타일은 추정된 가치에 따라 색상이 지정된다. 경계에 있는 타일은 초기 상태다. 그림 9.2의 순방향 검색과 비교하라.

−10 −8 −6 −4 −2 0 2 4 6 8 10

```
struct MonteCarloTreeSearch
    𝒫 # 문제
    N # 방문 횟수
    Q # 행동 가치 추정
    d # 깊이
    m # 시뮬레이션 횟수
    c # 탐색 상수
    U # 가치 함수 추정
end

function (π::MonteCarloTreeSearch)(s)
    for k in 1:π.m
        simulate!(π, s)
    end
    return argmax(a->π.Q[(s,a)], π.𝒫.𝒜)
end
```

알고리듬 9.5 현재 상태 s에서 근사적으로 최적의 행동을 찾기 위한 몬테 카를로 트리 검색 정책

$$Q(s,a) + c\sqrt{\frac{\log N(s)}{N(s,a)}} \qquad (9.1)$$

여기서 $N(s) = \sum_a N(s, a)$는 s에 대한 총 방문 횟수이고 c는 탐색되지 않은 작업의 가치를 조정하는 탐색 매개 변수다. 두 번째 항은 탐색 보너스$^{exploration\ bonus}$에 해당한다. $N(s, a) = 0$이면 보너스는 무한대로 정의된다. 분모에 $N(s, a)$가 있는 경우 탐색 보너스는 자주 시도하지 않은 행동에 대해 더 높게 된다. 알고리듬 9.7은 이 탐색 전략을 구현한다. 15장 뒷부분에서 다른 많은 탐색 전략에 대해 알아볼 것이다.

알고리듬 9.7에 지정된 작업을 수행할 때 희소 샘플링 방법과 유사하게 생성 모델 $T(s, a)$에서 샘플링된 새로운 상태로 들어간다. 방문 횟수 $N(s, a)$를 증가시키고 $Q(s, a)$를 갱신해 평균값을 유지한다.

어느 시점에서 최대 깊이에 도달하거나 아직 탐색하지 않은 상태에 도달하게 된다. 탐색되지 않은 상태 s에 도달하면 각 행동 a에 대해 $N(s, a)$와 $Q(s, a)$를 0으로 초기화한다. 알고리듬 9.6을 수정해 문제에 대한 사전 전문 지식을 기반으로 이러한 개수 및 값 추정값을 다른 값으로 초기화할 수 있다. N과 Q를 초기화한 후 상태 s에서 값 추정값을 반환한다. 이 값을 추정하는 방법은 9.2절에 설명된 프로세스를 사용해 일부 정책의 롤아웃을 통하는 것이 일반적이다.

예제 9.3~9.7은 2048 문제에 적용된 몬테 카를로 트리 검색의 예시를 통해 작동한다. 그림 9.4는 2048에 몬테 카를로 트리 검색을 실행해 생성된 탐색 트리를 보여준다. 예제 9.8에서는 값을 추정하기 위해 다양한 전략을 사용하는 경우의 영향에 대해 설명한다.

```
function simulate!(π::MonteCarloTreeSearch, s, d=π.d)
    if d ≤ 0
        return π.U(s)
    end
    𝒫, N, Q, c = π.𝒫, π.N, π.Q, π.c
    𝒜, TR, γ = 𝒫.𝒜, 𝒫.TR, 𝒫.γ
    if !haskey(N, (s, first(𝒜)))
        for a in 𝒜
            N[(s,a)] = 0
            Q[(s,a)] = 0.0
        end
        return π.U(s)
    end
    a = explore(π, s)
    s', r = TR(s,a)
    q = r + γ*simulate!(π, s', d-1)
    N[(s,a)] += 1
    Q[(s,a)] += (q-Q[(s,a)])/N[(s,a)]
    return q
end
```

알고리듬 9.6 상태 s에서 깊이 d까지 몬테 카를로 트리 검색 시뮬레이션을 실행하는 방법

```
bonus(Nsa, Ns) = Nsa == 0 ? Inf : sqrt(log(Ns)/Nsa)

function explore(π::MonteCarloTreeSearch, s)
    𝒜, N, Q, c = π.𝒫.𝒜, π.N, π.Q, π.c
    Ns = sum(N[(s,a)] for a in 𝒜)
    return argmax(a->Q[(s,a)] + c*bonus(N[(s,a)], Ns), 𝒜)
end
```

알고리듬 9.7 검색 트리를 통과할 노드를 결정할 때 몬테 카를로 트리 검색에 사용되는 탐색 정책. 정책은 탐색 매개 변수 c뿐만 아니라 상태-행동 방문 수 N과 값 Q의 사전에 의해 결정된다. N[(s,a)] = 0인 경우 정책은 무한대를 반환한다.

몬테 카를로 트리 검색을 사용해 2048(부록 F.2)을 하는데, 최대 깊이 $d = 10$, 탐색 매개 변수 $c = 100$이고 10단계 무작위 롤아웃으로 $U(s)$를 추정하는 것을 고려해보자. 첫 번째 시뮬레이션은 시작 상태를 확장한다. 개수와 값은 초기 상태에서 각 행동에 대해 초기화된다.

예제 9.3 몬테 카를로 트리 검색으로 2048을 해결하는 예

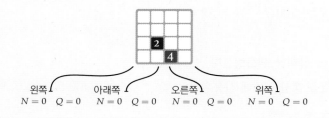

두 번째 시뮬레이션은 방정식 (9.1)의 탐색 전략에 따라 초기 상태에서 최상의 행동을 선택해 시작된다. 모든 상태는 동일한 값을 가지므로 첫 번째 행동인 왼쪽을 임의로 선택한다. 그런 다음 새로운 후속 상태를 샘플링하고 확장해 관련 개수 및 값 추정값을 초기화한다. 롤아웃은 후속 상태에서 실행되며 해당 값은 왼쪽 값을 갱신하는 데 사용된다.

예제 9.4 몬테 카를로 트리 검색으로 2048을 푸는 (계속되는) 예

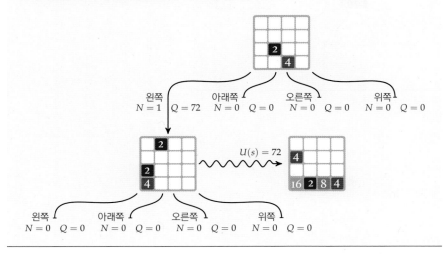

세 번째 시뮬레이션은 두 번째 행동인 '아래쪽'을 선택하는 것으로 시작하는
데, 이는 미탐험 행동에 주어지는 탐험 보너스로 인해 무한대의 가치를 지니
기 때문이다. 첫 번째 행동에는 유한한 값이 있다.

$$Q(s_0, \text{left}) + c\sqrt{\frac{\log N(s_0)}{N(s_0, \text{left})}} = 72 + 100\sqrt{\frac{\log 1}{1}} = 72$$

'아래쪽' 행동을 취하고 확장된 새로운 후속 상태를 샘플링한다. 롤아웃은
후속 상태에서 실행되며 해당 값은 '아래쪽' 값을 갱신하는 데 사용된다.

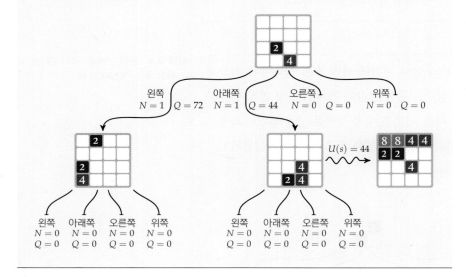

다음 두 시뮬레이션은 각각 왼쪽과 위쪽을 선택한다. 결과는 다음과 같다.

예제 9.6 몬테 카를로 트리 검색으로 2048을 푸는 (계속되는) 예

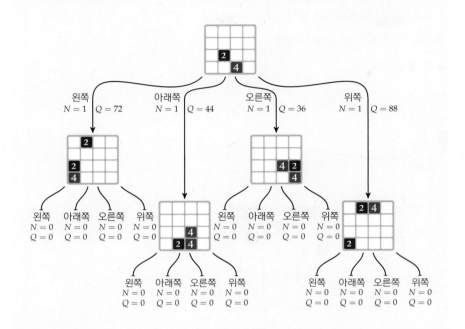

다섯 번째 시뮬레이션에서는 '위쪽'이 가장 높은 값을 갖는다. 원 상태에서 '위쪽'을 취한 후 후속 상태는 처음 선택한 것과 반드시 동일하지는 않다. $U(s) = 44$를 평가하고 방문 수 2로 갱신하고 새로운 추정값은 $Q \leftarrow 88 + (44 - 88)/2 = 66$로 갱신한다. 새로운 계승자 노드가 생성된다.

예제 9.7 몬테 카를로 트리 검색으로 2048을 푸는 (계속되는) 예

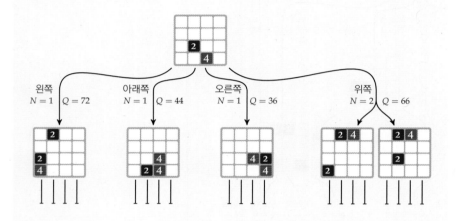

252

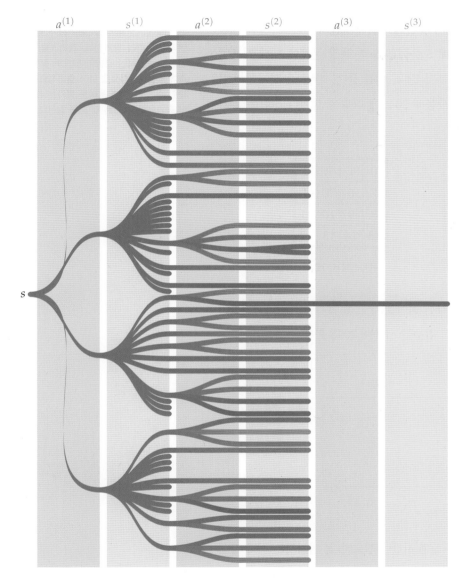

◀ **그림 9.4** 100번의 시뮬레이션 후 2048에 몬테 카를로 트리 검색 트리. 일반적으로 MDP에 대한 몬테 카를로 트리 검색은 동일한 상태에 도달하는 방법이 여러 가지일 수 있기 때문에 검색 그래프를 생성한다. 트리의 색상은 노드에서 추정된 값을 나타내며 파란색은 높은 값, 빨간색은 낮은 값이다. 2048에는 각 작업에 대해 도달할 수 있는 상태가 많기 때문에 트리가 얕고 분기 계수가 상당히 높다.

롤아웃은 몬테 카를로 트리 검색에서 유틸리티를 추정할 수 있는 유일한 수단이 아니다. 알고리듬을 안내하는 데 도움이 되도록 특정 문제에 대해 사용자 지정 평가 함수를 만들 수 있는 경우가 많다. 예를 들어, 타일 값 전체에서 가중 합계를 반환하는 평가 함수를 사용해 2048에 타일을 정렬하도록 몬테 카를로 트리 검색을 장려할 수 있다.

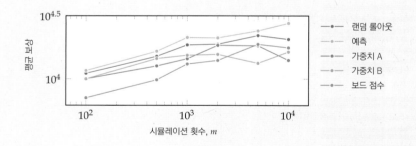

1	2	3	4
2	3	4	5
3	4	5	6
4	5	6	7

휴리스틱 A 가중치

0	1	2	3
7	6	5	4
8	9	10	11
15	14	13	12

휴리스틱 B 가중치

여기 그림은 균등 임의 정책을 가진 롤아웃, 1단계 예측 정책이 있는 롤아웃, 두 가지 평가 함수 및 현재 보드 점수를 사용해 2048 몬테 카를로 트리 검색을 비교한다.

롤아웃은 잘 수행되지만 더 많은 실행 시간이 필요하다. 여기서는 시작 상태에서 $m = 100$에 대한 랜덤 롤아웃에 상대적인 평균 실행 시간을 도식화한다.

예제 9.8 몬테 카를로 트리 검색의 성능은 시뮬레이션 횟수와 보드 평가 방법이 변경됨에 따라 달라진다. 휴리스틱 보드 평가는 효율적인 경향이 있으며 실행 횟수가 적을 때 검색을 보다 효과적으로 안내할 수 있다. 예측 롤아웃 평가는 휴리스틱 평가보다 약 18배 더 오래 걸린다.

254

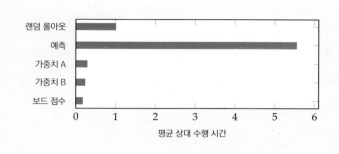

기본 몬테 카를로 트리 검색 알고리듬의 변형을 통해 대규모 행동과 상태 공간을 더 잘 처리할 수 있다. 모든 행동을 확장하는 대신 점진적 확장을 사용할 수 있다. 상태 s에서 고려되는 행동의 수는 $\theta_1 N(s)^{\theta_2}$로 제한된다. 여기서 θ_1 및 θ_2는 하이퍼 매개 변수다. 마찬가지로 같은 방식으로 상태 s에서 행동 a를 취한 결과 상태의 수를 이중 점진적 확대double progressive widening를 사용해 제한할 수 있다. 행동 a 이후의 상태 s에서 시뮬레이션된 상태의 수가 $\theta_3 N(s, a)^{\theta_4}$ 미만인 경우 새 상태를 샘플링한다. 그렇지 않으면 방문 횟수에 비례하는 확률로 이전에 샘플링된 상태 중 하나를 샘플링한다. 이 전략은 크고 연속적인 작업 및 상태 공간을 처리하는 데 사용할 수 있다.[7]

7 A. Couëtoux, J.-B. Hoock, N. Sokolovska, O. Teytaud, and N. Bonnard, "Continuous Upper Confidence Trees," in *Learning and Intelligent Optimization (LION)*, 2011.

9.7 휴리스틱 검색

휴리스틱 검색(알고리듬 9.8)은 현재 상태 s에서 가치 함수 U에 대한 그리디 정책의 m개 시뮬레이션을 사용한다.[8] 가치 함수 U는 휴리스틱이라고 하는 가치 함수 U의 상한으로 초기화된다. 이러한 시뮬레이션을 실행하면서 예측을 통해 U 추정값을 갱신한다. 이러한 시뮬레이션을 실행한 후 U에 대해 s에서 그리디 작업을 선택하기만 하면 된다. 그림 9.5는 시뮬레이션 횟수에 따라 U와 욕심 많은 정책이

8 A. G. Barto, S. J. Bradtke, and S. P. Singh, "Learning to Act Using Real-Time Dynamic Programming," *Artificial Intelligence*, vol. 72, no. 1–2, pp. 81–138, 1995. 다른 형태의 휴리스틱은 다음 문헌을 참고하라. Mausam and A. Kolobov, *Planning with Markov Decision Processes: An AI Perspective*, Morgan & Claypool, 2012.

어떻게 변하는지 보여준다.

휴리스틱 U가 실제로 가치 함수의 상한인 한 휴리스틱 검색은 최적의 효용 함수로 수렴하는 것이 보장된다.[9] 검색의 효율성은 상한의 엄격함에 따라 달라진다. 불행히도 엄격한 범위는 실제로 얻기 어려울 수 있다. 진정한 상한이 아닌 휴리스틱은 최적의 정책으로 수렴되지 않을 수 있지만 여전히 잘 수행되는 정책으로 수렴될 수 있다. 시간 복잡도는 $O(m \times d \times |S| \times |A|)$다.

9 이러한 휴리스틱을 인정 휴리스틱(admissible heuristic)이라 한다.

9.8 레이블된 휴리스틱 검색

레이블된 휴리스틱 검색labeled heuristic search(알고리듬 9.9)은 값 갱신으로 시뮬레이션을 실행하는 휴리스틱 검색의 변형으로, 값이 해결됐는지 여부에 따라 상태에 레이블을 지정한다.[10] 상태 s의 효용 잔차가 임계치 $\delta > 0$ 아래로 떨어지면 상태 s가 해결됐다고 한다.

10 B. Bonet and H. Geffner, "Labeled RTDP: Improving the Convergence of Real-Time Dynamic Programming," in *International Conference on Automated Planning and Scheduling(ICAPS)*, 2003.

$$|U_{k+1}(s) - U_k(s)| < \delta \tag{9.2}$$

```
struct HeuristicSearch
    𝒫    # 문제
    Uhi  # 가치 함수의 상한
    d    # 깊이
    m    # 시뮬레이션 횟수
end

function simulate!(π::HeuristicSearch, U, s)
    𝒫 = π.𝒫
    for d in 1:π.d
        a, u = greedy(𝒫, U, s)
        U[s] = u
        s = rand(𝒫.T(s, a))
    end
end
```

알고리듬 9.8 휴리스틱 검색은 초기 상태 s에서 깊이 d까지 m 시뮬레이션을 실행한다. 검색은 휴리스틱 초깃값 함수 Uhi에 의해 안내되며, 최적 값 함수의 상한인 경우 시뮬레이션 한계에서 최적으로 이어진다.

```
function (π::HeuristicSearch)(s)
    U = [π.Uhi(s) for s in π.𝒫.𝒮]
    for i in 1:π.m
        simulate!(π, U, s)
    end
    return greedy(π.𝒫, U, s).a
end
```

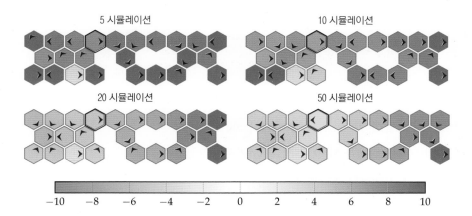

5 시뮬레이션 10 시뮬레이션 20 시뮬레이션 50 시뮬레이션

−10 −8 −6 −4 −2 0 2 4 6 8 10

▲ **그림 9.5** 휴리스틱 검색은 벨만 갱신으로 시뮬레이션을 실행해 육각 세계 문제에 대한 가치 함수를 개선해 초기 상태에서 정책을 얻는다. 여기서는 추가적으로 검은색 테두리가 표시된다. 이러한 시뮬레이션은 휴리스틱 $\overline{U}(s) = 10$을 사용해 깊이 8로 실행된다. 각 육각 해당 반복의 효용 함수 값에 따라 색상이 지정된다. 알고리듬이 결국 최적의 정책을 찾는 것을 볼 수 있다.

현재 상태가 해결될 때까지 값 갱신으로 시뮬레이션을 실행한다. 고정된 수의 반복을 실행하는 9.7절의 휴리스틱 검색과 달리 이 레이블 지정 프로세스는 상태 공간의 가장 중요한 영역에 계산 노력을 집중한다.

```
struct LabeledHeuristicSearch
    𝒫   # 문제
    Uhi # 가치 함수의 상한
    d   # 깊이
    δ   # 갭 임계치
end

function (π::LabeledHeuristicSearch)(s)
    U, solved = [π.Uhi(s) for s in π.𝒫.𝒮], Set()
    while s ∉ solved
        simulate!(π, U, solved, s)
    end
    return greedy(π.𝒫, U, s).a
end
```

알고리듬 9.9 현재 상태에서 시작해 현재 상태가 해결될 때까지 깊이 d까지 시뮬레이션을 실행하는 레이블된 휴리스틱 검색이다. 검색은 가치 함수 Uhi의 휴리스틱 상한선에 의해 안내되며 점점 더 많은 해결 상태 집합을 유지한다. 상태는 효용 잔차가 δ 아래로 떨어질 때 해결된 것으로 간주된다. 가치 함수 정책이 반환된다.

레이블된 휴리스틱 검색(알고리듬 9.10)의 시뮬레이션은 이전 절의 휴리스틱 검색과 유사하게 추정된 값 함수 U에 대해 그리디 정책을 따라 최대 깊이 d까지 실행하는 것으로 시작된다. 이전 시뮬레이션에서 해결된 것으로 표시된 상태에 도달하면 깊이 d 전에 시뮬레이션을 중지할 수 있다.

```
function simulate!(π::LabeledHeuristicSearch, U, solved, s)
    visited = []
    for d in 1:π.d
        if s ∈ solved
            break
        end
        push!(visited, s)
        a, u = greedy(π.𝒫, U, s)
        U[s] = u
        s = rand(π.𝒫.T(s, a))
    end
    while !isempty(visited)
        if label!(π, U, solved, pop!(visited))
            break
```

알고리듬 9.10 시뮬레이션은 현재 상태에서 최대 깊이 d까지 실행된다. 깊이 d에서 시뮬레이션을 중지하거나 solved 집합에 있는 상태를 만나면 중지한다. 시뮬레이션 후에 방문한 상태에서 역순으로 label!을 호출한다.

```
        end
      end
  end
```

각 시뮬레이션 후에는 역순으로 해당 시뮬레이션 중에 방문한 상태를 반복해 각 상태에서 레이블 지정 루틴을 수행하고 해결되지 않은 상태가 발견되면 중지한다. 레이블 지정 루틴(알고리듬 9.11)은 s의 그리디 엔벨로프$^{greedy \ envelope}$에서 상태를 검색하며, 그리디 엔벨로프는 U에 대한 그리디 정책하에서 s에서 도달할 수 있는 상태로 정의된다. s의 그리디 엔벨로프에 효용 잔차가 임계치 δ보다 큰 상태가 있는 경우 상태 s는 해결되지 않은 것으로 간주된다. 그러한 상태가 발견되지 않으면 s는 해결된 것으로 표시되며, s의 그리디 엔벨로프에 있는 모든 상태도 수렴해야 하므로 해결된 것으로 표시된다. 효용 잔차가 충분히 큰 상태가 발견되면 그리디 엔벨로프를 검색하는 동안 통과한 모든 상태의 효용이 갱신된다.

그림 9.6은 여러 가지 그리디 엔벨로프를 보여준다. 그림 9.7은 레이블된 휴리스틱 검색의 단일 반복으로 통과한 상태를 보여준다. 그림 9.8은 육각 세계 문제에 대한 휴리스틱 검색의 진행을 보여준다.

9.9 개방 루프 계획

9장에서 논의된 온라인 방법과 이전의 장들에서 논의된 오프라인 방법은 계획 프로세스에서 미래 상태 정보를 고려하는 폐쇄 루프 계획$^{closed-loop \ planning}$의 예다.[11] 종종 개방 루프 계획$^{open-loop \ planning}$은 미래 정보 획득에 대한 추론을 피함으로써 계산 효율성을 크게 향상시키면서 최적의 폐쇄 루프 계획에 대한 만족스러운 근삿값을 제공한다. 때때로 이 개방형 루프 계획 접근 방식을 모델 예측 제어$^{model \ predictive}$ ^{control}라고 한다.[12] 약해지는 기간 제어와 마찬가지로 모델 예측 제어는 현재 상태

[11] 이 맥락에서의 루프란 1.1절에서 소개된 관찰-행동 루프다.

[12] F. Borrelli, A. Bemporad, and M. Morari, *Predictive Control for Linear and Hybrid Systems*. Cambridge University Press, 2019.

에서 행동을 수행해 다음 상태로 전이하며 그다음을 계획하는 방법으로 개방 루프 계획을 해결한다. 개방 루프 계획은 깊이 d까지의 행동의 연속으로 나타낼 수 있다. 계획 프로세스는 최적화 문제로 축소된다.

$$\underset{a_{1:d}}{\text{maximize}} \quad U(a_{1:d}) \tag{9.3}$$

여기서 $U(a_{1:d})$는 일련의 작업 $a_{1:d}$를 실행할 때 기대 총 보상값이다. 응용 프로그램에 따라 이 최적화 문제는 볼록^{convex}이거나 볼록 근사$^{\text{convex approximation}}$에 적합할 수 있다. 즉 다양한 알고리듬을 사용해 신속하게 해결할 수 있다.[13] 방정식 (9.3)을 볼록 문제로 변환한다.

13 부록 A.6는 다음 문헌에서 볼록성을 살펴본다. S. Boyd and L. Vandenberghe, *Convex Optimization*. Cambridge University Press, 2004.

알고리듬 9.11 `label!` 함수는 효용 잔차가 임계치 δ를 초과하는 s의 그리디 엔벨로프에서 상태를 찾으려고 시도한다. `expand` 함수는 s의 그리디 엔벨로프를 계산하고 해당 상태에 임계치 이상의 효용 잔차가 있는지 여부를 알아낸다. 상태에 임계치를 초과하는 잔차가 있는 경우 엔벨로프에서 상태의 효용을 갱신한다. 그렇지 않으면 해결된 상태 집합에 엔벨로프를 추가한다.

```
function expand(π::LabeledHeuristicSearch, U, solved, s)
    𝒫, δ = π.𝒫, π.δ
    𝒮, 𝒜, T = 𝒫.𝒮, 𝒫.𝒜, 𝒫.T
    found, toexpand, envelope = false, Set(s), []
    while !isempty(toexpand)
        s = pop!(toexpand)
        push!(envelope, s)
        a, u = greedy(𝒜, U, s)
        if abs(U[s] - u) > δ
            found = true
        else
            for s' in 𝒮
                if T(s,a,s') > 0 && s' ∉ (solved ∪ envelope)
                    push!(toexpand, s')
                end
            end
        end
    end
    return (found, envelope)
end
```

```
function label!(π::LabeledHeuristicSearch, U, solved, s)
    if s ∈ solved
        return false
    end
    found, envelope = expand(π, U, solved, s)
    if found
        for s ∈ reverse(envelope)
            U[s] = greedy(π.𝒫, U, s).u
        end
    else
        union!(solved, envelope)
    end
    return found
end
```

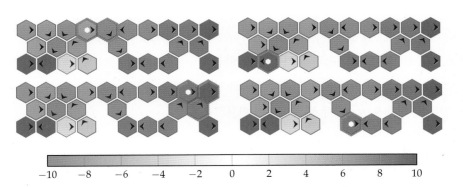

◀ **그림 9.6** 육각 세계 문제의 가치 함수에 대해 시각화된 여러 상태의 $\delta = 1$에 대한 그리디 엔벨로프. 가치 함수는 흰색 육각형 중심으로 표시된 초기 상태에서 최대 깊이 8까지 기본 휴리스틱 검색을 10회 반복해 얻었다. 회색 윤곽선으로 표시된 그리디 엔벨로프의 크기는 상태에 따라 크게 다를 수 있다.

◀ **그림 9.7** 레이블된 휴리스틱 검색의 단일 반복은 탐색 실행(화살표)과 레이블 지정(육각형 테두리)을 수행한다. 이 반복에서는 은닉 종료 상태와 육각형 테두리가 있는 상태의 두 가지 상태에만 레이블이 지정된다. 탐색 실행과 레이블 지정 단계는 모두 가치 함수를 갱신한다.

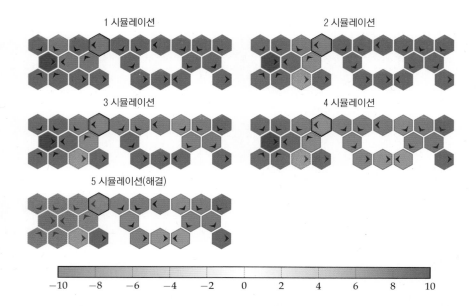

◀ **그림 9.8** $\delta = 1$ 및 휴리스틱 $\overline{U}(s) = 10$을 사용해 육각 세계 문제에 대한 휴리스틱 검색의 진행. 각 반복에서 해결된 상태는 회색으로 표시된다. 해결된 상태 집합는 최종 보상 상태에서 어두운 테두리가 있는 초기 상태로 다시 증가한다.

개방 루프 계획은 종종 폐쇄 루프 계획이 계산상 불가능한 고차원 공간에서 효과적인 의사결정 전략을 고안할 수 있게 해준다. 이러한 유형의 계획은 미래 정보를 고려하지 않음으로써 효율성을 얻는다. 예제 9.9는 개방 루프 계획이 확률론을 고려하더라도 잘못된 결정을 초래할 수 있는 간단한 예를 제공한다.

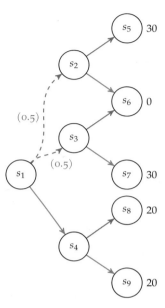

그림에 표시된 것처럼 초기 상태 s_1에서 시작하는 두 가지 결정 단계가 있는 9개 상태의 문제를 고려해보자. 결정을 내릴 때 상승(파란색 화살표)과 하락(녹색 화살표) 사이에서 판단해야 한다. 이러한 행동의 효과는 결정론적이다. 단, s_1에서 위로 올라가면 절반은 상태 s_2에 있고 나머지 절반은 상태 s_3에 있게 된다. 그림에 표시된 대로 상태 s_5 및 s_7에서 보상 30을 받고 상태 s_8 및 s_9에서 보상 20을 받는다.

정확히 (위쪽, 위쪽), (위쪽, 아래쪽), (아래쪽, 위쪽), (아래쪽, 아래쪽)의 네 가지 개방 루프 계획이 있다. 이 간단한 예제에서는 예상 효용을 쉽게 계산할 수 있다.

- U(위쪽, 위쪽) $= 0.5 \times 30 + 0.5 \times 0 = 15$
- U(위쪽, 아래쪽) $= 0.5 \times 0 + 0.5 \times 30 = 15$
- U(아래쪽, 위쪽) $= 20$
- U(아래쪽, 아래쪽) $= 20$

개방 루프 계획 집합에 따르면 예상 보상이 15가 아닌 20이기 때문에 s_1에서 아래쪽으로 선택하는 것이 가장 좋다.

반대로 폐쇄 루프 계획은 첫 번째 작업에서 관찰된 결과에 따라 다음 결정을 내릴 수 있다는 사실을 고려한다. s_1에서 위쪽으로 올라가기로 선택하면 s_2 또는 s_3에서 끝나는지에 따라 아래쪽 또는 위쪽으로 선택할 수 있으므로 30의 보상을 보장한다.

9.9.1 결정론적 모델 예측 제어

$U(a_{1:d})$를 최적화할 수 있도록 만드는 일반적인 근사는 결정론적 동역학을 가정하는 것이다.

$$\underset{a_{1:d}, s_{2:d}}{\text{maximize}} \quad \sum_{t=1}^{d} \gamma^t R(s_t, a_t) \tag{9.4}$$
$$\text{제약 조건} \quad s_{t+1} = T(s_t, a_t), \quad t \in 1:d-1$$

여기서 s_1은 현재 상태이고 $T(s, a)$는 상태 s에서 행동 a를 취한 결과 상태를 반환하는 결정론적 전이 함수다. 확률적 전이 함수에서 적합한 결정론적 전이 함수를 생성하기 위한 일반적인 전략은 가장 가능성이 높은 전이를 사용하는 것이다. 방정식 (9.4)의 동역학이 선형이고 보상 함수가 볼록하면 문제도 볼록이다.

예제 9.10은 장애물을 피하고 가속 노력을 최소화하면서 목표 상태로 이동하는 것과 관련된 인스턴스를 제공한다. 상태 공간과 행동 공간은 모두 연속적이며 1초 이내에 해를 찾을 수 있다. 모든 단계 후 다시 계획하면 확률 또는 예기치 않은 이벤트를 보상하는 데 도움이 될 수 있다. 예를 들어, 장애물이 움직이면 그림 9.9와 같이 계획을 재조정할 수 있다.

9.9.2 안정적 모델 예측 제어

결과 불확실성에 대한 안정성을 제공하기 위해 문제 식을 변경할 수 있다. 안정적 모델 예측 제어robust model predictive control 공식이 많이 있지만,[14] 그중 하나는 최악의 상태 전환이 주어진 상태에서 최상의 개방 루프 계획을 선택하는 것과 관련된다. 이 공식은 $T(s, a)$를 상태 s에서 행동 a를 취함으로써 발생할 수 있는 모든 가능한 상태로 구성된 불확실성 집합으로 정의한다. 즉 불확실성 집합은 분포 $T(s, a)$의 서포트support다. 최악의 상태 전이와 관련해 최적화하려면 방정식 (9.4)의 최적화

14 A. Bemporad and M. Morari, "Robust Model Predictive Control: A Survey," in *Robustness in Identification and Control*, A. Garulli, A. Tesi, and A. Vicino, eds., Springer, 1999, pp. 207–226.

문제를 최소 최대화 문제^{minimax problem}로 변환해야 한다.

$$\underset{a_{1:d}}{\text{maximize}} \quad \underset{s_{2:d}}{\text{minimize}} \sum_{t=1}^{d} \gamma^t R(s_t, a_t)$$

$$\text{제약 조건} \quad s_{t+1} \in T(s_t, a_t), \quad t \in 1:d-1 \tag{9.5}$$

이 문제에서 상태 s는 초기에 $[0, 0, 0, 0]$으로 설정된 s와 함께 2차원 속도 벡터와 연결된 에이전트의 2차원 위치를 나타낸다. 행동 a는 각 구성 요소가 1과 -1 사이어야 하는 가속 벡터다. 각 단계에서 행동을 사용해 속도를 갱신하고 속도를 사용해 위치를 갱신한다. 여기서의 목표는 $\mathbf{s}_{\text{goal}} = [10, 10, 0, 0]$인 목표 상태에 도달하는 것이다. 할인 없이 최대 $d = 10$ 단계를 계획한다. 각 단계마다 가속 노력을 최소화하기 위해 $\|\mathbf{a}_t\|_2^2$의 비용을 누적한다. 마지막 단계에서는 $100\|\mathbf{s}_d - \mathbf{s}_{\text{goal}}\|_2^2$의 페널티로 가능한 한 목표 상태에 가까워지기를 원한다. 또한 $[3, 4]$를 중심으로 한 반경이 2인 원형 장애물을 피해야 한다. 이 문제를 다음과 같이 공식화하고 계획에서 첫 번째 작업을 추출할 수 있다.

```
model = Model(Ipopt.Optimizer)
d = 10
current_state = zeros(4)
goal = [10,10,0,0]
obstacle = [3,4]
@variables model begin
    s[1:4, 1:d]
    -1 ≤ a[1:2,1:d] ≤ 1
end
# 속도 갱신
@constraint(model, [i=2:d,j=1:2], s[2+j,i] == s[2+j,i-1] + a[j,i-1])
# 위치 갱신
@constraint(model, [i=2:d,j=1:2], s[j,i] == s[j,i-1] + s[2+j,i-1])
```

예제 9.10 결정론적 환경에서 개방 루프 계획. 원형 장애물 주변의 경로를 찾으려고 한다. 이 구현은 Ipopt 솔버(solver)에 대한 `JuMP.jl` 인터페이스를 사용한다. A. Wächter and L. T. Biegler, "On the Implementation of an Interior-Point Filter Line-Search Algorithm for Large-Scale Nonlinear Programming," *Mathematical Programming*, vol. 106, no. 1, pp. 25–57, 2005.

```
# 최초 조건
@constraint(model, s[:,1] .== current_state)
# 장애물
@constraint(model, [i=1:d], sum((s[1:2,i] - obstacle).^2) ≥ 4)
@objective(model, Min, 100*sum((s[:,d] - goal).^2) + sum(a.^2))
optimize!(model)
action = value.(a[:,1])
```

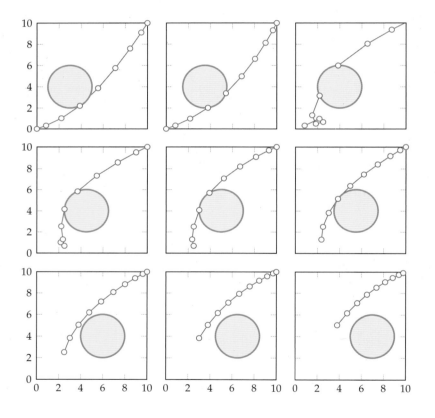

◀ **그림 9.9** 예제 9.10의 문제에 움직이는 장애물이 추가된 모델 예측 제어가 적용됐다. 순서는 왼쪽에서 오른쪽으로, 위쪽에서 아래쪽으로 진행된다. 처음에는 장애물의 오른쪽으로 통과하는 계획이 있지만 세 번째 셀에서는 마음을 바꾸고 왼쪽으로 통과해야 함을 알 수 있다. 최소한의 노력으로 속도 벡터를 적절하게 조정하기 위해 조금 움직여야 한다. 물론 계획 프로세스가 장애물이 특정 방향으로 움직이고 있다는 것을 알았다면 더 나은 경로(효용 기능 측면에서)를 만들 수 있었을 것이다.

불행하게도 이 공식은 극도로 보수적인 동작을 초래할 수 있다. 예제 9.10을 장애물 움직임의 불확실성을 모델링하는 데 적용하면 상대적으로 짧은 기간으로 계획할 때에도 불확실성의 누적이 상당히 커질 수 있다. 불확실성의 누적을 줄이는 한 가지 방법은 확률 질량의 95%만 포함하도록 $T(s, a)$에 의해 설정된 불확실성을 제한하는 것이다. 이 접근법의 또 다른 문제는 minimax 최적화 문제가 종종 볼록하지 않고 해결하기 어렵다는 것이다.

9.9.3 다중 예상 모델 예측 제어

방정식 (9.5)의 최소 최대화 문제 내에서 계산 문제를 해결하는 한 가지 방법은 m 예측 시나리오를 사용하는 것이다. 각 시나리오는 고유한 결정론적 전이 함수를 따르는 것이다.[15] 이런 종류의 다중 예상 모델 예측 제어multiforecast model predictive control에 대한 다양한 공식이 있으며 이는 사후 확인 최적화hindsight optimization 형식이다.[16] 일반적인 접근 방식 중 하나는 결정론적 전이 함수가 단계 k, $T_i(s, a, k)$에 따라 달라지도록 하는 것이다. 이는 상태 공간을 확장해 깊이도 포함하도록 하는 것과 동일하다. 예제 9.11은 선형 가우시안 모델에 대해 이 작업을 수행하는 방법을 보여준다.

15 Garatti and M. C. Campi, "Modulating Robustness in Control Design: Principles and Algorithms," *IEEE Control Systems Mag azine*, vol. 33, no. 2, pp. 36–51, 2013.

16 이 방식은 사후에야 알 수 있는 행동 결과에 대한 지식을 사용해 최적화하는 해를 나타내기 때문에 사후 확인 최적화(hindsight optimization)라고 한다. E. K. P. Chong, R. L. Givan, and H. S. Chang, "A Framework for Simulation-Based Network Control via Hindsight Optimization," in *IEEE Conference on Decision and Control (CDC)*, 2000.

예제 9.11 다중 예상 모델 예측 제어에서 선형 가우시안 전환 역학 모델링

선형 가우스 동역학에 대한 문제가 있다고 가정하자.

$$T(\mathbf{s'} \mid \mathbf{s}, \mathbf{a}) = \mathcal{N}(\mathbf{T}_s\mathbf{s} + \mathbf{T}_a\mathbf{a}, \mathbf{\Sigma})$$

그림 9.9의 문제는 불확실성이 없는 선형이지만 장애물이 각 단계에서 가우시안 분포에 따라 이동하도록 허용하면 역학은 선형 가우시안이 된다. 각각 d 단계로 구성된 m 예측 시나리오 집합를 사용해 역학을 근사화할 수 있다. $m \times d$ 샘플 $\epsilon_{ik} \sim \mathcal{N}(\mathbf{0}, \mathbf{\Sigma})$를 끌어와 결정론적 전이 함수를 정의할 수 있다.

$$T_i(\mathbf{s}, \mathbf{a}, k) = \mathbf{T}_s\mathbf{s} + \mathbf{T}_a\mathbf{a} + \epsilon_{ik}$$

우리는 최악의 샘플링 시나리오에 대한 최상의 행동 시퀀스를 찾고자 한다.

$$\underset{a_{1:d}}{\text{maximize}} \quad \underset{i,\, s_{2:d}}{\text{minimize}} \sum_{k=1}^{d} \gamma^k R(s_k, a_k) \tag{9.6}$$

$$\text{제약 조건} \quad s_{k+1} = T_i(s_k, a_k, k), \quad k \in 1:d-1$$

이 문제는 원래의 안정적 문제보다 해결하기가 훨씬 쉬울 수 있다.

평균 사례를 최적화하기 위해 다중 예상 접근 방식을 사용할 수도 있다.[17] 공식은 최소화를 기댓값으로 대체하고 다른 시나리오에 대해 다른 행동 순서를 취할 수 있다는 점을 제외하고는 방정식 (9.6)과 유사하다. 그리고 첫 번째 행동은 다음 사항을 따라야 한다.

17 이 방법은 다음 문헌에서 전력 흐름 정책의 최적화에 사용됐다. N. Moehle, E. Busseti, S. Boyd, and M. Wytock, "Dynamic Energy Management," in *Large Scale Optimization in Supply Chains and Smart Manufacturing*, Springer, 2019, pp. 69-126.

$$\underset{a_{1:d}^{(1:m)},\, s_{2:d}^{(i)}}{\text{maximize}} \quad \frac{1}{m} \sum_{i=1}^{m} \sum_{k=1}^{d} \gamma^k R(s_k^{(i)}, a_k^{(i)}) \tag{9.7}$$

$$\text{제약 조건} \quad s_{k+1}^{(i)} = T_i(s_k^{(i)}, a_k^{(i)}, k), \quad k \in 1:d-1, i \in 1:m$$

$$a_1^{(i)} = a_1^{(j)}, \qquad\qquad i \in 1:m, j \in 1:m$$

이 공식은 지나치게 보수적이지 않으면서 안정적 동작을 생성하는 동시에 계산상의 취급 용이성을 유지할 수 있다. 방정식 (9.6)과 (9.7)의 두 공식은 추가 계산 비용을 들여 예측 시나리오 m의 수를 늘림으로써 더 안정적으로 만들 수 있다.

9.10 요약

- 온라인 방법은 현재 상태로부터 계획하며 도달 가능한 상태에 대한 계산에 중점을 둔다.
- 약해지는 기간 계획에는 특정 계획을 수립한 다음 각 단계에서 다시 계획하는 작업이 포함된다.

- 롤아웃을 통한 예측은 롤아웃 정책의 시뮬레이션을 사용해 추정된 값과 관련해 그리디로 행동하는 것이다. 다른 알고리듬에 비해 계산적으로 효율적이지만 성능에 대한 보장은 없다.
- 순방향 검색은 특정 깊이까지의 모든 상태-행동 전이를 고려하므로 상태 수와 행동 수 모두에서 기하급수적으로 증가하는 계산 복잡성도가 발생한다.
- 분기 및 제한은 상한과 하한 함수를 사용해 기대에서 더 나은 결과로 이어지지 않는 검색 트리 부분을 가지치기한다.
- 희소 샘플링은 모든 검색 노드에서 샘플링된 전이 수를 제한해 상태 수의 기하급수적 복잡도를 방지한다.
- 몬테 카를로 트리 검색은 탐색과 착취의 균형을 이루는 조치를 취해 검색 공간 중 유력한 영역으로 검색을 안내한다.
- 휴리스틱 검색은 예측을 사용해 도중에 갱신되는 가치 함수와 관련해 그리디 정책의 시뮬레이션을 실행한다.
- 레이블된 휴리스틱 검색은 값이 수렴된 상태를 재평가하지 않음으로써 계산을 줄인다.
- 개방 루프 계획은 최상의 가능한 일련의 작업을 찾는 것을 목표로 하며 최적화 문제가 볼록일 경우 계산상 효율적일 수 있다.

9.11 연습 문제

연습 9.1 분기 및 제한의 최악의 계산 복잡도가 순방향 검색과 동일한 이유는 무엇인가?

해답: 최악의 경우 분기 및 제한은 가지치기되지 않으므로 순방향 검색과 동일한 복잡도로 동일한 검색 트리를 순회하게 된다.

연습 9.2 두 가지 허용 가능한 휴리스틱 h_1과 h_2가 주어지면 휴리스틱 검색에서 둘 다 어떻게 사용할 수 있나?

해답: 새로운 휴리스틱 $h(s) = \min\{h_1(s), h_2(s)\}$를 생성하고 대신 사용하라. 이 새로운 휴리스틱은 허용 가능하도록 인정되며 h_1 또는 h_2보다 나쁜 경계가 될 수 없다. $h_1(s) \geq U^*(s)$와 $h_2(s) \geq U^*(s)$는 모두 $h(s) \geq U^*(s)$를 암시한다.

연습 9.3 2개의 인정되지 않는 휴리스틱 h_1 및 h_2가 주어지면 휴리스틱 검색에서 둘 다 사용할 수 있는 방법을 설명하라.

해법: 잠재적으로 허용 가능하거나 '덜 허용되지 않는' 휴리스틱을 얻기 위해 새로운 휴리스틱 $h_3(s) = \max(h_1(s), h_2(s))$를 정의할 수 있다. 수렴하는 데 더 느릴 수 있지만 더 나은 해를 놓치지 않을 가능성이 더 높을 수 있다.

연습 9.4 상태 공간이 있는 이산 MDP가 있고 깊이 d까지 순방향 검색을 수행하려고 한다고 가정하자. 계산 제약과 깊이 d로 시뮬레이션해야 하는 요구 사항으로 인해 원래 상태 공간 $\mathcal{S}$과 행동 공간 $\mathcal{A}$을 덜 조밀한 규모 $|\mathcal{S}'| < |\mathcal{S}|$와 $|\mathcal{A}'| < |\mathcal{A}|$로 재이산화해 새롭고 더 작은 상태 공간과 행동 공간을 생성하기로 결정했다. 원래 상태 및 행동 공간의 관점에서, 순방향 검색의 계산 복잡도를 원래 상태 및 행동 공간의 크기와 관련해 깊이 불변, 즉 $O(|\mathcal{S}||\mathcal{A}|)$로 만들기 위해서는 새로운 상태 및 행동 공간의 크기는 얼마가 돼야 하나?

해법: 다음이 필요하다.

$$|\mathcal{S}'| = |\mathcal{S}|^{\frac{1}{d}} \;\; \text{그리고} \;\; |\mathcal{A}'| = |\mathcal{A}|^{\frac{1}{d}}$$

이로 인해 다음과 같은 복잡도가 발생한다.

$$O\left(|\mathcal{S}'|^d |\mathcal{A}'|^d\right) = O\left(\left(|\mathcal{S}|^{\frac{1}{d}}\right)^d \left(|\mathcal{A}|^{\frac{1}{d}}\right)^d\right) = O(|\mathcal{S}||\mathcal{A}|)$$

연습 9.5 이전 연습을 바탕으로 이제 모든 원래 행동을 행동 공간에 유지하고 상태 공간만 재분할하려고 한다고 가정하자. 새로운 상태 공간의 크기는 순방향 검색의 계산 복잡도를 원래 상태 및 행동 공간의 크기와 관련해 대략적으로 깊이 불변으로 만들기 위해 무엇이 필요한가?

해답: 순방향 검색의 계산 복잡도는 $O\big((|\mathcal{S}||\mathcal{A}|)^d\big)$다. 이는 $O\big(|\mathcal{S}|^d|\mathcal{A}|^d\big)$로도 쓸 수 있다. 따라서 원래 상태 공간과 행동 공간의 크기에 대해 대략적으로 깊이 불변인 순방향 검색으로 이어지는 덜 조밀한 상태 공간을 위해서는 다음이 필요하다.

$$|\mathcal{S}'| = \left(\frac{|\mathcal{S}|}{|\mathcal{A}|^{d-1}} \right)^{\frac{1}{d}}$$

이는 다음과 같다.

$$O\left(|\mathcal{S}'|^d|\mathcal{A}'|^d\right) = O\left(\left[\left(\frac{|\mathcal{S}|}{|\mathcal{A}|^{d-1}} \right)^{\frac{1}{d}} \right]^d |\mathcal{A}|^d \right) = O\left(|\mathcal{S}| \frac{|\mathcal{A}|^d}{|\mathcal{A}|^{d-1}} \right) = O(|\mathcal{S}||\mathcal{A}|)$$

연습 9.6 행동 공간의 순서를 변경하면 순방향 검색이 다른 행동을 취하게 되는가? 행동 공간의 순서를 변경하면 분기와 제한이 다른 행동을 취하게 되는가? 행동 공간의 순서가 분기 및 제한에 의해 방문되는 상태 수에 영향을 줄 수 있는가?

해답: 순방향 검색은 가능한 모든 향후 행동을 열거한다. 예상 효용에 동률이 있는 경우 다른 행동을 반환할 수 있다. 분기 및 제한은 상한을 기준으로 정렬해 순방향 검색과 동일한 최적성을 보장한다. 행동 공간의 순서는 상한이 둘 이상의 행동에 대해 동일한 예상 값을 생성할 때 분기 및 제한의 방문 비율에 영향을 미칠 수 있다. 다음 그림에서는 예제 9.2에서 수정된 산악 차량 문제에 대한 이 효과를 보여준다. 그림은 순방향 검색에서 방문한 상태 수를 분기의 상태 수와 비교하고 깊이 6에 대한 다른 작업 순서에 대해 제한한다. 분기 및 제한은 순방향 검색보다 지속적으로 훨씬 적은 수의 상태를 방문하지만 행동 순서는 여전히 상태 방문에 영

향을 줄 수 있다.

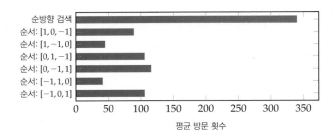

연습 9.7 $m = |\mathcal{S}|$인 희소 샘플링은 순방향 탐색과 동일한가?

해답: 아니다. 계산 복잡도는 $O(|\mathcal{S}|^d|\mathcal{A}|^d)$로 동일하지만 순방향 검색은 상태 공간의 모든 상태에서 분기되는 반면 희소 샘플링은 |S|개의 무작위 샘플 상태에서 분기된다.

연습 9.8 $|\mathcal{S}| = 10$, $|\mathcal{A}| = 3$이고 모든 s와 a에 대해 균등 전이 분포 $T(s' \mid s, a) = 1/|\mathcal{S}|$인 MDP가 있다. 깊이 $d = 1$인 $m = |\mathcal{S}|$개의 희소 샘플링이 $d = 1$인 순방향에 의해 생성된 정확히 동일한 검색 트리를 생성할 확률은 얼마인가?

해답: 순방향 검색 및 희소 샘플링 모두에 대해 현재 상태 노드의 모든 작업에서 분기한다. 순방향 검색의 경우 이러한 각 행동 노드에서 모든 상태로 분기하고, 희소 샘플링의 경우 $m = |\mathcal{S}|$개 샘플링된 상태로 분기한다. 이러한 샘플링된 상태가 상태 공간과 정확히 같으면 해당 작업 분기는 순방향 검색에서 생성된 분기와 동일하다. 따라서 단일 작업 분기의 경우 다음과 같다.

첫 번째 상태가 고유할 확률 $\qquad\qquad\qquad\qquad\qquad\qquad\qquad \dfrac{10}{10}$

두 번째 상태가 고유할 확률(첫 번째 상태와 같지 않음) $\qquad\qquad \dfrac{9}{10}$

세 번째 상태가 고유할 확률(첫 번째 또는 두 번째 상태와 같지 않음) $\quad \dfrac{8}{10}$

$\qquad\qquad \vdots \qquad\qquad\qquad\qquad\qquad\qquad\qquad\qquad\qquad\qquad \vdots$

샘플링된 각 상태는 독립이므로 상태 공간의 모든 고유한 상태가 확률로 선택될 확률이 높아진다.

$$\frac{10 \times 9 \times 8 \times \cdots}{10 \times 10 \times 10 \times \cdots} = \frac{10!}{10^{10}} \approx 0.000363$$

서로 다른 행동 분기에서 샘플링된 각 상태는 독립적이므로 세 가지 행동 분기 모두 상태 공간에서 고유한 상태를 샘플링할 확률은 다음과 같다.

$$\left(\frac{10!}{10^{10}}\right)^3 \approx (0.000363)^3 \approx 4.78 \times 10^{-11}$$

연습 9.9 $Q(s, a)$ 및 $N(s, a)$의 다음 표가 주어지면 방정식 (9.1)의 신뢰 상한을 사용해 탐색 매개 변수 $c_1 = 10$ 및 $c_2 = 20$에 대해 다시 각 상태에 대한 MCTS 순회 행동을 계산하라.

	$Q(s, a_1)$	$Q(s, a_2)$		$N(s, a_1)$	$N(s, a_2)$
s_1	10	−5	s_1	27	4
s_2	12	10	s_2	32	18

해답: 첫 번째 탐색 매개 변수 $c_1 = 10$에 대해 각 상태-작업 쌍의 신뢰 상한을 표로 만들고 각 상태에 대한 경계를 최대화하는 작업을 선택한다.

	$UCB(s, a_1)$	$UCB(s, a_2)$	$\arg\max_a UCB(s, a)$
s_1	$10 + 10\sqrt{\frac{\log 31}{27}} \approx 13.566$	$-5 + 10\sqrt{\frac{\log 31}{4}} \approx 4.266$	a_1
s_2	$12 + 10\sqrt{\frac{\log 50}{32}} \approx 15.496$	$10 + 10\sqrt{\frac{\log 50}{18}} \approx 14.662$	a_1

그리고 $c_2 = 20$에 대해서는 다음과 같다.

	$UCB(s, a_1)$	$UCB(s, a_2)$	$\arg\max_a UCB(s, a)$
s_1	$10 + 20\sqrt{\frac{\log 31}{27}} \approx 17.133$	$-5 + 20\sqrt{\frac{\log 31}{4}} \approx 13.531$	a_1
s_2	$12 + 20\sqrt{\frac{\log 50}{32}} \approx 18.993$	$10 + 20\sqrt{\frac{\log 50}{18}} \approx 19.324$	a_2

10

정책 검색

정책 검색^{policy search}은 가치 함수를 직접 계산하지 않고 정책 공간을 검색하는 것이다. 정책 공간은 종종 상태 공간보다 차원이 낮으므로 더 효율적으로 검색할 수 있다. 정책 최적화는 효용을 최대화하기 위해 **매개 변수화된 정책**^{parameterized policy}의 매개 변수를 최적화한다. 이 매개 변수화된 정책은 신경망, 의사결정 트리, 컴퓨터 프로그램과 같은 다양한 형태를 취할 수 있다. 10장은 초기 상태 분포가 주어진 정책의 가치를 추정하는 방법을 논의하는 것부터 알아본다. 그런 다음 정책 그래디언트 추정값을 사용하지 않는 검색 방법에 대해 살펴보고 11장에서 그래디언트 기법을 저장한다. 지역 검색이 실제로는 매우 효과적일 수 있지만 지역 최적화를 피할 수 있는 몇 가지 대안적 최적화 접근법에 대해서도 논의할 것이다.[1]

1 여러 가지 다른 최적 기법은 다음 문헌을 참고하라. M. J. Kochenderfer and T. A. Wheeler, *Algorithms for Optimization*. MIT Press, 2019.

10.1 근사 정책 평가

7.2절에서 소개한 바와 같이 상태 s에서 정책 π를 따를 때 예상 할인 총보상을 계산할 수 있다. 이 예상 할인 총보상 $U^{\pi}(s)$는 반복적으로(알고리듬 7.3) 또는 상태 공간이 불연속적이고 상대적으로 작을 때 행렬 연산을 통해(알고리듬 7.4) 계산할 수 있다. 이 결과를 사용해 π의 예상 할인 총보상을 초기 상태 분포 $b(s)$를 가정하면 계산할 수 있다.

$$U(\pi) = \sum_s b(s) U^{\pi}(s) \tag{10.1}$$

여기서는 10장 전체에서 이 $U(\pi)$의 정의를 사용할 것이다. 그러나 상태 공간이 크거나 연속적일 때 $U(\pi)$를 정확히 계산할 수 없는 경우가 많다. 대신 π를 따를 때의 상태, 행동, 보상으로 이뤄진 궤적^{trajectory}을 샘플링하면 $U(\pi)$를 근사할 수 있다. $U(\pi)$의 정의는 다음과 같이 다시 쓸 수 있다.

$$U(\pi) = \mathbb{E}_\tau[R(\tau)] = \int p_\pi(\tau) R(\tau) \, d\tau \tag{10.2}$$

여기서 $p_\pi(\tau)$는 초기 상태 분포 b에서 시작해 정책 π를 따를 때 궤적 τ와 관련된 확률 밀도다. 궤적 보상$^{\text{trajectory reward}}$ $R(\tau)$은 τ와 관련된 할인된 총 보상이다. 그림 10.1은 초기 상태 분포에서 샘플링된 궤적 측면에서 $U(\pi)$의 계산을 보여준다.

몬테 카를로 정책 평가(알고리듬 10.1)에는 π의 m개 궤적 롤아웃을 갖는 근사 방정식이 포함된다.

$$U(\pi) \approx \frac{1}{m} \sum_{i=1}^{m} R(\tau^{(i)}) \tag{10.3}$$

여기서 $\tau^{(i)}$는 i번째 궤적 샘플이다.

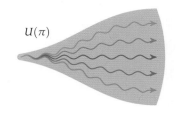

$U(\pi)$

▲ **그림 10.1** 초기 상태 분포의 정책과 관련된 효용은 주어진 정책에 따라 가능한 모든 궤적과 관련된 총 보상에서 계산되며 우도에 따라 가중치가 부여된다.

알고리듬 10.1 π 정책의 몬테 카를로 정책 평가. 이 방법은 문제 𝒫에 의해 지정된 역학에 따라 m번 롤아웃을 깊이 d로 실행한다. 각 롤아웃은 상태 분포 b에서 샘플링된 초기 상태에서 실행된다. 이 알고리듬 블록의 마지막 줄은 θ로 매개 변수화된 정책 π를 평가한다. 이 정책은 U를 최대화하는 θ 값을 찾으려는 10장의 알고리듬에 유용하다.

```
struct MonteCarloPolicyEvaluation
    𝒫 # 문제
    b # 초기 상태 분포
    d # 깊이
    m # 샘플 개수
end

function (U::MonteCarloPolicyEvaluation)(π)
    R(π) = rollout(U.𝒫, rand(U.b), π, U.d)
    return mean(R(π) for i = 1:U.m)
end

(U::MonteCarloPolicyEvaluation)(π, θ) = U(s->π(θ, s))
```

몬테 카를로 정책 평가는 확률론적이다. 동일한 정책을 사용해 방정식 (10.1)을 여러 번 평가하면 다른 추정값이 나올 수 있다. 롤아웃 수를 늘리면 그림 10.2와 같이 평가의 분산이 줄어든다.

π_θ를 사용해 θ로 매개 변수화된 정책을 표기한다. 편의상 모호하지 않은 경우 $U(\pi_\theta)$의 약자로 $U(\theta)$를 사용한다. 매개 변수 θ는 벡터 또는 다른 더 복잡한 표현일 수 있다. 예를 들어, 특정 구조의 신경망을 사용해 정책을 표현하고 싶을 수 있다. θ를 사용해 네트워크의 가중치를 나타낸다. 많은 최적화 알고리듬은 θ가 고정된 구성 요소를 가진 벡터라고 가정한다.

다른 최적화 알고리듬은 결정 트리 또는 계산식과 같은 표현을 포함해 보다 유연한 표현을 허용한다.[2]

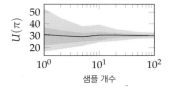

▲ 그림 10.2 카트-폴(cart-pole) 문제에 대한 균등 무작위 정책의 몬테 카를로 정책 평가에 대한 깊이 및 샘플 수의 효과 (부록 F.3). 샘플 수가 증가함에 따라 분산이 감소한다. 파란색 영역은 $U(\pi)$의 5~95% 및 25~75% 경험적 분위수를 나타낸다.

2 여기에서는 식에 대해 논의하지는 않지만 일부는 ExprOptimization.jl에서 구현된다.

10.2 지역 검색

최적화에 대한 일반적인 접근 방식은 초기 매개 변수화로 시작해 수렴이 발생할 때까지 검색 공간에서 이웃 간에 점진적으로 이동하는 지역 검색이다. 베이지안 점수와 관련해 베이지안 네트워크 구조를 최적화하는 맥락에서 5장에서 이러한 유형의 접근 방식에 대해 논의했었다. 여기에서는 θ로 매개 변수화된 정책을 최적화하고 있다. 여기서는 $U(\theta)$를 최대화하는 θ 값을 찾으려고 한다.

많은 지역 검색 알고리듬이 있지만 10.2절에서는 후크-지브스$^{Hooke\text{-}Jeeves}$ 방법(알고리듬 10.2)에 중점을 둘 것이다.[3] 이 알고리듬은 정책이 n차원 벡터 θ로 매개 변수화된다고 가정한다. 알고리듬은 현재 θ에서 각 좌표 방향으로 α 단계를 취한다. 이 $2n$ 포인트 크기는 θ의 이웃에 해당한다. 정책에 대한 개선 사항이 발견되지 않으면 단계 크기 α가 일부 요인에 의해 감소한다. 개선 사항이 발견되면 가장 좋은 지점으로 이동한다. 이 과정은 α가 임계치 $\epsilon > 0$ 아래로 떨어질 때까지 계속된다. 정책 최적화와 관련된 예는 예 10.1에 제공되며 그림 10.3은 이 프로세스를 보여준다.

3 R. Hooke and T. A. Jeeves, "Direct Search Solution of Numerical and Statistical Problems," *Journal of the ACM (JACM)*, vol. 8, no. 2, pp. 212 – 229, 1961.

10.3 유전자 알고리듬

후크-지브스 기법과 같은 지역 검색 알고리듬의 잠재적인 문제는 최적화가 지역 최적값에 갇힐 수 있다는 것이다. 다양한 접근 방식을 통해 매개 변수 공간에서 점 샘플로 구성된 모집단을 유지하고, 목적 함수와 관련해 병렬로 평가한 다음 모집단을 전역 최적으로 유도하기 위해 어떤 방식으로든 재결합할 수 있다. 유전자 알고리듬은 생물학적 진화에서 영감을 얻은 그러한 접근법 중 하나다.[4] 이 방법은 일반적인 최적화 방법이지만 정책을 최적화하는 맥락에서 성공적이었다. 예를 들어, 이 접근 방식은 정책 매개 변수가 신경망의 가중치에 해당하는 아타리^{Atari} 비디오 게임의 정책을 최적화하는 데 사용됐다.[5]

4 D. E. Goldberg, *Genetic Algorithms in Search, Optimization, and Machine Learning*. Addison-Wesley, 1989.

5 F. P. Such, V. Madhavan, E. Conti, J. Lehman, K. O. Stanley, and J. Clune, "Deep Neuroevolution: Genetic Algorithms Are a Competitive Alternative for Training Deep Neural Networks for Reinforcement Learning," 2017. arXiv: 171 2.06567v3. 10.3절에서의 구현은 상대적으로 간단한 공식을 따랐다. 공식은 매개 변수를 모집단에 걸쳐 혼합하는데 사용하는 크로스오버(crossover)는 포함하지 않는다.

```
struct HookeJeevesPolicySearch
    θ # 초기 매개 변수화
    α # 단계 크기
    c # 단계 크기 축소 요인
    ε # 종료 단계 크기
end

function optimize(M::HookeJeevesPolicySearch, π, U)
    θ, θ′, α, c, ε = copy(M.θ), similar(M.θ), M.α, M.c, M.ε
    u, n = U(π, θ), length(θ)
    while α > ε
        copyto!(θ′, θ)
        best = (i=0, sgn=0, u=u)
        for i in 1:n
            for sgn in (-1,1)
                θ′[i] = θ[i] + sgn*α
                u′ = U(π, θ′)
                if u′ > best.u
                    best = (i=i, sgn=sgn, u=u′)
                end
            end
            θ′[i] = θ[i]
        end
        if best.i != 0
            θ[best.i] += best.sgn*α
            u = best.u
        else
            α *= c
        end
    end
    return θ
end
```

알고리듬 10.2 U에 대해 최적화된 θ를 반환하는 후크-지브스 방법을 사용한 정책 검색. 정책 π는 매개 변수 θ와 상태 s를 입력으로 받는다. 이 구현은 θ의 초깃값으로 시작한다. 단계 크기 α는 이웃이 목적 함수를 개선하지 않는 경우 인수 c만큼 감소한다. 단계 크기가 ε보다 작아질 때까지 반복이 실행된다.

부록 F.5에 설명된 단순 규제 문제에 대한 정책을 최적화하려고 한다고 가정
한다. 행동이 다음에 따라 생성되도록 θ로 매개 변수화된 확률적 정책 π를 정
의한다.

$$a \sim \mathcal{N}(\theta_1 s, (|\theta_2| + 10^{-5})^2) \tag{10.4}$$

다음 코드는 매개 변수화된 확률적 정책 π, 평가 함수 U, 기법 M을 정의한다.
그런 다음 θ에 대해 최적화된 값을 반환하는 optimize(M, π, U)를 호출한다.
이 경우 후크-지브스 방법을 사용하지만 10장에서 설명하는 다른 방법을 대
신 M으로 전달할 수 있다.

```
function π(θ, s)
    return rand(Normal(θ[1]*s, abs(θ[2]) + 0.00001))
end
b, d, n_rollouts = Normal(0.3,0.1), 10, 3
U = MonteCarloPolicyEvaluation(𝒫, b, d, n_rollouts)
θ, α, c, ε = [0.0,1.0], 0.75, 0.75, 0.01
M = HookeJeevesPolicySearch(θ, α, c, ε)
θ = optimize(M, π, U)
```

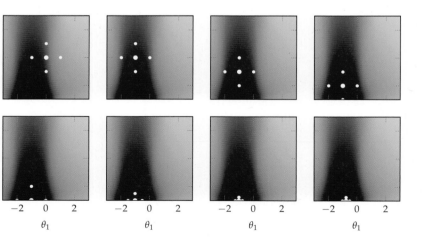

◀ **그림 10.3** 후크-지브스 기법은 예
제 10.1에서 논의된 간단한 레귤레이터
(regulator) 문제에서 정책을 최적화하는
데 적용됐다. 각 반복에서의 평가는 흰색
점으로 표시된다. 반복은 왼쪽에서 오른
쪽으로, 위에서 아래로 진행되며 배경은
기대되는 효용에 따라 색상이 지정된다.
노란색은 낮은 효용을 나타내고 진한 파
란색은 높은 효용을 나타낸다.

이 기법의 단순 버전(알고리듬 10.3)은 m개의 랜덤 매개 변수화, $\theta^{(1)}, \ldots, \theta^{(m)}$에서 시작한다. 모집단의 각 샘플 i에 대해 $U(\theta^{(i)})$를 계산한다. 이러한 평가에는 잠재적으로 많은 롤아웃 시뮬레이션이 포함돼 계산 비용이 많이 들기 때문에 병렬로 실행되는 경우가 많다. 이러한 평가는 U에 따른 최고의 m_{elite} 샘플인 엘리트 elite 샘플을 식별하는 데 도움이 된다.

다음 반복 시 모집단은 $m-1$개의 매개 변수를 반복적으로 랜덤 엘리트 샘플 θ를 선택하고, 이를 등방성 가우시안 노이즈$^{isotropic\ Gaussian\ noise}$ $\theta + \sigma\epsilon$로 교란해 생성된다. 여기서 $\epsilon \sim \mathcal{N}(\mathbf{0}, \mathbf{I})$이다. 교란되지 않은 최상의 매개 변수화가 m번째 샘플에 포함된다. 평가에는 확률적 롤아웃이 포함되기 때문에 이 알고리듬의 변형에는 어떤 엘리트 샘플이 진정으로 최고인지 식별하는 데 도움이 되는 추가 롤아웃 실행이 포함될 수 있다. 그림 10.4는 샘플 문제에서 이 접근법의 여러 반복 또는 세대^{generation}를 보여준다.

```
struct GeneticPolicySearch
    θs       # 최초 모집단
    σ        # 최초 표준편차
    m_elite  # 엘리트 샘플 수
    k_max    # 반복 횟수
end

function optimize(M::GeneticPolicySearch, π, U)
    θs, σ = M.θs, M.σ
    n, m = length(first(θs)), length(θs)
    for k in 1:M.k_max
        us = [U(π, θ) for θ in θs]
        sp = sortperm(us, rev=true)
        θ_best = θs[sp[1]]
        rand_elite() = θs[sp[rand(1:M.m_elite)]]
        θs = [rand_elite() + σ.*randn(n) for i in 1:(m-1)]
        push!(θs, θ_best)
    end
    return last(θs)
end
```

알고리듬 10.3 정책 평가 함수 U, 정책 π(θ, s), 교란 표준 편차 σ, 엘리트 샘플 수 m_elite, 반복 수 k_max를 취하는 정책 매개 변수화 모집단 θs를 반복적으로 갱신하기 위한 유전자 정책 검색 방법. 각 반복의 최상의 m_elite 샘플은 후속 반복을 위한 샘플을 생성하는 데 사용된다.

10.4 교차 엔트로피 방법

교차 엔트로피 방법^{cross entropy method}(알고리듬 10.4)은 각 반복에서 정책의 매개 변수화된 공간에 대한 검색 분포^{search distribution} 갱신을 포함한다.[6] 이 검색 분포 $p(\theta \mid \psi)$는 ψ로 매개 변수화한다.[7] 이 분포는 어떤 계열이든 상관없지만 대개 가우스 분포를 선택한다. 이때 ψ는 평균과 분포의 공분산을 나타낸다. 목적은 θ가 검색 분포에서 도출될 때 $U(\theta)$의 기댓값을 최대화하는 ψ^* 값을 찾는 것이다.

6 S. Mannor, R. Y. Rubinstein, and Y.Gat, "The Cross Entropy Method for Fast Policy Search," in *International Conference on Machine Learning(ICML)*, 2003.

7 종종 θ와 ψ는 벡터다. 그러나 이 기법에서 이 가정이 필요한 것은 아니므로 10.4절에서는 굵은 글씨체로 표기하지 않는다.

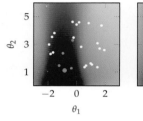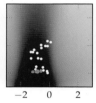

◀ **그림 10.4** 반복당 25개의 샘플을 사용해 단순 조절기 문제에 적용되는 $\sigma = 0.25$인 유전자 정책 검색. 각 세대의 5개 엘리트 샘플은 빨간색으로 표시되며 가장 좋은 샘플은 큰 점으로 표시된다.

$$\psi^* = \arg\max_{\psi} \mathop{\mathbb{E}}_{\theta \sim p(\cdot \mid \psi)} [U(\theta)] = \arg\max_{\psi} \int U(\theta) p(\theta \mid \psi) \, \mathrm{d}\theta \qquad (10.5)$$

방정식 (10.5)를 직접 최대화하는 것은 대개 계산적으로 불가능하다. 교차 엔트로피 방법에서 취한 접근 방식은 초깃값 ψ로 시작하는 것이다. 일반적으로 관련 매개 변수 공간에 분포가 분산되도록 선택된다. 반복할 때마다 관련 분포에서 m개의 샘플을 추출한 다음 엘리트 샘플에 맞게 ψ를 갱신한다.

적합화는 일반적으로 최대 우도 추정(4.1절)을 사용한다.[8] 고정된 반복 횟수 후 중단하거나 검색 분포가 최적에 매우 집중될 때까지 반복한다. 그림 10.5는 단순 문제에 대한 알고리듬을 보여준다.

8 최대 우도의 추정은 검색 분포와 엘리트 표본 사이의 교차 엔트로피를 최소화하는 ψ를 찾는 것과 같다.

10.5 진화 전략

진화 전략^{evolution strategy}[9]은 각 반복에서 벡터 $\boldsymbol{\psi}$로 매개 변수화된 검색 분포를 갱신한다. 그러나 분포를 일련의 엘리트 샘플에 맞추는 대신 그래디언트 방향으로 한 단계씩 이동해 분포를 갱신한다.[10] 방정식 (10.5)에서 목적의 그래디언트는 다음과 같이 계산할 수 있다.[11]

$$\nabla_{\boldsymbol{\psi}} \underset{\theta \sim p(\cdot|\boldsymbol{\psi})}{\mathbb{E}} [U(\theta)] = \nabla_{\boldsymbol{\psi}} \int U(\theta) p(\theta \mid \boldsymbol{\psi}) \, d\theta \tag{10.6}$$

$$= \int U(\theta) \nabla_{\boldsymbol{\psi}} p(\theta \mid \boldsymbol{\psi}) \, d\theta \tag{10.7}$$

$$= \int U(\theta) \nabla_{\boldsymbol{\psi}} p(\theta \mid \boldsymbol{\psi}) \frac{p(\theta \mid \boldsymbol{\psi})}{p(\theta \mid \boldsymbol{\psi})} \, d\theta \tag{10.8}$$

$$= \int \left(U(\theta) \nabla_{\boldsymbol{\psi}} \log p(\theta \mid \boldsymbol{\psi}) \right) p(\theta \mid \boldsymbol{\psi}) \, d\theta \tag{10.9}$$

$$= \underset{\theta \sim p(\cdot|\boldsymbol{\psi})}{\mathbb{E}} \left[U(\theta) \nabla_{\boldsymbol{\psi}} \log p(\theta \mid \boldsymbol{\psi}) \right] \tag{10.10}$$

9 D. Wierstra, T. Schaul, T. Glasmachers, Y. Sun, J. Peters, and J. Schmidhuber, "Natural Evolution Strategies," *Journal of Machine Learning Research*, vol. 15, pp. 949–980, 2014.

10 효과적으로 그래디언트 상승을 사용하는데, 이는 부록 A.11에 설명돼 있다.

11 정책 매개 변수 θ는 벡터일 필요가 없기 때문에 여기에서 굵은 글씨체로 표기하지 않는다. 그러나 $\boldsymbol{\psi}$는 목적 그래디언트로 작업할 때 벡터여야 하기 때문에 굵은 글씨체로 표기한다.

```
struct CrossEntropyPolicySearch
    p         # 최초 분포
    m         # 샘플 개수
    m_elite   # 엘리트 샘플 개수
    k_max     # 반복 횟수
end

function optimize_dist(M::CrossEntropyPolicySearch, π, U)
    p, m, m_elite, k_max = M.p, M.m, M.m_elite, M.k_max
    for k in 1:k_max
        θs = rand(p, m)
        us = [U(π, θs[:,i]) for i in 1:m]
        θ_elite = θs[:,sortperm(us)[(m-m_elite+1):m]]
        p = Distributions.fit(typeof(p), θ_elite)
    end
end
```

알고듬 10.4 초기에 p로 설정된 검색 분포를 반복적으로 개선하는 교차 엔트로피 정책 검색. 이 알고듬은 매개 변수화된 정책 π(θ, s) 및 정책 평가 함수 U를 입력으로 사용한다. 각 반복에서 m개의 샘플이 추출되고 상위 m_elite가 분포를 다시 적합화하는 데 사용된다. 알고듬은 k_max 반복 후에 종료된다. 분포 p는 Distributions.jl 패키지를 사용해 정의할 수 있다. 예를 들어. 다음을 정의할 수 있다.

```
μ = [0.0,1.0]
Σ = [1.0 0.0; 0.0 1.0]
p = MvNormal(μ,Σ)
```

```
        return p
    end

function optimize(M, π, U)
    return Distributions.mode(optimize_dist(M, π, U))
end
```

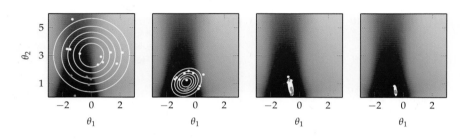

◀ **그림 10.5** 다변량 가우시안 검색 분포를 이용한 단순 조절기 문제에 적용된 교차 엔트로피 방법. 각 반복의 5개 엘리트 샘플은 빨간색으로 표시된다. 초기 분포는 $N([0, 3], 2\mathbf{I})$로 설정된다.

위의 로그의 도입은 로그 미분 기법$^{\text{log derivative trick}}$인데, $\nabla_{\boldsymbol\psi} \log p(\theta \mid \boldsymbol\psi) = \nabla_{\boldsymbol\psi} p(\theta \mid \boldsymbol\psi) / p(\theta \mid \boldsymbol\psi)$이다. 이 계산을 위해서는 $\nabla_{\boldsymbol\psi} \log p(\theta \mid \boldsymbol\psi)$를 알아야 하지만 종종 예제 10.2에서 설명한 것처럼 해석적으로 계산한다.

검색 그래디언트는 m개 샘플로부터 추정된다. $\theta^{(1)}, \ldots, \theta^{(m)} \sim p(\cdot \mid \boldsymbol\psi)$.

$$\nabla_{\boldsymbol\psi} \underset{\theta \sim p(\cdot \mid \boldsymbol\psi)}{\mathbb{E}} [U(\theta)] \approx \frac{1}{m} \sum_{i=1}^{m} U(\theta^{(i)}) \nabla_{\boldsymbol\psi} \log p(\theta^{(i)} \mid \boldsymbol\psi) \qquad (10.11)$$

이 추정값은 평가된 기대 효용에 따라 달라지며, 그 자체는 크게 다를 수 있다. 반복에서 각 샘플끼리의 상대적인 성능에 기반해 효용 값을 가중치로 대체하는 순위 셰이핑$^{\text{rank shaping}}$을 사용해 그래디언트 추정을 더 탄력적으로 만들 수 있다. m개의 샘플은 기대 효용의 내림차순으로 정렬된다. 가중치 $w^{(i)}$는 $w^{(1)}$의 가중치 체계 $w^{(1)} \geq \cdots \geq w^{(m)}$에 따라 샘플 i에 할당된다. 검색 그래디언트는 다음과 같이 된다.

$$\nabla_{\boldsymbol{\psi}} \mathop{\mathbb{E}}_{\theta \sim p(\cdot \mid \boldsymbol{\psi})} [U(\theta)] \approx \sum_{i=1}^{m} w^{(i)} \nabla_{\boldsymbol{\psi}} \log p(\theta^{(i)} \mid \boldsymbol{\psi}) \qquad (10.12)$$

일반적인 가중치 체계는 다음과 같다.[12]

$$w^{(i)} = \frac{\max\left(0, \log\left(\frac{m}{2} + 1\right) - \log(i)\right)}{\sum_{j=1}^{m} \max\left(0, \log\left(\frac{m}{2} + 1\right) - \log(j)\right)} - \frac{1}{m} \qquad (10.13)$$

12 N. Hansen and A. Ostermeier, "Adapting Arbitrary Normal Mutation Distributions in Evolution Strategies: The Covariance Matrix Adaptation," in *IEEE International Conference on Evolutionary Computation*, 1996.

그림 10.6에 표시된 이러한 가중치는 더 나은 샘플을 선호하고 대부분의 샘플에 작은 음수 가중치를 부여한다. 순위 셰이핑은 이상치outliers의 영향을 줄인다.

알고리듬 10.5는 진화 전략 방법을 구현한 것이다. 그림 10.7은 검색 진행의 예를 보여준다.

평균 $\boldsymbol{\mu}$와 공분산이 $\boldsymbol{\Sigma}$인 다변량 정규 분포 $\mathcal{N}(\boldsymbol{\mu}, \boldsymbol{\Sigma})$는 일반적인 분포군이다. d 차원에서의 우도는 다음의 형식을 취한다.

$$p(\mathbf{x} \mid \boldsymbol{\mu}, \boldsymbol{\Sigma}) = (2\pi)^{-\frac{d}{2}} |\boldsymbol{\Sigma}|^{-\frac{1}{2}} \exp\left(-\frac{1}{2}(\mathbf{x} - \boldsymbol{\mu})^{\top} \boldsymbol{\Sigma}^{-1}(\mathbf{x} - \boldsymbol{\mu})\right)$$

여기서 $|\boldsymbol{\Sigma}|$는 $\boldsymbol{\Sigma}$의 행렬식determinant다. 로그 우도는 다음과 같다.

$$\log p(\mathbf{x} \mid \boldsymbol{\mu}, \boldsymbol{\Sigma}) = -\frac{d}{2} \log(2\pi) - \frac{1}{2} \log |\boldsymbol{\Sigma}| - \frac{1}{2}(\mathbf{x} - \boldsymbol{\mu})^{\top} \boldsymbol{\Sigma}^{-1}(\mathbf{x} - \boldsymbol{\mu})$$

매개 변수는 그 로그 우도 그래디언트를 사용해 갱신할 수 있다.

$$\nabla_{\boldsymbol{\mu}} \log p(\mathbf{x} \mid \boldsymbol{\mu}, \boldsymbol{\Sigma}) = \boldsymbol{\Sigma}^{-1}(\mathbf{x} - \boldsymbol{\mu})$$

$$\nabla_{\boldsymbol{\Sigma}} \log p(\mathbf{x} \mid \boldsymbol{\mu}, \boldsymbol{\Sigma}) = \frac{1}{2} \boldsymbol{\Sigma}^{-1}(\mathbf{x} - \boldsymbol{\mu})(\mathbf{x} - \boldsymbol{\mu})^{\top} \boldsymbol{\Sigma}^{-1} - \frac{1}{2} \boldsymbol{\Sigma}^{-1}$$

$\nabla_{\boldsymbol{\Sigma}}$ 항은 그 로그 우도에 대해 $\boldsymbol{\Sigma}$ 각 개체의 편도 함수를 갖고 있다.

예제 10.2 다변량 가우시안 분포에 대한 로그 우도 그래디언트 방정식의 미분. 원래 미분과 양의 정부호 공분산 행렬을 처리하기 위한 몇 가지 더 정교한 해에 대해서는 다음 문헌을 참고하라. D. Wierstra, T. Schaul, T. Glasmachers, Y. Sun, J. Peters, and J. Schmidhuber, "Natural Evolution Strategies," *Journal of Machine Learning Research*, vol. 15, pp. 949–980, 2014.

Σ를 직접 갱신하면 공분산 행렬에 필요한 양의 정부호 행렬이 생성되지 않을 수 있다. 한 가지 해결책은 Σ를 곱 $\mathbf{A}^\top\mathbf{A}$로 표현해 Σ가 양의 준정부호로 유지되도록 한 다음 대신 $\mathbf{A}$를 갱신하는 것이다. Σ를 $\mathbf{A}^\top\mathbf{A}$로 바꾸고 $\mathbf{A}$에 대한 그래디언트를 구하면 다음과 같다.

$$\nabla_{(\mathbf{A})} \log p(\mathbf{x} \mid \boldsymbol{\mu}, \mathbf{A}) = \mathbf{A}\left[\nabla_\Sigma \log p(\mathbf{x} \mid \boldsymbol{\mu}, \Sigma) + \nabla_\Sigma \log p(\mathbf{x} \mid \boldsymbol{\mu}, \Sigma)^\top\right]$$

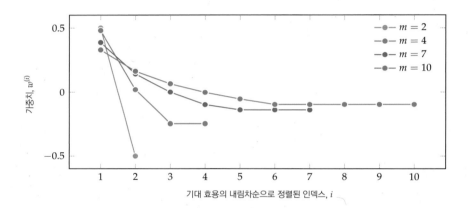

◀ **그림 10.6** 방정식 (10.13)을 사용해 구성한 몇 가지 가중치

286

```
struct EvolutionStrategies
    D        # 분포 생성자
    ψ        # 초기 분포 매개 변수
    ∇logp    # 로그 검색 우도 그래디언트
    m        # 샘플 개수
    α        # 단계 계수
    k_max    # 반복 횟수
end

function evolution_strategy_weights(m)
    ws = [max(0, log(m/2+1) - log(i)) for i in 1:m]
    ws ./= sum(ws)
    ws .-= 1/m
    return ws
end

function optimize_dist(M::EvolutionStrategies, π, U)
    D, ψ, m, ∇logp, α = M.D, M.ψ, M.m, M.∇logp, M.α
    ws = evolution_strategy_weights(m)
    for k in 1:M.k_max
        θs = rand(D(ψ), m)
        us = [U(π, θs[:,i]) for i in 1:m]
        sp = sortperm(us, rev=true)
        ∇ = sum(w.*∇logp(ψ, θs[:,i]) for (w,i) in zip(ws,sp))
        ψ += α.*∇
    end
    return D(ψ)
end
```

알고리듬 10.5 정책 π(θ, s)에 대한 정책 매개 변수화에 대해 검색 분포 D(ψ)를 갱신하기 위한 진화 전략 방법. 이 구현은 또한 초기 검색 분포 매개 변수화 ψ, 로그 검색 우도 그래디언트 ∇logp(ψ, θ), 정책 평가 함수 U와 반복 횟수 k_max를 사용한다. 각 반복에서 m개의 매개 변수화 샘플이 그려지고 검색 그래디언트를 추정하는 데 사용된다. 그런 다음 이 그래디언트는 단계 계수(step factor) α와 함께 적용된다. Distributions.jl을 사용해 D(ψ)를 정의할 수 있다. 예를 들어, 주어진 평균 ψ 및 고정 공분산 Σ를 사용해 가우시안을 구성하기 위해 D를 정의하려는 경우 D(ψ) = MvNormal(ψ, Σ)로 사용할 수 있다.

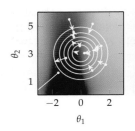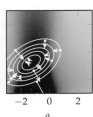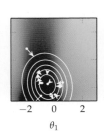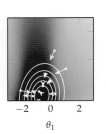

◀ **그림 10.7** 다변량 가우시안 검색 분포를 사용해 간단한 조절기 문제에 적용된 진화 전략(알고리듬 10.5). 샘플은 검색 그래디언트 기여도 $w\nabla\log p$와 함께 흰색으로 표시된다.

10.6 등방성 진화 전략

10.5절에서는 일반 검색 분포와 함께 작동할 수 있는 진화 전략을 소개했다. 10.6절에서는 검색 분포가 구형spherical 또는 등방성isotropic 가우시안이라고 가정한다. 여기서 공분산 행렬은 $\sigma^2\mathbf{I}$의 형식을 취한다.[13] 이 가정에서 방정식 (10.5)에 도입된 분포의 예상 효용은 다음과 같이 단순화된다.[14]

$$\mathop{\mathbb{E}}_{\theta\sim\mathcal{N}(\psi,\sigma^2\mathbf{I})}[U(\theta)] = \mathop{\mathbb{E}}_{\epsilon\sim\mathcal{N}(\mathbf{0},\mathbf{I})}[U(\psi+\sigma\epsilon)] \tag{10.14}$$

검색 그래디언트는 다음처럼 축소된다.

$$\nabla_\psi \mathop{\mathbb{E}}_{\theta\sim\mathcal{N}(\psi,\sigma^2\mathbf{I})}[U(\theta)] = \mathop{\mathbb{E}}_{\theta\sim\mathcal{N}(\psi,\sigma^2\mathbf{I})}\left[U(\theta)\nabla_\psi\log p(\theta\mid\psi,\sigma^2\mathbf{I})\right] \tag{10.15}$$

$$= \mathop{\mathbb{E}}_{\theta\sim\mathcal{N}(\psi,\sigma^2\mathbf{I})}\left[U(\theta)\frac{1}{\sigma^2}(\theta-\psi)\right] \tag{10.16}$$

$$= \mathop{\mathbb{E}}_{\epsilon\sim\mathcal{N}(\mathbf{0},\mathbf{I})}\left[U(\psi+\sigma\epsilon)\frac{1}{\sigma^2}(\sigma\epsilon)\right] \tag{10.17}$$

$$= \frac{1}{\sigma}\mathop{\mathbb{E}}_{\epsilon\sim\mathcal{N}(\mathbf{0},\mathbf{I})}[U(\psi+\sigma\epsilon)\epsilon] \tag{10.18}$$

알고리듬 10.6은 이 전략을 구현한 것이다. 이 구현은 미러 샘플링mirrored sampling을 통합한다.[15] 검색 분포에서 $m/2$ 값을 샘플링한 다음 평균에 대해 미러링해 다

13 정책 검색에 적용된 이러한 기법의 예시는 다음 문헌에서 찾아볼 수 있다. T. Salimans, J. Ho, X. Chen, S.Sidor, and I. Sutskever, "Evolution Strategies as a Scalable Alternative to Reinforcement Learning," 2017. arXiv: 1703.03864v2.

14 일반적으로 $\mathbf{A}^\top\mathbf{A}=\Sigma$이면 $\theta=\mu+\mathbf{A}^\top\epsilon$는 $\epsilon\sim\mathcal{N}(\mathbf{0},\mathbf{I})$를 샘플 $\theta\sim\mathcal{N}(\mu,\Sigma)$로 변환한다.

15 D. Brockhoff, A. Auger, N. Hansen, D. Arnold, and T. Hohm, "Mirrored Sampling and Sequential Selection for Evolution Strategies," in *International Conference on Parallel Problem Solving from Nature*, 2010.

른 $m/2$ 샘플을 생성한다. 미러링된 샘플은 그래디언트 추정의 분산을 줄여준다.[16] 이 기술을 사용하는 이점은 그림 10.8에 나와 있다.

16 이 기법은 다음 문헌에 구현돼 있으며, 가중치 감쇄 등의 또 다른 기술들도 소개하고 있다. T. Salimans, J. Ho, X. Chen, S. Sidor, and I. Sutskever, "Evolution Strategies as a Scalable Alternative to Reinforcement Learning," 2017. arXiv: 1703.03864v2.

알고리듬 10.6 정책 $\pi(\theta, s)$에 대한 정책 매개 변수화에 대해 평균 ψ 및 공분산 $\sigma^2 I$로 등방성 다변량 가우시안 검색 분포를 갱신하기 위한 진화 전략 방법. 이 구현 또한 정책 평가 함수 U, 계단 계수 α, 반복 횟수 k_max를 사용한다. 각 반복에서 $m/2$ 매개 변수화 샘플이 그려지고 미러링된 다음 검색 그래디언트를 추정하는 데 사용된다.

```
struct IsotropicEvolutionStrategies
    ψ         # 초기 평균
    σ         # 초기 표준편차
    m         # 샘플 개수
    α         # 단계 인수
    k_max     # 반복 횟수
end

function optimize_dist(M::IsotropicEvolutionStrategies, π, U)
    ψ, σ, m, α, k_max = M.ψ, M.σ, M.m, M.α, M.k_max
    n = length(ψ)
    ws = evolution_strategy_weights(2*div(m,2))
    for k in 1:k_max
        ϵs = [randn(n) for i in 1:div(m,2)]
        append!(ϵs, -ϵs) # weight mirroring
        us = [U(π, ψ + σ.*ϵ) for ϵ in ϵs]
        sp = sortperm(us, rev=true)
        ∇ = sum(w.*ϵs[i] for (w,i) in zip(ws,sp)) / σ
        ψ += α.*∇
    end
    return MvNormal(ψ, σ)
end
```

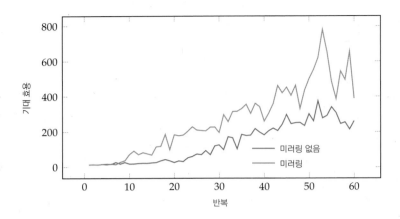

◀ **그림 10.8**. 미러 샘플링이 등방성 진화 전략에 미치는 영향을 보여준다. 2계층 신경망 정책은 m = 10, σ = 0.25를 사용해 카트-폴 문제(부록 F.3)에 대해 훈련됐으며 평가당 6개의 롤아웃이 있다. 미러링된 샘플링은 학습 속도를 크게 높이고 안정화한다.

10.7 요약

- 몬테 카를로 정책 평가에는 초기 상태 분포에서 샘플링한 상태에서 많은 수의 롤아웃을 사용해 정책과 관련된 예상 효용 계산이 포함된다.

- 후크-지브스와 같은 지역 검색 방법은 작은 지역 변경 사항을 기반으로 정책을 개선한다.

- 유전자 알고리듬은 매개 변수 공간에서 점의 모집단을 유지하고 전체 최적점을 향해 모집단을 유도하기 위해 다양한 방식으로 점을 재결합한다.

- 교차 엔트로피 방법은 각 반복에서 분포를 엘리트 샘플에 다시 맞춤으로써 정책 매개 변수에 대한 검색 분포를 반복적으로 개선한다.

- 진화 전략은 해당 분포의 샘플에서 얻은 그래디언트 정보를 사용해 검색 분포를 개선하려고 시도한다.

- 등방성 진화 전략은 검색 분포가 등방성 가우시안이라는 가정을 한다.

10.8 연습 문제

연습 10.1 몬테 카를로 정책 평가에서 효용 추정값의 분산은 샘플 수에 의해 어떻게 영향을 받는가?

해법: 몬테 카를로 정책 평가의 분산은 m개 샘플 평균의 분산이다. 이러한 샘플은 독립적인 것으로 가정하므로 평균의 분산은 단일 롤아웃 평가의 분산을 샘플 크기로 나눈 값이다.

$$\text{Var}[\hat{U}(\pi)] = \text{Var}\left[\frac{1}{m}\sum_{i=1}^{m} R(\tau^{(i)})\right] = \frac{1}{m^2}\text{Var}\left[\sum_{i=1}^{m} R(\tau^{(i)})\right] = \frac{1}{m^2}\left(\sum_{i=1}^{m}\text{Var}\left[R(\tau^{(i)})\right]\right) = \frac{1}{m}\text{Var}_\tau[R(\tau)]$$

여기서 $\hat{U}(\pi)$는 몬테 카를로 정책 평가의 효용이고 $R(\tau)$는 샘플링된 궤적 τ에 대한 궤적 보상이다. 따라서 샘플 분산은 $1/m$로 감소한다.

연습 10.2 샘플 m의 수와 엘리트 샘플 m_{elite}의 수를 변경하면 교차 엔트로피 정책 검색에 어떤 영향이 있는가?

해법: 반복당 계산 비용은 샘플 수에 따라 선형적으로 확장된다. 샘플이 많을수록 검색 공간을 더 잘 커버할 수 있으므로 정책을 개선하기 위해 더 나은 엘리트 샘플을 식별할 가능성이 높아진다. 엘리트 샘플의 수 또한 영향을 미친다. 모든 샘플을 엘리트로 만든다면 개선 프로세스에 아무런 피드백도 제공하지 못한다. 엘리트 샘플이 너무 적으면 최적이 아닌 해로 조기에 수렴될 수 있다.

연습 10.3 일변량 가우스 분포 $\theta \sim \mathcal{N}(\mu, \nu)$와 함께 진화 전략을 사용하는 것을 고려해보자. 분산 ν에 대한 검색 그래디언트는 무엇인가? 분산이 작아짐에 따라 어떤 문제가 발생하는가?

해법: 검색 그래디언트는 로그 우도의 그래디언트다.

$$\frac{\partial}{\partial \nu} \log p(x \mid \mu, \nu) = \frac{\partial}{\partial \nu} \log \frac{1}{\sqrt{2\pi\nu}} \exp\left(-\frac{(x-\mu)^2}{2\nu}\right)$$

$$= \frac{\partial}{\partial \nu}\left(-\frac{1}{2}\log(2\pi) - \frac{1}{2}\log(\nu) - \frac{(x-\mu)^2}{2\nu}\right)$$

$$= -\frac{1}{2\nu} + \frac{(x-\mu)^2}{2\nu^2}$$

분산이 0에 가까워짐에 따라 그래디언트가 무한대로 가는 것을 발견한다. 이는 검색 분포가 수렴할 때 분산이 작아야 하기 때문에 문제가 된다. 그래디언트가 매우 크면 단순 상승 기법이 최적치를 초과할 수 있다.

연습 10.4 방정식 (10.14)는 검색 분포 $\boldsymbol{\theta} \sim \mathcal{N}(\boldsymbol{\psi}, \boldsymbol{\Sigma})$ 측면에서 목적 함수를 정의한다. 이 목적 함수는 방정식 (10.1)의 기대 효용 목적 함수를 사용해 $\boldsymbol{\theta}$를 직접 최적화하는 것보다 어떤 이점이 있는가?

해법: 정책 매개 변수 주위에 추가된 가우시안 잡음은 원래 목적 함수의 불연속성을 매끄럽게 해 최적화를 보다 안정적으로 만들 수 있다.

연습 10.5 10장에 있는 방법 중에서 '여러 유형의 정책이 주어진 문제에 잘 수행될 수 있다'는 사실에 가장 적절한 방법은 무엇인가?

해법: 후크-지브스 기법은 단일 정책 매개 변수화를 개선하므로 여러 정책을 유지할 수 없다. 교차 엔트로피 방법과 진화 전략 모두 검색 분포를 사용한다. 여러 유형의 정책을 성공적으로 나타내려면 다중 모드 분포를 사용해야 한다. 일반적인 다중 모드 분포 중 하나는 가우시안의 혼합이다. 가우시안 혼합은 해석적으로 적

합화할 수 없지만, 예제 4.4에서 설명한 대로 기대 최대화^{EM, Expectation Maximization}를
사용해 안정적으로 적합화할 수 있다. 유전자 알고리듬은 모집단 크기가 충분히
큰 경우 여러 정책을 유지할 수 있다.

연습 10.6 후크-지브스 방법을 사용해 최적화하려는 매개 변수화된 정책 π_θ가 있
다고 가정하자. 매개 변수 $\theta = 0$으로 초기화하고 효용 함수 $U(\theta) = -3\theta^2 + 4\theta + 1$
로 설정하면, 후크-지브스 기법의 첫번째 반복에서 정책 개선을 보장할 수 있는
가장 큰 단계 크기 α는 무엇인가?

해법: 후크-지브스 방법은 각 좌표 방향을 따라 중심점에서 목적 함수를 평가한
다. 후크-지브스 검색의 첫 번째 반복에서 개선을 보장하려면 새 지점의 목적 함
수 값 중 적어도 하나가 목적 함수 값을 개선해야 한다. 정책 최적화 문제에서 이
것은 $U(\theta + \alpha)$ 또는 $U(\theta - \alpha)$가 $U(\theta)$보다 크도록 만드는 가장 큰 단계 크기 α를
검색한다는 것을 의미한다.

기본 효용 함수는 포물선형이고 오목형이므로 여전히 개선으로 이어질 수 있는
최대 단계 크기는 현재 지점에서 포물선의 너비보다 약간 작다. 따라서 $U(\theta') =$
$U(\theta)$인 현재 점 θ' 반대편 포물선 위의 점을 계산한다.

$$U(\theta) = -3\theta^2 + 4\theta + 1 = -3(0)^2 + 4(0) + 1 = 1$$
$$U(\theta) = U(\theta')$$
$$1 = -3\theta'^2 + 4\theta' + 1$$
$$0 = -3\theta'^2 + 4\theta' + 0$$
$$\theta' = \frac{-4 \pm \sqrt{4^2 - 4(-3)(0)}}{2(-3)} = \frac{-4 \pm 4}{-6} = \frac{2 \pm 2}{3} = \left\{0, \frac{4}{3}\right\}$$

따라서 현재 점의 반대쪽 포물선 위의 점은 $\theta' = \frac{4}{3}$이다. θ와 θ' 사이의 거리는
$\frac{4}{3} - 0 = \frac{4}{3}$이다. 따라서 첫 번째 반복에서의 개선은 $\frac{4}{3}$ 바로 아래다.

연습 10.7 단일 매개 변수 θ로 매개 변수화된 정책이 있다고 가정하자. 베르누이
분포 $p(\theta \mid \psi) = \psi^\theta (1 - \psi)^{1-\theta}$를 따르는 검색 분포로 진화 전략 접근 방식을 취하

고자 한다. 로그 우도 그래디언트 $\nabla_\psi \log p(\theta \mid \psi)$를 계산하라.

해법: 로그 우도 그래디언트는 다음과 같이 계산할 수 있다.

$$p(\theta \mid \psi) = \psi^\theta (1 - \psi)^{1-\theta}$$

$$\log p(\theta \mid \psi) = \log \left(\psi^\theta (1 - \psi)^{1-\theta} \right)$$

$$\log p(\theta \mid \psi) = \theta \log \psi + (1 - \theta) \log(1 - \psi)$$

$$\nabla_\psi \log p(\theta \mid \psi) = \frac{d}{d\psi} \left[\theta \log \psi + (1 - \theta) \log(1 - \psi) \right]$$

$$\nabla_\psi \log p(\theta \mid \psi) = \frac{\theta}{\psi} - \frac{1 - \theta}{1 - \psi}$$

연습 10.8 $m = 3$개 샘플이 주어진 순위 셰이핑을 사용해 검색 그래디언트 추정을 위한 샘플 가중치를 계산하라.

해법: 먼저 모든 i에 대해 방정식 (10.13)에서 첫 번째 항의 분자를 계산한다.

$$i = 1 \qquad \max \left(0, \log \left(\tfrac{3}{2} + 1 \right) - \log 1 \right) = \log \tfrac{5}{2}$$

$$i = 2 \qquad \max \left(0, \log \left(\tfrac{3}{2} + 1 \right) - \log 2 \right) = \log \tfrac{5}{4}$$

$$i = 3 \qquad \max \left(0, \log \left(\tfrac{3}{2} + 1 \right) - \log 3 \right) = 0$$

이제 가중치를 계산한다.

$$w^{(1)} = \frac{\log \tfrac{5}{2}}{\log \tfrac{5}{2} + \log \tfrac{5}{4} + 0} - \frac{1}{3} = 0.47$$

$$w^{(2)} = \frac{\log \tfrac{5}{4}}{\log \tfrac{5}{2} + \log \tfrac{5}{4} + 0} - \frac{1}{3} = -0.14$$

$$w^{(3)} = \frac{0}{\log \tfrac{5}{2} + \log \tfrac{5}{4} + 0} - \frac{1}{3} = -0.33$$

11
정책 그래디언트 추정

10장에서는 기대 효용을 최대화하기 위해 정책의 매개 변수를 직접 최적화하는 몇 가지 방법에 대해 알아봤다. 많은 응용 프로그램에서 최적화 프로세스를 안내하기 위해 정책 매개 변수와 관련해 효용의 그래디언트를 사용하는 것이 유용하다. 11장에서는 궤적 롤아웃^{trajectory rollout}에서 이 그래디언트를 추정하는 몇 가지 접근 방식에 대해 설명한다.[1] 이 접근 방식의 주요 문제는 환경과 그에 대한 검색에서 발생하는 궤적의 확률론적 특성으로 인한 추정의 분산이다. 12장에서는 이러한 알고리듬을 사용해 정책 최적화를 위해 그래디언트를 추정하는 방법에 대해 설명한다.

1   이 주제에 대한 추가적인 내용은 다음 문헌을 참고하라. M. C. Fu, "Gradient Estimation," in *Simulation*, S. G. Henderson and B. L. Nelson, eds., Elsevier, 2006, pp. 575–616.

11.1 유한 차분

유한 차분^{finite difference} 방법은 평가의 작은 변화로부터 함수의 그래디언트를 추정한다. 일변량 함수 f의 도함수는 다음과 같다는 점을 기억하자.

$$\frac{\mathrm{d}f}{\mathrm{d}x}(x) = \lim_{\delta \to 0} \frac{f(x+\delta) - f(x)}{\delta} \tag{11.1}$$

x에서의 도함수는 충분히 작은 단계 $\delta > 0$로 근사할 수 있다.

$$\frac{\mathrm{d}f}{\mathrm{d}x}(x) \approx \frac{f(x+\delta) - f(x)}{\delta} \tag{11.2}$$

이 근삿값은 그림 11.1에 설명돼 있다.

입력 길이가 n인 다변량 함수 f의 그래디언트는 다음과 같다.

$$\nabla f(\mathbf{x}) = \left[\frac{\partial f}{\partial x_1}(\mathbf{x}), \ldots, \frac{\partial f}{\partial x_n}(\mathbf{x}) \right] \tag{11.3}$$

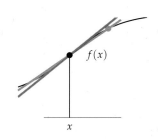

▲ **그림 11.1** 유한 차분 방법은 x에 가까운 점의 평가를 사용해 $f(x)$의 도함수를 근사한다. 유한 차분 근사(빨간색)는 실제 도함수(파란색)와 완벽하게 일치하지는 않는다.

그래디언트를 추정하기 위해 각 차원에 유한 차분을 적용할 수 있다.

정책 최적화의 맥락에서 $\boldsymbol{\theta}$로 매개 변수화된 정책을 따르는 다음의 기대 효용의 그래디언트를 추정하고자 한다.

$$\nabla U(\boldsymbol{\theta}) = \left[\frac{\partial U}{\partial \theta_1}(\boldsymbol{\theta}), \ldots, \frac{\partial U}{\partial \theta_n}(\boldsymbol{\theta}) \right] \tag{11.4}$$

$$\approx \left[\frac{U(\boldsymbol{\theta} + \delta \mathbf{e}^{(1)}) - U(\boldsymbol{\theta})}{\delta}, \ldots, \frac{U(\boldsymbol{\theta} + \delta \mathbf{e}^{(n)}) - U(\boldsymbol{\theta})}{\delta} \right] \tag{11.5}$$

여기서 $e^{(i)}$는 i번째 성분만 1이고 나머지는 모두 0으로 구성된 i번째 표준 기저 standard basis 벡터다.

10.1절에서 논의한 바와 같이 $U(\boldsymbol{\theta})$를 추정하기 위해 정책 롤아웃을 시뮬레이션해야 한다. 알고리듬 11.1을 사용하면 궤적을 생성할 수 있다. 이러한 궤적으로부터 총 보상을 계산하고 정책과 관련된 효용을 추정할 수 있다. 알고리듬 11.2는 각 구성 요소에 대한 m번 롤아웃을 시뮬레이션하고 총 보상 값을 평균화해 방정식 (11.5)의 그래디언트를 추정한다.

```
function simulate(𝒫::MDP, s, π, d)
    τ = []
    for i = 1:d
        a = π(s)
        s′, r = 𝒫.TR(s,a)
        push!(τ, (s,a,r))
        s = s′
    end
    return τ
end
```

알고리듬 11.1 상태 s에서 시작해 정책 π를 깊이 d까지 실행하는 문제 𝒫와 관련된 궤적을 생성하는 방법. 상태-행동-보상 튜플을 포함하는 벡터 τ를 생성한다.

정책 그래디언트의 정확한 추정값에 도달하는 데 있어 주요 과제는 궤적 보상의 분산이 상당히 높을 수 있다는 사실이다. 그래디언트 추정값의 결과 분산을 줄이기 위한 한 가지 접근 방식은 각 롤아웃이 동일한 랜덤 생성 시드$^{random\ generator}$ ^{seed}를 공유하도록 하는 것이다.[2] 이 접근 방식은 예컨대 한 롤아웃이 초기에 저확률 전이에 도달하는 경우에 유용할 수 있다. 다른 롤아웃은 공유된 랜덤 생성기로 인해 동일한 경향을 가지며 보상도 동일한 방식으로 편향되는 경향이 있다.

정책 표현은 정책 그래디언트에 상당한 영향을 미친다. 예제 11.1은 정책 매개 변수화에 대한 정책 그래디언트의 민감도를 보여준다. 정책 최적화를 위한 유한 차분은 매개 변수의 규모가 다를 때 제대로 수행되지 않을 수 있다.

2 랜덤 시드 공유는 페가수스(PEGASUS) 알고리듬에서 사용됐다. A. Y. Ng and M. Jordan, "A Policy Search Method for Large MDPs and POMDPs," in *Conference on Uncertainty in Artificial Intelligence (UAI)*, 2000.

```
struct FiniteDifferenceGradient
    𝒫 # 문제
    b # 초기 상태 분포
    d # 깊이
    m # 샘플 개수
    δ # 단계 크기
end
```

알고리듬 11.2 문제 𝒫, 매개 변수화된 정책 π(θ, s) 및 정책 매개 변수화 벡터 θ에 대한 유한 차분을 사용해 정책 그래디언트를 추정하는 방법. 효용 추정값은 m번 롤아웃에서 깊이 d까지 이뤄진다. 단계 크기는 δ로 지정된다.

```
function gradient(M::FiniteDifferenceGradient, π, θ)
    𝒫, b, d, m, δ, γ, n = M.𝒫, M.b, M.d, M.m, M.δ, M.𝒫.γ, length(θ)
    Δθ(i) = [i == k ? δ : 0.0 for k in 1:n]
    R(τ) = sum(r*γ^(k-1) for (k, (s,a,r)) in enumerate(τ))
    U(θ) = mean(R(simulate(𝒫, rand(b), s->π(θ, s), d)) for i in 1:m)
    ΔU = [U(θ + Δθ(i)) - U(θ) for i in 1:n]
    return ΔU ./ δ
end
```

1차원 연속 행동 공간과 보상 함수 $R(s, a) = a$가 있는 단일 상태, 단일 단계 MDP를 고려해보자. 이 경우 더 큰 행동은 더 높은 보상을 받는다.

θ_1과 θ_2 사이 $(\theta_2 > \theta_1)$에서 균등 분포에 따라 행동을 샘플링하는 확률적 정책 π_θ가 있다고 가정하자. 기대 가치는 다음과 같다.

$$U(\theta) = \mathbb{E}[a] = \int_{\theta_1}^{\theta_2} a \frac{1}{\theta_2 - \theta_1} \, da = \frac{\theta_1 + \theta_2}{2}$$

정책 그래디언트는 다음과 같다.

$$\nabla U(\theta) = [1/2, 1/2]$$

정책은 θ_1'과 $100\theta_2'$ 사이 $(100\theta_2' > \theta_1')$의 균등 분포에서 행동을 추출하도록 다시 매개 변수화될 수 있다. 이제 기대되는 보상은 $(\theta_1' + 100\theta_2')/2$이고 정책 그래디언트는 $[1/2, 50]$이다.

두 매개 변수화는 동일한 정책을 나타낼 수 있지만 그래디언트가 매우 다르다. 두 번째 정책에 적합한 교란 스칼라를 찾는 것은 매개 변수의 규모가 매우 다양하기 때문에 훨씬 더 어렵다.

예제 11.1 정책 매개 변수화가 정책 그래디언트에 얼마나 중요한 영향을 미치는지 보여주는 예

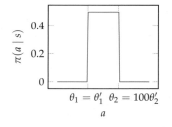

11.2 회귀 그래디언트

11.1절에서처럼 각 좌표 축을 따라 고정된 단계를 수행해 θ에서의 그래디언트를 추정하는 대신 선형 회귀[3]를 사용해 θ의 랜덤 교란 결과에서 그래디언트를 추정할 수 있다. 이러한 교란은 다음과 같이 행렬에 저장된다.[4]

$$\Delta\Theta = \begin{bmatrix} (\Delta\theta^{(1)})^\top \\ \vdots \\ (\Delta\theta^{(m)})^\top \end{bmatrix} \tag{11.6}$$

더 많은 정책 매개 변수 교란은 더 나은 그래디언트 추정값을 생성하는 경향이 있다.[5]

이러한 각 교란에 대해 롤아웃을 수행하고 효용에 있어서의 변경 사항을 추정한다.[6]

$$\Delta\mathbf{U} = \left[U(\theta + \Delta\theta^{(1)}) - U(\theta), \ldots, U(\theta + \Delta\theta^{(m)}) - U(\theta) \right] \tag{11.7}$$

그러면 선형 회귀를 사용한 정책 그래디언트 추정은 다음과 같다.[7]

$$\nabla U(\theta) \approx \Delta\Theta^+ \Delta\mathbf{U} \tag{11.8}$$

알고리듬 11.3은 교란이 반경 δ를 갖는 하이퍼스피어^hypersphere에서 균등하게 그려지는 이 접근법의 구현을 보여준다. 예제 11.2는 단순 함수로 이 접근 방식을 보여준다.

11.3 우도 비율

그래디언트 추정에 대한 우도 비율(우도비)^likelihood ratio 접근법[8]은 $\nabla U(\theta)$의 추정값을 개선하기 위해 $\nabla\pi_\theta$의 해석식을 사용한다. 방정식 (10.2)로부터 다음과 같다는

3 선형 회귀는 8.6절에서 다뤘다.

4 이러한 일반적 접근 방법은 종종 동시 교란 확률적 근사(simultaneous perturbation stochastic approximation)라고도 한다. J. C. Spall, *Introduction to Stochastic Search and Optimization*, Wiley, 2003. 선형 회귀에 대한 일반적인 연결은 다음 문헌을 참고하라. J. Peters and S. Schaal, "Reinforcement Learning of Motor Skills with Policy Gradients," *Neural Networks*, vol. 21, no. 4, pp. 682–697, 2008.

5 권장되는 경험 법칙은 매개 변수의 수보다 약 두 배 많은 교란을 사용하는 것이다.

6 이 방정식은 전방 차분을 보여준다. 중심 차분 등의 다른 유한 차분 공식도 사용할 수 있다.

7 8.6절에서 설명한 대로 $\mathbf{X}^+$는 $\mathbf{X}$의 유사 역행렬을 나타낸다.

8 P. W. Glynn, "Likelihood Ratio Gradient Estimation for Stochastic Systems," *Communications of the ACM*, vol. 33, no. 10, pp. 75–84, 1990.

것을 기억하자.

$$U(\boldsymbol{\theta}) = \int p_{\boldsymbol{\theta}}(\tau) R(\tau)\, \mathrm{d}\tau \qquad (11.9)$$

```
struct RegressionGradient
    𝒫 # 문제
    b # 초기 상태 분포
    d # 깊이
    m # 표본 개수
    δ # 단계 크기
end

function gradient(M::RegressionGradient, π, θ)
    𝒫, b, d, m, δ, γ = M.𝒫, M.b, M.d, M.m, M.δ, M.𝒫.γ
    ΔΘ = [δ.*normalize(randn(length(θ)), 2) for i = 1:m]
    R(τ) = sum(r*γ^(k-1) for (k, (s,a,r)) in enumerate(τ))
    U(θ) = R(simulate(𝒫, rand(b), s->π(θ,s), d))
    ΔU = [U(θ + Δθ) - U(θ) for Δθ in ΔΘ]
    return pinv(reduce(hcat, ΔΘ)') * ΔU
end
```

알고리듬 11.3 MDP 𝒫, 확률적 매개 변수화된 정책 π(θ, s) 및 정책 매개 변수화 벡터 θ에 대한 유한 차분을 사용해 정책 그래디언트를 추정하는 방법. 정책 변동 벡터는 정규 분포 샘플을 정규화하고 교란 스칼라 δ로 스케일링해 생성된다. 총 m개의 매개 변수 교란이 생성되고 각각은 b에서 깊이 d로 추출된 초기 상태로 롤아웃에서 평가되고 원래 정책 매개 변수화와 비교된다.

따라서 다음과 같다.

$$\nabla U(\boldsymbol{\theta}) = \nabla_{\boldsymbol{\theta}} \int p_{\boldsymbol{\theta}}(\tau) R(\tau)\, \mathrm{d}\tau \qquad (11.10)$$

$$= \int \nabla_{\boldsymbol{\theta}} p_{\boldsymbol{\theta}}(\tau) R(\tau)\, \mathrm{d}\tau \qquad (11.11)$$

$$= \int p_{\boldsymbol{\theta}}(\tau) \frac{\nabla_{\boldsymbol{\theta}} p_{\boldsymbol{\theta}}(\tau)}{p_{\boldsymbol{\theta}}(\tau)} R(\tau)\, \mathrm{d}\tau \qquad (11.12)$$

$$= \mathbb{E}_{\tau}\left[\frac{\nabla_{\boldsymbol{\theta}} p_{\boldsymbol{\theta}}(\tau)}{p_{\boldsymbol{\theta}}(\tau)} R(\tau) \right] \qquad (11.13)$$

이 방법의 이름은 이 궤적 우도 비율에서 유래한다. 이 우도 비율은 궤적 보상에 대한 우도 가중 샘플링(3.7절)에서의 가중치로 볼 수 있다.

로그 미분 트릭을 적용하면[9] 다음을 얻는다.

$$\nabla U(\boldsymbol{\theta}) = \mathbb{E}_\tau[\nabla_{\boldsymbol{\theta}} \log p_{\boldsymbol{\theta}}(\tau) R(\tau)] \tag{11.14}$$

궤적 롤아웃을 사용해 이 기댓값을 추정할 수 있다. 각 궤적 τ에 대해 $\nabla_{\boldsymbol{\theta}} \log p_{\boldsymbol{\theta}}(\tau) R(\tau)$를 계산해야 한다. $R(\tau)$가 궤적 τ와 연계된 총 보상값이라는 것을 기억하라. 확률적 정책의 경우[10] 그래디언트 $\nabla_{\boldsymbol{\theta}} \log p_{\boldsymbol{\theta}}(\tau)$는 다음과 같다.

$$\nabla_{\boldsymbol{\theta}} \log p_{\boldsymbol{\theta}}(\tau) = \sum_{k=1}^{d} \nabla_{\boldsymbol{\theta}} \log \pi_{\boldsymbol{\theta}}(a^{(k)} \mid s^{(k)}) \tag{11.15}$$

9 로그 미분 트릭은 10.5절에서 소개했다. 이 방법은 다음 방정식을 사용한다.

$$\nabla_{\boldsymbol{\theta}} \log p_{\boldsymbol{\theta}}(\tau) = \nabla_{\boldsymbol{\theta}} p_{\boldsymbol{\theta}}(\tau) / p_{\boldsymbol{\theta}}(\tau)$$

10 정책 $\pi_{\boldsymbol{\theta}}$가 상태 s로부터 취하는 행동 a에 할당된 확률(밀도 혹은 질량)은 $\pi_{\boldsymbol{\theta}}(a \mid s)$로 나타낸다.

$m = 20$개 샘플에서 $x_0 = 2$로 평가된 단순 1차원 함수 $f(x) = x^2$의 그래디언트를 추정하기 위해 회귀 그래디언트를 적용하려고 한다. 정책 평가에 내재된 확률성을 모방하기 위해 함수 평가에 잡음을 추가한다. $\mathcal{N}(0, \delta^2)$에서 샘플링된 각 교란의 집합 ΔX를 생성하고, ΔX의 각 교란 ΔX에 대해 $f(x_0 + \Delta x) - f(x_0)$를 계산한다. 그런 뒤 다음 코드를 사용해 1차원 그래디언트(또는 미분) $\Delta X^+ \Delta F$를 추정할 수 있다.

```
f(x) = x^2 + 1e-2*randn()
m = 20
δ = 1e-2
ΔX = [δ.*randn() for i = 1:m]
x0 = 2.0
ΔF = [f(x0 + Δx) - f(x0) for Δx in ΔX]
pinv(ΔX) * ΔF
```

샘플과 선형 회귀는 다음과 같다. 회귀선의 그래디언트는 정확한 해 4에 가깝다.

예제 11.2 1차원 함수에 회귀 그래디언트 기법의 사용

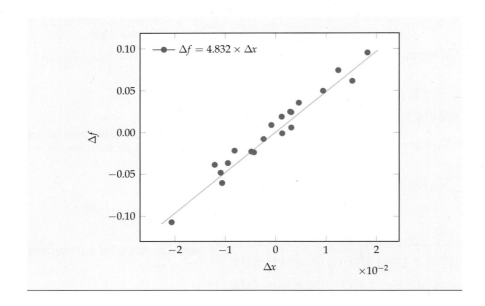

$p_\theta(\tau)$는 다음 형식을 취하기 때문이다.

$$p_\theta(\tau) = p(s^{(1)}) \prod_{k=1}^{d} T(s^{(k+1)} \mid s^{(k)}, a^{(k)}) \pi_\theta(a^{(k)} \mid s^{(k)}) \qquad (11.16)$$

여기서 $s^{(k)}$와 $a^{(k)}$는 궤적 τ에서 각각 k번째 상태와 행동이다. 알고리듬 11.4는 그래디언트 추정값에 도달하기 위해 m개 궤적을 샘플링하는 구현을 보여준다. 예제 11.3은 프로세스를 설명한다.

결정론적 정책의 경우 그래디언트를 계산해야 한다.[11]

$$\nabla_\theta \log p_\theta(\tau) = \nabla_\theta \log \left[p(s^{(1)}) \prod_{k=1}^{d} T(s^{(k+1)} \mid s^{(k)}, \pi_\theta(s^{(k)})) \right] \qquad (11.17)$$

$$= \sum_{k=1}^{d} \nabla_\theta \pi_\theta(s^{(k)}) \frac{\partial}{\partial a^{(k)}} \log T(s^{(k+1)} \mid s^{(k)}, a^{(k)}) \qquad (11.18)$$

11 많은 문제에 벡터 값 행동 $\mathbf{a} \in \mathbb{R}^n$가 있다. 이 경우 $\nabla_\theta \pi_\theta(s^{(k)})$는 j번째 열이 j번째 행동 구성 요소에 대한 그래디언트이고, $\frac{\partial}{\partial a^{(k)}} \log T(s^{(k+1)} \mid s^{(k)}, a^{(k)})$가 행동 그래디언트로 대체되는 자코비안(Jacobian) 행렬로 대체된다.

방정식 (11.17)과 (11.18)은 전이^{transition} 우도를 알 필요가 있다. 이는 확률적 정책의 방정식 (11.15)와 대조된다.

```
struct LikelihoodRatioGradient
    𝒫 # 문제
    b # 초기 상태 분포
    d # 깊이
    m # 샘플 개수
    ∇logπ # 로드 우도의 그래디언트
end

function gradient(M::LikelihoodRatioGradient, π, θ)
    𝒫, b, d, m, ∇logπ, γ = M.𝒫, M.b, M.d, M.m, M.∇logπ, M.𝒫.γ
    πθ(s) = π(θ, s)
    R(τ) = sum(r*γ^(k-1) for (k, (s,a,r)) in enumerate(τ))
    ∇U(τ) = sum(∇logπ(θ, a, s) for (s,a) in τ)*R(τ)
    return mean(∇U(simulate(𝒫, rand(b), πθ, d)) for i in 1:m)
end
```

알고리즘 11.4 우도 비율 트릭을 이용해 초기 상태 분포가 b인 MDP 𝒫에 대한 정책 π(s)의 정책 그래디언트를 추정하는 방법. 매개 변수화 벡터 θ에 대한 그래디언트는 로그 정책 그래디언트 ∇logπ를 사용해 m 롤아웃에서 깊이 d까지 추정된다.

11.4 리워드 투 고

우도 비율 정책 그래디언트 방법은 편향되지 않지만 분산이 높다. 예제 11.4는 편향과 분산을 살펴본다. 일반적으로 분산은 롤아웃 깊이에 따라 시간단계에 따른 행동, 상태, 보상의 상관관계로 인해 크게 증가한다. 리워드 투 고$^{reward-to-go}$ 접근법은 추정값의 분산을 줄이려고 시도한다.

예제 11.1의 단일 단계 단일 상태 문제를 고려해보자. 가우시안 분포 $\mathcal{N}(\theta_1, \theta_2^2)$에 따라 행동을 샘플링하는 확률적 정책 π_θ가 있다고 가정하자. 여기서 θ_2^2는 분산이다.

$$\log \pi_\theta(a \mid s) = \log\left(\frac{1}{\sqrt{2\pi\theta_2^2}} \exp\left(-\frac{(a-\theta_1)^2}{2\theta_2^2}\right)\right)$$

$$= -\frac{(a-\theta_1)^2}{2\theta_2^2} - \frac{1}{2}\log\left(2\pi\theta_2^2\right)$$

로그 정책 우도의 그래디언트는 다음과 같다.

$$\frac{\partial}{\partial\theta_1}\log\pi_\theta(a \mid s) = \frac{a-\theta_1}{\theta_2^2}$$

$$\frac{\partial}{\partial\theta_2}\log\pi_\theta(a \mid s) = \frac{(a-\theta_1)^2 - \theta_2^2}{\theta_2^3}$$

$\theta = [0,1]$로 세 가지 롤아웃을 실행하고 행동 $\{0.5, -1, 0.7\}$을 취하고 동일한 보상 $(R(s,a) = a)$를 받는다고 가정해보자. 추정 정책 그래디언트는 다음과 같다.

$$\nabla U(\theta) \approx \frac{1}{m}\sum_{i=1}^{m}\nabla_\theta \log p_\theta(\tau^{(i)})R(\tau^{(i)})$$

$$= \frac{1}{3}\left(\begin{bmatrix} 0.5 \\ -0.75 \end{bmatrix} 0.5 + \begin{bmatrix} -1.0 \\ 0.0 \end{bmatrix}(-1) + \begin{bmatrix} 0.7 \\ -0.51 \end{bmatrix} 0.7\right)$$

$$= [0.58, -0.244]$$

시뮬레이션들로부터 관심 수량을 추정할 때 일반적으로 편향과 분산이 모두 낮은 체계를 사용하고자 한다. 11장에서는 $\nabla U(\theta)$를 추정하고자 한다. 일반적으로 11장에서 더 많은 시뮬레이션을 통해 샘플을 추정하고 더 나은 추정에 도달할 수 있다. 일부 방법은 편향을 유발할 수 있으며, 샘플이 무한히 많더라도 정확한 추정값을 얻지 못한다. 편향이 0이 아닌 방법도 분산이 낮으면 여전히 매력적일 수 있다. 즉 수렴하는 데 더 적은 수의 샘플이 필요하다.

다음은 $\nabla U(\theta)$를 추정하기 위한 네 가지 명목 방법의 추정값 그림이다. 빨간색 선으로 표시된 것처럼 참값은 17.5다. 각 방법에 대해 100번의 시뮬레이션을 100회 실행했다. 샘플 수가 증가함에 따라 분산이 감소한다. 파란색 영역은 추정값의 5~95% 및 25~75% 경험적 분위수를 나타낸다.

예제 11.4 $\nabla U(\theta)$를 추정할 때의 편향과 분산의 경험적 시연

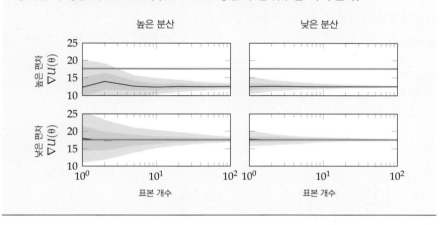

이 접근 방식을 도출하기 위해 방정식 (11.14)의 확장으로 시작한다.

$$\nabla U(\theta) = \mathbb{E}_{\tau}\left[\left(\sum_{k=1}^{d}\nabla_{\theta}\log\pi_{\theta}\left(a^{(k)}\mid s^{(k)}\right)\right)\left(\sum_{k=1}^{d}r^{(k)}\gamma^{k-1}\right)\right] \quad (11.19)$$

편의상 $\nabla_\theta \log \pi_\theta(a^{(k)} \mid s^{(k)})$를 $f^{(k)}$로 대체하자. 그런 뒤 다음과 같이 확장한다.

$$\nabla U(\theta) = \mathbb{E}_\tau \left[\left(\sum_{k=1}^d f^{(k)} \right) \left(\sum_{k=1}^d r^{(k)} \gamma^{k-1} \right) \right] \tag{11.20}$$

$$= \mathbb{E}_\tau \left[\left(f^{(1)} + f^{(2)} + f^{(3)} + \cdots + f^{(d)} \right) \left(r^{(1)} + r^{(2)}\gamma + r^{(3)}\gamma^2 + \cdots + r^{(d)}\gamma^{d-1} \right) \right] \tag{11.21}$$

$$= \mathbb{E}_\tau \begin{bmatrix} f^{(1)}r^{(1)} + f^{(1)}r^{(2)}\gamma + f^{(1)}r^{(3)}\gamma^2 + \cdots + f^{(1)}r^{(d)}\gamma^{d-1} \\ + f^{(2)}r^{(1)} + f^{(2)}r^{(2)}\gamma + f^{(2)}r^{(3)}\gamma^2 + \cdots + f^{(2)}r^{(d)}\gamma^{d-1} \\ + f^{(3)}r^{(1)} + f^{(3)}r^{(2)}\gamma + f^{(3)}r^{(3)}\gamma^2 + \cdots + f^{(3)}r^{(d)}\gamma^{d-1} \\ \vdots \\ + f^{(d)}r^{(1)} + f^{(d)}r^{(2)}\gamma + f^{(d)}r^{(3)}\gamma^2 + \cdots + f^{(d)}r^{(d)}\gamma^{d-1} \end{bmatrix} \tag{11.22}$$

첫 번째 보상 $r^{(1)}$은 첫 번째 행동에 의해서만 영향을 받는다. 따라서 정책 그래디언트에 대한 기여도는 후속 시간 단계에 종속돼서는 안 된다. 다음과 같이 인과 관계를 위반하는 다른 항을 제거할 수 있다.[12]

12 항 $\sum_{\ell=k}^d r^{(\ell)}\gamma^{\ell-k}$는 종종 단계 k에서의 리워드 투 고라고 불린다.

$$\nabla U(\theta) = \mathbb{E}_\tau \begin{bmatrix} f^{(1)}r^{(1)} + f^{(1)}r^{(2)}\gamma + f^{(1)}r^{(3)}\gamma^2 + \cdots + f^{(1)}r^{(d)}\gamma^{d-1} \\ + f^{(2)}r^{(2)}\gamma + f^{(2)}r^{(3)}\gamma^2 + \cdots + f^{(2)}r^{(d)}\gamma^{d-1} \\ + f^{(3)}r^{(3)}\gamma^2 + \cdots + f^{(3)}r^{(d)}\gamma^{d-1} \\ \vdots \\ + f^{(d)}r^{(d)}\gamma^{d-1} \end{bmatrix} \tag{11.23}$$

$$= \mathbb{E}_\tau \left[\sum_{k=1}^d \nabla_\theta \log \pi_\theta(a^{(k)} \mid s^{(k)}) \left(\sum_{\ell=k}^d r^{(\ell)} \gamma^{\ell-1} \right) \right] \tag{11.24}$$

$$= \mathbb{E}_\tau \left[\sum_{k=1}^d \nabla_\theta \log \pi_\theta(a^{(k)} \mid s^{(k)}) \left(\gamma^{k-1} \sum_{\ell=k}^d r^{(\ell)} \gamma^{\ell-k} \right) \right] \tag{11.25}$$

$$= \mathbb{E}_\tau \left[\sum_{k=1}^d \nabla_\theta \log \pi_\theta(a^{(k)} \mid s^{(k)}) \gamma^{k-1} r_{\text{to-go}}^{(k)} \right] \tag{11.26}$$

알고리듬 11.5는 이에 대한 구현을 보여준다.

θ로 매개 변수화된 정책하에서 상태-행동 쌍 (s, a)에 대한 리워드 투 고는 실제로 해당 상태 $Q_\theta(s, a)$의 상태-행동 값의 근삿값이다. 행동 가치 함수가 알려져 있다면 이를 사용해 정책 그래디언트를 얻을 수 있다.

$$\nabla U(\theta) = \mathbb{E}_\tau \left[\sum_{k=1}^{d} \nabla_\theta \log \pi_\theta (a^{(k)} \mid s^{(k)}) \gamma^{k-1} Q_\theta \left(s^{(k)}, a^{(k)} \right) \right] \quad (11.27)$$

```
struct RewardToGoGradient
    𝒫 # 문제
    b # 초기 상태 분포
    d # 깊이
    m # 샘플 개수
    ∇logπ # 로드 우도의 그래디언트
end

function gradient(M::RewardToGoGradient, π, θ)
    𝒫, b, d, m, ∇logπ, γ = M.𝒫, M.b, M.d, M.m, M.∇logπ, M.𝒫.γ
    πθ(s) = π(θ, s)
    R(τ, j) = sum(r*γ^(k-1) for (k,(s,a,r)) in zip(j:d, τ[j:end]))
    ∇U(τ) = sum(∇logπ(θ, a, s)*R(τ,j) for (j, (s,a,r)) in enumerate(τ))
    return mean(∇U(simulate(𝒫, rand(b), πθ, d)) for i in 1:m)
end
```

알고리듬 11.5 초기 상태 분포 b를 갖는 MDP $\mathcal{P}$에 대한 정책 $\pi(s)$의 정책 그래디언트를 추정하기 위해 리워드 투 고를 사용하는 방법. 매개 변수화 벡터 θ에 대한 그래디언트는 로그 정책 그래디언트 $\nabla \log \pi$를 사용해 m 롤아웃에서 깊이 d까지 추정된다.

11.5 기준선 차감

그래디언트 추정의 분산을 줄이기 위해 리워드 투 고에서 기준 값을 빼서 이전 절에서 설명한 접근 방식을 추가로 구축할 수 있다.[13] 이 차감은 그래디언트를 편향시키지 않는다.

이제 기준선 $r_{\text{base}}(s^{(k)})$을 차감한다.

13 상태-행동 값에서 기준선을 차감할 수도 있다.

$$\nabla U(\mathbf{\theta}) = \mathbb{E}_\tau \left[\sum_{k=1}^{d} \nabla_\mathbf{\theta} \log \pi_\mathbf{\theta}(a^{(k)} \mid s^{(k)}) \gamma^{k-1} \left(r_{\text{to-go}}^{(k)} - r_{\text{base}}(s^{(k)}) \right) \right] \quad (11.28)$$

기준선 차감이 그래디언트를 편향시키지 않는다는 것을 보여주기 위해 먼저 다음과 같이 확장한다.

$$\nabla U(\mathbf{\theta}) = \mathbb{E}_\tau \left[\sum_{k=1}^{d} \nabla_\mathbf{\theta} \log \pi_\mathbf{\theta}(a^{(k)} \mid s^{(k)}) \gamma^{k-1} r_{\text{to-go}}^{(k)} - \sum_{k=1}^{d} \nabla_\mathbf{\theta} \log \pi_\mathbf{\theta}(a^{(k)} \mid s^{(k)}) \gamma^{k-1} r_{\text{base}}(s^{(k)}) \right] \quad (11.29)$$

기댓값의 선형성^{linearity of expectation}은 $\mathbb{E}[a + b] = \mathbb{E}[a] + \mathbb{E}[b]$를 의미하므로 방정식 (11.29)가 방정식 (11.26)과 같다는 것을 증명하는 것으로 충분하다. 각 단계 k에 대해 기준선 항에 연계된 기댓값은 0이다.

$$\mathbb{E}_\tau \left[\nabla_\mathbf{\theta} \log \pi_\mathbf{\theta}(a^{(k)} \mid s^{(k)}) \gamma^{k-1} r_{\text{base}}(s^{(k)}) \right] = \mathbf{0} \quad (11.30)$$

먼저 그림과 같이 기댓값을 중첩된 기댓값으로 변환하는 것으로 시작한다.

$$\mathbb{E}_\tau \left[\nabla_\mathbf{\theta} \log \pi_\mathbf{\theta}(a^{(k)} \mid s^{(k)}) \gamma^{k-1} r_{\text{base}}(s^{(k)}) \right] = \mathbb{E}_{\tau_{1:k}} \left[\mathbb{E}_{\tau_{k+1:d}} \left[\nabla_\mathbf{\theta} \log \pi_\mathbf{\theta}(a^{(k)} \mid s^{(k)}) \gamma^{k-1} r_{\text{base}}(s^{(k)}) \right] \right] \quad (11.31)$$

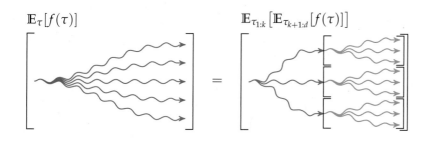

$\mathbb{E}_\tau[f(\tau)]$ $\qquad$ $\mathbb{E}_{\tau_{1:k}} \left[\mathbb{E}_{\tau_{k+1:d}} [f(\tau)] \right]$

◀ **그림 11.2** 정책에서 샘플링된 궤적의 함수에 대한 기댓값은 하위 궤적의 중첩된 기대에 대한 기댓값으로 볼 수 있다. 수학식의 유도는 연습 11.4를 참조하라.

동일한 로그 미분 트릭을 사용해 도출을 계속한다.

$$\mathbb{E}_{\tau_{1:k}} \left[\mathbb{E}_{\tau_{k+1:d}} \left[\nabla_\mathbf{\theta} \log \pi_\mathbf{\theta}(a^{(k)} \mid s^{(k)}) \gamma^{k-1} r_{\text{base}}(s^{(k)}) \right] \right]$$

$$= \mathbb{E}_{\tau_{1:k}} \left[\gamma^{k-1} r_{\text{base}}(s^{(k)}) \, \mathbb{E}_{\tau_{k+1:d}} \left[\nabla_{\boldsymbol{\theta}} \log \pi_{\boldsymbol{\theta}}(a^{(k)} \mid s^{(k)}) \right] \right] \tag{11.32}$$

$$= \mathbb{E}_{\tau_{1:k}} \left[\gamma^{k-1} r_{\text{base}}(s^{(k)}) \, \mathbb{E}_{a^{(k)}} \left[\nabla_{\boldsymbol{\theta}} \log \pi_{\boldsymbol{\theta}}(a^{(k)} \mid s^{(k)}) \right] \right] \tag{11.33}$$

$$= \mathbb{E}_{\tau_{1:k}} \left[\gamma^{k-1} r_{\text{base}}(s^{(k)}) \int \nabla_{\boldsymbol{\theta}} \log \pi_{\boldsymbol{\theta}}(a^{(k)} \mid s^{(k)}) \pi_{\boldsymbol{\theta}}(a^{(k)} \mid s^{(k)}) \, \mathrm{d}a^{(k)} \right] \tag{11.34}$$

$$= \mathbb{E}_{\tau_{1:k}} \left[\gamma^{k-1} r_{\text{base}}(s^{(k)}) \int \frac{\nabla_{\boldsymbol{\theta}} \pi_{\boldsymbol{\theta}}(a^{(k)} \mid s^{(k)})}{\pi_{\boldsymbol{\theta}}(a^{(k)} \mid s^{(k)})} \pi_{\boldsymbol{\theta}}(a^{(k)} \mid s^{(k)}) \, \mathrm{d}a^{(k)} \right] \tag{11.35}$$

$$= \mathbb{E}_{\tau_{1:k}} \left[\gamma^{k-1} r_{\text{base}}(s^{(k)}) \nabla_{\boldsymbol{\theta}} \int \pi_{\boldsymbol{\theta}}(a^{(k)} \mid s^{(k)}) \, \mathrm{d}a^{(k)} \right] \tag{11.36}$$

$$= \mathbb{E}_{\tau_{1:k}} \left[\gamma^{k-1} r_{\text{base}}(s^{(k)}) \nabla_{\boldsymbol{\theta}} 1 \right] \tag{11.37}$$

$$= \mathbb{E}_{\tau_{1:k}} \left[\gamma^{k-1} r_{\text{base}}(s^{(k)}) \, \mathbf{0} \right] \tag{11.38}$$

따라서 항 $r_{\text{base}}(s^{(k)})$를 빼도 추정값이 편향되지 않는다. 이 유도는 연속적인 상태 및 행동 공간을 가정했다. 동일한 결과가 불연속 공간에도 적용된다.

그래디언트의 모든 구성 요소에 대해 다른 r_{base}를 선택할 수 있으며 여기서는 분산을 최소화하도록 선택한다. 편의상 s에 대한 종속성을 제거하고 각 기본 구성 요소를 상수로 취급한다.[14] 도출된 식의 표기상 편의를 위해 다음과 같이 정의 한다.

$$\ell_i(a, s, k) = \gamma^{k-1} \frac{\partial}{\partial \theta_i} \log \pi_{\boldsymbol{\theta}}(a \mid s) \tag{11.39}$$

방정식 (11.28)에서 그래디언트 추정의 i번째 요소의 분산은 다음과 같다.

$$\mathbb{E}_{a, s, r_{\text{to-go}}, k} \left[\left(\ell_i(a, s, k) (r_{\text{to-go}} - r_{\text{base}, i}) \right)^2 \right] - \mathbb{E}_{a, s, r_{\text{to-go}}, k} \left[\ell_i(a, s, k) (r_{\text{to-go}} - r_{\text{base}, i}) \right]^2 \tag{11.40}$$

여기서 기댓값은 궤적 샘플에서 $(a, s, r_{\text{to-go}})$에 대한 것이며 k는 각 튜플의 깊이다.

방금 두 번째 항이 0임을 보여줬다. 따라서 $r_{\text{base}, i}$를 선택해 기준선에 대한 미분

14 일부 기법은 $r_{\text{base}}(s^{(k)}) = \boldsymbol{\phi}(s^{(k)})^{\top} \mathbf{w}$로서 상태-종속 기준선을 근사하기도 한다. 적절한 기준선 함수를 선택하는 것은 쉽지 않다. J. Peters and S. Schaal, "Reinforcement Learning of Motor Skills with Policy Gradients," *Neural Networks*, vol. 21, no. 4, pp. 682–697, 2008.

을 취하고 0으로 설정해 첫 번째 항을 최소화하는 데 집중할 수 있다.

$$\frac{\partial}{\partial r_{\text{base},i}} \underset{a,s,r_{\text{to-go}},k}{\mathbb{E}} \left[\left(\ell_i(a,s,k) \left(r_{\text{to-go}} - r_{\text{base},i} \right) \right)^2 \right]$$

$$= \frac{\partial}{\partial r_{\text{base},i}} \left(\underset{a,s,r_{\text{to-go}},k}{\mathbb{E}} \left[\ell_i(a,s,k)^2 r_{\text{to-go}}^2 \right] - 2 \underset{a,s,r_{\text{to-go}},k}{\mathbb{E}} \left[\ell_i(a,s,k)^2 r_{\text{to-go}} r_{\text{base},i} \right] + r_{\text{base},i}^2 \underset{a,s,k}{\mathbb{E}} \left[\ell_i(a,s,k)^2 \right] \right)$$

(11.41)

$$= -2 \underset{a,s,r_{\text{to-go}},k}{\mathbb{E}} \left[\ell_i(a,s,k)^2 r_{\text{to-go}} \right] + 2 r_{\text{base},i} \underset{a,s,k}{\mathbb{E}} \left[\ell_i(a,s,k)^2 \right] = 0$$

(11.42)

$r_{\text{base},i}$에 대해 풀면 분산을 최소화하는 기준선 구성 요소가 산출된다.

$$r_{\text{base},i} = \frac{\mathbb{E}_{a,s,r_{\text{to-go}},k} \left[\ell_i(a,s,k)^2 r_{\text{to-go}} \right]}{\mathbb{E}_{a,s,k} \left[\ell_i(a,s,k)^2 \right]}$$

(11.43)

```
struct BaselineSubtractionGradient
    𝒫 # 문제
    b # 초기 상태 분포
    d # 깊이
    m # 샘플 개수
    ∇logπ # 로드 우도의 그래디언트
end

function gradient(M::BaselineSubtractionGradient, π, θ)
    𝒫, b, d, m, ∇logπ, γ = M.𝒫, M.b, M.d, M.m, M.∇logπ, M.𝒫.γ
    πθ(s) = π(θ, s)
    ℓ(a, s, k) = ∇logπ(θ, a, s)*γ^(k-1)
    R(τ, k) = sum(r*γ^(j-1) for (j,(s,a,r)) in enumerate(τ[k:end]))
    numer(τ) = sum(ℓ(a,s,k).^2*R(τ,k) for (k,(s,a,r)) in enumerate(τ))
    denom(τ) = sum(ℓ(a,s,k).^2 for (k,(s,a)) in enumerate(τ))
    base(τ) = numer(τ) ./ denom(τ)
    trajs = [simulate(𝒫, rand(b), πθ, d) for i in 1:m]
    rbase = mean(base(τ) for τ in trajs)
```

알고리듬 11.6 MDP $\mathcal{P}$, 정책 π 및 초기 상태 분포 b에 대한 리워드 투 고 및 기준선 차감을 사용한 우도 비율 그래디언트 추정. 매개 변수화 벡터 θ에 대한 그래디언트는 로그 정책 그래디언트 ∇logπ를 사용해 m 롤아웃에서 깊이 d까지 추정된다.

```
∇U(τ) = sum(ℓ(a,s,k).*(R(τ,k).-rbase) for (k,(s,a,r)) in enumerate(τ))
    return mean(∇U(τ) for τ in trajs)
end
```

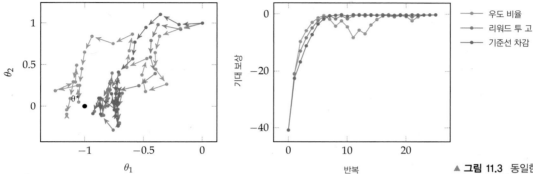

이 기준선 차감(알고리듬 11.6)으로 우도 비율 정책 그래디언트 추정을 사용하는 것이 일반적이다.[15] 그림 11.3은 여기 설명된 방법을 비교한 것이다.

질적으로 상태-행동 쌍의 그래디언트 기여도를 고려할 때 우리가 정말로 관심을 두는 것은 한 행동의 다른 행동에 대한 상대적인 가치다. 특정 상태의 모든 행동이 동일한 높은 값을 생성하는 경우 그래디언트에 실제 신호가 없으며 기준선 차감이 이를 0으로 만들 수 있다. 우리는 행동의 평균값에 관계없이 다른 행동보다 더 높은 가치를 생성하는 행동을 식별하고자 한다.

행동 값에 대한 대안은 어드밴티지^{advantage}, $A(s, a) = Q(s, a) - U(s)$다. 기준선 차감에서 상태 가치 함수를 사용하면 어드밴티지가 있다. 어드밴티지를 사용하는 정책 그래디언트는 편향되지 않으며 일반적으로 분산이 훨씬 낮다. 그래디언트 계산은 다음과 같은 형식을 취한다.

▲ **그림 11.3** 동일한 초기 매개 변수화에서 간단한 레귤레이터 문제에 대한 정책을 최적화하는 데 사용되는 여러 정책 그래디언트 방법. 각 그래디언트 평가는 깊이 10까지 6번의 롤아웃을 실행했다. 그래디언트의 크기는 1로 제한됐고 단계 갱신은 단계 크기 0.2로 적용됐다. 최적의 정책 매개 변수화는 검은색으로 표시된다.

15 이 조합은 *REINFORCE*라 불리는 알고리듬 부류에 사용됐고, 다음 문헌에 소개돼 있다. R. J. Williams, "Simple Statistical Gradient-Following Algorithms for Connectionist Reinforcement Learning," *Machine Learning*, vol. 8, pp. 229-256, 1992.

$$\nabla U(\boldsymbol{\theta}) = \mathbb{E}_\tau \left[\sum_{k=1}^{d} \nabla_{\boldsymbol{\theta}} \log \pi_{\boldsymbol{\theta}}(a^{(k)} \mid s^{(k)}) \gamma^{k-1} A_{\boldsymbol{\theta}} \left(s^{(k)}, a^{(k)} \right) \right] \quad (11.44)$$

상태 및 행동 가치 함수와 마찬가지로 어드밴티지 함수는 일반적으로 알 수 없다. 이를 근사화하려면 13장에서 다루는 다른 방법이 필요하다.

11.6 요약

- 그래디언트는 유한 차분을 사용해 추정할 수 있다.
- 선형 회귀를 사용해 정책 그래디언트에 대한 보다 안정적인 추정값을 제공할 수도 있다.
- 우도 비율은 확률적 정책에 대한 전이 모델에 종속되지 않는 정책 그래디언트의 형태를 도출하는 데 사용될 수 있다.
- 정책 그래디언트의 분산은 리워드 투 고 및 기준선 차감을 사용해 크게 줄일 수 있다.

11.7 연습 문제

연습 11.1 m번 롤아웃을 사용해 매개 변수 $\boldsymbol{\theta}$의 n차원 벡터로 정의된 주어진 매개 변수화된 정책 $\pi_{\boldsymbol{\theta}}$의 예상 할인 총보상을 추정하는 경우 유한 차분 접근 방식을 사용해 정책 그래디언트를 계산하기 위해 수행해야 하는 총 롤아웃 수는 얼마인가?

해법: 유한 차분 접근법을 사용해 정책 그래디언트를 추정하려면 현재 매개 변수 벡터 $U(\boldsymbol{\theta})$와 $i = 1 : n$에 대한 현재 매개 변수 벡터 $U(\boldsymbol{\theta} + \delta \mathbf{e}^{(i)})$의 모든 n 변형이 주어진 정책의 효용성을 추정해야 한다. m 롤아웃을 사용해 이들 각각을 추정하므로 총 $m(n + 1)$ 롤아웃을 수행해야 한다.

연습 11.2 다양한 물체를 조작하는 실험을 실행할 수 있는 로봇 팔이 있다고 가정하자. 우도 비율 정책 그래디언트 또는 그 확장 중 하나를 사용해 이러한 객체를 선택하고 이동하는 데 효율적인 정책을 훈련하고 싶다. 결정적 또는 확률적 정책 중 어느 것이 더 간단할까? 그 이유는 무엇인가?

해법: 우도 비율 정책 그래디언트는 결정론적 정책과 함께 사용할 때 전이 우도를 명시적으로 표현해야 한다. 실제 로봇 팔 조작 작업에 대한 정확한 명시적 전환 모델을 지정하는 것은 어려울 수 있다. 확률적 정책에 대한 정책 그래디언트를 계산하는 것은 전이 가능성을 명시적으로 표현할 필요가 없으므로 확률적 정책을 보다 간단하게 사용할 수 있다.

연습 11.3 다음 형식의 정책 그래디언트를 고려해보자.

$$\nabla_{\boldsymbol{\theta}} U(\boldsymbol{\theta}) = \mathbb{E}_\tau \left[\sum_{k=1}^{d} \gamma^{k-1} y \, \nabla_{\boldsymbol{\theta}} \log \pi_{\boldsymbol{\theta}} \left(a^{(k)} \mid s^{(k)} \right) \right]$$

다음 y 값 중 유효한 정책 그래디언트를 얻는 것은 무엇인가? 이유를 설명하라.

(a) $\gamma^{1-k} \sum_{\ell=1}^{\infty} r^{(\ell)} \gamma^{\ell-1}$

(b) $\sum_{\ell=k}^{\infty} r^{(\ell)} \gamma^{\ell-k}$

(c) $\left(\sum_{\ell=k}^{\infty} r^{(\ell)} \gamma^{\ell-k} \right) - r_{\text{base}}(s^{(k)})$

(d) $U(s^{(k)})$

(e) $Q(s^{(k)}, a^{(k)})$

(f) $A(s^{(k)}, a^{(k)})$

(g) $r^{(k)} + \gamma U(s^{(k+1)}) - U(s^{(k)})$

해법: (a) $\sum_{\ell=1}^{\infty} r^{(\ell)}$는 다음과 같은 할인 총보상을 얻는다.

$$\gamma^{k-1} \gamma^{1-k} \sum_{\ell=1}^{\infty} r^{(\ell)} \gamma^{\ell-1} = \sum_{\ell=1}^{\infty} r^{(\ell)} \gamma^{\ell-1}$$

방정식 (11.19)에 주어진 유효한 정책 그래디언트를 생성한다.

(b) $\sum_{\ell=k}^{\infty} r^{(\ell)} \gamma^{\ell-k}$은 리워드 투 고이며 방정식 (12.26)과 같은 유효한 정책 그래디언트를 생성한다.

(C) $\left(\sum_{\ell=k}^{\infty} r^{(\ell)} \gamma^{\ell-k}\right) - r_{\text{base}}(s^{(k)})$은 기준선 차감 리워드 투 고이며 방정식 (12.28)과 같은 유효한 정책 그래디언트를 생성한다.

(d) $U(s^{(k)})$는 상태 가치 함수이며 유효한 정책 그래디언트를 생성하지 않는다.

(e) $Q(s^{(k)}, a^{(k)})$는 상태-행동 값 함수이며 방정식 (11.27)에 주어진 것과 같이 유효한 정책 그래디언트를 생성한다.

(f) $A(s^{(k)}, a^{(k)})$는 어드밴티지 함수이며 방정식 (11.44)에 주어진 대로 유효한 정책 그래디언트를 생성한다.

(g) $r^{(k)} + \gamma U(s^{(k+1)}) - U(s^{(k)})$은 시간차분 잔차(13장에서 자세히 설명함)이며 어드밴티지 함수의 편향되지 않은 근사이기 때문에 유효한 정책 그래디언트를 생성한다.

연습 11.4 단계 k에 대해 $\mathbb{E}_{\tau \sim \pi}[f(\tau)] = \mathbb{E}_{\tau_{1:k} \sim \pi}[\mathbb{E}_{\tau_{k:d} \sim \pi}[f(\tau)]]$임을 보여라.

해법: 중첩된 기댓값은 적분 형식으로 기댓값을 작성한 다음 다시 변환해 증명할 수 있다.

$$\mathbb{E}_{\tau \sim \pi}[f(\tau)] =$$
$$= \int p(\tau) f(\tau) \, d\tau$$
$$= \int \left(p(s^{(1)}) \prod_{k=1}^{d} p(s^{(k+1)} \mid s^{(k)}, a^{(k)}) \pi(a^{(k)} \mid s^{(k)}) \right) f(\tau) \, d\tau$$
$$= \int \int \int \int \cdots \int \left(p(s^{(1)}) \prod_{k=1}^{d} p(s^{(k+1)} \mid s^{(k)}, a^{(k)}) \pi(a^{(k)} \mid s^{(k)}) \right) f(\tau) \, ds^{(d)} \cdots da^{(2)} \, ds^{(2)} \, da^{(1)} \, ds^{(1)}$$
$$= \mathop{\mathbb{E}}_{\tau_{1:k} \sim \pi} \left[\int \int \int \int \cdots \int \left(\prod_{q=k}^{d} p(s^{(q+1)} \mid s^{(q)}, a^{(q)}) \pi(a^{(q)} \mid s^{(q)}) \right) f(\tau) \, ds^{(d)} \cdots da^{(k+1)} \, ds^{(k+1)} \, da^{(k)} \, ds^{(k)} \right]$$
$$= \mathbb{E}_{\tau_{1:k} \sim \pi}[\mathbb{E}_{\tau_{k:d} \sim \pi}[f(\tau)]]$$

연습 11.5 회귀 그래디언트(알고리듬 11.3)의 구현은 교란에서의 선형 매핑을 총 보상의 차이 $U(\theta + \Delta\theta^{(i)}) - U(\theta)$에 적합화한다. m 교란 각각에 대해 $U(\theta + \Delta\theta^{(i)})$ 및 $U(\theta)$를 평가해 총 m회 $U(\theta)$를 재평가한다. 보다 효과적인 방식으로 샘플을 재할당하는 방법은 무엇인가?

해법: 한 가지 접근 방식은 $U(\theta)$를 한 번 평가하고 각 교란에 대해 동일한 값을 사용해 $m + 1$ 평가만 수행하는 것이다. $U(\theta)$의 정확한 추정값을 갖는 것은 정확한 회귀 그래디언트 추정값을 위해 특히 중요하다. 대안은 여전히 $U(\theta)$를 한 번 계산하지만 m번 롤아웃을 사용해 반복당 총 롤아웃 수를 보존하는 것이다. 이 접근 방식은 알고리듬 11.3과 동일한 양의 계산을 사용하지만 더 안정적인 그래디언트 추정값을 생성할 수 있다.

12

정책 그래디언트 최적화

최적의 정책을 향한 매개 변수 공간의 탐색을 유도하기 위해 정책 그래디언트의 추정값을 사용할 수 있다. 11장에서는 이 그래디언트를 추정하는 방법을 설명했다. 12장에서는 이러한 추정값을 사용해 최적화를 안내하는 방법을 설명한다. 그래디언트 상승gradient ascent부터 알아보는데 이 방법은 각 반복에서 단순히 그래디언트 방향을 따라간다. 단계 크기를 결정하는 것은 중요한 과제다. 단계를 크게 하면 최적으로 더 빠르게 진행할 수 있지만 오버슈트overshoot할 수 있다. 자연적 정책 그래디언트는 매개 변수 구성 요소에서 그래디언트의 방향을 수정해 다양한 민감도 수준을 더 잘 처리한다. 마지막에는 신뢰 영역 방법을 알아보는데, 이는 후보 정책을 얻기 위한 자연적 그래디언트 방법과 정확히 동일한 방식으로 시작한다. 그런 다음 원래 정책을 이 후보에 연결하는 정책 공간의 선분을 따라 탐색해 더 나은 정책을 찾는다.

12.1 그래디언트 상승 갱신

그래디언트 상승(부록 A.11에서 검토)을 사용해 기대 효용 $U(\theta)$를 최대화하는 θ로 매개 변수화된 정책을 찾을 수 있다. 그래디언트 상승은 반복 상승[iterated ascent] 방식의 한 유형으로서 매번 각 반복에서 매개 변수 공간에서 단계를 수행해 관련 정책의 품질을 개선하고자 한다. 12장에서 설명하는 모든 방법은 반복 상승 방법이지만 단계를 수행하는 방법이 다르다. 12.1절에서 설명하는 그래디언트 상승 방법은 $\nabla U(\theta)$ 방향으로 단계를 취하는 것으로서 이전 장에서 설명한 기법 중 하나를 사용해 추정될 수 있다. θ의 갱신은 다음과 같다.

$$\theta \leftarrow \theta + \alpha \nabla U(\theta) \qquad (12.1)$$

여기서 단계 길이는 단계 계수 $\alpha > 0$와 그래디언트 크기의 곱과 같다.

알고리듬 12.1은 이러한 단계를 수행하는 방법을 구현한다. 이 방법은 고정된 반복 횟수 동안 하거나 혹은 θ 또는 $U(\theta)$가 수렴할 때까지 호출할 수 있다. 그래디언트 상승과 12장에서 논의된 다른 알고리듬은 최적의 정책으로 수렴된다는 보장이 없다. 그러나 지역 최적[locally optimal] 정책으로의 수렴이 장려되는 기술은 있으며, 이 경우 매개 변수 공간에서 극소 단계를 수행하더라도 더 나은 정책이 될 수 없다. 한 가지 접근 방식은 각 단계마다 계단 요소를 감쇄시키는 것이다.[1]

1 이 기법과 또 다른 여러 기법은 다음 문헌에 자세히 설명돼 있다. M. J. Kochenderfer and T. A. Wheeler, *Algorithms for Optimization*. MIT Press, 2019.

알고리듬 12.1 정책 최적화를 위한 그래디언트 상승 방법. 단계 계수 α를 사용해 그래디언트 ∇U 방향으로 점 θ에서 한 걸음 내딛는다. ∇U를 계산하기 위해 이전 장의 방법 중 하나를 사용할 수 있다.

```
struct PolicyGradientUpdate
    ∇U # 정책 그래디언트 추정
    α  # 단계 계수
end

function update(M::PolicyGradientUpdate, θ)
    return θ + M.α * M.∇U(θ)
end
```

매우 큰 그래디언트는 최적을 초과하는 경향이 있으며 다양한 이유로 발생할 수 있다. 2048 문제(부록 F.2)와 같은 일부 문제에 대한 보상은 크기에 따라 다를 수 있다. 그래디언트를 관리 가능하게 유지하는 한 가지 접근 방식은 그래디언트 조정$^{\text{gradient scaling}}$을 사용하는 것이다. 이 방법은 정책 매개 변수화를 갱신하는 데 사용하기 전에 그래디언트 추정값의 크기를 제한한다. 그래디언트는 일반적으로 L_2-노름이 1로 제한된다. 또 다른 접근 방식은 그래디언트 클리핑^{clipping}으로, 그래디언트로 정책을 갱신하기 전에 요소별로 그래디언트를 고정시킨다. 일반적으로 클리핑은 개체를 1과 −1 사이가 되도록 제한한다. 두 기법 모두 알고리듬 12.2에 구현돼 있다.

```
scale_gradient(∇, L2_max) = min(L2_max/norm(∇), 1)*∇
clip_gradient(∇, a, b) = clamp.(∇, a, b)
```

스케일링과 클리핑은 그림 12.1에서 볼 수 있듯이 최종 그래디언트 방향에 영향을 미치는 방식이 다르다. 스케일링은 방향에 영향을 주지 않지만 클리핑은 각 구성 요소에 개별적으로 영향을 준다. 이 차이가 유리한지 여부는 문제에 따라 다르다. 예를 들어, 단일 구성 요소가 그래디언트 벡터를 지배하는 경우 스케일링은 다른 구성 요소를 0으로 만들어 없애버린다.

알고리듬 12.2 그래디언트 스케일링 및 클리핑 방법. 그래디언트 스케일링은 제공된 그래디언트 벡터 ∇의 크기를 L2_max로 제한한다. 그래디언트 클리핑은 제공된 그래디언트 벡터 ∇의 요소별 클램핑을 a와 b 사이에 제공한다.

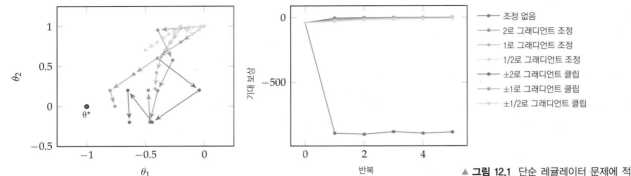

▲ **그림 12.1** 단순 레귤레이터 문제에 적용된 그래디언트 스케일링 및 클리핑의 효과. 각 그래디언트 평가는 깊이 10까지 10번의 롤아웃을 실행했다. 단계 갱신은 단계 크기 0.2로 적용됐다. 최적의 정책 매개 변수화는 검은색으로 표시된다.

12.2 제한된 그래디언트 갱신

12장의 나머지 알고리듬은 다음 단계 θ'의 정책 매개 변수가 현재 단계의 θ에서 너무 멀지 않다는 제약 조건하에 목적 함수 $U(\theta)$의 근사를 최적화하려고 시도한다. 제약 조건은 $g(\theta, \theta') \leq \epsilon$ 형태를 취한다. 여기서 $\epsilon > 0$은 알고리듬의 자유 매개 변수다. 이 기법은 $U(\theta)$의 근사와 g의 형식에서 다르다. 이 절에서는 단순 제한 단계restricted step 방법을 설명한다. U를 근사하기 위한 θ에서의 그래디언트 추정값에서 얻은 1차 테일러 근사(부록 A.12)를 사용한다.

$$U(\theta') \approx U(\theta) + \nabla U(\theta)^\top (\theta' - \theta) \tag{12.2}$$

제약 조건을 위해 다음을 사용한다.

$$g(\theta, \theta') = \frac{1}{2}(\theta' - \theta)^\top \mathbf{I}(\theta' - \theta) = \frac{1}{2}\|\theta' - \theta\|_2^2 \tag{12.3}$$

이 제약 조건은 스텝 길이를 $\sqrt{2\epsilon}$ 이하로 제한하는 것으로 볼 수 있다. 즉 최적화에서 실현 가능한 영역은 θ를 중심으로 반지름이 $\sqrt{2\epsilon}$인 구ball다.

그러면 최적화 문제는 다음과 같다.

$$\underset{\theta'}{\text{maximize}} \quad U(\theta) + \nabla U(\theta)^\top (\theta' - \theta)$$

$$\text{제약 조건} \quad \frac{1}{2}(\theta' - \theta)^\top \mathbf{I}(\theta' - \theta) \leq \epsilon \tag{12.4}$$

$U(\theta)$는 θ'에 종속되지 않기 때문에 목적 함수에서 $U(\theta)$를 삭제할 수 있다. 또한 선형 목적 함수는 최적의 솔루션이 실현 가능한 영역의 경계에 있도록 하기 때문에 부등식을 제약 조건의 등식으로 변경할 수 있다.

이러한 변경으로 다음의 동등한 최적화 문제가 된다.

$$\underset{\theta'}{\text{maximize}} \quad \nabla U(\theta)^\top (\theta' - \theta)$$

$$\text{제약 조건} \quad \frac{1}{2}(\theta' - \theta)^\top \mathbf{I}(\theta' - \theta) = \epsilon \tag{12.5}$$

이 최적화 문제는 해석적으로 해결할 수 있다.

$$\theta' = \theta + \mathbf{u}\sqrt{\frac{2\epsilon}{\mathbf{u}^\top \mathbf{u}}} = \theta + \sqrt{2\epsilon}\frac{\mathbf{u}}{\|\mathbf{u}\|} \tag{12.6}$$

여기서 비정규화 탐색 방향 $\mathbf{u}$는 단순히 $\nabla U(\theta)$다. 물론, $\nabla U(\theta)$이 무엇인지 정확히 알 수는 없다. 그러나 이전 장의 모든 방법을 동원해 추정할 수는 있다. 알고리듬 12.3은 그중 하나를 구현한다.

```
struct RestrictedPolicyUpdate
    𝒫      # 문제
    b      # 초기 상태 분포
    d      # 깊이
    m      # 표본 개수
    ∇logπ  # 로그 우도의 그래디언트
    π      # 정책
    ϵ      # 발산 한도
end
```

알고리듬 12.3 초기 상태 분포 b가 있는 문제 𝒫에 대한 θ에서의 제한된 정책 그래디언트 방법에 대한 갱신 함수. 그래디언트는 로그 정책 그래디언트 ∇logπ를 사용해 매개 변수화된 정책 π(θ, s)의 m번 시뮬레이션을 사용해 초기 상태 분포 b에서 깊이 d까지 추정된다.

```
function update(M::RestrictedPolicyUpdate, θ)
    𝒫, b, d, m, ∇logπ, π, γ = M.𝒫, M.b, M.d, M.m, M.∇logπ, M.π, M.𝒫.γ
    πθ(s) = π(θ, s)
    R(τ) = sum(r*γ^(k-1) for (k, (s,a,r)) in enumerate(τ))
    τs = [simulate(𝒫, rand(b), πθ, d) for i in 1:m]
    ∇log(τ) = sum(∇logπ(θ, a, s) for (s,a) in τ)
    ∇U(τ) = ∇log(τ)*R(τ)
    u = mean(∇U(τ) for τ in τs)
    return θ + u*sqrt(2*M.ϵ/dot(u,u))
end
```

12.3 자연 그래디언트 갱신

자연 그래디언트$^{natural\ gradient}$ 방법[2]은 매개 변수 공간의 일부 구성 요소가 다른 구성 요소보다 민감도가 더 높은 상황을 더 잘 처리하기 위해 이전 절에서 논의된 제한된 단계 방법의 변형이다. 이 문맥에서 민감도^{sensitivity}란 매개 변수 중 하나의 작은 변화와 관련해 정책의 효용이 얼마나 달라지는지를 나타낸다. 그래디언트 기법의 민감도는 주로 정책 매개 변수의 스케일링 선택에 따라 결정된다. 자연 정책 그래디언트 방법은 탐색 방향 **u**를 매개 변수 스케일링에 대해 불변^{invariant}으로 만든다. 그림 12.2는 실제 그래디언트와 자연 그래디언트 간의 차이를 보여준다.

2 S. Amari, "Natural Gradient Works Efficiently in Learning," *Neural Computation*, vol. 10, no. 2, pp. 251–276, 1998.

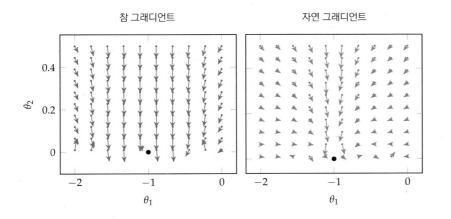

참 그래디언트   자연 그래디언트

◀ **그림 12.2** 단순 레귤레이터 문제에 대한 실제 그래디언트와 자연 그래디언트의 비교(부록 F.5 참조). 참 그래디언트는 일반적으로 음의 θ_2 방향을 강하게 가리키는 반면, 자연 그래디언트는 일반적으로 $[-1, 0]$에서 최적(검은색 점)을 향한다. 유사한 수치가 다음 문헌에 제시돼 있다. J. Peters and S. Schaal, "Reinforcement Learning of Motor Skills with Policy Gradients," *Neural Networks*, vol. 21, no. 4, pp. 682-697, 2008.

자연 정책 기울기^{natural policy gradient} 방법은 이전 절과 동일한 1차 근사의 목적 함수를 사용한다. 그러나 제약 조건은 다르다. 직관적으로 우리는 θ의 변화가 경로 분포에 큰 변화를 가져오는 것을 제한하려고 한다. 분포가 얼마나 변하는지를 측정하는 방법은 쿨백-라이블러^{KL, Kullback-Leibler} 발산을 사용하는 것이다(부록 A.10). 우리는 다음과 같은 제약 조건을 부과할 수 있다.

$$g(\theta, \theta') = D_{\mathrm{KL}}\big(p(\cdot \mid \theta) \,\|\, p(\cdot \mid \theta')\big) \leq \epsilon \tag{12.7}$$

대신 2차 테일러^{Taylor} 근사를 사용할 것이다.

$$g(\theta, \theta') = \frac{1}{2}(\theta' - \theta)^{\top} \mathbf{F}_{\theta}(\theta' - \theta) \leq \epsilon \tag{12.8}$$

여기서 피셔 정보 행렬^{Fisher information matrix}의 형식은 다음과 같다.

$$\mathbf{F}_{\theta} = \int p(\tau \mid \theta) \nabla \log p(\tau \mid \theta) \nabla \log p(\tau \mid \theta)^{\top} \, \mathrm{d}\tau \tag{12.9}$$

$$= \mathbb{E}_{\tau}\Big[\nabla \log p(\tau \mid \theta) \nabla \log p(\tau \mid \theta)^{\top}\Big] \tag{12.10}$$

결과 최적화 문제는 다음과 같다.

$$\underset{\boldsymbol{\theta}'}{\text{maximize}} \quad \nabla U(\boldsymbol{\theta})^\top (\boldsymbol{\theta}' - \boldsymbol{\theta})$$
$$\text{제약 조건} \quad \frac{1}{2}(\boldsymbol{\theta}' - \boldsymbol{\theta})^\top \mathbf{F}_{\boldsymbol{\theta}}(\boldsymbol{\theta}' - \boldsymbol{\theta}) = \epsilon \tag{12.11}$$

이는 항등 행렬 $\mathbf{I}$ 대신 피셔 행렬 $\mathbf{F}_{\boldsymbol{\theta}}$가 있다는 점을 제외하면 방정식 (12.5)와 동일해 보인다. 이 차이는 타원형의 가능 집합을 생성한다. 그림 12.3은 2차원의 예를 보여준다. 이 최적화 문제는 해석적으로 풀 수 있으며 12.2절의 갱신과 동일한 형식을 갖는다.

$$\boldsymbol{\theta}' = \boldsymbol{\theta} + \mathbf{u}\sqrt{\frac{2\epsilon}{\nabla U(\boldsymbol{\theta})^\top \mathbf{u}}} \tag{12.12}$$

차이는 다음이다.[3]

$$\mathbf{u} = \mathbf{F}_{\boldsymbol{\theta}}^{-1} \nabla U(\boldsymbol{\theta}) \tag{12.13}$$

샘플링된 궤적을 사용해 $\mathbf{F}_{\boldsymbol{\theta}}$와 $\nabla U(\boldsymbol{\theta})$할 수 있다. 알고리듬 12.4는 이 구현을 보여준다.

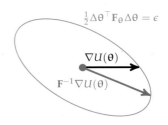

▲ **그림 12.3** 자연 정책 그래디언트는 근사 쿨백-라이블러 발산에 제약을 둔다. 이 제약 조건은 타원의 형태를 취한다. 타원은 특정 방향으로 길어질 수 있으므로 그래디언트가 회전하면 더 큰 단계가 가능하다.

[3] 이 계산은 $\boldsymbol{\theta}$의 차원이 클 때 계산을 줄이는 켤레(conjugate) 그래디언트 하강법을 사용해 수행할 수 있다. 이 방법은 $\boldsymbol{\theta}$의 차원이 클 때 계산량을 줄일 수 있다. S. M. Kakade, "A Natural Policy Gradient," in *Advances in Neural Information Processing Systems (NIPS)*, 2001.

12.4 신뢰 영역 갱신

12.4절에서는 12.3절의 타원 가능 영역으로 정의된 신뢰 영역 내에서 탐색하는 방법에 대해 설명한다. 이 접근법 범주를 TRPO^{Trust Region Policy Optimization}라고 한다.[4] 자연 정책 그래디언트에 의해 취해질 다음 평가 포인트 $\boldsymbol{\theta}'$를 계산한 다음 $\boldsymbol{\theta}$와 $\boldsymbol{\theta}'$를 연결하는 선분을 따라 선 탐색을 수행해 작동한다. 이 선 탐색 단계의 핵심 속성은 근사 목표 함수 및 제약 조건 평가에 추가 롤아웃 시뮬레이션이 필요하지 않다는 것이다.

[4] J. Schulman, S. Levine, P. Moritz, M. Jordan, and P. Abbeel, "Trust Region Policy Optimization," in *International Conference on Machine Learning (ICML)*, 2015.

```
struct NaturalPolicyUpdate
    𝒫      # 문제
    b      # 초기 상태 분포
    d      # 깊이
    m      # 표본 개수
    ∇logπ  # 로그 우도의 그래디언트
    π      # 정책
    ε      # 발산 한도
end

function natural_update(θ, ∇f, F, ε, τs)
    ∇fθ = mean(∇f(τ) for τ in τs)
    u = mean(F(τ) for τ in τs) \ ∇fθ
    return θ + u*sqrt(2ε/dot(∇fθ,u))
end

function update(M::NaturalPolicyUpdate, θ)
    𝒫, b, d, m, ∇logπ, π, γ = M.𝒫, M.b, M.d, M.m, M.∇logπ, M.π, M.𝒫.γ
    πθ(s) = π(θ, s)
    R(τ) = sum(r*γ^(k-1) for (k, (s,a,r)) in enumerate(τ))
    ∇log(τ) = sum(∇logπ(θ, a, s) for (s,a) in τ)
    ∇U(τ) = ∇log(τ)*R(τ)
    F(τ) = ∇log(τ)*∇log(τ)'
    τs = [simulate(𝒫, rand(b), πθ, d) for i in 1:m]
    return natural_update(θ, ∇U, F, M.ε, τs)
end
```

알고리듬 12.4 초기 상태 분포 b가 있는 MDP 𝒫에 대한 정책 π(θ, s)가 주어진 자연 정책 그래디언트에 대한 갱신 함수. 매개 변수 벡터 θ에 대한 자연 그래디언트는 로그 정책 그래디언트 ∇logπ를 사용해 m 롤아웃에서 깊이 d까지 추정된다. natural_update 헬퍼 메서드는 궤적 목록에 대한 목표 그래디언트 ∇f(τ) 및 피셔 행렬 F(τ)가 주어지면 방정식 (12.12)에 따라 갱신을 수행한다.

선 탐색 단계에서는 더 이상 1차 근사를 사용하지 않는다. 대신 어드벤티지 함수를 포함해 식에서 파생된 근삿값을 사용한다.[5]

$$U(\theta') = U(\theta) + \underset{\tau \sim \pi_{\theta'}}{\mathbb{E}}\left[\sum_{k=1}^{d} A_{\theta}(s^{(k)}, a^{(k)})\right] \quad (12.14)$$

이것을 작성하는 또 다른 방법은 $b_{\gamma,\theta}$를 사용하는 것인데, 이는 정책 π_{θ}하에서 상태 s의 할인된 방문 분포discounted visitation distribution다. 여기서 다음과 같다.

5 다음 문헌의 보조 정리 lemma 6.1에 이 식의 다양한 변형이 증명돼 있다. Approximately Optimal Approximate Reinforcement Learning," in *International Conference on Machine Learning (ICML)*, 2002.

$$b_{\gamma,\boldsymbol{\theta}}(s) \propto P(s^{(1)} = s) + \gamma P(s^{(2)} = s) + \gamma^2 P(s^{(3)} = s) + \cdots \quad (12.15)$$

할인된 방문 분포를 사용하면 목적 함수는 다음과 같이 된다.

$$U(\boldsymbol{\theta}') = U(\boldsymbol{\theta}) + \mathop{\mathbb{E}}_{s \sim b_{\gamma,\boldsymbol{\theta}'}}\left[\mathop{\mathbb{E}}_{a \sim \pi_{\boldsymbol{\theta}'}(\cdot|s)}[A_{\boldsymbol{\theta}}(s,a)]\right] \quad (12.16)$$

우리는 선 탐색 중에 더 많은 시뮬레이션을 실행할 필요가 없도록 $\boldsymbol{\theta}'$ 대신 $\boldsymbol{\theta}$로 매개 변수화된 정책에서 샘플을 가져오고 싶다. 내부 기댓값과 관련된 샘플은 어드밴티지에 적절하게 가중치를 두는 한 원래 정책의 샘플로 대체할 수 있다.[6]

6 이 가중 방법은 중요도 샘플링(importance sampling)에서 왔는데, 부록 A.14에 설명돼 있다.

$$U(\boldsymbol{\theta}') = U(\boldsymbol{\theta}) + \mathop{\mathbb{E}}_{s \sim b_{\gamma,\boldsymbol{\theta}'}}\left[\mathop{\mathbb{E}}_{a \sim \pi_{\boldsymbol{\theta}}(\cdot|s)}\left[\frac{\pi_{\boldsymbol{\theta}'}(a\mid s)}{\pi_{\boldsymbol{\theta}}(a\mid s)}A_{\boldsymbol{\theta}}(s,a)\right]\right] \quad (12.17)$$

다음 단계는 상태 분포를 $b_{\gamma,\boldsymbol{\theta}}$로 대체하는 것이다. 근사의 품질은 $\boldsymbol{\theta}'$이 $\boldsymbol{\theta}$에서 멀어질수록 감소되지만 신뢰 영역 내에서는 허용되는 것으로 가정된다. $U(\boldsymbol{\theta})$는 $\boldsymbol{\theta}'$에 종속되지 않기 때문에 목적 함수에서 삭제할 수 있다. 또한 어드밴티지 함수에서 상태 가치 함수를 삭제해 행동 가치 함수를 남길 수 있다. 남은 것은 대리 목적 함수 surrogate objective라고 한다.

$$f(\boldsymbol{\theta}, \boldsymbol{\theta}') = \mathop{\mathbb{E}}_{s \sim b_{\gamma,\boldsymbol{\theta}}}\left[\mathop{\mathbb{E}}_{a \sim \pi_{\boldsymbol{\theta}}(\cdot|s)}\left[\frac{\pi_{\boldsymbol{\theta}'}(a\mid s)}{\pi_{\boldsymbol{\theta}}(a\mid s)}Q_{\boldsymbol{\theta}}(s,a)\right]\right] \quad (12.18)$$

이 방정식은 자연 그래디언트 갱신를 추정하는 데 사용된 것과 동일한 궤적 집합에서 추정할 수 있다. 샘플링된 궤적에서 리워드 투 고를 사용해 $Q_{\boldsymbol{\theta}}(s,a)$를 추정할 수 있다.[7]

선 탐색의 대리 제약 조건은 다음과 같이 지정된다.

$$g(\boldsymbol{\theta}, \boldsymbol{\theta}') = \mathop{\mathbb{E}}_{s \sim b_{\gamma,\boldsymbol{\theta}}}[D_{\mathrm{KL}}(\pi_{\boldsymbol{\theta}}(\cdot\mid s)\ ||\ \pi_{\boldsymbol{\theta}'}(\cdot\mid s))] \leq \epsilon \quad (12.19)$$

7 알고리듬 12.5에서는 대신 $\sum_{\ell=k} r^{(\ell)} \gamma^{-1}$을 사용했는데 이는 리워드 투 고를 효과적으로 γ^{k-1}만큼 할인한다. 이 할인은 할인된 방문 분포와 일치하도록 각 샘플의 기여도에 가중치를 부여하는 데 필요하다. 대리 상수도 유사하게 할인된다.

선 탐색은 정책 공간의 서로 다른 지점에 대해 대리 목표 f와 대리 제약 조건 g를 반복적으로 평가한다. 자연 그래디언트 갱신과 동일한 프로세스에서 얻은 θ'부터 시작한다. 그런 다음 반복적으로 다음을 적용한다.

$$\theta' \leftarrow \theta + \alpha(\theta' - \theta) \tag{12.20}$$

이는 목적 함수가 $f(\theta, \theta') > f(\theta, \theta)$로 개선되고 제약이 $g(\theta, \theta') \leq \epsilon$를 만족할 때까지 반복된다. 단계 계수 $0 < \alpha < 1$은 각 반복에서 θ와 θ' 사이의 거리를 단축하는데, α는 일반적으로 0.5로 설정된다.

알고리듬 12.5는 이 접근법의 구현을 제공한다. 그림 12.4는 자연 그래디언트와 라인 탐색과 관련된 실현 가능한 영역 간의 관계를 보여준다. 그림 12.5는 레귤레이터 문제에 대한 접근 방식을 보여주고 예제 12.1은 단순 문제에 대한 갱신을 보여준다.

12.5 클램프된 대리 목적 함수

클램핑clamping을 사용하면 신뢰 영역 대리 목표 함수가 지나치게 낙관적으로 추정돼 해로운 정책으로 갱신되는 것을 피할 수 있다.[8] 방정식 (12.18)의 대리 목적 함수는 행동 가치 어드밴티지를 교환하고 나면 다음과 같이 된다.

$$\mathop{\mathbb{E}}_{s \sim b_{\gamma,\theta}} \left[\mathop{\mathbb{E}}_{a \sim \pi_\theta(\cdot|s)} \left[\frac{\pi_{\theta'}(a \mid s)}{\pi_\theta(a \mid s)} A_\theta(s, a) \right] \right] \tag{12.21}$$

확률 비율 $\pi_{\theta'}(a \mid s)/\pi_\theta(a \mid s)$는 지나치게 낙관적일 수 있다. 목적 함수에 대한 비관적 하한 설정은 성능을 크게 향상시킬 수 있다.

$$\mathop{\mathbb{E}}_{s \sim b_{\gamma,\theta}} \left[\mathop{\mathbb{E}}_{a \sim \pi_\theta(\cdot|s)} \left[\min \left(\frac{\pi_{\theta'}(a \mid s)}{\pi_\theta(a \mid s)} A_\theta(s, a), \mathrm{clamp}\left(\frac{\pi_{\theta'}(a \mid s)}{\pi_\theta(a \mid s)}, 1 - \epsilon, 1 + \epsilon \right) A_\theta(s, a) \right) \right] \right] \tag{12.22}$$

8 클램핑은 근접 정책 최적화(PPO, Proximal Policy Optimization)의 핵심 아이디어이며, 다음 문헌에 설명돼 있다. J. Schulman, F. Wolski, P. Dhariwal, A. Radford, and O. Klimov, "Proximal Policy Optimization Algorithms," 2017. arXiv: 1707.06347v2.

여기서 ϵ는 작은 양수[9]이고 clamp(x, a, b)는 x가 a와 9 사이에 있도록 강제한다. 정의에 따라 clamp$(x, a, b) = \min\{\max\{x, a\}, b\}$다.

확률 비율만 클램핑하면 하한값이 생성되지 않는다. 클램프된[clamped] 목적 함수와 원래 목적 함수의 최솟값도 취해야 한다. 하한값은 그림 12.6에 원래 및 클램프된 목적 함수와 함께 표시돼 있다. 하한의 최종 결과는 확률 비율의 변화가 목표를 크게 향상시키는 원인이 될 때 이를 무시하게 된다는 것이다. 따라서 하한을 사용하면 이러한 상황에서 크고 종종 해롭게 갱신되는 것을 방지하고, 신뢰 영역 대리 제약 방정식 (12.19)이 필요하지 않다.

9 이 ϵ는 발산에 대한 임계치로 직접 작용하지는 않지만 이전 알고리듬에서 했던 역할은 비슷하다. 일반적인 값은 0.2다.

```
struct TrustRegionUpdate
    𝒫       # 문제
    b       # 초기 상태 분포
    d       # 깊이
    m       # 표본 개수
    π       # 정책 π(s)
    p       # 정책 우도 p(θ, a, s)
    ∇logπ  # 로그 우도 그래디언트
    KL      # KL 발산 KL(θ, θ′, s)
    ϵ       # 발산 한도
    α       # 선 탐색 축소 계수 (e.g., 0.5)
end

function surrogate_objective(M::TrustRegionUpdate, θ, θ′, τs)
    d, p, γ = M.d, M.p, M.𝒫.γ
    R(τ, j) = sum(r*γ^(k-1) for (k,(s,a,r)) in zip(j:d, τ[j:end]))
    w(a,s) = p(θ′,a,s) / p(θ,a,s)
    f(τ) = mean(w(a,s)*R(τ,k) for (k,(s,a,r)) in enumerate(τ))
    return mean(f(τ) for τ in τs)
end
```

알고리듬 12.5 선 탐색으로 자연 그래디언트를 증가시키는 신뢰 영역 정책 최적화를 위한 갱신 절차. 초기 상태 분포가 b이고 깊이가 d인 문제 𝒫에서 정책 π를 사용해 m개의 궤적을 생성한다. 선 탐색의 시작점을 얻으려면 현재 상태에서 특정 작업을 생성하는 정책의 로그 확률 그래디언트가 필요하며 이를 ∇logπ로 표시한다. 대리 목적 함수의 경우 정책이 현재 상태에서 특정 작업을 생성할 확률을 제공하는 확률 함수 p가 필요하다. 대리 제약 조건의 경우 πθ와 πθ′에 의해 생성된 동작 분포 사이의 발산이 필요하다. 선 탐색의 각 단계에서 탐색 방향을 유지하면서 고려한 점 θ′와 θ 사이의 거리를 축소한다.

```
function surrogate_constraint(M::TrustRegionUpdate, θ, θ′, τs)
    γ = M.𝒫.γ
    KL(τ) = mean(M.KL(θ, θ′, s)*γ^(k-1) for (k,(s,a,r)) in enumerate(τ))
    return mean(KL(τ) for τ in τs)
end

function linesearch(M::TrustRegionUpdate, f, g, θ, θ′)
    fθ = f(θ)
    while g(θ′) > M.ε || f(θ′) ≤ fθ
        θ′ = θ + M.α*(θ′ - θ)
    end
    return θ′
end

function update(M::TrustRegionUpdate, θ)
    𝒫, b, d, m, ∇logπ, π, γ = M.𝒫, M.b, M.d, M.m, M.∇logπ, M.π, M.𝒫.γ
    πθ(s) = π(θ, s)
    R(τ) = sum(r*γ^(k-1) for (k, (s,a,r)) in enumerate(τ))
    ∇log(τ) = sum(∇logπ(θ, a, s) for (s,a) in τ)
    ∇U(τ) = ∇log(τ)*R(τ)
    F(τ) = ∇log(τ)*∇log(τ)'
    τs = [simulate(𝒫, rand(b), πθ, d) for i in 1:m]
    θ′ = natural_update(θ, ∇U, F, M.ε, τs)
    f(θ′) = surrogate_objective(M, θ, θ′, τs)
    g(θ′) = surrogate_constraint(M, θ, θ′, τs)
    return linesearch(M, f, g, θ, θ′)
end
```

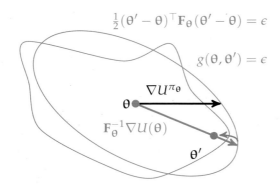

$$\frac{1}{2}(\theta' - \theta)^\top \mathbf{F}_\theta(\theta' - \theta) = \epsilon$$

$$g(\theta, \theta') = \epsilon$$

∇U^{π_θ}

θ

$\mathbf{F}_\theta^{-1} \nabla U(\theta)$

θ'

◀ **그림 12.4** 쿨백-라이블러 발산의 2차 근삿값에 의해 생성된 타원 제약 조건 내에서 신뢰 영역 정책 최적화 탐색. 자연 정책 그래디언트 상승 방향을 계산한 후 갱신된 정책이 정책 보상을 개선하고 발산 제약을 준수하는지 확인하기 위해 선 탐색이 수행된다. 선 탐색은 추정된 최대 단계 크기에서 시작해 만족스러운 지점을 찾을 때까지 상승 방향을 따라 단계 크기를 줄인다.

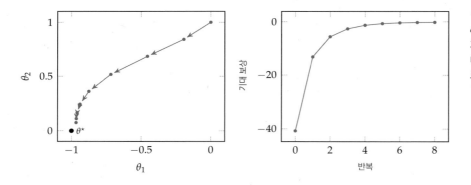

◀ **그림 12.5** 신뢰 영역 정책 최적화는 $\epsilon = 1$ 및 $c = 2$인 깊이 10으로의 롤아웃과 함께 단순 레귤레이터 문제에 적용된다. 최적의 정책 매개 변수화는 검은색으로 표시된다.

예제 11.3에서 TRPO를 가우시안 정책 $\mathcal{N}(\theta_1, \theta_2^2)$에 적용해 예제 11.1의 $\gamma = 1$인 단일 상태 MDP에 적용하는 것을 고려해보자. 로그 정책 우도의 그래디언트는 다음과 같다는 것을 기억하자.

$$\frac{\partial}{\partial \theta_1} \log \pi_{\boldsymbol{\theta}}(a \mid s) = \frac{a - \theta_1}{\theta_2^2}$$

$$\frac{\partial}{\partial \theta_2} \log \pi_{\boldsymbol{\theta}}(a \mid s) = \frac{(a - \theta_1)^2 - \theta_2^2}{\theta_2^3}$$

$\boldsymbol{\theta} = [0, 1]$로 2개의 롤아웃을 실행한다고 가정하자(이 문제는 오직 한 가지 상태를 가진다).

$$\tau_1 = \{(a = r = -0.532), (a = r = \ \ \ 0.597), (a = r = 1.947)\}$$
$$\tau_2 = \{(a = r = -0.263), (a = r = -2.212), (a = r = 2.364)\}$$

추정된 피셔 정보 행렬은 다음과 같다.

$$\mathbf{F}_{\boldsymbol{\theta}} = \frac{1}{2} \left(\nabla \log p(\tau^{(1)}) \nabla \log p(\tau^{(1)})^\top + \nabla \log p(\tau^{(2)}) \nabla \log p(\tau^{(2)})^\top \right)$$

$$= \frac{1}{2} \left(\begin{bmatrix} 4.048 & 2.878 \\ 2.878 & 2.046 \end{bmatrix} + \begin{bmatrix} 0.012 & -0.838 \\ -0.838 & 57.012 \end{bmatrix} \right) = \begin{bmatrix} 2.030 & 1.020 \\ 1.019 & 29.529 \end{bmatrix}$$

목적 함수 그래디언트는 $[2.030, 1.020]$이다. 결과 하강 방향 $\mathbf{u}$는 $[1, 0]$이다. $\epsilon = 0.1$로 설정하고 갱신된 매개 변수화 벡터를 계산하면 $\boldsymbol{\theta}' = [0.314, 1]$을 얻는다.

$\boldsymbol{\theta}$에서의 대리 목적 함수 값은 1.485다. 선 탐색은 $\boldsymbol{\theta}'$에서 시작하며, 여기서 대리 목적 함수 값은 2.110이고 제약 조건은 0.049를 산출한다. 이는 제약 조건$(0.049 < \epsilon)$을 충족하므로 새 매개 변수화를 반환한다.

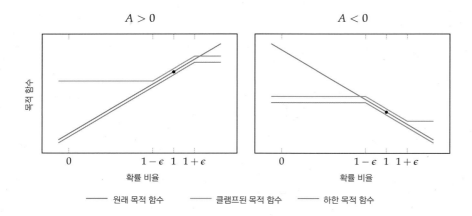

클램프되지 않은 목적 방정식 (12.21)의 동작 값 그래디언트는 다음과 같다.

$$\nabla_{\theta'} f(\theta, \theta') = \mathop{\mathbb{E}}_{s \sim b_{\gamma,\theta}} \left[\mathop{\mathbb{E}}_{a \sim \pi_\theta(\cdot|s)} \left[\frac{\nabla_{\theta'} \pi_{\theta'}(a\,|\,s)}{\pi_\theta(a\,|\,s)} Q_\theta(s,a) \right] \right] \quad (12.23)$$

여기서 $Q_\theta(s,a)$는 리워드 투 고에서 추정할 수 있다. 하한 목적 방정식 (12.22)(클램핑 포함)의 그래디언트는 목적 함수가 능동적으로 클램프되는 경험 튜플^{tuple}의 기여가 없다는 점만 제외하면 동일하다. 즉 리워드 투 고가 양수이고 확률 비율이 $1 + \epsilon$보다 크거나, 리워드 투 고가 음수이고 확률 비율이 $1 - \epsilon$보다 작은 경우 그래디언트 기여도는 0이다.

TRPO와 마찬가지로 θ에서 생성된 경험으로부터 매개 변수화 θ'에 대한 그래디언트를 계산할 수 있다. 따라서 동일한 샘플링 궤적 집합을 사용해 여러 그래디언트 갱신를 연속으로 실행할 수 있다. 알고리듬 12.6은 이에 대한 구현을 보여준다.

클램핑된 대리 목표 함수는 그림 12.7에서 여러 다른 대리 목표 함수와 비교되며, 그림 12.7에는 TRPO의 유효 목표 함수에 대한 선 그림이 있다.

$$\mathop{\mathbb{E}}_{\substack{s \sim b_{\gamma,\theta} \\ a \sim \pi_\theta(\cdot|s)}} \left[\frac{\pi_{\theta'}(a\,|\,s)}{\pi_\theta(a\,|\,s)} A_\theta(s,a) - \beta D_{\text{KL}}(\pi_\theta(\cdot\,|\,s) \,||\, \pi_{\theta'}(\cdot\,|\,s)) \right] \quad (12.24)$$

이는 제약이 어떤 계수 β의 페널티로 구현된 신뢰 영역 정책 목적 함수다. TRPO 는 일반적으로 페널티 대신 엄격한 제약 조건을 사용한다. 이는 하나의 문제 내에 서뿐만 아니라 여러 문제에 걸쳐 잘 작동하는 β 값을 선택하는 것이 어렵기 때문 이다.

```
struct ClampedSurrogateUpdate
    𝒫     # 문제
    b     # 초기 상태 분포
    d     # 깊이
    m     # 궤적 수
    π     # 정책
    p     # 정책 우도
    ∇π    # 정책 우도 그래디언트
    ϵ     # 발산 범위
    α     # 단계 크기
    k_max # 갱신별 반복 횟수
end

function clamped_gradient(M::ClampedSurrogateUpdate, θ, θ′, τs)
    d, p, ∇π, ϵ, γ = M.d, M.p, M.∇π, M.ϵ, M.𝒫.γ
    R(τ, j) = sum(r*γ^(k-1) for (k,(s,a,r)) in zip(j:d, τ[j:end]))
    ∇f(a,s,r_togo) = begin
        P = p(θ, a,s)
        w = p(θ′,a,s) / P
        if (r_togo > 0 && w > 1+ϵ) || (r_togo < 0 && w < 1-ϵ)
            return zeros(length(θ))
        end
        return ∇π(θ′, a, s) * r_togo / P
    end
    ∇f(τ) = mean(∇f(a,s,R(τ,k)) for (k,(s,a,r)) in enumerate(τ))
    return mean(∇f(τ) for τ in τs)
end
```

알고리듬 12.6 초기 상태 분포 b와 함께 MDP $\mathcal{P}$의 정책 π(s)에 대한 새로운 정 책 매개 변수화를 반환하는 클램프 대리 정책 최적화의 구현. 이 구현은 깊이 d까 지 m 궤적을 샘플링한 다음 이를 사용해 k_max 후속 갱신에서 정책 그래디언트를 추정한다. 클램프된 목적 함수를 사용하 는 정책 그래디언트는 클램핑 매개 변수 ϵ와 함께 정책 그래디언트 ∇p를 사용해 구성된다.

```
function update(M::ClampedSurrogateUpdate, θ)
    𝒫, b, d, m, π, α, k_max= M.𝒫, M.b, M.d, M.m, M.π, M.α, M.k_max
    πθ(s) = π(θ, s)
    τs = [simulate(𝒫, rand(b), πθ, d) for i in 1:m]
    θ′ = copy(θ)
    for k in 1:k_max
        θ′ += α*clamped_gradient(M, θ, θ′, τs)
    end
    return θ′
end
```

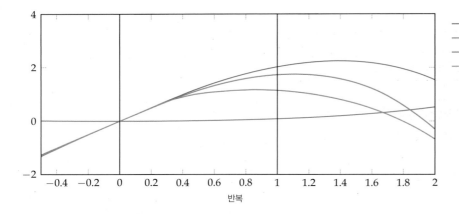

▶ **그림 12.7** 선형 2차 레귤레이터 문제를 사용해 클램프된 대리 정책 최적화와 관련된 대리 목적 함수의 비교. x축은 θ가 0에서 θ′로 이동할 때 대리 목적 함수를 보여주고 있는데, 자연 정책 갱신은 1에서 일어난다. 대리 목적 함수는 θ에 대한 대리 목적 함수 값을 빼서 0에 중심을 뒀다. 클램프된 대리 목적 함수는 제약 조건 없이 효과적인 TRPO 목적 함수와 매우 유사하게 동작하는 것을 볼 수 있다. ϵ와 β는 두 알고리듬 모두에 대해 조정될 수 있으며, 이는 각 경우에 최댓값에 영향을 미친다.

12.6 요약

- 그래디언트 상승 알고리듬은 정책을 반복적으로 개선하기 위해 이전 장에서 논의한 방법에서 얻은 그래디언트 추정값을 사용할 수 있다.

- 크기 조정, 클리핑 또는 개선 단계의 크기를 균등하게 강제하면 그래디언트 상승을 보다 강력하게 만들 수 있다.

- 자연 그래디언트 접근법은 각 단계에서 궤적 분포 사이의 발산에 대한 제약 조건이 있는 목적 함수의 1차 근사를 사용하며, 피셔 정보 행렬의 추정값을 사용해 근사화된다.
- 신뢰 영역 정책 최적화에는 추가 궤적 시뮬레이션 없이 정책을 더욱 개선하기 위해, 선 탐색으로 자연 그래디언트 방법을 보강하는 작업이 포함된다.
- TRPO 목표의 비관적 하한을 사용해 선 탐색 없이 유사하게 수행되는 클램프된 대리 목적 함수를 얻을 수 있다.

12.7 연습 문제

연습 12.1 TRPO는 자연 정책 그래디언트 갱신에 의해 제공된 새로운 매개 변수화에서 선 탐색을 시작한다. 그러나 TRPO는 자연 정책 그래디언트와 다른 목적 함수를 사용해 선 탐색을 수행한다. TRPO에서 사용된 대리 목적 방정식 (12.18)의 그래디언트가 실제로 리워드 투 고 정책 그래디언트 방정식 (11.26)과 동일함을 보여라.

해법: TRPO의 대리 목표 그래디언트는 다음과 같다.

$$\nabla_{\boldsymbol{\theta}'} U_{\text{TRPO}} = \mathop{\mathbb{E}}_{s \sim b_{\gamma, \boldsymbol{\theta}}} \left[\mathop{\mathbb{E}}_{a \sim \pi_{\boldsymbol{\theta}}(\cdot | s)} \left[\frac{\nabla_{\boldsymbol{\theta}'} \pi_{\boldsymbol{\theta}'}(a | s)}{\pi_{\boldsymbol{\theta}}(a | s)} Q_{\boldsymbol{\theta}}(s, a) \right] \right]$$

초기 자연 정책 그래디언트 갱신를 수행할 때 탐색 방향은 $\boldsymbol{\theta}' = \boldsymbol{\theta}$에서 평가된다. 또한 행동 가치는 보상으로 대략적으로 계산된다.

$$\nabla_{\boldsymbol{\theta}'} U_{\text{TRPO}} = \mathop{\mathbb{E}}_{s \sim b_{\gamma, \boldsymbol{\theta}}} \left[\mathop{\mathbb{E}}_{a \sim \pi_{\boldsymbol{\theta}}(\cdot | s)} \left[\frac{\nabla_{\boldsymbol{\theta}} \pi_{\boldsymbol{\theta}}(a | s)}{\pi_{\boldsymbol{\theta}}(a | s)} r_{\text{to-go}} \right] \right]$$

$\log f(x)$의 도함수는 $f'(x)/f(x)$임을 상기하라. 따라서 다음과 같다.

$$\nabla_{\boldsymbol{\theta}'} U_{\text{TRPO}} = \mathop{\mathbb{E}}_{s \sim b_{\gamma,\boldsymbol{\theta}}} \left[\mathop{\mathbb{E}}_{a \sim \pi_{\boldsymbol{\theta}}(\cdot|s)} \left[\nabla_{\boldsymbol{\theta}} \log \pi_{\boldsymbol{\theta}}(a \mid s) r_{\text{to-go}} \right] \right]$$

이는 리워드 투 고 정책 그래디언트 방정식 (11.26)과 동일한 형식을 취한다.

연습 12.2 예제 12.1의 계산을 수행하라. 먼저 피셔 정보 행렬의 역행렬 $\mathbf{F}_{\boldsymbol{\theta}}^{-1}$를 계산하라. $\mathbf{u}$를 계산하고 갱신된 매개 변수 $\boldsymbol{\theta}'$를 계산하라.

해법: 피셔 정보 행렬의 역행렬 계산부터 시작한다.

$$\mathbf{F}_{\boldsymbol{\theta}}^{-1} \approx \frac{1}{0.341(29.529) - 0.332(0.332)} \begin{bmatrix} 29.529 & -0.332 \\ -0.332 & 0.341 \end{bmatrix} \approx \begin{bmatrix} 0.501 & -0.017 \\ -0.017 & 0.034 \end{bmatrix}$$

이제 다음과 같이 $\mathbf{u}$를 갱신한다.

$$\mathbf{u} = \mathbf{F}_{\boldsymbol{\theta}}^{-1} \nabla U(\boldsymbol{\theta}) \approx \begin{bmatrix} 0.501 & -0.017 \\ -0.017 & 0.034 \end{bmatrix} \begin{bmatrix} 2.030 \\ 1.020 \end{bmatrix} \approx \begin{bmatrix} 1 \\ 0 \end{bmatrix}$$

마지막으로 갱신된 매개 변수 $\boldsymbol{\theta}$를 추정한다.

$$\begin{aligned}
\boldsymbol{\theta}' &= \boldsymbol{\theta} + \mathbf{u} \sqrt{\frac{2\epsilon}{\nabla U(\boldsymbol{\theta})^{\top} \mathbf{u}}} \\
&\approx \begin{bmatrix} 0 \\ 1 \end{bmatrix} + \begin{bmatrix} 1 \\ 0 \end{bmatrix} \sqrt{\frac{2(0.1)}{\begin{bmatrix} 2.030 & 1.020 \end{bmatrix} \begin{bmatrix} 1 \\ 0 \end{bmatrix}}} \\
&\approx \begin{bmatrix} 0 \\ 1 \end{bmatrix} + \begin{bmatrix} 1 \\ 0 \end{bmatrix} \sqrt{\frac{0.2}{2.030}} \\
&\approx \begin{bmatrix} 0.314 \\ 1 \end{bmatrix}
\end{aligned}$$

연습 12.3 다음 표에 제공된 매개 변수화된 정책 $\pi_{\boldsymbol{\theta}}$ 및 $\pi_{\boldsymbol{\theta}'}$가 있다고 가정하자.

	a_1	a_2	a_3	a_4
$\pi_\theta(a \mid s_1)$	0.1	0.2	0.3	0.4
$\pi_{\theta'}(a \mid s_1)$	0.4	0.3	0.2	0.1
$\pi_\theta(a \mid s_2)$	0.1	0.1	0.6	0.2
$\pi_{\theta'}(a \mid s_2)$	0.1	0.1	0.5	0.3

다음 5개 상태 s_1, s_2, s_1, s_1, s_2를 샘플링한다고 가정하면 다음 정의를 사용해 $\mathbb{E}_s[D_{\mathrm{KL}}(\pi_\theta(\cdot \mid s) \| \pi_{\theta'}(\cdot \mid s))]$를 근사하라.

$$D_{\mathrm{KL}}(P \| Q) = \sum_x P(x) \log \frac{P(x)}{Q(x)}$$

해법: 먼저 상태 샘플 s_1에 대한 KL 발산을 계산한다.

$$D_{\mathrm{KL}}(\pi_\theta(\cdot \mid s_1) \| \pi_{\theta'}(\cdot \mid s_1)) = 0.1 \log\left(\tfrac{0.1}{0.4}\right) + 0.2 \log\left(\tfrac{0.2}{0.3}\right) + 0.3 \log\left(\tfrac{0.3}{0.3}\right) + 0.4 \log\left(\tfrac{0.4}{0.1}\right) \approx 0.456$$

이제 상태 샘플 s_2에 대한 KL 발산을 계산한다.

$$D_{\mathrm{KL}}(\pi_\theta(\cdot \mid s_2) \| \pi_{\theta'}(\cdot \mid s_2)) = 0.1 \log\left(\tfrac{0.1}{0.1}\right) + 0.1 \log\left(\tfrac{0.1}{0.1}\right) + 0.6 \log\left(\tfrac{0.6}{0.5}\right) + 0.2 \log\left(\tfrac{0.2}{0.3}\right) \approx 0.0283$$

마지막으로 n개의 상태 샘플에 대한 매개 변수화된 정책의 평균 KL 발산인 기대치의 근삿값을 계산한다.

$$
\begin{aligned}
\mathbb{E}_s[D_{\mathrm{KL}}(\pi_\theta(\cdot \mid s) \| \pi_{\theta'}(\cdot \mid s))] &\approx \frac{1}{n} \sum_{i=1}^n D_{\mathrm{KL}}\left(\pi_\theta(\cdot \mid s^{(i)}) \,\middle\|\, \pi_{\theta'}(\cdot \mid s^{(i)})\right) \\
&\approx \frac{1}{5}(0.456 + 0.0283 + 0.456 + 0.456 + 0.0283) \\
&\approx 0.285
\end{aligned}
$$

13

액터-크리틱 기법

12장에서는 롤아웃에서 추정된 그래디언트 정보를 통해 매개 변수화된 정책을 개선하는 방법에 대해 알아봤다. 13장에서는 최적화에 도움이 되도록 가치 함수의 추정값을 사용하는 액터-크리틱actor-critic 방법을 소개한다. 이 맥락에서 액터는 정책이고 크리틱은 가치 함수다. 둘은 동시에 학습된다. 여기서는 가치 함수, 어드밴티지 함수 또는 행동 가치 함수를 근사하는 방법에 따라 다른 몇 가지 방법에 대해 알아볼 것이다. 대부분의 방법은 확률적 정책에 초점을 맞추지만, 우리는 또한 연속적인 행동을 출력하는 결정론적 정책을 지원하는 한 가지 방법에 대해 살펴볼 것이다. 마지막으로, 보다 유용한 경험을 생성하기 위한 온라인 방법을 액터와 크리틱 모델 학습에 통합하는 방법에 대해 논의할 것이다.

13.1 액터-크리틱

액터-크리틱 방법에서는 정책 π_θ로 표현되는 액터가 있으며, 이는 매개 변수 θ에 의해 매개화된다. 동시에 크리틱도 있으며, 이는 매개 변수 ϕ에 의해 매개화된 가치 함수 $U_\phi(s)$, $Q_\phi(s,a)$ 또는 $A_\phi(s,a)$의 추정값을 제공한다. 13장에서는 간단한 액터-크리틱 접근 방법으로 시작한다. 여기서 π_θ의 최적화는 그래디언트 상승으로 수행되며, 목적 함수의 그래디언트는 방정식 (11.44)와 동일하다.

$$\nabla U(\theta) = \mathbb{E}_\tau \left[\sum_{k=1}^{d} \nabla_\theta \log \pi_\theta (a^{(k)} \mid s^{(k)}) \gamma^{k-1} A_\theta \left(s^{(k)}, a^{(k)} \right) \right] \qquad (13.1)$$

θ로 매개 변수화된 정책 π_θ를 따를 때의 어드밴티지는 상태 s에서 s'로의 관측된 전이들과 보상 r을 사용해 추정될 수 있다.

$$A_\theta(s, a) = \mathbb{E}_{r,s'} \left[r + \gamma U^{\pi_\theta}(s') - U^{\pi_\theta}(s) \right] \qquad (13.2)$$

기댓값 내의 $r + \gamma U^{\pi_\theta}(s') - U^{\pi_\theta}(s)$는 시간차분 잔차temporal difference residual라 부른다.

크리틱은 π_θ를 따를 때 참 가치 함수 U^{π_θ}를 추정할 수 있게 해주고 결과적으로 액터에 대해 다음과 같은 그래디언트를 생성한다.

$$\nabla U(\theta) \approx \mathbb{E}_\tau \left[\sum_{k=1}^{d} \nabla_\theta \log \pi_\theta (a^{(k)} \mid s^{(k)}) \gamma^{k-1} \left(r^{(k)} + \gamma U_\phi(s^{(k+1)}) - U_\phi(s^{(k)}) \right) \right] \qquad (13.3)$$

이 기댓값은 11장에서 수행한 롤아웃 궤적을 통해 추정할 수 있다.

크리틱도 그래디언트 최적화를 통해 갱신된다. 다음의 손실 함수를 최소화하는 ϕ를 찾고자 한다.

$$\ell(\phi) = \frac{1}{2} \mathbb{E}_s \left[\left(U_\phi(s) - U^{\pi_\theta}(s) \right)^2 \right] \qquad (13.4)$$

이 목적 함수를 최소화하기 위해 그래디언트의 반대 방향으로 단계를 취할 수 있다.

$$\nabla \ell(\boldsymbol{\phi}) = \mathbb{E}_s \left[\left(U_{\boldsymbol{\phi}}(s) - U^{\pi_\theta}(s) \right) \nabla_{\boldsymbol{\phi}} U_{\boldsymbol{\phi}}(s) \right] \tag{13.5}$$

물론 U^{π_θ}를 정확히 알지는 못하지만 롤아웃 궤적을 따라 리워드 투 고를 사용해 추정할 수 있다.

$$\nabla \ell(\boldsymbol{\phi}) = \mathbb{E}_\tau \left[\sum_{k=1}^{d} \left(U_{\boldsymbol{\phi}}(s^{(k)}) - r_{\text{to-go}}^{(k)} \right) \nabla_{\boldsymbol{\phi}} U_{\boldsymbol{\phi}}(s^{(k)}) \right] \tag{13.6}$$

여기서 $r_{\text{to-go}}^{(k)}$는 특정 궤적 τ에서 단계 k의 리워드 투 고다.

알고리듬 13.1은 효용을 최대화하기 위해 $\nabla U(\boldsymbol{\theta})$를 추정하는 방법을 보여 주며 각 반복마다 손실을 최소화하기 위해 $\nabla \ell(\boldsymbol{\phi})$ 방향으로 $\boldsymbol{\theta}$ 단계씩 진행한다. 반대 방향으로의 이 접근 단계 $\boldsymbol{\phi}$는 $\boldsymbol{\theta}$와 $\boldsymbol{\phi}$의 추정 사이의 종속성으로 인해 불안정해질 수 있지만, 이 접근 방식은 다양한 문제에 대해 잘 작동했다. 안정성을 향상시키기 위해 가치 함수보다 더 자주 정책을 갱신하는 것이 일반적이다. 13장에서 구현한 방식은 반복 중에 정책이 갱신되는 하위 집합에 대해서만 가치 함수를 갱신하도록 쉽게 조정할 수 있다.

```
struct ActorCritic
    𝒫       # 문제
    b       # 초기 상태 분포
    d       # 깊이
    m       # 샘플 개수
    ∇logπ   # 로그 우도의 그래디언트 ∇logπ(θ,a,s)
    U       # 매개 변수화된 가치 함수 U(ϕ, s)
    ∇U      # 가치 함수의 그래디언트 ∇U(ϕ,s)
end

function gradient(M::ActorCritic, π, θ, ϕ)
    𝒫, b, d, m, ∇logπ = M.𝒫, M.b, M.d, M.m, M.∇logπ
    U, ∇U, γ = M.U, M.∇U, M.𝒫.γ
    πθ(s) = π(θ, s)
    R(τ,j) = sum(r*γ^(k-1) for (k,(s,a,r)) in enumerate(τ[j:end]))
    A(τ,j) = τ[j][3] + γ*U(ϕ,τ[j+1][1]) - U(ϕ,τ[j][1])
    ∇Uθ(τ) = sum(∇logπ(θ,a,s)*A(τ,j)*γ^(j-1) for (j, (s,a,r))
                    in enumerate(τ[1:end-1]))
    ∇ℓϕ(τ) = sum((U(ϕ,s) - R(τ,j))*∇U(ϕ,s) for (j, (s,a,r))
                    in enumerate(τ))
    trajs = [simulate(𝒫, rand(b), πθ, d) for i in 1:m]
    return mean(∇Uθ(τ) for τ in trajs), mean(∇ℓϕ(τ) for τ in trajs)
end
```

알고리듬 13.1 초기 상태 분포 b를 갖는 MDP $\mathcal{P}$에 대한 정책 그래디언트와 가치 함수 그래디언트를 모두 계산하기 위한 기본 액터-크리틱 방법. 정책 π는 θ로 매개 변수화되며 로그 그래디언트 ∇logπ를 갖는다. 가치 함수 U는 ϕ로 매개 변수화되고 목적 함수의 그래디언트는 ∇U다. 이 방법은 깊이 d까지 m회 롤아웃을 실행한다. 결과는 θ 및 ϕ를 갱신하는 데 사용된다. 정책 매개 변수는 기댓값을 최대화하기 위해 ∇θ 방향으로 갱신되는 반면, 가치 함수 매개 변수화는 가치 손실을 최소화하기 위해 ∇ϕ의 음의 방향으로 갱신된다.

13.2 일반화된 어드밴티지 추정

일반화된 어드밴티지 추정(알고리듬 13.2)은 방정식 (13.2)에 표시된 어드밴티지 추정의 보다 일반적인 버전을 사용해 편향과 분산 사이의 균형을 맞출 수 있는 액터-크리틱 방법이다.[1]

시간차분 잔차를 사용한 근사는 분산이 낮지만, U^{π_θ}을 근사하기 위해 사용된 U_ϕ가 잠재적으로 부정확해 편향을 도입한다. 대안으로는 $r + \gamma U^{\pi_\theta}(s')$ 대신에 롤아웃 보상 시퀀스 $r_1, \ldots, r_d$를 사용하는 것이다.

1 J. Schulman, P. Moritz, S. Levine, M. Jordan, and P. Abbeel, "High-Dimensional Continuous Control Using Generalized Advantage Estimation," in *International Conference on Learning Representations (ICLR)*, 2016. arXiv: 1506.02438v6.

$$A_\theta(s,a) = \mathbb{E}_{r_1,\ldots,r_d}\left[r_1 + \gamma r_2 + \gamma^2 r_3 + \cdots + \gamma^{d-1} r_d - U^{\pi_\theta}(s)\right] \quad (13.7)$$

$$= \mathbb{E}_{r_1,\ldots,r_d}\left[-U^{\pi_\theta}(s) + \sum_{\ell=1}^{d} \gamma^{\ell-1} r_\ell\right] \quad (13.8)$$

이러한 기댓값의 편향되지 않은 추정은 롤아웃 궤적을 통해 얻을 수 있으며, 이는 정책 기울기 추정 방법(11장)에서 수행되는 것과 같다. 그러나 이 추정은 분산이 높기 때문에 정확한 추정값을 얻기 위해서는 많은 샘플이 필요하다.

일반화된 어드밴티지 추정^{advantage estimation}이 취하는 방식은 시간차분 잔차와 전체 롤아웃 사용의 두 극단 사이의 균형을 맞추는 것이다. 여기서는 $\hat{A}^{(k)}$를 롤아웃의 k 단계로 얻은 어드밴티지 추정값으로 정의하고, 그 결과 상태 s'와 관련된 효용을 사용한다.

$$\hat{A}^{(k)}(s,a) = \mathbb{E}_{r_1,\ldots,r_k,s'}\left[r_1 + \gamma r_2 + \cdots + \gamma^{k-1} r_k + \gamma^k U^{\pi_\theta}(s') - U^{\pi_\theta}(s)\right] \quad (13.9)$$

$$= \mathbb{E}_{r_1,\ldots,r_k,s'}\left[-U^{\pi_\theta}(s) + \gamma^k U^{\pi_\theta}(s') + \sum_{\ell=1}^{k} \gamma^{\ell-1} r_\ell\right] \quad (13.10)$$

$\hat{A}^{(k)}$를 기술하는 또 다른 방법은 시간차분 잔차에 대한 기댓값의 항으로 하는 것이다. 다음과 같이 정의한다.

$$\delta_t = r_t + \gamma U(s_{t+1}) - U(s_t) \quad (13.11)$$

여기서 s_t, r_t, s_{t+1}은 상태, 보상, 샘플링된 궤적을 따른 후속 상태이고 U는 가치 함수 추정값이다. 그러면 다음과 같다.

$$\hat{A}^{(k)}(s,a) = \mathbb{E}\left[\sum_{\ell=1}^{k} \gamma^{\ell-1} \delta_\ell\right] \quad (13.12)$$

k에 특정한 값을 할당하는 대신, 일반화된 어드밴티지 추정법은 매개 변수 $\lambda \in [0,1]$를 도입해, k가 1부터 d까지 변하는 경우의 $\hat{A}^{(k)}$를 지수적으로 가중 평균

하는 방법을 제공한다.[2]

2 계열 $x_1, x_2,...$에 대한 지수 가중 평균은
$(1-\lambda)(x_1 + \lambda x_2 + \lambda^2 x_3 + \cdots)$이다.

$$\hat{A}^{\text{GAE}}(s,a) \mid_{d=1} = \hat{A}^{(1)} \tag{13.13}$$

$$\hat{A}^{\text{GAE}}(s,a) \mid_{d=2} = (1-\lambda)\hat{A}^{(1)} + \lambda\hat{A}^{(2)} \tag{13.14}$$

$$\hat{A}^{\text{GAE}}(s,a) \mid_{d=3} = (1-\lambda)\hat{A}^{(1)} + \lambda\left((1-\lambda)\hat{A}^{(2)} + \lambda\hat{A}^{(3)}\right) \tag{13.15}$$

$$= (1-\lambda)\hat{A}^{(1)} + \lambda(1-\lambda)\hat{A}^{(2)} + \lambda^2\hat{A}^{(3)} \tag{13.16}$$

$$\vdots$$

$$\hat{A}^{\text{GAE}}(s,a) = (1-\lambda)\left(\hat{A}^{(1)} + \lambda\hat{A}^{(2)} + \lambda^2\hat{A}^{(3)} + \cdots + \lambda^{d-2}\hat{A}^{(d-1)}\right) + \lambda^{d-1}\hat{A}^{(d)} \tag{13.17}$$

무한 기간의 경우 일반화된 어드밴티지 추정값은 다음과 같이 단순화된다.

$$\hat{A}^{\text{GAE}}(s,a) = (1-\lambda)\left(\hat{A}^{(1)} + \lambda\hat{A}^{(2)} + \lambda^2\hat{A}^{(3)} + \cdots\right) \tag{13.18}$$

$$= (1-\lambda)\left(\delta_1\left(1 + \lambda + \lambda^2 + \cdots\right) + \gamma\delta_2\left(\lambda + \lambda^2 + \cdots\right) + \gamma^2\delta_3\left(\lambda^2 + \cdots\right) + \cdots\right) \tag{13.19}$$

$$= (1-\lambda)\left(\delta_1\frac{1}{1-\lambda} + \gamma\delta_2\frac{\lambda}{1-\lambda} + \gamma^2\delta_3\frac{\lambda^2}{1-\lambda} + \cdots\right) \tag{13.20}$$

$$= \mathbb{E}\left[\sum_{k=1}^{\infty}(\gamma\lambda)^{k-1}\delta_k\right] \tag{13.21}$$

편향과 분산 사이의 균형을 맞추기 위해 매개 변수 λ를 조정할 수 있다. $\lambda = 0$ 이면 이전 절의 시간차분 잔차에 대한 고편향, 저분산 추정값을 갖게 된다. $\lambda = 1$ 이면 분산이 증가한 편향되지 않은 전체 롤아웃이 된다. 그림 13.1은 λ에 대해 서로 다른 값을 갖는 알고리듬을 보여준다.

```
struct GeneralizedAdvantageEstimation
    𝒫       # 문제
    b       # 초기 상태 분포
    d       # 깊이
    m       # 샘플 개수
    ∇logπ   # 로그 우도의 그래디언트 ∇logπ(θ,a,s)
    U       # 매개 변수화된 가치 함수 U(ϕ, s)
    ∇U      # 가치 함수의 그래디언트 ∇U(ϕ,s)
    λ       # 가중치 ∈ [0,1]
end

function gradient(M::GeneralizedAdvantageEstimation, π, θ, ϕ)
    𝒫, b, d, m, ∇logπ = M.𝒫, M.b, M.d, M.m, M.∇logπ
    U, ∇U, γ, λ = M.U, M.∇U, M.𝒫.γ, M.λ
    πθ(s) = π(θ, s)
    R(τ,j) = sum(r*γ^(k-1) for (k,(s,a,r)) in enumerate(τ[j:end]))
    δ(τ,j) = τ[j][3] + γ*U(ϕ,τ[j+1][1]) - U(ϕ,τ[j][1])
    A(τ,j) = sum((γ*λ)^(ℓ-1)*δ(τ, j+ℓ-1) for ℓ in 1:d-j)
    ∇Uθ(τ) = sum(∇logπ(θ,a,s)*A(τ,j)*γ^(j-1)
                    for (j, (s,a,r)) in enumerate(τ[1:end-1]))
    ∇ℓϕ(τ) = sum((U(ϕ,s) - R(τ,j))*∇U(ϕ,s)
                    for (j, (s,a,r)) in enumerate(τ))
    trajs = [simulate(𝒫, rand(b), πθ, d) for i in 1:m]
    return mean(∇Uθ(τ) for τ in trajs), mean(∇ℓϕ(τ) for τ in trajs)
end
```

알고리듬 13.2 초기 상태 분포 b를 가진 MDP 𝒫에 대한 정책 그래디언트와 가치 함수 그래디언트 모두를 계산하기 위한 일반화된 어드밴티지 추정. 정책은 θ로 매개 변수화되며 로그 그래디언트 ∇logπ 를 갖는다. 가치 함수 U는 ϕ로 매개 변수화되고 그래디언트 ∇U를 갖는다. 이 방법은 깊이 d까지 m회 롤아웃을 실행한다. 일반화된 어드밴티지는 유한 기간이 있는 방정식 (13.21)을 사용해 지수 가중치 λ로 계산된다. 여기서의 구현은 원본 문서에 제시된 것(행동을 취할 때 신뢰 영역의 측면을 포함)의 단순화된 버전이다.

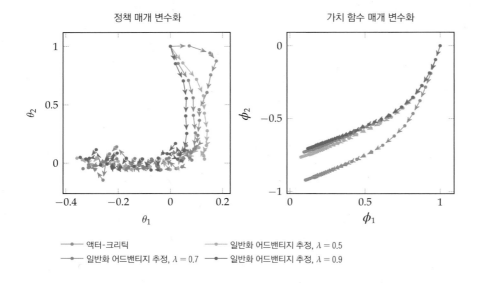

정책 매개 변수화 · 가치 함수 매개 변수화

◀ **그림 13.1** $\gamma = 0.9$, 가우시안 정책 $\pi_\theta(s) = \mathcal{N}(\theta_1 s, \theta_2^2)$, 근삿값 함수 $U_\phi(s) = \phi_1 s + \phi_2 s^2$인 단순 레귤레이터 문제에 대한 기본 액터-크리틱과 일반화된 어드밴티지 추정의 비교. 일반화된 어드밴티지 추정이 잘 수행되는 정책 및 가치 함수 매개 변수화에 보다 효율적으로 접근할 수 있음을 발견할 수 있다. (최적 정책 매개 변수화는 $[-1, 0]$이고 최적 가치 함수 매개 변수화는 $[0, -0.7]$ 근처라는 점을 상기하자.)

---●── 액터-크리틱   ───●── 일반화 어드밴티지 추정, $\lambda = 0.5$

───●── 일반화 어드밴티지 추정, $\lambda = 0.7$ ───▲── 일반화 어드밴티지 추정, $\lambda = 0.9$

13.3 결정론적 정책 그래디언트

결정론적 정책 그래디언트 접근법[3]은 매개 변수화된 조치 값 함수 $Q_\phi(s, a)$의 형태로 크리틱의 도움을 받아 연속 조치를 생성하는 결정론적 정책 $\pi_\theta(s)$를 최적화하는 것이다. 지금까지 논의된 액터-크리틱 방법에서처럼 매개 변수화 ϕ에 대한 손실 함수를 정의한다.

3   D. Silver, G. Lever, N. Heess, T. Degris, D. Wierstra, and M. Riedmiller, "Deterministic Policy radient Algorithms," in *International Conference on Machine Learning (ICML)*, 2014.

$$\ell(\boldsymbol{\phi}) = \frac{1}{2} \mathop{\mathbb{E}}_{s,a,r,s'} \left[\left(r + \gamma Q_{\boldsymbol{\phi}}(s', \pi_{\boldsymbol{\theta}}(s')) - Q_{\boldsymbol{\phi}}(s, a) \right)^2 \right] \qquad (13.22)$$

여기서 기댓값은 π_θ의 롤아웃에 의해 생성된 경험 튜플에 대한 것이다. 이 손실 함수는 첫 번째 절의 액터-크리틱 방법이 U_ϕ의 잔차를 최소화하려고 시도한 것과 유사하게 U_ϕ의 잔차를 최소화하려고 시도한다.

다른 방법과 마찬가지로 그래디언트의 반대 방향으로 단계를 수행해 $\boldsymbol{\phi}$를 갱신한다.

$$\nabla \ell(\boldsymbol{\phi}) = \underset{s,a,r,s'}{\mathbb{E}} \left[\left(r + \gamma Q_{\boldsymbol{\phi}}(s', \pi_{\boldsymbol{\theta}}(s')) - Q_{\boldsymbol{\phi}}(s, a) \right) \left(\gamma \nabla_{\boldsymbol{\phi}} Q_{\boldsymbol{\phi}}(s', \pi_{\boldsymbol{\theta}}(s')) - \nabla_{\boldsymbol{\phi}} Q_{\boldsymbol{\phi}}(s, a) \right) \right] \tag{13.23}$$

따라서 여기서는 다음을 계산할 수 있는 미분 가능한 매개 변수화된 행동 가치 함수가 필요하다.

액터의 경우 다음을 최대화하는 $\boldsymbol{\theta}$ 값을 찾고자 한다.

$$U(\boldsymbol{\theta}) = \underset{s \sim b_{\gamma, \boldsymbol{\theta}}}{\mathbb{E}} \left[Q_{\boldsymbol{\phi}}(s, \pi_{\boldsymbol{\theta}}(s)) \right] \tag{13.24}$$

여기서 기댓값은 $\pi_{\boldsymbol{\theta}}$를 따를 때 할인된 방문 빈도로부터의 상태에 대한 것이다. 이번에도 그래디언트 상승을 사용해 다음과 같이 주어진 그래디언트로 $\boldsymbol{\theta}$를 최적화할 수 있다.

$$\nabla U(\boldsymbol{\theta}) = \mathbb{E}_s \left[\nabla_{\boldsymbol{\theta}} Q_{\boldsymbol{\phi}}(s, \pi_{\boldsymbol{\theta}}(s)) \right] \tag{13.25}$$

$$= \mathbb{E}_s \left[\nabla_{\boldsymbol{\theta}} \pi_{\boldsymbol{\theta}}(s) \nabla_a Q_{\boldsymbol{\phi}}(s, a) |_{a = \pi_{\boldsymbol{\theta}}(s)} \right] \tag{13.26}$$

여기서 $\nabla_{\boldsymbol{\theta}} \pi_{\boldsymbol{\theta}}(s)$는 야코비 행렬^{Jacobian matrix}로서 i번째 열이, $\boldsymbol{\theta}$로 매개 변수화된 정책의 i번째 행동 차원에 해당되는 그래디언트다. 이 항의 예는 예제 13.1에 나와 있다. 그래디언트 $\nabla_a Q_{\boldsymbol{\phi}}(s, a) |_{a = \pi_{\boldsymbol{\theta}}(s)}$는 상태 s에서 정책에 의해 주어진 행동을 방해할 때 예상 행동 값이 얼마나 변하는지를 나타내는 벡터다. 야코비 외에도 이 방법을 사용하려면 이 그래디언트를 제공해야 한다.

2차원 행동 공간과 1차원 상태 공간에 대해 다음과 같은 결정론적 정책을 고려해보자.

$$\pi_{\boldsymbol{\theta}}(s) = \begin{bmatrix} \theta_1 + \theta_2 s + \theta_3 s^2 \\ \theta_1 + \sin(\theta_4 s) + \cos(\theta_5 s) \end{bmatrix}$$

행렬 $\nabla_{\boldsymbol{\theta}} \pi_{\boldsymbol{\theta}}(s)$는 다음 형식을 취한다.

$$\nabla_{\boldsymbol{\theta}} \pi_{\boldsymbol{\theta}}(s) = \begin{bmatrix} \nabla_{\boldsymbol{\theta}} \pi_{\boldsymbol{\theta}}(s) \mid_{a_1} & \nabla_{\boldsymbol{\theta}} \pi_{\boldsymbol{\theta}}(s) \mid_{a_2} \end{bmatrix} = \begin{bmatrix} 1 & 1 \\ s & 0 \\ s^2 & 0 \\ 0 & \cos(\theta_4 s)s \\ 0 & -\sin(\theta_5 s)s \end{bmatrix}$$

다른 액터-크리틱 방법과 마찬가지로 $\ell(\boldsymbol{\phi})$에 대한 그래디언트 하강법과 $U(\boldsymbol{\theta})$에 대한 그래디언트 상승법을 수행한다. 이 접근 방식이 실제로 작동하려면 몇 가지 추가 기술이 필요하다. 하나는 더 나은 검색을 허용하기 위해 확률적 정책에서 경험을 생성하는 것이다. 종종 알고리듬 13.3에서와 같이 단순히 결정적 정책 $\pi_{\boldsymbol{\theta}}$에 의해 생성된 행동에 대해 평균이 0인 가우스 잡음을 추가하는 것도 적절하다. $\boldsymbol{\theta}$와 $\boldsymbol{\phi}$를 학습할 때 안정성을 높이기 위해 경험 재생^{experience replay}을 사용할 수 있다.[4]

이 방법의 예제 및 성능에 대한 σ의 영향은 예제 13.2에 있다.

4 강화학습의 맥락으로 17.7절에서 경험 재생에 대해 살펴볼 것이다. 신경망의 맥락에서 학습을 안정화하기 위한 목표 매개 변수화 등의 다른 기술은 다음 문헌에 나와 있다. T. P. Lillicrap, J. J. Hunt, A. Pritzel, N. Heess, T. Erez, Y. Tassa, D. Silver, and D. Wierstra, "Continuous Control with Deep Reinforcement Learning," in *International Conference on Learning Representations(ICLR)*, 2016. arXiv: 1509.029 71v6.

```
struct DeterministicPolicyGradient
    𝒫       # 문제
    b       # 초기 상태 분포
    d       # 깊이
    m       # 샘플 개수
    ∇logπ   # 로그 우도의 그래디언트 ∇logπ(θ,a,s)
    U       # 매개 변수화된 가치 함수 Q(ϕ,s,a)
    ∇Qϕ     # ϕ에 대한 가치 함수의 그래디언트
    ∇Qa     # a에 대한 가치 함수의 그래디언트
    σ       # 정책 잡음
end

function gradient(M::DeterministicPolicyGradient, π, θ, ϕ)
    𝒫, b, d, m, ∇π = M.𝒫, M.b, M.d, M.m, M.∇π
    Q, ∇Qϕ, ∇Qa, σ, γ = M.Q, M.∇Qϕ, M.∇Qa, M.σ, M.𝒫.γ
    π_rand(s) = π(θ, s) + σ*randn()*I
    ∇Uθ(τ) = sum(∇π(θ,s)*∇Qa(ϕ,s,π(θ,s))*γ^(j-1) for (j,(s,a,r))
                in enumerate(τ))
    ∇ℓϕ(τ,j) = begin
        s, a, r = τ[j]
        s′ = τ[j+1][1]
        a′ = π(θ,s′)
        δ = r + γ*Q(ϕ,s′,a′) - Q(ϕ,s,a)
        return δ*(γ*∇Qϕ(ϕ,s′,a′) - ∇Qϕ(ϕ,s,a))
    end
    ∇ℓϕ(τ) = sum(∇ℓϕ(τ,j) for j in 1:length(τ)-1)
    trajs = [simulate(𝒫, rand(b), π_rand, d) for i in 1:m]
    return mean(∇Uθ(τ) for τ in trajs), mean(∇ℓϕ(τ) for τ in trajs)
end
```

알고리듬 13.3 결정적 정책 π에 대한 정책 그래디언트 ∇θ와 초기 상태 분포 b를 갖는 연속 동작 MDP 𝒫에 대한 가치 함수 그래디언트 ∇ϕ를 계산하기 위한 결정적 정책 그래디언트 방법. 이 정책은 θ로 매개 변수화되고 그래디언트 ∇π를 가지며 각 열이 해당 연속 동작 구성 요소에 대한 그래디언트인 행렬을 생성한다. 가치 함수 Q는 ϕ에 의해 매개 변수화되고 매개 변수화에 대한 그래디언트 ∇Qϕ와 행동에 대한 그래디언트 ∇Qa를 가진다. 이 방법은 깊이 d까지 m번 롤아웃을 실행하고 표준 편차가 σ이고 평균이 0인 가우시안 노이즈를 사용해 검색을 수행한다.

13.4 몬테 카를로 트리 검색을 사용한 액터-크리틱

우리는 온라인 계획(9장)에서의 개념을 액터-크리틱 설정으로 확장할 수 있는데, 매개 변수화된 정책 π_θ(함수 $U_\phi(s)$)과 매개 변수화된 가치 함수 $U_\phi(s)$[5]로 할 수 있다. 13.4절에서는 몬테 카를로 트리 검색(9.6절)을 이산 행동 공간에서의 확률적 정책 학습에 적용하는 것에 대해 설명한다. 먼저 매개 변수화된 정책과 가치 함수를 사용해 몬테 카를로 트리 검색을 살펴보고 몬테 카를로 트리 검색의 결과를 매개 변수화된 정책과 가치 함수를 정교화하는 데 이용한다. 다른 액터-크리틱 방법과 마찬가지로 θ 및 φ의 그래디언트 기반 최적화를 적용한다.[6]

단순 레귤레이터 문제에 결정론적 정책 그래디언트 알고리듬을 적용하는 것을 고려해보자. 단순 매개 변수화된 결정적 정책 $\pi_\theta(s) = \theta_1$과 매개 변수화된 상태-행동 값 함수를 사용한다고 가정하자.

$$Q_\phi(s,a) = \phi_1 + \phi_2 s + \phi_3 s^2 + \phi_4(s+a)^2$$

여기서는 서로 다른 σ 값에 대해 $\theta = [0]$과 $\phi = [0,1,0,-1]$으로 시작해 결정적 정책 그래디언트 알고리듬의 진행을 도식화한다.

이 단순 문제의 경우 정책은 σ에 거의 관계없이 최적으로 빠르게 수렴한다. 그러나 σ가 너무 작거나 크면 가치 함수가 개선되는 데 더 오래 걸린다. σ 값이 매우 작은 경우, 정책은 가치 함수를 효과적으로 학습하기에 불충분한 검색을 수행한다. σ의 값이 클수록 더 많이 검색하지만 잘못된 이동 선택을 더 자주 하는 경향이 있다.

5 결정적 정책 그래디언트는 Q_ϕ를 사용했지만, 이 기법에서는 13장의 다른 액터-크리틱 기법에서 그랬던 것처럼 U_ϕ를 사용한다.

6 이 일반적 방법은 다음 문헌에 소개돼 있다. D. Silver, J. Schrittwieser, K. Simonyan, I. Antonoglou, A. Huang, A. Guez, T. Hubert, L. Baker, M. Lai, A. Bolton, et al., "Mastering the Game of Go Without Human Knowledge," Nature, vol. 550, pp. 354–359, 2017. 여기서의 설명은 그 알파고 제로 알고리듬을 개략적으로 따르고 있지만, 바둑 문제의 해결 대신 일반적 MDP 문제를 해결하려고 한다. 알파고 제로가 바둑 선수로서 행동하고, 게임에는 승자와 패자가 있는 경향이 있다는 사실 모두가 원 방법이 승리 행동은 강화하고 패배 행동은 처벌할 수 있도록 해준다. 일반화된 MDP 공식은 유사한 문제에 적용될 때 보상이 희소해지는 경향이 있다.

예제 13.2 단순 레귤레이터 문제에 결정론적 정책 그래디언트 방법을 적용하고 정책 확률 매개 변수 σ의 영향을 검색

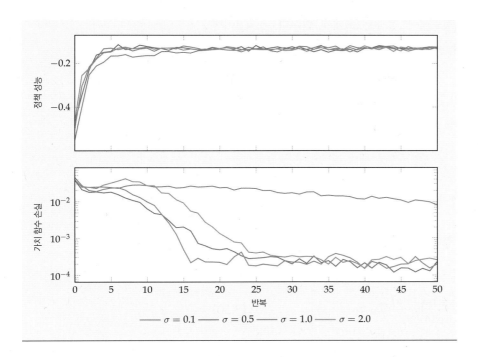

몬테 카를로 트리 검색을 수행하면서 검색을 어느 정도 매개 변수화된 정책 $\pi_{\boldsymbol{\theta}}(a \mid s)$ 쪽으로 향하게 하고 싶다. 한 가지 접근 방식은 확률 상한 신뢰 한도를 최대화하는 행동을 사용하는 것이다.

$$a = \arg\max_a Q(s, a) + c\pi_{\boldsymbol{\theta}}(a \mid s)\frac{\sqrt{N(s)}}{1 + N(s, a)} \tag{13.27}$$

여기서 $Q(s, a)$는 트리 검색을 통해 추정된 행동 값이고, $N(s, a)$는 9.6절에서 설명한 방문 횟수이며, $N(s) = \sum_a N(s, a)$이다.[7] 트리 검색을 실행한 후 수집한 통계량을 사용해 $\pi_{\text{MCTS}}(a \mid s)$를 얻을 수 있다. 이것을 정의하는 한 가지 방법은 개수 측면에서 하는 것이다.[8]

$$\pi_{\text{MCTS}}(a \mid s) \propto N(s, a)^{\eta} \tag{13.28}$$

7 방정식 (9.1)에 제시된 상한 신뢰 한계와는 몇 가지 눈에 띄는 차이점이 있다. 예를 들어, 방정식 (13.27)에는 로그가 없으며 알파고 제로에서 사용하는 형식을 따르기 위해 분모에 1을 더한다.

8 알고리듬 9.5에서 우리는 Q와 관련해 그리디 행동을 선택했다. 다른 전략은 다음 문헌에서 연구됐다. C. B. Browne, E. Powley, D. Whitehouse, S. M. Lucas, P. I. Cowling, P. Rohlfshagen, S. Tavener, D. Perez, S. Samothrakis, and S. Colton, "A Survey of Monte Carlo Tree Search Methods," *IEEE Transactions on Computational Intelligence and AI in Games*, vol. 4, no. 1, pp. 1–43, 2012. 여기 제시된 방법은 알파고 제로를 따른다.

여기서 $\eta \geq 0$은 정책의 그리디 정도를 조절하는 초매개 변수다. $\eta = 0$이면 π_{MCTS}는 무작위로 행동을 생성한다. $\eta \to \infty$일수록 이전 상태에서 가장 많이 선택됐던 행동을 선택하게 된다.

우리는 θ의 최적화에서 모델 π_{θ}가 몬테 카를로 트리 검색을 통해 얻은 것과 일치하기를 원한다. 정의할 수 있는 손실 함수 중 하나는 $\pi_{\text{MCTS}}(\cdot \mid s)$에 대한 $\pi_{\theta}(\cdot \mid s)$의 기대 교차 엔트로피$^{\text{cross entropy}}$다.

$$\ell(\theta) = -\mathbb{E}_s \left[\sum_a \pi_{\text{MCTS}}(a \mid s) \log \pi_{\theta}(a \mid s) \right] \tag{13.29}$$

여기서 기댓값은 트리 검색 중에 경험한 상태에 대한 것이다. 그래디언트는 다음과 같다.

$$\nabla \ell(\theta) = -\mathbb{E}_s \left[\sum_a \frac{\pi_{\text{MCTS}}(a \mid s)}{\pi_{\theta}(a \mid s)} \nabla_{\theta} \pi_{\theta}(a \mid s) \right] \tag{13.30}$$

ϕ를 학습하기 위해 트리 검색 중에 생성된 가치 함수로 손실 함수를 정의한다.

$$U_{\text{MCTS}}(s) = \max_a Q(s, a) \tag{13.31}$$

이는 적어도 트리 검색 중에 검색하는 상태에서 정의된다. 손실 함수는 U_{ϕ}가 트리 검색의 추정값과 일치하도록 만드는 것을 목표로 한다.

$$\ell(\phi) = \frac{1}{2} \mathbb{E}_s \left[\left(U_{\phi}(s) - U_{\text{MCTS}}(s) \right)^2 \right] \tag{13.32}$$

그래디언트는 다음과 같다.

$$\nabla \ell(\phi) = \mathbb{E}_s \left[\left(U_{\phi}(s) - U_{\text{MCTS}}(s) \right) \nabla_{\phi} U_{\phi}(s) \right] \tag{13.33}$$

첫 번째 절의 액터-크리틱 방법과 마찬가지로 매개 변수화된 가치 함수의 그래디언트를 계산할 수 있어야 한다.

몬테 카를로 트리 검색 시뮬레이션을 몇 번 수행한 후 θ를 $\nabla\ell(\theta)$의 반대 방향으로 단계를 취해 갱신하고 ϕ는 $\nabla\ell(\phi)$의 반대 방향으로 단계를 취해 갱신한다.[9]

13.5 요약

- 액터-크리틱 방법에서 액터는 가치 함수의 매개 변수화된 추정값을 제공하는 크리틱의 도움을 받아 매개 변수화된 정책을 최적화하려고 시도한다.

- 일반적으로 액터-크리틱 방법은 그래디언트 기반 최적화를 사용해 정책 및 가치 함수 근사의 매개 변수를 학습한다.

- 기본적 액터-크리틱 방법은 액터에 대한 정책 그래디언트를 사용하고 크리틱에 대한 제곱 시간차분 잔차를 최소화한다.

- 일반화된 어드밴티지 추정은 여러 시간 단계에 걸쳐 시간차분 잔차를 누적해 약간의 편향을 희생해 정책 그래디언트의 분산을 줄이려고 시도한다.

- 결정론적 정책 그래디언트는 연속 행동 공간이 있는 문제에 적용할 수 있으며 결정론적 정책 액터와 행동 가치 크리틱을 사용한다.

- 몬테 카를로 트리 검색과 같은 온라인 방법을 사용해 정책 및 가치 함수 추정의 최적화를 지시할 수 있다.

13.6 연습 문제

연습 13.1 13.4절에 제시된 몬테 카를로 트리 검색을 사용한 액터-크리틱 방법이 카트-폴 문제를 해결하는 데 좋은 방법이 될 수 있는가? (부록 F.3)

해법: 몬테 카를로 트리 검색은 방문한 상태를 기반으로 트리를 확장한다. 카트-폴 문제는 연속적인 상태 공간을 가지며 무한 분기 요인이 있는 검색 트리로 이어

[9] 알파고 제로의 구현은 단일 신경망을 사용해 이 절에서 설명하는 독립적인 매개 변수화 대신 가치 함수와 정책을 모두 나타낸다. 네트워크 매개 변수를 갱신하는 데 사용되는 그래디언트는 방정식 (13.30)과 (13.33)의 혼합이다. 이 향상을 통해 평가 시간과 특징 학습 시간을 크게 줄인다.

진다. 이 알고리듬을 사용하려면 상태 공간을 이산화하는 것과 같이 문제를 조정해야 한다.

연습 13.2 다음 어드밴티지 함수 표현에서 어떤 것이 올바른지 확인하고 참조하는 내용을 설명하라.

(a) $\mathbb{E}_{r,s'}\left[r + \gamma U^{\pi_\theta}(s) - U^{\pi_\theta}(s')\right]$

(b) $\mathbb{E}_{r,s'}\left[r + \gamma U^{\pi_\theta}(s') - U^{\pi_\theta}(s)\right]$

(c) $\mathbb{E}_{r_{1:d},s'}\left[-U^{\pi_\theta}(s) + \gamma^k U^{\pi_\theta}(s') + \sum_{\ell=1}^{k}\gamma^{l-1}r_l\right]$

(d) $\mathbb{E}_{r_{1:d},s'}\left[-U^{\pi_\theta}(s) + \gamma U^{\pi_\theta}(s') + \sum_{\ell=1}^{k}\gamma^{l-1}r_l\right]$

(e) $\mathbb{E}\left[-U^{\pi_\theta}(s) + \sum_{\ell=1}^{d}\gamma^{l-1}r_l\right]$

(f) $\mathbb{E}\left[-\gamma U^{\pi_\theta}(s') + \sum_{\ell=1}^{d+1}\gamma^{l-1}r_l\right]$

(g) $\mathbb{E}\left[\sum_{\ell=1}^{k}\gamma^{l-1}\delta_{l-1}\right]$

(h) $\mathbb{E}\left[\sum_{\ell=1}^{k}\gamma^{l-1}\delta_l\right]$

(i) $\mathbb{E}\left[\sum_{k=1}^{\infty}(\gamma\lambda)^{k-1}\delta_k\right]$

(j) $\mathbb{E}\left[\sum_{k=1}^{\infty}(\lambda)^{k-1}\delta_k\right]$

해법: 다음 표에는 올바른 표현이 나열돼 있다.

(b) 시간차분 잔차가 있는 어드밴티지

(c) k-단계 롤아웃 후 어드밴티지 추정값

(e) 롤아웃 보상 시퀀스가 있는 어드밴티지

(h) 시간차분 잔차가 있는 어드밴티지 추정값

(i) 일반화된 어드밴티지 추정값

연습 13.3 일련의 롤아웃 보상에 대해 시간차분 잔차를 사용하거나 그 반대로 사용하면 어떤 이점이 있는가?

해법: 시간차분 잔차를 사용한 근사는 일련의 롤아웃을 사용하는 것보다 계산적으로 더 효율적이다. 시간차분 잔차 근사는 임계치 함수 U_ϕ를 참값 함수 U^π의 근삿값으로 사용하기 때문에 분산은 낮지만 편향이 높다. 반면 롤아웃 근사는 분산이 높지만 불편^{unbiased}이다. 시간차분 잔차 근삿값을 사용해 정확한 추정값을 얻으려면 일반적으로 롤아웃 근삿값을 사용할 때보다 훨씬 적은 수의 샘플이 필요하지만 추정값에 편향이 도입된다.

연습 13.4 예제 13.2, $Q_\phi(s, a) = \phi_1 + \phi_2 s + \phi_3 s^2 + \phi_4 (s + a)^2$에 주어진 행동 가치 함수를 고려해보자. 결정론적 정책 그래디언트 접근법에 필요한 그래디언트를 계산하라.

해법: 두 가지 그래디언트를 계산해야 한다. 액터에게는 $\nabla_\phi Q_\phi(s, a)$ 계산이 필요하고 크리틱은 $\nabla_a Q_\phi(s, a)$ 계산이 필요하다.

$$\nabla_\phi Q(s, a) = \left[1, s, s^2, (s + a)^2 \right]$$
$$\nabla_a Q(s, a) = 2\phi_4 (s + a)$$

14
정책 검증

13장에서 제시된 방법은 역학 및 보상 모델과 관련해 최적 또는 근사 최적 해를 구성하는 방법을 보여준다. 그러나 실제 세계에 의사결정 시스템을 배포하기 전에 일반적으로 결과 정책의 동작이 실제로 원하는 것과 일치하는지 시뮬레이션에서 검증하는 것이 바람직하다. 14장에서는 의사결정 전략을 검증하기 위한 다양한 분석 도구에 대해 설명한다.[1] 먼저 성능 척도를 어떻게 평가할 것인지부터 알아보자. 이러한 척도를 정확하게 계산하는 것은 계산적으로 어려울 수 있으며, 특히 실패와 같은 드문 이벤트와 관련된 경우에는 더욱 그렇다. 여기서는 계산 효율성을 해결하는 데 도움이 될 수 있는 방법에 대해 알아본다. 분석에 사용하는 모델과 실제 세계 간의 차이에 대해 시스템이 견고해야 함이 중요하다. 14장에서는 견고성을 분석하는 방법을 제안한다. 많은 의사결정 시스템 설계의 기본은 여러 목적 함수 간의 균형이며 이러한 균형을 분석하는 방법을 간략하게 설명한다. 14장은 가장 가능성이 높은 실패 궤적을 찾는 데 사용할 수 있는 적대적 분석에 대한 논의로 결론을 내린다.

1 보다 심도 있는 논의는 다음 문헌을 참고하라. A. Corso, R. J. Moss, M. Koren, R. Lee, and M. J. Kochenderfer, "A Survey of Algorithms for Black-Box Safety Validation," *Journal of Artificial Intelligence Research*, vol. 72, pp. 377-428, 2021.

14.1 성능 척도 평가

일단 정책이 정했다면 다양한 성능 척도[performance metric]를 사용해 해당 정책을 평가하는 데 관심이 있을 것이다. 예를 들어, 스칼라 보상 함수의 최적화를 통해 또는 예제 14.1에서 논의된 휴리스틱 방식으로 충돌 방지 시스템을 구성한 다음 정책을 따를 때 충돌 확률을 계산해 그 안전성을 평가하려고 한다고 가정해보자.[2] 혹은 투자 포트폴리오 구성을 위한 정책을 만들었다면 정책이 극단적인 손실을 초래할 가능성이나 예상 수익을 이해하는 데 관심이 있을 것이다.

우선은 어떤 정책 π에 대해 평가되는 단일 척도 f를 고려할 것이다. 종종 이 척도는 다음의 정책에 의해 생성된 궤적 $\tau = (s_1, a_1, \ldots)$에 대해 평가된 궤적 척도 f_{traj}의 기댓값으로 정의된다.

$$f(\pi) = \mathbb{E}_\tau[f_{\text{traj}}(\tau)] \tag{14.1}$$

이 기댓값은 궤적 분포에 관한 것이다. MDP와 관련된 궤적 분포를 정의하려면 초기 상태 분포[initial state distribution] b를 지정해야 한다. 궤적 τ를 생성할 확률은 다음과 같다.

$$P(\tau) = P(s_1, a_1, \ldots) = b(s_1) \prod_t T(s_{t+1} \mid s_t, a_t) \tag{14.2}$$

충돌 회피의 맥락에서는 f_{traj}는 경로가 충돌로 이어지면 1이고 그렇지 않으면 0으로 할 수 있다. 기댓값은 충돌 확률에 해당할 것이다.

어떤 경우에는 f_{traj}의 출력에 대한 분포를 연구하는 데 관심이 있을 수 있다. 그림 14.1은 이러한 분포의 예를 보여준다. 방정식 (14.1)의 기댓값은 궤적 척도에 대한 분포를 단일 값으로 변환하는 여러 방법 중 하나일 뿐이다. 여기서는 주로 이 기댓값에 초점을 맞출 것이지만 분포의 값에 대한 다른 변환의 예로는 분산, 5번째 백분위수 및 5번째 백분위수 미만 값의 평균 등이 있다.[3]

2 또 다른 안전 위험 척도에 대해서는 다음 문헌을 참고하라. I. L. Johansen and M. Rausand, "Foundations and Choice of Risk Metrics," *Safety Science*, vol. 62, pp. 386–399, 2014.

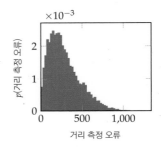

▲ **그림 14.1.** 다음과 같은 초기 상태에서 간단한 충돌 방지 정책을 따를 때 10^4번의 시뮬레이션에서 추정된 거리 측정 오류에 대한 분포

$h \sim \mathcal{U}(-10, 10) \ (\text{m})$
$\dot{h} \sim \mathcal{U}(-200, 200) \ (\text{m/s})$
$a_{\text{prev}} = 0 \, \text{m/s}$
$t_{\text{col}} = 40 \, \text{s}$

3 여러 문헌에서 다양한 위험 척도에 대해 설명하고 있다. 그중 일부에 대한 개괄은 다음 문헌을 참고하라. A. Ruszczyński, "Risk-Averse Dynamic Programming for Markov Decision Processes," *Mathematical Programming*, vol. 125, no. 2, pp. 235–261, 2010.

궤적 척도는 때때로 다음 형식으로 쓸 수 있다.

$$f_{\text{traj}}(\tau) = f_{\text{traj}}(s_1, a_1, \ldots) = \sum_t f_{\text{step}}(s_t, a_t) \tag{14.3}$$

여기서 f_{step}은 MDP의 보상 함수와 같이 현재 상태와 행동에 따라 종속된 함수다. $f(\pi)$가 f_{traj}의 기댓값으로 정의되면 목적 함수는 MDP를 풀 때와 동일하며 여기서 f_{step}은 단순히 보상 함수다. 따라서 7.2절에서 소개한 정책 평가 알고리듬을 사용해 방정식 (14.3) 형식의 성능 척도와 관련해 정책을 평가할 수 있다.

정책 평가는 그 특정 상태에서 시작할 때의 성능 척도 기댓값에 해당하는 상태의 함수인 가치 함수를 출력한다.[4] 예제 14.2는 충돌 방지 문제에 대한 이 가치 함수의 일부를 보여준다. 전체 성능은 다음과 같다.

4 여기서는 이전 장들의 정책 π와 연계된 가치 함수를 나타내기 위해 U^π를 사용한다.

$$f(\pi) = \sum_s f_{\text{state}}(s) b(s) \tag{14.4}$$

여기서 f_{state}는 정책 평가를 통해 얻은 가치 함수다.

항공기 충돌 회피 문제에서는 침입 항공기를 피하기 위해 항공기에 상승 또는 하강 주의보를 발령할 시기를 결정해야 한다. 침입자는 일정한 수평 접근 속도closing speed로 우리에게 정면으로 다가오고 있다. 상태는 침입 항공기에 대해 측정된 항공기의 고도 h, 수직 속도 $\dot{h}$, 이전 작업 a_{prev}, 잠재적 충돌까지의 시간 t_{col}로 지정된다. 충돌 시 페널티는 1인데, 충돌이란 $t_{\text{col}} = 0$일 때 침입자가 50m 이내에 들어오는 경우로 정의된다. 또 권고적 변경advisory change[5]을 장려하지 않기 위해 $a \neq a_{\text{prev}}$이면 0.01의 페널티를 받는다.

예제 14.1 최적 및 단순 충돌 방지 정책. 문제에 대한 추가 세부 사항은 부록 F.6에 나와 있다.

5 권고적 변경은 항공 용어로 관제탑에서 고도나 항로의 변경을 권고한 것을 의미한다. — 옮긴이

최적의 정책을 도출하기 위해 선형 보간(8.4절)과 함께 동적 프로그래밍을 사용할 수 있다. 또는 다음과 같이 작동하는 t_{col} 및 h의 임계치로 매개 변수화된 간단한 휴리스틱 정책을 정의할 수 있다. $|h| < h_{thresh}$이고 $t_{col} < t_{thresh}$이면, 권고advisory가 발동된다. 이 권고는 $h > 0$이면 상승이고 그렇지 않으면 하강이다. 기본값으로 $h_{thresh} = 50m$ 및 $t_{thresh} = 30s$를 사용한다. 다음은 상태 공간을 통해 두 부분에 대해 최적 정책과 단순 정책 모두에 대한 그림이다.

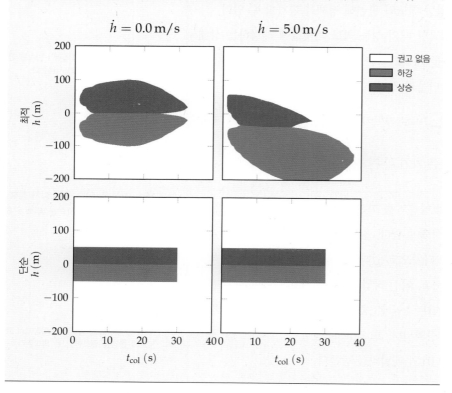

360

다음은 예제 14.1에서 소개한 단순 정책과 최적 정책 모두에 정책 평가를 적용한 결과다. 그림의 각 점은 척도 값에 해당하며 연계된 상태에서 시작하는 조건을 갖는다. s가 충돌이면 $f_{\text{state}}(s, a) = 1$로 정의하고 그렇지 않으면 0으로 정의한다. 이 그림은 정책을 따를 때 상태 공간에서 '더 뜨거운' 색상으로 표시되는 심각한 충돌 위험이 있는 위치를 보여준다. 최적 정책은 상당히 안전하며 특히 $t_{\text{col}} > 20s$일 때 그러함을 볼 수 있다. t_{col}이 낮으면 최적의 정책도 비행체의 물리적 가속 제약에 의해 충돌을 피할 수 없다. 단순 정책은 최적의 정책과 비교할 때 훨씬 더 높은 수준의 위험을 가지며, 특히 $t_{\text{col}} > 20s$, $\dot{h} = 5\text{m/s}$이고 침입자가 아래에 있을 때 그렇다. 이는 부분적으로 단순 전략에서 권고를 생성할지의 선택에서 h를 고려하지 않기 때문이다.

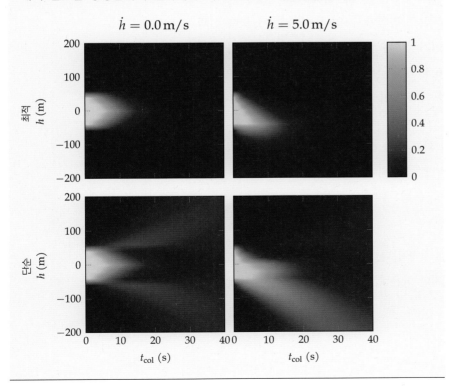

상태 공간이 이산이면 방정식 (14.4)를 해석적으로 계산할 수 있다. 그러나 상태 공간이 크거나 연속인 경우 샘플링을 통해 $f(\pi)$를 추정할 수 있다. 초기 상태 분포에서 샘플을 가져온 다음 정책을 롤아웃하고 궤적 척도를 계산할 수 있다. 그런 다음 궤적 척도의 평균에서 전체 척도의 값을 추정할 수 있다. 추정 품질은 일반적으로 샘플이 많을수록 향상된다. 예제 14.3은 충돌 방지 정책과 관련된 다양한 척도를 추정하기 위한 이 프로세스를 보여준다.

우리는 종종 **표준 오차**^{standard error}를 사용해 추정 품질을 측정한다.

$$\text{SE} = \hat{\sigma} / \sqrt{n} \tag{14.5}$$

여기서 $\hat{\sigma}$는 샘플의 표준 편차이고 n은 샘플 수다. 예제 14.3에서 충돌 척도의 표준 편차는 0.0173이므로 충돌 확률 척도의 표준 오차는 0.000173이다.

표준 오차를 **신뢰 구간**^{confidence interval}으로 변환할 수 있다. 예를 들어, 95% 신뢰 구간은 $\hat{\mu} \pm 1.96\,\text{SE}$가 될 것이다. 여기서 $\hat{\mu}$는 샘플의 평균이다. 충돌 회피 예제의 경우 이 간격은 $(-3.94 \times 10^{-5}, 6.39 \times 10^{-4})$이다. 다른 방법으로는 베이지안 접근 방식을 취해 4.2절에서 논의된 바와 같이 사후 확률을 베타 분포로 나타낼 수 있다.

상대적으로 안전한 시스템의 고장 확률 등과 같은 작은 확률의 경우, 우리는 종종 다음과 같은 **상대 표준 오차**^{relative standard error}에 관심이 있다.

$$\frac{\hat{\sigma}}{\hat{\mu}\sqrt{n}} \tag{14.6}$$

이것은 표준 오차를 평균으로 나누는 것과 같다. 충돌 방지 문제에서 상대 오차는 0.578이다. 절대 오차는 작을 수 있지만 작은 확률을 추정하려 하기 때문에 상대 오차는 상당히 높다.

14.2 희귀 사건 시뮬레이션

예제 14.3에서 볼 수 있듯이 충돌 가능성 추정에서처럼 매우 드문 이벤트이지만 아주 중요한 이벤트인 경우라면 척도를 정확하게 추정하기 위해 많은 샘플이 필요할 수 있다. 충돌 회피의 예에서 우리의 10^4개 샘플 중 그림에서 3개의 스파이크로 표시된 것처럼 고작 3개의 충돌만 포함돼 있다. 돈 거래나 자동차 운전 시스템 등 고위험 시스템을 위한 알고리듬을 설계할 때, 실패 확률을 정확히 추정하기 위해 직접 샘플링이나 시뮬레이션을 사용하는 것은 매우 많은 계산량이 필요할 수 있다.

충돌 확률과 권고 발생 확률을 추정하려고 한다. 여기서는 예제 14.1에서 소개한 최적 및 단순 정책을 살펴보겠다. 이러한 척도를 평가하기 위해 그림 14.1에 사용된 초기 상태 분포의 10^4개 샘플을 사용한 다음 롤아웃을 수행한다. 여기의 그림은 수렴 곡선을 보여준다.

예제 14.3 최적 및 단순 충돌 방지 정책을 따를 때 충돌 확률 및 권고

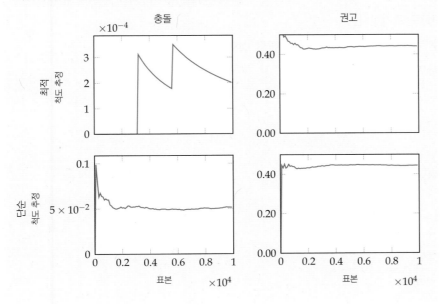

여기서 볼 수 있는 것은 최적의 정책이 단순 정책보다 훨씬 안전하며 거의 동일한 빈도로 권고를 생성한다는 것이다. 권고 척도 추정값은 충돌 추정값보다 훨씬 빠르게 수렴된다. 권고 척도의 수렴이 더 빠른 이유는 권고가 충돌보다 더 일반적이기 때문이다. 최적의 정책과 관련된 충돌은 매우 드물기 때문에 104개의 샘플도 정확한 추정에 적합하지 않은 것으로 보인다. 곡선은 매우 들쭉날쭉하며 충돌이 포함된 샘플에서 큰 스파이크가 발생하고 충돌이 없는 샘플이 시뮬레이션됨에 따라 충돌 확률 추정값이 감소한다.

효율성을 향상시키기 위한 일반적인 접근 방식은 **중요도 샘플링**^{importance sampling}이라고 하며, 이는 대체 분포에서 샘플링하고 편향되지 않은 추정값에 도달하기 위해 결과에 적절하게 가중치를 부여하는 것이다.[6] 같은 종류의 접근 방식을 베이지안 네트워크에서의 추론 맥락에서 사용했으며, 이는 우도 가중 샘플링이라는 이름으로 알려져 있다(3.7절). 대체 샘플링 분포는 종종 제안 분포라고 하며 제안 분포가 궤적 τ에 할당하는 확률을 $P'(\tau)$로 표기한다.

6 드문 이벤트 시뮬레이션을 위한 중요도 샘플링 및 기타 기술에 대한 보다 정교한 소개는 다음 문헌을 참고하라. J. A. Bucklew, *Introduction to Rare Event Simulation*. Springer, 2004.

여기서는 P'에서 샘플에 가중치를 부여하는 적절한 방법을 도출할 것이다. 참 분포 P에서 추출된 $\tau^{(1)}, \ldots, \tau^{(n)}$이 있다면 다음과 같다.

$$f(\pi) = \mathbb{E}_\tau[f_{\text{traj}}(\tau)] \tag{14.7}$$

$$= \sum_\tau f_{\text{traj}}(\tau) P(\tau) \tag{14.8}$$

$$\approx \frac{1}{n} \sum_i f_{\text{traj}}(\tau^{(i)}) \text{ with } \tau^{(i)} \sim P \tag{14.9}$$

방정식 (14.8)에 $P'(\tau)/P'(\tau)$를 곱하면 다음을 얻을 수 있다.

$$f(\pi) = \sum_\tau f_{\text{traj}}(\tau) P(\tau) \frac{P'(\tau)}{P'(\tau)} \tag{14.10}$$

$$= \sum_{\tau} f_{\text{traj}}(\tau) P'(\tau) \frac{P(\tau)}{P'(\tau)} \tag{14.11}$$

$$\approx \frac{1}{n} \sum_{i} f_{\text{traj}}(\tau^{(i)}) \frac{P(\tau^{(i)})}{P'(\tau^{(i)})} \text{ with } \tau^{(i)} \sim P' \tag{14.12}$$

즉 제안 분포에서 샘플의 결과에 가중치를 부여해야 한다. 여기서 샘플 i에 부여된 가중치[7]는 $P(\tau^{(i)})/P'(\tau^{(i)})$이다.

7 중요한 것은 P가 양의 우도를 할당한 궤적에 P'가 0의 우도를 할당해서는 안 된다는 것이다.

전체 성능 추정에 기여할 가능성이 더 높다는 점에서 '중요한' 샘플에 대한 생성에 초점을 맞추기 위한 제안 분포 P'를 선택하고자 한다. 충돌 회피의 경우는 이 제안 분포가 충돌을 장려해 충돌 위험을 추정하기 위한 충돌 상황이 단지 몇 개보다는 더 많이 있기를 원할 것이다. 그러나 우리는 모든 샘플이 충돌을 일으키는 것을 원하지는 않는다. 일반적으로 히스토리의 공간이 이산적이라고 가정하면 최적의 제안 분포는 다음과 같다.

$$P^*(\tau) = \frac{|f_{\text{traj}}(\tau)| P(\tau)}{\sum_{\tau'} |f_{\text{traj}}(\tau')| P(\tau')} \tag{14.13}$$

f_{traj}가 음수가 아닌 경우 분모는 방정식 (14.1)에서 추정하려는 척도와 정확히 일치한다.

방정식 (14.13)은 일반적으로 정확한 계산에는 실용적이지 않지만(이것이 처음에 중요도 샘플링을 사용하는 이유다) 제안 분포를 구성하기 위해 도메인 전문 지식을 사용하는 방법에 대한 직관을 제공할 수 있다. 초기 상태 분포 또는 전이 모델을 충돌과 같은 더 중요한 궤적으로 약간 편향시키는 것이 일반적이다.

중요도 분포의 구성을 설명하기 위해 예제 14.1에서의 충돌 방지 문제에 대한 최적 정책을 사용한다. $t_{\text{col}} = 40$초에서 시작하는 대신 항공기를 더 가까운 거리인 $t_{\text{col}} = 20$초로 시작해 충돌 방지 문제를 더 어렵게 만든다. 참 분포는 $h \sim \mathcal{U}(-10, 10)$ (m)와 $\dot{h} \sim \mathcal{U}(-200, 200)$ (m/s)이다. 그러나 h와 $\dot{h}$의 특정 조합은 최적

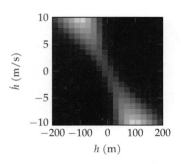

▲ **그림 14.2** $t_{\text{col}} = 20\text{s}$ 및 $a_{\text{prev}} = 0\text{m/s}$인 서로 다른 초기 상태에서 최적의 충돌 방지 정책을 따를 때 충돌 확률에서 생성된 제안 분포. 노란색은 더 높은 확률 밀도를 나타낸다.

정책을 해결하기가 더 어렵다. 우리은 서로 다른 h와 $\hat{h}$ 값에 대한 충돌 확률을 결정하기 위해 이산 버전의 문제에 대해 동적 프로그래밍을 사용했다. 이 결과를 정규화해 그림 14.2에 표시된 제안 분포로 바꿀 수 있다.

그림 14.2에 표시된 제안 분포를 사용하면 동일한 수의 샘플로 직접 샘플링하는 것보다 더 나은 충돌 확률 추정이 가능하다. 그림 14.3은 수렴 곡선을 보여준다. 5×10^4개 샘플로 두 방법 모두 동일한 추정값으로 수렴한다. 그러나 중요도 샘플링은 10^4개 샘플 내에서 참값에 가깝게 수렴한다. 제안 분포를 사용해 중요도 샘플링은 939개의 충돌을 생성한 반면 직접 샘플링은 246개만 생성했다. 초기 상태 분포만이 아니라 전이 분포도 편향된 경우 훨씬 더 많은 충돌이 발생할 수 있다.

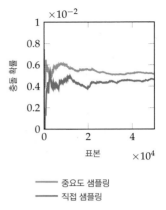

▲ **그림 14.3** 중요도 샘플링과 직접 샘플링으로 추정한 최적의 정책을 따를 때 충돌 확률

14.3 견고성 분석

실제 세계에 시스템을 배포하기 전에 모델링 오류에 대한 견고성^{robustness}을 연구하는 것이 중요하다. 정책 평가와 중요도 샘플링 등과 같이 이전의 절들에서 언급한 도구를 사용할 수도 있지만, 정책을 최적화할 때 가정한 모델과 다른 환경에서 정책을 평가한다. 그림 14.4는 실제 모델이 최적화에 사용된 모델과 다를 때 성능이 어떻게 달라지는지를 보여준다. 또한 상태 공간에 대한 모델링 가정에 대한 척도의 민감도를 연구할 수 있다(예제 14.4). 관련 척도에 대한 성능이 환경 모델에서 있을 법한 교란에 대해서도 유지된다면 배포시 시스템이 계획대로 작동할 것이라는 더 큰 확신을 가질 수 있을 것이다.

우리는 일반적으로 정책을 최적화하기 위해 사용하는 계획 모델$^{planning\ model}$이 상대적으로 단순하기를 원한다. 실제 세계를 대표하지 않는 잠재적으로 잘못된 모델링 가정에 대한 과적합을 방지하기 위해서다. 더 간단한 계획 모델의 부수적 이점은 계획을 보다 계산 효율적으로 만들 수 있다는 것이다. 그러나 평가 모델$^{evaluation\ model}$은 우리가 정당화할 수 있는 만큼 복잡하게 할 수 있다. 예를 들어, 충돌 방지 정책을 생성할 때는 단순한 저차원의 이산 항공기 동역학 모델을 사용하고, 그런 다음 연속의 고충실도 시뮬레이션에서 해당 정책을 평가할 수 있다. 보다 단순한 계획 모델은 종종 평가 모델의 교란에 더 견고하다.

다양한 평가 모델에 대한 정책을 평가하는 프로세스는 스트레스 테스트[stress test]라고도 불리는데, 특히 평가 모델의 범위에 상당히 극단적인 시나리오가 포함된 경우가 그렇다. 충돌 방지에서 극단적인 시나리오란 항공기가 물리적으로 달성할 수 없는 극단적인 상승률로 서로 수렴하는 시나리오를 포함시킬 수 있다. 비현실적인 것으로 간주돼 이러한 시나리오에 대한 시스템 동작을 최적화하지 않기로 결정하게 되더라도 설계 단계에서는 시스템 오류로 이어질 수 있는 여러 시나리오 범주를 이해하는 것이 유용하다.

정책이 모델링 가정에 지나치게 민감한 경우 강건한 동적 프로그래밍[robust dynamic programming]이라고 하는 방법을 사용할 수 있다.[8] 특정 전이 모델을 사용하는 대신 전이 모델의 모음 $T_{1:n}$과 보상 모델의 모음 $R_{1:n}$이 있다. 방정식 (7.16)에서 벨만 갱신 방정식을 수정해 다음과 같이 다양한 모델에 견고성을 제공할 수 있다.

$$U_{k+1}(s) = \max_a \min_i \left(R_i(s, a) + \gamma \sum_{s'} T_i(s' \mid s, a) U_k(s') \right) \quad (14.14)$$

갱신은 우리의 효용을 최소화하는 모델을 사용할 때 기대 효용을 극대화할 수 있는 행동을 사용한다.

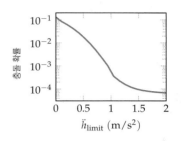

▲ **그림 14.4** $\ddot{h}_{\text{limit}} = 1\text{m/s}^2$에 최적화됐지만 다른 $\ddot{h}_{\text{limit}}$ 값의 환경에서 평가된 정책의 견고성 분석

8 G. N. Iyengar, "Robust Dynamic Programming," *Mathematics of Operations Research*, vol. 30, no. 2, pp. 257–280, 2005. 이 방법은 충돌 회피의 맥락에서 견고성을 개선할 수 있다. M. J. Kochenderfer, J. P. Chryssanthacopoulos, and P. Radecki, "Robustness of Optimized Collision Avoidance Logic to Modeling Errors," in *Digital Avionics Systems Conference (DASC)*, 2010.

14.4 거래 분석

여러 흥미로운 작업에는 종종 경쟁적인 여러 목적 함수가 포함된다. 자율 시스템의 경우 안전과 효율성 사이에 절충이 있는 경우가 많다. 충돌 방지 시스템을 설계할 때 매우 안전한 동시에 불필요한 회피 작동을 너무 많이 생성하는 것도 원치 않는다. 거래 분석^{trade analysis}은 설계 매개 변수가 변경됨에 따라 다양한 성능 척도가 거래되는 방식을 연구한다.

예제 14.2와 유사하게 서로 다른 초기 상태에서 시작할 때의 충돌 확률을 그릴 수 있다. 여기에서는 부록 F.6의 매개 변수에 최적화된 정책을 사용하지만 평가 모델에서 한도 $\ddot{h}_{\text{limit}}$을 변경한다.

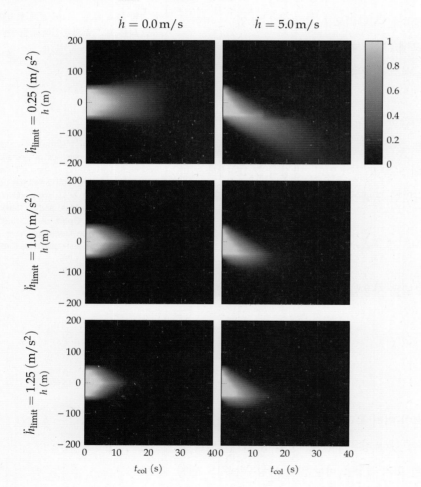

예제 14.4 계획에 사용된 모델과 평가에 사용된 모델이 불일치할 경우 최적 충돌 방지 정책을 따랐을 때 충돌이 발생할 확률

$\ddot{h}_{\text{limit}} = 1\text{m/s}^2$로 정책을 최적화했다. 실제로 0.25m/s^2인 경우 목표 수직 비율을 달성하는 데 시간이 더 오래 걸리기 때문에 일부 상태에서는 정책이 제대로 수행되지 않는다. 한도가 1.25m/s^2라면 조금 더 안전하다.

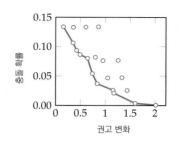

▲ **그림 14.5** 예제 14.1에서 단순 정책의 매개 변수를 변경해 생성된 정책의 성능. 근사 파레토 곡선은 파란색으로 강조 표시된다.

두 가지 성능 척도만 고려하는 경우 예제 14.5에서 설명한 것과 같은 트레이드오프 곡선$^{\text{trade-off curve}}$을 그릴 수 있다. 정책의 매개 변수를 변경하면 두 척도에 대해 서로 다른 값을 얻는다. 이러한 곡선은 정책 생성을 위한 다양한 방법론을 비교할 때 유용하다. 예를 들어, 예제 14.5의 곡선은 정책 생성에 대한 동적 프로그래밍 접근 방식이 최소한 우리가 정의한 방식에서 단순 임계치 기반 정책에 비해 상당한 이점을 가져올 수 있음을 시사한다.

예제 14.5에서는 각 곡선에 대해 한 번에 하나의 매개 변수만 변경하지만 만족스러운 시스템에 도달하려면 여러 매개 변수를 변경하는 효과를 연구해야 할 수도 있다. 여러 매개 변수를 변경함에 따라 가능한 정책 공간을 구한다. 이러한 정책 중 일부는 해당 공간에 있는 하나 이상의 다른 정책에 비해 모든 성능 척도에서 성능이 더 나쁠 수 있다. 여기서는 종종 다른 정책에 의해 지배되는 정책은 고려 대상에서 제외할 수 있다. 어떤 정책이 해당 공간에서 다른 정책에 의해 지배되지 않는 경우 파레토 최적$^{\text{Pareto optimal}}$[9] 또는 파레토 효율적$^{\text{Pareto efficient}}$이라고 한다. 파레토 최적 정책 집합을 파레토 경계선$^{\text{Pareto frontier}}$ 또는 (2차원에서) 파레토 곡선^{Pareto} ^{curve}이라고 한다. 그림 14.5는 파레토 곡선의 예를 보여준다.

9 이탈리아의 경제학자 파레토(Vilfredo Federico Damaso Pareto) (1848–1923)의 이름에서 유래했다.

14.5 적대적 분석

적대적 분석$^{\text{adversarial analysis}}$의 관점에서 정책의 견고성을 연구하면 유용할 수 있다. 각 시간 단계에서 적^{adversary}은 현재 상태에서 정책에 지정된 조치를 적용한 결과 상태를 선택한다. 적에게는 균형을 맞춰야 할 두 가지 목적 함수가 있다. 하나는 전이 모델에 따라 총 보상은 최소화하고 다른 하나는 동시에 결과 궤적의 우도를 최대화하는 것이다. 원래 문제를 적대적 문제로 변환할 수 있다. 적대적 상태 공간은 원래 문제와 동일하지만 적대적 행동 공간은 원래 문제의 상태 공간이다. 적대적 보상은 방정식 (14.15)와 같다.

$$R'(s, a) = -R(s, \pi(s)) + \lambda \log(T(a \mid s, \pi(s))) \qquad (14.15)$$

여기서 π는 정책, R은 원래 보상 함수, T는 원래 전환 모델, $\lambda \geq 0$은 궤적의 우도를 최대화하는 것의 중요성을 제어하는 매개 변수다. 적은 적대적 보상의 합을 최대화하려고 시도하기 때문에 결과 궤적의 로그 확률의 λ배를 더한 기대 음의 보상을 최대화하고 있다.[10] 적대적 전이 모델은 결정론적이다. 상태 전이는 적이 행동으로 지정하는 것과 정확히 일치한다.

10 궤적의 로그 확률은 개별 상태 전이 확률 로그의 합과 같다.

예제 14.5 서로 다른 충돌 방지 시스템의 매개 변수를 변경할 때 안전과 운영 효율성 간의 트레이드 오프 분석

항공기 충돌 회피 문제에서 충돌 가능성 측면에서 권고 변경 횟수 기댓값 등의 다른 척도와 안전 사이의 균형을 유지해야 한다. 이 두 가지 모두 방정식 (14.3)에서와 같이 단계적으로 추가 분해되는 궤적 척도를 사용해 구현할 수 있으므로 정확한 정책 평가를 사용해 계산할 수 있다.

여기의 도면은 단순 및 최적 정책의 서로 다른 매개 변수화된 버전과 관련된 3개의 곡선을 보여준다. 첫 번째 곡선은 h_{thresh} 매개 변수(예제 14.1에서 정의됨)가 변경됨에 따라 두 척도에 대한 단순 정책의 성능을 보여준다. 두 번째 곡선은 t_{thresh}가 변화함에 따른 단순 정책의 성능을 보여준다. 세 번째 곡선은 매개 변수 θ가 변화함에 따른 최적 정책을 보여주는데, 여기서 충돌의 비용은 $-\theta$이고 권고 변경의 비용은 $-(1 - \theta)$이다.

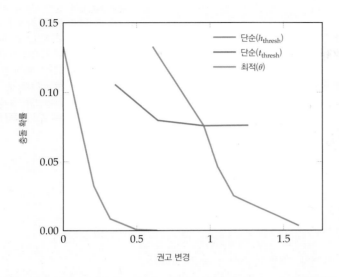

매개 변수화된 단순 정책에 의해 생성된 곡선을 최적 정책이 지배한다는 것을 알 수 있다. θ가 1에 가까우면 매우 안전하지만 더 많은 권고 변경을 견뎌야 한다. θ가 0이 되면 덜 안전하지만 권고를 발생시키지 않는다. 특정한 안전 임계치 수준이 주어지면 단순 매개 변수 정책보다 예상되는 권고 변경이 적은 최적화된 정책을 만들 수 있다.

알고리듬 14.1은 이 변환을 적대적 문제로 구현한다. 알고리듬은 이산 상태와 행동 공간을 가정하고 7장의 동적 프로그래밍 알고리듬 중 하나를 사용해 해결할 수 있다. 해결책은 상태와 상태를 매핑하는 적대적인 정책이다. 초기 상태가 주어지고, 일정 수준의 확률이 주어지면 보상을 최소화하는 궤적을 생성할 수 있다. 문제는 결정적이므로 실제로는 검색 문제이며 부록 E에 있는 모든 알고리듬을 사용할 수 있다. 문제가 고차원이거나 연속적이면 8장과 9장에서 논의된 근사해 기법 중 하나를 사용할 수 있다.

```
function adversarial(𝒫::MDP, π, λ)
    S, 𝒜, T, R, γ = 𝒫.S, 𝒫.𝒜, 𝒫.T, 𝒫.R, 𝒫.γ
    S' = 𝒜' = S
    R' = zeros(length(S'), length(𝒜'))
    T' = zeros(length(S'), length(𝒜'), length(S'))
    for s in S'
        for a in 𝒜'
            R'[s,a] = -R(s, π(s)) + λ*log(T(s, π(s), a))
            T'[s,a,a] = 1
        end
    end
    return MDP(T', R', γ)
end
```

알고리듬 14.1 정책 π가 주어졌을 때 적대적 문제로의 전환. 적대적 에이전트는 원래의 효용을 최소화하고 궤적의 우도를 최대화하기 위해 정책 조치의 결과를 변경하려고 시도한다. 매개 변수 λ는 결과 궤적의 우도를 최대화하는 것이 얼마나 중요한지를 제어한다. 알고리듬은 전이 및 보상 모델이 행렬로 표시되는 MDP를 반환한다.

때때로 실패의 특정 정의와 연계된 정책과 관련해 가장 가능성이 높은 실패를 찾는 데 관심이 있다. 일부 문제에서는 실패를 특정 상태에 진입하는 것으로 정의할 수 있다. 예를 들어, 충돌 회피 문제에서 충돌은 실패로 간주될 수 있다. 또 다른 문제에서는 단순히 상태 공간의 하위 집합을 입력하는 것 이상으로 더 복잡한 실패에 대한 정의가 필요할 수 있다. 예를 들어, 시간적 논리temporal logic를 사용해 실패를 지정하기를 원할 수도 있다. 이는 시간의 관점에서 한정된 명제에 대해 표현하고 추론하는 방법이다. 그러나 대부분의 경우 이러한 실패 사양을 사용해 확장된 상태 공간을 생성한 후 문제를 해결할 수 있다.[11]

실패 상태가 정의되면 방정식 (14.15)의 보상 함수를 변경함으로써 가장 가능성이 높은 실패 궤적을 찾을 수 있다.

$$R'(s,a) = \begin{cases} -\infty & s\text{가 종료 상태이고 실패가 아닐 경우} \\ 0 & s\text{가 종료 상태이고 실패일 경우} \\ \log(T(a \mid s, \pi(s))) & \text{그 외} \end{cases} \quad (14.16)$$

11 M. Bouton, J. Tumova, and M. J. Kochenderfer, "Point-Based Methods for Model Checking in Partially Observable Markov Decision Processes," in *AAAI Conference on Artificial Intelligence (AAAI)*, 2020.

다양한 근사 방법을 사용해 이러한 가장 가능성이 높은 오류를 찾을 수 있다. 근사 방법에 따라 종료 시 실패에 도달하지 못한 것에 대한 무한 페널티를 완화해 검색이 실패로 안내될 수 있도록 하는 것이 중요할 수 있다. 충돌 회피에 몬테 카를로 트리 검색을 적용한다면 페널티는 거리측정 오류와 관련될 수 있다.[12]

우리는 가장 가능성이 높은 실패 궤적을 재생하고 그 궤적이 우려할 만한 가치가 있는지 여부를 측정할 수 있다. 궤도가 극도로 믿기지 않는 것으로 간주되면 정책이 안전하다는 확신을 가질 수 있다. 그러나 실패 궤적에 대한 우려가 있다면 다음과 같은 몇 가지 옵션이 가능하다.

12 이 전략은 다음 문헌에서 사용됐다. This strategy was used by R. Lee, M. J. Kochenderfer, O. J. Mengshoel, G. P. Brat, and M. P. Owen, "Adaptive Stress Testing of Airborne Collision Avoidance Systems," in *Digital Avionics Systems Conference (DASC)*, 2015.

1. 행동 공간을 변경하라. 충돌 회피 문제의 행동 집합에 더 많은 극한 기동을 추가할 수 있다.

2. 보상 함수를 변경한다. 예제 14.5의 트레이드 오프 곡선에 나와 있는 것처럼 충돌 위험을 낮추기 위해 권고 변경 비용을 줄일 수 있다.

3. 전이 함수를 변경한다. 정책에 따라 항공기가 목표 수직 비율를 더 빨리 달성할 수 있도록 가속 제한을 늘릴 수 있다.

4. 솔버solver를 개선하라. 최적 정책의 중요한 특징을 포착하기에는 너무 듬성한 상태 공간의 이산화를 사용했을 수 있다. 계산 시간을 추가함으로써 더 나은 정책을 얻기 위해 이산화를 세분화할 수 있다. 또는 다른 근사 기법을 채택할 수도 있다.

5. 시스템을 배포하지 마라. 정책이 안전하지 않은 경우 실세계에 배포하지 않는 것이 좋다.

14.6 요약

- 정책에 대한 성능 척도는 이전의 장들에서 논의한 동적 프로그래밍 기술을 사용하거나 샘플링 롤아웃을 통해 평가할 수 있다.

- 표준 오차, 신뢰 구간 또는 앞서 논의한 베이지안 접근 방식 중 하나를 사용해 성능 척도 평가에 대한 신뢰도를 평가할 수 있다.

- 희귀 사건의 확률을 추정하는 것은 중요도 샘플링이라는 방법을 사용해 보다 효율적으로 수행할 수 있다.

- 중요도 샘플링에는 대체 분포에서 샘플링하고 결과에 적절하게 가중치를 부여하는 작업이 포함된다.

- 최적화에 사용되는 모델이 실제 세계를 부정확하게 나타낼 수 있기 때문에 모델링 가정에 대한 정책의 민감도를 연구하는 것이 중요하다.

- 견고한 동적 프로그래밍은 일련의 다양한 전환 및 보상 모델과 관련해 최적화해 모델 불확실성에 대한 견고성을 개선하는 데 도움이 될 수 있다.

- 거래 분석은 정책을 최적화할 때 여러 성과 목표의 균형을 맞추는 방법을 결정하는 데 도움이 될 수 있다.

- 적대적 분석은 궤도의 우도를 최대화하면서 목적 함수를 최소화하기 위해 각 단계에서 전이될 상태를 선택하는 적대자를 포함한다.

14.7 연습 문제

연습 14.1 다음의 궤적 τ가 있다.

$$
\begin{array}{ccccc}
s_1 & a_1 & s_2 & a_2 & s_3 \\
6.0 & 2.2 & 1.4 & 0.7 & 6.0
\end{array}
$$

역학은 선형 가우시안이며 $T(s' \mid s, a) = \mathcal{N}(s' \mid 2s + a, 5^2)$이고 초기 상태 분포는 $\mathcal{N}(5, 6^2)$로 주어진다. 궤적 τ의 로그 우도는 무엇인가?

해법: 궤적의 로그 우도는 다음과 같다.

$$\log \mathcal{N}(6.0 \mid 5, 6^2) + \log \mathcal{N}(1.4 \mid 2 \cdot 6.0 + 2.2, 5^2) + \log \mathcal{N}(6.0 \mid 2 \cdot 1.4 + 0.7, 5^2) \approx -11.183$$

연습 14.2 100만 번의 시뮬레이션을 실행한 후 충돌 방지 시스템이 10번의 충돌을 일으킨다는 것을 발견했다. 충돌 확률 추정값과 상대 표준 오차는 무엇인가?

해법: 충돌 확률 추정값은 다음과 같다.

$$\hat{\mu} = 10/10^6 = 10^{-5}$$

i번째 샘플 x_i는 충돌이 있으면 1이고 그렇지 않으면 0이다. 표준편차는 다음과 같다.

$$\hat{\sigma} = \sqrt{\frac{1}{10^6 - 1} \sum_{i=1}^{n} (x_i - \hat{\mu})^2} = \sqrt{\frac{1}{10^6 - 1} \left(10(1 - \hat{\mu})^2 + (10^6 - 10)\hat{\mu}^2 \right)} \approx 0.00316$$

상대 오차는 다음과 같다.

$$\frac{\hat{\sigma}}{\hat{\mu}\sqrt{n}} \approx \frac{0.00316}{10^{-5}\sqrt{10^6}} = 0.316$$

연습 14.3 기댓값 $\mathbb{E}_{x \sim \mathcal{U}(0,5)}[f(x)]$를 계산하고자 한다. 여기서 $f(x)$는 $|x| \leq 1$이면 1이고 그렇지 않으면 0이다. 최적의 제안 분포는 무엇인가?

해법: 최적 제안 분포는 다음과 같다.

$$p^*(x) = \frac{|f(x)|p(x)}{\int |f(x)|p(x)\,\mathrm{d}x}$$

이는 $\mathcal{U}(0,1)$과 같다. 왜냐하면 $f(x)$는 $x \in [-1,1]$에서만 0이 아니고 $\mathcal{U}(0,5)$는 $x \in [0,5]$에서만 서포트^{support}를 가지며, $f(x)$와 $p(x)$ 둘 다 0이 아닐 경우 상수 값을 생성하기 때문이다.

연습 14.4 앞 연습 문제의 제안 분포에서 샘플 0.3을 추출했다고 가정하자. 가중치는 무엇인가? $\mathbb{E}_{x \sim \mathcal{U}(0,5)}[f(x)]$의 추정값은 무엇인가?

해법: 가중치는 $p(x)/p^*(x) = 0.2/1$이다. $f(0.3) = -1$, 그 추정값 -0.2가 정확한 해이기 때문이다.

연습 14.5 최대화하려는 세 가지 척도에 대해 평가된 다음 네 가지 정책이 있다고 가정하자.

시스템	f_1	f_2	f_3
π_1	2.7	1.1	2.8
π_2	1.8	2.8	4.5
π_3	9.0	4.5	2.3
π_4	5.3	6.0	2.8

어떤 정책이 파레토 경계에 있는가?

해법: π_1만 다른 정책에 의해 지배된다. 따라서 π_2, π_3, π_4는 파레토 경계에 있다.

3부

모델 불확실성

지금까지의 순차적 결정 문제에 대한 논의에서는 전이 및 보상 모델이 알려져 있다고 가정했다. 그러나 많은 문제에서 이러한 모델은 정확히 알려져 있지 않으며 에이전트는 경험을 통해 행동하는 방법을 배워야 한다. 에이전트는 상태 전이와 보상의 형태로 행동의 결과를 관찰함으로써 장기적인 보상 축적을 극대화하는 행동을 선택해야 한다. 모델 불확실성이 있는 이러한 문제를 해결하는 것이 책의 이 부분의 초점인 **강화학습**^{reinforcement learning} 분야의 주제다. 모델 불확실성을 해결하는 데 있어 몇 가지 어려운 점에 대해 살펴볼 것이다. 첫째, 에이전트는 환경 탐색과 경험을 통해 얻은 지식의 활용 사이에 신중하게 균형을 맞춰야 한다. 둘째, 중요한 결정을 내리고 오랜 시간이 지난 후 보상을 받을 수 있으므로 나중 보상에 대한 공로가 이전의 결정에 할당돼야 한다. 셋째, 에이전트는 제한된 경험을 일반화해야 한다. 우리는 이러한 문제를 해결하기 위한 이론과 몇 가지 주요 알고리듬을 검토할 것이다.

15
탐색과 활용

강화학습 에이전트[1]는 환경 탐색과 상호 작용을 통해 얻은 지식 활용exploitation의 균형을 유지해야 한다.[2] 순수한 탐색을 통해 에이전트는 포괄적인 모델을 구축할 수 있지만 에이전트는 보상 수집을 희생해야 할 가능성이 높다. 순수한 활용은 에이전트가 보상을 축적하는 데 가장 좋다고 생각하는 행동을 지속적으로 선택하지만 취할 수 있는 다른 더 나은 행동이 있을 수 있다. 15장에서는 단일 상태의 문제에 중점을 두어 탐색-활용exploration-exploitation 트레이드 오프와 관련된 문제를 소개한다. 마지막으로 여러 상태의 MDP에서 탐색을 소개해 결론을 내린다.

15.1 강도 문제

탐색과 활용의 트레이드 오프에 대한 초기 분석은 외팔이 강도one-armed bandit라고도 불리는 슬롯머신에 집중됐다.[3] 많은 실제 문제는 임상 시험 할당 및 적응형 네트

1 강화학습에 관해서는 다음 문헌을 참고하라. M. Wiering and M. van Otterlo, eds., *Reinforcement Learning: State of the Art*. Springer, 2012.

2 일부 응용에서는 고정된 궤적 집합이 주어진 정책을 최적화하려고 한다. 이 문맥을 배치 강화학습(batch reinforcement learning)이라고 한다. 15장에서는 상호 작용을 통해 자체 데이터를 수집해야 하므로 적절한 탐색 전략을 선택하는 것이 중요하다고 가정한다.

3 이러한 강도 문제는 제2차 세계대전 중에 탐구됐으며 해결하기가 매우 어려운 것으로 판명됐다. 피터 휘틀(Peter Whittle)에 따르면, "강도 문제를 해결하려는 노력은 연합군 분석가들의 에너지와 마음을 약하게 하므로 이 문제를 지적 파괴의 궁극적인 도구로 사용하기 위해 독일에 떨어뜨려야 한다는 제안을 했다." J. C. Gittins, "Bandit Processes and Dynamic Allocation Indices," *Journal of the Royal Statistical Society, Series B (Methodological)*, vol. 41, no. 2, pp. 148–177, 1979.

워크 라우팅과 같은 다중 레버 슬롯머신 문제$^{multiarmed\ bandit\ problem}$[4]로 구성될 수 있다. 많은 강도 문제 공식이 문헌에 존재하지만 15장에서는 이진 강도$^{binary\ bandit}$, 베르누이 강도$^{Bernoulli\ bandit}$ 또는 이항 강도$^{binomial\ bandit}$라고 불리는 것에 초점을 맞출 것이다. 이 문제에서 슬롯머신의 레버 a는 확률 θ_a로 1을 보상으로 주고 그렇지 않으면 0이다. 레버를 당기는 데는 비용이 들지 않지만 당길 수 있는 횟수는 h번 뿐이다.

슬롯머신 문제는 그림 15.1과 같이 단일 상태, n개의 행동 및 미지의 확률적 보상 함수 $R(s, a)$를 가진 h-단계 MDP로 구성할 수 있다. $R(s, a)$는 상태 s에서 행동 a를 취할 때 예상되는 보상이지만 환경에서 실현되는 개별 보상은 확률 분포에서 나올 수 있음을 상기하라.

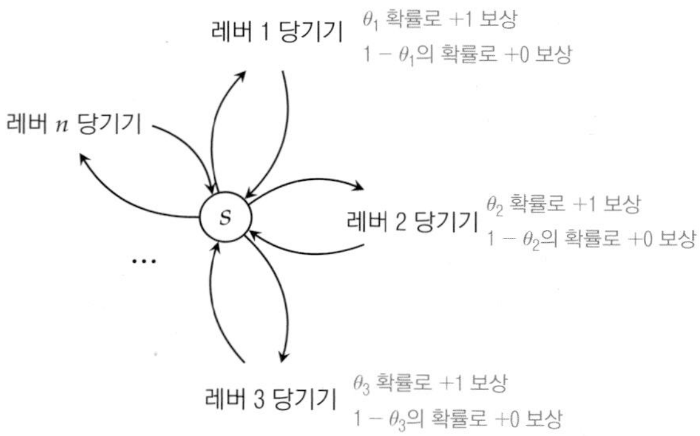

4 C. Szepesvári and T. Lattimore, *Bandit Algorithms*. Cambridge University Press, 2020.

◀ **그림 15.1** 다중 레버 슬롯머신 문제는 행동이 보상을 생성할 우도만 다를 수 있는 단일 상태 MDP다.

알고리듬 15.1은 강도 문제에 대한 시뮬레이션 루프를 정의한다. 각 단계에서는 행동 a를 생성하기 위한 보상 확률의 현재 모델에 대한 탐색 정책 π를 평가한다. 15.2절에서는 보상 확률을 모델링하는 방법을 설명하고 15장의 나머지 부분에서는 몇 가지 탐색 전략에 대해 알아본다. a값을 구하면 해당 레버를 당기는 것으로 시뮬레이션해 이진 보상 r을 반환한다. 그런 다음 모델은 관찰된 a 및 r을 사용해 갱신된다. 시뮬레이션 루프는 기간 h까지 반복된다.

```
struct BanditProblem
    θ # 보상 확률 벡터
    R # 보상 샘플러
end

function BanditProblem(θ)
    R(a) = rand() < θ[a] ? 1 : 0
    return BanditProblem(θ, R)
end

function simulate(𝒫::BanditProblem, model, π, h)
    for i in 1:h
        a = π(model)
        r = 𝒫.R(a)
        update!(model, a, r)
    end
end
```

알고리듬 15.1 강도 문제의 시뮬레이션. 강도 문제는 각각의 행동에 대한 보상 확률을 나타내는 벡터 θ로 정의된다. 또한 확률적인 이진 보상을 생성하는 함수 R을 정의한다. 시뮬레이션의 각 단계는 탐색 정책 π로부터 행동 a를 생성하는 것으로 이뤄진다. 탐색 정책은 일반적으로 행동 선택 시 모델을 참고한다. 그 선택된 행동으로부터 무작위로 생성된 보상이 모델을 갱신하는 데 사용된다. 시뮬레이션은 특정한 지점 h까지 실행된다.

15.2 베이지안 모델 추정

레버 a에 대한 승리 확률 θ_a에 대한 신뢰를 추적하고자 한다. 이러한 믿음을 표현하는 데는 베타 분포(4.2절)가 자주 사용된다. $\text{Beta}(1, 1)$의 균등 사전 분포를 가정할 경우, w_a번의 승리와 ℓ_a번의 패배 이후의 θ_a에 대한 사후 분포는 $\text{Beta}(w_a + 1, \ell_a + 1)$이다. 승리에 대한 사후 확률은 다음과 같다.

$$\rho_a = P(\text{win}_a \mid w_a, \ell_a) = \int_0^1 \theta \times \text{Beta}(\theta \mid w_a + 1, \ell_a + 1)\, d\theta = \frac{w_a + 1}{w_a + \ell_a + 2} \tag{15.1}$$

알고리듬 15.2는 이를 구현하는 방법을 제공한다. 예제 15.1은 승리와 패배의 횟수를 기반으로 이러한 사후 분포를 계산하는 방법을 설명한다.

```
struct BanditModel
    B # 베타 분포의 벡터
end

function update!(model::BanditModel, a, r)
    α, β = StatsBase.params(model.B[a])
    model.B[a] = Beta(α + r, β + (1-r))
    return model
end
```

알고리듬 15.2 강도 모델에 대한 베이지안 갱신 함수. 행동 a를 취한다음 보상 r을 관찰한 후 적절한 매개 변수를 증가시켜 해당 행동과 관련된 베타 분포를 갱신한다.

그리디 행동greedy action은 예상되는 즉각적인 보상을 극대화하는 행동이다. 다시 말해, 이진 강도 문제의 맥락에서 승리의 사후 확률을 극대화한다. 그리디 행동이 여러 개일 수 있다. 우리는 항상 그리디 행동을 선택하길 원하는 것은 아니다. 왜냐하면 기대되는 보상이 높을 수도 있는 다른 행동을 발견하지 못할 수 있기 때문이다. 서로 다른 행동에 연결된 베타 분포로부터 얻은 정보를 사용해 그리디가 아닌 행동을 탐구할 수 있다.

15.3 무방향 탐색 전략

탐색과 활용을 균형있게 유지하기 위해 일반적으로 사용되는 여러 임시ad-hoc 탐색 전략들이 있다. 15.3절에서는 무방향 탐색undirected exploration으로 불리는 한 유형의 임시 탐색에 대해 논의한다. 이 경우 이전 결과로부터의 정보를 사용하지 않고 그리디하지 않은 행동의 탐색을 진행한다.

2개의 레버를 가진 슬롯머신을 여섯 번 작동했다고 가정해보자. 첫 번째 레버는 1승 0패이고 다른 레버는 4승 1패다. 균등 사전을 가정하면 θ_1에 대한 사후 분포는 Beta$(2, 1)$이고 θ_2에 대한 사후 분포는 Beta$(5, 2)$다.

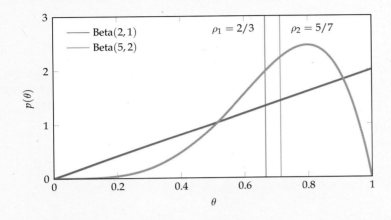

이러한 사후 확률은 0과 1 사이의 승리 확률에 0이 아닌 우도를 할당한다. 둘 다 최소 1승을 거뒀기 때문에 0에서의 밀도는 두 레버 모두 0이다. 마찬가지로, 레버 2에 대한 1에서의 밀도는 적어도 하나의 손실을 받으므로 0이다. 보상 확률 $\rho_1 = 2/3$ 및 $\rho_2 = 5/7$은 수직선으로 표시된다. 우리는 두 번째 레버가 수익을 낼 가능성이 가장 높다고 믿는다.

가장 일반적인 무방향 탐색 전략 중 하나는 ϵ-그리디 탐색(알고리듬 15.3)이다. 이 전략은 확률이 ϵ인 무작위 레버를 선택한다. 그렇지 않으면 그리디 레버 $\arg\max_a \rho_a$를 선택한다. 이 ρ_a는 이전 절에서 주어진 베이지안 모델을 사용해 행동 a로 승리할 사후 확률이다. 또는 최대 우도 추정값을 사용할 수 있지만 레버를 충분히 당긴다면 두 접근 방식의 차이가 작다. ϵ의 값이 클수록 더 많은 탐색으로 이어져 최상의 레버를 더 빨리 식별할 수 있지만 최적이 아닌 레버를 당기는 데 더 많은 낭비가 발생한다. 예제 15.2는 이 탐색 전략과 우리 신뢰의 진화를 보여준다.

ϵ-그리디 방법은 슬롯머신과와의 상호 작용 초기에 나중보다 훨씬 더 많은 불확실성이 있음에도 불구하고 일정한 양의 탐색을 유지한다. 일반적인 조정 중 하나는 시간이 지남에 따라 다음 갱신 때 지수적 감쇠 일정으로 ϵ를 감쇠하는 것이다.

$$\epsilon \leftarrow \alpha\epsilon \qquad (15.2)$$

$\alpha \in (0, 1)$에 대해 일반적으로 1에 가깝다.

```
mutable struct EpsilonGreedyExploration
    ∈ # 랜덤 레버의 확률
end

function (π::EpsilonGreedyExploration)(model::BanditModel)
    if rand() < π.ε
        return rand(eachindex(model.B))
    else
        return argmax(mean.(model.B))
    end
end
```

알고리듬 15.3 ϵ-그리디 탐색 전략. 확률 ϵ로 임의의 행동을 반환한다. 그렇지 않으면 그리디 행동을 반환한다.

또 다른 전략은 **탐색-후-커밋 탐색**explore-then-commit exploration(알고리듬 15.4)으로, 처음 k 시간 단계에 대해 균등하게 무작위로 작업을 선택한다. 그 시점부터는 그리디 행동을 선택한다.[5] k 값이 크면 최적이 아닌 행동을 저지를 위험이 줄어들지만 잠재적인 차선의 행동을 탐색하는 데 더 많은 시간을 낭비하게 된다.

5 A. Garivier, T. Lattimore, and E. Kaufmann, "On Explore-Then-Commit Strategies," in *Advances in Neural Information Processing Systems (NIPS)*, 2016.

15.4 방향 탐색 전략

방향 탐색directed exploration은 이전의 레버 당김에서 수집한 정보를 사용해 그리디하지 않은 행동 탐색을 안내한다. 예를 들어, **소프트맥스**softmax 전략(알고리듬 15.5)은 $\exp(\lambda\rho_a)$에 비례하는 확률을 가진 레버 a를 당긴다. 여기서 정밀도 매개 변수 precision parameter $\lambda \geq 0$는 탐색 정도를 제어한다.

두 레버를 가진 슬롯머신에 ϵ-그리디 탐색 전략을 적용하고자 한다. 균등 사전과 $\epsilon = 0.3$인 탐색 정책으로 모델을 구성할 수 있다.

```
model(fill(Beta(),2))
π = EpsilonGreedyExploration(0.3)
```

첫 번째 행동을 얻기 위해 난수 생성기의 현재 상태를 기반으로 1을 반환하는 π(model)를 호출한다. 손실 즉 $r=0$을 관찰한 뒤 다음을 호출한다.

```
update!(model, 1, 0)
```

이는 행동 1을 취하고 0의 보상을 받았다는 것을 반영하기 위해 모델 내의 베타 분포를 갱신한다.

여기의 그림은 탐색 전략을 사용해 실행의 6단계를 각각 수행한 후 보상 신념의 진화를 보여준다. 파란색은 첫 번째 레버에 해당하고 빨간색은 두 번째 레버에 해당한다.

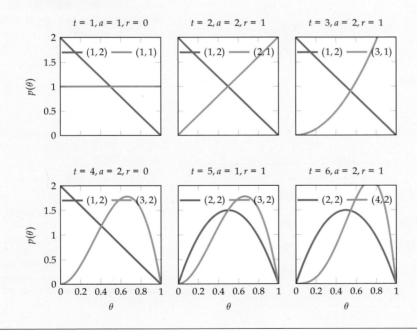

```
mutable struct ExploreThenCommitExploration
    k # 커밋까지 나머지를 당긴다.
end

function (π::ExploreThenCommitExploration)(model::BanditModel)
    if π.k > 0
        π.k -= 1
        return rand(eachindex(model.B))
    end
    return argmax(mean.(model.B))
end
```

알고리듬 15.4 탐색 후 커밋 탐색 전략. k가 양수이면 k를 감소시킨 후 임의의 작업을 반환한다. 그렇지 않으면 그리디 행동을 반환한다.

$\lambda \to 0$에 따라 균등 무작위 선택과 그리디 선택이 있다. 더 많은 데이터가 축적됨에 따라 탐색을 줄이기 위해 λ를 승수 팩터multiplicative factor로 증가시킬 수 있다.

```
mutable struct SoftmaxExploration
    λ # 정밀도 매개 변수
    α # 정밀도 계수
end

function (π::SoftmaxExploration)(model::BanditModel)
    weights = exp.(π.λ * mean.(model.B))
    π.λ *= π.α
    return rand(Categorical(normalize(weights, 1)))
end
```

알고리듬 15.5 소프트맥스 탐색 전략. $\exp(\lambda\rho_a)$에 비례하는 확률로 동작 a를 선택한다. 정밀도 매개 변수 λ는 각 단계에서 계수 α로 조정된다.

다양한 탐색 전략은 불확실성하에서의 낙관주의라는 아이디어에 기반을 두고 있다. 우리가 데이터가 통계적으로 허용하는 범위 내에서 행동의 결과에 대해 낙관적이라면 탐색과 활용의 균형을 암묵적으로 추진하게 될 것이다. 이러한 접근 방식 중 하나는 분위수 탐색(알고리듬 15.6)[6]으로, 보상 확률에 대해 가장 높은 α-분위수(2.2.2절)를 가진 레버를 선택한다.

6 이 일반 전략은 신뢰 구간의 상한을 참조해 신뢰 상한 탐색, 구간 탐색 및 구간 추정과 관련된다. L. P. Kaelbling, Learning in Embedded Systems. MIT Press, 1993. See also E. Kaufmann, "On Bayesian Index Policies for Sequential Resource Allocation," *Annals of Statistics*, vol. 46, no. 2, pp. 842–865, 2018.

α 값이 0.5보다 큰 경우 불확실성 속에서의 낙관주의를 보여주며, 자주 시도되지 않은 행동들을 탐색하도록 장려한다. α 값이 크면 더 많은 탐색이 이뤄진다. 예제 15.3은 분위수 추정을 보여주고 이를 다른 탐색 전략과 비교한다.

사후 분포에 대한 신뢰 상한을 정확하게 계산하는 대안은 UCB1 탐색(알고리듬 15.7)을 사용하는 것이다. 원래 9.6절 몬테 카를로 트리 검색의 탐색을 위해 소개됐다.

```
mutable struct QuantileExploration
    α # 분위수 (예: 0.95)
end

function (π::QuantileExploration)(model::BanditModel)
    return argmax([quantile(B, π.α) for B in model.B])
end
```

알고리듬 15.6 최대 α 분위수를 가진 행동을 반환하는 분위수 탐색

이 전략에서는 다음을 최대화하는 행동 a를 선택한다.

$$\rho_a + c\sqrt{\frac{\log N}{N(a)}} \tag{15.3}$$

여기서 $N(a)$는 행동 a를 취한 횟수이고 $N = \sum_a N(a)$이다. 매개 변수 $c \geq 0$은 두 번째 항을 통해 권장되는 탐색의 정도를 제어한다. c 값이 클수록 탐색이 더 많아진다. 이 전략은 종종 보상 확률의 최대 우도 추정값과 함께 사용되지만 $N(a)$를 a와 관련된 베타 분포 매개 변수의 합으로 해 베이지안 문맥에 적용할 수 있다.

탐색에 대한 또 다른 일반적인 접근 방식은 **무작위 확률 매칭**randomized probability matching 또는 **톰슨 샘플링**Thompson sampling이라고도 하는 **사후 샘플링**posterior sampling(알고리듬 15.8)을 사용하는 것이다.[7] 이는 구현이 간단하고 신중한 매개 변수 조정이 필요하지 않다. 아이디어는 다양한 행동과 관련된 보상에 대한 사후 분포에서 샘플링하는 것이다. 샘플링된 값이 가장 큰 행동이 선택된다.

7 W. R. Thompson, "On the Likelihood That One Unknown Probability Exceeds Another in View of the Evidence of Two Samples," *Biometrika*, vol. 25, no. 3/4, pp. 285–294, 1933. 최신 내용은 다음 문헌을 참고하라. D. Russo, B. V. Roy, A. Kazerouni, I. Osband, and Z. Wen, "A Tutorial on Thompson Sampling," *Foundations and Trends in Machine Learning*, vol. 11, no. 1, pp. 1–96, 2018.

15.5 최적 탐색 전략

레버 a와 관련된 베타 분포는 개수(w_a, ℓ_a)로 매개 변수화된다. 이들 개수 w_1, $\ell_1, \ldots, w_n, \ell_n$는 같이 보상에 대한 우리의 신뢰를 나타내므로 신뢰-상태$^{\text{belief state}}$를 나타낸다. 이 $2n$개의 숫자는 가능한 보수 확률에 대한 n개의 연속 확률 분포를 설명할 수 있다.

각 상태가 n-레버 슬롯머신 문제에 대한 에이전트의 신뢰를 나타내는 길이 $2n$의 벡터인 MDP를 구성할 수 있다. 이 MDP를 해결해 주어진 횟수에 대해 어떤 레버를 당길지 지정하는 최적의 정책 π^*를 동적 프로그래밍을 사용해 얻을 수 있다.

θ_1에 대한 사후 분포가 $\text{Beta}(2, 1)$이고 θ_2에 대한 사후 분포가 $\text{Beta}(5, 2)$인 예제 15.1의 2-레버 문제에서 얻은 정보를 가지고 탐색 전략을 사용하는 것을 고려해보자. 두 번째 레버의 보상 확률이 더 높다.

$\epsilon = 0.2$인 ϵ-그리디 전략은 두 레버 중 무작위로 선택할 확률이 20%이고 두 번째 레버를 선택할 확률이 80%이다. 따라서 첫 번째 레버를 선택할 전체 확률은 0.1이고 두 번째 레버를 선택할 확률은 0.9다.

$\lambda = 1$인 소프트맥스 전략은 첫 번째 레버에 $\exp(\rho_1) = \exp(2/3) \approx 1.948$의 가중치를 할당하고, 두 번째 레버에 $\exp(\rho_2) = \exp(5/7) \approx 2.043$를 할당한다. 첫 번째 레버를 선택할 확률은 $1.948/(1.948 + 2.043) \approx 0.488$이고, 두 번째 레버를 선택할 확률은 0.512다. 다음 그림은 첫 번째 레버를 선택할 확률이 λ에 따라 어떻게 달라지는지를 보여준다.

예제 15.3 예제 15.1의 2-레버 슬롯머신 문제와 함께 사용되는 탐색 전략

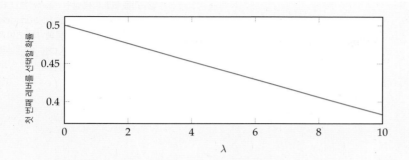

    $\alpha = 0.9$인 분위수 탐색은 각 사후 분포와 관련된 확률 질량의 90%보다 큰 보상 확률을 계산한다. 여기에 표시된 대로 θ_1의 0.9 분위수는 0.949이고 θ_2는 0.907이다. 첫 번째 레버(파란색)는 더 높은 분위수를 가지며 다음 차례에 당겨질 것이다.

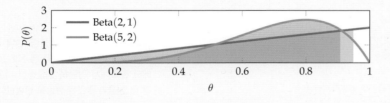

```
mutable struct UCB1Exploration
    c # 탐색 상수
end

function bonus(π::UCB1Exploration, B, a)
    N = sum(b.α + b.β for b in B)
    Na = B[a].α + B[a].β
    return π.c * sqrt(log(N)/Na)
end

function (π::UCB1Exploration)(model::BanditModel)
    B = model.B
    ρ = mean.(B)
    u = ρ .+ [bonus(π, B, a) for a in eachindex(B)]
    return argmax(u)
end
```

알고리듬 15.7 탐색 상수 c를 사용한 UCB₁ 탐색 전략. B에서의 유사개수(pseudocount) 매개 변수에서 각 행동에 대한 방정식 (15.3)을 계산한다. 그런 다음 해당 수량을 최대화하는 행동을 반환한다.

```
struct PosteriorSamplingExploration end

(π::PosteriorSamplingExploration)(model::BanditModel) =
    argmax(rand.(model.B))
```

알고리듬 15.8 사후 샘플링 탐색 전략. 자유 매개 변수가 없다. 각 행동과 관련된 베타 분포에서 간단히 샘플링한 다음 가장 큰 샘플과 관련된 행동을 반환한다.

$Q^*(w_1, \ell_1, \ldots, w_n, \ell_n, a)$가 레버 a를 당긴 후 최적으로 행동한 후 예상되는 보상을 나타낸다고 하자. 최적 효용 함수와 최적 정책은 Q^*의 항으로 나타낼 수 있다.

$$U^*(w_1, \ell_1, \ldots, w_n, \ell_n) = \max_a Q^*(w_1, \ell_1, \ldots, w_n, \ell_n, a) \tag{15.4}$$

$$\pi^*(w_1, \ell_1, \ldots, w_n, \ell_n) = \arg\max_a Q^*(w_1, \ell_1, \ldots, w_n, \ell_n, a) \tag{15.5}$$

다음처럼 Q^*를 두 항으로 분해할 수 있다.

$$Q^*(w_1, \ell_1, \ldots, w_n, \ell_n, a) = \frac{w_a + 1}{w_a + \ell_a + 2}(1 + U^*(\ldots, w_a + 1, \ell_a, \ldots))$$
$$+ \left(1 - \frac{w_a + 1}{w_a + \ell_a + 2}\right)U^*(\ldots, w_a, \ell_a + 1, \ldots) \tag{15.6}$$

첫 번째 항은 레버 a의 승리와 관련이 있고, 두 번째 항은 손실과 관련이 있다. 값 $(w_a + 1)/(w_a + \ell_a + 2)$는 방정식 (15.1)에서 나오는 승리의 사후 확률이다.[8] 방정식 (15.6)의 첫 번째 U^*는 승리를 기록하는 반면 두 번째 U^*는 손실을 기록한다.

8 이 확률은 비균등 사전일 경우 조정될 수 있다.

유한한 기간 h를 가정했으므로 전체 신뢰 공간에 대해 Q^*를 계산할 수 있다. 먼저 $\sum_a(w_a + \ell_a) = h$(여기서 $U^* = 0$)인 모든 종료 신뢰-상태부터 시작한다. 그런 다음 $\sum_a(w_a + \ell_a) = h - 1$ 상태부터 거꾸로 작업하고 방정식 (15.6)을 적용할 수 있다. 이 프로세스는 초기 상태에 도달할 때까지 반복된다. 이러한 최적 정책은 예제 15.4에서 계산돼 있다.

이 동적 프로그래밍 해가 최적이지만 신뢰-상태의 수가 $O(h^{2n})$이다. 레버와 연계된 당긴 횟수 및 승리 횟수가 주어지면, 스칼라 할당 인덱스 값을 지정하는 룩업 테이블로 저장할 수 있는 기틴스 할당 인덱스^{Gittins allocation index}[9]를 사용해 효율적으로 해결할 수 있는 무한 기간, 할인된 버전 문제로 공식화할 수 있다.[10] 다음에 당겨야 할당 인덱스가 가장 높은 것이다.

9 J. C. Gittins, "Bandit Processes and Dynamic Allocation Indices," *Journal of the Royal Statistical Society. Series B (Methodological)*, vol. 41, no. 2, pp. 148–177, 1979. J. Gittins, K. Glazebrook, and R. Weber, Multi-Armed Bandit Allocation Indices, 2nd ed. Wiley, 2011.

10 이 룩업 테이블을 계산하기 위한 알고리듬에 대한 조사는 다음 문헌에 있다. J. Chakravorty and A. Mahajan, "Multi-Armed Bandits, Gittins Index, and Its Calculation," in *Methods and Applications of Statistics in Clinical Trials*, N. Balakrishnan, ed., vol. 2, Wiley, 2014, pp. 416–435.

15.6 여러 상태로 탐색

여러 상태가 있는 일반적인 강화학습 맥락에서는 결정을 알리기 위해 상태 전이에 대한 관찰을 사용해야 한다. 상태 전이를 설명하고 모델을 적절하게 갱신하기 위해 알고리듬 15.1에서 시뮬레이션 프로세스를 수정할 수 있다. 알고리듬 15.9는 이에 대한 구현을 보여준다. 문제를 모델링하고 탐색을 수행하는 방법에는 여러 가지가 있으며, 다음 몇 장에 걸쳐 논의하겠지만 시뮬레이션 구조는 완전히 동일하다.

15.7 요약

- 탐색-활용 절충은 더 높은 보상을 위한 상태 행동 공간 탐색과 이미 알려진 유리한 상태 행동 활용 사이의 균형이다.

- 다중 레버 슬롯머신 문제는 에이전트가 다양한 조치를 취한 것에 대해 확률적 보상을 받는 단일 상태가 포함된다.

- 다중 레버 슬롯머신 문제 보상에 대한 신뢰를 유지하기 위해 베타 분포를 사용할 수 있다.

- ϵ-그리디 및 탐색-후-커밋을 포함한 무방향 탐색 전략은 구현이 간단하지만 그리디하지 않은 행동 탐색을 안내하기 위해 이전 결과의 정보를 사용하지 않는다.

- 소프트맥스, 분위수, UCB_1와 사후 샘플링 탐색을 포함한 방향 탐색 전략은 과거 행동의 정보를 사용해 유망한 행동을 더 잘 탐색한다.

- 동적 프로그래밍을 사용해 유한한 기간에 대한 최적 탐색 전략을 도출할 수 있지만 이러한 전략은 계산 비용이 많이 들 수 있다.

다음으로는 2단계 기간을 가진 2-레버 슬롯머신 문제에 대한 상태-행동 트리를 구성했다. 상태 벡터는 $[w_1, \ell_1, w_2, \ell_2]$로 표시된다. 파란색 화살표는 승리를 나타내고 빨간색 화살표는 손실을 나타낸다.

예제 15.4 2-레버, 2단계 기간 강도 문제에 대한 최적의 정책을 계산

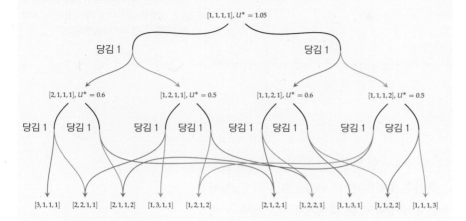

당연히 이 정책은 레버 1과 2에 대해 대칭적이다. 우리는 첫 번째 레버는 중요하지 않으며, 이기는 레버를 두 번 당기는 것이 가장 좋고, 지는 레버를 두 번 당기지 않는 것이 가장 좋다는 것을 알았다.

최적 가치 함수는 다음을 사용해 계산됐다.

$$Q^*([2,1,1,1],1) = \frac{3}{5}(1+0) + \frac{2}{5}(0) = 0.6$$

$$Q^*([2,1,1,1],2) = \frac{2}{4}(1+0) + \frac{2}{4}(0) = 0.5$$

$$Q^*([1,2,1,1],1) = \frac{2}{5}(1+0) + \frac{3}{5}(0) = 0.4$$

$$Q^*([1,2,1,1],2) = \frac{2}{4}(1+0) + \frac{2}{4}(0) = 0.5$$

$$Q^*([1,1,1,1],1) = \frac{2}{4}(1+0.6) + \frac{2}{4}(0.5) = 1.05$$

```
function simulate(𝒫::MDP, model, π, h, s)
    for i in 1:h
        a = π(model, s)
        s′, r = 𝒫.TR(s, a)
        update!(model, s, a, r, s′)
        s = s′
    end
end
```

알고리듬 15.9 강화학습 문제에 대한 시뮬레이션 루프. 탐색 정책 π는 모델의 정보와 현재 상태 s를 기반으로 다음 행동을 생성한다. MDP 문제 𝒫는 참값(ground truth)으로 취급되며 다음 상태와 보상을 샘플링하는 데 사용된다. 상태 전이와 보상은 모델을 갱신하는 데 사용된다. 시뮬레이션은 기간 h까지 실행된다.

15.8 연습 문제

연습 15.1 각 레버의 승리 확률이 0과 1 사이에서 일정하게 그려지는 3-레버 슬롯 문제를 다시 생각해보자. 소프트맥스, 분위수, UCB_1 탐색 전략을 비교하라. 정성적으로 λ, α, c에 대해 어떤 값이 무작위로 생성된 슬롯 문제에서 가장 높은 기대 보상을 생성하는가?

해법: 여기서는 세 가지 전략 각각에 대한 단계별 기대 보상을 도식화한다. 다시 말하지만, 매개 변수화의 효율성은 문제 기간에 따라 달라지므로 여러 가지 다른 깊이도 표시된다.

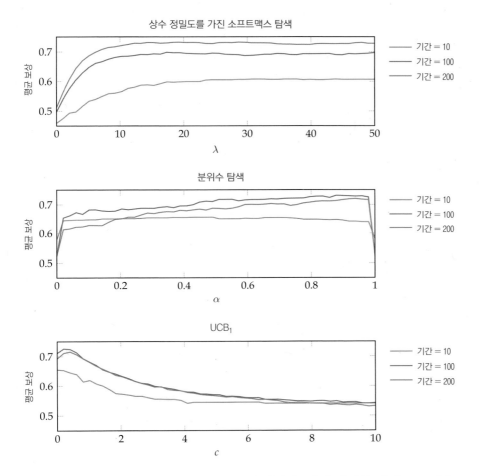

소프트맥스 전략은 λ 값이 클 때 가장 잘 수행되며, 현재 신뢰를 기반으로 더 높은 기대 보상을 가진 레버를 당기는 것을 우선시한다. 신뢰 상한 탐색은 매개 변수화와 관계없이 더 긴 기간에서 더 잘 수행된다. 신뢰 한계 α의 크기는 0 또는 1에 매우 가까운 값을 제외하고는 성능에 큰 영향을 미치지 않는다. UCB_1 전략은 탐색 스칼라 c의 작은 양수 값에서 가장 잘 수행된다. 예상 보상은 c가 증가함에 따라 감소한다. 세 가지 정책 모두 유사한 최대 기대 보상을 생성하도록 조정할 수 있다.

연습 15.2 다중 레버 슬롯 문제의 실제 적용 사례를 제시하라.

해법: 다중 레버 슬롯 문제는 많이 있다. 예를 들어, 웹 사이트의 기사에 대한 상호 작용(클릭)을 최대화하려는 뉴스 회사를 생각해보자. 회사는 표시할 기사가 여러 개 있을 수 있지만 주어진 시간에 표시할 기사 하나를 선택해야 한다. 이 문제는 사용자가 확률 θ_i로 기사 i를 클릭하거나 확률 $1 - \theta_i$로 클릭하지 않기 때문에 다중 레버 슬롯 문제다. 탐색은 웹 사이트에 기사를 표시하고 클릭 수를 관찰하는 것으로 구성되며, 활용은 가장 많은 클릭 수로 이어질 가능성이 있는 기사를 표시하는 것으로 구성된다. 이 문제는 A/B 테스트와 관련이 있다. 회사에서는 웹 사이트의 여러 버전을 테스트해 어떤 버전이 가장 많은 상호 작용을 생성하는지 결정한다.

연습 15.3 사전이 $\theta \sim \text{Beta}(7, 2)$인 단일 레버 슬롯의 경우, 10번을 추가적으로 당긴 후 승리할 사후 확률에 대한 한도를 제시하라.

해법: 승리 확률 ρ의 하한은 모든 당김이 손실을 초래한다고 가정해 계산할 수 있다(예: $\underline{\ell} = 10$ 및 $\underline{w} = 0$). 모든 당김의 결과가 승리라고 가정하면(예: $\overline{w} = 10$ 및 $\overline{\ell} = 0$) 상한 $\overline{\rho}$를 유사하게 계산할 수 있다. 따라서 경계는 다음과 같다.

$$\underline{\rho} = \frac{\underline{w} + 7}{\underline{w} + \underline{\ell} + 9} = \frac{0 + 7}{0 + 10 + 9} = \frac{7}{19}$$
$$\overline{\rho} = \frac{\overline{w} + 7}{\overline{w} + \overline{\ell} + 9} = \frac{10 + 7}{10 + 0 + 9} = \frac{17}{19}$$

연습 15.4 레버 a와 b를 가진 슬롯이 있고 $\epsilon = 0.3$과 $\alpha = 0.9$의 탐색 감쇠 계수를 사용하는 ϵ-그리디 탐색 전략을 사용한다고 가정하자. 탐색($x < \epsilon$) 또는 활용 ($x > \epsilon$) 여부를 결정하기 위해 0과 1 사이의 난수 x를 생성한다. $\rho_a > \rho_b$가 주어졌을 때 첫 번째 반복에서 $x = 0.2914$이면 어떤 팔이 선택되는가? 아홉 번째 반복에서 $x = 0.1773$이면 어떤 팔이 선택되는가?

해법: 첫 번째 반복에서 $x < \epsilon_1$이므로 탐색 후 확률 0.5로 a를, 확률 0.5로 b를 선택한다. 아홉 번째 반복에서는 $\epsilon_9 = \alpha^8 \epsilon_1 \approx 0.129$다. $x > \epsilon^9$이므로 탐색 후 a를 선택한다.

연습 15.5 레버가 4개인 슬롯이 있고 각 레버 a에 대해 소프트맥스 탐색을 사용하고자 하며, 정밀도 매개 변수 $\lambda = 2$이고 사전 신뢰는 $\theta_a \sim \text{Beta}(2, 2)$다. 각 레버를 4회 당긴 후 레버 1, 2, 3, 4는 각각 1, 2, 3, 4회 보상을 받았다. θ_a에 대한 사후 분포를 나열하고 레버 2를 선택할 확률을 계산하라.

해법: 각 레버의 사후 분포는 각각 $\text{Beta}(3, 5)$, $\text{Beta}(4, 4)$, $\text{Beta}(5, 3)$, $\text{Beta}(6, 2)$다. 레버 2를 선택할 확률은 다음 단계로 계산할 수 있다.

$$P(a = i) \propto \exp\left(\lambda \rho_i\right)$$
$$P(a = i) = \frac{\exp\left(\lambda \rho_i\right)}{\sum_a \exp\left(\lambda \rho_a\right)}$$
$$P(a = 2) = \frac{\exp\left(2 \times \frac{4}{8}\right)}{\exp\left(2 \times \frac{3}{8}\right) + \exp\left(2 \times \frac{4}{8}\right) + \exp\left(2 \times \frac{5}{8}\right) + \exp\left(2 \times \frac{6}{8}\right)}$$
$$P(a = 2) \approx 0.2122$$

연습 15.6 임의의 $\text{Beta}(\alpha, \beta)$ 사전에 대해 방정식 (15.6)을 다시 작성하라.

해법: 방정식을 보다 일반적으로 다음과 같이 다시 작성할 수 있다.

$$
\begin{aligned}
Q^*(w_1, \ell_1, \ldots, w_n, \ell_n, a) = {} & \frac{w_a + \alpha}{w_a + \ell_a + \alpha + \beta}\left(1 + U^*(\ldots, w_a + 1, \ell_a, \ldots)\right) \\
& + \left(1 - \frac{w_a + \alpha}{w_a + \ell_a + \alpha + \beta}\right) U^*(\ldots, w_a, \ell_a + 1, \ldots)
\end{aligned}
$$

연습 15.7 예제 15.4를 다시 보자. 이번에는 각 레버에 대해 1의 보상을 갖는 대신, 레버 1은 보상 1을 제공하고, 레버 2는 보상 2를 준다고 가정한다. 양쪽 레버에 대한 새로운 행동 가치 함수를 계산하라.

해법: 레버 1의 경우 다음과 같다.

$$Q^*([1,0,0,0],1) = \frac{2}{3}(1+0) + \frac{1}{3}(0) = 2/3$$

$$Q^*([1,0,0,0],2) = \frac{1}{2}(2+0) + \frac{1}{2}(0) = 1$$

$$Q^*([0,1,0,0],1) = \frac{1}{3}(1+0) + \frac{2}{3}(0) = 1/3$$

$$Q^*([0,1,0,0],2) = \frac{1}{2}(2+0) + \frac{1}{2}(0) = 1$$

$$Q^*([0,0,0,0],1) = \frac{1}{2}(1+1) + \frac{1}{2}(1) = 1.5$$

그리고 레버 2의 경우 다음과 같다.

$$Q^*([0,0,1,0],1) = \frac{1}{2}(1+0) + \frac{1}{2}(0) = 1/2$$

$$Q^*([0,0,1,0],2) = \frac{2}{3}(2+0) + \frac{1}{3}(0) = 4/3$$

$$Q^*([0,0,0,1],1) = \frac{1}{2}(1+0) + \frac{1}{2}(0) = 1/2$$

$$Q^*([0,0,0,1],2) = \frac{1}{3}(2+0) + \frac{2}{3}(0) = 2/3$$

$$Q^*([0,0,0,0],2) = \frac{1}{2}(2+4/3) + \frac{1}{2}(2/3) = 2$$

연습 15.8 기간이 h인 n-레버 슬롯 문제에서 신뢰-상태의 수가 $O(h^{2n})$임을 증명하라.

해법: 먼저 $w_1 + l_1 + \cdots + w_n + l_n = k$에 대한 해의 개수를 세는 것부터 시작한다. 여기서 $0 \leq k \leq h$다. $n = 2$이고 $k = 6$이면 해 중 하나는 $2 + 0 + 3 + 1 = 6$이다. 인수를 셀 때 집계 표시$^{\text{tally mark}}$를 사용해 정수를 나타낸다. 예를 들어, $2 + 0 + 3 + 1 = ||{+}{+}|||{+}| = 6$과 같은 해를 작성할 수 있다. n과 k에 대한 일반 값의 경우 k 집계 표시와 $2n - 1$ 더하기 부호가 필요하다. 집계 기호와 더하기 기호가 많으면 원하는 순서로 정렬할 수 있다. 해는 $k + 2n - 1$개 문자의 문자열로 나타낼 수 있다. 여기서 문자는 | 또는 +, 이며 이 중 k개는 |이다. 해의 수를 얻으려면 $k + 2n - 1$개의 위치 집합에서 |의 k 위치를 선택할 수 있는 방법의 수를 세

면 되는데, 이는 다음과 같다.

$$\frac{(k+2n-1)!}{(2n-1)!k!} = O(h^{2n-1})$$

신뢰-상태의 수는 이 식에서 0부터 h까지 k에 대해 합산한 것이며, 이는 $O(h \times h^{2n-1}) = O(h^{2n})$다.

16
모델 기반 기법

16장에서는 환경과의 상호 작용을 통해 기본 역학 및 보상을 학습하기 위한 최대 우도 및 베이지안 접근 방식에 대해 설명한다. 최대 우도 방법은 상태 전이를 계산하고 모델 매개 변수를 추정하기 위해 받은 보상의 양을 기록하는 것이다. 여기서는 지속적으로 갱신되는 모델을 사용해 계획하는 몇 가지 접근 방식을 알아볼 것이다. 추정된 문제를 정확하게 해결하더라도 일반적으로 적절한 해에 도달하기 위해서는 휴리스틱 탐색 전략에 의존해야 한다. 베이지안 방법은 모델 매개 변수에 대한 사후 분포를 계산한다. 최적의 탐색 전략을 해결하는 것은 일반적으로 다루기 어렵지만, 종종 사후 샘플링을 통해 합리적인 근삿값을 얻을 수 있다.

16.1 최대 우도 모델

15.6절에서 소개되고 알고리듬 15.9에서 구현된 것처럼 강화학습은 의사결정을 알리기 위해 과거 상태 전이 및 보상에 대한 정보를 사용한다. 16.1절에서는 기저

문제에서 최대 우도 추정값^{maximum likelihood estimate}을 얻는 방법을 설명한다. 이 최대 우도 추정값은 행동을 생성하기 위해 탐색 전략과 함께 사용할 수 있는 가치 함수 추정값을 생성하는 데 사용할 수 있다.

행동 a를 취할 때 s에서 s'로의 전이가 관찰된 횟수를 나타내는 전이 횟수 $N(s, a, s')$를 기록한다. 이러한 전이 횟수가 주어지면 전이 함수의 최대 우도 추정값은 다음과 같다.

$$T(s' \mid s, a) \approx N(s, a, s') / N(s, a) \tag{16.1}$$

여기서 $N(s, a) = \sum_{s'} N(s, a, s')$이다. $N(s, a) = 0$이면 전이를 추정할 정보가 없어진다. 이러한 경우에는 균등 분포를 기본값으로 사용하거나 전이 확률을 0으로 설정해 전이가 불가능하다고 가정할 수 있다.

보상 함수도 추정할 수 있다. 보상을 받으면 상태 s에서 행동 a를 취할 때 얻은 모든 보상의 합계인 $\rho(s, a)$를 갱신한다. 보상 함수의 최대 우도 추정값은 평균 보상이다.

$$R(s, a) \approx \rho(s, a) / N(s, a) \tag{16.2}$$

$N(s, a) = 0$이면 $R(s, a)$의 추정값은 0이다. 전이 확률 혹은 보상에 대한 사전 지식이 있는 경우 $N(s, a, s')$ 및 $\rho(s, a)$를 0 이외의 값으로 초기화할 수 있다.

알고리듬 16.1은 행동 a를 취하고 보상 r을 받은 후 s에서 s'로의 전이를 관찰한 후 N과 ρ를 갱신한다. 알고리듬 16.2는 최대 우도 모델^{maximum likelihood model}을 MDP 표현으로 변환한다. 예제 16.1은 이 프로세스를 보여준다. 이 최대 우도 모델을 사용해 환경과 상호 작용하고 모델을 개선하면서 작업을 선택할 수 있다.

16.2 갱신 체계

모델의 최대 우도 추정값을 갱신할 때 계획도 갱신해야 한다. 16.2절에서는 지속적으로 변화하는 모델에 대응하는 몇 가지 갱신 체계에 대해 설명한다. 주요 고려 사항은 환경과 상호 작용하는 동안 이러한 갱신을 상당히 자주 수행하기를 원하기 때문에 계산 효율성이 된다.

16.2.1 전체 갱신

알고리듬 16.3은 7.7절의 선형 프로그래밍 공식을 사용해 최대 우도 모델을 해결하지만 값 반복이나 다른 알고리듬을 사용할 수도 있다. 각 단계 후에 새로운 모델 추정값을 얻고 다시 해결한다.

16.2.2 무작위 갱신

각 상태 전이로 최적의 정책을 다시 계산하는 것은 일반적으로 계산 비용이 많이 든다. 대안은 이전에 방문한 상태와 임의로 선택된 몇 가지 상태에서 추정된 모델에 대해 벨만 갱신$^{Bellman\ update}$를 수행하는 것이다.[1]

알고리듬 16.4는 이 접근 방식을 구현한다.

```
mutable struct MaximumLikelihoodMDP
    𝒮 # 상태 공간 (1:nstates 가정)
    𝒜 # 행동 공간 (1:nactions 가정)
    N # 전이 개수 N(s,a,s′)
    ρ # 보상 합계 ρ(s, a)
    γ # 할인
    U # 가치 함수
    planner
end

function lookahead(model::MaximumLikelihoodMDP, s, a)
    𝒮, U, γ = model.𝒮, model.U, model.γ
    n = sum(model.N[s,a,:])
    if n == 0
        return 0.0
```

1 이 기법은 다음 문헌에서 제시된 다이나 (Dyna) 방식과 연계된다. R. S. Sutton, "Dyna, an Integrated Architecture for Learning, Planning, and Reacting," *SIGART Bulletin*, vol. 2, no. 4, pp. 160 – 163, 1991.

알고리듬 16.1 불연속 상태 및 행동 공간을 사용해 최대 우도 강화학습을 위한 전이 및 보상 모델을 갱신하는 방법. 여기서는 행동 a를 취한 후 s에서 s′로의 전이를 관찰한 후 N[s,a,s′]를 증가시키고 r을 ρ[s,a]에 추가한다. 이 모델에는 가치 함수 U의 추정값과 플래너(planner)도 포함돼 있다. 이 알고리듬 블록에는 이 모델과 관련해 백업 및 예측을 수행하는 방법도 포함된다.

```
    end
    r = model.ρ[s, a] / n
    T(s,a,s') = model.N[s,a,s'] / n
    return r + γ * sum(T(s,a,s')*U[s'] for s' in 𝒮)
end

function backup(model::MaximumLikelihoodMDP, U, s)
    return maximum(lookahead(model, s, a) for a in model.𝒜)
end

function update!(model::MaximumLikelihoodMDP, s, a, r, s')
    model.N[s,a,s'] += 1
    model.ρ[s,a] += r
    update!(model.planner, model, s, a, r, s')
    return model
end
```

```
function MDP(model::MaximumLikelihoodMDP)
    N, ρ, 𝒮, 𝒜, γ = model.N, model.ρ, model.𝒮, model.𝒜, model.γ
    T, R = similar(N), similar(ρ)
    for s in 𝒮
        for a in 𝒜
            n = sum(N[s,a,:])
            if n == 0
                T[s,a,:] .= 0.0
                R[s,a] = 0.0
            else
                T[s,a,:] = N[s,a,:] / n
                R[s,a] = ρ[s,a] / n
            end
        end
    end
    return MDP(T, R, γ)
end
```

알고리듬 16.2 최대 우도 모델을 MDP
문제로 변환하는 방법

여기서는 육각 세계 문제에 최대 우도 모델 추정을 적용하고자 한다. 참 전이 행렬은 다음과 같다.

각 행동에 대해 하나씩 총 6개의 전이 행렬이 있다. 행은 현재 상태에 해당하고, 열은 다음 상태에 해당한다. 26개의 상태가 있다. 이미지의 강도는 해당 전이를 만들 확률과 관련이 있다. 강화학습 맥락에서 우리는 이러한 전이 확률을 미리 알지 못한다. 그러나 우리는 환경과 상호 작용하고 관찰한 전이를 기록할 수 있다. 임의의 초기 상태에서 각각 10단계씩 10번 시뮬레이션한 후 최대 우도 추정 결과 다음 행렬이 생성된다.

1,000번의 시뮬레이션 후 추정값은 다음과 같다

```
struct FullUpdate end

function update!(planner::FullUpdate, model, s, a, r, s′)
    𝒫 = MDP(model)
    U = solve(𝒫).U
    copy!(model.U, U)
    return planner
end
```

알고리듬 16.3 7.7절의 선형 프로그래밍 공식을 사용해 U의 가치 함수 전체 갱신을 수행하는 방법

```
struct RandomizedUpdate
    m # 갱신 횟수
end

function update!(planner::RandomizedUpdate, model, s, a, r, s′)
    U = model.U
    U[s] = backup(model, U, s)
    for i in 1:planner.m
        s = rand(model.𝒮)
        U[s] = backup(model, U, s)
    end
    return planner
end
```

알고리듬 16.4 무작위 상태에서 갱신되는 최대 우도 모델 기반 강화학습. 이 접근 방식은 이전에 방문한 상태와 무작위로 선택된 m개의 추가 상태에서 벨만 갱신을 수행한다.

16.2.3 우선 갱신

우선 스위핑$^{prioritized\ sweeping}$[2](알고리듬 16.5)이라는 접근 방식은 우선순위 큐를 사용해 갱신이 가장 필요한 상태를 식별하는 데 도움을 준다. s에서 s'로의 전이 후에는 갱신된 전이와 보상 모델을 기반으로 $U(s)$가 갱신된다. 그런 다음 즉시 s로 전이할 수 있는 모든 상태-동작 쌍(s^-, a^-)을 반복한다. 그러한 s^-의 우선순위는 $T(s \mid s^-, a^-) \times |U(s) - u|$로 증가한다. 여기서 u는 갱신 전 $U(s)$의 값이다. 따라서 $U(s)$의 변화가 클수록 s로의 전이 가능성이 높을수록 s로 이어지는 상태의 우선순

2 A. W. Moore and C. G. Atkeson, "Prioritized Sweeping: Reinforcement Learning with Less Data and Less Time," *Machine Learning*, vol. 13, no. 1, pp. 103–130, 1993.

위가 높아진다. 큐에서 우선순위가 가장 높은 상태를 갱신하는 프로세스는 고정된 반복 횟수 동안 혹은 큐가 비워질 때까지 계속된다.

16.3 탐색

갱신 계획에 관계없이 15장에서 언급한 순수 활용$^{pure\ exploitation}$의 함정을 피하기 위해 일반적으로 어떤 형태의 탐색 전략을 따라야 한다. 15장에 제시된 탐색 알고리듬을 다중 상태 문제에서 사용하도록 맞출 수 있다. 알고리듬 16.6은 ϵ-그리디 탐색 전략의 구현을 보여준다.

```
struct PrioritizedUpdate
    m  # 갱신 횟수
    pq # 우선순위 큐
end

function update!(planner::PrioritizedUpdate, model, s)
    N, U, pq = model.N, model.U, planner.pq
    𝒮, 𝒜 = model.𝒮, model.𝒜
    u = U[s]
    U[s] = backup(model, U, s)
    for s⁻ in 𝒮
        for a⁻ in 𝒜
            n_sa = sum(N[s⁻,a⁻,s'] for s' in 𝒮)
            if n_sa > 0
                T = N[s⁻,a⁻,s] / n_sa
                priority = T * abs(U[s] - u)
                if priority > 0
                    pq[s⁻] = max(get(pq, s⁻, 0.0), priority)
                end
            end
        end
    end
    return planner
end
```

알고리듬 16.5 우선 스위핑 알고리듬은 갱신할 항목을 결정하는 상태의 우선순위 큐 pq를 유지한다. 갱신할 때마다 이전 상태를 무한 우선순위로 설정한다. 그런 다음 우선순위가 가장 높은 상태에서 가치 함수 U의 m 벨만 갱신을 수행한다.

```
function update!(planner::PrioritizedUpdate, model, s, a, r, s')
    planner.pq[s] = Inf
    for i in 1:planner.m
        if isempty(planner.pq)
            break
        end
        update!(planner, model, dequeue!(planner.pq))
    end
    return planner
end
```

```
function (π::EpsilonGreedyExploration)(model, s)
    𝒜, ϵ = model.𝒜, π.ϵ
    if rand() < ϵ
        return rand(𝒜)
    end
    Q(s,a) = lookahead(model, s, a)
    return argmax(a->Q(s,a), 𝒜)
end
```

알고리듬 16.6 최대 우도 모델 추정을 위한 ϵ-그리디 탐색 전략. 확률이 ϵ인 무작위 행동을 선택한다. 그렇지 않으면 모델을 사용해 그리디 행동을 추출한다.

이전 장에서 살펴본 탐색 전략의 한계는 현재 상태 이외의 상태에서 탐색 작업에 대해 추론하지 않는다는 것이다. 예를 들어, 미탐색 상태 공간 영역으로 가는 행동도 취하고 싶을 수 있다. 이 문제를 해결하기 위해 몇 가지 알고리듬이 제안됐으며, 이는 유한한 수의 상호 작용 후 결과 정책의 품질에 대한 확률적 경계를 제공하기도 한다.[3]

이러한 알고리듬 중 하나는 R-MAX(알고리듬 16.7)로 알려져 있다.[4] 그 이름은 충분히 탐색되지 않은 상태-행동 쌍에 최대 보상을 할당하는 데서 유래했다. 방문 횟수가 m번 미만인 상태-행동 쌍은 과소 탐색된 것으로 간주된다. 보상에 대한 최대 우도 추정값을 사용하는 대신(방정식 (16.2)) 다음을 사용한다.

3 M. Kearns and S. Singh, "Near-Optimal Reinforcement Learning in Polynomial Time," *Machine Learning*, vol. 49, no. 2/3, pp. 209–232, 2002.

4 R. I. Brafman and M. Tennenholtz, "R-MAX—A General Polynomial Time Algorithm for Near-Optimal Reinforcement Learning," *Journal of Machine Learning Research*, vol. 3, pp. 213–231, 2002.

$$R(s, a) = \begin{cases} r_{\max} & \text{만약 } N(s, a) < m \\ \rho(s, a)/N(s, a) & \text{그 외} \end{cases} \qquad (16.3)$$

여기서 $r_{\max}$는 달성 가능한 최대 보상이다.

R-MAX의 전이 모델도 수정돼 과소 탐색 상태-작업 쌍은 동일한 상태를 유지한다.

$$T(s' \mid s, a) = \begin{cases} (s' = s) & \text{만약 } N(s, a) < m \\ N(s, a, s')/N(s, a) & \text{그 외} \end{cases} \qquad (16.4)$$

따라서 미탐사된 상태는 $r_{\max}/(1 - \gamma)$ 값을 가지며 이를 탐색할 인센티브를 제공한다. 이 탐색 인센티브 덕분에 별도의 탐색 메커니즘이 필요하지 않다. 전이 및 보상 추정값에서 파생된 가치 함수와 관련해 그리디 행동을 선택한다. 예제 16.2 는 ϵ-그리디 및 R-MAX 탐색을 보여준다.

```julia
mutable struct RmaxMDP
    𝒮    # 상태 공간 (1:nstates로 가정)
    𝒜    # 행동 공간 (1:nactions로 가정)
    N    # 전개 횟수 N(s,a,s')
    ρ    # 보상 합산ρ(s, a)
    γ    # 할인
    U    # 가치 함수
    planner
    m    # 임계치 개수
    rmax # 최대 보상
end

function lookahead(model::RmaxMDP, s, a)
    𝒮, U, γ = model.𝒮, model.U, model.γ
    n = sum(model.N[s,a,:])
```

알고리듬 16.7 R-MAX 탐색 전략은 최대 우도 추정에서 전이 및 보상 모델을 수정한다. R-MAX는 최대 보상 rmax를 모든 비탐색 상태-행동 쌍에 할당하는데, 비탐색이란 m번 미만으로 시도된 것으로 정의된다. 또한, 모든 과소 탐색된 상태-행동 쌍 전이는 동일한 상태로 모델링된다. 이 RmaxMDP는 알고리듬 16.1에서 소개된 MaximumLikelihoodMDP를 대체해 사용할 수 있다.

```
        if n < model.m
            return model.rmax / (1-γ)
        end
        r = model.ρ[s, a] / n
        T(s,a,s') = model.N[s,a,s'] / n
        return r + γ * sum(T(s,a,s')*U[s'] for s' in 𝒮)
end

function backup(model::RmaxMDP, U, s)
    return maximum(lookahead(model, s, a) for a in model.𝒜)
end

function update!(model::RmaxMDP, s, a, r, s')
    model.N[s,a,s'] += 1
    model.ρ[s,a] += r
    update!(model.planner, model, s, a, r, s')
    return model
end

function MDP(model::RmaxMDP)
    N, ρ, 𝒮, 𝒜, γ = model.N, model.ρ, model.𝒮, model.𝒜, model.γ
    T, R, m, rmax = similar(N), similar(ρ), model.m, model.rmax
    for s in 𝒮
        for a in 𝒜
            n = sum(N[s,a,:])
            if n < m
                T[s,a,:] .= 0.0
                T[s,a,s] = 1.0
                R[s,a] = rmax
            else
                T[s,a,:] = N[s,a,:] / n
                R[s,a] = ρ[s,a] / n
            end
        end
    end
    return MDP(T, R, γ)
end
```

환경과 상호 작용하면서 구성된 최대 우도 모델 추정에 ϵ-그리디 탐색을 적용할 수 있다. 다음 코드는 개수, 보상, 효용을 0으로 초기화한다. 각 단계에서 가치 함수에 대한 전체 갱신을 사용한다. 탐색을 위해 확률이 0.1인 무작위 행동을 선택한다. 마지막 줄은 임의의 초기 상태에서 시작해 $\mathcal{P}$문제의 시뮬레이션(알고리듬 15.9)을 100단계에 대해 실행한다.

```
N = zeros(length(S), length(A), length(S))
ρ = zeros(length(S), length(A))
U = zeros(length(S))
planner = FullUpdate()
model = MaximumLikelihoodMDP(S, A, N, ρ, γ, U, planner)
π = EpsilonGreedyExploration(0.1)
simulate(P, model, π, 100, rand(S))
```

또는 탐색 임계치 $m = 3$으로 R-MAX를 사용할 수 있다. R-MAX 모델과 관련해 그리디로 행동할 수 있다.

```
rmax = maximum(P.R(s,a) for s in S, a in A)
m = 3
model = RmaxMDP(S, A, N, ρ, γ, U, planner, m, rmax)
π = EpsilonGreedyExploration(0)
simulate(P, model, π, 100, rand(S))
```

16.4 베이지안 기법

지금까지 설명한 최대 우도 방법과 달리 베이지안 방법은 휴리스틱 탐색 정책에 의존하지 않고도 탐색과 활용의 균형을 유지한다. 16.4절에서는 15.5절에서 다룬 베이지안 방법의 일반화에 대해 설명한다. 베이지안 강화학습^{Bayesian reinforcement learning}에서는 모든 모델 매개 변수 θ에 대한 사전 분포를 지정한다.[5] 이러한 모델 매개 변수에는 즉각적인 보상에 대한 분포를 관리하는 매개 변수가 포함될 수 있

5　이 주제에 대한 연구는 다음 문헌을 참고하라. M. Ghavamzadeh, S. Mannor, J. Pineau, and A. Tamar, "Bayesian Reinforcement Learning: A Survey," *Foundations and Trends in Machine Learning*, vol. 8, no. 5–6, pp. 359–483, 2015. 여기에는 다루지 않는 보상 함수에 대한 사전 분포들을 통합하는 방법이 포함된다.

지만 16.4절에서는 상태 전이 확률을 관리하는 매개 변수에 중점을 둔다.

이 문제의 구조는 그림 16.1에 표시된 동적 결정 네트워크를 사용해 나타낼 수 있으며 여기서 모델 매개 변수는 명시적이다. 음영 노드는 상태가 관찰되지만 모델 매개 변수는 관찰되지 않음을 나타낸다. 일반적으로는 모델 매개 변수가 $\theta_{t+1} = \theta_t$로서 시불변$^{\text{time invariant}}$이라고 가정한다. 그러나 θ에 대한 우리의 신뢰는 새로운 상태로 전이함에 따라 시간이 지남에 대해 진화한다.

전이 확률에 대한 신뢰는 각 소스^{source} 상태와 행동에 대해 하나씩 디리클레^{Dirichlet} 분포 모음을 사용해 나타낼 수 있다. 각 디리클레 분포는 주어진 s 및 a에 대한 s'에 대한 분포를 나타낸다. $\theta(s, a)$가 다음 상태에 대한 분포를 나타내는 $|\mathcal{S}|$-요소 벡터인 경우 사전 분포는 다음과 같이 주어진다.

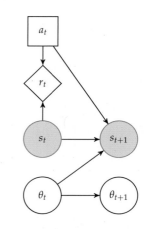

▲ **그림 16.1** 모델 불확실성이 있는 MDP에 대한 동적 결정 네트워크

$$\text{Dir}(\boldsymbol{\theta}_{(s,a)} \mid \mathbf{N}(s, a)) \qquad (16.5)$$

여기서 $\mathbf{N}(s, a)$는 행동 a를 취하는 상태 s에서 시작하는 전이와 관련된 개수 벡터다. 모든 구성 요소가 1로 설정된 균등 사전을 사용하는 것이 일반적이지만 전이 역학에 대한 사전 지식을 사용해 개수를 다르게 초기화할 수 있다. 예제 16.3은 가능한 전이 확률에 대한 분포를 나타내기 위해 디리클레 분포에서 이러한 개수를 사용하는 방법을 보여준다.

θ에 대한 분포는 디리클레 분포들의 곱의 결과다.

$$b(\theta) = \prod_s \prod_a \text{Dir}\left(\boldsymbol{\theta}_{(s,a)} \mid \mathbf{N}(s, a)\right) \qquad (16.6)$$

알고리듬 16.8은 이러한 유형의 사후 모델에 대한 베이지안 갱신의 구현 사례를 보여준다. 더 크거나 연속적인 공간 문제의 경우 다른 사후 표현을 사용할 수 있다.

에이전트가 세 가지 상태의 환경을 무작위로 탐색한다고 가정하자. 에이전트는 상태 s_1에서 행동 a_1을 다섯 번 수행한다. s_3으로 네 번 전이되고 s_1에 한 번 남는다. s_1 및 a_1과 관련된 개수는 $\mathbf{N}(s_1, a_1) = [1, 0, 4]$다. 결과 상태에 대해 균등 사전을 가정하려면 $\mathbf{N}(s_1, a_1) = [2, 1, 5]$를 얻기 위해 개수를 1씩 증가시킨다. a_1 작업을 수행하는 s_1의 전이 함수는 세 가지 가능한 후속 상태가 있기 때문에 값이 3개인 범주형 분포이다. 각 후속 상태는 미지의 전이 확률을 가진다. 가능한 전이 확률의 공간은 합계가 1인 세 요소 벡터의 집합이다. 디리클레 분포는 이러한 가능한 전이 확률에 대한 확률 분포를 나타낸다. 다음은 밀도 함수의 그림이다.

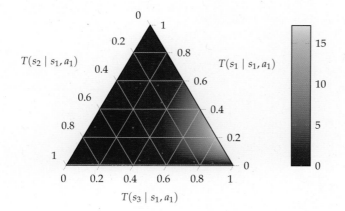

예제 16.3 특정 작업을 수행할 때 특정 상태에서 전이 확률에 대한 사후 디리클레 분포. 알 수 없는 MDP에서 전이 함수를 학습하는 에이전트는 각 상태-동작 쌍에 대해 이러한 분포를 유지하도록 선택할 수 있다.

```
mutable struct BayesianMDP
    𝒮 # 상태 공간 (1:nstates로 가정)
    𝒜 # 행동 공간 (1:nactions로 가정)
    D # 디리클레 분포 D[s,a]
    R # 행렬로 표시된 보상 함수 (추정이 아님)
    γ # 할인
    U # 가치 함수
    planner
end

function lookahead(model::BayesianMDP, s, a)
    𝒮, U, γ = model.𝒮, model.U, model.γ
    n = sum(model.D[s,a].alpha)
    if n == 0
        return 0.0
    end
    r = model.R(s,a)
    T(s,a,s') = model.D[s,a].alpha[s'] / n
    return r + γ * sum(T(s,a,s')*U[s'] for s' in 𝒮)
end

function update!(model::BayesianMDP, s, a, r, s')
    α = model.D[s,a].alpha
    α[s'] += 1
    model.D[s,a] = Dirichlet(α)
    update!(model.planner, model, s, a, r, s')
    return model
end
```

알고리듬 16.8 전이 모델에 대한 사후 분포가 디리클레 분포들의 곱으로 표현되는 경우 베이지안 갱신 방법. 이 구현에서는 보상 모델 R이 알려져 있다고 가정하지만 베이지안 방법을 사용해 경험에서 예상되는 보상을 추정할 수 있다. 행렬 D는 디리클레 분포를 모든 상태-동작 쌍과 연결해 후속 상태로 전이할 때의 불확실성을 모델링한다.

16.5 베이즈-적응-마르코프 결정 프로세스

미지의 MDP에서의 최적 행동 문제를 알려진 모델의 고차원 MDP로 공식화할 수 있다. 이 MDP는 베이즈-적응-마르코프 결정 프로세스^{Bayes-adaptive Markov Decision}

Process로 알려져 있으며 4부에서 논의된 부분적으로 관찰 가능한 마르코프 결정 프로세스와 관련이 있다.

베이즈-적응 MDP의 상태 공간은 데카르트 곱 $\mathcal{S} \times \mathcal{B}$이며, 여기서 $\mathcal{B}$는 모델 매개 변수 θ에 대한 가능한 신뢰 공간이다. 비록 $\mathcal{S}$는 이산이지만, $\mathcal{B}$는 대개 고차원 연속 상태 공간이다.[6] 베이즈-적응 MDP의 상태는 기본 MDP의 현재 상태 s와 신뢰-상태 b로 구성된 쌍(s, b)이다. 행동 공간과 보상 함수는 기본 MDP와 동일하다.

베이즈-적응 MDP의 전이 함수는 $T(s', b' \mid s, b, a)$이며, 이는 에이전트가 신뢰 b로 s에서 시작해 행동 a를 취하는 경우 신뢰-상태 b'를 가진 상태 s'로 전이할 확률이다. 새로운 신뢰-상태 b'는 베이즈의 규칙에 따라 결정론적으로 계산될 수 있다. $b' = \tau(s, b, a, s')$가 되도록 이 결정론적 함수를 τ로 표시하면 베이즈-적응 MDP 전이 함수를 다음과 같이 분해할 수 있다.

$$T(s', b' \mid s, b, a) = \delta_{\tau(s,b,a,s')}(b') \, P(s' \mid s, b, a) \tag{16.7}$$

여기서 $\delta_x(y)$는 $x = y$인 경우 $\delta_x(y) = 1$이고 그렇지 않은 경우 0이 되는 크로네커 델타 함수^{Kronecker delta function}[7]다.

두 번째 항은 적분을 사용해 계산할 수 있다.

$$P(s' \mid s, b, a) = \int_\theta b(\theta) P(s' \mid s, \theta, a) \, \mathrm{d}\theta = \int_\theta b(\theta) \theta_{(s,a,s')} \, \mathrm{d}\theta \tag{16.8}$$

이 방정식은 방정식 (15.1)과 유사한 방식으로 해석적으로 계산할 수 있다. 신뢰 b가 방정식 (16.6)에서 분해된 디리클레로 표현되는 경우 다음과 같다.

6 예제 16.3에서 볼 수 있듯이 전이 확률에 대한 디리클레 분포의 경우 연속이다.

7 이 함수는 독일 수학자 크로네커(Leopold Kronecker)(1823 – 1891)의 이름을 따서 명명됐다.

$$P(s' \mid s, b, a) = N(s, a, s') / \sum_{s''} N(s, a, s'') \qquad (16.9)$$

알려진 MDP에 대한 벨만 최적 방정식(방정식 (7.16))을 미지의 모델의 경우로
일반화할 수 있다.

$$U^*(s, b) = \max_a \left(R(s, a) + \gamma \sum_{s'} P(s' \mid s, b, a) U^*\left(s', \tau(s, b, a, s')\right) \right) \quad (16.10)$$

불행하게도 b가 연속이므로 단순히 정책 반복이나 값 반복을 직접 적용할 수는
없다. 그러나 8장의 근사 방법이나 9장의 온라인 방법을 사용할 수 있다. 4부에서
는 베이즈-적응 MDP의 구조를 더 잘 활용하는 방법을 제시한다.

16.6 사후 샘플링

신뢰 공간에 대한 최적 가치 함수를 해결하는 대안은 15.4.9절의 강도 문제 탐색
의 맥락에서 원래 도입된 **사후 샘플링**posterior sampling[8]을 사용하는 것이다.[9] 여기서
현재 신뢰 b에서 샘플 θ를 추출한 다음 θ가 참 모델이라고 가정하고 최상의 행동
을 찾는다. 그런 다음 신뢰를 갱신하고 새 샘플을 추출한 다음 해당 MDP를 해결
한다. 예제 16.4는 이에 대한 예제 인스턴스를 보여준다.

사후 샘플링의 장점은 휴리스틱 탐색 매개 변수를 결정할 필요가 없다는 것이
다. 그러나 모든 단계에서 MDP를 해결하는 데 비용이 많이 들 수 있다. 사후에
서 개별 MDP를 샘플링하는 방법은 알고리듬 16.9에서 구현된다.

8 M. J. A. Strens, "A Bayesian Framework for Reinforcement Learning," in *International Conference on Machine Learning (ICML)*, 2000.

9 해당 절에서는 보상 확률에 대한 사후 분포에서 표본을 추출한 다음 행동을 선택할 때 표본 확률이 정확하다고 가정했다.

알고리듬 16.9 사후 샘플링의 갱신 기법.
베이지안 사후의 매개 변수를 갱신한 후
해당 사후에서 MDP 문제를 샘플링한다.
이 구현은 각 상태-동작 쌍의 전이 확률
에 대한 불확실성을 모델링하는 디리클레
를 사용해 개별 상태 및 행동 공간을 가
정한다. 전이 모델을 생성하기 위해 관련
디리클레 분포의 모든 상태와 작업 및 샘
플을 반복한다. 샘플링된 문제 $\mathcal{P}$가 있으
면 선형 프로그래밍 공식을 사용해 해결
하고 결괏값 함수 U를 저장한다.

```julia
struct PosteriorSamplingUpdate end

function Base.rand(model::BayesianMDP)
    S, A = model.S, model.A
    T = zeros(length(S), length(A), length(S))
    for s in S
        for a in A
            T[s,a,:] = rand(model.D[s,a])
        end
    end
    return MDP(T, model.R, model.γ)
end

function update!(planner::PosteriorSamplingUpdate, model, s, a, r, s')
    P = rand(model)
    U = solve(P).U
    copy!(model.U, U)
end
```

베이지안 모델 추정을 육각 세계에 적용하고자 한다. 먼저 균등 디리클레 사
전을 모든 상태-행동 쌍과 연결하는 것으로 시작한다. 길이가 10인 100번의
시뮬레이션과 사전의 의사개수에 전이 카운트를 추가한 후 후속 상태에 대한
사후 분포의 매개 변수는 다음과 같이 나타난다.

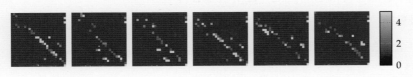

이 분포에서 샘플링해 여기에 표시된 모델을 생성할 수 있다. 예제 16.1에 표
시된 최대 우도 모델보다 0이 아닌 전이 확률이 더 많다는 점에 주목하라.

16.7 요약

- 모델 기반 기법은 환경과의 상호 작용을 통해 전환 및 보상 모델을 학습한다.

- 최대 우도 모델은 전이 횟수를 사용해 후속 상태로 전이 확률의 추정값을 유지하고 상태-액션 쌍과 관련된 평균 보상을 추적한다.

- 최대 우도 모델은 15장에서 강도의 맥락에서 소개한 것과 같은 탐색 전략과 쌍을 이뤄야 한다.

- 우리는 경험의 각 단계를 다시 계획할 수 있지만 정확히 그렇게 하는 것은 비용이 많이 들 수 있다.

- 우선순위 스위핑은 진화하는 환경 모델에서 가장 필요한 것으로 보이는 상태의 값을 갱신해 재계획에 집중할 수 있다.

- 베이지안 모델 기반 방법은 가능한 문제에 대한 확률 분포를 유지해 탐색에 대한 원칙적인 추론을 허용한다.

- 베이즈-적응 MDP에서 해당 상태는 가능한 MDP 모델에 대한 확률 분포로 원래 MDP를 증가시킨다.

- 사후 샘플링은 가능한 모든 MDP에 대해 추론하는 대신 신뢰-상태에서 샘플링된 MDP를 해결해 베이즈-적응 MDP를 해결하는 높은 계산 복잡성을 줄인다.

16.8 연습 문제

연습 16.1 미지의 전이 및 보상 모델을 사용해 세 가지 상태와 두 가지 행동이 있는 환경에서 상호 작용하는 에이전트가 있다고 가정하자. 우리는 환경과 직접 상호 작용하는 일련의 행동을 수행한다. 표 16.1은 상태, 행동, 보상, 결과 상태를 표로 나타낸다. 최대 우도 추정을 사용해 이 데이터에서 전이 및 보상 함수를 추정하라.

해법: 먼저 각 상태와 행동의 전이 수 $N(s, a)$, 받은 보상 $\rho(s, a)$, 보상 함수의 최대 우도 추정값 $\hat{R}(s, a) = \rho(s, a)/N(s, a)$는 다음과 같다.

s	a	r	s'
s_2	a_1	2	s_1
s_1	a_2	1	s_2
s_2	a_2	1	s_1
s_1	a_2	1	s_2
s_2	a_2	1	s_3
s_3	a_2	2	s_2
s_2	a_2	1	s_3
s_3	a_2	2	s_3
s_3	a_1	2	s_2
s_2	a_1	2	s_3

s	a	$N(s, a)$	$\rho(s, a)$	$\hat{R}(s, a) = \frac{\rho(s,a)}{N(s,a)}$
s_1	a_1	0	0	0
s_1	a_2	2	2	1
s_2	a_1	2	4	2
s_2	a_2	3	3	1
s_3	a_1	1	2	2
s_3	a_2	2	4	2

다음 표 집합에서 관찰된 전이의 수 $N(s, a, s')$와 전이 모델 $T(s' \mid s, a) = N(s, a, s')/N(s, a)$의 최대 우도 추정값을 계산한다. $N(s, a) = 0$이면 결과 상태에 대해 균등 분포를 사용한다.

s	a	s'	$N(s,a,s')$	$\hat{T}(s' \mid s,a) = \frac{N(s,a,s')}{N(s,a)}$
s_1	a_1	s_1	0	1/3
s_1	a_1	s_2	0	1/3
s_1	a_1	s_3	0	1/3
s_1	a_2	s_1	0	0
s_1	a_2	s_2	2	1
s_1	a_2	s_3	0	0
s_2	a_1	s_1	1	1/2
s_2	a_1	s_2	0	0
s_2	a_1	s_3	1	1/2
s_2	a_2	s_1	1	1/3
s_2	a_2	s_2	0	0
s_2	a_2	s_3	2	2/3
s_3	a_1	s_1	0	0
s_3	a_1	s_2	1	1
s_3	a_1	s_3	0	0
s_3	a_2	s_1	0	0
s_3	a_2	s_2	1	1/2
s_3	a_2	s_3	1	1/2

연습 16.2 우선순위가 지정된 스위핑을 반복하는 동안 수행할 수 있는 갱신 수의 하한 및 상한을 보여라.

해법: 우선순위 스위핑 반복에서 수행되는 갱신 수의 하한은 1이다. 이는 최대 우도 모델을 사용하는 첫 번째 반복에서 발생할 수 있다. 여기서 전이 모델에서 유일한 0이 아닌 항목은 $T(s' \mid s,a)$다. 어떠한 (s^-, a^-) 상태-행동 쌍도 s로 전이되지 않으므로 우선순위 대기열은 비게 되므로 수행되는 유일한 갱신은 $U(s)$에 대한 것이다.

우선순위 스위핑의 반복에서 수행되는 갱신 횟수의 상한은 $|\mathcal{S}|$이다. 방금 s'로 전이했고 모든 s와 a에 대해 $\hat{T}(s' \mid s,a) > 0$이라고 가정하자. 최대 갱신 횟수를 제공하지 않으면 $|\mathcal{S}|$회 갱신을 수행한다. 최대 갱신 횟수 $m < |\mathcal{S}|$를 제공하면 상한은 m으로 축소된다.

연습 16.3 상태 $\mathcal{S}$와 행동 공간 $\mathcal{A}$를 가진 불연속 MDP에 대한 전이 모델 매개 변수의 베이지안 강화학습을 수행할 때 전이 모델에 대한 불확실성을 나타내기 위해 디리클레 분포를 사용하면 얼마나 많은 독립 매개 변수가 있는가?

해법: 각 상태 및 행동에 대해 전이 확률 매개 변수에 대한 디리클레 분포를 지정하면 $|\mathcal{S}||\mathcal{A}|$ 디리클레 분포를 갖게 된다. 각 디리클레는 $|\mathcal{S}|$개의 독립 매개 변수로 지정된다. 전체적으로 $|\mathcal{S}|^2|\mathcal{A}|$개의 매개 변수가 있다.

연습 16.4 연습 16.1의 문제 설명을 고려하되 이번에는 디리클레 분포로 표현되는 사전 분포와 함께 베이지안 강화학습을 사용하려고 한다. 균등 사전을 가정하고, 현재 상태 s_2에 있고 행동 a_1을 취하는 경우 다음 상태에 대한 사후 분포는 무엇인가?

해법: $\mathrm{Dir}(\boldsymbol{\theta}_{(s_2, a_1)} \mid [2, 1, 2])$

17

비모델 기법

모델 기반 방법과 달리 비모델model-free 강화학습은 전이 및 보상 모델의 명시적 표현을 구축할 필요가 없다.[1] 17장에서 논의된 비모델 방법은 행동 가치 함수를 직접 모델링한다. 명시적 표현을 피하는 것은 특히 문제가 고차원일 때 매력적이다. 17장은 총 보상의 평균을 추정하는 데 중요한 역할을 하는 분포 평균의 증분 추정을 소개하는 것으로 시작한다. 그런 다음 지연된 보상을 보다 효율적으로 처리하기 위한 몇 가지 일반적인 비모델 알고리듬과 방법에 대해 알아본다. 마지막으로 함수 근사를 사용해 경험을 일반화하는 방법에 대해 논의한다.[2]

17.1 평균 증분 추정

많은 비모델 방법은 샘플에서 행동 가치 함수 $Q(s,a)$를 점진적으로 추정한다. 당분간 m 샘플에서 단일 변수 X의 기댓값에만 관심이 있다고 가정하자.

1 17장의 여러 주제는 다음 문헌에서 깊이 다루고 있다. R. S. Sutton and A. G. Barto, *Reinforcement Learning: An Introduction*, 2nd ed. MIT Press, 2018. See also D. P. Bertsekas, *Reinforcement Learning and Optimal Control*, Athena Scientific, 2019.

2 책의 이 부분은 환경 모델을 알 수 없는 문제에 초점을 맞췄지만 강화학습은 알려진 모델의 문제에 자주 사용된다. 17장에서 설명하는 비모델 방법은 근사 동적 계획법의 한 형태로 복잡한 환경에서 특히 유용할 수 있다. 정책을 오프라인으로 생성하거나 온라인 문맥에서 다음 행동을 생성하는 수단으로 사용할 수 있다.

$$\hat{x}_m = \frac{1}{m} \sum_{i=1}^{m} x^{(i)} \tag{17.1}$$

여기서 $x^{(1)},...,x^{(m)}$는 샘플이다. 증분 갱신은 다음과 같이 도출할 수 있다.

$$\hat{x}_m = \frac{1}{m} \left(x^{(m)} + \sum_{i=1}^{m-1} x^{(i)} \right) \tag{17.2}$$

$$= \frac{1}{m} \left(x^{(m)} + (m-1)\hat{x}_{m-1} \right) \tag{17.3}$$

$$= \hat{x}_{m-1} + \frac{1}{m} \left(x^{(m)} - \hat{x}_{m-1} \right) \tag{17.4}$$

학습률 함수 $\alpha(m)$를 도입해 이 방정식을 다시 작성할 수 있다.

$$\hat{x}_m = \hat{x}_{m-1} + \alpha(m) \left(x^{(m)} - \hat{x}_{m-1} \right) \tag{17.5}$$

학습률은 $1/m$ 이외의 다른 함수가 될 수도 있다. 수렴을 보장하기 위해 일반적으로 $\sum_{m=1}^{\infty} \alpha(m) = \infty$ 및 $\sum_{m=1}^{\infty} \alpha^2(m) < \infty$가 되도록 $\alpha(m)$을 선택한다.

첫 번째 조건은 단계가 충분히 큰지 확인하고, 두 번째 조건은 단계가 충분히 작은지 확인한다.[3]

학습 속도가 일정하면(강화학습 응용 프로그램에서 일반적임) 오래된 샘플의 가중치는 속도 $(1-\alpha)$에서 기하급수적으로 감소한다. 학습률이 일정하면 다음 규칙을 사용해 x를 관찰한 후 추정값을 갱신할 수 있다.

$$\hat{x} \leftarrow \hat{x} + \alpha(x - \hat{x}) \tag{17.6}$$

알고리듬 17.1은 이에 대한 구현을 보여준다. 몇 가지 학습률의 예는 예제 17.1에 나와 있다.

여기서 논의된 갱신 규칙은 이후 절에서 다시 나타나며 확률적 그래디언트 하강법과 관련이 있다. 갱신의 크기는 샘플과 이전 추정값의 차이에 비례한다. 샘플

3 17장에서 논의된 다른 알고리듬 중 일부에 대한 수렴 및 적용에 대한 논의는 다음 문헌을 참조하라. T. Jaakkola, M. I. Jordan, and S. P. Singh, "On the Convergence of Stochastic Iterative Dynamic Programming Algorithms," *Neural Computation*, vol. 6, no. 6, pp. 1185–1201, 1994.

과 이전 추정값의 차이를 시간차 오차$^{temporal\ difference\ error}$라고 한다.

17.2 Q-러닝

Q-러닝$^{Q\text{-learning}}$(알고리듬 17.2)은 행동 가치 함수 $Q(s, a)$의 증분 추정을 적용하는 것과 관련된다.[4] 갱신은 벨만 기대 방정식의 행동 가치 형식에서 도출된다.

4 C. J. C. H. Watkins, "Learning from Delayed Rewards," Ph.D. dissertation, University of Cambridge, 1989.

$$Q(s,a) = R(s,a) + \gamma \sum_{s'} T(s' \mid s,a) U(s') \tag{17.7}$$

$$= R(s,a) + \gamma \sum_{s'} T(s' \mid s,a) \max_{a'} Q(s',a') \tag{17.8}$$

T와 R을 사용하는 대신 보상 r과 다음 상태 s'의 샘플에 대한 기대치 측면에서 위의 방정식을 다시 작성할 수 있다.

$$Q(s,a) = \mathbb{E}_{r,s'}[r + \gamma \max_{a'} Q(s',a')] \tag{17.9}$$

육면체 주사위를 굴릴 때 얻은 기댓값을 추정해보라. 다음 그림은 서로 다른 학습률 함수와 관련된 100회 시도에 대한 증분 추정값을 보여주는 학습 곡선$^{learning\ curve}$이다. 그림에서 알 수 있듯이 $\alpha(m)$이 너무 빨리 붕괴되면 수렴이 보장되지 않으며 $\alpha(m)$이 충분히 빨리 붕괴되지 않으면 느려진다.

상수 $\alpha \in (0,1]$의 경우 평균추정값은 여전히 변동이 심하다. 큰 상수 α 값은 크게 변동하는 반면 낮은 값은 수렴하는 데 더 오래 걸린다.

예제 17.1 $\alpha(m)$에 대해 다른 함수로 학습률을 감소시키는 효과

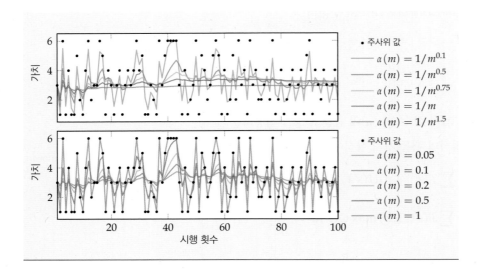

알고리듬 17.1 무작위 변수 평균의 증분 추정값을 유지하기 위한 유형. 연관 유형은 현재 평균값 μ, 학습률 함수 α, 반복 횟수 m을 유지한다. 새 값 x로 update!를 호출하면 추정값을 갱신한다.

```julia
mutable struct IncrementalEstimate
    μ # 평균 추정
    α # 학습률 함수
    m # 갱신 횟수
end

function update!(model::IncrementalEstimate, x)
    model.m += 1
    model.μ += model.α(model.m) * (x - model.μ)
    return model
end
```

방정식 (17.6)을 사용해 행동 가치 함수를 추정하는 증분 갱신 규칙을 생성할 수 있다.[5]

$$Q(s, a) \leftarrow Q(s, a) + \alpha \left(r + \gamma \max_{a'} Q(s', a') - Q(s, a) \right) \qquad (17.10)$$

5 이 방정식에서 최대화는 편향을 도입할 수 있다. 이중 Q-러닝과 같은 알고리듬은 이러한 편향을 수정하려고 시도하고 더 나은 성능으로 이어질 수 있다. H. van Hasselt, "Double Q-Learning," in *Advances in Neural Information Processing Systems (NIPS)*, 2010.

행동의 선택은 우리가 어떤 상태에 있게 되는지에 영향을 미치므로 $Q(s, a)$를 정확하게 추정하는 능력에 영향을 미친다. 행동 가치 함수의 수렴을 보장하려면 이전 장에서 모델 기반 방법에 대해 수행한 것처럼 ϵ-그리디 또는 소프트맥스와 같은 탐색 정책 형식을 채택해야 한다. 예제 17.2는 Q-러닝 갱신 규칙과 탐색 정책으로 시뮬레이션을 실행하는 방법을 보여준다. 그림 17.1은 육각 세계[hex world] 문제에 대한 이 프로세스를 보여준다.

```
mutable struct QLearning
    𝒮 # 상태 공간(1:nstates)
    𝒜 # 행동 공간(1:nactions)
    γ # 할인
    Q # 행동 가치 함수
    α # 학습률
end

lookahead(model::QLearning, s, a) = model.Q[s,a]

function update!(model::QLearning, s, a, r, s′)
    γ, Q, α = model.γ, model.Q, model.α
    Q[s,a] += α*(r + γ*maximum(Q[s′,:]) - Q[s,a])
    return model
end
```

알고리듬 17.2 미지의 전이 및 보상 함수를 가진 문제에 적용할 수 있는 비모델 강화학습을 위한 Q-러닝 갱신. 갱신은 상태-행동 값의 행렬인 Q를 수정한다. 이 갱신 함수는 알고리듬 15.9의 시뮬레이션 함수에서 ϵ-그리디와 같은 탐색 전략과 함께 사용할 수 있다. 이 시뮬레이션 함수는 s′로 갱신 함수를 호출하지만 이 Q-러닝 구현에서는 사용하지 않는다.

17.3 Sarsa

Sarsa(알고리듬 17.3)는 Q-러닝의 대안이다.[6] 이 이름은 각 단계에서 Q 함수를 갱신하기 위해 (s, a, r, s', a')를 사용한다는 사실에서 유래했다.

$$Q(s, a) \leftarrow Q(s, a) + \alpha \left(r + \gamma Q(s', a') - Q(s, a) \right) \tag{17.11}$$

6 이 방식은 다음 문헌에서 다른 이름으로 제시됐다. G. A. Rummery and M. Niranjan, "On-Line Q-Learning Using Connectionist Systems," Cambridge University, Tech. Rep. CUED/F-INFENG/TR 166, 1994.

적절한 탐색 전략을 사용하면 a'가 Q-러닝 갱신에서 사용되는 $\arg\max_{a'} Q(s', a)$로 수렴된다.

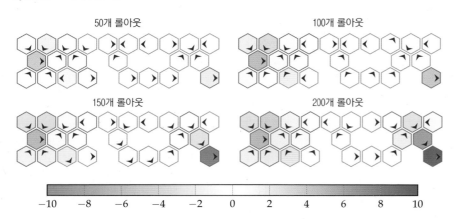

50개 롤아웃   100개 롤아웃

150개 롤아웃   200개 롤아웃

$$-10 \quad -8 \quad -6 \quad -4 \quad -2 \quad 0 \quad 2 \quad 4 \quad 6 \quad 8 \quad 10$$

◀ **그림 17.1** 육각 세계 문제에서 행동 가치 함수를 반복적으로 학습하는 데 사용되는 Q-러닝. 각 상태는 Q에 따라 해당 상태에서 최선의 행동에 대한 예상 값에 따라 색상이 지정된다. 행동은 마찬가지로 최대 기대 행동이다. Q-러닝은 $\alpha = 0.1$ 및 롤아웃당 10단계로 실행됐다.

MDP 문제 $\mathcal{P}$에 Q-러닝을 적용한다고 가정해보자. 16장의 알고리듬 16.6에서 구현된 ϵ-그리디 정책과 같은 탐색 정책을 구성할 수 있다. Q-러닝 모델은 알고리듬 17.2에서 나오며 시뮬레이션 함수는 알고리듬 15.9에서 구현된다.

```
Q = zeros(length(𝒫.𝒮), length(𝒫.𝒜))
α = 0.2 # 학습률
model = QLearning(𝒫.𝒮, 𝒫.𝒜, 𝒫.γ, Q, α)
ε = 0.1 # 랜덤 행동의 확률
π = EpsilonGreedyExploration(ε)
k = 20 # 시뮬레이션 단계 수
s = 1   # 초기 상태
simulate(𝒫, model, π, k, s)
```

예제 17.2 시뮬레이션에서 Q-러닝으로 탐색 전략을 사용하는 방법. 매개 변수 설정은 개념적이다.

Sarsa는 탐색 정책을 따라가면서 직접적으로 탐색 정책의 가치를 추정하려고 하기 때문에 일종의 정책 강화학습 방법이라고 한다. 반면에 Q-러닝은 탐색 전략을 따라가면서 최적 정책의 가치를 찾으려 하기 때문에 오프 폴리시^{off-policy} 방식이다. Q-러닝과 Sarsa는 둘 다 최적의 전략으로 수렴하지만 수렴 속도는 응용 프로그램에 따라 다르다. Sarsa는 그림 17.2의 육각 세계 문제에서 실행된다.

```
mutable struct Sarsa
    S # 상태 공간(1:nstates)
    𝒜 # 행동 공간(1:nactions)
    γ # 할인
    Q # 행동 가치 함수
    α # 학습률
    ℓ # 최근 경험 튜플(s,a,r)
end

lookahead(model::Sarsa, s, a) = model.Q[s,a]

function update!(model::Sarsa, s, a, r, s')
    if model.ℓ != nothing
        γ, Q, α, ℓ = model.γ, model.Q, model.α, model.ℓ
        model.Q[ℓ.s,ℓ.a] += α*(ℓ.r + γ*Q[s,a] - Q[ℓ.s,ℓ.a])
    end
    model.ℓ = (s=s, a=a, r=r)
    return model
end
```

알고리듬 17.3 비모델 강화학습을 위한 Sarsa 갱신. 상태-행동 값을 포함하는 행렬 Q를 갱신하고 α는 일정한 학습률이고 ℓ은 가장 최근의 경험 튜플이다. Q-러닝 구현과 마찬가지로 알고리듬 15.9의 시뮬레이터에서 갱신 함수를 사용할 수 있다.

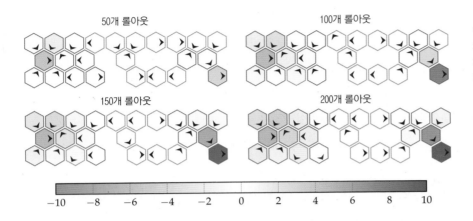

50개 롤아웃   100개 롤아웃

150개 롤아웃   200개 롤아웃

$$-10 \quad -8 \quad -6 \quad -4 \quad -2 \quad 0 \quad 2 \quad 4 \quad 6 \quad 8 \quad 10$$

◀ **그림 17.2** Sarsa는 그림 17.1과 동일한 방식으로 육각 세계 문제에 대한 행동 가치 함수를 반복적으로 학습했다. Sarsa가 진정한 행동 가치 함수로 수렴하는 데 더 느리다는 것을 알 수 있다.

17.4 자격 추적

Q-러닝과 Sarsa의 단점 중 하나는 학습이 매우 느릴 수 있다는 것이며, 특히 보상이 희소할 때는 더 그렇다. 예를 들어, 환경에 큰 보상을 제공하는 단일 목표 상태가 있고 다른 모든 상태에서는 보상이 0이라고 가정하자. 환경에서 일정량의 무작위 탐색을 수행한 후 목표 상태에 도달한다. Q-러닝을 사용하든 Sarsa를 사용하든 목표 상태 바로 이전 상태의 행동 값만 갱신한다. 목표에 이르는 다른 모든 상태의 값은 0으로 유지된다. 0이 아닌 값을 나머지 상태 공간으로 천천히 전파하려면 많은 양의 탐색이 필요하다.

Q-러닝과 Sarsa는 자격 추적eligibility trace를 사용해 보상을 그 원 소스로부터 이어지는 상태 및 동작으로 역전파하도록 수정할 수 있다.[7] 크레딧은 보상에 더 가까운 상태에 더 큰 값이 할당되도록 기하급수적으로 감소한다. 지수 감쇠 매개 변수로 $0 < \lambda < 1$을 사용하는 것이 일반적이다. 자격 추적이 있는 Q-러닝 및 Sarsa 버전은 종종 $Q(\lambda)$ 및 Sarsa(λ)라고 한다.[8]

7 자격 추적은 다음 문헌에서 시간차 학습의 맥락에서 제안됐다. R. Sutton, "Learning to Predict by the Methods of Temporal Differences," *Machine Learning*, vol. 3, no. 1, pp. 9–44, 1988.

8 이 알고리듬은 다음 문헌에서 소개됐다. C. J. C. H. Watkins, "Learning from Delayed Rewards," Ph.D. dissertation, University of Cambridge, 1989. and J. Peng and R. J. Williams, "Incremental Multi-Step Q-Learning," *Machine Learning*, vol. 22, no. 1–3, pp. 283– 290, 1996.

Sarsa(λ)의 버전은 알고리듬 17.4에서 구현되며 모든 상태-행동 쌍에 대해 지수적으로 감소하는 방문 수 $N(s, a)$를 유지한다. 상태 s에서 행동 a가 취해질 때 $N(s, a)$는 1씩 증가한다. 그런 다음 Sarsa 시간차 갱신은 이 감소하는 방문 수에 따라 모든 상태-작업 쌍에 부분적으로 적용된다.

δ가 Sarsa 시간차 갱신을 나타낸다고 하자.

$$\delta = r + \gamma Q(s', a') - Q(s, a) \tag{17.12}$$

행동 가치 함수의 모든 항목은 다음에 따라 갱신된다.

$$Q(s, a) \leftarrow Q(s, a) + \alpha \delta N(s, a) \tag{17.13}$$

그런 다음 방문 횟수는 할인 계수와 지수 감쇠 매개 변수를 사용해 감쇠된다.

$$N(s, a) \leftarrow \gamma \lambda N(s, a) \tag{17.14}$$

적격성 추적의 영향은 보상이 희박한 환경에서 특히 두드러지지만 알고리듬은 보상이 더 많이 분산되는 일반 환경에서 학습 속도를 높일 수 있다.

```
mutable struct SarsaLambda
    𝒮 # 상태 공간(1:nstates)
    𝒜 # 행동 공간(1:nactions)
    γ # 할인
    Q # 행동 가치 함수
    N # 추적
    α # 힉습률
    λ # 추적 감쇠율
    ℓ # 최근 경험 튜플(s,a,r)
end

lookahead(model::SarsaLambda, s, a) = model.Q[s,a]
```

알고리듬 17.4 Sarsa(λ) 갱신은 자격 추적을 사용해 희소 보상의 학습 속도를 높이기 위해 시간을 거슬러 보상을 전파한다. 행렬 Q는 상태-행동 값을 포함하고, 행렬 N은 기하급수적으로 감소하는 상태-행동 방문 횟수를 포함하며, α는 일정한 학습률, λ는 지수 감소 매개 변수, ℓ은 가장 최근의 경험 튜플이다.

```
function update!(model::SarsaLambda, s, a, r, s')
    if model.ℓ != nothing
        γ, λ, Q, α, ℓ = model.γ, model.λ, model.Q, model.α, model.ℓ
        model.N[ℓ.s,ℓ.a] += 1
        δ = ℓ.r + γ*Q[s,a] - Q[ℓ.s,ℓ.a]
        for s in model.𝒮
            for a in model.𝒜
                model.Q[s,a] += α*δ*model.N[s,a]
                model.N[s,a] *= γ*λ
            end
        end
    else
        model.N[:,:] .= 0.0
    end
    model.ℓ = (s=s, a=a, r=r)
    return model
end
```

최적 정책의 가치를 학습하려고 시도하는 Q-러닝과 같은 오프 정책 알고리듬에 자격 추적을 적용할 때는 특별한 주의를 기울여야 한다.[9] 자격 추적은 탐색 정책에서 얻은 값을 다시 전파한다. 이 불일치는 학습 불안정을 초래할 수 있다.

9 이 문제의 개요와 잠재적 해법은 다음 문헌을 참고하라. A. Harutyunyan, M. G. Bellemare, T. Stepleton, and R. Munos, "Q(λ) with Off-Policy Corrections," in *International Conference on Algorithmic Learning Theory* (ALT), 2016.

17.5 보상 형성

보상 함수 강화는 특히 희박한 보상 문제에서 학습을 향상시킬 수 있다. 예를 들어, 단일 목표 상태에 도달하려는 경우 목표까지의 거리에 반비례하는 양만큼 보상 함수를 보완할 수 있다. 또는 목표에서 얼마나 멀리 떨어져 있는지에 따라 다른 페널티를 추가할 수 있다. 예를 들어, 체스를 두는 경우 우리는 개별 말이 이기고 지는 것이 아니라 마지막에 게임의 승리 또는 패배에만 관심이 있음에도 불구하고 말을 잃으면 보상 함수에 페널티를 추가할 수 있다.

훈련 속도를 높이기 위해 도메인 지식을 통합해 훈련 중에 보상 함수를 수정하는 것을 보상 형성[reward shaping]이라고 한다. 어떤 문제의 보상이 $R(s, a, s')$에 따라 생성돼 결과 상태에 따라 보상이 결정된다고 가정하자. $F(s, a, s')$를 사용해 형성 함수[shaping function]를 나타낸다. 학습 중에 보상으로 $R(s, a, s')$를 사용하는 대신 $R(s, a, s') + F(s, a, s')$를 사용한다.

물론 보상에 $F(s, a, s')$를 추가하면 최적의 정책을 변경할 수 있다. 우리는 종종 최적의 것을 변경하지 않고 보상을 형성하는 데 관심이 있다. 원래 보상에서 최적인 정책은 어떤 잠재 함수 $\beta(s)$[10]에 대해 다음과 같은 경우에만 형성 보상에서 최적으로 유지된다.

$$F(s, a, s') = \gamma\beta(s') - \beta(s) \tag{17.15}$$

10 A. Y. Ng, D. Harada, and S. Russell, "Policy Invariance Under Reward Transformations: Theory and Application to Reward Shaping," in *International Conference on Machine Learning (ICML)*, 1999.

17.6 행동 가치 함수 근사

17장에서 지금까지 논의된 알고리듬은 행동 가치 함수가 룩업 테이블에 저장될 수 있는 개별 상태 및 행동 공간을 가정했다. 가치 함수 근사를 사용하도록 알고리듬을 조정하면 크거나 연속적인 공간이 있는 문제에 적용할 수 있고 제한된 경험으로부터 일반화할 수 있다. 알려진 모델의 맥락에서 8장에서 취한 접근법과 유사하다. 모델을 알 수 없는 경우 $Q_\theta(s, a)$를 사용해 행동 가치 함수의 매개 변수 근삿값을 나타낸다.[11]

이 개념을 설명하기 위해 매개 변수적 근사를 사용하는 Q-러닝 버전을 도출한다. 우리는 근삿값와 최적 행동 가치 함수 $Q^*(s, a)$ 사이의 손실을 최소화하고자 한다. 이를 다음과 같이 정의한다.[12]

$$\ell(\theta) = \frac{1}{2} \mathop{\mathbb{E}}_{(s,a) \sim \pi^*} \left[\left(Q^*(s, a) - Q_\theta(s, a) \right)^2 \right] \tag{17.16}$$

11 최근 몇 년 동안, 심층 강화학습에 주요 초점이 맞춰져 왔으며, 이 매개 변수적 근사에 심층 신경망이 사용됐다. 실질적 구현 예는 다음 문헌을 참고하라. L. Graesser and W. L. Keng, *Foundations of Deep Reinforcement Learning*, Addison Wesley, 2020.

12 앞의 1/2은 나중에 이 이차 방정식의 도함수를 계산할 것이기 때문에 편의를 위한 것이다.

기댓값은 최적의 정책 π^*를 따를 때 경험하는 상태-행동 쌍에 있다.

이 손실을 최소화하는 일반적인 접근 방식은 특정 형태의 그래디언트 하강을 사용하는 것이다. 손실의 그래디언트는 다음과 같다.

$$\nabla \ell(\boldsymbol{\theta}) = - \mathop{\mathbb{E}}_{(s,a) \sim \pi^*} [(Q^*(s,a) - Q_{\boldsymbol{\theta}}(s,a)) \nabla_{\boldsymbol{\theta}} Q_{\boldsymbol{\theta}}(s,a)] \qquad (17.17)$$

우리는 일반적으로 행동 가치 함수의 매개 변수적 표현식이 미분 가능하고 $\nabla_{\boldsymbol{\theta}} Q_{\boldsymbol{\theta}}(s,a)$가 계산하기 쉽도록 선형 또는 신경망을 선택한다. 경사 하강법을 적용하면[13] 갱신 규칙은 다음과 같다.

13 손실을 최소화하려고 하기 때문에 상승보다 하강을 원한다.

$$\boldsymbol{\theta} \leftarrow \boldsymbol{\theta} + \alpha \mathop{\mathbb{E}}_{(s,a) \sim \pi^*} [(Q^*(s,a) - Q_{\boldsymbol{\theta}}(s,a)) \nabla_{\boldsymbol{\theta}} Q_{\boldsymbol{\theta}}(s,a)] \qquad (17.18)$$

여기서 α는 단계 계수 또는 학습률이다. 상태-동작 쌍 (s,a)의 샘플을 사용해 위의 갱신 규칙을 근사할 수 있다.

$$\boldsymbol{\theta} \leftarrow \boldsymbol{\theta} + \alpha(Q^*(s,a) - Q_{\boldsymbol{\theta}}(s,a)) \nabla_{\boldsymbol{\theta}} Q_{\boldsymbol{\theta}}(s,a) \qquad (17.19)$$

물론 방정식 (17.19)를 직접 계산할 수는 없다. 그러려면 최적 정책을 알아야만 하는데, 그 최적 정책은 우리가 현재 찾고자 하는 것이기 때문이다. 대신 관찰된 전이 및 행동 값 근삿값에서 이를 추정하려고 시도한다.

$$Q^*(s,a) \approx r + \gamma \max_{a'} Q_{\boldsymbol{\theta}}(s',a') \qquad (17.20)$$

그러면 다음과 같은 갱신 규칙이 생성된다.

$$\boldsymbol{\theta} \leftarrow \boldsymbol{\theta} + \alpha(r + \gamma \max_{a'} Q_{\boldsymbol{\theta}}(s',a') - Q_{\boldsymbol{\theta}}(s,a)) \nabla_{\boldsymbol{\theta}} Q_{\boldsymbol{\theta}}(s,a) \qquad (17.21)$$

이 갱신은 그래디언트 단계가 너무 커지지 않도록 하기 위한 크기 조정된 그래디언트 단계(알고리듬 12.2)를 추가해 알고리듬 17.5에서 구현된다. 예제 17.3은 이 갱신을 선형 행동 가치 근사와 함께 사용하는 방법을 보여준다. 그림 17.3은 산악 차량 문제에서 이 알고리듬을 보여준다.

```
struct GradientQLearning
    𝒜  # 행동 공간 (1:nactions)
    γ  # 할인
    Q  # 모수화 행동 가치 함수 Q(θ,s,a)
    ∇Q # 행동 가치 함수의 그래디언트
    θ  # 행동 가치 매개 변수
    α  # 학습률
end

function lookahead(model::GradientQLearning, s, a)
    return model.Q(model.θ, s,a)
end

function update!(model::GradientQLearning, s, a, r, s')
    𝒜, γ, Q, θ, α = model.𝒜, model.γ, model.Q, model.θ, model.α
    u = maximum(Q(θ,s',a') for a' in 𝒜)
    Δ = (r + γ*u - Q(θ,s,a))*model.∇Q(θ,s,a)
    θ[:] += α*scale_gradient(Δ, 1)
    return model
end
```

알고리듬 17.5 행동 가치 함수 근삿값로 Q-러닝 갱신. 각각의 새로운 경험 튜플 s, a, r, s'로 벡터 θ를 일정한 학습률 α로 갱신한다. 매개 변수화된 행동 가치 함수는 Q(θ,s,a)로 주어지고 그래디언트는 ∇Q(θ,s,a)이다.

17.7 경험 재생

강화학습과 함께 전역 함수 근사화를 사용할 때의 주요 과제는 치명적인 망각 catastrophic forgetting이다. 예를 들어, 처음에는 특정 정책이 상태 공간의 보상이 낮은 영역으로 이동한다는 사실을 발견할 수 있다. 그런 다음 해당 영역을 피하도록 정책을 수정한다. 그러나 어느 정도 시간이 지나면 상태 공간의 해당 영역을 피하는 것이 중요한 이유를 잊어버릴 수 있으며 성능이 좋지 않은 정책으로 되돌아갈 위험이 있다.

치명적인 망각은 경험 재생experience replay[14]을 통해 완화될 수 있으며, 고정된 수의 가장 최근 경험 튜플이 훈련 반복에 걸쳐 저장된다. 튜플 배치는 이 재생 메모

14 경험 재생은 다음 문헌에서 중요한 역할을 했다. V. Mnih, K. Kavukcuoglu, D. Silver, A. Graves, I. Antonoglou, D. Wierstra, and M. Riedmiller, "Playing Atari with Deep Reinforcement Learning," 2013. arXiv: 1312. 5602v1 이 개념은 다음 문헌에서 보다 이전에 연구됐다. L.-J. Lin, "Reinforcement Learning for Robots Using Neural Networks," Ph.D. dissertation, Carnegie Mellon University, 1993.

리에서 균일하게 샘플링돼 이미 발견한 좋지 않은 전략을 피하도록 상기시킨다.[15]

방정식 (17.21)의 갱신 방정식은 다음과 같이 수정된다.

15 이 방법의 변형에는 우선순위 경험이 있다. T. Schaul, J. Quan, I. Antonoglou, and D. Silver, "Prioritized Experience Replay," in *International Conference on Learning Representations (ICLR)*, 2016.

$$\theta \leftarrow \theta + \alpha \frac{1}{m_{\text{grad}}} \sum_i (r^{(i)} + \gamma \max_{a'} Q_\theta(s'^{(i)}, a') - Q_\theta(s^{(i)}, a^{(i)})) \nabla_\theta Q_\theta(s^{(i)}, a^{(i)}) \tag{17.22}$$

여기서 $s^{(i)}$, $a^{(i)}$, $r^{(i)}$, $s'^{(i)}$는 배치 크기 m_{grad}인 임의 배치의 i번째 경험 튜플이다.

$\gamma = 1$인 단순 레귤레이터 문제에서 선형 행동 가치 근삿값으로 Q-학습을 적용하는 데 관심이 있다. 우리의 행동 가치 근사는 $Q_\theta(s, a) = \theta^\top \beta(s, a)$이고, 여기서 기저 함수는 다음과 같다.

$$\beta(s, a) = [s, s^2, a, a^2, 1]$$

이 선형 모델을 사용하면 다음과 같다.

$$\nabla_\theta Q_\theta(s, a) = \beta(s, a)$$

문제 $\mathcal{P}$에 대해 다음과 같이 구현할 수 있다.

```
β(s,a) = [s,s^2,a,a^2,1]
Q(θ,s,a) = dot(θ,β(s,a))
∇Q(θ,s,a) = β(s,a)
θ = [0.1,0.2,0.3,0.4,0.5] # 초기 매개 변수 벡터
α = 0.5 # 학습률
model = GradientQLearning(𝒫.𝒜, 𝒫.γ, Q, ∇Q, θ, α)
ϵ = 0.1 # 랜덤 행동의 확률
π = EpsilonGreedyExploration(ϵ)
k = 20  # 시뮬레이션 단계 수
s = 0.0 # 초기 상태
simulate(𝒫, model, π, k, s)
```

예제 17.3 시뮬레이션에서 행동 가치 함수 근사와 함께 Q-러닝으로 탐색 전략을 사용하는 방법. 매개 변수 설정은 가상이다.

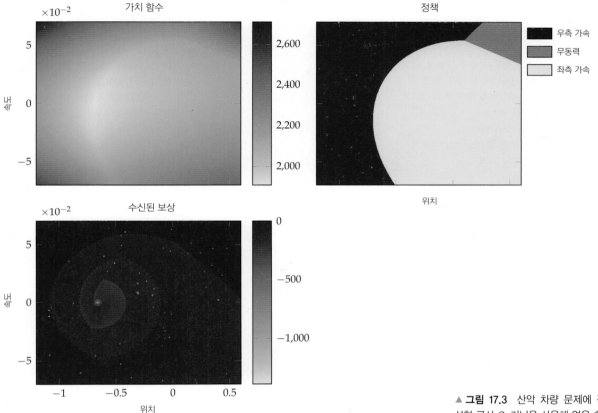

가치 함수 ×10⁻²

수신된 보상 ×10⁻²

정책

우측 가속
무동력
좌측 가속

속도

위치

▲ **그림 17.3** 산악 차량 문제에 적용된 선형 근사 Q-러닝을 사용해 얻은 효용 함수 및 정책(부록 F.4). 기저 함수는 최대 8차까지의 위치 및 속도에 대한 다항식이며 세 가지 행동에 대해 각각 세 번 복제된다. '얻은 보상(received reward)'은 근사 가치 함수가 있는 그리디 정책을 사용해 실행할 때 에이전트가 받는 보상을 의미한다.

경험 재생을 사용하면 경험 튜플이 학습에 여러 번 기여해 데이터 효율성을 높일 수 있다. 또한 재생 메모리에서 무작위로 균일하게 샘플링하면 롤아웃에서 얻은 상관 관계가 있는 시퀀스가 분리돼 그래디언트 추정의 분산이 줄어든다. 경험 재생은 이전 정책 매개 변수화의 정보를 유지해 학습 프로세스를 안정화한다. 알고리듬 17.6은 행동 가치 함수 근사를 사용해 경험 재생을 Q-러닝에 통합하는 방법을 보여준다. 예제 17.4에서는 이 접근 방식을 단순 레귤레이터 문제에 적용하는 방법을 보여준다.

```
struct ReplayGradientQLearning
    𝒜      # 행동 공간 (1:nactions)
    γ      # 할인
    Q      # 모수화 행동 가치 함수 Q(θ,s,a)
    ∇Q     # 행동 가치 함수의 그래디언트
    θ      # 행동 가치 함수 매개 변수
    α      # 학습률
    buffer # 순환 메모리 버퍼
    m      # 그래디언트 갱신 사이의 단계 수
    m_grad # 배치 크기
end

function lookahead(model::ReplayGradientQLearning, s, a)
    return model.Q(model.θ, s,a)
end

function update!(model::ReplayGradientQLearning, s, a, r, s′)
    𝒜, γ, Q, θ, α = model.𝒜, model.γ, model.Q, model.θ, model.α
    buffer, m, m_grad = model.buffer, model.m, model.m_grad
    if isfull(buffer)
        U(s) = maximum(Q(θ,s,a) for a in 𝒜)
        ∇Q(s,a,r,s′) = (r + γ*U(s′) - Q(θ,s,a))*model.∇Q(θ,s,a)
        Δ = mean(∇Q(s,a,r,s′) for (s,a,r,s′) in rand(buffer, m_grad))
        θ[:] += α*scale_gradient(Δ, 1)
        for i in 1:m # discard oldest experiences
            popfirst!(buffer)
        end
    else
        push!(buffer, (s,a,r,s′))
    end
    return model
end
```

예제 17.3에 경험 재생을 추가한다고 가정하자. 모델을 구성할 때 원하는 용량의 재생 버퍼를 제공해야 한다.

예제 17.4 *Q*-러닝과 행동 가치 근사를 사용해 단순 레귤레이터 문제에 경험 재생을 적용한다.

```
capacity = 100 # 재생 버퍼 최대 크기
ExperienceTuple = Tuple{Float64,Float64,Float64,Float64}
M = CircularBuffer{ExperienceTuple}(capacity) # 재생 버퍼
m_grad = 20 # 배치 크기
model = ReplayGradientQLearning(𝒫.𝒜, 𝒫.γ, Q, ∇Q, θ, α, M, m, m_grad)
```

그래디언트 갱신 m과 각 시뮬레이션의 깊이 d 사이의 단계 수를 변경할 수 있다. 여기에 표시된 도면에서 모든 훈련 실행을 각 반복마다 $md = 30$ 경험 튜플로 제한한다. 학습이 성공하려면 충분한 깊이의 롤아웃이 필요함을 나타낸다. 또한 과도한 깊이에 대한 롤아웃이 매우 적고 중간 깊이에 대한 중간 수의 롤아웃이 수행되지 않는다.

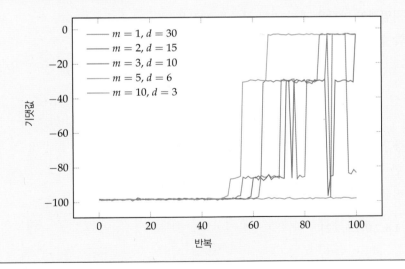

17.8 요약

- 비모델 방법은 전환 및 보상 모델이 아닌 행동 가치 함수를 직접 학습하려고 한다.
- 간단한 기술을 사용해 순차 갱신에서 평균을 점진적으로 학습할 수 있다.
- Q-러닝 알고리듬은 벨만 방정식의 근삿값을 사용해 행동 가치 함수를 점진적으로 학습한다.
- Q-러닝과 달리 Sarsa는 갱신에서 모든 후속 행동을 최대화하기보다는 탐색 정책에서 취한 행동을 사용한다.
- 자격 추적은 상태-행동 공간을 통해 희소한 보상을 전파해 학습 속도를 높일 수 있다.
- 확률적 경사 하강법을 사용해 근삿값 함수에 Q-러닝을 적용할 수 있다.
- Q-러닝과 Sarsa가 경험하는 치명적인 망각은 과거 경험 튜플을 재사용하는 경험 재생을 사용해 완화할 수 있다.

17.9 연습 문제

연습 17.1 주어진 다음 샘플 집합에서 평균의 증분 추정을 두 번 수행하라. 한 번은 $\alpha = 0.1$의 학습률을 사용하고 다른 한 번은 $\alpha = 0.5$의 학습률을 사용하라. 두 경우 모두 첫 번째 샘플과 동일한 초기 평균을 사용하라.

$$x^{(1:5)} = \{1.0, 1.8, 2.0, 1.6, 2.2\}$$

해법: 첫 번째 반복에서 평균을 첫 번째 샘플과 동일하게 설정하고 방정식 (17.6)을 사용해 점진적으로 평균을 추정한다.

$$\hat{x}_1 = 1.0 \qquad\qquad\qquad \hat{x}_1 = 1.0$$
$$\hat{x}_2 = 1.0 + 0.1(1.8 - 1.0) = 1.08 \qquad \hat{x}_2 = 1.0 + 0.5(1.8 - 1.0) = 1.4$$
$$\hat{x}_3 = 1.08 + 0.1(2.0 - 1.08) = 1.172 \qquad \hat{x}_3 = 1.4 + 0.5(2.0 - 1.4) = 1.7$$
$$\hat{x}_4 = 1.172 + 0.1(1.6 - 1.172) \approx 1.215 \qquad \hat{x}_4 = 1.7 + 0.5(1.6 - 1.7) = 1.65$$
$$\hat{x}_5 = 1.215 + 0.1(2.2 - 1.215) \approx 1.313 \qquad \hat{x}_5 = 1.65 + 0.5(2.2 - 1.65) = 1.925$$

연습 17.2 이전 연습에 이어 두 방법 모두에 대해 5개의 샘플로 평균을 추정한 후 평균을 추정할 때 최종 샘플로 사용할 단일 추가 샘플 $x^{(6)}$이 제공된다고 가정한다. 두 가지 증분 추정 방법(즉, $\alpha = 0.1$ 또는 $\alpha = 0.5$) 중 어느 것이 선호되는가?

해법: 샘플이 무엇인지 또는 프로세스의 기본 평균이 무엇인지 모르지만 $\alpha = 0.5$를 사용하는 두 번째 증분 추정 평균을 선호할 가능성이 높다. 샘플이 하나밖에 남지 않았기 때문에 첫 번째 학습률은 평균을 크게 변경하기에는 너무 작고 두 번째 학습률은 이전 샘플을 무시하지 않고 응답할 수 있을 만큼 충분히 크다. 두 가지 경우를 고려해보자.

1. 다음 샘플이 모든 이전 샘플의 증분 평균과 거의 같다고 가정하면 $x^{(6)} \approx \hat{x}_5$가 된다. 따라서 평균의 증분 갱신을 수행해도 추정값이 변경되지 않는다. 0.1의 학습률에 대해 $\hat{x}_6 \approx 1.313$이고 0.5의 학습률에 대해 $\hat{x}_6 = 1.925$다.

2. 다음 샘플이 이전의 모든 1.72의 정확한 평균과 대략 같다고 가정하면 $x^{(6)} \approx 1.72$다. 학습률 0.1을 사용한 갱신은 $\hat{x}_6 \approx 1.354$이고 학습률 0.5를 사용한 갱신은 $\hat{x}_6 \approx 1.823$이다.

두 경우 모두 다음 샘플이 모든 이전 샘플의 평균과 같다고 가정하면 학습률 0.5를 사용한 추정이 더 정확하다.

연습 17.3 행동 공간을 이산화해 연속적인 행동 공간이 있는 문제에 함수 근사를 사용하는 Q-러닝을 적용하는 것을 고려해보자. n개의 액추에이터가 있는 로봇과 같이 연속적인 행동 공간이 $\mathbb{R}^n$에 있고 각 차원이 m 구간으로 이산화된다고 가정한다. 결과 이산 행동 공간에는 얼마나 많은 행동이 있는가? 함수 근사화를 사용한 Q-러닝은 다차원의 연속 문제에 잘 맞는가?

해법: 차원당 n개의 차원과 m개의 간격이 있는 행동 공간은 m^n개의 개별 행동을 초래한다. 이산 행동의 수는 n에서 기하급수적으로 증가한다. m이 작은 경우에도 n의 값이 클수록 행동 횟수가 매우 높아질 수 있다. 따라서 함수 근사를 사용한 Q-러닝은 행동 차원이 많은 연속 문제에 사용하기에 적합하지 않다.

연습 17.4 d 시간 단계 동안 환경과 상호 작용하는 경우 Q-러닝의 복잡도는 얼마인가? d 시간 단계 동안 환경과 상호 작용하는 경우 Sarsa의 복잡도는 얼마인가?

해법: Q-러닝의 경우 갱신 규칙은 다음과 같다.

$$Q(s,a) \leftarrow Q(s,a) + \alpha \left(r + \gamma \max_{a'} Q(s',a') - Q(s,a) \right)$$

각 시간 단계에서 동작에 대해 최대화를 수행해야 하므로 d 시간 단계에서 Q-학습의 복잡도는 $O(d|\mathcal{A}|)$다. Sarsa의 경우 갱신 규칙은 다음과 같다.

$$Q(s,a) \leftarrow Q(s,a) + \alpha \left(r + \gamma Q(s',a') - Q(s,a) \right) \tag{17.23}$$

각 시간 단계에서 Q-러닝과 달리 작업에 대해 최대화를 수행할 필요가 없으므로 d 시간 단계에서 Sarsa의 복잡도는 간단히 $O(d)$다.

연습 17.5 경험 튜플 (s_t, a_t, r_t, s_{t+1})당 Sarsa의 계산 복잡도가 Sarsa(λ)보다 크거나 작은가?

해법: Sarsa의 경우 갱신 규칙은 다음과 같다.

$$Q(s,a) \leftarrow Q(s,a) + \alpha \left(r + \gamma Q(s',a') - Q(s,a) \right) \tag{17.24}$$

따라서 각 경험 튜플에 대해 $O(1)$ 복잡도가 된다. Sarsa(λ)의 경우 갱신 규칙은 다음과 같다.

$$\delta \leftarrow r_t + \gamma Q(s_{t+1}, a_{t+1}) - Q(s_t, a_t)$$
$$N(s_t, a_t) \leftarrow N(s_t, a_t) + 1$$
$$Q(s, a) \leftarrow Q(s, a) + \alpha \delta N(s, a) \quad \text{모든 } s, a\text{에 대해}$$
$$N(s, a) \leftarrow \gamma \lambda N(s, a) \quad \text{모든 } s, a\text{에 대해}$$

각 경험 튜플에 대해 δ를 계산하고 (s_t, a_t)에서 방문 수를 증가시켜야 하며 둘 다 $O(1)$이다. 그러나 둘 다 $O(|\mathcal{S}||\mathcal{A}|)$인 모든 상태와 행동에 대한 행동 가치 함수와 방문 횟수를 모두 갱신해야 한다. 따라서 경험 튜플당 계산 복잡도는 Sarsa(λ)에 대해 더 크다. 그러나 Sarsa(λ)는 종종 더 적은 경험 튜플을 사용해 수렴한다.

연습 17.6 $\lambda \to 0$일 때 $Q(\lambda)$는 어떻게 작동하나? $\lambda \to 1$일 때 $Q(\lambda)$는 어떻게 작동하나?

해법: $Q(\lambda)$에 대해 다음 갱신 규칙을 수행한다.

$$\delta \leftarrow r_t + \gamma \max_{a'} Q(s_{t+1}, a') - Q(s_t, a_t)$$
$$N(s_t, a_t) \leftarrow N(s_t, a_t) + 1$$
$$Q(s, a) \leftarrow Q(s, a) + \alpha \delta N(s, a) \quad \text{모든 } s, a\text{에 대해}$$
$$N(s, a) \leftarrow \gamma \lambda N(s, a) \quad \text{모든 } s, a\text{에 대해}$$

극한 $\lambda \to 0$에서, 첫 번째 반복에서 시간차 오차 δ를 계산하고 방문 수 $N(s_t, a_t)$을 증가시킨다. 행동 가치 함수 갱신에서 유일한 0이 아닌 $N(s, a)$는 $N(s_t, a_t)$이다. 따라서 $Q(s_t, a_t) \leftarrow Q(s_t, a_t) + \alpha \delta N(s_t, a_t)$를 수행한다. 마지막으로 모든 방문 횟수를 0으로 재설정한다. 이로부터 $\lambda \to 0$의 극한에서 자격 추적이 없고 단순 Q-러닝 갱신을 수행하고 있음을 알 수 있다.

극한 $\lambda \to 1$에서 방문 횟수가 누적되고 전체 자격 추적이 가능하며, 이전에 방문한 모든 상태-행동 쌍에 보상을 퍼뜨릴 것이다.

연습 17.7 다음 궤적을 따라간 후 Sarsa(λ)를 사용해 $Q(s, a)$를 계산하라.

$$(s_1, a_R, 0, s_2, a_R, 0, s_3, a_L, 10, s_2, a_R, 4, s_1, a_R)$$

$\alpha = 0.5$, $\lambda = 1$, $\gamma = 0.9$를 사용하고 초기 행동 가치 함수와 방문 횟수는 모든 곳에서 0이다. $\mathcal{S} = \{s_1, s_2, s_3, s_4\}$이고 $\mathcal{A} = \{a_L, a_R\}$이라고 가정하라.

해법: Sarsa(λ) 갱신 규칙은 다음과 같다.

$$\delta \leftarrow r_t + \gamma Q(s_{t+1}, a_{t+1}) - Q(s_t, a_t)$$
$$N(s_t, a_t) \leftarrow N(s_t, a_t) + 1$$
$$Q(s, a) \leftarrow Q(s, a) + \alpha \delta N(s, a) \qquad \text{모든 } s, a \text{에 대해}$$
$$N(s, a) \leftarrow \gamma \lambda N(s, a) \qquad \text{모든 } s, a \text{에 대해}$$

첫 번째 경험 튜플의 경우 $\delta = 0 + 0.9 \times 0 = 0$이고 $N(s_1, a_R)$에서 방문 수를 증가시키고 행동 가치 함수는 $\delta = 0$ 이후로 변경되지 않으며 개수를 갱신한다. 이후 다음과 같다.

$Q(s,a)$	s_1	s_2	s_3	s_4		$N(s,a)$	s_1	s_2	s_3	s_4
a_L	0	0	0	0		a_L	0	0	0	0
a_R	0	0	0	0		a_R	0.9	0	0	0

두 번째 경험 튜플의 경우 $\delta = 0$이고 $N(s_2, a_R)$에서 방문 수를 증가시키고 행동 가치 함수는 $\delta = 0$ 이후로 변경되지 않으며 개수를 갱신한다. 이후 다음과 같다.

$Q(s,a)$	s_1	s_2	s_3	s_4		$N(s,a)$	s_1	s_2	s_3	s_4
a_L	0	0	0	0		a_L	0	0	0	0
a_R	0	0	0	0		a_R	0.81	0.9	0	0

세 번째 경험 튜플의 경우 $\delta = 10$이고 $N(s_3, a_L)$에서 방문 수를 늘리고 행동 가치 함수를 갱신하고 개수를 갱신한다. 이후 다음과 같다.

$Q(s,a)$	s_1	s_2	s_3	s_4		$N(s,a)$	s_1	s_2	s_3	s_4
a_L	0	0	5	0		a_L	0	0	0.9	0
a_R	4.05	4.5	0	0		a_R	0.729	0.81	0	0

네 번째 경험 튜플의 경우 $\delta = 4 + 0.9 \times 4.5 = 3.145$이고 $N(s_2, a_R) = 0.81 + 1 = 1.81$에서 방문 수를 늘리고 행동 가치 함수를 갱신하고 개수를 갱신한다. 이후 다음과 같다.

$Q(s,a)$	s_1	s_2	s_3	s_4
a_L	0	0	6.415	0
a_R	5.196	7.346	0	0

$N(s,a)$	s_1	s_2	s_3	s_4
a_L	0	0	0.81	0
a_R	0.656	1.629	0	0

18

모방 학습

이전의 장들에서는 보상 함수가 알려져 있거나 환경과 상호 작용하는 동안 보상을 받는 것으로 가정했다. 일부 응용의 경우 전문가가 보상 함수를 지정하는 것보다 원하는 행동을 시연해주는 것이 더 쉬울 수 있다. 18장에서는 전문가의 시연을 통해 원하는 행동을 학습하는 모방 학습^{imitation learning} 알고리듬에 대해 설명한다. 매우 간단한 우도 최대화 방법에서 강화학습을 포함한 더 복잡한 반복 방법에 이르기까지 다양한 방법을 다룰 것이다.[1]

1   추가 방법 및 응용 프로그램은 다음 문헌을 참고하라. A. Hussein, M. M. Gaber, E. Elyan, and C. Jayne, "Imitation Learning: A Survey of Learning Methods," *ACM Computing Surveys*, vol. 50, no. 2, pp. 1-35, 2017.

18.1 행동 복제

모방 학습의 간단한 형태는 지도 학습 문제처럼 취급하는 것이다. 행동 복제^{behavioral cloning}[2]라고 불리는 이 방법은 θ로 매개 변수화된 확률적 정책 π_θ를 훈련해 전문가 상태-훈련 쌍의 데이터셋 $\mathcal{D}$로부터 행동의 우도를 최대화하려 한다.

2   D. A. Pomerleau, "Efficient Training of Artificial Neural Networks for Autonomous Navigation," *Neural Computation*, vol. 3, no. 1, pp. 88-97, 1991.

$$\underset{\theta}{\text{maximize}} \quad \prod_{(s,a)\in\mathcal{D}} \pi_\theta(a \mid s) \qquad\qquad (18.1)$$

이전의 장들에서 수행한 것처럼 $\pi_\theta(a \mid s)$의 곱에 대한 최대화를 $\log \pi_\theta(a \mid s)$의 합으로 변환할 수 있다.

조건부 분포 $\pi_\theta(a \mid s)$를 표현하려는 방법에 따라 θ의 최대 우도 추정값을 해석적으로 계산할 수 있다. 예를 들어, 이산 조건부 모델(2.4절)을 사용하는 경우 θ는 개수 $\pi_\theta(a \mid s) = N(s,a)/\sum_a N(s,a)$로 구성된다. 예제 18.1은 이산 조건 모델의 $N(s,a)$를 산악 차량 문제의 데이터에 적용한다.

정책을 분할한 식이 있는 경우 베이지안 네트워크를 사용해 상태 및 행동 변수에 대한 결합 분포를 나타낼 수 있다. 그림 18.1에 예가 나와 있다. 데이터 $\mathcal{D}$로부터 구조(5장)와 매개 변수(4장)를 모두 학습할 수 있다. 현재 상태가 주어지면 데이터의 매개 변수(4장)는 앞에서 설명한 추론 알고리듬 중 하나를 사용해 행동에 대한 분포를 추론할 수 있다(3장).

산악 차량 문제에 대한 전문가 시연에서 행동 복제 사용을 고려해보자(부록 F.4). 우리는 전문가 정책에서 10개의 롤아웃을 받았다. 조건부 분포를 적합화하고 결과를 도식화한다. 연속 궤적은 위치와 속도에 대해 각각 10개의 빈 ᵇⁱⁿ으로 이산화됐다.

예제 **18.1** 산악 차량 문제에 적용된 행동 복제의 시연. 하늘색 영역은 훈련 데이터가 없는 영역으로, 에이전트가 해당 상태를 만나면 정책 성능이 저하된다.

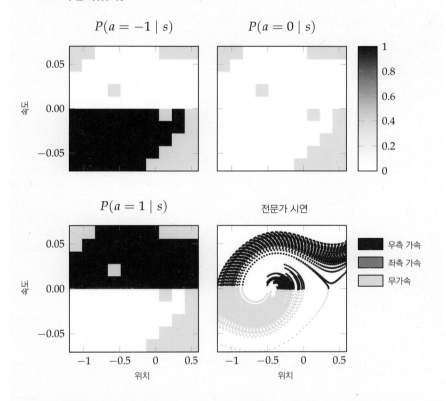

상태 공간은 전문가 시연만으로는 완결할 수 없으며 이는 모방 학습 문제에서 전형적인 현상이다. 결과 정책은 적용 범위가 있는 지역에서 사용될 때 잘 수행될 수 있지만 적용 범위가 없는 지역의 행동에 균등 분포를 할당한다. 적용 범위가 있는 지역에서 시작하더라도 환경의 확률로 인해 적용 범위가 없는 지역으로 전환할 수 있다.

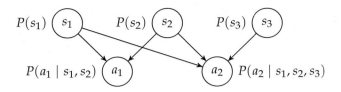

◀ **그림 18.1** 베이지안 네트워크는 상태 및 행동 변수에 대한 결합 분포를 나타내는 데 사용할 수 있다. 상태 변수의 현재 값이 주어지면 행동에 대한 분포를 생성하기 위해 추론 알고리듬을 적용할 수 있다.

$\pi_{\boldsymbol{\theta}}$에 대한 다른 여러 표현을 사용할 수 있다. 예를 들어, 입력이 상태 변수의 값에 해당하고 출력이 행동 공간에 대한 분포 매개 변수에 해당하는 신경망을 사용할 수 있다. 신경망의 경우와 같이 식이 미분 가능하다면 그래디언트 상승을 사용해 방정식 (18.1)을 최적화하려고 시도할 수 있다. 이 접근법은 알고리듬 18.1에서 구현된다.

```
struct BehavioralCloning
    α      # 단계 크기
    k_max # 반복 횟수
    ∇logπ # 로그 우도 그래디언트
end

function optimize(M::BehavioralCloning, D, θ)
    α, k_max, ∇logπ = M.α, M.k_max, M.∇logπ
    for k in 1:k_max
        ∇ = mean(∇logπ(θ, a, s) for (s,a) in D)
        θ += α*∇
    end
    return θ
end
```

알고리듬 18.1 상태-행동 튜플 집합 D 형태의 전문가 데모에서 매개 변수화된 확률적 정책을 학습하는 방법 정책 매개 변수화 벡터 θ는 상태가 주어진 작업의 로그 우도를 최대화해 반복적으로 개선된다. 행동 복제에는 단계 크기 α, 반복 횟수 k_max 및 로그 우도 그래디언트 ∇logπ가 필요하다.

전문가 시연이 최적에 가까울수록 행동 복제 정책이 더 잘 수행된다.[3] 그러나 행동 복제에는 계단식 오류$^{\text{cascading errors}}$가 발생한다. 예제 18.2에서 설명된 바와 같이 작은 부정확성은 롤아웃 중에 복합적으로 발생해 결국 훈련 데이터에서 제대로 표현되지 않는 상태로 이어져 더 나쁜 결정을 내리고 궁극적으로 유효하지 않

3 U. Syed and R. E. Schapire, "A Reduction from Apprenticeship Learning to Classification," in *Advances in Neural Information Processing Systems (NIPS)*, 2010.

거나 보이지 않는 상황으로 이어진다. 동작 복제는 그 단순성 때문에 매력적이지만 계단식 오류로 인해 많은 문제, 특히 정책을 오랜 시간 동안 사용해야 하는 경우 방법이 제대로 수행되지 않는다.

자율 경주용 자동차를 운전하기 위한 정책을 훈련하기 위해 행동 복제를 적용하는 것을 생각해보자. 경주용 자동차 운전자가 전문가의 시연을 제공한다. 전문가이기 때문에 운전자는 절대로 잔디 위나 난간에 너무 가까이 가지 않는다. 행동 복제로 훈련된 모델은 난간 근처에 있거나 잔디 위로 표류할 때 사용할 정보가 없으므로 복구 방법을 알지 못한다.

예제 18.2 행동 복제 접근법에 내재된 일반화 문제에 대한 간략한 예

18.2 데이터셋 집계

계단식 오류 문제를 해결하는 한 가지 방법은 추가 전문가 입력을 사용해 훈련된 정책을 수정하는 것이다. 순차적 대화형 데모$^{sequential\ interactive\ demonstration}$ 방법은 훈련된 정책에 의해 생성된 상황에서 전문가로부터 데이터를 수집하는 것과 이 데이터를 사용해 이 정책을 개선하는 것 사이를 번갈아 수행한다.

순차적 대화형 데모 방법의 한 유형은 데이터셋 집계$^{DAgger,\ Data\ set\ Aggregation}$(알고리듬 18.2)라고 불린다.[4] 이 방법은 행동 복제를 사용해 확률적 정책을 훈련하는 것부터 시작한다. 그런 다음 이 정책은 초기 상태 분포 b에서 여러 롤아웃을 실행하는 데 사용되며 각 상태에 대한 올바른 행동을 제공하기 위해 전문가에게 주어진다. 새 데이터는 이전 데이터셋와 함께 집계되고 새 정책이 학습된다. 예제 18.3은 이 프로세스를 보여준다.

이러한 대화형 데모는 이전 학습 반복을 기반으로 에이전트가 접할 가능성이 있는 상태 공간의 영역을 포함하는 데이터셋을 반복적으로 구축한다. 각 반복에

4 S. Ross, G. J. Gordon, and J. A. Bagnell, "A Reduction of Imitation Learning and Structured Prediction to No-Regret Online Learning," in *International Conference on Artificial Intelligence and Statistics (AISTATS)*, vol. 15, 2011.

서 새로 추가된 예제는 데이터셋의 더 작은 부분을 구성하므로 더 작은 정책 변경으로 이어진다. 순차적 대화형 데모는 실제로 잘 작동할 수 있지만 수렴이 보장되지는 않는다. 전문가 정책의 영향을 혼합하면 수렴이 보장됨을 알 수 있는데, 이는 18.3절의 주제이기도 하다.

18.3 확률적 혼합 반복 학습

순차적 대화형 방법은 새로 훈련된 정책을 확률적으로 혼합해 정책을 반복적으로 구축할 수도 있다. 그러한 방법 중 하나는 SMILe^Stochastic Mixing Iterative Learning(알고리듬 18.3)다.[5] 모든 반복에서 행동 복제를 사용하지만 새로 훈련된 정책을 이전 정책과 혼합한다.

먼저 전문가 정책 $\pi^{(1)} = \pi_E$으로 시작한다.[6] 각 반복에서 최근 정책 $\pi^{(k)}$을 실행하고 새로운 데이터셋을 생성하며 전문가에게 정확한 행동을 제공하도록 쿼리한다. 동작 복제는 새로운 구성 요소 정책 $\hat{\pi}^{(k)}$를 훈련하기 위해 이 새로운 데이터셋에만 적용된다. 이 구성 요소 정책은 이전 반복의 구성 요소 정책과 혼합돼 새 정책 $\pi^{(k+1)}$을 생성한다.

5 Ross and J. A. Bagnell, "Efficient Reductions for Imitation Learning," in *International Conference on Artificial Intelligence and Statistics (AISTATS)*, 2010.

6 π_E에 대한 명시적인 식은 없다. π_E를 계산하려면 18.2절에서 수행한 것처럼 전문가에게 대화식으로 쿼리해야 한다.

```
struct DataSetAggregation
    𝒫       # 미지의 보상 함수를 가진 문제
    bc      # 행동 복제 struct
    k_max   # 반복 횟수
    m       # 반복당 롤아웃 횟수
    d       # 롤아웃 깊이
    b       # 초기 상태 분포
    πE      # 전문가
    πθ      # 매개 변수 정책
end

function optimize(M::DataSetAggregation, D, θ)
    𝒫, bc, k_max, m = M.𝒫, M.bc, M.k_max, M.m
    d, b, πE, πθ = M.d, M.b, M.πE, M.πθ
    θ = optimize(bc, D, θ)
    for k in 2:k_max
        for i in 1:m
            s = rand(b)
            for j in 1:d
                push!(D, (s, πE(s)))
                a = rand(πθ(θ, s))
                s = rand(𝒫.T(s, a))
            end
        end
        θ = optimize(bc, D, θ)
    end
    return θ
end
```

알고리듬 18.2 전문가 데모에서 확률적 매개 변수화된 정책을 학습하기 위한 데이터셋 집계의 DAgger 방법. 이 방법은 상태-행동 튜플 D의 초기 데이터셋, 확률적 매개 변수화된 정책 πθ(θ, s), 전이 함수를 정의하는 MDP 𝒫 및 초기 상태 분포 b를 취한다. 동작 복제(알고리듬 18.1)는 정책을 개선하기 위해 각 반복에서 사용된다.

전문가 정책 πE는 데이터셋을 보강하기 위해 최신 학습 정책에서 샘플링된 궤적에 레이블을 지정한다. 원본 논문은 전문가 정책에 확률적으로 혼합해 궤적을 생성했다. 따라서 이 구현은 극단적인 혼합 값이 0인 원래 DAgger다.

실제로 전문가 정책은 존재하지 않으며 이 정책에 대한 호출은 인간 전문가에 대한 쿼리로 대체된다.

보상이 관찰되지 않는 산악 차량 문제에 대한 정책을 훈련하기 위해 DAgger를 사용하는 것을 생각해보자. 우리는 여행 방향으로 가속하는 전문가 정책을 사용한다. 이 예에서는 다음 함수를 사용해 정책을 훈련한다.

$$\mathbf{f}(s) = [1[v > 0], 1[v < 0], x, x^2, v, v^2, xv]$$

여기서 x와 v는 차량의 위치와 속도다.

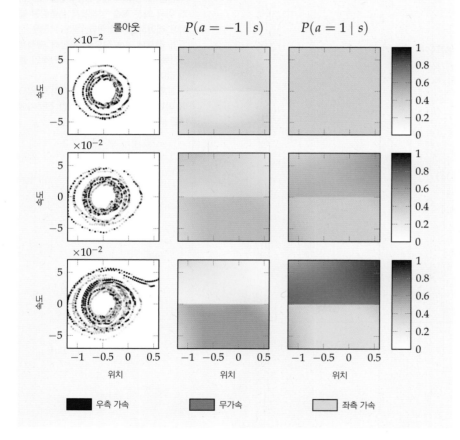

예제 18.3 DAgger는 위에서 아래로 반복되는 산악 차량 문제에 적용됐다. 궤적은 시간이 지남에 따라 데이터셋에 축적된다. 에이전트의 행동은 반복할 때마다 개선된다.

454

가속 궤적은 행동에 따라 색상이 지정된다. 첫 번째 반복에서 에이전트는 무작위로 행동해 목표를 향해 진행할 수 없다($x \geq 0.6$). 추가 반복을 통해 에이전트는 여행 방향으로 가속하는 전문가 정책을 모방하는 방법을 배운다. 이 동작은 새 궤적에서는 명백한데, 바깥쪽으로 나선형을 이루고 정책은 $v > 0$일 때 $a = 1$이고 $v < 0$일 때 $a = -1$에 대해 높은 우도를 할당한다.

$\pi^{(k+1)}$을 생성하기 위한 구성 요소 정책의 혼합은 혼합 스칼라 $\beta \in (0, 1)$에 의해 제어된다. 전문가 정책에 따라 행동할 확률은 $(1 - \beta)^k$이고 $\hat{\pi}^{(i)}$에 따라 행동할 확률은 $\beta(1 - \beta)^{i-1}$이다. 이 체계는 이전 정책 구성 요소가 가장 발생할 가능성이 높은 상태에서 훈련됐다는 가설 아래 이전 정책에 더 많은 가중치를 할당한다.[7] 각 반복에서 원래 전문가 정책에 따라 행동할 확률은 0으로 감소한다. 혼합 스칼라는 에이전트가 전문가의 정책을 너무 빨리 포기하지 않도록 일반적으로 작은 값을 사용한다. 예제 18.4는 산악 차량 문제에서 이 접근 방식을 보여준다.

[7] SMILe에서는 최근에 학습한 정책에 따라 행동한다. 우리는 이 학습된 정책이 전문가와 상당히 잘 일치하고 전문가 정책에서 벗어날 때 주로 잘못된 예측일 것으로 예상한다. 학습된 구성 요소 정책은 일반적으로 아직 학습되지 않은 것과의 차이를 보완하기 위해 각 반복마다 점점 더 작은 기여를 할 필요가 있다.

18.4 최대 마진 역강화학습

많은 응용 설정에서는 대화식으로 쿼리할 수 있는 전문가가 없다. 그러나 대신 우리는 일련의 전문가 데모 궤적을 갖고 있다. 여기서는 전문가 데이터 $\mathcal{D}$가 m개의 궤적으로 구성돼 있다고 가정한다. $\mathcal{D}$의 각 궤적 τ는 깊이 d까지의 롤아웃을 갖고 있다. 역강화학습inverse reinforcement learning에서는 전문가가 미지의 보상 함수를 최적화한다고 가정한다. $\mathcal{D}$로부터 보상 함수를 도출하려고 시도한다. 이 보상 함수를 사용하면 이전의 장들에서 논의한 방법을 사용해 최적의 정책을 도출할 수 있다.

역강화학습에는 다양한 접근 방식이 있다. 일반적으로 보상 함수의 매개 변수화를 정의해야 한다. 일반적인 가정은 이 매개 변수화가 $R_\phi(s, a) = \phi^\top \beta(s, a)$인

선형이며, 여기서 $\beta(s,a)$는 특징 벡터이고 ϕ는 가중치 벡터다. 18.4절에서는 최대 마진 역강화학습^{maximum margin inverse reinforcement learning}[8]으로 알려진 접근 방식에 중점을 둘 것인데, 특징이 이진이라고 가정한다. 최적의 정책은 보상 함수의 양^{positive}의 크기 조정으로 최적 상태를 유지하므로 이 방법은 추가로 가중치 벡터가 $\|\phi\|^2 \leq 1$이 되도록 제한한다. 전문가 데이터는 서로 다른 빈도로 일부는 따르고 일부는 피하도록 각 이진 특성 가중치 벡터를 활성화한다. 이 접근법은 이러한 활성화 패턴을 학습하려고 시도하고 이러한 활성화 빈도를 모방하도록 에이전트를 훈련시킨다.

8 P. Abbeel and A. Y. Ng, "Apprenticeship Learning via Inverse Reinforcement Learning," in *International Conference on Machine Learning (ICML)*, 2004.

```
struct SMILe
    𝒫      # 미지의 보상 함수를 가진 문제
    bc     # 행동 복제 struct
    k_max  # 반복 횟수
    m      # 반복당 롤아웃 횟수
    d      # 롤아웃 깊이
    b      # 초기 상태 분포
    β      # 혼합 스칼라 (예: d^-3)
    πE     # 전문가 정책
    πθ     # 매개 변수화 정책
end

function optimize(M::SMILe, θ)
    𝒫, bc, k_max, m = M.𝒫, M.bc, M.k_max, M.m
    d, b, β, πE, πθ = M.d, M.b, M.β, M.πE, M.πθ
    𝒜, T = 𝒫.𝒜, 𝒫.T
    θs = []
    π = s -> πE(s)
    for k in 1:k_max
        # 최신 π를 실행해 새로운 데이터 집합 D를 얻는다.
        D = []
        for i in 1:m
            s = rand(b)
            for j in 1:d
```

알고리듬 18.3 MDP $\mathcal{P}$에 대한 전문가 데모에서 확률적 매개 변수화된 정책을 훈련하기 위한 SMILe 알고리듬. 점점 더 작은 가중치를 가진 새로운 구성 요소 정책을 연속적으로 혼합하는 동시에 전문가 정책에 따라 행동할 확률을 줄인다. 이 메서드는 구성 요소 정책에 대한 확률 Ps 및 매개 변수화 θs를 반환한다.

```
            push!(D, (s, πE(s)))
            a = π(s)
            s = rand(T(s, a))
        end
    end
    # 새로운 정책 분류기 훈련
    θ = optimize(bc, D, θ)
    push!(θs, θ)
    # 새로운 정책 혼합 계산
    Pπ = Categorical(normalize([(1-β)^(i-1) for i in 1:k],1))
    π = s -> begin
        if rand() < (1-β)^(k-1)
            return πE(s)
        else
            return rand(Categorical(πθ(θs[rand(Pπ)], s)))
        end
    end
end
Ps = normalize([(1-β)^(i-1) for i in 1:k_max],1)
return Ps, θs
end
```

보상이 관찰되지 않는 산악 차량 문제에 대한 정책을 훈련하기 위해 SMILe를 사용하는 것을 생각해보자. 예제 18.3에서 DAgger에 사용된 것과 동일한 특징을 사용한다. DAgger와 SMILe 모두 반복할 때마다 새로운 전문가 레이블 데이터셋을 받는다. SMILe는 전문가 레이블이 지정된 더 큰 데이터셋을 축적하는 대신 가장 최근 데이터만 사용해 새로운 정책 구성 요소를 이전 정책 구성 요소와 혼합해 훈련한다.

예제 18.4 SMILe를 사용한 산악 차량 문제 정책의 학습. 예제 18.3의 DAgger와 달리 SMILe는 롤아웃 중에 전문가를 정책에 혼합한다. 반복할 때마다 영향력이 감소하는 이 전문가 구성 요소는 초기 롤아웃이 목표를 향해 더 잘 진행되도록 한다.

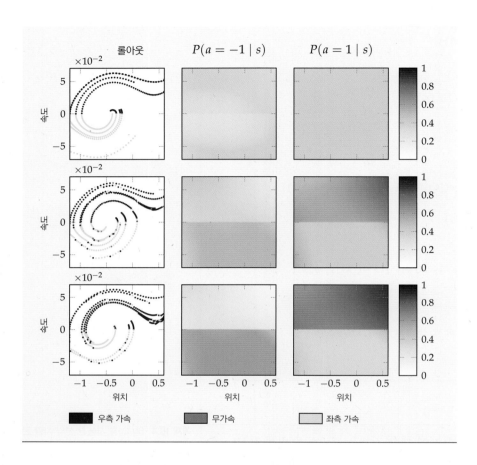

| 롤아웃 | $P(a = -1 \mid s)$ | $P(a = 1 \mid s)$ |

우측 가속   무가속   좌측 가속

이 알고리듬에서 중요한 부분은 가중 $\boldsymbol{\phi}$ 및 초기 상태 분포 b에 대한 정책 π 하에서 기대 총 보상이다.

$$\underset{s \sim b}{\mathbb{E}}[U(s)] = \mathbb{E}_\tau \left[\sum_{k=1}^{d} \gamma^{k-1} R_{\boldsymbol{\phi}}(s^{(k)}, a^{(k)}) \right] \tag{18.2}$$

$$= \mathbb{E}_\tau \left[\sum_{k=1}^{d} \gamma^{k-1} \boldsymbol{\phi}^\top \boldsymbol{\beta}(s^{(k)}, a^{(k)}) \right] \tag{18.3}$$

$$= \boldsymbol{\phi}^\top \left(\mathbb{E}_\tau \left[\sum_{k=1}^d \gamma^{k-1} \boldsymbol{\beta}(s^{(k)}, a^{(k)}) \right] \right) \qquad (18.4)$$

$$= \boldsymbol{\phi}^\top \boldsymbol{\mu}_\pi \qquad (18.5)$$

여기서 τ는 π에서 깊이 d까지 생성된 궤적에 해당한다. 여기서는 예상되는 할인된 누적 특징 값인 특징 기대 벡터^{feature expectations vector} $\boldsymbol{\mu}_\pi$를 소개한다. 이러한 특징 기대치는 알고리듬 18.4에서 구현된 대로 m 롤아웃에서 추정할 수 있다.

```
struct InverseReinforcementLearning
    𝒫  # 문제
    b  # 초기 상태 분포
    d  # 깊이
    m  # 샘플 개수
    π  # 매개 변수화 정책
    β  # 이진 특징 매핑
    μE # 전문가 특징 기댓값
    RL # 강화학습 기법
    ε  # 허용 오차
end

function feature_expectations(M::InverseReinforcementLearning, π)
    𝒫, b, m, d, β, γ = M.𝒫, M.b, M.m, M.d, M.β, M.𝒫.γ
    μ(τ) = sum(γ^(k-1)*β(s, a) for (k,(s,a)) in enumerate(τ))
    τs = [simulate(𝒫, rand(b), π, d) for i in 1:m]
    return mean(μ(τ) for τ in τs)
end
```

알고리듬 18.4 역강화학습을 위한 구조 및 롤아웃에서 특징 기대 벡터를 추정하는 방법

전문가 데모를 사용해 전문가 특징 기댓값 $\boldsymbol{\mu}_E$를 추정할 수 있으며 이러한 특징 기댓값에 가능한 한 근접하게 일치하는 정책을 찾고자 한다. 첫 번째 반복에서 무작위 정책 $\pi^{(1)}$로 시작해 특징 기댓값 $\pi^{(1)}$을 추정한다. 반복 k에서는 보상 함수 $R_{\boldsymbol{\phi}^{(k)}}(s, a) = \boldsymbol{\phi}^{(k)\top} \boldsymbol{\beta}(s, a)$에 해당하는, 전문가가 이전에 찾은 모든 정책을 최대의 마진 t로 능가할 수 있도록 하는 새로운 $\boldsymbol{\phi}^{(k)}$를 찾는다.

$$\underset{t,\boldsymbol{\phi}}{\text{maximize}} \quad t$$

$$\text{제약 조건} \quad \boldsymbol{\phi}^{\top}\boldsymbol{\mu}_E \geq \boldsymbol{\phi}^{\top}\boldsymbol{\mu}^{(i)} + t \text{ for } i = 1,\ldots,k-1 \qquad (18.6)$$

$$\|\boldsymbol{\phi}\|_2 \leq 1$$

방정식 (18.6)은 쉽게 풀 수 있는 2차 프로그램이다. 그런 다음 보상 함수 $R(s,a)$ $= \boldsymbol{\phi}^{(k)\top}\boldsymbol{\beta}(s,a)$를 사용해 새로운 정책 $\pi^{(k)}$를 해결하고 특징 기대치의 새로운 벡터를 생성한다. 그림 18.2는 이 마진 최대화 프로세스를 보여준다.

마진이 충분히 작아질 때까지 반복한다. $t \leq \epsilon$ 수렴에서는 전문가 정책의 특징 기댓값에 최대한 근접한 특징 기댓값을 갖도록 시도하는 혼합 정책을 풀 수 있다.

$$\underset{\boldsymbol{\lambda}}{\text{minimize}} \quad \|\boldsymbol{\mu}_E - \boldsymbol{\mu}_{\boldsymbol{\lambda}}\|_2$$

$$\text{제약 조건} \quad \boldsymbol{\lambda} \geq 0 \qquad (18.7)$$

$$\|\boldsymbol{\lambda}\|_1 = 1$$

여기서 $\boldsymbol{\mu}_{\boldsymbol{\lambda}} = \sum_i \lambda_i \boldsymbol{\mu}^{(i)}$ 혼합 가중치 $\boldsymbol{\lambda}$는 각 반복에서 찾은 정책을 결합한다. 확률 λ_i로 정책 $\pi^{(i)}$를 따른다. 최대 마진 역강화학습은 알고리듬 18.5에서 구현된다.

18.5 최대 엔트로피 역강화학습

18.4절의 역강화학습 접근 방식은 과소 지정돼 있으며, 이는 전문가 시연과 동일한 특징 기댓값을 생성할 수 있는 여러 정책이 있는 경우가 많다는 것을 의미한다. 18.5절에서는 최대 엔트로피 역강화학습^{maximum entropy inverse reinforcement learning}을 소개하는데, 이 방법은 최대 엔트로피^{entropy}를 갖는 궤적의 분포를 생성하는 정책을 선호함으로써 모호성을 피하는 방법이다(부록 A.8).[9] 이 문제는 주어진 전문가 데이터 $\mathcal{D}$에서 최대 우도 추정 문제의 최상의 보상 함수 매개 변수 $\boldsymbol{\phi}$를 찾는 것으로 변환될 수 있다.

9 B. D. Ziebart, A. Maas, J. A. Bagnell, and A. K. Dey, "Maximum Entropy Inverse Reinforcement Learning," in *AAAI Conference on Artificial Intelligence (AAAI)*, 2008.

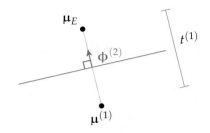

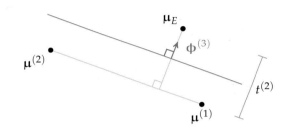

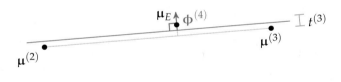

◀ **그림 18.2** 위에서 아래로 진행되는 최대 마진 역강화학습 알고리듬의 세 가지 예제 반복의 기하학적 시각화. 각 반복에서 새로운 가중치 벡터는 전문가 특징 기댓값 벡터를 가능한 최대 마진으로 이전 정책의 기대 벡터와 분리하는 초평면에 수직인 방향을 가리킨다. 마진은 반복할 때마다 감소한다.

```
function calc_weighting(M::InverseReinforcementLearning, μs)
    μE = M.μE
    k = length(μE)
    model = Model(Ipopt.Optimizer)
    @variable(model, t)
    @variable(model, ϕ[1:k] ≥ 0)
    @objective(model, Max, t)
    for μ in μs
        @constraint(model, ϕ·μE ≥ ϕ·μ + t)
    end
    @constraint(model, ϕ·ϕ ≤ 1)
    optimize!(model)
    return (value(t), value.(ϕ))
end

function calc_policy_mixture(M::InverseReinforcementLearning, μs)
    μE = M.μE
    k = length(μs)
    model = Model(Ipopt.Optimizer)
    @variable(model, λ[1:k] ≥ 0)
    @objective(model, Min, (μE - sum(λ[i]*μs[i] for i in 1:k))·
                           (μE - sum(λ[i]*μs[i] for i in 1:k)))
    @constraint(model, sum(λ) == 1)
    optimize!(model)
    return value.(λ)
end

function optimize(M::InverseReinforcementLearning, θ)
    π, ϵ, RL = M.π, M.ϵ, M.RL
    θs = [θ]
    μs = [feature_expectations(M, s->π(θ,s))]
    while true
        t, ϕ = calc_weighting(M, μs)
        if t ≤ ϵ
            break
        end
```

알고리듬 18.5 특징 기댓값이 주어진 전문가 시연의 기댓값과 일치하는 혼합 정책을 계산하는 최대 마진 역강화학습. 제한된 최적화 문제를 해결하기 위해 JuMP.jl을 사용한다. 이 구현에서는 제공된 강화학습 구조체에 새 값으로 갱신할 수 있는 가중치 벡터 ϕ가 있어야 한다. 이 메서드는 구성 요소 정책에 대한 확률적 가중치 λ 및 매개 변수화 θs를 반환한다.

```
        copyto!(RL.ϕ, ϕ) # R(s,a) = ϕ·β(s,a)
        θ = optimize(RL, π, θ)
        push!(θs, θ)
        push!(μs, feature_expectations(M, s->π(θ,s)))
    end
    λ = calc_policy_mixture(M, μs)
    return λ, θs
end
```

모든 정책 π는 궤적[10] $P_\pi(\tau)$에 대한 분포를 유도한다. 서로 다른 정책은 서로 다른 궤적 분포를 생성한다. 전문가의 특징 기댓값과 일치하는 궤적에 대해 이러한 분포를 자유롭게 선택할 수 있다. 최대 엔트로피의 원칙은 최대 엔트로피에 해당하는 최소 정보 분포를 선택한다.[11] 최소 정보 궤적 분포는 다음과 같은 형식을 취함을 보일 수 있다.

$$P_{\boldsymbol{\phi}}(\tau) = \frac{1}{Z(\boldsymbol{\phi})} \exp(R_{\boldsymbol{\phi}}(\tau)) \tag{18.8}$$

여기서 $P_{\boldsymbol{\phi}}(\tau)$는 보상 매개 변수 $\boldsymbol{\phi}$가 주어진 궤적 τ의 우도이며, 다음 식은 할인된 궤적 보상이다.

$$R_{\boldsymbol{\phi}}(\tau) = \sum_{k=1}^{d} \gamma^{k-1} R_{\boldsymbol{\phi}}(s^{(k)}, a^{(k)}) \tag{18.9}$$

$R_{\boldsymbol{\phi}}(s^{(k)}, a^{(k)})$의 매개 변수화에 대해서는 $R_{\boldsymbol{\phi}}(s^{(k)}, a^{(k)})$가 미분 가능하고 신경망과 같은 표현을 허용한다는 것 외에는 가정하지 않는다. 정규화 스칼라 $Z(\boldsymbol{\phi})$는 확률 합이 1이 되도록 보장한다.

$$Z(\boldsymbol{\phi}) = \sum_{\tau} \exp(R_{\boldsymbol{\phi}}(\tau)) \tag{18.10}$$

합계는 가능한 모든 궤적에 걸쳐 있다.

10 편의상 18.5절에서는 유한한 기간을 가정하고 상태 공간과 행동 공간은 불연속적이어서 $P_\phi(\tau)$를 확률 질량으로 만든다. 최대 엔트로피 역강화학습을 연속 상태와 역학을 알 수 없는 작업 공간 문제로 확장하려면 유도 비용 학습(guided cost learning)을 고려하라. C. Finn, S. Levine, and P. Abbeel, "Guided Cost Learning: Deep Inverse Optimal Control via Policy Optimization," in *International Conference on Machine Learning (ICML)*, 2016.

11 이 규칙에 대한 소개는 다음 문헌을 참고하라. E. T. Jaynes, "Information Theory and Statistical Mechanics," *Physical Review*, vol. 106, no. 4, pp. 620–630, 1957.

여기서의 정책에 대해서는 특정 부류의 궤적 분포를 선택했다. 이제 데이터를 가장 잘 설명하는 매개 변수를 얻기 위해 최대 우도를 사용해 해당 부류를 궤적에 적합화한다.

$$\max_{\boldsymbol{\phi}} f(\boldsymbol{\phi}) = \max_{\boldsymbol{\phi}} \sum_{\tau \in \mathcal{D}} \log P_{\boldsymbol{\phi}}(\tau) \tag{18.11}$$

방정식 (18.11)에서 목적 함수 $f(\boldsymbol{\phi})$를 다시 작성할 수 있다.

$$f(\boldsymbol{\phi}) = \sum_{\tau \in \mathcal{D}} \log \frac{1}{Z(\boldsymbol{\phi})} \exp(R_{\boldsymbol{\phi}}(\tau)) \tag{18.12}$$

$$= \left(\sum_{\tau \in \mathcal{D}} R_{\boldsymbol{\phi}}(\tau) \right) - |\mathcal{D}| \log Z(\boldsymbol{\phi}) \tag{18.13}$$

$$= \left(\sum_{\tau \in \mathcal{D}} R_{\boldsymbol{\phi}}(\tau) \right) - |\mathcal{D}| \log \sum_{\tau} \exp(R_{\boldsymbol{\phi}}(\tau)) \tag{18.14}$$

그래디언트 상승을 통해 이 목적 함수를 최적화하려고 시도할 수 있다. f의 그래디언트는 다음과 같다.

$$\nabla_{\boldsymbol{\phi}} f = \left(\sum_{\tau \in \mathcal{D}} \nabla_{\boldsymbol{\phi}} R_{\boldsymbol{\phi}}(\tau) \right) - \frac{|\mathcal{D}|}{\sum_{\tau} \exp(R_{\boldsymbol{\phi}}(\tau))} \sum_{\tau} \exp(R_{\boldsymbol{\phi}}(\tau)) \nabla_{\boldsymbol{\phi}} R_{\boldsymbol{\phi}}(\tau) \tag{18.15}$$

$$= \left(\sum_{\tau \in \mathcal{D}} \nabla_{\boldsymbol{\phi}} R_{\boldsymbol{\phi}}(\tau) \right) - |\mathcal{D}| \sum_{\tau} P_{\boldsymbol{\phi}}(\tau) \nabla_{\boldsymbol{\phi}} R_{\boldsymbol{\phi}}(\tau) \tag{18.16}$$

$$= \left(\sum_{\tau \in \mathcal{D}} \nabla_{\boldsymbol{\phi}} R_{\boldsymbol{\phi}}(\tau) \right) - |\mathcal{D}| \sum_{s} b_{\gamma, \boldsymbol{\phi}}(s) \sum_{a} \pi_{\boldsymbol{\phi}}(a \mid s) \nabla_{\boldsymbol{\phi}} R_{\boldsymbol{\phi}}(s, a) \tag{18.17}$$

보상 함수가 18.4절에서와 같이 $R_{\boldsymbol{\phi}}(s, a) = \boldsymbol{\phi}^{\top} \boldsymbol{\beta}(s, a)$인 선형인 경우 $\nabla_{\boldsymbol{\phi}} R_{\boldsymbol{\phi}}(s, a)$는 단순히 $\boldsymbol{\beta}(s, a)$다.

따라서 매개 변수 벡터 $\boldsymbol{\phi}$를 갱신하려면 할인된 상태 방문 빈도 $b_{\gamma, \boldsymbol{\phi}}$와 현재 매개 변수 벡터 $\pi_{\boldsymbol{\phi}}(a \mid s)$에서 최적의 정책이 모두 필요하다. 강화학습을 실행해 최적의 정책을 얻을 수 있다. 할인된 상태 방문 빈도를 계산하기 위해 롤아웃을 사용하거나 동적 프로그래밍 접근 방식을 사용할 수 있다.

할인된 상태를 계산하기 위해 동적 프로그래밍 접근 방식을 취하면 초기 상태 분포 $b_{\gamma\phi}^{(1)} = b(s)$에서 시작해 시간이 지남에 따라 반복적으로 작업할 수 있다.

$$b_{\gamma,\phi}^{(k+1)}(s) = \gamma \sum_a \sum_{s'} b_{\gamma,\phi}^{(k)}(s)\pi(a \mid s)T(s' \mid s,a) \tag{18.18}$$

이 버전의 최대 엔트로피 역강화학습의 알고리듬 18.6에서 구현된다.

18.6 생성적 적대 모방 학습

생성적 적대 모방 학습$^{GAIL, Generative Adversarial Imitation Learning}$[12]에서는 종종 신경망으로 표현되는 미분 가능 매개 변수화된 정책 π_θ를 최적화한다. 보상 함수를 제공하는 대신 적대적 학습을 사용한다(부록 D.7). 또한 일반적으로 신경망인 판별자^{discriminator} $C_\phi(s,a)$를 훈련해 학습된 정책에서 오는 상태-행동 쌍에 할당하는 확률을 반환하도록 한다. 이 과정은 이 판별자를 훈련시켜 시뮬레이션과 전문과 상태-행동 쌍을 더 잘 구분하도록 하는 것과 정책을 훈련시켜 전문과 데모와 구분하지 못하도록 하는 것 사이를 번갈아 한다. 이 과정은 그림 18.3에 묘사돼 있다.

12 J. Ho and S. Ermon, "Generative Adversarial Imitation Learning," in *Advances in Neural Information Processing Systems (NIPS)*, 2016.

```
struct MaximumEntropyIRL
    𝒫      # 문제
    b      # 초기 상태 분포
    d      # 깊이
    π      # 매개 변수화 정책 π(θ,s)
    Pπ     # 매개 변수화 정책 우도 π(θ, a, s)
    ∇R     # 보상 함수 그래디언트
    RL     # 강화학습 기법
    α      # 단계 크기
    k_max  # 반복 횟수
end
```

알고리듬 18.6 최대 엔트로피 궤적 분포에서 전문가 시연의 우도를 최대화하는 확률적 정책을 찾는 최대 엔트로피 역강화학습. 이 구현은 문제가 이산이어야 하는 모든 상태에 대한 동적 프로그래밍을 사용해 예상되는 방문을 계산한다.

```
function discounted_state_visitations(M::MaximumEntropyIRL, θ)
    𝒫, b, d, Pπ = M.𝒫, M.b, M.d, M.Pπ
    𝒮, 𝒜, T, γ = 𝒫.𝒮, 𝒫.𝒜, 𝒫.T, 𝒫.γ
    b_sk = zeros(length(𝒫.𝒮), d)
    b_sk[:,1] = [pdf(b, s) for s in 𝒮]
    for k in 2:d
        for (si', s') in enumerate(𝒮)
            b_sk[si',k] = γ*sum(sum(b_sk[si,k-1]*Pπ(θ, a, s)*T(s, a, s')
                    for (si,s) in enumerate(𝒮))
                for a in 𝒫)
        end
    end
    return normalize!(vec(mean(b_sk, dims=2)),1)
end


function optimize(M::MaximumEntropyIRL, D, ϕ, θ)
    𝒫, π, Pπ, ∇R, RL, α, k_max = M.𝒫, M.π, M.Pπ, M.∇R, M.RL, M.α, M.k_max
    𝒮, 𝒜, γ, nD = 𝒫.𝒮, 𝒫.𝒜, 𝒫.γ, length(D)
    for k in 1:k_max
        copyto!(RL.ϕ, ϕ) # 매개 변수 갱신
        θ = optimize(RL, π, θ)
        b = discounted_state_visitations(M, θ)
        ∇Rτ = τ -> sum(γ^(i-1)*∇R(ϕ,s,a) for (i,(s,a)) in enumerate(τ))
        ∇f = sum(∇Rτ(τ) for τ in D) - nD*sum(b[si]*sum(Pπ(θ,a,s)*∇R(ϕ,s,a)
                    for (ai,a) in enumerate(𝒜))
                for (si, s) in enumerate(𝒮))
        ϕ += α*∇f
    end
    return ϕ, θ
end
```

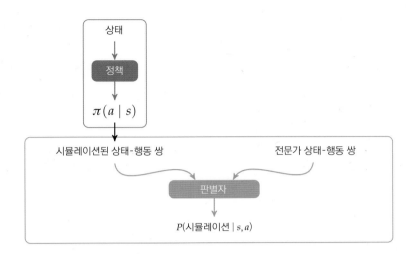

◀ **그림 18.3** 보상 함수를 추론하는 대신 생성적 적대 모방 학습은 판별자를 최적화해 시뮬레이션된 상태-행동 쌍과 전문가 상태-행동 쌍을 구별하고 판별자가 구분할 수 없도록 정책을 최적화한다. 목표는 궁극적으로 전문가와 유사한 정책을 생성하는 것이다.

판별자와 정책은 상반된 목적을 가진다. GAIL은 판별자의 이진 분류 문제의 음의 로그 손실 함수의 안장점$^{\text{saddle point}}$ (θ, ϕ)을 찾는다.[13]

$$\max_{\phi} \min_{\theta} \mathbb{E}_{(s,a) \sim \pi_{\theta}}\left[\log(C_{\phi}(s,a))\right] + \mathbb{E}_{(s,a) \sim \mathcal{D}}\left[\log(1 - C_{\phi}(s,a))\right] \quad (18.19)$$

여기서 $(s, a) \sim \mathcal{D}$는 전문가 데이터셋 $\mathcal{D}$로 표현된 분포의 샘플을 나타낸다. 우리는 ϕ에 대한 그래디언트 상승을 번갈아가며 목적 함수를 설정하는 전문가 데이터와 θ에 대한 신뢰 영역 정책 최적화(12.4절)를 번갈아가며 목적 함수를 줄이고 정책에서 필요한 궤적 샘플을 생성해 이러한 각 단계를 수행할 수 있다. 판별자는 보상 신호가 알려진 경우와 유사한 방식으로 정책에 학습 신호를 제공한다.

13 원 논문에는 다음 엔트로피 항도 포함된다.

$$-\lambda \, \mathbb{E}_{(s,a) \sim \mathcal{D}}\left[-\log \pi_{\theta}(a \mid s)\right]$$

18.7 요약

- 모방 학습은 보상 함수를 사용하지 않고 전문가 시연으로부터 원하는 행동을 학습하는 것이다.

- 모방 학습의 한 유형은 데이터셋에서 행동의 조건부 우도를 최대화하는 확률적 정책을 생성하는 행동 복제다.
- 전문가에게 여러 번 쿼리할 수 있는 경우 데이터셋 집계 또는 확률적 혼합 반복 학습과 같은 반복 접근 방식을 사용할 수 있다.
- 역강화학습은 전문가 데이터에서 보상 함수를 추론한 다음 최적의 정책을 찾기 위해 전통적인 방법을 사용하는 것을 포함한다.
- 최대 마진 역강화학습은 전문가 데이터셋에서 발견된 이진 특징의 빈도와 일치하는 정책을 찾으려고 시도한다.
- 최대 엔트로피 역강화학습은 그래디언트 상승을 사용해 해결하려고 시도하는 최대 우도 추정 문제로서 최상의 보상 매개 변수를 찾는 문제를 구성한다.
- 생성적 적대 모방 학습은 판별자와 정책을 반복적으로 최적화한다. 판별자는 정책이 내린 결정과 전문가가 내린 결정을 구별하려고 시도하고 정책은 판별자를 속이려고 시도한다.

18.8 연습 문제

연습 18.1 전문가의 시연을 받은 이산 문제에 행동 복제를 적용하는 것을 생각해보자. 특징 함수 $\beta(s)$를 정의하고 소프트맥스 분포로 정책을 나타낼 수 있다. 그런 다음 전문가 데이터에서 각 행동에 대한 매개 변수 θ_a를 학습한다. 상태-행동 쌍당 하나의 매개 변수를 사용해 각 상태에 대한 이산 분포를 직접 추정하는 방식보다 이 접근 방식을 사용하려는 이유는 무엇인가?

$$\pi(a \mid s) \propto \exp(\theta_a^\top \beta(s))$$

해법: 모방 학습에서는 일반적으로 상대적으로 적은 수의 전문가 시연으로 제한된다. 분포 $P(a \mid s)$는 학습해야 하는 $(|\mathcal{A}| - 1)|\mathcal{S}|$개의 독립 매개 변수를 가지며, 이는 종종 엄청나게 크다. 전문가 데모는 일반적으로 상태 공간의 작은 부분만을 책임질 수 있다. 비록 제공된 데이터셋에서 $P(a \mid s)$를 안정적으로 훈련시키더라도 다른 상태에서는 결과 정책이 훈련되지 않았을 것이다. 특징 함수를 사용하면 낯선 상태에 대해서도 일반화가 가능하다.

연습 18.2 18.1절에서는 전문가 데이터에서 정책을 훈련하기 위해 최대 우도 접근 방식을 사용할 것을 제안했다. 이 접근법은 학습 예제에 할당된 우도를 최대화하는 정책의 매개 변수를 찾으려고 시도한다. 그러나 일부 문제에서는 하나의 잘못된 행동에 높은 확률을 할당하는 것이 다른 잘못된 행동에 높은 확률을 할당하는 것보다 낫다는 것을 알고 있다. 예를 들어, 산악 자동차 문제에서 전문가가 가속 1을 지시할 때 가속 −1을 예측하는 것은 가속 0을 예측하는 것보다 더 나쁘다. 서로 다른 오분류에 서로 다른 페널티가 주어질 수 있도록 행동 복제를 어떻게 수정할 수 있는가?

해법: 상태 s에서 전문가의 행동이 a_{true}일 때 상태 s에 대한 예측 행동의 비용을 $C(s, a_{\text{true}}, a_{\text{pred}})$로 정의할 수 있다. 예를 들어, 산악 차량 문제의 경우 다음과 같이 사용할 수 있다.

$$C(s, a_{\text{true}}, a_{\text{pred}}) = -|a_{\text{true}} - a_{\text{pred}}|$$

작은 편차보다 더 큰 편차에 페널티를 부여한다. 전문가의 행동과 연계된 비용은 일반적으로 0이다.

확률적 정책 $\pi(a \mid s)$가 있다면 데이터셋에 대한 비용을 최소화하는 것을 찾는다.

$$\underset{\theta}{\text{minimize}} \sum_{(s, a_{\text{true}}) \in \mathcal{D}} \sum_{a_{\text{pred}}} C\left(s, a_{\text{true}}, a_{\text{pred}}\right) \pi\left(a_{\text{pred}} \mid s\right)$$

이 기법을 비용-민감 분류^{cost-sensitive classification}라고 한다.[14] 비용-민감 분류의 이점 중 하나는 k-최근접 이웃, 서포트 벡터 머신, 또는 의사결정 트리 같은 기성 분류 모델을 사용해 정책을 훈련할 수 있다는 것이다.

연습 18.3 최대 마진 역강화학습이 최적의 정책을 고유하게 정의하지 않는 예를 제공하라.

해법: 최대 마진 역강화학습은 전문가 데이터에서 이진 특징을 추출하고 최적 정책이 이러한 이진 특징과 동일한 빈도의 궤적을 생성하는 보상 함수를 찾는다. 여러 정책이 동일한 특징 기댓값을 생성하지 않는다는 보장은 없다. 예를 들어, 왼쪽 차선만 변경하는 자율 주행차는 오른쪽 차선만 변경하는 자율 주행차와 동일한 차선 변경 빈도를 가질 수 있다.

연습 18.4 최대 마진 역강화학습은 특징 기댓값을 사용해 정책이 전문가 데모와 얼마나 유사한지 측정한다. 이진이 아닌 특징이 사용되는 경우 이 유사성 측정이 어떻게 영향을 받는가?

해법: 이진이 아닌 특징을 사용하는 경우 일부 특징이 다른 특징보다 커질 수 있으므로 에이전트는 더 작은 경향의 특징보다 큰 특징과 매칭되도록 유도될 수 있다. 크기만이 유일한 문제는 아니다. 모든 특징이 $[0, 1]$ 내에 있도록 제한하더라도 일관되게 $\phi(s, a)_1 = 0.5$를 생성하는 정책은 50% 시간 동안은 $\phi(s, a)_1 = 0$을 생성하고 나머지 50% 시간 동안은 $\phi(s, a)_1 = 1$을 생성하는 정책과 동일한 기댓값을 가질 것이다. 특징이 인코딩하는 내용에 따라 정책이 매우 달라질 수 있다. 모든 연속 특징 집합을 이산화할 수 있으므로 이진 특징 집합으로 근사화할 수 있다.

연습 18.5 고층 건물에서 어느 층에 엘리베이터를 보내야 할 것인지 선택해야 하는 시스템을 구축하고 있다고 가정하자. 고객이 엘리베이터를 기다려야 하는 시간 또는 목적지에 도착하기 위해 기다려야 하는 시간 등 전문가 시연의 특징 기댓값과 일치하도록 여러 정책을 훈련했다. 각 정책에 대해 여러 롤아웃을 실행하고 각 층에서 소요된 상대적 기간을 계획한다. 각 정책이 특징 기댓값과 동등하게 일

14 C. Elkan, "The Foundations of Cost-Sensitive Learning," in *International Joint Conference on Artificial Intelligence (IJCAI)*, 2001.

치한다고 가정할 때 최대 엔트로피 원칙에 따라 어떤 정책을 선호해야 하는가?

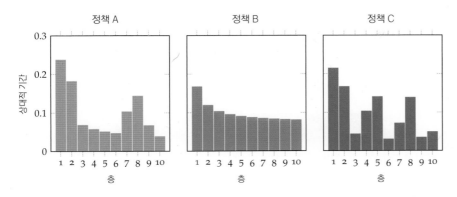

해법: 상대적 기간에 대한 이러한 분포는 이 엘리베이터 문제에 대한 궤적 분포와 유사하다. 최대 엔트로피의 원리를 적용할 때 엔트로피가 가장 많은 분포를 선호한다. 따라서 가장 균등하므로 엔트로피가 가장 큰 정책인 B를 선택한다.

연습 18.6 생성적 적대 모방 학습에서 정책 최적화 단계를 고려해보자. 전통적인 강화학습 기법을 적용할 수 있도록 보상 함수 형태로 목적 함수를 다시 작성하라.

해법: 방정식 (18.19)를 다시 작성하고 전문가 데이터셋에 종속되는 항을 삭제하고 부호를 뒤집어 보상의 θ에 대한 최소화에서 θ에 대한 최대화로 변경해 대리 보상 함수를 생성한다.

$$\tilde{R}_{\phi}(s, a) = -\log C_{\phi}(s, a)$$

$\tilde{R}_{\phi}(s, a)$는 알려지지 않은 실제 보상 함수와 상당히 다를 수 있지만 학습된 정책을 전문가가 다루는 것과 유사한 상태-행동 공간의 영역으로 유도하는 데 사용할 수 있다.

연습 18.7 판별자가 상태-행동 쌍이 아닌 궤적을 취하도록 생성적 적대 모방 학습을 어떻게 변경할 수 있는지 설명하라. 이 방법이 유용할 수 있는 이유는 무엇인가?

해법: 판별자가 궤적을 취하도록 생성적 적대 모방 학습을 변경하는 것은 간단하다. 특히 궤적이 고정 길이인 경우 더욱 그렇다. 전문가 데이터셋은 궤적으로 분할되고 학습된 정책은 이전과 마찬가지로 궤적을 생성하는 데 사용된다. 상태−행동 쌍에서 작동하는 대신 판별기는 재현^{recurrent} 신경망(부록 D.5)과 같은 식을 사용해 궤적을 취하고 분류 확률을 생성한다. 목적 함수는 크게 변경되지 않는다.

$$\max_{\phi} \min_{\theta} \mathbb{E}_{\tau \sim \pi_\theta} \left[\log(C_\phi(\tau)) \right] + \mathbb{E}_{\tau \sim \mathcal{D}} \left[\log(1 - C_\phi(\tau)) \right]$$

전체 궤적에 걸쳐 판별자를 실행하는 이점은 판별자가 개별 상태-작업 쌍에서 명확하지 않은 특징을 캡처해 더 나은 정책을 만들 수 있다는 것이다. 예를 들어, 자율 주행 정책에 대한 개별 가속과 회전율만 본다면 판별자가 배울 수 있는 것은 거의 없다. 더 긴 궤적을 보도록 훈련된 판별자는 차선 변경의 공격성 및 부드러움과 같은 차량의 동작을 더 많이 볼 수 있어 전문적인 운전 시연과 더 잘 일치한다.[15]

15 이 기법은 다음 문헌에서 사용됐다. A. Kuefler, J. Morton, T. A. Wheeler, and M. J. Kochenderfer, "Imitating Driver Behavior with Generative Adversarial Networks," in *IEEE Intelligent Vehicles Symposium (IV)*, 2017.

4부

상태 불확실성

이전의 장들에서는 결과 상태와 모델 측면 모두에서 전이 함수의 불확실성을 포함했다. 4부에서는 상태까지 포함하도록 불확실성을 확장한다. 상태를 정확히 관찰하는 대신 상태와 확률적 관계만 가진 관찰만 얻는다. 이러한 문제는 부분적으로 관찰 가능한 마르코프 결정 프로세스^{POMDP, Partially Observable Markov Decision Process}로 모델링할 수 있다. POMDP를 해결하는 일반적인 접근 방식은 현재 시간 단계에서 기본 상태에 대한 신뢰 분포를 추론한 다음 신뢰를 행동에 매핑하는 정책을 적용하는 것이다. 과거의 관찰과 행동 순서가 주어졌을 때 신뢰 분포를 갱신하는 방법을 보여줄 것이다. 이를 통해 이러한 신뢰 기반 정책을 최적화하기 위한 정확한 해법을 고안할 수 있다. 불행히도 POMDP는 가장 작은 문제를 제외한 모든 문제를 최적으로 해결하기 어렵다. 더 큰 문제에 대해서는 정확한 방법보다 훨씬 더 잘 확장되는 경향을 가진 다양한 오프라인 근사 방법을 검토한다. 또한 이 책의 앞부분에서 논의한 일부 온라인 근삿값을 확장해 부분 관찰 가능성을 수용하는 방법도 보여준다. 마지막으로 유한 상태 컨트롤러를 대체 정책 표현으로 소개하고 이를 최적화해 POMDP를 해결하는 방법을 알아본다.

19
신뢰

POMDP는 상태 불확실성을 가진 MDP다. 에이전트는 참 상태가 아닌 현재 상태에 대한 잠재적으로 불완전한 관찰을 얻게 된다. 과거의 일련의 관찰과 행동으로부터 에이전트는 세상에 대한 이해를 발전시킨다. 19장에서는 에이전트의 신뢰 belief 분포를 기저 상태에 대한 확률 분포로 어떻게 표현할 수 있는지 설명한다.

에이전트의 관찰 및 취한 행동을 기반으로 신뢰를 갱신하기 위한 다양한 알고리즘이 제공된다.[1] 상태 공간이 이산적이거나 특정 선형 가우시안 가정이 충족되는 경우 정확한 신뢰 갱신을 수행할 수 있다. 이러한 가정이 성립하지 않는 경우 선형화 또는 샘플링에 기반해 근삿값을 사용할 수 있다.

1 로봇 응용 맥락에서의 신뢰 갱신에 대한 또 다른 기법은 다음 문헌을 참고한다. S. Thrun, W. Burgard, and D. Fox, *Probabilistic Robotics*. MIT Press, 2006.

19.1 신뢰 초기화

신뢰를 표현하는 방법에는 여러 가지가 있다. 19장에서는 신뢰 분포가 범주형 또는 다변량 정규 분포와 같이 고정 분포 계열의 매개 변수 집합으로 표현되는 매개 변수적^{parametric} 표현에 대해 설명한다. 또한 신뢰 분포가 상태 공간에서 샘플링된 입자 또는 점으로 표현되는 비매개 변수적^{nonparametric} 표현에 대해서도 알아볼 것이다. 다른 표현과 관련된 것은 에이전트가 취한 행동과 관찰에 따라 신뢰를 갱신하기 위한 다른 절차다.

에이전트가 행동을 취하거나 관찰하기 전에 초기 신뢰 분포부터 시작한다. 에이전트가 있을 수 있는 상태 공간에서의 위치에 대한 사전 정보가 있는 경우 이를 초기 신뢰로 인코딩할 수 있다. 정보가 없다면 일반적으로 초기 신뢰를 분산시켜서 에이전트가 실제로는 존재할 수 없는 상태 공간에 에이전트가 있다고 지나치게 잘못 확신하게 되는 것을 피한다. 참 상태와 멀리 떨어진 상태에 초점을 둔 강한 초기 신뢰는 많은 관찰을 하더라도 잘못된 상태 추정으로 이어질 수 있다.

특히 상태 공간이 매우 희소하게만 샘플링될 수 있는 신뢰의 비매개 변수적 표현에서는 분산된 초기 신뢰가 어려움을 초래할 수 있다. 경우에 따라 유익한 관찰이 이뤄질 때까지 기다렸다가 신뢰를 초기화하는 것이 유용할 수 있다. 예를 들어, 로봇 탐색 문제에서는 센서가 알려진 랜드마크^{landmark}를 감지할 때까지 기다린 다음 신뢰를 적절하게 초기화할 수 있다. 랜드마크는 상태 공간의 관련 영역을 좁히는 데 도움이 될 수 있으므로 랜드마크 관찰과 일치하는 영역의 공간 샘플링에 집중할 수 있다. 예제 19.1은 이 개념을 설명한다.

카메라, 레이더, 라이다 데이터를 사용해 위치를 추적하는 위치 파악 시스템이 장착된 자율 주행 자동차를 생각해보라. 자동차는 범위 r에서 고유한 랜드마크를 식별하고 현재 위치에서 방위각 θ를 나타낼 수 있다.

예제 19.1 랜드마크 관찰을 기반으로 초기 비매개 변수적 신뢰를 생성. 이 경우 자율 주행차는 랜드마크 주변의 링 어디에나 있을 수 있다.

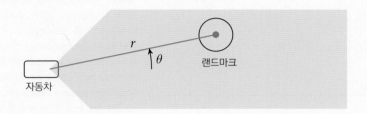

범위 및 방위각 측정값은 각각 분산 v_r 및 v_θ를 갖는 평균이 0인 가우시안 잡음을 가지며 랜드마크는 (x, y)에 있는 것으로 알려져 있다. 측정값 r과 θ가 주어지면 자동차의 위치 $(\hat{x}, \hat{y})$와 방향 $\hat{\psi}$에 대한 분포를 생성할 수 있다.

$$\hat{r} \sim \mathcal{N}(r, v_r) \qquad \hat{\theta} \sim \mathcal{N}(\theta, v_\theta) \qquad \hat{\phi} \sim \mathcal{U}(0, 2\pi)$$
$$\hat{x} \leftarrow x + \hat{r}\cos\hat{\phi} \qquad \hat{y} \leftarrow y + \hat{r}\sin\hat{\phi} \qquad \hat{\psi} \leftarrow \hat{\phi} - \hat{\theta} - \pi$$

여기서 $\hat{\phi}$는 전체 좌표계$^{\text{global frame}}$에서 랜드마크로부터 자동차의 각도다.

19.2 이산 상태 필터

POMDP에서 에이전트는 환경의 기저 상태를 직접 관찰하지 않는다. 대신 에이전트는 매시간 단계에서 어떤 관찰 공간$^{\text{observation space}}$ $\mathcal{O}$에 속하는 관찰을 얻는다. 에이전트가 행동 a를 취하고 상태 s'로 전이한 관찰 공간에서 o를 관찰할 확률은 $O(o \mid a, s')$이다. $\mathcal{O}$가 연속이면 $O(o \mid a, s')$는 확률 밀도다.

그림 19.1은 POMDP와 관련된 동적 결정 네트워크를 보여준다. 알고리듬 19.1은 POMDP 데이터 구조의 구현을 보여준다.

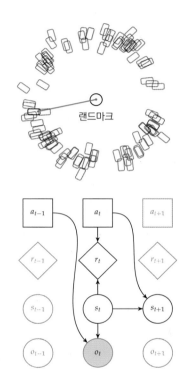

▲ **그림 19.1** POMDP 문제 공식화를 위한 동적 결정 네트워크. 그림 7.1과 같이 행동 노드로 들어가는 정보 선분은 표시하지 않았다.

```
struct POMDP
    γ   # 할인 계수
    S   # 상태 공간
    A   # 행동 공간
    O   # 관찰 공간
    T   # 전이 함수
    R   # 보상 함수
    O   # 관찰 함수
    TRO # 전이, 보상, 관찰 샘플
end
```

알고리듬 19.1 POMDP의 데이터 구조. 주어진 현재 상태와 행동에 대해 TRO 필드를 사용해 다음 상태, 보상, 관찰을 샘플링한다. s', r, o = TRO(s, a) 다음 문헌은 POMDP를 지정하고 해결하기 위한 포괄적인 패키지를 제공한다. M. Egorov, Z. N. Sunberg, E. Balaban, T. A. Wheeler, J. K. Gupta, and M. J. Kochenderfer, "POMDPs.jl: A Framework for Sequential Decision Making Under Uncertainty," *Journal of Machine Learning Research*, vol. 18, no. 26, pp. 1–5, 2017. 수학적으로 쓰면 POMDP는 가끔 MDO의 여러 성분으로 구성된 튜플 $(S, A, O, T, R, O, \gamma)$로 정의되기도 한다.

재귀적 베이지안 추정$^{\text{recursive Bayesian estimation}}$으로 알려진 일종의 추론을 사용해, 주어진 가장 최근의 행동과 관찰에 대한 현재 상태의 신뢰 분포를 갱신할 수 있다. 상태 s에 할당된 확률(또는 연속 상태 공간에 대한 확률 밀도)을 나타내기 위해 $b(s)$를 사용한다. 특정 신뢰 b는 신뢰 공간 B에 속하며, 이는 가능한 모든 신뢰를 포함한다.

상태와 관찰 공간이 유한한 경우 이산 상태 필터를 사용해 이 추론을 정확하게 수행할 수 있다. 이산 상태 공간 문제에 대한 신뢰는 확률 질량이 각 상태에 할당되는 범주 분포를 사용해 나타낼 수 있다. 이 범주 분포는 길이가 $|S|$인 벡터로 나타낼 수 있으며, 종종 신뢰 벡터$^{\text{belief vector}}$라고 한다. b를 벡터로 취급할 수 있는 경우 $\mathbf{b}$로 표기한다. 이 경우 $B \subset \mathbb{R}^{|S|}$이다. 종종 B는 확률 심플렉스$^{\text{probability simplex}}$ 또는 신뢰 심플렉스$^{\text{belief simplex}}$라고 한다. 신뢰 벡터는 확률 분포를 나타내므로 요소는 음수가 아니어야 하며 그 합은 1이어야 한다.

$$b(s) > 0 \text{ 모든 } s \in S\text{에 대해} \quad \sum_s b(s) = 1 \tag{19.1}$$

벡터 형식으로 표기하면 다음과 같다.

$$\mathbf{b} \geq 0 \qquad \mathbf{1}^\top \mathbf{b} = 1 \tag{19.2}$$

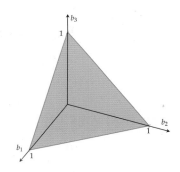

▲ **그림 19.2** 세 가지 상태 문제에 대한 유효한 신뢰 벡터 집합. 상태 공간은 이산이지만 신뢰 공간은 연속이다.

세 가지 상태를 가진 POMDP의 신뢰 공간은 그림 19.2에 나와 있다. 개별 POMDP 문제는 예제 19.2에 나와 있다.

신뢰 b를 가진 에이전트가 행동 a를 취하고 관찰 o를 받으면 그림 19.1의 독립 가정으로부터 새로운 신뢰 b'는 다음과 같이 계산될 수 있다.

$$b'(s') = P(s' \mid b, a, o) \tag{19.3}$$

$$\propto P(o \mid b, a, s')P(s' \mid b, a) \tag{19.4}$$

$$= O(o \mid a, s')P(s' \mid b, a) \tag{19.5}$$

$$= O(o \mid a, s') \sum_s P(s' \mid a, b, s)P(s \mid b, a) \tag{19.6}$$

$$= O(o \mid a, s') \sum_s T(s' \mid s, a)b(s) \tag{19.7}$$

우는 아기 문제는 2개의 상태, 3개의 행동, 2개의 관찰을 가진 간단한 POMDP 다. 우리의 목표는 아기를 돌보는 것이며, 아기에게 먹이를 줄지, 노래를 불러줄지, 아니면 무시할지를 단계마다 선택한다.

아기는 시간이 지남에 따라 배가 고파진다. 아기가 배고픈지 직접 관찰하는 것이 아니라 아기가 울고 있는지에 대한 잡음 형태의 관찰을 얻는다. 배고픈 아기는 80%의 시간 동안 운다. 반면 배부른 아기는 10%의 시간 동안만 운다. 아기에게 노래를 불러주면 완벽한 관찰을 할 수 있다. 상태, 행동, 관찰 공간은 다음과 같다.

$$\mathcal{S} = \{배부름, 배고픔\}$$

$$\mathcal{A} = \{먹이기, 노래하기, 무시하기\}$$

$$\mathcal{O} = \{울음, 조용히 있기\}$$

예제 19.2 우는 아기 문제는 상태 불확실성을 가진 의사결정을 시연하는 데 사용되는 간단한 POMDP다.

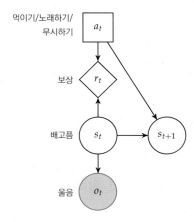

전이 역학은 다음과 같다.

$$T(배부름 \mid 배고픔, 먹이기) = 100\%$$

$$T(배고픔 \mid 배고픔, 노래하기) = 100\%$$

$$T(배고픔 \mid 배고픔, 무시하기) = 100\%$$

$$T(배부름 \mid 배부름, 먹이기) = 100\%$$

$$T(배고픔 \mid 배부름, 노래하기) = 10\%$$

$$T(배고픔 \mid 배부름, 무시하기) = 10\%$$

보상 함수는 아기가 배가 고플 경우 -10을 부여하고, 아기를 먹일 경우에는 수고가 필요하므로 -5의 보상을 추가적으로 부여한다. 따라서 배고픈 아기에게 먹이를 주는 것은 -15의 보상을 발생한다. 아기에게 노래를 불러주는 것은 추가적인 노력이 필요하므로 -0.5의 보상을 발생한다. 아기 보호자로서 우리는 $\gamma = 0.9$의 할인 계수를 갖고 최적의 무한 기간 정책을 찾아야 한다.

이산 신뢰를 갱신하는 예는 예제 19.3에 나와 있으며, 신뢰 갱신은 알고리듬 19.2에서 구현된다. 신뢰 갱신의 성공 여부는 정확한 관찰 및 전이 모델의 보유 여부에 달려 있다. 이러한 모델이 잘 알려지지 않은 경우 일반적으로 분산 분포가 더 많은 단순화된 모델을 사용함으로써 상태 추정으로 취약성을 유발하는 과신을 방지하는 것이 좋다.

19.3 칼만 필터

방정식 (19.7)을 적용하면 다음과 같이 연속 상태 공간을 처리할 수 있다.

$$b'(s') \propto O(o \mid a, s') \int T(s' \mid s, a)b(s)\, \mathrm{d}s \tag{19.8}$$

T, O, b의 형식에 대해 몇 가지 가정을 하지 않으면 위의 적분은 어려울 수 있다. 칼만 필터^{Kalman filter}(알고리듬 19.3)^{2}로 알려진 특수 유형의 필터는 T와 O가 선형 가우시안이고 b가 가우시안이라는 가정하에 정확한 갱신을 제공한다.[3]

$$T(\mathbf{s}' \mid \mathbf{s}, \mathbf{a}) = \mathcal{N}(\mathbf{s}' \mid \mathbf{T}_s\mathbf{s} + \mathbf{T}_a\mathbf{a}, \boldsymbol{\Sigma}_s) \tag{19.9}$$

$$O(\mathbf{o} \mid \mathbf{s}') = \mathcal{N}(\mathbf{o} \mid \mathbf{O}_s\mathbf{s}', \boldsymbol{\Sigma}_o) \tag{19.10}$$

$$b(\mathbf{s}) = \mathcal{N}(\mathbf{s} \mid \boldsymbol{\mu}_b, \boldsymbol{\Sigma}_b) \tag{19.11}$$

칼만 필터는 예측 단계^{predict step}부터 시작하는데 전이 역학을 사용해 다음의 평균과 공분산으로 예측 분포를 얻는다.

$$\boldsymbol{\mu}_p \leftarrow \mathbf{T}_s\boldsymbol{\mu}_b + \mathbf{T}_a\mathbf{a} \tag{19.12}$$

$$\boldsymbol{\Sigma}_p \leftarrow \mathbf{T}_s\boldsymbol{\Sigma}_b\mathbf{T}_s^\top + \boldsymbol{\Sigma}_s \tag{19.13}$$

2 헝가리의 전자 공학자 칼만(Rudolf E. Kálmán)(1930~2016)의 이름에서 유래했으며 그는 이 필터의 개발에 관여했다.

3 R. E. Kálmán, "A New Approach to Linear Filtering and Prediction Problems," *ASME Journal of Basic Engineering*, vol. 82, pp. 35-45, 1960. 칼만 필터와 그 변형에 대한 종합적 개요는 다음 문헌을 참고하라. Y. Bar-Shalom X. R. Li, and T. Kirubarajan, *Estimation with Applications to Tracking and Navigation*, Wiley, 2001.

우는 아기 문제(예제 19.2)는 균등 초기 신뢰-상태를 가정한다.

$$[b(\text{배부름}), b(\text{배고픔})] = [0.5, 0.5]$$

아기를 무시했더니 아기가 운다고 가정해보자. 방정식 (19.7)에 따라 다음과 같이 신뢰를 갱신한다.

$$b'(\text{배부름}) \propto O(\text{울기} \mid \text{무시}, \text{배부름}) \sum_s T(\text{배부름} \mid s, \text{무시})b(s)$$
$$\propto 0.1(0.0 \cdot 0.5 + 0.9 \cdot 0.5)$$
$$\propto 0.045$$

$$b'(\text{배고픔}) \propto O(\text{울기} \mid \text{무시}, \text{배고픔}) \sum_s T(\text{배고픔} \mid s, \text{무시})b(s)$$
$$\propto 0.8(1.0 \cdot 0.5 + 0.1 \cdot 0.5)$$
$$\propto 0.440$$

예제 19.3 우는 아기 문제에 대한 이산 신뢰 갱신

정규화 후 새로운 신뢰는 대략 $[0.0928, 0.9072]$이다. 우는 아기는 배가 고플 가능성이 높다.

그런 다음 아기에게 젖을 먹였더니 울음을 멈춘다고 가정해보자. 먹임으로써 아기를 결정적으로 배부르게 만들었으므로 새로운 신뢰는 $[1, 0]$이다.

마지막으로 아기에게 노래를 불러주니 조용해졌다. 방정식 (19.7)을 다시 사용해 신뢰를 갱신하면 $[0.9890, 0.0110]$이 된다. 배부른 아기는 10%의 시간 동안만 배고픈데, 우는 것을 관찰하지 않으면 이 비율은 더욱 감소한다.

```julia
function update(b::Vector{Float64}, 𝒫, a, o)
    𝒮, T, O = 𝒫.𝒮, 𝒫.T, 𝒫.O
    b' = similar(b)
    for (i', s') in enumerate(𝒮)
        po = O(a, s', o)
        b'[i'] = po * sum(T(s, a, s') * b[i] for (i, s) in enumerate(𝒮))
    end
    if sum(b') ≈ 0.0
        fill!(b', 1)
    end
    return normalize!(b', 1)
end
```

알고리듬 19.2 방정식 (19.7)을 기반으로 이산 신뢰도를 갱신하는 방법. 여기서 b 는 벡터이고 𝒫는 POMDP 모델이다. 주어진 관찰의 우도가 0이면 균등 분포가 반환된다.

갱신 단계$^{\text{update step}}$에서 신뢰를 갱신하기 위해 이 예측 분포를 현재 관찰과 함께 사용한다.

$$\mathbf{K} \leftarrow \mathbf{\Sigma}_p \mathbf{O}_s^\top \left(\mathbf{O}_s \mathbf{\Sigma}_p \mathbf{O}_s^\top + \mathbf{\Sigma}_o \right)^{-1} \tag{19.14}$$

$$\mathbf{\mu}_b \leftarrow \mathbf{\mu}_p + \mathbf{K} \left(\mathbf{o} - \mathbf{O}_s \mathbf{\mu}_p \right) \tag{19.15}$$

$$\mathbf{\Sigma}_b \leftarrow (\mathbf{I} - \mathbf{K}\mathbf{O}_s)\mathbf{\Sigma}_p \tag{19.16}$$

여기서 $\mathbf{K}$는 칼만 이득[Kalman gain]으로 불린다.

```
struct KalmanFilter
    μb # 평균 벡터
    Σb # 공분산 행렬
end

function update(b::KalmanFilter, 𝒫, a, o)
    μb, Σb = b.μb, b.Σb
    Ts, Ta, Os = 𝒫.Ts, 𝒫.Ta, 𝒫.Os
    Σs, Σo = 𝒫.Σs, 𝒫.Σo
    # 예측
    μp = Ts*μb + Ta*a
    Σp = Ts*Σb*Ts' + Σs
    # 갱신
    Σpo = Σp*Os'
    K = Σpo/(Os*Σp*Os' + Σo)
    μb' = μp + K*(o - Os*μp)
    Σb' = (I - K*Os)*Σp
    return KalmanFilter(μb', Σb')
end
```

알고리듬 19.3 가우시안 분포의 형태로 신뢰를 갱신하는 칼만 필터. 현재의 신뢰는 μb와 Σb로 표현되며, 𝒫는 선형 가우시안 동역학 및 관측 모델을 정의하는 행렬을 포함한다. 이 𝒫는 복합 유형 또는 명명된 튜플을 사용해 정의할 수 있다.

칼만 필터는 실제로 선형 가우시안 역학과 관찰이 없는 시스템에 종종 적용된다. 이러한 시스템을 더 잘 수용하기 위해 기본 칼만 필터에 대한 다양한 수정이 제안됐다.[4]

4 S. Thrun, W. Burgard, and D. Fox, Probabilistic Robotics. MIT Press, 2006.

19.4 확장 칼만 필터

확장 칼만 필터[EKF, Extended Kalman Filter]는 칼만 필터를 역학이 가우시안 잡음이고 비선형인 문제로 단순 확장한 것이다.

$$T(\mathbf{s}' \mid \mathbf{s}, \mathbf{a}) = \mathcal{N}(\mathbf{s}' \mid \mathbf{f}_T(\mathbf{s}, \mathbf{a}), \mathbf{\Sigma}_s) \tag{19.17}$$

$$O(\mathbf{o} \mid \mathbf{s}') = \mathcal{N}(\mathbf{o} \mid \mathbf{f}_O(\mathbf{s}'), \mathbf{\Sigma}_o) \qquad (19.18)$$

여기서 $\mathbf{f}_T(s, a)$ 및 $\mathbf{f}_O(s')$는 미분 가능 함수다.

그림 19.3에 표시된 것처럼 비선형 동역학을 통한 정확한 신뢰 갱신은 새로운 가우시안 신뢰의 생성을 보장하지 않는다. 확장된 칼만 필터는 비선형 동역학에 대한 지역 선형 근사를 사용해 참 갱신 신뢰에 가까운 새로운 가우시안 신뢰를 생성한다. 칼만 필터와 유사한 갱신 방정식을 사용할 수 있지만, 현재 신뢰를 기반으로 모든 반복에서 행렬 $\mathbf{T}_s$ 및 $\mathbf{O}_s$를 계산해야 한다.

역학 또는 선형화^{linearization}에 대한 지역 선형 근사는 야코비^{Jacobi}의 형태로 1차 테일러^{Taylor} 확장에 의해 제공된다.[5] 상태 행렬의 경우 테일러 확장은 $\mathbf{\mu}_b$와 현재 행동에서 수행되는 반면 관측 행렬의 경우, 예측 평균 $\mathbf{\mu}_p = \mathbf{f}_T(\mathbf{\mu}_b)$에서 계산된다.

확장 칼만 필터는 알고리듬 19.4에서 구현된다. 비록 근삿값이지만 빠르고, 다양한 실제 문제에서 잘 수행된다. EKF는 일반적으로 사후의 참 평균과 분산을 보존하지 않으며 다중 모달^{multimodal} 사후 분포를 모델링하지 않는다.

[5] n개 입력과 m개 출력을 가진 다변량 함수 f의 야코비 행렬은 (i, j)번째 항목이 $\partial f_i / \partial x_j$인 $m \times n$ 행렬이다.

```
struct ExtendedKalmanFilter
    μb # 평균 벡터
    Σb # 공분산 행렬
end

import ForwardDiff: jacobian
function update(b::ExtendedKalmanFilter, 𝒫, a, o)
    μb, Σb = b.μb, b.Σb
    fT, fO = 𝒫.fT, 𝒫.fO
    Σs, Σo = 𝒫.Σs, 𝒫.Σo
    # 예측
    μp = fT(μb, a)
    Ts = jacobian(s->fT(s, a), μb)
    Os = jacobian(fO, μp)
    Σp = Ts*Σb*Ts' + Σs
```

알고리듬 19.4 확장된 칼만 필터. 비선형 가우시안 역학 문제에 대한 칼만 필터의 확장. 현재 신뢰는 평균 μb 및 공분산 Σb로 표시된다. 문제 𝒫는 평균 전이 동역학 함수 fT 및 평균 관측 동역학 함수 fO를 사용해 비선형 동역학을 지정한다. 야코비는 ForwardDiff.jl 패키지를 사용해 구한다.

```
    # 갱신
    Σpo = Σp*Os'
    K = Σpo/(Os*Σp*Os' + Σo)
    μb' = μp + K*(o - fO(μp))
    Σb' = (I - K*Os)*Σp
    return ExtendedKalmanFilter(μb', Σb')
end
```

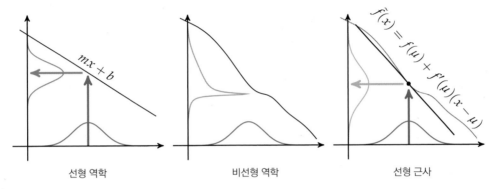

선형 역학   비선형 역학   선형 근사

▲ **그림 19.3** 선형 변환(왼쪽)으로 가우시안 신뢰를 갱신하면 또 다른 가우시안 분포가 생성된다. 비선형 변환(가운데)으로 가우시안 신뢰를 갱신하면 일반적으로 가우시안 분포가 생성되지 않는다. 확장 칼만 필터는 변환의 선형 근사화(오른쪽)를 사용해 사후를 근사하는 또 다른 가우시안 분포를 생성한다.

19.5 무향 칼만 필터

무향 칼만 필터[UKF, Unscented Kalman Filter][6]는 가우시안 잡음을 가진 비선형 문제에 대한 칼만 필터의 또 다른 확장이다.[7] 확장된 칼만 필터와 달리 무향 칼만 필터는 미분 제약 조건이 없으며 (일반적으로 비선형) 변환을 겪고 있는 분포의 효과를 근사화하기 위해 결정론적 샘플링 전략에 의존한다.

무향 칼만 필터는 비선형 함수 $\mathbf{f}(\mathbf{x})$를 사용해 $\mathbf{x}$에 대한 분포를 변환하는 효과를 추정하기 위해 개발됐고, $\mathbf{x}'$에 대한 분포를 생성한다. $\mathbf{x}'$에 대한 분포의 평균 $\boldsymbol{\mu}'$와

6 S. J. Julier and J. K. Uhlmann, "Unscented Filtering and Nonlinear Estimation," *Proceedings of the IEEE*, vol. 92, no. 3, pp. 401–422, 2004.

7 울만에 따르면 '무향'이라는 용어는 그가 누군가의 책상에서 본 탈취제 용기의 라벨에서 유래했다고 한다. 그는 이 용어를 쓴 이유가 사람들이 '울만 필터(Uhlmann filter)'라고 부르지 않도록 하기 위해서라고 했다. IEEE History Center Staff, "Proceedings of the IEEE Through 100 Years: 2000–2009," *Proceedings of the IEEE*, vol. 100, no. 11, pp. 3131–3145, 2012.

공분산 $\boldsymbol{\Sigma}'$을 추정하고자 한다. 무향 변환을 사용하면 $\mathbf{x}$에 대한 분포의 평균 $\boldsymbol{\mu}$ 및 공분산 $\boldsymbol{\Sigma}$보다 $p(\mathbf{x})$의 더 많은 정보를 사용할 수 있다.[8]

무향 변환^{unscented transform}은 시그마 포인트^{sigma point[9]} S에서 $\mathbf{f}$까지를 전달하고 변환된 점을 사용해 변환된 평균 $\boldsymbol{\mu}'$와 공분산 $\boldsymbol{\Sigma}'$을 근사한다. 원래 평균과 공분산은 시그마 포인트와 가중치 벡터 $\mathbf{w}$를 사용해 구성된다.

$$\boldsymbol{\mu} = \sum_i w_i \mathbf{s}_i \tag{19.19}$$

$$\boldsymbol{\Sigma} = \sum_i w_i (\mathbf{s}_i - \boldsymbol{\mu})(\mathbf{s}_i - \boldsymbol{\mu})^\top \tag{19.20}$$

여기서 i번째 시그마 포인트 $\mathbf{s}_i$는 가중치 w_i를 갖는다. 비편향 추정값을 제공하려면 이러한 가중치의 합이 1이어야 하지만 모두 양수일 필요는 없다.

따라서 $\mathbf{f}$를 통해 무향 변환으로 제공되는 갱신된 평균 및 공분산 행렬은 다음과 같다.

$$\boldsymbol{\mu}' = \sum_i w_i \mathbf{f}(\mathbf{s}_i) \tag{19.21}$$

$$\boldsymbol{\Sigma}' = \sum_i w_i \left(\mathbf{f}(\mathbf{s}_i) - \boldsymbol{\mu}'\right)\left(\mathbf{f}(\mathbf{s}_i) - \boldsymbol{\mu}'\right)^\top \tag{19.22}$$

일반적인 시그마 포인트 집합에는 평균 $\boldsymbol{\mu} \in \mathbb{R}^n$와 공분산 행렬 $\boldsymbol{\Sigma}$에 의해 결정된 방향으로 $\boldsymbol{\mu}$ 교란으로 형성된 추가 $2n$개 점을 포함한다.[10]

$$\mathbf{s}_1 = \boldsymbol{\mu} \tag{19.23}$$

$$\mathbf{s}_{2i} = \boldsymbol{\mu} + \left(\sqrt{(n+\lambda)\boldsymbol{\Sigma}}\right)_i \quad 1:n\text{에서 } i\text{에 대해} \tag{19.24}$$

$$\mathbf{s}_{2i+1} = \boldsymbol{\mu} - \left(\sqrt{(n+\lambda)\boldsymbol{\Sigma}}\right)_i \quad 1:n\text{에서 } i\text{에 대해} \tag{19.25}$$

이러한 시그마 포인트는 가중치와 연결된다.

8 사전 분포가 반드시 가우스라고 가정할 필요가 없다.

9 시그마 포인트를 사용함으로써 고차원의 확률 분포에서도 적은 수의 샘플 점을 이용해 분포를 근사화할 수 있다. 이를 통해 계산적인 효율성을 유지하면서도 원래 분포의 특성을 적절하게 전달할 수 있다. 시그마 포인트 칼만 필터는 특히 비선형 시스템의 상태 추정에 적용되며, 확률적인 불확실성을 처리하는 데 유용하다. – 옮긴이

10 행렬 $\mathbf{A}$의 제곱근 다음을 만족하는 행렬 $\mathbf{B}$다. $\mathbf{B}\mathbf{B}^\top = \mathbf{A}$. 줄리아(Julia)에서는 `sqrt` 메서드가 $\mathbf{C}\mathbf{C} = \mathbf{A}$인 행렬 $\mathbf{C}$를 생성하는데, 이 둘은 같은 것이 아니다. 촐레스키(Cholesky) 분해를 사용하면 하나의 공통 제곱근 행렬을 얻을 수 있다.

$$w_i = \begin{cases} \frac{\lambda}{n+\lambda} & i = 1\text{에 대해} \\ \frac{1}{2(n+\lambda)} & \text{그 외} \end{cases} \tag{19.26}$$

스칼라 확산 매개 변수$^{\text{spread parameter}}$ λ는 시그마 포인트와 평균에서 얼마나 멀리 퍼져 있는지를 결정한다.[11] 다양한 λ 값에 대한 여러 시그마 포인트 집합이 그림 19.4에 나와 있다.

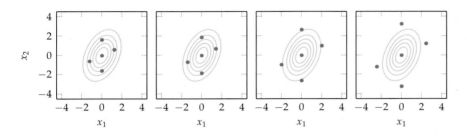

무향 칼만 필터는 두 가지 무향 변환을 수행한다. 하나는 예측 단계용이고 다른 하나는 관찰 갱신용이다. 알고리듬 19.5는 이에 대한 구현을 보여준다.

```
struct UnscentedKalmanFilter
    μb # 평균 벡터
    Σb # 공분산 행렬
    λ  # 확산 매개 변수
end

function unscented_transform(μ, Σ, f, λ, ws)
    n = length(μ)
    Δ = cholesky((n + λ) * Σ).L
    S = [μ]
    for i in 1:n
        push!(S, μ + Δ[:,i])
        push!(S, μ - Δ[:,i])
    end
```

11 가우시안 분포의 네 번째 모멘트를 일치시키는 데 최적인 $\lambda = 2$를 사용하는 것이 일반적이다. 이 형식의 시그마 포인트 집합을 선택하는 동기는 연습 19.13 및 연습 19.14에 제공된다.

◀ **그림 19.4** 평균이 0이고 공분산 $\Sigma = [1\ 1/2;\ 1/2\ 2]$인 가우시안 분포에 대해 생성된 방정식 (19.23)의 시그마 포인트에 대한 λ를 변화시킬 때의 효과

알고리듬 19.5 무향 칼만 필터. 비선형 가우시안 역학 문제에 대한 칼만 필터의 확장. 현재 신뢰는 평균 μb와 공분산 Σb로 표시된다. 문제 $\mathcal{P}$는 평균 전이 동역학 함수 fT 및 평균 관측 동역학 함수 fO를 사용해 비선형 동역학을 지정한다. 무향 변환에 사용되는 시그마 포인트는 확산 매개 변수 λ에 의해 제어된다.

```
    S' = f.(S)
    μ' = sum(w*s for (w,s) in zip(ws, S'))
    Σ' = sum(w*(s - μ')*(s - μ')' for (w,s) in zip(ws, S'))
    return (μ', Σ', S, S')
end

function update(b::UnscentedKalmanFilter, 𝒫, a, o)
    μb, Σb, λ = b.μb, b.Σb, b.λ
    fT, fO = 𝒫.fT, 𝒫.fO
    n = length(μb)
    ws = [λ / (n + λ); fill(1/(2(n + λ)), 2n)]
    # predict
    μp, Σp, Sp, Sp' = unscented_transform(μb, Σb, s->fT(s,a), λ, ws)
    Σp += 𝒫.Σs
    # update
    μo, Σo, So, So' = unscented_transform(μp, Σp, fO, λ, ws)
    Σo += 𝒫.Σo
    Σpo = sum(w*(s - μp)*(s' - μo)' for (w,s,s') in zip(ws, So, So'))
    K = Σpo / Σo
    μb' = μp + K*(o - μo)
    Σb' = Σp - K*Σo*K'
    return UnscentedKalmanFilter(μb', Σb', λ)
end
```

19.6 입자 필터

큰 상태 공간을 가진 이산 문제 또는 칼만 필터의 선형 가우시안 가정에 의해 잘 근사되지 않는 역학을 가진 연속 문제는 종종 근사 기법을 사용해 신뢰를 나타내고 신뢰 갱신을 수행해야 한다. 일반적인 접근 방식 중 하나는 신뢰-상태를 상태의 모음으로 나타내는 입자 필터[particle filter]를 사용하는 것이다.[12] 근사적 신뢰에서의 각 상태를 입자[particle]라고 한다.

12 입자 필터에 대한 소개는 다음 문헌을 참고하라. M. S. Arulampalam, S. Maskell, N. Gordon, and T. Clapp, "A Tutorial on Particle Filters for Online Nonlinear/Non-Gaussian Bayesian Tracking," *IEEE Transactions on Signal Processing*, vol. 50, no. 2, pp. 174–188, 2002.

입자 필터는 초기 신뢰를 나타내는 입자 모음을 선택하거나 무작위로 샘플링해 초기화된다. m개의 입자가 있는 입자 필터에 대한 신뢰 갱신은 전이 분포로부터 샘플링해 $T(s_i' \mid s_i, a)$의 확률로 s_i를 전파해 새로운 상태 s'를 얻는 것으로 시작한다. 새로운 신뢰는 관찰 함수 $w_i = O(o \mid a, s')$에 따라 가중된 전파 상태에서 m개의 입자를 추출해서 구성한다. 이 절차는 알고리듬 19.6에 나와 있다. 예제 19.4는 입자 필터의 적용을 보여준다.

이산 관측 문제에서 거부rejection가 있는 입자 신뢰 갱신을 수행할 수도 있다. 다음 상태 샘플 집합을 생성하기 위해 다음 프로세스를 m번 반복한다. 첫째, 필터에서 일부 상태 s_i를 임의로 선택한 뒤 전이 모델에 따라 다음 상태 s_i'를 샘플링한다. 둘째, 관찰 모델에 따라 무작위 관찰 o_i를 생성한다. o_i가 실제 관측값 o와 같지 않으면 거부되며 관측값이 일치할 때까지 새로운 s_i' 및 o_i를 생성한다. 거부가 있는 이 입자 필터는 알고리듬 19.7에서 구현된다.

입자 필터의 입자 수가 증가함에 따라 입자가 나타내는 분포는 참 사후 분포에 가까워진다. 불행히도 입자 필터는 실제로는 실패할 수 있다. 낮은 입자 범위와 리샘플링 절차의 확률론적 특성으로 인해 참 상태 근처에 입자가 없을 수 있다. 이 입자 박탈particle deprivation 문제는 여러 전략으로 다소 완화될 수 있다. 동기를 부여하는 예는 예제 19.5에 나와 있다.

예제 19.4 다른 비콘(beacon) 구성에 적용된 입자 필터

위치가 알려진 무선 비콘으로부터의 불완전한 거리 측정에 기반해 우리의 위치를 결정한다고 가정해보자. 독립적인 측정값을 수집하기 위해 몇 단계 동안 대략 가만히 있는다. 입자 필터 상태는 잠재적인 위치다. 각 입자에 대해 측정될 것으로 예상되는 범위와 실제 관찰된 범위를 비교할 수 있다.

각 비콘의 개별 범위 관측값은 0 평균 가우시안 잡음으로 관측된다고 가정한다. 우리가 거의 가만히 있기 때문에 입자 전이 함수는 제로 평균 가우시안 잡음을 추가한다.

여기 이미지는 입자 필터의 진화를 보여준다. 행은 서로 다른 수의 비콘에 해당한다. 빨간색 점은 참 위치를 나타내고 파란색 점은 입자다. 원은 각 센서의 노이즈 없는 거리 측정과 일치하는 위치를 나타낸다.

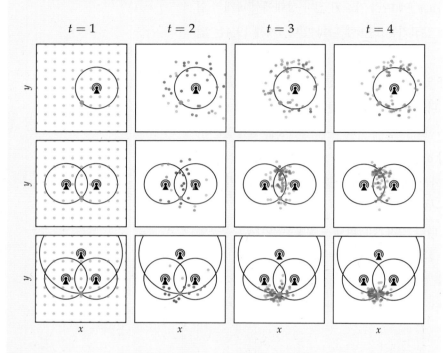

우리의 위치를 정확하게 식별하려면 3개의 비콘이 필요하다. 입자 필터의 강점은 1개 또는 2개의 비콘이 있을 때 특히 분명한 다중 모드 분포를 나타낼 수 있다는 것이다.

```
struct ParticleFilter
    states # 상태 샘플용 벡터
end

function update(b::ParticleFilter, 𝒫, a, o)
    T, O = 𝒫.T, 𝒫.O
    states = [rand(T(s, a)) for s in b.states]
    weights = [O(a, s', o) for s' in states]
    D = SetCategorical(states, weights)
    return ParticleFilter(rand(D, length(states)))
end
```

알고리듬 19.6. 에이전트의 행동 a와 관찰 o를 기반해 신뢰를 나타내는 상태 벡터를 갱신하는 입자 필터용 신뢰 갱신 프로그램. 부록 G.5는 이산 집합에 대한 분포를 정의하기 위한 SetCategorical의 구현을 보여준다.

```
struct RejectionParticleFilter
    states # 상태 샘플 벡터
end

function update(b::RejectionParticleFilter, 𝒫, a, o)
    T, O = 𝒫.T, 𝒫.O
    states = similar(b.states)
    i = 1
    while i ≤ length(states)
        s = rand(b.states)
        s' = rand(T(s,a))
        if rand(O(a,s')) == o
            states[i] = s'
            i += 1
        end
    end
    return RejectionParticleFilter(states)
end
```

알고리듬 19.7 거부가 있는 입자 필터 갱신. 이를 통해 샘플링된 상태가 입력 관찰 o와 일치하도록 강제된다.

민호는 그리드 기반 미로에서 길을 잃었다. 그는 랜턴을 잃어버려 근처를 더 듬어야 주변을 관찰할 수 있다. 민호는 언제든지 미로에서 자신의 위치로부터 동서남북으로 어디에 벽이 있는지 여부를 알 수 있다. 민호는 벽을 감지할 수 있는 자신의 능력에 상당히 자신이 있으므로 자신의 관찰은 완벽하다고 가정하고 있다.

민호는 입자 필터를 사용해 시간 경과에 따른 자신의 신뢰를 추적한다. 어느 시점에서 민호는 쉬기 위해 멈춘다. 그는 자신의 신뢰를 갱신하기 위해 입자 필터를 계속 실행한다. 다음 그림은 미로의 해당 위치에 해당하는 입자 필터의 신뢰 입자를 나타내는 점과 함께 시간 경과에 따른 그의 신뢰를 보여준다.

초기 신뢰는 민호의 현재 관찰과 일치하도록 북쪽과 남쪽 벽의 각 그리드 위치에 하나씩 입자를 갖고 있다. 민호는 움직이지 않으므로 새로운 정보를 얻지 않고 있으므로 시간이 지나도 그의 신뢰가 바뀌어서는 안 된다. 리샘플링의 확률적 특성으로 인해 후속 신뢰에는 모든 초기 상태가 포함되지 않을 수 있다. 시간이 지남에 따라 그의 신뢰는 단일 상태만 남을 때까지 상태를 계속 잃게 된다. 이 상태는 민호가 있는 곳이 아닐 수 있다.

예제 19.5 리샘플링의 확률적 특성으로 인해 충분한 시간 동안 입자 필터를 실행하면 상태 공간의 관련 영역에서 입자가 손실될 수 있다. 입자가 적거나 입자가 넓은 상태 공간에 퍼져 있는 경우 문제가 더욱 두드러진다.

19.7 입자 주입

입자 주입^{particle injection}은 입자 부족^{particle deprivation}을 방지하기 위해 무작위 입자를 주입하는 것이다. 알고리듬 19.8은 상태 공간의 균등 분포 등과 같이 더 넓은 분포에 고정된 수의 입자를 주입한다.[13] 입자 주입은 입자 박탈을 방지하는 데 도움이 될 수 있지만 입자 필터로 표현되는 사후 신뢰의 정확도도 감소시킨다.

13 로봇 현지화 문제의 경우, 현재 관찰에 의해 가중치가 적용된 가능한 모든 로봇 자세에 대해 균등 분포의 입자를 주입하는 것이 일반적이다.

알고리듬 19.8 입자 부족의 위험을 줄이기 위해 주입 분포 D_inject에서 m_inject 입자가 샘플링되는 주입으로 입자 필터 갱신

```
struct InjectionParticleFilter
    states   # vector of state samples
    m_inject # 주입할 샘플 개수
    D_inject # 주입 분포
end

function update(b::InjectionParticleFilter, 𝒫, a, o)
    T, O, m_inject, D_inject = 𝒫.T, 𝒫.O, b.m_inject, b.D_inject
    states = [rand(T(s, a)) for s in b.states]
    weights = [O(a, s', o) for s' in states]
    D = SetCategorical(states, weights)
    m = length(states)
    states = vcat(rand(D, m - m_inject), rand(D_inject, m_inject))
    return InjectionParticleFilter(states, m_inject, D_inject)
end
```

각 갱신에서 고정된 수의 주입된 입자를 사용하는 대신 보다 적응적인 접근 방식을 취할 수 있다. 입자에 모두 매우 낮은 가중치가 부여되면 일반적으로 더 많은 입자를 주입하려고 한다. 현재 입자 집합의 평균 중량만을 기준으로 주입된 입자 수를 선택하고 싶을 수도 있다. 그러나 이렇게 하면 필터의 성공이 필터가 아직 수렴 중인 초기 기간이거나 센서 잡음이 큰 순간에 자연적으로 낮은 관측 확률에 민감해질 수 있다.[14]

알고리듬 19.9는 평균 입자 가중치의 두 지수 이동 평균을 추적하고 이 비율에 기반해 주입 횟수를 결정하는 적응형 주입 알고리듬을 제시한다.[15] w_{mean}이 현재

14 S. Thrun, W. Burgard, and D. Fox, *Probabilistic Robotics*. MIT Press, 2006.

15 D. E. Goldberg and J. Richardson, "An Experimental Comparison of Localization Methods," in *International Conference on Genetic Algorithms*, 1987.

평균 입자 가중치라면 두 이동 평균은 다음과 같이 갱신된다.

$$w_\text{fast} \leftarrow w_\text{fast} + \alpha_\text{fast}(w_\text{mean} - w_\text{fast}) \tag{19.27}$$

$$w_\text{slow} \leftarrow w_\text{slow} + \alpha_\text{slow}(w_\text{mean} - w_\text{slow}) \tag{19.28}$$

여기서 $0 \leq \alpha_\text{slow} < \alpha_\text{fast} \leq 1$이다.

주어진 반복에서 주입된 샘플의 수는 빠른 평균 입자 가중치와 느린 평균 입자 가중치를 비교해 얻는다.[16]

$$m_\text{inject} = \left\lfloor m \max\left(0, 1 - \nu \frac{w_\text{fast}}{w_\text{slow}}\right) \right\rceil \tag{19.29}$$

스칼라 $\nu \geq 1$를 통해 주입률을 조절할 수 있다.

> [16] $\lfloor x \rceil$는 x에 가장 가까운 정수를 나타내는 표기다.

```
mutable struct AdaptiveInjectionParticleFilter
    states   # 상태 샘플의 벡터
    w_slow   # 느린 이동 평균
    w_fast   # 빠른 이동 평균
    α_slow   # 느린 이동 평균 매개 변수
    α_fast   # 빠른 이동 평균 매개 변수
    ν        # 주입 매개 변수
    D_inject # 주입 분포
end

function update(b::AdaptiveInjectionParticleFilter, 𝒫, a, o)
    T, O = 𝒫.T, 𝒫.O
    w_slow, w_fast, α_slow, α_fast, ν, D_inject =
        b.w_slow, b.w_fast, b.α_slow, b.α_fast, b.ν, b.D_inject
    states = [rand(T(s, a)) for s in b.states]
    weights = [O(a, s′, o) for s′ in states]
    w_mean = mean(weights)
    w_slow += α_slow*(w_mean - w_slow)
    w_fast += α_fast*(w_mean - w_fast)
    m = length(states)
```

알고리듬 19.9 평활도 인자 α_fast 및 α_slow를 갖는 평균 입자 중량의 빠르고 느린 지수 이동 평균인 w_fast 및 w_slow를 각각 유지하는 적응형 주입을 가진 입자 필터. 평균 입자 중량의 빠른 이동 평균이 느린 이동 평균의 1/ν 미만인 경우에만 입자가 주입된다. 원본 논문의 권장 값은 α_fast = 0.1, α_slow = 0.001 및 ν = 2다.

```
m_inject = round(Int, m * max(0, 1.0 - v*w_fast / w_slow))
D = SetCategorical(states, weights)
states = vcat(rand(D, m - m_inject), rand(D_inject, m_inject))
b.w_slow, b.w_fast = w_slow, w_fast
return AdaptiveInjectionParticleFilter(states,
    w_slow, w_fast, α_slow, α_fast, v, D_inject)
end
```

예제 19.6에서 민호는 이제 동쪽으로 한 타일을 이동하고, 입자 필터의 모든 입자도 동쪽으로 한 타일 이동한다. 그는 이제 북쪽과 동쪽의 벽만 감지하며, 불행히도 이 관찰은 그의 필터에서 갱신된 입자와 일치하지 않는다. 그는 입자 부족 문제를 해결하기 위해 적응형 주입을 사용하기로 결정한다. 여기에서 그의 필터가 빠르고 느린 필터의 값과 함께 균일한 무작위 분포에서 입자를 주입하는 방법을 볼 수 있다.

예제 19.6 적응형 주입 α_slow = 0.01, α_fast = 0.3 및 v = 2.0인 입자 필터는 16개의 동일한 입자가 있는 부족 상태에서 시작한다. 이동 평균은 필터의 모든 입자와 완벽하게 일치하는 장기간의 관찰을 반영하기 위해 1로 초기화된다. 다음 반복에서 이러한 이동 평균은 관찰과 일치하는 입자의 양에 따라 다른 속도로 변경된다. 반복은 왼쪽에서 오른쪽으로, 위에서 아래로 진행된다.

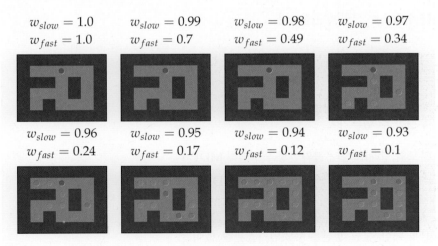

반복은 왼쪽에서 오른쪽으로, 위에서 아래로 진행된다. 각 파란색 점은 그리드의 해당 위치에 있다는 부분적인 신뢰에 해당하는 입자 필터의 입자를 나타낸다.

19.8 요약

- 부분적으로 관찰 가능한 마르코프 결정 프로세스^{POMDP}는 상태 불확실성을 포함하도록 MDP를 확장한다.
- 불확실성은 POMDP의 에이전트가 자신의 상태에 대한 신뢰를 유지하도록 요구한다.
- 이산 상태 공간을 가진 POMDP에 대한 신뢰는 범주 분포를 사용해 나타낼 수 있으며 해석적으로 갱신할 수 있다.
- 선형 가우시안 POMDP에 대한 신뢰는 가우시안 분포를 사용해 나타낼 수 있으며 해석적으로 갱신할 수 있다.
- 비선형 연속 POMDP에 대한 신뢰는 가우스 분포를 사용해 나타낼 수도 있지만 대부분 해석적으로 갱신할 수는 없다. 이 경우 확장 칼만 필터와 무향 칼만 필터를 사용할 수 있다.
- 연속 문제는 때때로 선형 가우시안이라는 가정하에 모델링할 수 있다.
- 입자 필터는 상태 입자의 대량 수집으로 신뢰에 근접한다.

19.9 연습 문제

연습 19.1 모든 MDP는 POMDP로 구성할 수 있는가?

해법: 그렇다. POMDP 공식은 관찰 분포의 형태로 상태 불확실성을 도입해 MDP 공식을 확장한다. 모든 MDP는 $\mathcal{O} = \mathcal{S}$이고 $O(o \mid a, s') = (o = s')$인 POMDP로 구성될 수 있다.

연습 19.2 관찰이 없는 이산 POMDP에 대한 신뢰 갱신은 무엇인가? 관찰 없이 선형 가우스 동역학을 사용하는 POMDP에 대한 신뢰 갱신은 무엇인가?

해법: 만약 관측 없이 신뢰 b를 가진 POMDP의 에이전트가 행동 a를 취한다면 새로운 믿음 b'는 다음과 같이 계산될 수 있다.

$$b'(s') = P(s' \mid b, a) = \sum_s P(s' \mid a, b, s) P(s \mid b, a) = \sum_s T(s' \mid s, a) b(s)$$

이 신뢰 갱신은 균등 관찰 분포를 갖는 것과 같다. 관찰이 없는 선형 가우시안 역학을 사용하는 POMDP는 방정식 (19.12)에서 칼만 필터 예측 단계만 사용해 신뢰를 갱신한다.

연습 19.3 자율 주행 차량은 다변량 정규 분포를 사용해 자신의 위치에 대한 신뢰를 나타낸다. 신호등에서 휴식을 취하고 신뢰 갱신은 앉아 있는 동안 계속 실행된다. 시간이 지남에 따라 신뢰는 특정 위치에 집중되고 극도로 자신감을 갖게 된다. 이것이 왜 문제가 될 수 있나? 이 극도의 자신감을 어떻게 피할 수 있나?

해법: 신뢰에 대한 과신은 모델이나 신뢰 갱신이 현실을 완벽하게 나타내지 않을 때 문제가 될 수 있다. 과신한 신뢰는 참 상태와 일치하지 않는 상태로 수렴됐을 수 있다. 차량이 다시 움직이면 새로운 관찰이 신뢰와 일치하지 않을 수 있으며 잘못된 추정을 초래할 수 있다. 이 문제를 해결하는 데 도움이 되도록 공분산 행렬의 대각선 요소 값이 임계치를 초과하도록 요구할 수 있다.

연습 19.4 공장에서 생산된 위젯의 불량률에 대한 신뢰를 추적하는 것을 생각해보자. 공장의 불량률이 λ인 경우 푸아송 분포^{Poisson distribution}를 사용해 공장 가동 하루 동안 k개의 불량품이 생산될 확률을 모델링한다.

$$P(k \mid \lambda) = \frac{1}{k!} \lambda^k e^{-\lambda}$$

불량률에 대한 초기 신뢰는 감마 분포를 따른다고 가정한다.

$$p(\lambda \mid \alpha, \beta) = \frac{\beta^\alpha}{\Gamma(\alpha)} \lambda^{\alpha-1} e^{-\beta\lambda}$$

여기서 $\lambda \in (0, \infty)$이고 신뢰는 형상 $\alpha > 0$와 비율 $\beta > 0$로 매개 변수화된다. 공장을 하루 가동한 다음 $d \geq 0$개의 불량품이 생산된 것을 관찰했다. 불량률에 대한 우리의 갱신된 신뢰 역시 감마 분포임을 증명하라.[17]

17 감마 분포는 푸아송 분포의 켤레 사전 분포다. 켤레 사전은 관찰로 갱신 때 동일한 계열 내에 남아 있는 확률 분포 계열이다. 켤레 사전은 일정하게 유지되기 때문에 신뢰를 모델링하는 데 유용하다.

해법: 사후 분포 $p(\lambda \mid d, \alpha, \beta)$를 찾는다. 이는 베이즈 규칙을 통해 구할 수 있다.

$$\begin{aligned} p(\lambda \mid d, \alpha, \beta) &\propto p(d \mid \lambda)p(\lambda \mid \alpha, \beta) \\ &\propto \frac{1}{d!}\lambda^d e^{-\lambda} \; \frac{\beta^\alpha}{\Gamma(\alpha)}\lambda^{\alpha-1}e^{-\beta\lambda} \\ &\propto \lambda^{\alpha+d-1}e^{-(\beta+1)\lambda} \end{aligned}$$

이는 감마 분포다.

$$\begin{aligned} p(\lambda \mid \alpha+d, \beta+1) &= \frac{(\beta+1)^{\alpha+d}}{\Gamma(\alpha+d)}\lambda^{\alpha+d-1}e^{-(\beta+1)\lambda} \\ &\propto \lambda^{\alpha+d-1}e^{-(\beta+1)\lambda} \end{aligned}$$

연습 19.5 지속적인 관찰로 POMDP에 대한 신뢰를 갱신하는 데 거부가 있는 입자 필터가 사용되지 않는 이유는 무엇인가?

해법: 거부 샘플링은 샘플링된 관찰이 참 관찰과 일치할 때까지 전이 및 관찰 함수를 반복적으로 샘플링해야 한다. 연속 확률 분포에서 특정 값을 샘플링할 확률은 0이므로 거부 샘플링이 영원히 실행된다. 실제로는 64비트 부동 소수점 숫자와 같은 연속 값에 대해 유한 표현을 사용하지만 거부 샘플링은 각 입자에 대해 매우 오랜 시간 동안 실행될 수 있다.

연습 19.6 예제 19.5에서 민호가 $\nu \geq 1$을 사용한 적응형 주입이 포함된 입자 필터로 전이해도 이점이 없는 이유를 설명하라.

해법: 적응형 주입은 $\nu w_{\text{fast}}/w_{\text{slow}} < 1$일 때 새 입자를 주입한다. 민호는 완벽한 관찰을 가정하고 현재 관찰과 일치하는 입자에 대한 신뢰를 갖고 있다. 따라서 모든 입자의 가중치는 1이고 w_{fast}와 w_{slow}는 모두 1이다. 그러므로 $w_{\text{fast}}/w_{\text{slow}}$는

항상 1이므로 새 입자가 생성되지 않는다.

연습 19.7 적응 주입을 가진 입자 필터의 주입 속도 스칼라 ν가 일반적으로 1보다 작은 값으로 설정되지 않는 이유는 무엇인가?

해법: 입자 주입은 현재 관찰이 관찰 우도에 대한 과거 추세보다 우도가 낮을 때 입자를 주입하도록 설계됐다. 따라서 주입은 일반적으로 평균 입자 중량 w_{fast}의 단기 추정값이 평균 입자 중량 w_{slow}의 장기 추정값보다 작은 경우에만 발생한다. $\nu < 1$이면 현재 관찰이 과거 평균보다 우도가 더 높다는 것을 나타냄에도 불구하고, $w_{\text{fast}} \geq w_{\text{slow}}$라도 입자가 여전히 생성될 수 있다.

연습 19.8 무작위로 균등하게 선택된 초기 위치에서 직사각형 숲에 떨어졌다고 가정하자. 우리는 향하고 있는 방향을 모른다. 다행스럽게도 숲의 크기(너비 w와 길이 $\ell \gg w$)는 알고 있다.[18] 우리는 아직 숲에 있는지 지속적으로 관찰하면서 연속 경로로 이동할 수 있다. 이 문제에 신뢰 갱신을 어떻게 적용할 수 있는가? 다음은 각각 다른 경로를 정의하는 세 가지 가능한 정책이다. 이러한 정책 중 숲 탈출이 보장되는 정책은 무엇인가? 어떤 정책이 최선인가?

18 이 문제는 벨만의 '숲에서 길을 잃다 문제'에서 동기가 부여됐는데, 여기에서는 알려진 기하학을 가진 숲에서 임의의 위치와 방향에서 시작해 출구까지의 평균(또는 최대) 시간을 최소화하는 정책을 찾아야 한다. R. Bellman, "Minimization Problem," *Bulletin of the American Mathematical Society*, vol. 62, no. 3, p. 270, 1956.

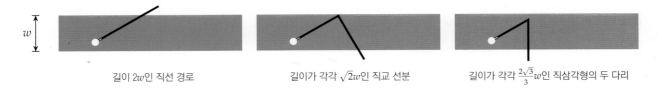

길이 $2w$인 직선 경로   길이가 각각 $\sqrt{2}w$인 직교 선분   길이가 각각 $\frac{2\sqrt{3}}{3}w$인 직삼각형의 두 다리

해법: 초기 신뢰는 숲의 모든 2차원 위치 및 방향(상태)에 걸쳐 균등 분포다. 지금까지 여행한 경로를 사용해 갱신된 신뢰를 나타낼 수 있다. 우리가 여전히 숲속에 있다면 신뢰는 온전히 숲속에 머물면서 길을 따라가면 숲속의 상태에서 도달할 수 있는 모든 상태로 구성된다. 숲을 벗어나자마자 신뢰는 온전히 숲속에 있으면서 길을 따라 가장자리에 도달한 모든 상태로 구성돼 있다.

주어진 정책 중 마지막 2개만 숲 탈출이 보장된다. 2개의 직교 선분과 정삼각형의 두 변으로 형성된 경로는 항상 숲의 경계와 교차한다. 그러나 직선 구간은 숲을 벗어날 수 없다. 우리는 정삼각형인 두 가지 탈출 정책 중 더 짧은 것을 선호한다.

연습 19.9 알고리듬 19.2는 갱신된 신뢰가 0 벡터인지 여부를 확인한다. 신뢰 갱신은 언제 0 벡터를 생성할 수 있나? 이것이 실제 응용 프로그램에서 발생할 수 있는 이유는 무엇인가?

해법: 0 신뢰 벡터는 불가능하다고 간주되는 관찰 o에서 발생할 수 있다. 이 상황은 b와 전이 모델에 따라 가능한 모든 다음 상태 s'에 대해 $O(o \mid a, s') = 0$인 경우, 신뢰 b에서 행동 a를 취한 후에 발생할 수 있다. 알고리듬 19.2는 균등 신뢰를 반환해 이 경우를 처리한다. 실제 응용 프로그램에서는 모델과 실제 세계 간에 불일치가 있을 수 있다. 일반적으로 신뢰, 전이 또는 관찰 모델이 올바르지 않은 경우를 대비해 관찰에 0 확률을 할당하지 않도록 주의해야 한다.

연습 19.10 항공기의 기내 모니터링을 수행한다고 가정한다. 기체는 정상 작동 상태(s^0)이거나 오작동 상태(s^1)다. 경고가 없는 경우인 w^0 혹은 경고가 발생한 경우인 w^1을 통해 관찰을 얻는다. 비행기가 계속 비행하도록 허용하는 m^0이나 유지보수를 위해 비행기를 보내는 m^1을 선택할 수 있다. 다음과 같은 전이 및 관찰 역학을 갖고 있으며, 주어진 비행기의 상태에서 경고는 행동과 무관하다고 가정한다.

$$T(s^0 \mid s^0, m^0) = 0.95 \qquad O(w^0 \mid s^0) = 0.99$$
$$T(s^0 \mid s^0, m^1) = 1 \qquad O(w^1 \mid s^1) = 0.7$$
$$T(s^1 \mid s^1, m^0) = 1$$
$$T(s^0 \mid s^1, m^1) = 0.98$$

초기 신뢰 $\mathbf{b} = [0.95, 0.05]$일 때 비행기가 계속 비행하도록 허용하고 경고를 관찰했을 때 갱신된 신뢰 $\mathbf{b}'$를 계산하라.

해법: 방정식 (19.7)을 사용해 s^0에 대한 신뢰를 갱신한다.

$$b'(s^0) \propto O(w^1 \mid s^0) \sum_s T(s^0 \mid s, m^0) b(s)$$
$$b'(s^0) \propto O(w^1 \mid s^0)(T(s^0 \mid s^0, m^0) b(s^0) + T(s^0 \mid s^1, m^0) b(s^1))$$
$$b'(s^0) \propto (1 - 0.99)(0.95 \times 0.95 + (1 - 1) \times 0.05) = 0.009025$$

s^1에 대한 갱신을 반복한다.

$$b'(s^1) \propto O(w^1 \mid s^1) \sum_s T(s^1 \mid s, m^0) b(s)$$
$$b'(s^1) \propto O(w^1 \mid s^1)(T(s^1 \mid s^0, m^0) b(s^0) + T(s^1 \mid s^1, m^0) b(s^1))$$
$$b'(s^1) \propto 0.7((1 - 0.95) \times 0.95 + 1 \times 0.05) = 0.06825$$

정규화 후 다음과 같은 갱신된 신뢰를 얻는다.

$$b'(s^0) = \frac{b'(s^0)}{b'(s^0) + b'(s^1)} \approx 0.117$$
$$b'(s^1) = \frac{b'(s^1)}{b'(s^0) + b'(s^1)} \approx 0.883$$
$$b' \approx [0.117, 0.883]$$

연습 19.11 위치 x, 속도 v, 가속도 a로 선을 따라 움직이는 로봇을 생각해보라. 각 시간 단계에서 가속도를 직접 제어하고 속도를 관찰한다. 로봇의 운동 방정식은 다음과 같다.

$$x' = x + v\Delta t + \tfrac{1}{2} a \Delta t^2$$
$$v' = v + a \Delta t$$

여기서 Δt는 각 단계의 기간이다. 신뢰를 갱신하기 위해 칼만 필터를 구현하고 싶다고 가정하자. 상태 벡터는 $\mathbf{s} = [x, v]$다. $\mathbf{T}_s$, $\mathbf{T}_a$, $\mathbf{O}_s$를 구하라.

해법: 전이 및 관찰 역학은 다음과 같이 선형 형식으로 작성할 수 있다.

$$\begin{bmatrix} x' \\ v' \end{bmatrix} = \begin{bmatrix} 1 & \Delta t \\ 0 & 1 \end{bmatrix} \begin{bmatrix} x \\ v \end{bmatrix} + \begin{bmatrix} \frac{1}{2}\Delta t^2 \\ \Delta t \end{bmatrix} a$$

$$o = \begin{bmatrix} 0 & 1 \end{bmatrix} \begin{bmatrix} x' \\ v' \end{bmatrix}$$

이 방정식을 통해 $\mathbf{T}_s$, $\mathbf{T}_a$, $\mathbf{O}_s$를 식별할 수 있다.

$$\mathbf{T}_s = \begin{bmatrix} 1 & \Delta t \\ 0 & 1 \end{bmatrix} \qquad \mathbf{T}_a = \begin{bmatrix} \frac{1}{2}\Delta t^2 \\ \Delta t \end{bmatrix} \qquad \mathbf{O}_s = \begin{bmatrix} 0 & 1 \end{bmatrix}$$

연습 19.12 일정한 속도 v로 2차원에서 움직이는 차동 드라이브가 있는 로봇을 고려하라. 로봇의 상태는 위치 (x, y)와 방향 θ다. 각 시간 단계에서 로봇의 회전 속도 ω를 제어한다. 로봇의 운동 방정식은 다음과 같다.

$$x' = x + v\cos(\theta)\Delta t$$
$$y' = y + v\sin(\theta)\Delta t$$
$$\theta' = \theta + \omega\Delta t$$

이 전이 함수는 비선형이다. 상태 $\mathbf{s} = [x, y, \theta]$의 함수로서 선형화 $\mathbf{T_s}$는 무엇인가?

해법: 선형화는 다음과 같이 야코비에 의해 구한다.

$$\mathbf{T_s} = \begin{bmatrix} \frac{\partial x'}{\partial x} & \frac{\partial x'}{\partial y} & \frac{\partial x'}{\partial \theta} \\ \frac{\partial y'}{\partial x} & \frac{\partial y'}{\partial y} & \frac{\partial y'}{\partial \theta} \\ \frac{\partial \theta'}{\partial x} & \frac{\partial \theta'}{\partial y} & \frac{\partial \theta'}{\partial \theta} \end{bmatrix} = \begin{bmatrix} 1 & 0 & -v\sin(\theta)\Delta t \\ 0 & 1 & v\cos(\theta)\Delta t \\ 0 & 0 & 1 \end{bmatrix}$$

이 선형화는 신뢰를 유지하기 위해 확장 칼만 필터에서 사용할 수 있다.

연습 19.13 n차원 분포에 대해 다음과 같은 $2n$ 시그마 포인트를 선택한다고 가정하자.

$$\mathbf{s}_{2i} = \boldsymbol{\mu} + \sqrt{n\boldsymbol{\Sigma}}_i \text{ for } i \text{ in } 1:n$$
$$\mathbf{s}_{2i-1} = \boldsymbol{\mu} - \sqrt{n\boldsymbol{\Sigma}}_i \text{ for } i \text{ in } 1:n$$

가중치 $w_i = 1/(2n)$을 사용해 이러한 시그마 포인트에서 평균과 공분산을 재구성할 수 있음을 보여라.

해법: 가중치 $w_i = 1/(2n)$을 사용하면 재구성된 평균은 다음과 같다.

$$\sum_i w_i \mathbf{s}_i = \sum_{i=1}^n \frac{1}{2n} \left(\boldsymbol{\mu} + \sqrt{n\boldsymbol{\Sigma}}_i \right) + \frac{1}{2n} \left(\boldsymbol{\mu} - \sqrt{n\boldsymbol{\Sigma}}_i \right) = \sum_{i=1}^n \frac{1}{n} \boldsymbol{\mu} = \boldsymbol{\mu}$$

그리고 재구성된 공분산은 다음과 같다.

$$\begin{aligned}
\sum_i w_i (\mathbf{s}_i - \boldsymbol{\mu}')(\mathbf{s}_i - \boldsymbol{\mu}')^\top &= 2 \sum_{i=1}^n \frac{1}{2n} \left(\sqrt{n\boldsymbol{\Sigma}}_i \right) \left(\sqrt{n\boldsymbol{\Sigma}}_i \right)^\top \\
&= \frac{1}{n} \sum_{i=1}^n \left(\sqrt{n\boldsymbol{\Sigma}}_i \right) \left(\sqrt{n\boldsymbol{\Sigma}}_i \right)^\top \\
&= \sqrt{\boldsymbol{\Sigma}} \sqrt{\boldsymbol{\Sigma}}^\top \\
&= \boldsymbol{\Sigma}
\end{aligned}$$

연습 19.14 이전 문제에서 평균 $\boldsymbol{\mu}$와 공분산 $\boldsymbol{\Sigma}$를 나타내는 $2n$ 시그마 포인트와 가중치를 상기해보자. 시그마 포인트와 가중치를 매개 변수화해 평균 주변의 포인트들의 집중도를 제어하고자 한다. 기존의 시그마 포인트들을 균등하게 가중치를 줄인 다음 평균 $\boldsymbol{\mu}$를 추가적인 시그마 포인트로 포함시켜 새로운 집합의 시그마 포인트를 만들 수 있다는 것을 보여라. 이 새로운 $2n + 1$개의 시그마 포인트 집합이 방정식 (19.23)의 형태와 일치하는 것을 보여라.

해법: 연습 19.13의 시그마 포인트에 평균 $\boldsymbol{\mu}$를 포함해 $2n + 1$ 시그마 포인트의 새로운 집합을 얻을 수 있다.

$$\mathbf{s}_1 = \boldsymbol{\mu}$$
$$\mathbf{s}_{2i} = \boldsymbol{\mu} + \left(\sqrt{\frac{n}{1 - w_1} \boldsymbol{\Sigma}} \right)_i \quad 1 : n \text{에서 } i \text{에 대해}$$
$$\mathbf{s}_{2i+1} = \boldsymbol{\mu} - \left(\sqrt{\frac{n}{1 - w_1} \boldsymbol{\Sigma}} \right)_i \quad 1 : n \text{에서 } i \text{에 대해}$$

여기서 w_1은 첫 번째 시그마 포인트의 가중치다. 나머지 시그마 포인트는 $1/(2n)$ 부터 $(1 - w_1)/(2n)$에서 균등하게 감소한다. 재구성된 평균은 여전히 $\boldsymbol{\mu}$이며, 재구성된 공분산은 여전히 $\boldsymbol{\Sigma}$다.

w_1을 변경해 다양한 시그마 포인트 집합을 생성할 수 있다. $w_1 > 0$으로 설정하면 시그마 포인트이 평균에서 멀어진다. $w_1 < 0$으로 설정하면 시그마 포인트가 평균에 더 가깝게 이동한다. 그 결과 고차 모멘트가 다른 스케일링된 시그마 포인트 집합이 생성되지만 동일한 평균과 공분산을 유지한다.

$w_1 = \lambda/(n + \lambda)$를 대입해 방정식 (19.23)을 일치시킬 수 있다. 그러면 $(1 - w_1)/2n = 1/(2(n + \lambda))$이고 $n/(1 - w_1) = n + \lambda$가 된다.

연습 19.15 다음과 같은 다변량 가우시안 분포에 대해 $\lambda = 2$인 시그마 포인트 및 가중치 집합을 계산하라.

$$\boldsymbol{\mu} = \begin{bmatrix} 1 \\ 2 \end{bmatrix} \qquad \boldsymbol{\Sigma} = \begin{bmatrix} 4 & 0 \\ 0 & 2.25 \end{bmatrix}$$

해법: 2차원 가우시안 분포이고, $\lambda = 2$로 지정됐으므로 $2n + 1 = 5$ 시그마 포인트를 계산해야 한다. $\mathbf{BB}^\top = (n + \lambda)\boldsymbol{\Sigma}$가 되도록 하는 제곱근 행렬 $\mathbf{B} = \sqrt{(n + \lambda)\boldsymbol{\Sigma}}$를 계산해야 한다. 크기 조정된 공분산 행렬이 대각이므로 제곱근 행렬은 단순히 $(n + \lambda)\boldsymbol{\Sigma}$의 요소별 제곱근이다.

$$\sqrt{(n + \lambda)\boldsymbol{\Sigma}} = \sqrt{(2 + 2) \begin{bmatrix} 4 & 0 \\ 0 & 2.25 \end{bmatrix}} = \begin{bmatrix} 4 & 0 \\ 0 & 3 \end{bmatrix}$$

이제 시그마 포인트과 가중치를 계산할 수 있다.

$$\mathbf{s}_1 = \begin{bmatrix} 1 \\ 2 \end{bmatrix} \qquad\qquad w_1 = \frac{2}{2+2} = \frac{1}{2}$$

$$\mathbf{s}_2 = \begin{bmatrix} 1 \\ 2 \end{bmatrix} + \begin{bmatrix} 4 \\ 0 \end{bmatrix} = \begin{bmatrix} 5 \\ 2 \end{bmatrix} \qquad\qquad w_2 = \frac{1}{2(2+2)} = \frac{1}{8}$$

$$\mathbf{s}_3 = \begin{bmatrix} 1 \\ 2 \end{bmatrix} - \begin{bmatrix} 4 \\ 0 \end{bmatrix} = \begin{bmatrix} -3 \\ 2 \end{bmatrix} \qquad\qquad w_3 = \frac{1}{2(2+2)} = \frac{1}{8}$$

$$\mathbf{s}_4 = \begin{bmatrix} 1 \\ 2 \end{bmatrix} + \begin{bmatrix} 0 \\ 3 \end{bmatrix} = \begin{bmatrix} 1 \\ 5 \end{bmatrix} \qquad\qquad w_4 = \frac{1}{2(2+2)} = \frac{1}{8}$$

$$\mathbf{s}_5 = \begin{bmatrix} 1 \\ 2 \end{bmatrix} - \begin{bmatrix} 0 \\ 3 \end{bmatrix} = \begin{bmatrix} 1 \\ -1 \end{bmatrix} \qquad\qquad w_5 = \frac{1}{2(2+2)} = \frac{1}{8}$$

연습 19.16 이전 연습의 시그마 포인트와 가중치를 사용해 $\mathbf{f}(\mathbf{x}) = [2x_1, x_1x_2]$를 통한 무향 변환으로 갱신된 평균과 공분산을 계산하라.

해법: 변환된 시그마 포인트는 다음과 같다.

$$\mathbf{f}(\mathbf{s}_1) = \begin{bmatrix} 2 \\ 2 \end{bmatrix} \qquad \mathbf{f}(\mathbf{s}_2) = \begin{bmatrix} 10 \\ 10 \end{bmatrix} \qquad \mathbf{f}(\mathbf{s}_3) = \begin{bmatrix} -6 \\ -6 \end{bmatrix} \qquad \mathbf{f}(\mathbf{s}_4) = \begin{bmatrix} 2 \\ 5 \end{bmatrix} \qquad \mathbf{f}(\mathbf{s}_5) = \begin{bmatrix} 2 \\ -1 \end{bmatrix}$$

변환된 시그마 포인트의 가중 합으로 평균을 재구성할 수 있다.

$$\boldsymbol{\mu}' = \sum_i w_i \mathbf{f}(\mathbf{s}_i)$$

$$\boldsymbol{\mu}' = \frac{1}{2}\begin{bmatrix} 2 \\ 2 \end{bmatrix} + \frac{1}{8}\begin{bmatrix} 10 \\ 10 \end{bmatrix} + \frac{1}{8}\begin{bmatrix} -6 \\ -6 \end{bmatrix} + \frac{1}{8}\begin{bmatrix} 2 \\ 5 \end{bmatrix} + \frac{1}{8}\begin{bmatrix} 2 \\ -1 \end{bmatrix} = \begin{bmatrix} 2 \\ 2 \end{bmatrix}$$

공분산 행렬은 점별 공분산 행렬의 가중 합에서 재구성할 수 있다.

$$\boldsymbol{\Sigma}' = \sum_i w_i \left(\mathbf{f}(\mathbf{s}_i) - \boldsymbol{\mu}' \right) \left(\mathbf{f}(\mathbf{s}_i) - \boldsymbol{\mu}' \right)^\top$$

$$\boldsymbol{\Sigma}' = \frac{1}{2}\begin{bmatrix} 0 & 0 \\ 0 & 0 \end{bmatrix} + \frac{1}{8}\begin{bmatrix} 64 & 64 \\ 64 & 64 \end{bmatrix} + \frac{1}{8}\begin{bmatrix} 64 & 64 \\ 64 & 64 \end{bmatrix} + \frac{1}{8}\begin{bmatrix} 0 & 0 \\ 0 & 9 \end{bmatrix} + \frac{1}{8}\begin{bmatrix} 0 & 0 \\ 0 & 9 \end{bmatrix} = \begin{bmatrix} 16 & 16 \\ 16 & 18.25 \end{bmatrix}$$

연습 19.17 칼만 필터와 확장 칼만 필터는 둘 다 관측 공분산 $\mathbf{O}_s$를 사용해 교차 공분산 행렬 $\mathbf{\Sigma}_{po}$를 계산한다. 무향 칼만 필터는 이 관측 행렬을 직접 계산하지 않고 대신 $\mathbf{\Sigma}_{po}$를 직접 계산한다. 무향 칼만 필터에 대한 공분산 갱신 $\mathbf{\Sigma}_{b'} \leftarrow \mathbf{\Sigma}_p - \mathbf{K}\mathbf{\Sigma}_o\mathbf{K}^\top$와 칼만 필터, 확장 칼만 필터의 공분산 갱신 $\mathbf{\Sigma}_{b'} \leftarrow (\mathbf{I} - \mathbf{K}\mathbf{O}_s)\mathbf{\Sigma}_p$가 일치한다는 것을 증명하라.

해법: $\mathbf{K} = \mathbf{\Sigma}_{po}\mathbf{\Sigma}_o^{-1}$와 $\mathbf{\Sigma}_{po} = \mathbf{\Sigma}_p\mathbf{O}_s^\top$ 관계를 사용해 두 갱신이 동일함을 보일 수 있다. 또한 대칭 행렬은 자체 전치이며 따라서 공분산 행렬은 대칭이라는 점에 주목하자.

$$
\begin{aligned}
\mathbf{\Sigma}_{b'} &= \mathbf{\Sigma}_p - \mathbf{K}\mathbf{\Sigma}_o\mathbf{K}^\top \\
&= \mathbf{\Sigma}_p - \mathbf{K}\mathbf{\Sigma}_o\left(\mathbf{\Sigma}_{po}\mathbf{\Sigma}_o^{-1}\right)^\top \\
&= \mathbf{\Sigma}_p - \mathbf{K}\mathbf{\Sigma}_o\left(\mathbf{\Sigma}_o^{-1}\right)^\top\mathbf{\Sigma}_{po}^\top \\
&= \mathbf{\Sigma}_p - \mathbf{K}\mathbf{\Sigma}_{po}^\top \\
&= \mathbf{\Sigma}_p - \mathbf{K}\left(\mathbf{\Sigma}_p\mathbf{O}_s^\top\right)^\top \\
&= \mathbf{\Sigma}_p - \mathbf{K}\mathbf{O}_s\mathbf{\Sigma}_p^\top \\
&= \mathbf{\Sigma}_p - \mathbf{K}\mathbf{O}_s\mathbf{\Sigma}_p \\
&= (\mathbf{I} - \mathbf{K}\mathbf{O}_s)\mathbf{\Sigma}_p
\end{aligned}
$$

연습 19.18 칼만 필터 대신 입자 필터를 사용할 때의 장단점은 무엇인가?

해법: 칼만 필터는 시스템이 선형 가우시안일 때 정확한 신뢰 갱신을 제공할 수 있다. 입자 필터는 시스템이 비선형이고 불확실성이 다중 모드일 때 더 잘 작동할 수 있다. 입자 필터는 일반적으로 계산 비용이 더 많이 들고 입자 부족으로 어려움을 겪을 수 있다.

연습 19.19 우도가 높거나 낮은 관찰과 함께 관찰을 믿을 수 있는 문제에 대한 신뢰를 유지하기 위해 입자 필터를 사용하는 것을 고려해보자. 예를 들어, 민호 문제에서는 4개의 벽 중 어느 것이 존재하는지 확실하게 결정할 수 있으므로 관찰과 일치하지 않는 모든 상태를 즉시 무시할 수 있다. 제거 기능을 가진 입자 필터가 이러한 문제에 대해 기존 입자 필터보다 더 적합한 이유는 무엇인가?

해법: 기존의 입자 필터는 입자 집합을 생성하고 관찰 우도에 따라 가중치를 할당한다. 민호와 같은 문제에서 많은 입자가 가중치가 거의 또는 전혀 없을 수 있다. 가중치가 적은 입자가 많으면 신뢰가 입자 부족에 취약해진다. 거부 기능을 가진 입자 필터는 각 입자의 후속 상태가 관찰과 호환되도록 해 입자 부족 문제를 완화한다.

20

정확한 신뢰-상태 계획

POMDP의 목표는 환경과 상호 작용하면서 보상 축적을 최대화하는 행동을 선택하는 것이다. MDP와는 달리 상태를 직접 관찰할 수 없으므로 에이전트가 신뢰를 알리기 위해 과거의 행동과 관찰 기록을 사용해야 한다. 이전 장에서 논의한 바와 같이 신뢰는 상태에 대한 확률 분포로 나타낼 수 있다. 전이, 관찰, 보상 모델이 주어졌을 때 행동과 신뢰를 매핑하는 최적의 정책을 계산하는 다양한 접근 방식이 있다.[1] 한 가지 접근 방식은 POMDP를 MDP로 변환하고 동적 프로그래밍을 적용하는 것이다. 또 다른 접근 방식에는 정책을 조건부 계획 또는 신뢰 공간에 대한 부분별 선형 가치 함수로 나타내는 것이다. 20장은 MDP의 가치 반복과 유사한 최적 정책을 계산하는 알고리듬으로 결론을 내린다.

1 정확한 해법에 대한 논의는 다음 문헌을 참고하라. L. P. Kaelbling, M. L. Littman, and A. R. Cassandra, "Planning and Acting in Partially Observable Stochastic Domains," *Artificial Intelligence*, vol. 101, no. 1–2, pp. 99–134, 1998.

20.1 신뢰-상태 마르코프 결정 프로세스

모든 POMDP는 신뢰를 상태로 사용하는 MDP로 볼 수 있으며, 이는 신뢰-상태 MDP$^{\text{belief-state MDP}}$[2]라고도 불린다. 신뢰-상태 MDP의 상태 공간은 모든 신뢰의 집합이다. 행동 공간은 POMDP와 동일하다. 신뢰-상태 MDP에 대한 보상 함수는 신뢰와 취해진 행동에 따라 다르다. 이는 단순히 보상의 기대 가치다. 이산 상태 공간의 경우 다음과 같이 주어진다.

2 K. J. Åström, "Optimal Control of Markov Processes with Incomplete State Information," *Journal of Mathematical Analysis and Applications*, vol. 10, no. 1, pp. 174–205, 1965.

$$R(b,a) = \sum_s R(s,a)b(s) \tag{20.1}$$

상태와 관찰 공간이 이산인 경우 신뢰-상태 전이 MDP의 신뢰-상태 함수는 다음과 같이 주어진다.

$$T(b' \mid b,a) = P(b' \mid b,a) \tag{20.2}$$

$$= \sum_o P(b' \mid b,a,o)P(o \mid b,a) \tag{20.3}$$

$$= \sum_o P(b' \mid b,a,o) \sum_s P(o \mid b,a,s)P(s \mid b,a) \tag{20.4}$$

$$= \sum_o P(b' \mid b,a,o) \sum_s P(o \mid b,a,s)b(s) \tag{20.5}$$

$$= \sum_o P(b' \mid b,a,o) \sum_{s'} \sum_s P(o \mid b,a,s,s')P(s' \mid b,s,a)b(s) \tag{20.6}$$

$$= \sum_o (b' = \text{Update}(b,a,o)) \sum_{s'} O(o \mid a,s') \sum_s T(s' \mid s,a)b(s) \tag{20.7}$$

방정식 (20.7)에서 Update(b,a,o)는 이전 장에서 논의된 결정론적 프로세스를 사용해 갱신된 신뢰를 반환한다.[3] 연속 문제의 경우 합계를 적분으로 바꾼다.

상태 공간이 연속적이므로 신뢰-상태 MDP 해결이 어렵다. 이전 장에서 제시한 근사 동적 프로그래밍 기술을 사용할 수 있지만, 20장의 나머지 부분에서 논의할 신뢰-상태 MDP의 구조를 활용하면 더 잘 수행할 수 있다.

3 참고로, 괄호 안의 논리적 문장이 참일 때 1, 거짓일 때 0으로 숫자로 처리되는 규칙을 사용한다.

20.2 조건부 계획

POMDP에 대한 정책을 나타내는 방법에는 여러 가지가 있다. 한 가지 접근 방식은 트리 형태의 조건부 계획^{conditional plan}을 사용하는 것이다. 그림 20.1은 이진 행동과 관찰 공간을 가진 3단계 조건부 계획의 예를 보여준다. 노드는 신뢰-상태에 해당한다. 선분에는 관찰이 주석으로 표시되고 노드에는 행동이 주석으로 추가된다. 계획 π가 있는 경우 루트와 관련된 행동은 $\pi()$로 표시되고 관찰 o와 관련된 하위 계획은 $\pi(o)$로 표시된다. 알고리듬 20.1은 이에 대한 구현을 보여준다.

조건부 계획은 트리가 나타내는 기간까지 관찰한 내용에 따라 무엇을 해야 하는지 알려준다. 조건부 계획을 실행하려면 루트 노드^{root node}에서 시작해 이와 관련된 행동을 실행한다. 우리가 통과하는 노드와 관련된 행동을 취하면서 관찰에 따라 트리 아래로 진행한다.

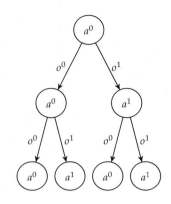

▲ **그림 20.1** 3단계 조건부 계획

```
struct ConditionalPlan
    a         # 루트에서 취할 행동
    subplans  # 관찰을 하위 계획에 매핑하는 딕셔너리
end

ConditionalPlan(a) = ConditionalPlan(a, Dict())

(π::ConditionalPlan)() = π.a
(π::ConditionalPlan)(o) = π.subplans[o]
```

알고리듬 20.1 행동 및 관찰을 하위 계획에 매핑하는 것으로 구성된 조건부 계획 데이터 구조. subplans 필드는 관찰에서 조건부 계획에 이르는 Dict다. 편의상 단일 노드로 구성된 계획을 위한 특수 생성자를 만들었다.

조건부 계획 π가 있고, 상태 s에서 시작할 때의 그 기대 효용을 계산하고자 한다. 이 계산은 재귀적으로 수행할 수 있다.

$$U^{\pi}(s) = R(s, \pi()) + \gamma \left[\sum_{s'} T(s' \mid s, \pi()) \sum_{o} O(o \mid \pi(), s') U^{\pi(o)}(s') \right] \quad (20.8)$$

이 절차에 대한 구현은 알고리듬 20.2에 나와 있다.

```
function lookahead(𝒫::POMDP, U, s, a)
    𝒮, 𝒪, T, O, R, γ = 𝒫.𝒮, 𝒫.𝒪, 𝒫.T, 𝒫.O, 𝒫.R, 𝒫.γ
    u′ = sum(T(s,a,s′)*sum(O(a,s′,o)*U(o,s′) for o in 𝒪) for s′ in 𝒮)
    return R(s,a) + γ*u′
end

function evaluate_plan(𝒫::POMDP, π::ConditionalPlan, s)
    U(o,s′) = evaluate_plan(𝒫, π(o), s′)
    return isempty(π.subplans) ? 𝒫.R(s,π()) : lookahead(𝒫, U, s, π())
end
```

알고리듬 20.2 상태 s에서 시작하는 MDP 𝒫에 대한 조건부 계획 π를 평가하는 방법. 계획은 행동 및 하위 계획에 대한 관찰을 매핑하는 딕셔너리로 구성된 튜플로 표시된다.

다음과 같이 신뢰 b의 효용을 계산할 수 있다.

$$U^\pi(b) = \sum_s b(s)U^\pi(s) \tag{20.9}$$

예제 20.1은 3단계 조건부 계획과 관련된 효용을 계산하는 방법을 보여준다.

이제 기간 h까지 조건부 계획을 평가할 수 있는 방법이 있으므로 최적의 h-단계 값 함수를 계산할 수 있다.

$$U^*(b) = \max_\pi U^\pi(b) \tag{20.10}$$

π 최대화하는 루트와 연계된 행동에서 최적의 행동을 생성할 수 있다.

우는 아기 문제에 대한 다음 3단계 조건부 계획을 고려해보자.

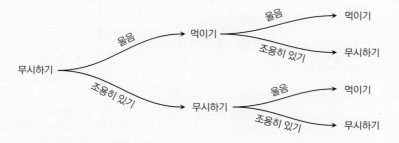

이 계획은 아기를 무시하는 것으로 시작한다. 울음을 터트리면 젖을 먹인다. 우는 것이 관찰되지 않으면 아기를 무시한다. 만약 운다면 세 번째 행동은 다시 먹이는 것이다.

신뢰 공간에서, 이 계획에 대한 기대 효용은 항상 아기에게 먹를 주는 3단계 계획과 항상 아기를 무시하는 계획과 나란히 도식화돼 있다.

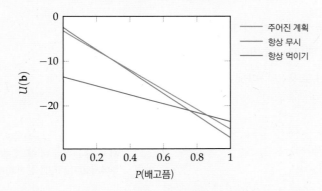

주어진 계획이 항상 어느 쪽보다 보편적으로 더 나은 것은 아니라는 점을 알 수 있다.

모든 h-단계 조건부 계획을 직접 나열하며 h-단계 POMDP를 해결하는 것은 그림 20.2에서 보는 것처럼 대개 계산적으로 매우 어렵다. h-단계 계획에는 $(|\mathcal{O}|^h - 1)/(|\mathcal{O}| - 1)$ 노드가 있다. 일반적으로 모든 노드에 어떤 행동이라도 넣을 수 있으므로 결과적으로 $|\mathcal{A}|^{(|\mathcal{O}|^h - 1)/(|\mathcal{O}| - 1)}$개의 가능한 h-단계 계획이 존재한다. 이 지수적인 성장은 모든 계획을 열거한다는 것은 적절한 h 값에 대해서도 계산상 까다롭다는 것을 의미한다. 20장의 뒷부분에서 설명하겠지만 가능한 모든 계획을 명시적으로 열거하는 대신 다른 대안이 존재한다.

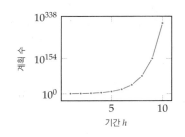

▲ **그림 20.2** 2개의 행동과 2개의 관찰만 있는 소규모 POMDP의 경우에도 가능한 계획의 수는 계획 범위에 따라 매우 빠르게 증가한다. 종종 각 반복에서 알파 벡터 집합을 상당히 가지치기할 수 있으며 훨씬 적은 수의 계획만 고려할 수 있다.

20.3 알파 벡터

방정식 (20.9)는 벡터 형식으로 다시 쓸 수 있다.

$$U^\pi(b) = \sum_s b(s)U^\pi(s) = \boldsymbol{\alpha}_\pi^\top \mathbf{b} \qquad (20.11)$$

알파 벡터^{alpha vector}라고 불리는 벡터 $\boldsymbol{\alpha}_\pi$는 계획 π 하에서 각 상태에서 기대되는 효용을 갖고 있다. 신뢰 벡터와 마찬가지로 알파 벡터는 $|\mathcal{S}|$차원이다. 신뢰와는 다르게 알파 벡터의 구성 요소는 확률 질량이 아닌 효용을 나타낸다. 알고리듬 20.3은 알파 벡터를 계산하는 방법을 보여준다.

```
function alphavector(𝒫::POMDP, π::ConditionalPlan)
    return [evaluate_plan(𝒫, π, s) for s in 𝒫.S]
end
```

알고리듬 20.3 가능한 모든 초기 상태에서 evaluate_plan을 호출해 조건부 계획에서 알파 벡터를 생성할 수 있다.

각 알파 벡터는 신뢰 공간에서 초평면을 정의한다. 방정식 (20.11)에 주어진 최적 가치 함수는 이 초평면에 대한 최댓값이다.

$$U^*(\mathbf{b}) = \max_\pi \boldsymbol{\alpha}_\pi^\top \mathbf{b} \qquad (20.12)$$

가치 함수를 조각별 선형 및 볼록으로 만든다.[4]

정책을 표현하기 위해 조건부 계획을 사용하는 대안은 각각 행동으로 주석이 달린 일련의 알파 벡터 Γ를 사용할 수 있다. 실용적이지는 않지만 집합 Γ를 생성하는 한 가지 방법은 h 단계 조건부 계획 집합을 열거한 다음 해당 알파 벡터를 계산하는 것이다. 알파 벡터와 연결된 행동은 연결된 조건부 계획의 루트에 있는 행동이다. 먼저 신뢰-상태를 갱신하고 새로운 신뢰 b에서 우세한 알파 벡터와 관련된 행동을 수행함으로써 Γ로 표현되는 정책을 실행한다. b에서 우세한 알파 벡터 $\boldsymbol{\alpha}$는 $\boldsymbol{\alpha}^\top\mathbf{b}$를 최대화하는 벡터다. 이 전략은 원래 조건부 계획의 기간을 넘어서는 행동을 선택하는 데 사용할 수 있다.

4 상태 공간 이산화를 통해 POMDP를 근사하고 극한을 취함으로써 이산 상태의 수가 무한대에 가까워짐에 따라 볼 수 있듯이 연속 상태 POMDP에 대한 최적의 값 함수도 볼록이다.

```
struct AlphaVectorPolicy
    𝒫 # POMDP 문제
    Γ # 알파 벡터
    a # 알파 벡터와 연계된 행동
end

function utility(π::AlphaVectorPolicy, b)
    return maximum(α·b for α in π.Γ)
end

function (π::AlphaVectorPolicy)(b)
    i = argmax([α·b for α in π.Γ])
    return π.a[i]
end
```

알고리듬 20.4 알파 벡터 정책은 일련의 알파 벡터 Γ와 관련 행동 배열로 정의된다. 현재 신뢰 b가 주어지면 해당 신뢰 점에서 가장 높은 값을 제공하는 알파 벡터를 찾고 연결된 행동을 반환한다.

1-단계 예측one-step lookahead을 사용하면 Γ의 알파 벡터와 관련된 행동을 추적할 필요가 없다. Γ로 표현한 가치 함수를 사용하는 신뢰 b의 한 단계 미리 보기 행동은 U^Γ로 표기하고, 다음과 같다.

$$\pi^\Gamma(b) = \arg\max_a \left[R(b,a) + \gamma \sum_o P(o \mid b,a) U^\Gamma(\text{Update}(b,a,o)) \right] \quad (20.13)$$

여기서

$$P(o \mid b,a) = \sum_s P(o \mid s,a)b(s) \tag{20.14}$$

$$P(o \mid s,a) = \sum_{s'} T(s' \mid s,a)O(o \mid s',a) \tag{20.15}$$

알고리듬 20.5는 이에 대한 구현을 보여준다. 예제 20.2는 우는 아기 문제에 대해 1-단계 예측을 사용하는 방법을 보여준다.

```
function lookahead(𝒫::POMDP, U, b::Vector, a)
    𝒮, 𝒪, T, O, R, γ = 𝒫.𝒮, 𝒫.𝒪, 𝒫.T, 𝒫.O, 𝒫.R, 𝒫.γ
    r = sum(R(s,a)*b[i] for (i,s) in enumerate(𝒮))
    Posa(o,s,a) = sum(O(a,s',o)*T(s,a,s') for s' in 𝒮)
    Poba(o,b,a) = sum(b[i]*Posa(o,s,a) for (i,s) in enumerate(𝒮))
    return r + γ*sum(Poba(o,b,a)*U(update(b, 𝒫, a, o)) for o in 𝒪)
end

function greedy(𝒫::POMDP, U, b::Vector)
    u, a = findmax(a->lookahead(𝒫, U, b, a), 𝒫.𝒜)
    return (a=a, u=u)
end

struct LookaheadAlphaVectorPolicy
    𝒫 # POMDP 문제
    Γ # 알파 벡터들
end

function utility(π::LookaheadAlphaVectorPolicy, b)
    return maximum(α⋅b for α in π.Γ)
end

function greedy(π, b)
    U(b) = utility(π, b)
    return greedy(π.𝒫, U, b)
end

(π::LookaheadAlphaVectorPolicy)(b) = greedy(π, b).a
```

알고리듬 20.5 알파 벡터 집합 Γ로 표현되는 정책. 1-단계 예측을 사용해 최적의 행동 및 관련 효용을 생성한다. 방정식 (20.13)은 예측을 계산하는 데 사용된다.

알파 벡터 $[-3.7, -15]$와 $[-2, -21]$로 주어진 가치 함수를 가진 우는 아기 문제에 1-단계 예측을 사용하는 것을 생각해보자. 현재 신뢰는 $b = [0.5, 0.5]$, 즉 아기가 배고플 가능성과 배고프지 않을 가능성이 동일하다고 믿는다는 의미다. 방정식 (20.13)을 적용한다.

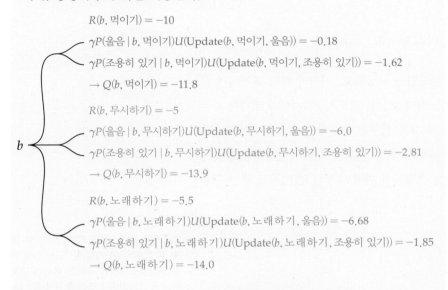

$R(b, \text{먹이기}) = -10$

$\gamma P(\text{울음} \mid b, \text{먹이기}) U(\text{Update}(b, \text{먹이기}, \text{울음})) = -0.18$

$\gamma P(\text{조용히 있기} \mid b, \text{먹이기}) U(\text{Update}(b, \text{먹이기}, \text{조용히 있기})) = -1.62$

$\rightarrow Q(b, \text{먹이기}) = -11.8$

$R(b, \text{무시하기}) = -5$

$\gamma P(\text{울음} \mid b, \text{무시하기}) U(\text{Update}(b, \text{무시하기}, \text{울음})) = -6.0$

$\gamma P(\text{조용히 있기} \mid b, \text{무시하기}) U(\text{Update}(b, \text{무시하기}, \text{조용히 있기})) = -2.81$

$\rightarrow Q(b, \text{무시하기}) = -13.9$

$R(b, \text{노래하기}) = -5.5$

$\gamma P(\text{울음} \mid b, \text{노래하기}) U(\text{Update}(b, \text{노래하기}, \text{울음})) = -6.68$

$\gamma P(\text{조용히 있기} \mid b, \text{노래하기}) U(\text{Update}(b, \text{노래하기}, \text{조용히 있기})) = -1.85$

$\rightarrow Q(b, \text{노래하기}) = -14.0$

$Q(b, a)$를 사용해 신뢰-상태의 행동 가치 함수를 나타낸다. 이 정책은 아기에게 먹이를 주는 것이 가장 높은 기대 효용을 가져올 것으로 예측하므로 해당 행동을 취한다.

20.4 가지치기

알파 벡터 Γ 모음이 있는 경우 가치 함수 식에 기여하지 않는 알파 벡터 또는 신뢰에 최적이 아닌 계획을 제거^{prune}할 수 있다. 이러한 알파 벡터 또는 계획을 제거하면 계산 효율성이 향상될 수 있다.

알파 벡터 $\boldsymbol{\alpha}$가 지배적인지 여부는 집합 Γ의 알파 벡터에 대해 모든 벡터의 효용 갭 δ를 최대화하는 선형 프로그램을 풀어서 알아낼 수 있다.[5]

5 $\mathbf{a} \geq \mathbf{b}$ 형식의 제약은 구성 요소별이다. 즉 모든 i에 대해 $a_i \geq b_i$이다.

$$\underset{\delta, \mathbf{b}}{\text{maximize}} \quad \delta$$

$$\text{제약 조건} \quad \mathbf{b} \geq \mathbf{0}$$
$$\mathbf{1}^\top \mathbf{b} = 1 \tag{20.16}$$
$$\boldsymbol{\alpha}^\top \mathbf{b} \geq \boldsymbol{\alpha}'^\top \mathbf{b} + \delta, \quad \boldsymbol{\alpha}' \in \Gamma$$

처음 두 제약 조건은 b가 범주형 분포임을 보장하고, 마지막 제약 조건 집합은 $\boldsymbol{\alpha}$가 Γ의 모든 알파 벡터보다 더 높은 기대 보상을 갖도록 하는 신뢰 벡터를 찾는 것을 보장한다. 선형 프로그램을 푼 후 효용 갭 δ가 음수이면 $\boldsymbol{\alpha}$가 우세하다. δ가 양수이면 $\boldsymbol{\alpha}$는 우세하지 않으며 b는 $\boldsymbol{\alpha}$가 우세하지 않은 신뢰다. 알고리듬 20.6은 δ가 가장 양수인 신뢰(존재하는 경우)을 결정하기 위해 방정식 (20.16)을 푸는 구현을 보여준다.

```
function find_maximal_belief(α, Γ)
    m = length(α)
    if isempty(Γ)
        return fill(1/m, m) # 임의의 신뢰
    end
    model = Model(GLPK.Optimizer)
    @variable(model, δ)
    @variable(model, b[i=1:m] ≥ 0)
    @constraint(model, sum(b) == 1.0)
    for a in Γ
        @constraint(model, (α-a)⋅b ≥ δ)
    end
    @objective(model, Max, δ)
    optimize!(model)
    return value(δ) > 0 ? value.(b) : nothing
end
```

알고리듬 20.6 알파 벡터 집합 Γ에 비해 알파 벡터 α가 가장 향상되는 신뢰 벡터 b를 찾는 방법. 그러한 신뢰가 존재하지 않으면 아무것도 반환되지 않는다. JuMP.jl 및 GLPK.jl 패키지는 각각 선형 프로그램을 위한 수학적 최적화 프레임워크와 솔버(solver)를 보여준다.

```
function find_dominating(Γ)
    n = length(Γ)
    candidates, dominating = trues(n), falses(n)
    while any(candidates)
        i = findfirst(candidates)
        b = find_maximal_belief(Γ[i], Γ[dominating])
        if b === nothing
            candidates[i] = false
        else
            k = argmax([candidates[j] ? b·Γ[j] : -Inf for j in 1:n])
            candidates[k], dominating[k] = false, true
        end
    end
    return dominating
end

function prune(plans, Γ)
    d = find_dominating(Γ)
    return (plans[d], Γ[d])
end
```

알고리듬 20.7 우세 알파 벡터 및 관련 계획을 잘라내는 방법 find_dominating 함수는 집합 Γ에서 지배적인 모든 알파 벡터를 식별한다. 이진 벡터 후보와 지배적 벡터를 사용해 어떤 알파 벡터가 우세한 집합에 포함할 후보인지, 현재 우세한 집합에 있는 알파 벡터를 각각 추적한다.

알고리듬 20.7은 알고리듬 20.6을 사용해 집합 Γ에서 우세한 알파 벡터를 찾는 절차를 보여준다. 처음에는 모든 알파 벡터가 우세한 후보다. 그런 다음 이러한 후보 중 하나를 선택하고, 후보가 우세한 집합의 다른 모든 알파 벡터와 비교해 가장 큰 가치 향상을 가져온다는 신뢰 b를 결정한다. 후보자가 개선되지 않으면 집합에서 제거한다. 개선이 되면 알파 벡터를 b에서 가장 큰 개선을 가져오는 후보 집합에서 우세 집합으로 이동한다. 이 과정은 더 이상 후보자가 없을 때까지 계속된다. 어떤 신뢰 점에서도 우세하지 않은 알파 벡터와 관련 조건부 계획을 제거할 수 있다. 예제 20.3은 우는 아기 문제에 대한 가지치기를 보여준다.

20.5 가치 반복

MDP에 대한 가치 반복 알고리듬은 POMDP에 적용할 수 있다.[6] POMDP 가치 반복(알고리듬 20.8)은 모든 1-단계 계획을 구성하는 것부터 시작된다. 초기 신뢰에서 최적이 아닌 모든 계획을 제거한다. 그런 다음 1-단계 계획의 모든 조합을 확장해 2단계 계획을 생성한다. 이번에도 최적이 아닌 계획은 고려 사항에서 제거한다. 확장과 가지치기를 번갈아 하는 이 절차는 원하는 기간에 도달할 때까지 반복된다. 그림 20.3은 우는 아기 문제에서 가치 반복을 보여준다.

6 20.5절에서는 조건부 계획 및 알파 벡터 측면에서 값 반복 버전을 설명한다. 알파 벡터만 사용하는 버전은 다음 문헌을 참고하라. A. R. Cassandra, M. L. Littman, and N. L. Zhang, "Incremental Pruning: A Simple, Fast, Exact Method for Partially Observable Markov Decision Processes," in *Conference on Uncertainty in Artificial Intelligence (UAI)*, 1997.

우는 아기 문제에 대한 모든 2-단계 계획을 세울 수 있다. 모두 $3^3 = 27$개의 그러한 계획이 있다.

신뢰 공간에서 각 계획에 대한 기대 효용은 아래에 도식화돼 있다. 우리는 두 가지 계획이 다른 모든 계획을 지배한다는 것을 알게 됐다. 이러한 지배적인 계획은 최적의 3-단계 계획을 위한 하위 계획에서 간주해야 할 유일한 계획이다.

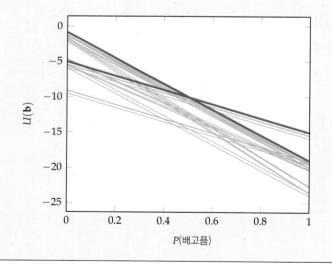

예제 20.3 우는 아기 문제에서 모든 2단계 계획에 대한 신뢰 공간의 기대 효용성(부록 F.7). 굵은 선은 일부 신뢰에 대해 최적인 반면 가는 선은 지배당한다.

```
function value_iteration(𝒫::POMDP, k_max)
    𝒮, 𝒜, R = 𝒫.𝒮, 𝒫.𝒜, 𝒫.R
    plans = [ConditionalPlan(a) for a in 𝒜]
    Γ = [[R(s,a) for s in 𝒮] for a in 𝒜]
    plans, Γ = prune(plans, Γ)
    for k in 2:k_max
        plans, Γ = expand(plans, Γ, 𝒫)
        plans, Γ = prune(plans, Γ)
    end
    return (plans, Γ)
end

function solve(M::ValueIteration, 𝒫::POMDP)
    plans, Γ = value_iteration(𝒫, M.k_max)
    return LookaheadAlphaVectorPolicy(𝒫, Γ)
end
```

알고리듬 20.8 최적의 하위 계획을 반복적으로 구성해 기간 k_max의 유한 기간 POMDP에 대한 지배적인 h-단계 계획을 찾는 POMDP의 값 반복. ValueIteration 구조는 MDP의 맥락에서 알고리듬 7.8에서 정의된 것과 동일하다.

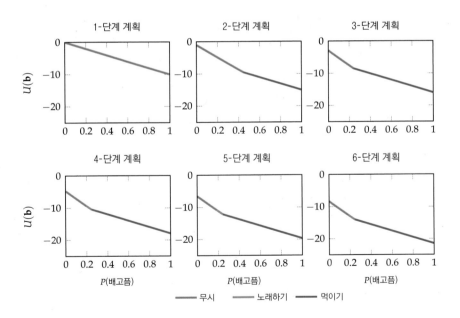

◀ 그림 20.3 POMDP 가치 반복은 우는 아기 문제에 대한 최적의 가치 함수를 다양한 기간으로 찾는 데 사용된다.

이 프로세스의 확장 단계(알고리듬 20.9)는 일련의 k-단계 계획에서 가능한 모든 $(k+1)$-단계 계획을 구성한다. 새로운 계획은 그림 20.4와 같이 새로운 첫 번째 행동과 k-단계 계획의 모든 가능한 조합을 하위 계획으로 사용해 구성할 수 있다. 하위 계획의 끝에 행동을 추가해 계획을 확장할 수도 있지만, 최상위 수준 확장을 통해 k-단계 계획에 대해 구성된 알파 벡터를 사용해 $(k+1)$-단계 계획에 대한 알파 벡터를 효율적으로 구성할 수 있다.

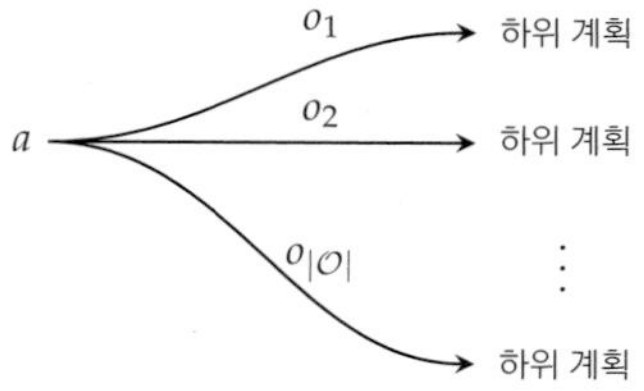

하위 계획과 관련된 알파 벡터 집합에서 계획 π와 관련된 알파 벡터를 계산하는 것은 다음과 같이 수행할 수 있다. 하위 계획 $\pi(o)$와 관련된 알파 벡터는 $\boldsymbol{\alpha}_o$로 나타낸다. π와 관련된 알파 벡터는 다음과 같다.

$$\alpha(s) = R(s, \pi()) + \gamma \sum_{s'} T(s' \mid s, \pi()) \sum_o O(o \mid \pi(), s') \alpha_o(s') \quad (20.17)$$

비교적 단순한 문제에서 얕은 깊이까지의 경우에도 이러한 방식으로 하위 계획에서 알파 벡터를 계산하는 것이 알고리듬 20.2에서처럼 처음부터 계산하는 것보다 훨씬 효율적이다.

▲ **그림 20.4** $(k+1)$-단계 계획은 k-단계 하위 계획의 조합으로 이어지는 새로운 초기 행동을 사용해 구성할 수 있다.

20.6 선형 정책

19.3절에서 설명한 대로, 선형 가우시안 역학을 가진 문제에서의 신뢰-상태는 가우시안 분포 $\mathcal{N}(\boldsymbol{\mu}_b, \boldsymbol{\Sigma}_b)$로 나타낼 수 있다. 보상 역학이 가우시안 분포로 표현될 수 있는 경우 함수는 2차이므로 종종 선형 2차 가우시안$^{\text{LQG, Linear Quadratic Gaussian}}$ 제어라고 하는 프로세스를 사용해 최적의 정책을 오프라인에서 정확하게 계산할 수 있음을 보여줄 수 있다. 7.8절과 동일한 방식으로 최적의 행동을 구하되, 선형 가우시안 필터를 사용해 계산한 $\boldsymbol{\mu}_b$를 참 상태로 취급한다.[7]

각 관찰에 대해 필터를 사용해 $\boldsymbol{\mu}_b$를 갱신하고 $\boldsymbol{\mu}_b$에 알고리듬 7.11의 정책 행렬을 곱해 최적의 행동을 얻는다. 예제 20.4는 이 프로세스를 보여준다.

7 단순히 분포의 평균을 사용하는 우리의 능력은 원래 7.8절에서 소개된 확실성 등가(certainty equivalence) 원칙의 또 다른 예다.

```
function ConditionalPlan(𝒫::POMDP, a, plans)
    subplans = Dict(o=>π for (o, π) in zip(𝒫.𝒪, plans))
    return ConditionalPlan(a, subplans)
end

function combine_lookahead(𝒫::POMDP, s, a, Γo)
    𝒮, 𝒪, T, O, R, γ = 𝒫.𝒮, 𝒫.𝒪, 𝒫.T, 𝒫.O, 𝒫.R, 𝒫.γ
    U′(s′,i) = sum(O(a,s′,o)*α[i] for (o,α) in zip(𝒪,Γo))
    return R(s,a) + γ*sum(T(s,a,s′)*U′(s′,i) for (i,s′) in enumerate(𝒮))
end

function combine_alphavector(𝒫::POMDP, a, Γo)
    return [combine_lookahead(𝒫, s, a, Γo) for s in 𝒫.𝒮]
end

function expand(plans, Γ, 𝒫)
    𝒮, 𝒜, 𝒪, T, O, R = 𝒫.𝒮, 𝒫.𝒜, 𝒫.𝒪, 𝒫.T, 𝒫.O, 𝒫.R
    plans′, Γ′ = [], []
    for a in 𝒜
        # 관찰에서 계획으로 가능한 모든 매핑에 대해 반복
        for inds in product([eachindex(plans) for o in 𝒪]...)
            πo = plans[[inds...]]
            Γo = Γ[[inds...]]
            π = ConditionalPlan(𝒫, a, πo)
            α = combine_alphavector(𝒫, a, Γo)
            push!(plans′, π)
            push!(Γ′, α)
        end
    end
    return (plans′, Γ′)
end
```

알고리듬 20.9 k-단계 조건부 계획과 알파 벡터 집합에서 모든 $(k+1)$-단계 조건부 계획 및 관련 알파 벡터를 구성하는 가치 반복의 확장 단계. 하위 계획의 알파 벡터를 결합하는 방법은 방정식 (20.17)을 따른다.

중력, 항력, 기타 외부 힘을 무시하고 2차원에서 탐색하는 위성을 고려해보자. 위성은 추진기를 사용해 선형 역학으로 모든 방향으로 가속할 수 있다.

$$
\begin{bmatrix} x \\ y \\ \dot{x} \\ \dot{y} \end{bmatrix} \leftarrow \begin{bmatrix} 1 & 0 & \Delta t & 0 \\ 0 & 1 & 0 & \Delta t \\ 0 & 0 & 1 & 0 \\ 0 & 0 & 0 & 1 \end{bmatrix} \begin{bmatrix} x \\ y \\ \dot{x} \\ \dot{y} \end{bmatrix} + \begin{bmatrix} \frac{1}{2}\Delta t^2 & 0 \\ 0 & \frac{1}{2}\Delta t^2 \\ \Delta t & 0 \\ 0 & \Delta t \end{bmatrix} \begin{bmatrix} \ddot{x} \\ \ddot{y} \end{bmatrix} + \boldsymbol{\epsilon}
$$

여기서 Δt는 시간 단계의 지속 시간이고 ϵ는 공분산 $\Delta t/20\mathbf{I}$를 갖는 0 평균 가우시안 잡음이다.

우리는 연료 사용을 최소화하면서 위성을 원점의 궤도 슬롯에 배치하고자 한다. 2차 보상 함수는 다음과 같다.

$$
R(\mathbf{s}, \mathbf{a}) = -\mathbf{s}^\top \begin{bmatrix} \mathbf{I}_{2\times2} & \mathbf{0}_{2\times2} \\ \mathbf{0}_{2\times2} & \mathbf{0}_{2\times2} \end{bmatrix} \mathbf{s} - 2\mathbf{a}^\top \mathbf{a}
$$

위성의 센서는 다음에 따라 위치를 측정한다.

$$
\mathbf{o} = \begin{bmatrix} \mathbf{I}_{2\times2} & \mathbf{0}_{2\times2} \end{bmatrix} \mathbf{s} + \boldsymbol{\varepsilon}
$$

여기서 $\boldsymbol{\varepsilon}$은 공분산이 $\Delta t/10\mathbf{I}$인 0 평균 가우시안 잡음이다.

다음 그림은 $\Delta t = 1$에 대한 최적 정책과 신뢰을 추적하는 칼만 필터를 사용하는 10단계 롤아웃의 50개 궤적이다. 각각의 경우 위성은 $\mathbf{s} = \boldsymbol{\mu}_b = [-5, 2, 0, 1]$에서 $\boldsymbol{\Sigma}_b = [\mathbf{I} \ 0; 0 \ 0.25\mathbf{I}]$로 시작한다.

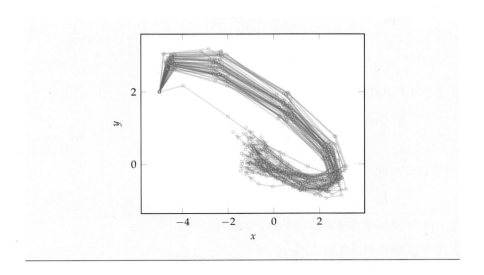

20.7 요약

- POMDP에 대한 정확한 해는 일반적으로 유한 기간 이산 POMDP에 대해서만 얻을 수 있다.

- 이러한 문제에 대한 정책은 조건부 계획으로 나타낼 수 있는데, 관찰을 기반으로 수행할 작업을 설명하는 트리다.

- 알파 벡터는 다른 상태에서 시작하고 특정 조건부 계획을 따를 때 예상되는 효용을 포함한다.

- 알파 벡터는 POMDP 정책의 대체 표현으로도 사용할 수 있다.

- POMDP 가치 반복은 하위 계획을 반복적으로 계산하고 최적이 아닌 것을 잘라내어 모든 조건부 계획을 열거하는 계산 부담을 피할 수 있다.

- 2차 보상이 있는 선형 가우시안 문제는 완전히 관찰 가능한 경우에 대해 도출된 것과 매우 유사한 방법을 사용해 정확하게 해결할 수 있다.

20.8 연습 문제

연습 20.1 모든 POMDP를 MDP로 구성할 수 있는가?

해법: 그렇다. 모든 POMDP는 상태 공간이 POMDP의 신뢰 공간이고 행동 공간이 POMDP와 동일하며 전이 함수가 방정식 (20.2)로 제공되는 신뢰−상태 MDP로 동등하게 볼 수 있다.

연습 20.2 1-단계 우는 아기 문제에 대한 알파 벡터는 무엇인가(부록 F.7)? 사용 가능한 모든 행동이 지배적인가?

해법: 3개의 1-단계 조건부 계획이 있으며 각 행동에 대해 하나씩 3개의 알파 벡터가 생성된다. 최적의 1-단계 정책은 주어진 현재 신뢰에 따라 이러한 행동 중에서 선택해야 한다. POMDP에 대한 1-단계 알파 벡터는 최적 1-단계 신뢰 가치 함수에서 얻을 수 있다.

$$U^*(b) = \max_a \sum_s b(s)R(s,a)$$

아기에게 먹이를 주면 다음과 같은 보상이 예상된다.

$$R(\text{배고픔, 먹이기})P(\text{배고픔}) + R(\text{배부름, 먹이기})P(\text{배부름})$$
$$= -15P(\text{배고픔}) - 5(1 - P(\text{배고픔}))$$
$$= -10P(\text{배고픔}) - 5$$

아기에게 노래를 부르면 다음과 같은 보상이 예상된다.

$$R(\text{배고픔, 노래하기})P(\text{배고픔}) + R(\text{배부름, 노래하기})P(\text{배부름})$$
$$= -10.5P(\text{배고픔}) - 0.5(1 - P(\text{배고픔}))$$
$$= -10P(\text{배고픔}) - 0.5$$

아기를 무시하면 다음과 같은 보상이 예상된다.

$$R(배고픔, 무시)P(배고픔) + R(배부름, 무시)P(배부름)$$
$$= -10P(배고픔)$$

각 행동에 대한 예상 보상은 신뢰 공간에 대해 다음과 같이 표시된다.

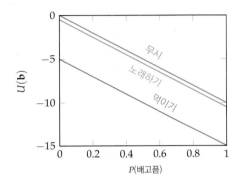

1-단계의 기간하에 아기에게 먹이를 주거나 노래를 불러주는 것이 결코 최적이 아니라는 것을 알게 된다. 무시하는 행동이 지배적이다.

연습 20.3 알고리듬 20.8에서 구현한 가치 반복이 각 새로운 조건부 계획의 알파 벡터를 구하기 위해 알고리듬 20.2에 있는 계획을 평가하는 대신 알고리듬 20.9 에 있는 expand를 호출한 이유는 무엇인가?

해법: 계획 평가 방법은 방정식 (20.8)을 재귀적으로 적용해 조건부 계획에 대한 예상 효용을 평가한다. 조건부 계획은 기간이 증가함에 따라 매우 커진다. POMDP 가치 반복은 이전 반복의 하위 계획에 대한 알파 벡터를 사용해 계산을 절약할 수 있다.

$$U^{\pi}(s) = R(s, \pi()) + \gamma \left[\sum_{s'} T(s' \mid s, \pi()) \sum_{o} O(o \mid \pi(), s') \alpha_{s'}^{\pi(o)} \right]$$

연습 20.4 조건부 계획의 수가 행동 수 또는 관찰 수에 따라 더 빠르게 증가하는가?

해법: 모두 $|\mathcal{A}|^{(|\mathcal{O}|^h - 1)/(|\mathcal{O}| - 1)}$개의 가능한 h-단계 계획이 있다는 점을 기억하자. 지수 성장 (n^x)은 다항성장 (x^n)이 빠르다. 또한 $|\mathcal{O}|$에서 지수 성장보다 더 낮고, $|\mathcal{A}|$에서는 다항 성장보다 낮다. 따라서 계획의 수는 관찰 수에 비해 더 빠르게 증가한다. 이를 위해 기준으로서 $|\mathcal{A}| = 3$, $|\mathcal{O}| = 3$, $h = 3$을 사용해보자. 베이스라인에는 1,594,323개의 계획이 있다. 행동 수 증가 결과는 67,108,864개의 계획이 되는 반면 관찰 수를 늘리면 10,460,353,203개의 계획이 된다.

연습 20.5 환자가 있는데 특정 질병이 있는지 확실하지 않다고 가정하자. 서로 다른 확률로 질병이 존재하는지 여부를 나타낼 각각 다른 세 가지 진단 테스트가 있다. 환자가 사무실에 있는 동안 여러 진단 검사를 순차적으로 시행할 수 있는 옵션이 있다. 각 진단 테스트의 결과는 즉시 관찰한다. 또한 모든 진단 테스트는 여러 번 반복할 수 있으며, 모든 테스트의 결과는 질병의 존재 여부에 따라 서로 조건부로 독립이다. 검사가 끝나면 질병을 치료할지 아니면 치료 없이 환자를 집으로 보낼지 결정한다. POMDP 공식의 다양한 구성 요소를 정의하는 방법을 설명하라.

해법: 세 가지 상태가 있다.

1. $s_{\text{no-disease}}$: 환자는 질병을 갖고 있지 않다.

2. s_{disease}: 환자는 질병에 걸렸다.

3. s_{terminal}: 상호 작용이 끝났다(종료 상태).

다섯 가지 행동이 있다.

1. a_1: 시험 1 시행

2. a_2: 시험 2 시행

3. a_3: 시험 3 시행

4. a_{treat}: 치료를 시행하고 환자를 집으로 돌려보내기

5. a_{stop}: 치료 없이 환자를 집으로 돌려보내기

세 가지 관찰 사항이 있다.

1. $o_{\text{no-disease}}$: 테스트 결과(시행 결과) 환자에게 질병이 없다.

2. o_{disease}: 테스트 결과(투여된 경우) 환자에게 질병이 있다.

3. o_{terminal}: 테스트가 시행되지 않았다. 전이 모델은 다음과 같이 결정론적이다.

$$T(s' \mid s,a) = \begin{cases} 1 & \text{만약 } a \in \{a_{\text{treat}}, a_{\text{stop}}\} \wedge s' = s_{\text{terminal}} \\ 1 & \text{만약 } s = s' \\ 0 & \text{그 외} \end{cases}$$

보상 함수는 치료 및 각 테스트를 관리하는 비용과 질병이 실제로 존재하는 경우 질병을 치료하지 않는 비용의 함수다. s_{terminal}에서 얻을 수 있는 보상은 0이다. 관찰 모델은 비종료 상태 중 하나에서 진단 테스트의 결과로 질병 상태의 정확 그리고 부정확 관찰에 대한 확률을 할당한다. 초기 신뢰는 환자가 질병에 걸렸는지 여부에 사전 확률을 할당하고 최종 상태에 할당된 확률은 0이다.

연습 20.6 이전 연습에서 동일한 테스트를 여러 번 수행하려는 이유는 무엇인가?

해법: 부정확한 결과의 확률에 따라 동일한 테스트를 여러 번 수행해 환자가 질병에 걸렸는지 여부에 대한 확신을 높일 수 있다. 검사 결과는 질병 상태 대해 독립적이다.

연습 20.7 상수 θ에 대해 3개의 알파 벡터, $[1, 0]$, $[0, 1]$, $[\theta, \theta]$가 있다고 가정하자. 어떤 조건의 θ에서 알파 벡터를 제거할 수 있나?

해법: $\theta < 0.5$ 또는 $\theta > 1$인 경우 알파 벡터를 제거할 수 있다. $\theta < 0.5$이면 $[\theta, \theta]$는 다른 두 알파 벡터에 의해 지배된다. $\theta > 1$이면 $[\theta, \theta]$가 다른 두 알파 벡터를 지배한다.

연습 20.8 $\Gamma = \{[1,0],[0,1]\}$이고 $\boldsymbol{\alpha} = [0.7, 0.7]$이다. 방정식 (20.16)의 선형 계획에 의해 정의된 대로 효용 갭 δ를 최대화하는 신뢰 b는 무엇인가?

해법: Γ의 알파 벡터는 파란색으로 표시되고, 알파 벡터 $\boldsymbol{\alpha}$는 빨간색으로 표시된다.

우리는 오직 $0.3 \leq b_2 \leq 0.7$의 영역에 관심이 있다. 여기서 $\boldsymbol{\alpha}$는 Γ에서의 알파 벡터를 지배한다. 즉 빨간색 선이 파란색 선 위에 있는 부분이다. 빨간색 선과 파란색 선의 최댓값 사이의 갭이 $b_2 = 0.5$에서 발생하고 갭 $\delta = 0.2$다. 따라서 이 간격을 최대화하는 신뢰는 $b = [0.5, 0.5]$다.

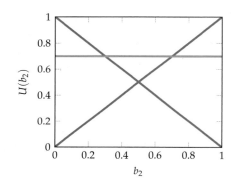

21
오프라인 신뢰-상태 계획

최악의 경우 일반 유한 POMDP에 대한 정확한 해는 PSPACE-complete이며, 이는 NP-complete 문제는 물론 훨씬 더 어려운 문제까지 포함하는 것으로 의심되는 복잡도 부류다.[1] 일반 무한-기간 POMDP는 계산이 불가능하다는 것이 증명돼 있다.[2] 따라서 최근 그 근사 방법에 대한 엄청난 양의 연구가 있었다. 21장에서는 실행 전에 전체 또는 대부분의 계산을 수행하는 다양한 오프라인 POMDP 해법에 대해 설명한다. 여기서는 가치 함수를 알파 벡터 및 다양한 형태의 보간법으로 표현하는 방법에 집중한다.

21.1 완전히 관찰 가능한 가치 근사

가장 간단한 오프라인 근사 기술 중 하나는 QMDP로, 완전히 관찰된 MDP와 관련된 행동 가치 함수에서 이름이 파생됐다.[3] 이 접근 방식은 21장에서 논의된 여러 다른 접근 방식과 마찬가지로 알고리듬 21.1에 나와 있는 것처럼 알파 벡터의

1 Papadimitriou and J. Tsitsiklis, "The Complexity of Markov Decision Processes," *Mathematics of Operation Research*, vol. 12, no. 3, pp. 441–450, 1987.

2 O. Madani, S. Hanks, and A. Condon, "On the Undecidability of Probabilistic Planning and Related Stochastic Optimization Problems," *Artificial Intelligence*, vol. 147, no. 1–2, pp. 5–34, 2003.

3 M. L. Littman, A. R. Cassandra, and L. P. Kaelbling, "Learning Policies for Partially Observable Environments: Scaling Up," in *International Conference on Machine Learning (ICML)*, 1995. QMDP이 최적 가치 함수의 상한을 제공한다는 증명은 다음 문헌을 참고하라. M. Hauskrecht, "Value–Function Approximations for Partially Observable Markov Decision Processes," *Journal of Artificial Intelligence Research*, vol. 13, pp. 33–94, 2000.

집합 Γ를 반복적으로 갱신한다. 결과 집합 Γ는 20장에서 설명한 대로 직접 또는 1-단계 예측과 함께 사용할 수 있는 가치 함수 및 정책을 정의하지만 결과 정책은 최적 해의 근삿값일 뿐이다.

```
function alphavector_iteration(𝒫::POMDP, M, Γ)
    for k in 1:M.k_max
        Γ = update(𝒫, M, Γ)
    end
    return Γ
end
```

알고리듬 21.1 21장의 여러 방법에서 사용되는 일련의 알파 벡터 Γ를 갱신하기 위한 반복 구조. QMDP를 비롯한 다양한 방법은 update 구현 방식이 다르다. k_max 반복 후 이 함수는 Γ의 알파 벡터로 표현되는 정책을 반환한다.

QMDP(알고리듬 21.2)는 가치 반복을 사용해 각 행동에 대해 단일 알파 벡터 $\boldsymbol{\alpha}_a$를 구성한다. 각 알파 벡터는 0으로 초기화된 뒤 다음을 반복한다.

$$\alpha_a^{(k+1)}(s) = R(s, a) + \gamma \sum_{s'} T(s' \mid s, a) \max_{a'} \alpha_{a'}^{(k)}(s') \tag{21.1}$$

각 반복에는 $O(|\mathcal{A}|^2 |\mathcal{S}|^2)$번의 연산이 필요하다. 그림 21.1은 프로세스를 보여준다.

```
struct QMDP
    k_max # 최대 반복 횟수
end

function update(𝒫::POMDP, M::QMDP, Γ)
    𝒮, 𝒜, R, T, γ = 𝒫.𝒮, 𝒫.𝒜, 𝒫.R, 𝒫.T, 𝒫.γ
    Γ' = [[R(s,a) + γ*sum(T(s,a,s')*maximum(α'[j] for α' in Γ)
        for (j,s') in enumerate(𝒮)) for s in 𝒮] for a in 𝒜]
    return Γ'
end

function solve(M::QMDP, 𝒫::POMDP)
    Γ = [zeros(length(𝒫.𝒮)) for a in 𝒫.𝒜]
    Γ = alphavector_iteration(𝒫, M, Γ)
    return AlphaVectorPolicy(𝒫, Γ, 𝒫.𝒜)
end
```

알고리듬 21.2 이산 상태 및 행동 공간을 가진 무한 기간 POMDP의 근사적 최적 정책을 찾는 QMDP 알고리듬(여기서 k_max는 반복 횟수임). QMDP는 완벽한 관찰 가능성을 가정한다.

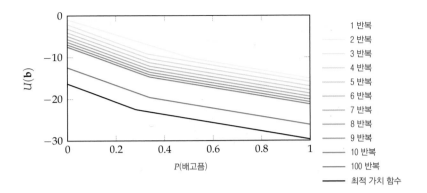

◀ **그림 21.1** QMDP를 사용해 우는 아기 문제(부록 F.7)에서 얻은 가치 함수. 첫 번째 반복에서는 단일 알파 벡터가 우세하다. 후속 반복에서는 두 알파 벡터가 우세하다.

QMDP를 유한 기간 문제로서 특정 기간까지 실행하거나 혹은 무한 기간 문제로서 수렴할 때까지 실행한다면, 결과 정책은 첫 번째 단계를 실행한 후에 완전한 관측 가능성이 있다고 가정하는 것과 동일하다. 오직 전체 관찰 가능성을 가진 경우에만 더 잘할 수 있기 때문에 QMDP는 참 최적 가치 함수 $U^*(\mathbf{b})$에 대한 상한을 생성한다. 즉 모든 $\mathbf{b}$에 대해 $\max_a \boldsymbol{\alpha}_a^\top \mathbf{b} \geq U^*(\mathbf{b})$이다.[4]

QMDP가 무한 기간 문제에서 수렴하지 않으면 상한을 제공하지 않을 수 있다. QMDP가 유한 반복 횟수 후에 상한을 제공하도록 보장하는 한 가지 방법은 가치 함수를 특정 상한으로 초기화하는 것이다. 다소 느슨한 상한은 최선의 상태에서 최선의 행동을 영원히 취할 때 얻을 수 있는 효용인 최선-행동 최선-상태의 상한^{best-action best-state upper bound}이다.

$$\overline{U}(b) = \max_{s,a} \frac{R(s,a)}{1-\gamma} \tag{21.2}$$

첫 번째 단계 이후 완전한 관측 가능성 가정은 **정보 수집**^{information-gathering} 행동의 가치를 부정확하게 근사화할 수 있다. 정보 수집 행동은 상태의 불확실성을 크게 줄이는 행동이다. 예를 들어, 운전 중 차선을 변경하기 전에 어깨 너머로 살피는 것은 정보 수집 행위다. QMDP는 최적의 정책에 비용이 많이 드는 정보 수집을

4 QMDP 알파 벡터로 표현되는 가치 함수는 최적 가치 함수의 상한선에 있지만 QMDP 정책에 의해 실현되는 효용은 최적 정책의 효용을 초과하지 않을 것임은 자명하다.

포함하지 않는 문제에서는 잘 작동할 수 있다.

QMDP 접근 방식을 작은 이산 상태 공간을 갖지 않을 수 있는 문제에 일반화할 수 있다. 이러한 문제에서는 방정식 (21.1)의 반복이 가능하지 않을 수 있지만, 이전의 장들에서 논의된 다양한 방법 중 하나를 사용해 근사적인 행동 가치 함수 $Q(s, a)$를 얻을 수 있다. 이 가치 함수는 예컨대 신경망 식을 사용해 고차원의 연속 상태 공간에 대해 정의될 수 있다. 그러면 신뢰 점에서 평가되는 가치 함수는 다음과 같다.

$$U(b) = \max_a \int Q(s, a) b(s) \, \mathrm{d}s \tag{21.3}$$

위의 적분은 샘플링을 통해 근사할 수 있다.

21.2 빠른 정보 범위

QMDP와 마찬가지로 **빠른 정보 범위**[FIB, Fast Informed Bound]는 각 행동에 대해 하나의 알파 벡터를 계산한다. 그러나 FIB는 관찰 모델을 어느 정도 고려한다.[5] 반복은 다음과 같다.

$$\alpha_a^{(k+1)}(s) = R(s, a) + \gamma \sum_o \max_{a'} \sum_{s'} O(o \mid a, s') T(s' \mid s, a) \alpha_{a'}^{(k)}(s') \tag{21.4}$$

이 계산에는 반복당 $O(|\mathcal{A}|^2 |\mathcal{S}|^2 |\mathcal{O}|)$ 연산이 필요하다.

FIB는 최적 가치 함수에 대한 상한을 제공한다. 이 상한은 QMDP에서 제공하는 것보다 더 느슨할 수 없으며 일반적으로 더 타이트한 경향이 있다. FIB는 알고리듬 21.3에서 구현되며 그림 21.2에서 최적 가치 함수를 계산하는 데 사용된다.

5 경험적 결과와 함께 QMDP와 FIB 사이의 관계는 다음 문헌을 참고하라. M. Hauskrecht, "Value-Function Approximations for Partially Observable Markov Decision Processes," *Journal of Artificial Intelligence Research*, vol. 13, pp. 33–94, 2000.

```
struct FastInformedBound
    k_max # 최대 반복 횟수
end

function update(𝒫::POMDP, M::FastInformedBound, Γ)
    𝒮, 𝒜, 𝒪, R, T, O, γ = 𝒫.𝒮, 𝒫.𝒜, 𝒫.𝒪, 𝒫.R, 𝒫.T, 𝒫.O, 𝒫.γ
    Γ' = [[R(s, a) + γ*sum(maximum(sum(O(a,s',o)*T(s,a,s')*α'[j]
        for (j,s') in enumerate(𝒮)) for α' in Γ) for o in 𝒪)
        for s in 𝒮] for a in 𝒜]
    return Γ'
end

function solve(M::FastInformedBound, 𝒫::POMDP)
    Γ = [zeros(length(𝒫.𝒮)) for a in 𝒫.𝒜]
    Γ = alphavector_iteration(𝒫, M, Γ)
    return AlphaVectorPolicy(𝒫, Γ, 𝒫.𝒜)
end
```

알고리듬 21.3 이산 상태, 행동, 관찰 공간을 가진 무한 기간 POMDP에 대한 근사적 최적 정책을 찾는 FIB 알고리듬(여기서 k_max는 반복 횟수)

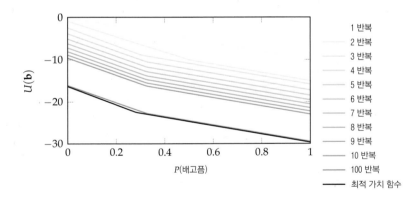

◀ **그림 21.2** FIB를 사용해 우는 아기 문제서 얻은 가치 함수. 10회 반복 후의 가치 함수는 QMDP 알고리듬보다 현저히 낮다.

21.3 빠른 하한

21.1절과 21.2절에서는 알파 벡터로 표현되는 가치 함수에 대한 상한을 생성하는 데 사용할 수 있는 방법을 소개했다. 21.3절에서는 신뢰 공간에 대한 어떠한 계획도 없이 알파 벡터로 표현되는 하한을 빠르게 생성하는 몇 가지 방법을 소개한다.

상한 방법은 종종 합리적인 정책을 생성하는 데 직접 사용될 수 있지만, 21.3절에서 논의된 하한은 일반적으로 다른 계획 알고리듬의 기초로만 사용된다. 그림 21.3은 21.3절에서 논의된 두 가지 하한 방법을 보여준다.

일반적인 하한은 최고-행동 최악-상태^{BAWS, Best-Action Worst-State} 하한(알고리듬 21.4)이다. 이는 최악의 상태에서 영원히 최선의 행동을 취함으로써 얻을 수 있는 할인된 보상이다.

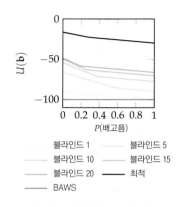

▲ **그림 21.3** 반복 횟수가 다른 블라인드 하한과 우는 아기 문제에 적용되는 BAWS 하한

$$r_{\text{baws}} = \max_a \sum_{k=1}^{\infty} \gamma^{k-1} \min_s R(s, a) = \frac{1}{1-\gamma} \max_a \min_s R(s, a) \quad (21.5)$$

이 하한은 단일 알파 벡터로 표현된다. 이 경계는 일반적으로 매우 느슨하지만 곧 살펴볼 것처럼 경계를 강화할 수 있는 다른 알고리듬의 기초로 사용할 수 있다.

```
function baws_lowerbound(𝒫::POMDP)
    𝒮, 𝒜, R, γ = 𝒫.𝒮, 𝒫.𝒜, 𝒫.R, 𝒫.γ
    r = maximum(minimum(R(s, a) for s in 𝒮) for a in 𝒜) / (1-γ)
    α = fill(r, length(𝒮))
    return α
end
```

알고리듬 21.4 알파 벡터로 표현된 방정식 (21.5)에서 최상-행동 최악-상태 하한 값 구현

블라인드 하한^{blind lower bound}(알고리듬 21.5)은 행동당 하나의 알파 벡터가 있는 하한을 나타낸다. 블라인드 하한은 미래에 우리가 관찰할 것을 보지 못하고, 영원히 단 하나의 행동만 하도록 강요된다고 가정한다. 이러한 알파 벡터를 계산하기 위해 다른 하한(일반적으로 최선-행동 최악-상태 하한)으로 시작한 다음 여러 번 반복을

수행한다.

$$\alpha_a^{(k+1)}(s) = R(s,a) + \gamma \sum_{s'} T(s' \mid s,a)\alpha_a^{(k)}(s')$$ (21.6)

이 반복은 우변의 알파 벡터에 대한 최대화가 없다는 점을 제외하면 방정식 (21.1)의 QMDP 갱신과 유사하다.

21.4 점 기반 가치 반복

QMDP와 빠른 정보 경계는 각 행동에 대해 하나의 알파 벡터를 생성하지만 최적 가치 함수는 종종 더 많은 알파 벡터에 더 잘 근사된다.

```
function blind_lowerbound(𝒫, k_max)
    S, 𝒜, T, R, γ = 𝒫.S, 𝒫.𝒜, 𝒫.T, 𝒫.R, 𝒫.γ
    Q(s,a,α) = R(s,a) + γ*sum(T(s,a,s')*α[j] for (j,s') in enumerate(S))
    Γ = [baws_lowerbound(𝒫) for a in 𝒜]
    for k in 1:k_max
        Γ = [[Q(s,a,α) for s in S] for (α,a) in zip(Γ, 𝒜)]
    end
    return Γ
end
```

알고리듬 21.5 알파 벡터 집합으로 표현되는 블라인드 하한의 구현

점 기반 가치 반복point-based value iteration[6]은 m개의 서로 다른 알파 벡터 $\Gamma = \{\boldsymbol{\alpha}_1, \ldots, \boldsymbol{\alpha}_m\}$를 계산한다. 벡터 각각은 서로 다른 신뢰 점 $B = \{\mathbf{b}_1, \ldots, \mathbf{b}_m\}$과 연계된다. 이러한 신뢰를 선택하는 방법은 21.7절에서 알아볼 것이다. 이전과 마찬가지로 이러한 알파 벡터는 근사적 최적 가치 함수를 정의한다.

$$U^\Gamma(\mathbf{b}) = \max_{\boldsymbol{\alpha} \in \Gamma} \boldsymbol{\alpha}^\top \mathbf{b}$$ (21.7)

6 점 기반 가치 반복 기법의 연구에 대해서는 다음 문헌을 참고하라. G. Shani, J. Pineau, and R. Kaplow, "A Survey of Point-Based POMDP Solvers," *Autonomous Agents and Multi-Agent Systems*, vol. 27, pp. 1–51, 2012. 참고 문헌은 비록 결과는 같지만 신뢰 백 업을 계산하는 조금 다른 방법을 보여준다.

알고리듬은 모든 $\mathbf{b}$에 대해 최적 가치 함수 $U^{\Gamma}(\mathbf{b}) \leq U^*(\mathbf{b})$에 대한 하한을 유지한다. 먼저 알파 벡터를 초기화해 하한값으로 시작한 다음 백업을 수행해 B의 각지점에서 알파 벡터를 갱신한다. 백업 연산(알고리듬 21.6)은 신뢰도 $\mathbf{b}$와 알파 벡터집합 Γ를 취하고 새로운 알파 벡터를 구성한다. 알고리듬은 가능한 모든 행동 a와관찰 o를 통해 반복하고 결과 신뢰-상태에서 최대인 Γ에서 알파 벡터를 추출한다.

$$\boldsymbol{\alpha}_{a,o} = \arg\max_{\boldsymbol{\alpha} \in \Gamma} \boldsymbol{\alpha}^{\top} \text{Update}(\mathbf{b}, a, o) \tag{21.8}$$

그런 다음 가용한 각 행동 a에 대해 이러한 $\boldsymbol{\alpha}_{a,o}$ 벡터를 기반으로 새로운 알파 벡터를 구성한다.

$$\alpha_a(s) = R(s,a) + \gamma \sum_{s',o} O(o \mid a, s') T(s' \mid s, a) \alpha_{a,o}(s') \tag{21.9}$$

백업 연산에 의해 궁극적으로 생성되는 알파 벡터는 다음과 같다.

$$\boldsymbol{\alpha} = \arg\max_{\boldsymbol{\alpha}_a} \boldsymbol{\alpha}_a^{\top} \mathbf{b} \tag{21.10}$$

Γ가 하한인 경우 백업 연산은 알파 벡터만 생성하는데, 이 또한 하한이다.

B에 대한 신뢰에 대한 백업 연산의 반복 적용은 수렴될 때까지 알파 벡터로 표시되는 가치 함수의 하한을 점차 증가시킨다. B는 대개 초기 신뢰로부터 도달 가능한 모든 신뢰를 포함하지 않으므로 수렴된 가치 함수가 반드시 최적은 아니다. 그러나 B에 대한 신뢰가 도달 가능한 신뢰 공간 전체에 잘 분산돼 있는 한 근사도 괜찮다. 어쨌든 결과 가치 함수는 하한을 보장하는데, 이는 다른(온라인일 수도 있는) 알고리듬과 사용돼 정책을 더 개선할 수 있다.

점 기반 가치 반복은 알고리듬 21.7에서 구현된다. 그림 21.4는 예제 문제에 대한 여러 반복을 보여준다.

```
function backup(𝒫::POMDP, Γ, b)
    S, 𝒜, 𝒪, γ = 𝒫.S, 𝒫.𝒜, 𝒫.𝒪, 𝒫.γ
    R, T, O = 𝒫.R, 𝒫.T, 𝒫.O
    Γa = []
    for a in 𝒜
        Γao = []
        for o in 𝒪
            b' = update(b, 𝒫, a, o)
            push!(Γao, argmax(α->α·b', Γ))
        end
        α = [R(s, a) + γ*sum(sum(T(s, a, s')*O(a, s', o)*Γao[i][j]
            for (j,s') in enumerate(S)) for (i,o) in enumerate(𝒪))
            for s in S]
        push!(Γa, α)
    end
    return argmax(α->α·b, Γa)
end
```

알고리듬 21.6 이산 상태와 행동 공간을 가진 POMDP에 대한 신뢰를 백업하는 메서드. 여기서 Γ는 알파 벡터의 벡터이고 b는 백업을 적용할 신뢰 벡터다. 벡터 신뢰에 대한 갱신 메서드는 알고리듬 19.2에 정의돼 있다.

21.5 무작위 점 기반 가치 반복

무작위 점 기반 가치 반복(알고리듬 21.8)은 21.4절의 점 기반 가치 반복 접근 방식의 변형이다.[7] 주요 차이점은 B의 모든 신뢰에서 알파 벡터를 유지하도록 강요받지 않는다는 사실이다. 먼저 Γ의 단일 알파 벡터로 알고리듬을 초기화한 다음 모든 반복에서 Γ를 갱신해 잠재적으로 Γ의 알파 벡터 수를 적절하게 늘리거나 줄인다. 갱신 단계에서의 이러한 수정은 효율성을 향상시킬 수 있다.

7 M. T. J. Spaan and N. A. Vlassis, "Perseus: Randomized Point-Based Value Iteration for POMDPs," *Journal of Artificial Intelligence Research*, vol. 24, pp. 195–220, 2005.

```
struct PointBasedValueIteration
    B     # 신뢰 점 집합
    k_max # 최대 반복 횟수
end

function update(𝒫::POMDP, M::PointBasedValueIteration, Γ)
    return [backup(𝒫, Γ, b) for b in M.B]
end

function solve(M::PointBasedValueIteration, 𝒫)
    Γ = fill(baws_lowerbound(𝒫), length(𝒫.𝒜))
    Γ = alphavector_iteration(𝒫, M, Γ)
    return LookaheadAlphaVectorPolicy(𝒫, Γ)
end
```

알고리듬 21.7 점 기반 가치 반복은 이산 상태, 행동, 관찰 공간을 가진 무한 기간 POMDP에 대한 근사적 최적 정책을 찾는 다. 여기서 B는 신뢰 벡터이고 k_max는 반복 횟수다.

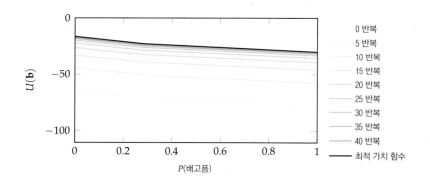

◀ **그림 21.4** 신뢰 벡터 [1/4, 3/4]와 [3/4, 1/4]를 사용해 우는 아기 문제에 대한 점 기반 가치 반복을 사용해 얻은 근 삿값 함수. QMDP 및 FIB 와 달리 점 기반 가치 반복의 가치 함수는 항상 참 가치 함수의 하한이다.

각 갱신은 알파 벡터 집합 Γ를 입력으로 취하고 B에 대한 신뢰에서 Γ로 표현되는 가치 함수를 개선하는 알파 벡터 집합 Γ′를 출력한다. 즉 모든 $\mathbf{b} \in B$에 대해 $U^{\Gamma'}(\mathbf{b}) \geq U^{\Gamma}(\mathbf{b})$가 되도록 하는 Γ′를 출력한다. 먼저 Γ′를 빈 집합으로 초기화하고 B'를 B로 초기화하는 것부터 시작한다. 그런 다음 B'에서 점 b를 임의로 제거하고 Γ를 사용해 $\mathbf{b}$에 대한 신뢰 백업(알고리듬 21.6)을 수행해 새로운 알파 벡터 $\boldsymbol{\alpha}$를 얻는다. 그런 다음 $\Gamma \cup \{\boldsymbol{\alpha}\}$로부터 $\mathbf{b}$에서 지배적인 알파 벡터를 찾아서 Γ′에 추가한다. 이 알파 벡터로 값이 개선된 B'의 모든 신뢰 점은 B'에서 제거된다. 알고리듬이 진행됨에 따라 B'는 작아지고 Γ'에 의해 개선되지 않은 점 집합을 갖게 된다. B'이 비어 있으면 갱신이 완료된다. 그림 21.5는 우는 아기 문제에서 이 과정을 보여준다.

```
struct RandomizedPointBasedValueIteration
    B      # 신뢰 점의 집합
    k_max # 최대 반복 횟수
end

function update(𝒫::POMDP, M::RandomizedPointBasedValueIteration, Γ)
    Γ', B' = [], copy(M.B)
    while !isempty(B')
        b = rand(B')
        α = argmax(α->α·b, Γ)
        α' = backup(𝒫, Γ, b)
        if α'·b ≥ α·b
            push!(Γ', α')
        else
            push!(Γ', α)
        end
        filter!(b->maximum(α·b for α in Γ') <
            maximum(α·b for α in Γ), B')
    end
    return Γ'
end

function solve(M::RandomizedPointBasedValueIteration, 𝒫)
    Γ = [baws_lowerbound(𝒫)]
    Γ = alphavector_iteration(𝒫, M, Γ)
    return LookaheadAlphaVectorPolicy(𝒫, Γ)
end
```

알고리듬 21.8 이산 상태, 행동, 관찰 공간을 가진 무한 기간 POMDP에서 근사적 최적 정책을 찾는 무작위 점 기반 가치 반복(B는 신뢰의 벡터이고 k_max는 반복 횟수임)

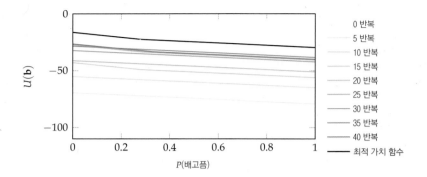

◀ **그림 21.5** 우는 아기 문제에서 [1/4, 3/4]와 [3/4, 1/4]에서의 신뢰 점에 대한 무작위 점 기반 가치 반복을 사용해 얻은 근사 가치 함수

21.6 톱니 상한

톱니 상한$^{\text{sawtooth upper bound}}$은 가치 함수를 나타내는 또 다른 방법이다. 알파 벡터 Γ 집합을 저장하는 대신 신뢰-효용 쌍 집합을 저장한다.

$$V = \{(\mathbf{b}_1, \mathbf{u}_1), \dots, (\mathbf{b}_m, \mathbf{u}_m)\} \tag{21.11}$$

여기서 $u_i = U(\mathbf{b}_i)$이다. 이 쌍은 모든 표준 기저 신뢰를 가져야 한다.

$$E = \{e_1 = [1, 0, \dots, 0], \dots, e_n = [0, 0, \dots, 1]\} \tag{21.12}$$

다시 말해

$$\{(e_1, U(e_1)), \dots, (e_n, U(e_n))\} \subseteq V \tag{21.13}$$

이러한 효용이 상한인 경우(예를 들어, 빠른 정보 범위에서 구한 것) 임의의 신뢰 b에서 $U(b)$를 추정하기 위해 V를 사용하면 상한이 된다.[8]

'톱니'라는 이름은 V에 점을 보간해 $U(b)$를 추정하는 방식에서 유래됐다. V의 각 신뢰-효용 쌍 $(b, U(b))$에 대해 뾰족한 단일 '치아^{tooth}'를 형성한다. 여러 쌍을 고려하면 '톱니' 모양을 형성한다. 만약 신뢰 공간이 n차원이면 각 치아는 거꾸로

8 톱니와 다른 범위 사이의 관계는 다음 문헌을 참고하라. M. Hauskrecht, "Value-Function Approximations for Partially Observable Markov Decision Processes," *Journal of Artificial Intelligence Research*, vol. 13, pp. 33–94, 2000.

된 n차원 피라미드다. 각 피라미드의 기본은 표준 기본 신뢰 $(e_i, U(e_i))$에 의해 형성된다. 각 피라미드의 꼭짓점은 하나의 신뢰-효용 쌍 $(b, U(b)) \in V$에 해당한다. 각 피라미드의 벽은 초평면으로 정의될 수 있다. 여러 피라미드의 조합은 n차원 톱니를 형성한다. 유사하게 모든 신뢰에서 톱니 상한은 그 신뢰에서 이 피라미드 중 최솟값이다.

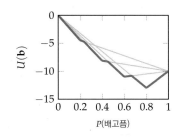

▲ **그림 21.6** 우는 아기 문제에 적용된 톱니 모양의 상한 표현

그림 21.6에 표시된 우는 아기 문제와 같은 2-상태 POMDP의 톱니 표현을 고려해보자. 각 치아의 모서리는 각 표준 기준 신뢰 e_i에 대한 값 $U(e_1)$ 및 $U(e_2)$다. 각 치아의 날카로운 아래쪽 지점은 값 $U(b)$다. 각 치아는 점 집합 쌍 $(b, U(b))$이기 때문이다. $U(e_1)$에서 $U(b)$로, 다시 $U(b)$에서 $U(e_2)$로의 선형 보간이 치아를 형성한다. 여러 치아를 결합하고 상한선을 형성하기 위해 임의의 신뢰에서 최소 보간 값을 취해 독특한 톱니 모양을 만든다. 그림 21.6에서 볼 수 있듯이 톱니형 상한선은 부분별로 선형 함수이지만, 21장의 앞서 논의된 알파 벡터 표현과 달리 볼록하지 않다.

두 상태의 경우에서 직관을 확장해 V의 쌍 집합에서 임의의 상태에 대한 신뢰 $\mathbf{b}$에 대한 톱니형 상한선 $U^V(\mathbf{b})$을 계산할 수 있다. 먼저, V의 비기저 쌍 $(\mathbf{b}', u')$와 관련된 단일 톱니의 상한선을 계산하는 방법을 정의한다. 이 상한선 $U_{(\mathbf{b}', u')}(b)$를 정의하기 위해, 모든 기저 신념에서의 효용을 포함하는 벡터 $\mathbf{u}_E = [U(\mathbf{e}_1), \ldots, U(\mathbf{e}_n)]$를 사용할 것이다. 또한, 최소 비율이라고 불리는 것을 사용할 것이다.

$$\rho(\mathbf{b}, \mathbf{b}') = \min_i \frac{b_i}{b'_i} \tag{21.14}$$

상한은 다음과 같이 기술할 수 있다.

$$U^{(\mathbf{b}', u')}(\mathbf{b}) = \mathbf{u}_E^\top \mathbf{b} + \rho(\mathbf{b}, \mathbf{b}')(u' - \mathbf{u}_E^\top \mathbf{b}') \tag{21.15}$$

V에 의해 모든 이빨이 정의되는 톱니 상한을 계산하려면 전체 이빨의 최소를 취한다.

$$U^V(\mathbf{b}) = \min_{(\mathbf{b}',u') \in V | \mathbf{b}' \notin E} U^{(\mathbf{b}',u')}(\mathbf{b}) \tag{21.16}$$

알고리듬 21.9는 구현을 보여준다. 그리디 1-단계 예측을 사용해 정책을 도출할 수도 있다.

```
struct SawtoothPolicy
    𝒫 # POMDP 문제
    V # 신뢰를 효용에 매핑하는 딕셔너리
end

function basis(𝒫)
    n = length(𝒫.𝒮)
    e(i) = [j == i ? 1.0 : 0.0 for j in 1:n]
    return [e(i) for i in 1:n]
end

function utility(π::SawtoothPolicy, b)
    𝒫, V = π.𝒫, π.V
    if haskey(V, b)
        return V[b]
    end
    uE = [V[e] for e in E]
    ρ(b') = minimum(b[i] / b'[i] for i in eachindex(b) if b'[i] > 0)
    U(b', u') = uE·b + ρ(b')*(u' - uE·b')
    return minimize(U(b', u') for (b', u') in V if b' ∉ E)
end

(π::SawtoothPolicy)(b) = greedy(π, b).a
```

알고리듬 21.9 가치 함수 및 정책에 대한 톱니 모양의 상한 표현. FIB(Fast Informed Bound) 같은 것으로부터 얻은 효용의 상한에 신뢰 벡터를 매핑하는 딕셔너리 V를 사용해 정의된다. 이 표현의 요구 사항은 V가 basis 함수에서 얻을 수 있는 표준 기본 신뢰에 신뢰-효용 쌍을 포함한다는 것이다. 임의의 신뢰 b에서 그리디 행동-효용 쌍을 얻기 위해 1단계 예측을 사용할 수 있다.

상한에 대한 추정값을 강화하기 위해 신뢰 집합 B에 그리디 1-단계 예측을 반복적으로 적용할 수 있다. B에 대한 신뢰는 V에 대한 신뢰의 상위 집합일 수 있다. 알고리듬 21.10은 이에 대한 구현을 보여준다. 예제 21.1은 우는 아기 문제에서 톱니 근사의 여러 반복 효과를 보여준다.

```
struct SawtoothIteration
    V     # 신뢰에서 효용으로 초기 매핑
    B     # V 맵의 것을 포함해 가치를 계산하기 위한 신뢰
    k_max # 최대 반복 횟수
end

function solve(M::SawtoothIteration, 𝒫::POMDP)
    E = basis(𝒫)
    π = SawtoothPolicy(𝒫, M.V)
    for k in 1:M.k_max
        V = Dict(b => (b ∈ E ? M.V[b] : greedy(π, b).u) for b in M.B)
        π = SawtoothPolicy(𝒫, V)
    end
    return π
end
```

알고리듬 21.10 톱니 반복은 V의 점에서의 효용 추정값을 개선하기 위해 B의 점에서 1-단계 예측을 반복적으로 적용한다. B에 대한 신뢰는 V에 포함된 신뢰의 상위 집합이다. 각 반복에서 상한을 유지하기 위해 E에 저장된 표준 기반 신뢰에서는 갱신이 이뤄지지 않는다. 여기서는 k_max 반복을 실행한다.

단계 크기가 0.2인 규칙적인 간격의 신뢰 점이 있는 우는 아기 문제에서 가치의 상한을 유지하려 한다고 가정하자. 초기 상한을 얻기 위해 FIB를 사용한다. 그런 뒤 다음과 같이 세 단계로 톱니 반복을 실행할 수 있다.

```
n = length(𝒫.𝒮)
πfib = solve(FastInformedBound(1), 𝒫)
V = Dict(e => utility(πfib, e) for e in basis(𝒫))
B = [[p, 1 - p] for p in 0.0:0.2:1.0]
π = solve(SawtoothIteration(V, B, 2), 𝒫)
```

예제 21.1 우는 아기 문제에서 일정한 간격의 신뢰에서 상한을 유지하는 톱니의 능력을 보여준다.

톱니 상한은 다음과 같이 개선된다.

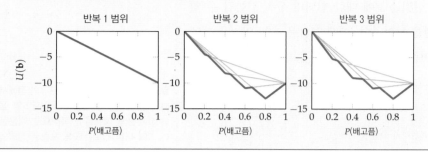

21.7 점 선택

점 기반 가치 반복 및 톱니 반복 등의 알고리듬에는 일련의 신뢰 B가 필요하다. 신뢰 공간의 관련 영역에 더 많은 점이 있도록 B를 선택하고자 한다. 우리는 (대략 근사적 최적) 정책에 도달하지 못할 신뢰를 계산하느라 낭비하고 싶지 않다. 잠재적으로 도달 가능한 공간을 탐색하는 한 가지 방법은 신뢰 공간에서 단계를 취하는 것이다(알고리듬 21.11). 확률 모델에 따라 관찰이 생성되기 때문에 단계를 취한 결과는 랜덤이다.

```
function randstep(𝒫::POMDP, b, a)
    s = rand(SetCategorical(𝒫.𝒮, b))
    s', r, o = 𝒫.TRO(s, a)
    b' = update(b, 𝒫, a, o)
    return b', r
end
```

알고리듬 21.11 문제 $\mathcal{P}$에서 현재 신뢰 b와 행동 a가 주어지면 다음 신뢰 b'와 보상 r을 무작위로 샘플링하는 함수 무작위 정책하에서 어떤 초기 신뢰에서 도달할 수 있는 신뢰-상태로부터 B를 생성할 수 있다. 이 무작위 신뢰 확장^{random belief expansion} 절차(알고리듬 21.12)는 필요한 것보다 훨씬 더 많은 신뢰 공간을 탐색할 수 있다. 무작위 정책으로 도달할 수 있는 신뢰 공간은 최적 정책으로 도달할 수 있는 공간보다 훨씬 클 수 있다. 물론 최적 정책에 의해 도달할 수 있는 신뢰 공간을 계산하려면 일반적으로 최적 정책을 알아야 하며, 이것이 우리가 처음에 계산하고자 했던 것이다. 취할 수 있는 한 가지 접근 방식은 B를 반복적으로 생성하기 위해 최적 정책의 연속적인 근삿값을 사용하는 것이다.[9]

우리의 신뢰 점이 도달 가능한 신뢰 공간에 집중되기를 바라는 동시에 더 나은 가치 함수 근사를 허용하기 위해 이러한 점이 분산되기도 원한다. B의 점과 관련된 알파 벡터가 제공하는 근사 품질은 B에서 더 멀리 있는 점을 평가할 때 저하된다.

우리는 탐색적 신뢰 확장^{exploratory belief expansion} 접근법(알고리듬 21.13)을 취할 수 있다. 여기서는 B의 모든 신뢰에 대해 모든 행동을 시도하고 이미 집합에 있는 신뢰로부터 가장 먼 결과 신뢰-상태를 추가한다. 신뢰 공간에서의 거리는 다양한 방식으로 측정할 수 있다. 이 알고리듬은 L_1-노름^{norm}을 사용한다.[10] 그림 21.7은 이 접근 방식을 사용해 B에 추가된 신뢰 점의 예를 보여준다.

9 이 방법이 최적 정책하에서 도달 가능한 공간의 연속 근사화(SARSOP, Successive Approximations of the Reachable Space under Optimal Policies)로 알려진 알고리듬 이면에 있는 직관이다. H. Kurniawati, D. Hsu, and W. S. Lee, "SARSOP: Efficient Point-Based POMDP Planning by Approximating Optimally Reachable Belief Spaces," in *Robotics: Science and Systems*, 2008.

10 **b**와 **b'** 사이의 L_1 거리는 $\sum_s |b(s) - b'(s)|$ 이고 $\|\mathbf{b} - \mathbf{b'}\|_1$로 표기한다. 부록 A.4를 참고하라.

알고리듬 21.12 도달 가능한 신뢰를 기반으로 하는 점 기반 가치 반복에 사용되는 유한한 신뢰 집합 B를 무작위로 확장

```
function random_belief_expansion(𝒫, B)
    B' = copy(B)
    for b in B
        a = rand(𝒫.𝒜)
        b', r = randstep(𝒫, b, a)
        push!(B', b')
    end
    return unique!(B')
end
```

```
function exploratory_belief_expansion(𝒫, B)
    B' = copy(B)
    for b in B
        best = (b=copy(b), d=0.0)
        for a in 𝒫.𝒜
            b', r = randstep(𝒫, b, a)
            d = minimum(norm(b - b', 1) for b in B')
            if d > best.d
                best = (b=b', d=d)
            end
        end
        push!(B', best.b)
    end
    return unique!(B')
end
```

알고리듬 21.13 도달 가능한 신뢰를 탐색하고 현재 신뢰에서 가장 멀리 있는 신뢰를 추가해 점 기반 가치 반복에 사용되는 유한한 신뢰 집합 B를 확장

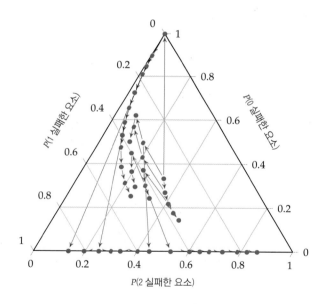

◀ **그림 21.7** 탐색적 신뢰 확장은 초기 균일 신뢰 **b** = [1/3, 1/3, 1/3]에서 시작해 상태 기계 교체 문제에서 실행된다. 이전 신뢰와의 거리가 0.05 이상인 경우 새로운 신뢰가 추가된다.

21.8 톱니 휴리스틱 검색

9장에서는 완전히 관찰 가능한 맥락에서 온라인 방법으로서 휴리스틱 검색의 개념을 소개했다. 21.8절에서는 오프라인 정책을 표현하는 데 사용할 수 있는 일련의 알파 벡터를 생성하는 오프라인 방법으로 **톱니 휴리스틱 검색**^{sawtooth heuristic}^{search}(알고리듬 21.14)에 대해 설명한다. 그러나 22장에서 설명할 온라인 POMDP 방법처럼 계산 노력은 특정 초기 신뢰에서 도달할 수 있는 신뢰에 집중된다. 도달 가능한 신뢰 공간의 탐색을 주도하는 휴리스틱은 가치 함수의 상한과 하한 사이의 간격이다.[11]

알고리듬은 일련의 알파 벡터 Γ로 표현되는 가치 함수의 하한과 함께 일련의 톱니 신뢰-효용 쌍 V로 표현되는 가치 함수의 상한으로 초기화된다. 톱니 상한을 정의하는 신뢰-효용 쌍은 FIB에서 얻을 수 있다. 하한은 알고리듬 21.14에서 보인 것 또는 점 기반 가치 반복 등 일부 다른 방법대로 최선-행동 최악-상태 범위에서 얻을 수 있다.

11 휴리스틱 검색 가치 반복(HSVI, Heuristic Search Value Iteration) 알고리듬은 톱니 기반 동작 휴리스틱과 갭 기반 관찰 휴리스틱을 사용하는 개념을 도입했다. T. Smith and R. G. Simmons, "Heuristic Search Value Iteration for POMDPs," in *Conference on Uncertainty in Artificial Intelligence (UAI)*, 2004. SARSOP 알고리듬은 이 업적 위에 구축됐다. H. Kurniawati, D. Hsu, and W. S. Lee, "SARSOP: Efficient Point-Based POMDP Planning by Approximating Optimally Reachable Belief Spaces," in *Robotics: Science and Systems*, 2008.

알고리듬 21.14 톱니 휴리스틱 검색 정책. 솔버는 신뢰 b에서 시작해 최대 k_max 반복까지 깊이 d까지 탐색한다. k_fib 반복으로 계산된 FIB를 통해 얻은 상한을 사용한다. 하한은 최선-행동 최악-상태 범위에서 구한다. 갭(gap) 임계치는 δ이다.

```
struct SawtoothHeuristicSearch
    b      # 초기 신뢰
    δ      # 갭 임계치
    d      # 깊이
    k_max  # 최대 반복 횟수
    k_fib  # 빠른 정보 범위에 대한 반복 횟수
end

function explore!(M::SawtoothHeuristicSearch, 𝒫, πhi, πlo, b, d=0)
    S, 𝒜, O, γ = 𝒫.S, 𝒫.𝒜, 𝒫.O, 𝒫.γ
    ϵ(b′) = utility(πhi, b′) - utility(πlo, b′)
    if d ≥ M.d || ϵ(b) ≤ M.δ / γ^d
        return
    end
```

```
    a = πhi(b)
    o = argmax(o -> ε(update(b, 𝒫, a, o)), 𝒪)
    b' = update(b, 𝒫, a, o)
    explore!(M, 𝒫, πhi, πlo, b', d+1)
    if b' ∉ basis(𝒫)
        πhi.V[b'] = greedy(πhi, b').u
    end
    push!(πlo.Γ, backup(𝒫, πlo.Γ, b'))
end

function solve(M::SawtoothHeuristicSearch, 𝒫::POMDP)
    πfib = solve(FastInformedBound(M.k_fib), 𝒫)
    Vhi = Dict(e => utility(πfib, e) for e in basis(𝒫))
    πhi = SawtoothPolicy(𝒫, Vhi)
    πlo = LookaheadAlphaVectorPolicy(𝒫, [baws_lowerbound(𝒫)])
    for i in 1:M.k_max
        explore!(M, 𝒫, πhi, πlo, M.b)
        if utility(πhi, M.b) - utility(πlo, M.b) < M.δ
            break
        end
    end
    return πlo
end
```

각 반복 시 초기 신뢰로부터 최대 깊이까지 도달 가능한 신뢰를 탐색한다. 탐색하면서 톱니 상한선을 형성하는 신뢰-행동 쌍 집합과 하한을 형성하는 알파 벡터 집합을 갱신한다. 특정 횟수를 반복한 후 또는 초기 상태의 갭이 임계치 $\delta > 0$ 미만이 되면 탐색을 중지한다.

탐색 중에 초기 노드에서 경로를 따라 신뢰 b를 만나면 b에서의 갭이 임계치 δ/γ^d 미만인지 확인한다. 여기서 d는 현재의 깊이다. 갭이 임계치 미만이면 해당 분기를 따라 탐색을 중지할 수 있다. 우리는 d가 증가함에 따라 임계치도 증가하기를 원한다. 왜냐하면 갱신 후 b에서의 갭은 즉시 도달 가능한 신뢰 갭의 가중 평균값의 최대 γ배이기 때문이다.

b에서의 갭이 임계치보다 높고 최대 깊이에 도달하지 않았다면 다음 신뢰인 b'를 탐색할 수 있다. 먼저 톱니 정책에서 권장하는 행동 a를 결정한다. 그런 다음 결과 신뢰에서 갭을 최대화하는 관찰 o를 선택한다.[12] 여기서는 재귀적으로 트리 아래로 탐색한다. b'의 자손을 탐색한 후 V에 (b', u)를 추가한다. u는 b'의 1-단계 예측 값이다. b'에서의 백업에서 생긴 알파 벡터를 Γ에 추가한다. 그림 21.8은 경계가 강화된 것을 보여준다.

12 일부 변형은 단순히 그다음 관찰을 샘플링한다. 다른 것은 우도에 의해 가중화된 갭을 최대화하는 관찰을 선택한다.

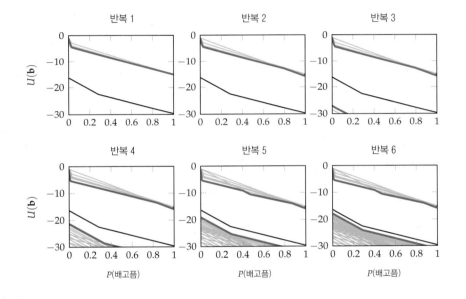

◀ 그림 21.8 우는 아기 문제에서 톱니 쌍으로 표시된 상한과 알파 벡터로 표시되는 하한의 진화. 최적 가치 함수는 검은 색으로 표시된다.

21.9 삼각 분할 함수

20.1절에서 설명한 대로 POMDP는 신뢰-상태 MDP로 변환될 수 있다. 해당 신뢰-상태 MDP의 상태 공간은 연속이며 원래 POMDP의 가능한 신뢰 공간에 해당한다. 8장에서의 설명과 유사한 방식으로 가치 함수를 근사화한 다음 가치 반복과 같은 동적 프로그래밍 알고리듬을 근사화에 적용할 수 있다. 21.9절에서는 이산 신뢰도 B 집합에 대한 프로이덴탈 삼각 분할Freudenthal triangulation[13]을 포함한 특정

13 H. Freudenthal, "Simplizialzerlegungen von Beschränkter Flachheit," *Annals of Mathematics*, vol. 43, pp. 580–582, 1942. 이 삼각 분할 기법은 다음 문헌에서 POMDP에 적용됐다. W. S. Lovejoy, "Computationally Feasible Bounds for Partially Observed Markov Decision Processes," *Operations Research*, vol. 39, no. 1, pp. 162–175, 1991.

지역 가치 함수 근사에 대해 설명한다. 이 삼각 측량을 통해 신뢰 공간의 임의 지점에서 가치 함수를 보간할 수 있다. 톱니 표현과 마찬가지로 신뢰-효용 쌍 $V = \{(b, U(b)) \mid b \in B\}$를 사용해 가치 함수를 나타낸다. 이 접근 방식은 가치 함수의 상한값을 얻는 데 사용할 수 있다. 신뢰 공간에서 프로이덴탈 보간법은 그림 21.9에서 볼 수 있듯이 B의 신뢰 점을 공간 전체에 고르게 퍼뜨린다. B에 대한 신뢰의 수는 프로이덴탈 삼각분할의 차원 n과 입도^{granularity} m에 따라 달라진다.[14]

$$|B| = \frac{(m+n-1)!}{m!(n-1)!} \tag{21.17}$$

14 FreudenthalTriangulations.jl은 이 신뢰를 생성하는 구현하고 있다.

B의 이산 점에서 값을 보간하면 임의의 점 b에서 $U(b)$를 추정할 수 있다. 8.5절에서 소개한 심플렉스 보간법과 유사하게, b를 둘러싸는 심플렉스를 형성하고 그 값과 함께 가중치를 부여하는 신뢰 점 집합을 B에서 찾는다. n차원 신뢰 공간에는 가중치를 같이 부여해야 하는 꼭짓점이 최대 $n + 1$개 있다. $b^{(1)}, \dots, b^{(n+1)}$이 둘러싸는 점이고 $\lambda_1, \dots, \lambda_{n+1}$이 가중치라면 b에서의 값 추정값은 다음과 같다.

$$U(b) = \sum_i \lambda_i U(b^{(i)}) \tag{21.18}$$

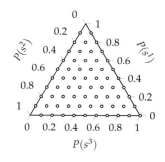

▲ **그림 21.9** 입도가 $m = 10$인 $n = 3$차원 신뢰 공간에서 프로이덴탈 삼각 분할을 사용한 신뢰-상태 이산화

알고리듬 21.15는 V의 쌍에서 이 효용 함수와 정책을 추출한다. 알고리듬 21.16은 알고리듬 8.1에서 도입된 근사가치 반복의 변형을 삼각분할 정책 표현에 적용한다. 가치 함수 보간과 함께 1-단계 예측을 사용해 단순히 B에 대한 신뢰에 백업을 반복적으로 적용한다. U가 상한값으로 초기화되면 가치 반복은 유한한 횟수의 반복 후에도 상한값이 된다. 이 성질은 가치 함수가 볼록하고 가치 함수의 꼭짓점 사이의 선형 보간은 기본 볼록 함수 또는 그 위에 있어야 하므로 유지된다.[15] 그림 21.10은 정책과 효용 함수의 예를 보여준다.

15 다음 문헌의 보조 정리 4를 참고하라. "Computationally Feasible Bounds for Partially Observed Markov Decision Processes," *Operations Research*, vol. 39, no. 1, pp. 162–175, 1991.

```
struct TriangulatedPolicy
    𝒫 # POMDP 문제
    V # 신뢰와 효용을 매핑하는 딕셔너리
    B # 신뢰
    T # 프로이덴탈 삼각 분할
end

function TriangulatedPolicy(𝒫::POMDP, m)
    T = FreudenthalTriangulation(length(𝒫.𝒮), m)
    B = belief_vertices(T)
    V = Dict(b => 0.0 for b in B)
    return TriangulatedPolicy(𝒫, V, B, T)
end

function utility(π::TriangulatedPolicy, b)
    B, λ = belief_simplex(π.T, b)
    return sum(λi*π.V[b] for (λi, b) in zip(λ, B))
end

(π::TriangulatedPolicy)(b) = greedy(π, b).a
```

알고리듬 21.15 입도가 m인 프로이덴탈 삼각 분할을 사용한 정책 표현. 톱니 방법과 마찬가지로 신뢰 벡터를 효용에 매핑하는 딕셔너리를 유지한다. 이 구현은 효용을 0으로 초기화하지만 상한을 나타내려면 해당 효용을 적절하게 초기화해야 한다. 보간을 사용해 주어진 신뢰의 유용성을 추정하는 함수를 정의한다. 그리디 예측을 사용해 정책을 추출할 수 있다. 프로이덴탈 삼각 분할 구조에 생성 시의 차원과 입도를 전달한다. FreudenthalTriangulations.jl 패키지는 belief_vertices 함수를 제공하는데, 이 함수는 주어진 특정 삼각 분할에서 B를 반환한다. 또한 신뢰를 둘러싸는 점과 가중치 집합을 반환하는 belief_simplex를 제공한다.

```
struct TriangulatedIteration
    m     # 입도
    k_max # 최대 반복 횟수
end

function solve(M::TriangulatedIteration, 𝒫)
    π = TriangulatedPolicy(𝒫, M.m)
    U(b) = utility(π, b)
    for k in 1:M.k_max
        U' = [greedy(𝒫, U, b).u for b in π.B]
        for (b, u') in zip(π.B, U')
            π.V[b] = u'
        end
    end
    return π
end
```

알고리듬 21.16 입도가 m인 삼각 분할 정책을 사용해 k_max 반복으로 가치 반복 근사. 각 반복에서 삼각 분할된 효용이 포함된 그리디 1-단계 예측을 사용해 B에 대한 신뢰와 연관 효용을 갱신한다.

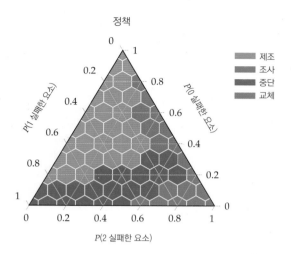

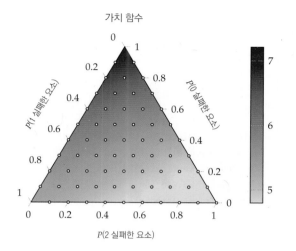

정책

가치 함수

제조
조사
중단
교체

▲ **그림 21.10** 11회 반복 후 입도 $m = 10$ 인 관리 문제에서 정책과 가치 함수. 가치 함수 그림은 이산 신뢰 점을 흰색 점으로 표시한다. 이 정책은 부록 F.8에 주어진 정확한 정책과 비슷하다.

21.10 요약

- QMDP 알고리듬은 첫 번째 단계 이후에 완벽한 관찰 가능성을 가정해 참값 함수의 상한값을 생성한다.

- 빠른 정보 범위는 관찰 모델을 고려해 QMDP보다 가치 함수에 더 엄격한 상한을 제공한다.

- 점 기반 가치 반복은 유한 신뢰 집합에서 알파 벡터를 사용해 값 함수에 대한 하한을 제공한다.

- 무작위 점 기반 가치 반복은 집합의 모든 점에서 값이 개선될 때까지 신뢰 집합에서 무작위로 선택된 점에서 갱신을 수행한다.

- 톱니 상한은 효율적인 점 집합 표현을 사용해 빠르게 정보를 얻은 경계를 반복적으로 개선할 수 있다.

- 점 기반 가치 반복에서 사용할 신념 포인트를 신중하게 선택하면 결과 정책의 품질을 향상시킬 수 있다.

- 톱니 휴리스틱 검색은 각각 톱니 쌍과 알파 벡터로 표현되는 가치 함수의 상한과 하한을 좁히려 시도한다.

- 근사적으로 POMDP를 해결하는 한 가지 접근 방식은 신뢰 공간을 이산화한 다음 동적 프로그래밍을 적용해 가치 함수 및 정책에 대한 상한을 추출하는 것이다.

21.11 연습 문제

연습 21.1 상태 $s_{1:4}$에 해당하는 4개의 셀로 구성된 직선 육각 세계 문제(부록 F.1)의 변형이 있다고 가정하자. 두 가지 행동이 있는데, 좌측 이동(ℓ)과 우측 이동(r)이다. 이러한 행동의 효과는 결정적이다. s_1에서 좌로 이동하거나 s_4에서 우로 이동하면 100의 보상을 주고 게임은 종료된다. 0.9의 할인 계수로 QMDP를 사용해 알파 벡터를 계산하라. 그런 다음 알파 벡터를 사용해 신뢰 $\mathbf{b} = [0.3, 0.1, 0.5, 0.1]$이 주어진 경우 근사적 최적 행동을 계산하라.

해법: 좌로 이동하는 것과 관련된 알파 벡터를 α_ℓ로 표시하고, 우로 이동하는 것과 관련된 알파 벡터를 α_r로 표시한다. 알파 벡터를 0으로 초기화한다.

$$\boldsymbol{\alpha}_\ell^{(1)} = [R(s_1, \ell), R(s_2, \ell), R(s_3, \ell), R(s_4, \ell)] = [0, 0, 0, 0]$$
$$\boldsymbol{\alpha}_r^{(1)} = [R(s_1, r), R(s_2, r), R(s_3, r), R(s_4, r)] = [0, 0, 0, 0]$$

첫 번째 반복에서 알파 벡터의 모든 항목이 0이므로 보상 항만 QMDP 갱신에 기여한다(방정식 (21.1)).

$$\boldsymbol{\alpha}_\ell^{(2)} = [100, 0, 0, 0]$$
$$\boldsymbol{\alpha}_r^{(2)} = [0, 0, 0, 100]$$

다음 반복에서는 갱신을 적용해 왼쪽 알파 벡터의 s_2와 오른쪽 알파 벡터의 s_3에 대한 새로운 값을 생성한다. 왼쪽 알파 벡터에 대한 갱신은 다음과 같다(오른쪽 알파 벡터 갱신은 대칭).

$$\alpha_\ell^{(3)}(s_1) = 100 \quad (\text{최종 상태})$$
$$\alpha_\ell^{(3)}(s_2) = 0 + 0.9 \times \max(\alpha_\ell^{(2)}(s_1), \alpha_r^{(2)}(s_1)) = 90$$
$$\alpha_\ell^{(3)}(s_3) = 0 + 0.9 \times \max(\alpha_\ell^{(2)}(s_2), \alpha_r^{(2)}(s_2)) = 0$$
$$\alpha_\ell^{(3)}(s_4) = 0 + 0.9 \times \max(\alpha_\ell^{(2)}(s_3), \alpha_r^{(2)}(s_3)) = 0$$

이로 인해 다음이 된다.

$$\boldsymbol{\alpha}_\ell^{(3)} = [100, 90, 0, 0]$$
$$\boldsymbol{\alpha}_r^{(3)} = [0, 0, 90, 100]$$

세 번째 반복에서 좌측 알파 벡터의 갱신은 다음과 같다.

$$\alpha_\ell^{(4)}(s_1) = 100 \quad (\text{terminal state})$$
$$\alpha_\ell^{(4)}(s_2) = 0 + 0.9 \times \max(\alpha_\ell^{(3)}(s_1), \alpha_r^{(3)}(s_1)) = 90$$
$$\alpha_\ell^{(4)}(s_3) = 0 + 0.9 \times \max(\alpha_\ell^{(3)}(s_2), \alpha_r^{(3)}(s_2)) = 81$$
$$\alpha_\ell^{(4)}(s_4) = 0 + 0.9 \times \max(\alpha_\ell^{(3)}(s_3), \alpha_r^{(3)}(s_3)) = 81$$

그러면 알파 벡터는 다음과 같다.

$$\boldsymbol{\alpha}_\ell^{(4)} = [100, 90, 81, 81]$$
$$\boldsymbol{\alpha}_r^{(4)} = [81, 81, 90, 100]$$

이 시점에서 알파 벡터 추정값이 수렴됐다. 이제 모든 행동에 대한 신뢰와 연계된 효용을 최대화해 최적의 행동을 결정한다.

$$\boldsymbol{\alpha}_\ell^\top \mathbf{b} = 100 \times 0.3 + 90 \times 0.1 + 81 \times 0.5 + 81 \times 0.1 = 87.6$$
$$\boldsymbol{\alpha}_r^\top \mathbf{b} = 81 \times 0.3 + 81 \times 0.1 + 90 \times 0.5 + 100 \times 0.1 = 87.4$$

따라서 그리드 세계의 오른쪽 절반에 있을 확률이 더 높음에도 불구하고 왼쪽으로 이동하는 것이 이 신뢰-상태에 대한 최적의 행동임을 발견했다. 이는 좌로 이동함으로써 크고 즉각적인 보상을 받을 상태 s_1에 있을 가능성이 상대적으로 높기 때문이다.

연습 21.2 연습 문제 21.1의 단순화된 육각 세계 문제를 기억하자. 블라인드 하한을 사용해 각 행동에 대한 알파 벡터를 계산하라. 그런 다음 알파 벡터를 사용해 신뢰 $\mathbf{b} = [0.3, 0.1, 0.5, 0.1]$에서 값을 계산하라.

해법: 방정식 (21.6)에 표시된 블라인드 하한은 QMDP 갱신과 유사하지만 최대화가 부족하다. 알파 벡터의 구성 요소를 0으로 초기화하고 다음과 같이 실행해 수렴한다.

$$\boldsymbol{\alpha}_\ell^{(2)} = [100, 0, 0, 0]$$
$$\boldsymbol{\alpha}_r^{(2)} = [0, 0, 0, 100]$$

$$\boldsymbol{\alpha}_\ell^{(3)} = [100, 90, 0, 0]$$
$$\boldsymbol{\alpha}_r^{(3)} = [0, 0, 90, 100]$$

$$\boldsymbol{\alpha}_\ell^{(4)} = [100, 90, 81, 0]$$
$$\boldsymbol{\alpha}_r^{(4)} = [0, 81, 90, 100]$$

$$\boldsymbol{\alpha}_\ell^{(5)} = [100, 90, 81, 72.9]$$
$$\boldsymbol{\alpha}_r^{(5)} = [72.9, 81, 90, 100]$$

이 시점에서 알파 벡터 추정값이 수렴됐다. 이제 모든 행동에 대한 신뢰와 연계된 효용을 최대화해 가치를 결정한다.

$$\boldsymbol{\alpha}_\ell^\top \mathbf{b} = 100 \times 0.3 + 90 \times 0.1 + 81 \times 0.5 + 72.9 \times 0.1 = 86.79$$
$$\boldsymbol{\alpha}_r^\top \mathbf{b} = 72.9 \times 0.3 + 81 \times 0.1 + 90 \times 0.5 + 100 \times 0.1 = 84.97$$

따라서 b에서의 하한은 86.79다.

연습 21.3 $|\Gamma| > |S|$라 가정할 때 점 기반 가치 반복의 단일 신뢰 점에서 백업의 복잡도는 무엇인가?

해법: 백업을 수행하는 과정에서 모든 행동 a와 관찰 o에 대해 $\boldsymbol{\alpha}_{a,o}$를 계산한다. 방정식 (21.8)에서 $\boldsymbol{\alpha}_{a,o}$를 계산하려면 $\boldsymbol{\alpha}^\top \text{Update}(\mathbf{b}, a, o)$를 최대화하는 Γ의 알파 벡터 $\boldsymbol{\alpha}$를 찾아야 한다. 방정식 (19.7)대로 신뢰 갱신은 모든 초기와 후속 상태를 반복하기 때문에 $O(|\mathcal{S}|^2)$이다. 따라서 $\boldsymbol{\alpha}_{a,o}$를 계산하려면 특정 a 및 o에 대해 $O(|\Gamma||S| + |S|^2) = O(|\Gamma||S|)$ 연산이 필요하므로 총 $O(|\Gamma||S||A||O|)$ 연산이 된다. 그런 다음 방정식 (21.9)의 $\boldsymbol{\alpha}_a$를 모든 행동 a에 대해 $\boldsymbol{\alpha}_{a,o}$를 이용해 계산하면 총 $O(|S|^2|A||O|)$가 필요하다. $\boldsymbol{\alpha}_a^\top \mathbf{b}$를 최대화하는 알파 벡터 $\boldsymbol{\alpha}_a$를 찾으려면 $\boldsymbol{\alpha}_a$ 값이 있으면 $O(|S||A|)$ 연산이 필요하다. 전체적으로 신뢰 $\mathbf{b}$에서 백업을 위해 $O(|\Gamma||S||A||O|)$ 연산이 소요된다.

연습 21.4 다음과 같이 주어진 신뢰-효용 쌍 집합을 고려해보자.

$$V = \{([1,0],0), ([0,1],-10), ([0.8,0.2],-4), ([0.4,0.6],-6)\}$$

모든 i에 대해 가중치 $w_i = 0.5$를 사용하고 톱니 상한을 사용해 신뢰 $\mathbf{b} = [0.5, 0.5]$에 대한 효용을 결정하라.

해법: 신뢰-효용 쌍으로 보간한다. 각 비기저^{nonbasis} 신뢰에 대해 가장 먼 기저 신뢰인 $\mathbf{e}_i$를 찾는 것부터 시작한다. $\mathbf{b}_3$부터 시작해 다음과 같이 계산한다.

$$i_3 = \arg\max_j \left\| \mathbf{b} - \mathbf{e}_j \right\|_1 - \left\| \mathbf{b}_3 - \mathbf{e}_j \right\|_1$$

$$
\begin{aligned}
\left\| \mathbf{b} - \mathbf{e}_1 \right\|_1 - \left\| \mathbf{b}_3 - \mathbf{e}_1 \right\|_1 &= \left\| \begin{bmatrix} 0.5 \\ 0.5 \end{bmatrix} - \begin{bmatrix} 1 \\ 0 \end{bmatrix} \right\|_1 - \left\| \begin{bmatrix} 0.8 \\ 0.2 \end{bmatrix} - \begin{bmatrix} 1 \\ 0 \end{bmatrix} \right\|_1 \\
&= \left\| \begin{bmatrix} -0.5 \\ 0.5 \end{bmatrix} \right\|_1 - \left\| \begin{bmatrix} -0.2 \\ 0.2 \end{bmatrix} \right\|_1 \\
&= 0.6
\end{aligned}
$$

$$\|\mathbf{b} - \mathbf{e}_2\|_1 - \|\mathbf{b}_3 - \mathbf{e}_2\|_1 = \left\| \begin{bmatrix} 0.5 \\ 0.5 \end{bmatrix} - \begin{bmatrix} 0 \\ 1 \end{bmatrix} \right\|_1 - \left\| \begin{bmatrix} 0.8 \\ 0.2 \end{bmatrix} - \begin{bmatrix} 0 \\ 1 \end{bmatrix} \right\|_1$$

$$= \left\| \begin{bmatrix} 0.5 \\ -0.5 \end{bmatrix} \right\|_1 - \left\| \begin{bmatrix} 0.8 \\ -0.8 \end{bmatrix} \right\|_1$$

$$= -0.6$$

$$i_3 = 1$$

따라서 $\mathbf{e}_1$은 $\mathbf{b}_3$에서 가장 먼 기저 신뢰다.

$\mathbf{b}_4$의 경우 다음을 계산한다.

$$i_4 = \arg\max_j \|\mathbf{b} - \mathbf{e}_j\|_1 - \|\mathbf{b}_4 - \mathbf{e}_j\|_1$$

$$\|\mathbf{b} - \mathbf{e}_1\|_1 - \|\mathbf{b}_3 - \mathbf{e}_1\|_1 = \left\| \begin{bmatrix} 0.5 \\ 0.5 \end{bmatrix} - \begin{bmatrix} 1 \\ 0 \end{bmatrix} \right\|_1 - \left\| \begin{bmatrix} 0.4 \\ 0.6 \end{bmatrix} - \begin{bmatrix} 1 \\ 0 \end{bmatrix} \right\|_1$$

$$= \left\| \begin{bmatrix} -0.5 \\ 0.5 \end{bmatrix} \right\|_1 - \left\| \begin{bmatrix} -0.6 \\ 0.6 \end{bmatrix} \right\|_1$$

$$= -0.2$$

$$\|\mathbf{b} - \mathbf{e}_2\|_1 - \|\mathbf{b}_3 - \mathbf{e}_2\|_1 = \left\| \begin{bmatrix} 0.5 \\ 0.5 \end{bmatrix} - \begin{bmatrix} 0 \\ 1 \end{bmatrix} \right\|_1 - \left\| \begin{bmatrix} 0.4 \\ 0.6 \end{bmatrix} - \begin{bmatrix} 0 \\ 1 \end{bmatrix} \right\|_1$$

$$= \left\| \begin{bmatrix} 0.5 \\ -0.5 \end{bmatrix} \right\|_1 - \left\| \begin{bmatrix} 0.4 \\ -0.4 \end{bmatrix} \right\|_1$$

$$= 0.2$$

$$i_4 = 2$$

따라서 $\mathbf{e}_2$는 $\mathbf{b}_4$에서 가장 먼 기저 신뢰다.

적절한 모서리 및 효용과 함께 가중치를 사용해 $U(\mathbf{b})$를 계산할 수 있다.

$$U_3(\mathbf{b}) = 0.5 \times -4 + 0.5 \times (-10) = -7$$
$$U_4(\mathbf{b}) = 0.5 \times -6 + 0.5 \times 0 = -3$$

마지막으로 $U_3(\mathbf{b})$와 $U_4(\mathbf{b})$의 최솟값을 취해 $U(\mathbf{b})$를 계산한다. 따라서 $U(\mathbf{b}) = -7$이다.

연습 21.5 알파 벡터 집합 Γ로 표현되는 유효한 하한이 있다고 가정하자. 신뢰-상태 b에서의 백업이 $\boldsymbol{\alpha}'^{\top}\mathbf{b}$가 Γ로 나타나는 효용 함수보다 낮은 알파 벡터 $\boldsymbol{\alpha}'$를 초래하는 것이 가능한가? 다시 말해, 신뢰 $\mathbf{b}$에서의 백업이 Γ로 표현되는 가치 함수보다 b에 더 낮은 효용을 할당하는 알파 벡터를 생성할 수 있는가?

해법: 가능하다. 단 하나의 행동만 있고 관찰이 완벽하며, 할인은 없고 상태 공간은 $\{s^0, s^1\}$라고 가정한다. 보상은 모든 i에 대해 $R(s^i) = i$이며 상태 공간은 결정적으로 s^0으로 전환된다. 먼저 그림 21.11에 빨간색으로 표시된 것처럼 유효한 하한값 $\Gamma = \{[-1, +1]\}$에서 시작한다. 백업을 수행하는 위치에 대해 $\mathbf{b} = [0.5, 0.5]$를 선택한다. 방정식 (21.9)를 사용해 다음을 구한다.

$$\alpha(s^0) = R(s^0) + U^\Gamma(s^0) = 0 + (-1) = -1$$
$$\alpha(s^1) = R(s^1) + U^\Gamma(s^0) = 1 + (-1) = 0$$

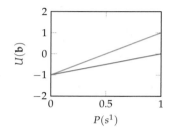

따라서 백업 후 얻는 알파 벡터는 그림 21.11에서의 파란색 선처럼 $[-1, 0]$이다. 그 알파 벡터로 $\mathbf{b}$에서의 효용은 -0.5이다. 그러나 $U^\Gamma(\mathbf{b}) = 0$은 해당 알파 벡터가 있는 $\mathbf{b}$의 효용이 신뢰를 뒷받침한다는 것을 보여줌으로써 그 신뢰에서 더 낮은 효용을 나타내는 알파 벡터가 될 수 있음을 보여준다. 이 사실은 무작위 점 기반 가치 반복(알고리듬 21.8)에서 **if** 문을 사용하고 싶게 만든다. **if** 문을 쓰면 백업의 알파 벡터 또는 신뢰 $\mathbf{b}$에서 Γ의 지배적인 알파 벡터 중 가장 큰 효용 추정값을 제공하는 것을 사용하게 된다.

▲ **그림 21.11** 신뢰에서의 백업이 원래 가치 함수와 비교해 그 신뢰 값을 자체적으로 낮추는 알파 벡터를 초래할 수 있는 방법의 예. 갱신을 수행하는 신뢰 $\mathbf{b}$는 $P(s^1) = 0.5$에 해당한다. Γ로 표시되는 원래 가치 함수는 빨간색으로 표시된다. $\mathbf{b}$에서의 백업으로 인한 알파 벡터는 파란색으로 표시된다.

22

온라인 신뢰-상태 계획

온라인 방법은 현재 신뢰-상태로부터 계획해 최적의 정책을 결정한다. 현재 상태에서 도달할 수 있는 신뢰 공간은 일반적으로 전체 신뢰 공간에 비해 작다. 완전히 관찰 가능한 문맥에서 소개된 것처럼 많은 온라인 방법은 일부 기간에 트리 기반 검색의 변형을 사용한다.[1] 트리 깊이에 따른 기하급수적인 계산 증가를 피하기 위해 다양한 전략을 사용할 수 있다. 온라인 방법은 실행하는 동안에 오프라인 접근 방법보다 결정 단계당 더 많은 계산이 필요하지만 종종 고차원 문제에 더 쉽게 적용된다.

1 다음 문헌을 참고하라. S. Ross, J. Pineau, S. Paquet, and B. Chaib-draa, "Online Planning Algorithms for POMDPs," *Journal of Artificial Intelligence Research*, vol. 32, pp. 663–704, 2008.

22.1 롤아웃을 통한 예측

알고리듬 9.1은 완전히 관찰된 문제에서 롤아웃을 통한 예측을 온라인 기법으로 도입했다. 이 알고리듬은 부분적으로 관찰된 문제에 직접 사용할 수 있다. 부분 관찰 가능성의 맥락에서 그다음 상태를 무작위로 샘플링하는 함수를 사용하는데, 이는 신뢰-상태에 해당한다. 이 함수는 이미 알고리듬 21.11에서 소개됐다. 전이, 보상, 관찰에 대해 명시적 모델 대신 생성 모델을 사용할 수 있으므로 고차원 상태 및 관찰 공간의 문제를 처리할 수 있다.

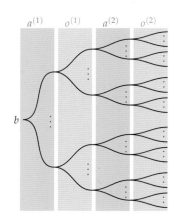

▲ **그림 22.1** 순방형 검색은 행동-관찰-신뢰 그래프를 임의의 유한 깊이까지 검색해 가장 높은 기대 보상을 생성하는 행동을 선택한다. 그림은 깊이 2에 대한 검색을 보여준다.

22.2 순방향 검색

알고리듬 9.2의 순방향 탐색 전략을 수정 없이 부분적으로 관찰된 문제에 적용할 수 있다. MDP와 POMDP의 차이점은 그림 22.1과 같이 행동 및 관찰에 따라 분기되는 1-단계 예측으로 캡슐화된다. 신뢰 b에서 행동 a를 취하는 가치는 깊이 d까지 재귀적으로 다음과 같이 정의할 수 있다.

$$Q_d(b,a) = \begin{cases} R(b,a) + \gamma \sum_o P(o \mid b,a) U_{d-1}(\text{Update}(b,a,o)) & \text{만약 } d > 0 \\ U(b) & \text{그 외} \end{cases} \tag{22.1}$$

여기서 $U_d(b) = 최대_a\ Q_d(b,a)$다. $d = 0$일 때 최대 깊이에 도달했고 근삿값 함수 $U(b)$를 사용해 효용을 반환한다. 이 함수는 이전 장에서 논의된 방법 중 하나 또는 경험적 선택 혹은 하나 이상의 롤아웃에서 추정할 수 있다. $d > 0$이면 다른 수준으로 재귀해 더 깊은 검색을 계속한다. 예제 22.1은 QMDP를 기계 교체 문제에 대한 순방향 검색과 결합하는 방법을 보여준다. 예제 22.2는 우는 아기 문제에서 순방향 검색을 보여준다.

기계 교체 문제에 순방향 검색을 적용하는 것을 고려해보자. 먼저 QMDP(알고리듬 21.2)를 통해 근사 가치 함수를 얻을 수 있다. 그런 다음 원래 알고리듬 9.2에서 정의된 ForwardSearch 객체를 생성할 수 있다. 해당 함수 내에서 lookahead 호출은 알고리듬 20.5에서 POMDP에 대해 정의된 것을 사용한다. 다음 코드는 단말 노드에서 QMDP에서 구한 효용 추정값을 사용해 신뢰-상태 [0.5, 0.2, 0.3]에서 깊이 5까지 $\mathcal{P}$ 문제에 순방향 검색을 적용한다.

예제 22.1 기계 교체 문제에 전방 검색 적용(부록 F.8)

```
k_max = 10 # QMDP에서의 최대 반복 횟수
πQMDP = solve(QMDP(k_max), 𝒫)
d = 5 # 깊이
U(b) = utility(πQMDP, b)
π = ForwardSearch(𝒫, d, U)
π([0.5,0.2,0.3])
```

방정식 (22.1)의 재귀와 관련된 계산은 깊이에 따라 기하급수로 증가한다. $O(|\mathcal{A}|^d|\mathcal{O}|^d)$. 따라서 순방향 검색은 일반적으로 기본적으로 얕은 깊이만으로 제한된다. 더 깊이 들어가려면 행동 또는 관찰 분기를 제한할 수 있다. 예를 들어, 도메인 지식이 있는 경우 루트 또는 트리 아래에서 행동 집합을 제한할 수 있다. 관찰 분기를 예로 들자면, 가능한 작은 집합 또는 가장 가능성이 높은 관찰로 고려 사항을 제한할 수 있다.[2] 분기는 현재의 신뢰에서 샘플링된 상태로 9.9.3절에 설명된 개방형 루프 또는 사후 확인 최적화 방법을 채택하면 완전히 피할 수 있다.

2 R. Platt Jr., R. Tedrake, L. P. Kaelbling, and T. Lozano-Pérez, "Belief Space Planning Assuming Maximum Likelihood Observations," in *Robotics: Science and Systems*, 2010.

알파 벡터 $[-3.7, -15]$와 $[-2, -21]$로 주어진 근사 가치 함수를 사용해 우는 아기 문제에서 순방향 탐색을 고려해보자. 초기 신뢰 $b = [0.5, 0.5]$에서 깊이 2까지 순방향 검색을 실행하면 다음과 같이 진행된다.

$$
\begin{aligned}
Q_2(b, a_{\text{feed}}) &= R(b, a_{\text{feed}}) + \gamma(P(\text{crying} \mid b, \text{feed})U_1([1.0, 0.0]) \\
&\quad + P(\text{quiet} \mid b, \text{feed})U_1([1.0, 0.0])) \\
&= -10 + 0.9(0.1 \times -3.2157 + 0.9 \times -3.2157) \\
&= -12.894 \\
Q_2(b, a_{\text{ignore}}) &= R(b, a_{\text{ignore}}) + \gamma(P(\text{crying} \mid b, \text{ignore})U_1([0.093, 0.907]) \\
&\quad + P(\text{quiet} \mid b, \text{ignore})U_1([0.786, 0.214])) \\
&= -5 + 0.9(0.485 \times -15.872 + 0.515 \times -7.779) \\
&= -15.534 \\
Q_2(b, a_{\text{sing}}) &= R(b, a_{\text{sing}}) + \gamma(P(\text{crying} \mid b, \text{sing})U_1([0.0, 1.0]) \\
&\quad + P(\text{quiet} \mid b, \text{sing})U_1([0.891, 0.109])) \\
&= -5.5 + 0.9(0.495 \times -16.8 + 0.505 \times -5.543) \\
&= -15.503
\end{aligned}
$$

아기에게 먹이를 주면 항상 배부른 아기가 되고($b = [1, 0]$), 아기에게 노래를 불러주면 아기가 배고플 때만 우는 것이 보장된다($b = [0, 1]$). 각 U_1 값은 $U_d(b) = \max_a Q_d(b, a)$를 사용해 방정식 (22.1)에서 한 수준 더 깊게 재귀해 평가된다. 최대 깊이에서는 알파 벡터에 의해 주어진 근사 가치 함수를 사용한다. $Q_0(b, a) = \max(b^\top[-3.7, -15], b^\top[-2, -21])$.

이 정책은 아기에게 먹이를 주는 것이 가장 높은 기대 효용을 가져올 것이라고 예측한다. 따라서 해당 행동을 권장한다.

22.3 분기 및 제한

원래 MDP와 관련해 도입된 분기 및 제한[branch and bound] 기술은 POMDP에도 확장될 수 있다. 9.4절과 동일한 알고리듬을 수정 없이 사용할 수 있으며(예제 22.3 참조), 적절한 예측 구현에 따라 신뢰를 갱신하고 관찰을 설명한다. 알고리듬의 효율성은 가지치기에 대한 상한과 하한의 품질에 따라 달라진다.

상한과 하한에 대해 영역별 휴리스틱을 사용할 수 있지만 완전히 관찰된 경우에서와 마찬가지로 이산 상태 공간에 대해 이전 장에서 소개한 방법 중 하나를 대신 사용할 수 있다. 예를 들어, 상한에 대해서는 빠른 정보 범위를 사용하고 하한에 대해 점 기반 가치 반복을 사용할 수 있다. 하한값 U와 상한값 $\overline{Q}$가 참 하한과 상한값이기만 하면 분기 및 제한 알고리듬의 결과는 U를 근사 가치 함수로 사용하는 순방향 탐색 알고리듬과 동일하다.

이 예에서는 우는 아기 문제에서 깊이 5로 분기 및 제한법을 적용한다. 상한은 빠른 정보 범위에서 나오고, 하한은 점 기반 가치 반복에서 나온다. 다음과 같이 신뢰 [0.4, 0.6]에서 행동을 계산한다.

```
k_max = 10 # 범위의 최대 반복 횟수
πFIB = solve(FastInformedBound(k_max), 𝒫)
d = 5 # 깊이
Uhi(b) = utility(πFIB, b)
Qhi(b,a) = lookahead(𝒫, Uhi, b, a)
B = [[p, 1 - p] for p in 0.0:0.2:1.0]
πPBVI = solve(PointBasedValueIteration(B, k_max), 𝒫)
Ulo(b) = utility(πPBVI, b)
π = BranchAndBound(𝒫, d, Ulo, Qhi)
π([0.4,0.6])
```

예제 22.3 우는 아기 문제에 대한 분기 및 제한 응용 프로그램

22.4 희소 샘플링

가능한 모든 관측치에 대한 순방향 검색 합계를 하면 $|O|$에 대한 지수 시간의 실행 시간이 초래된다. 9.5절에서 소개한 것처럼 샘플링을 사용하면 전체 합산을 피할 수 있다. 각 행동에 대해 m개의 관찰을 생성한 후 계산할 수 있다.

$$Q_d(b,a) = \begin{cases} \frac{1}{m}\sum_{i=1}^{m}\left(r_a^{(i)} + \gamma U_{d-1}\left(\text{Update}(b,a,o_a^{(i)})\right)\right) & \text{만약 } d > 0 \\ U(b) & \text{그 외} \end{cases} \tag{22.2}$$

여기서 $r_a^{(i)}$와 $o_a^{(i)}$는 신뢰 b에서 행동 a와 관련된 i번째 샘플링된 관찰 및 보상이고, $U(b)$는 최대 깊이에서의 가치 함수 추정값이다. 알고리듬 9.4를 수정 없이 사용할 수 있다. 결과 복잡도는 $O(|A|^d m^d)$이다.

22.5 몬테 카를로 트리 검색

비록 정확히 동일한 구현을 사용할 수는 없지만, MDP에 대한 몬테 카를로 트리 검색 접근 방식은 POMDP로 확장할 수 있다.[3] 알고리듬에 대한 입력은 신뢰-상태 b, 깊이 d, 탐색 계수 c, 롤아웃 정책 π이다.[4] POMDP 알고리듬(알고리듬 22.1)과 MDP 알고리듬의 주된 차이점은 개수와 가치가 상태 대신 히스토리와 연결된다는 것이다. 히스토리는 일련의 과거의 행동과 관찰이다. 예를 들어, 2개의 행동 a_1과 a_2와 2개의 관측치 o_1과 o_2가 있는 경우 가능한 히스토리는 시퀀스 $h = a_1 o_2 a_2 o_2 a_1 o_1$이 될 수 있다. 알고리듬을 실행하는 동안 일련의 히스토리-행동 쌍에 대한 값 추정값 $Q(h,a)$ 및 개수 $N(h,a)$를 갱신한다.[5]

Q 및 N과 관련된 히스토리는 그림 22.2와 유사한 트리로 구성될 수 있다. 루트 노드는 초기 신뢰-상태 b에서 시작하는 비어 있는 히스토리를 나타낸다. 알고리듬을 실행하는 동안 트리 구조가 확장된다. 트리의 계층은 행동 노드와 관찰 노드

3 실버(Silver)와 베네스(Veness)는 부분 관찰 가능 몬테 카를로 계획(POMCP, Partially Observable Monte Carlo Planning)이라 불리는 POMDP에 대한 몬테 카를로 트리 검색 알고리듬을 제시했고 그 수렴을 보였다. D. Silver and J. Veness, "Monte-Carlo Planning in Large POMDPs," in *Advances in Neural Information Processing Systems (NIPS)*, 2010.

4 몬테 카를로 트리 검색은 신뢰에 따라 작동하는 POMDP 롤아웃 정책 또는 상태에서 작동하는 MDP 롤아웃 정책으로 구현될 수 있다. 일반적으로 임의 정책이 사용된다.

5 9.6절에서 논의된 이중 점진적 확장의 측면을 통합한 것들 등 여기 소개된 기본 알고리듬에는 많은 변형이 있다. Z. N. Sunberg and M. J. Kochenderfer, "Online Algorithms for POMDPs with Continuous State, Action, and Observation Spaces," in *International Conference on Automated Planning and Scheduling (ICAPS)*, 2018.

간에 번갈아 나타난다. 각 행동 노드와 관련된 값은 $Q(h, a)$ 및 $N(h, a)$이며, 기록
은 루트 노드의 경로에 의해 결정된다. MDP 버전과 마찬가지로 트리 아래로 검
색할 때 알고리듬은 최대화하는 행동을 수행한다.

$$Q(h, a) + c\sqrt{\frac{\log N(h)}{N(h, a)}} \qquad (22.3)$$

여기서 $N(h) = \sum_a N(h, a)$는 히스토리 h에 대한 총 방문 수이고, c는 탐색 매개 변
수다. 더 중요한 것은 c가 미탐색 및 과소 탐색된 행동의 가치를 증가시켜 탐색과
활용 사이의 상대적 균형을 나타낸다는 것이다.

알고리듬 22.1 신뢰 b에서 POMDP에 대한 몬테 카를로 트리 검색. 초기 기록 h는 선택 사항이다. 이 구현은 알고리듬 9.5의 구현과 유사하다.

```
struct HistoryMonteCarloTreeSearch
    𝒫 # 문제
    N # 방문 횟수
    Q # 행동 가치 추정
    d # 깊이
    m # 시뮬레이션 횟수
    c # 탐색 상수
    U # 가치 함수 추정
end

function explore(π::HistoryMonteCarloTreeSearch, h)
    𝒜, N, Q, c = π.𝒫.𝒜, π.N, π.Q, π.c
    Nh = sum(get(N, (h,a), 0) for a in 𝒜)
    return argmax(a->Q[(h,a)] + c*bonus(N[(h,a)], Nh), 𝒜)
end

function simulate(π::HistoryMonteCarloTreeSearch, s, h, d)
    if d ≤ 0
        return π.U(s)
    end
    𝒫, N, Q, c = π.𝒫, π.N, π.Q, π.c
    S, 𝒜, TRO, γ = 𝒫.S, 𝒫.𝒜, 𝒫.TRO, 𝒫.γ
    if !haskey(N, (h, first(𝒜)))
```

```
        for a in 𝒜
            N[(h,a)] = 0
            Q[(h,a)] = 0.0
        end
        return π.U(s)
    end
    a = explore(π, h)
    s', r, o = TRO(s,a)
    q = r + γ*simulate(π, s', vcat(h, (a,o)), d-1)
    N[(h,a)] += 1
    Q[(h,a)] += (q-Q[(h,a)])/N[(h,a)]
    return q
end

function (π::HistoryMonteCarloTreeSearch)(b, h=[])
    for i in 1:π.m
        s = rand(SetCategorical(π.𝒫.𝒮, b))
        simulate(π, s, h, π.d)
    end
    return argmax(a->π.Q[(h,a)], π.𝒫.𝒜)
end
```

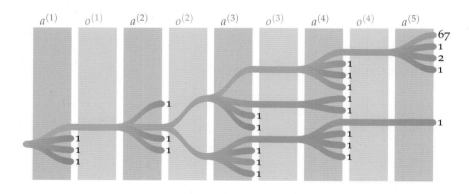

◀ 그림 22.2 기계 교체 문제에서 100개의 샘플로 몬테 카를로 트리 검색을 실행할 때의 모든 이력을 포함하는 검색 트리. 각 행동 노드 아래는 방문하며, 색상은 노드 가치를 나타내는데 파란색으로 높은 가치, 빨간색은 낮은 가치. 방문 수가 0인 확장 노드는 표시되지 않는다. 이 검색에서는 탐색 상수 $c = 0.5$, 최대 깊이 $d = 5$, 균등 무작위 롤아웃 정책을 사용했다. 초기 신뢰는 완벽하게 작동하는 시스템에 대한 확실성이다. 몬테 카를로 트리 검색은 특정 행동을 피하고 대신 더 유망한 경로에 샘플을 집중할 수 있다.

MDP 버전과 마찬가지로 몬테 카를로 트리 검색 알고리듬은 항상 알고리듬이다. 알고리듬 22.1의 루프는 언제든지 종료될 수 있으며 해당 시점까지 찾은 최상의 해가 반환된다. 반복 횟수가 충분하면 알고리듬이 최적의 행동으로 수렴된다.

사전 지식을 몬테 카를로 트리 검색에서 N과 Q를 초기화하는 방법에 대해 통합할 수 있다. 여기서의 구현은 0을 사용하지만 히스토리 함수를 행동 가치의 초기화로 하는 등 다른 선택도 가능하다. 가치 추정값은 롤아웃 정책의 시뮬레이션에서 다시 얻을 수 있다.

각 결정마다 알고리듬을 다시 초기화할 필요가 없다. 히스토리 트리^{history tree}와 연계된 개수 및 가치 추정값은 호출 사이에 유지될 수 있다. 선택한 행동과 실제 관찰에 연계된 관찰 노드는 다음 시간 단계에서 루트 노드가 된다.

22.6 결정된 희소 트리 검색

결정된 희소 트리 검색^{determinized sparse tree search}은 희소 샘플링과 몬테 카를로 트리 검색 모두에서 행동을 수행한 결과로부터의 관찰을 결정적으로 만들어 전체 샘플링 양을 줄이기 위해 노력한다.[6] 이는 진정한 신뢰 트리의 희소 근삿값을 형성하기 위해 특별한 입자 신뢰 표현으로부터 결정된 신뢰 트리^{determinized belief tree}를 구축함으로써 그렇게 한다. 각 입자는 각각 깊이 d인 m 시나리오 중 하나를 나타낸다. 시나리오는 주어진 일련의 행동 $a^{(1)}$, $a^{(2)}$,...,$a^{(d)}$에 대해 입자가 따르는 고정된 히스토리를 나타낸다. 모든 별개의 행동 시퀀스는 특정 시나리오 하에 특정 히스토리를 생성한다.[7] 이 결정은 검색 트리의 크기를 $O(|A|^d m)$로 축소한다. 히스토리의 예는 예제 22.4에 나와 있다. 결정된 트리는 그림 22.3에 있다.

6 소마니, 휴, 리(Ye, Somani, Hsu, and Lee)는 결정된 희소 부분별 관찰 가능한 트리(DESPOT, Determinized Sparse Partially Observable Tree)라고 불리는 결정된 POMDP 알고리듬을 제시했다. N. Ye, A. Somani, D. Hsu, and W. S. Lee, "DESPOT: Online POMDP Planning with Regularization," *Journal of Artificial Intelligence Research*, vol. 58, pp. 231-266, 2017. 또한 알고리듬에는 분기, 제한, 휴리스틱 검색 정규화 기술이 들어 있다.

7 유사한 아이디어가 9.9.3절에서 설명됐으며 11.1절에서 언급된 PEGASUS 알고리듬과 관련된다.

2개의 상태 s_1과 s_2, 2개의 행동 a_1과 a_2, 2개의 관측치 o_1과 o_2가 있다고 가정하자. 초기 상태가 s_2인 입자에 대한 깊이 $d = 2$의 가능한 히스토리는 시퀀스 $h = s_2 a_1 o_2 s_1 a_2 o_1$이다. 이 히스토리를 시나리오로 사용하면 신뢰 트리가 초기 상태에서 $a^{(1)} = a_1$ 및 $a^{(2)} = a_2$ 행동 시퀀스로서 이동할 때마다 이 히스토리가 반환된다.

최대 깊이 d까지 m개 시나리오가 있는 검색 트리는 확률 질량을 포함하는 간결한 $m \times d$ 결정 행렬^{determinizing matrix} $\mathbf{\Phi}$로 완전히 지정될 수 있다. 요소 Φ_{ij} m은 후속 상태 및 관찰을 식별하기 위해 깊이 j에서 i번째 시나리오를 따르는 입자에 필요한 정보를 포함한다. 구체적으로 Φ_{ij}는 분포 $P(s', o \mid s, a) = T(s' \mid s, a)O(o \mid a, s')$를 따르는 상태-행동 쌍 (s, a)로부터 후속 쌍 (s', o)를 생성할 수 있는 균등 분포 난수다. 0과 1 사이에서 균등 샘플링된 값으로 행렬을 채워 결정 행렬을 생성할 수 있다.

신뢰는 신뢰 입자의 벡터로 표현된다. 각 신뢰 입자 ϕ는 시나리오 i와 현재 깊이 j에 해당하는 결정 행렬 $\mathbf{\Phi}$에 대한 상태 s와 인덱스 i 및 j를 포함한다. 특정 행동 a가 주어지면 Φ_{ij}는 후속 상태 s' 및 관찰 o로 결정적으로 전이하는 데 사용된다. 후속 입자 $\phi' = (s', i, j + 1)$은 s'를 그 상태로 받고 j를 1씩 증가시킨다. 예제 22.5는 이 트리 검색 프로세스를 보여준다. 입자 신뢰 표현은 알고리듬 22.2에서 구현되고 알고리듬 22.3에서 순방향 검색에서 사용된다.

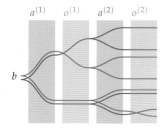

▲ 그림 22.3 파란색과 보라색으로 표시된 두 가지 시나리오가 있는 결정된 희소 검색 트리. 선 궤적은 서로 다른 행동 시퀀스에서 각 시나리오에 대한 가능한 경로를 보여준다.

22.7 갭 휴리스틱 검색

21.8절의 오프라인 휴리스틱 검색과 유사하게 갭 휴리스틱 검색은 상한과 하한 사이의 갭을 사용해 연관된 가치에 불확실성을 가진 신뢰를 검색하도록 유도하고

또 탐색을 중단할 수 있는 시기를 나타내는 지표로 쓴다. 신뢰 b에서의 갭은 상한 값과 하한 값의 차이다. 즉 $\bar{U}(b) - \underline{U}(b)$다. 갭 휴리스틱을 사용하는 검색 알고리듬은 신뢰 백업으로부터 이익을 얻을 가능성이 더 높기 때문에 갭을 최대화하는 관찰을 선택한다. 행동은 종종 근사 가치 함수를 사용해 예측에 따라 선택된다. 알고리듬 22.4는 구현을 보여준다.[8]

깊이 3까지 4개의 히스토리를 가진 문제에서 결정 행렬 $\mathbf{\Phi}$를 생성한다고 가정하자.

$$\mathbf{\Phi} = \begin{bmatrix} 0.393 & 0.056 & 0.369 \\ 0.313 & 0.749 & 0.273 \\ 0.078 & 0.262 & 0.009 \\ 0.969 & 0.598 & 0.095 \end{bmatrix}$$

기록 3을 따르는 동안 깊이 2에 있을 때 상태 s_2에서 행동 a_3을 수행한다고 가정하자. 해당 신뢰 입자는 $\phi = (2, 3, 2)$이고 $\mathbf{\Phi}$의 결정 값은 $\Phi_{3,2} = 0.262$다.

결정적 후속 행동과 관찰은 모든 후속 상태-관찰 쌍을 반복하고 전이 확률을 누적한다. $p = 0$에서 시작해 $s' = s_1$, $o = o_1$을 평가한다. $T(s_1 \mid s_2, a_3)$ $O(o_1 \mid a_3, s_1) = 0.1$을 얻었다고 가정하자. p를 0.1로 증가시킨다. 이는 $\Phi_{3,2}$보다 작으므로 계속한다.

다음으로 $s' = s_1$, $o = o_2$를 평가한다. $T(s_2 \mid s_2, a_3)O(o_1 \mid a_3, s_2) = 0.17$을 얻었다고 가정하자. p를 0.27로 증가시킨다. 이는 $\Phi_{3,2}$보다 크다. 따라서 결정적으로 $s' = s_2$, $o = o_1$를 후속 상태로 진행해 새로운 입자 $\phi' = (1, 3, 3)$을 생성한다.

---

8 격차를 최소화하기 위해 시도하는 POMDP에는 다양한 휴리스틱 검색 알고리듬이 있다. 다음 문헌을 참고하라. S. Ross and B. Chaib-draa, "AEMS: An Anytime Online Search Algorithm for Approximate Policy Refinement in Large POMDPs," in *International Joint Conference on Artificial Intelligence (IJCAI)*, 2007. 이 구현은 이전 절에서 참조한 DESPOT에서 사용하는 것과 유사하다.

예제 22.5 결정된 희소 트리 검색은 행렬을 사용해 주어진 입자에 대해 트리 순회가 결정적이 되도록 한다.

```
struct DeterminizedParticle
    s # 상태
    i # 시나리오 인덱스
    j # 깊이 인덱스
end

function successor(𝒫, Φ, ϕ, a)
    𝒮, 𝒪, T, O = 𝒫.𝒮, 𝒫.𝒪, 𝒫.T, 𝒫.O
    p = 0.0
    for (s′, o) in product(𝒮, 𝒪)
        p += T(ϕ.s, a, s′) * O(a, s′, o)
        if p ≥ Φ[ϕ.i, ϕ.j]
            return (s′, o)
        end
    end
    return last(𝒮), last(𝒪)
end

function possible_observations(𝒫, Φ, b, a)
    𝒪 = []
    for ϕ in b
        s′, o = successor(𝒫, Φ, ϕ, a)
        push!(𝒪, o)
    end
    return unique(𝒪)
end

function update(b, Φ, 𝒫, a, o)
    b′ = []
    for ϕ in b
        s′, o′ = successor(𝒫, Φ, ϕ, a)
        if o == o′
            push!(b′, DeterminizedParticle(s′, ϕ.i, ϕ.j + 1))
        end
    end
    return b′
end
```

```
struct DeterminizedSparseTreeSearch
    𝒫 # 문제
    d # 깊이
    Φ # m×d 결정하는 행렬
    U # 단말 노드에서 사용하는 가치 함수
end

function determinized_sparse_tree_search(𝒫, b, d, Φ, U)
    𝒮, 𝒜, 𝒪, T, R, O, γ = 𝒫.𝒮, 𝒫.𝒜, 𝒫.𝒪, 𝒫.T, 𝒫.R, 𝒫.O, 𝒫.γ
    if d == 0
        return (a=nothing, u=U(b))
    end
    best = (a=nothing, u=-Inf)
    for a in 𝒜
        u = sum(R(φ.s, a) for φ in b) / length(b)
        for o in possible_observations(𝒫, Φ, b, a)
            Poba = sum(sum(O(a,s',o)*T(φ.s,a,s') for s' in 𝒮)
                    for φ in b) / length(b)
            b' = update(b, Φ, 𝒫, a, o)
            u' = determinized_sparse_tree_search(𝒫,b',d-1,Φ,U).u
            u += γ*Poba*u'
        end
        if u > best.u
            best = (a=a, u=u)
        end
    end
    return best
end

function determinized_belief(b, 𝒫, m)
    particles = []
    for i in 1:m
        s = rand(SetCategorical(𝒫.𝒮, b))
        push!(particles, DeterminizedParticle(s, i, 1))
    end
    return particles
end
```

```
function (π::DeterminizedSparseTreeSearch)(b)
    particles = determinized_belief(b, π.𝒫, size(π.Φ,1))
    return determinized_sparse_tree_search(π.𝒫,particles,π.d,π.Φ,π.U).a
end
```

휴리스틱 검색에 사용되는 초기 하한값과 상한값은 알고리듬 성능에 중요한 역할을 한다. 예제 22.6에서는 하한 $U(b)$에 대해 무작위 롤아웃 정책을 사용한다. 물론 롤아웃은 고정된 깊이까지 단일 시도를 기반으로 하기 때문에 하한을 생성한다고 보장할 수 없다. 샘플 수가 증가함에 따라 실제 하한값으로 수렴된다. 이 예는 방정식 (21.2)의 최고-행동 최고-상태 상한을 사용한다. 더 빠른 수렴이 가능한 많은 다른 형태의 상한 및 하한이 존재하지만 실행 시간과 구현 복잡도가 증가한다. 예를 들어, 상한에 대한 빠른 정보 범위(알고리듬 21.3)를 사용하면 탐색을 개선하고 간격을 줄이는 데 도움이 될 수 있다. 하한의 경우 문제별 롤아웃 정책을 사용해 검색을 더 잘 안내할 수 있다.

```
struct GapHeuristicSearch
    𝒫       # 문제
    Ulo     # 가치 함수의 하한
    Uhi     # 가치 함수의 상한
    δ       # 갭 임계치
    k_max   # 시뮬레이션 최대 횟수
    d_max   # 최대 깊이
end

function heuristic_search(π::GapHeuristicSearch, Ulo, Uhi, b, d)
    𝒫, δ = π.𝒫, π.δ
    𝒮, 𝒜, 𝒪, R, γ = 𝒫.𝒮, 𝒫.𝒜, 𝒫.𝒪, 𝒫.R, 𝒫.γ
    B = Dict((a,o)=>update(b,𝒫,a,o) for (a,o) in product(𝒜,𝒪))
    B = merge(B, Dict(()=>copy(b)))
    for (ao, b′) in B
        if !haskey(Uhi, b′)
```

알고리듬 22.4 범위, 갭 기준, 가치 함수의 초기 하한 및 상한을 사용하는 경험적 검색의 구현. 특정 신뢰로 가치 함수의 하한 및 상한을 유지하기 위해 사전 Ulo 및 Uhi를 갱신한다. 신뢰 b에서 갭은 Uhi[b] - Ulo[b]다. 갭이 임계치 δ보다 작거나 최대 깊이 d_max에 도달하면 탐색이 중지된다. 최대 반복 횟수 k_max가 검색에 할당된다.

```
            Ulo[b′], Uhi[b′] = π.Ulo(b′), π.Uhi(b′)
        end
    end
    if d == 0 || Uhi[b] - Ulo[b] ≤ δ
        return
    end
    a = argmax(a -> lookahead(𝒫,b′->Uhi[b′],b,a), 𝒜)
    o = argmax(o -> Uhi[B[(a, o)]] - Ulo[B[(a, o)]], 𝒪)
    b′ = update(b,𝒫,a,o)
    heuristic_search(π,Ulo,Uhi,b′,d-1)
    Ulo[b] = maximum(lookahead(𝒫,b′->Ulo[b′],b,a) for a in 𝒜)
    Uhi[b] = maximum(lookahead(𝒫,b′->Uhi[b′],b,a) for a in 𝒜)
end

function (π::GapHeuristicSearch)(b)
    𝒫, k_max, d_max, δ = π.𝒫, π.k_max, π.d_max, π.δ
    Ulo = Dict{Vector{Float64}, Float64}()
    Uhi = Dict{Vector{Float64}, Float64}()
    for i in 1:k_max
        heuristic_search(π, Ulo, Uhi, b, d_max)
        if Uhi[b] - Ulo[b] < δ
            break
        end
    end
    return argmax(a -> lookahead(𝒫,b′->Ulo[b′],b,a), 𝒫.𝒜)
end
```

다음 코드는 우는 아기 문제에서 갭 휴리스틱 검색을 적용하는 방법을 보여준다.

```
δ = 0.001 # 갭 임계치
k_max = 5 # 최대 반복 횟수
d_max = 10 # 최대 깊이
πrollout(b) = rand(𝒜) # 랜덤 롤아웃 정책
Ulo(b) = rollout(𝒫, b, πrollout, d_max) # 초기 하한
Rmax = maximum(R(s,a) for (s,a) in product(𝒮,𝒜)) # 최대 보상
Uhi(b) = Rmax / (1.0 - 𝒫.γ) # 최고-행동 최고-상태 상한
π = GapHeuristicSearch(𝒫, Ulo, Uhi, δ, k_max, d_max)
π([0.5, 0.5]) # 초기 신뢰 점에서 평가
```

여기서는 초기 신뢰 b가 [0.5, 0.5]인 휴리스틱 검색의 6회 반복을 보여준다. 각 반복에서 상한은 녹색으로 표시되고 하한은 파란색으로 표시된다.

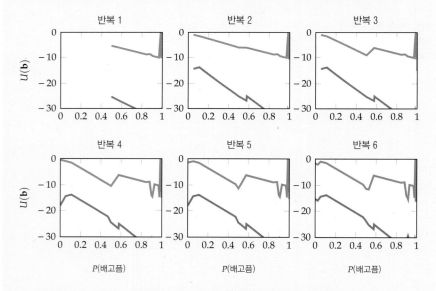

들쭉날쭉한 경계는 행동과 관찰의 선택에 따라 재탐색되지 않는 일부 신뢰 때문이다. 맨 아래 행에서 많은 신뢰를 한 번 탐색했지만 경계가 여전히 느슨함을 알 수 있다. 휴리스틱 검색은 갭의 최댓값을 줄이려고 한다.

예제 22.6 휴리스틱 검색을 반복하면서 우는 아기 문제에서 갭 휴리스틱 검색 하한 및 상한을 사용한다.

576

22.8 요약

- 단순 온라인 전략은 현재 신뢰에서 취한 각 행동을 고려하고 근사 가치 함수를 사용해 기댓값을 추정하는 1단계 예측을 수행하는 것이다.
- 전방 검색은 임의의 기간에 대한 예측을 일반화한 것으로 더 나은 정책으로 이어질 수 있지만 계산 복잡도는 기간에 따라 기하급수적으로 증가한다.
- 분기 및 제한은 가치 함수에 상한과 하한을 지정해 특정 경로 검색을 피할 수 있는 순방향 검색보다 효율적인 버전이다.
- 희소 샘플링은 가능한 모든 관찰 공간을 반복하던 계산 부담을 줄일 수 있는 근사 방법이다.
- 몬테 카를로 트리 검색은 상태 대신 히스토리에 작동해 POMDP에 적용할 수 있다.
- 결정된 희소 트리 검색은 특별한 형태의 입자 신뢰를 사용해 관측치가 결정되도록 해 검색 트리를 크게 줄인다.
- 휴리스틱 검색은 행동-관찰 쌍을 지능적으로 선택해 가치 함수의 상한과 하한 사이에 큰 갭이 있는 영역을 탐색한다.

22.9 연습 문제

연습 22.1 $\mathcal{A} = \{a^1, a^2\}$이고 신뢰 $b = [0.5, 0.5]$라고 가정하자. 보상은 항상 1이다. 관찰 함수는 $P(o^1 \mid a^1) = 0.8$과 $P(o^1 \mid a^2) = 0.4$다. 근사 가치 함수는 알파 벡터 $\boldsymbol{\alpha} = [-3, 4]$다. $\gamma = 0.9$인 경우 깊이 1까지 순방향 탐색해 $U(\mathbf{b})$를 계산하라. 다음 갱신된 신뢰를 계산에 사용하라.

a	o	$\text{Update}(\mathbf{b}, a, o)$
a^1	o^1	$[0.3, 0.7]$
a^2	o^1	$[0.2, 0.8]$
a^1	o^2	$[0.5, 0.5]$
a^2	o^2	$[0.8, 0.2]$

해법: 방정식 (22.1)에 따라 깊이 1에서 행동 가치 함수를 계산해야 한다.

$$Q_d(\mathbf{b}, a) = R(\mathbf{b}, a) + \gamma \sum_o P(o \mid b, a) U_{d-1}(\text{Update}(\mathbf{b}, a, o))$$

먼저 갱신된 신뢰에 대한 효용을 계산한다.

$$U_0(\text{Update}(\mathbf{b}, a^1, o^1)) = \boldsymbol{\alpha}^\top \mathbf{b}' = 0.3 \times -3 + 0.7 \times 4 = 1.9$$
$$U_0(\text{Update}(\mathbf{b}, a^2, o^1)) = 0.2 \times -3 + 0.8 \times 4 = 2.6$$
$$U_0(\text{Update}(\mathbf{b}, a^1, o^2)) = 0.5 \times -3 + 0.5 \times 4 = 0.5$$
$$U_0(\text{Update}(\mathbf{b}, a^2, o^2)) = 0.8 \times -3 + 0.2 \times 4 = -1.6$$

둘째, 두 행동에 대한 행동 가치 함수를 계산한다.

$$\begin{aligned} Q_1(\mathbf{b}, a^1) &= 1 + 0.9((P(o^1 \mid \mathbf{b}, a^1) U_0(\text{Update}(\mathbf{b}, a^1, o^1)) + (P(o^2 \mid \mathbf{b}, a^1) U_0(\text{Update}(\mathbf{b}, a^1, o^2))) \\ &= 1 + 0.9(0.8 \times 1.9 + 0.2 \times 0.5) = 2.458 \\ Q_1(\mathbf{b}, a^2) &= 1 + 0.9((P(o^1 \mid \mathbf{b}, a^2) U_0(\text{Update}(\mathbf{b}, a^2, o^1)) + (P(o^2 \mid \mathbf{b}, a^2) U_0(\text{Update}(\mathbf{b}, a^2, o^2))) \\ &= 1 + 0.9(0.4 \times 2.6 + 0.6 \times -1.6) = 1.072 \end{aligned}$$

마지막으로 $U_1(\mathbf{b}) = \max_a Q_1(\mathbf{b}, a) = 2.458$이 된다.

연습 22.2 다음 궤적 샘플을 사용해 깊이 1에 대한 희소 샘플링에 기반해 신뢰 $\mathbf{b}$ 와 행동 a_1 및 a_2에 대한 행동 가치 함수를 계산하라. 다음의 갱신된 신뢰, 할인 계 수 $\gamma = 0.9$ 및 근사가치 함수 알파 벡터 $\boldsymbol{\alpha} = [10, 1]$을 사용하라.

a	o	r	Update($\mathbf{b}, a, o$)
1	1	0	$[0.47, 0.53]$
2	1	1	$[0.22, 0.78]$
1	2	1	$[0.49, 0.51]$
2	1	1	$[0.22, 0.78]$
2	2	1	$[0.32, 0.68]$
1	2	1	$[0.49, 0.51]$

해법: 먼저, 갱신된 신뢰에 대한 효용을 계산한다.

a	o	r	Update($\mathbf{b}, a, o_a$)	$U_0(\text{Update}(\mathbf{b}, a, o))$
1	1	0	$[0.47, 0.53]$	5.23
2	1	1	$[0.22, 0.78]$	2.98
1	2	1	$[0.49, 0.51]$	5.41
2	1	1	$[0.22, 0.78]$	2.98
2	2	1	$[0.32, 0.68]$	3.88
1	2	1	$[0.49, 0.51]$	5.41

그런 다음 방정식 (22.2)을 사용해 모든 행동에 대한 행동 가치 함수를 계산할 수 있다.

$$Q_1(\mathbf{b}, a^1) = \frac{1}{3}(0 + 1 + 1 + 0.9(5.23 + 5.41 + 5.41)) = 5.48$$
$$Q_1(\mathbf{b}, a^2) = \frac{1}{3}(1 + 1 + 1 + 0.9(2.98 + 2.98 + 3.88)) = 3.95$$

연습 22.3 예제 22.5를 보자. 다음과 같은 전이 함수가 있다고 가정한다.

$T(s_2 \mid s_1, a_3) = 0.4$ $O(o_1 \mid s_2, a_3) = 0.6$ $O(o_1 \mid s_3, a_3) = 0.4$
$T(s_3 \mid s_1, a_3) = 0.45$ $O(o_2 \mid s_2, a_3) = 0.5$ $O(o_2 \mid s_3, a_3) = 0.1$

행동 a_3을 취하면 $\phi = (1, 4, 2)$와 관련된 입자가 취하는 경로는 무엇인가?

해법: 결정 행렬에서 결정 값은 $\Phi_{4,2} = 0.598$이고 상태는 s_1이다. 그러면 다음과 같이 p를 계산한다.

$$p \leftarrow T(s_2 \mid s_1, a_3)O(o_1 \mid s_2, a_3) = 0.4 \times 0.6 = 0.24$$
$$p \leftarrow p + T(s_3 \mid s_1, a_3)O(o_1 \mid s_3, a_3) = 0.24 + 0.45 \times 0.4 = 0.42$$
$$p \leftarrow p + T(s_2 \mid s_1, a_3)O(o_2 \mid s_2, a_3) = 0.42 + 0.4 \times 0.5 = 0.67$$

$p > 0.598$이기 때문에 반복을 중지한다. 따라서 최종 반복에서 (s_2, o_2)로 진행한다.

연습 22.4 행동에 대한 분기를 줄이기 위해 22장에서 다룬 기술을 요약하라.

해법: 분기 제한은 가치 함수의 상한을 사용해 행동 분기를 줄일 수 있다. 이전에 탐색한 행동에서 얻은 값을 개선할 수 없는 행동은 건너뛴다. 갭 휴리스틱 검색 및 몬테 카를로 트리 검색은 탐색 중에 행동 선택을 안내하기 위해 행동 가치의 근삿값을 사용한다.

연습 22.5 관찰에 대한 분기를 줄이기 위해 22장에서 다룬 기술을 요약하라.

해법: 희소 샘플링은 적은 수의 관측만 샘플링해 관측 분기를 줄인다. 관찰은 $P(o \mid b, a)$에서 샘플링되며, 이는 확률이 더 큰 관찰이 샘플링될 가능성이 더 높다는 것을 의미한다.

결정된 희소 트리 검색은 유사한 접근 방식을 사용하지만 샘플링이 한 번 발생한 다음 고정된다. 예측 값 $U(b')$에 따라 관측치에 대한 분기도 줄일 수 있다. 갭 휴리스틱 검색은 갭을 평가하고 가치 함수에 대한 신뢰도가 높은 관찰에서 분기를 방지한다.

23

컨트롤러 추상화

23장에서는 POMDP 정책에 대한 컨트롤러^{controller} 표현을 소개하는데, 이는 정책이 자체 내부 상태를 유지할 수 있게 한다. 이러한 표현은 신뢰 점을 열거하는 이전 방법에 비해 확장성을 향상시킬 수 있다. 23장에서는 정책 반복, 비선형 프로그래밍, 그래디언트 상승을 사용해 컨트롤러를 구성하는 알고리듬을 제시한다.

23.1 컨트롤러

컨트롤러는 자체 내부 상태를 유지하는 정책 표현이다. 컨트롤러는 노드 X의 유한 집합으로 구성된 그래프로 표시된다.[1] 활성 노드는 행동이 수행되고 새로운 관찰이 이뤄짐에 따라 변경된다. 유한한 노드 집합은 도달 가능한 신뢰 공간을 고려해야 하는 신뢰-점 방법에 비해 이러한 컨트롤러가 계산적으로 더 다루기 쉽게 해준다.

---

1 이러한 정책 표현을 유한 상태 컨트롤러라고도 한다. 환경 상태와의 모호성을 줄이기 위해 컨트롤러 상태를 '상태'가 아닌 '노드'로 부르기로 한다.

행동은 현재 노드에 종속된 **행동 분포**$^{\text{action distribution}}$ $\psi(a \mid x)$에 따라 선택된다. 행동을 선택하면 미관찰 s'로 전이하고 관찰 o를 수신하는 것 외에, 제어 상태도 후속 **분포**$^{\text{successor distribution}}$ $\eta(x' \mid x, a, o)$에 따라 진행된다. 그림 23.1은 컨트롤러 정책을 따를 때 이러한 분포가 어떻게 사용되는지 보여준다. 알고리듬 23.1은 구현을 보여주고 예제 23.1은 우는 아기 문제에서 컨트롤러를 보여준다.

컨트롤러는 20.2절에서 소개된 조건부 계획을 일반화한다. 조건부 계획은 정책을 트리로 나타내며 각 노드는 결정적으로 행동을 할당하고 각 선분은 고유한 후속 노드를 지정한다. 컨트롤러는 정책을 유향 그래프로 나타내고 행동은 여러 후속 노드로의 확률적 전이를 가질 수 있다. 예제 23.2는 이 두 표현을 비교한다.

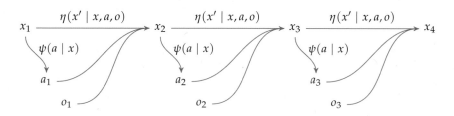

◀ **그림 23.1** 컨트롤러 표현에서 행동은 행동 선택 분포로부터 샘플링된다. 이 행동과 이 행동이 생성하는 후속 관찰은 이전 노드 x와 함께 후속 노드 x'를 생성하는 데 사용된다.

우는 아기 문제에 대한 간단한 컨트롤러를 구성할 수 있다(부록 F.7). 이 예제는 x^1과 x^2라는 2개의 노드가 있는 그래프로 표시된다. x^1일 때 컨트롤러는 항상 아기를 무시한다. x^2에서는 컨트롤러가 항상 아기에게 먹이를 준다. 아기가 울면 항상 x^2로 전이하고 아기가 조용하면 항상 x^1로 전이한다.

예제 23.1 우는 아기 문제에서의 2–노드 컨트롤러. 이 간결한 표현은 우는 아기 문제에서 직접적인 해결책을 포착한다(즉 가장 최근의 관찰에 즉시 반응).

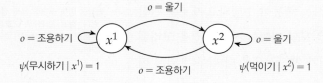

```
mutable struct ControllerPolicy
    𝒫 # 문제
    X # 일련의 컨트롤러 노드
    ψ # 행동 선택 분포
    η # 후속 선택 분포
end

function (π::ControllerPolicy)(x)
    𝒜, ψ = π.𝒫.𝒜, π.ψ
    dist = [ψ[x, a] for a in 𝒜]
    return rand(SetCategorical(𝒜, dist))
end

function update(π::ControllerPolicy, x, a, o)
    X, η = π.X, π.η
    dist = [η[x, a, o, x'] for x' in X]
    return rand(SetCategorical(X, dist))
end
```

알고리듬 23.1 POMDP 𝒫에 대한 유한 상태 컨트롤러 정책 표현. X의 노드는 도달 가능한 신뢰의 추상적 표현이다. 행동 및 컨트롤러 후속 노드는 확률적으로 선택된다. 노드 x가 주어지면 분포 ψ에 따라 행동이 선택된다. 함수 π(x)는 확률적으로 행동을 선택하기 위해 이 메커니즘을 구현한다. 노드 x에서 행동 a를 수행하고 관찰 o를 관찰한 후 후속 노드는 분포 η에 따라 선택된다. 함수 update는 확률적으로 후속 노드를 선택하기 위해 이 메커니즘을 구현한다.

예제 23.1의 보다 일반적인 2-노드 유한 상태 컨트롤러(오른쪽)와 비교해 3단계 조건부 계획(왼쪽)을 고려해보자. 이 경우 행동과 후속 행동이 결정적으로 선택된다. 결정적 행동은 노드의 중앙에 표시되며 나가는 선분은 결정적 후속 노드를 나타낸다. 이 문제에는 두 가지 행동(a1 및 a2)과 두 가지 관찰(o1 및 o2)이 있다.

예제 23.2 단순 조건부 계획과 간단한 결정론적 컨트롤러의 비교

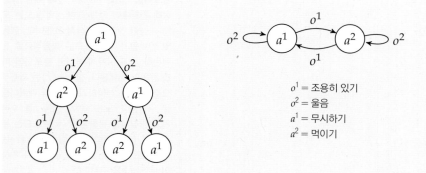

o^1 = 조용히 있기
o^2 = 울음
a^1 = 무시하기
a^2 = 먹이기

조건부 계획은 a^1 행동을 먼저 수행하고 o^1을 관찰하면 이전에 선택한 행동을 토글^{toggle}하고 o^2를 관찰하면 이전에 선택한 행동을 유지한다. 컨트롤러 노드는 5개 더 적지만, 컨트롤러는 동일한 논리를 수행한다. 또한 컨트롤러는 노드가 2개(7개에 비해)만으로도 기술된 무한 기간 정책을 완벽하게 나타낸다. 조건부 계획은 무한한 깊이의 트리가 필요하기 때문에 이 무한 기간 정책을 포착할 수 없다.

컨트롤러는 조건부 계획에 비해 몇 가지 장점이 있다. 첫째, 컨트롤러는 보다 간결한 표현을 제공할 수 있다. 조건부 계획의 노드 수는 깊이에 따라 기하급수적으로 증가하지만 유한 상태 컨트롤러의 경우에는 그렇지 않다. 이전의 장들에서 소개된 근사 방법도 많은 신뢰와 해당 알파 벡터를 유지해야 하기 때문에 효율적이지 않을 수 있다. 작고 유한한 수의 노드로 도달할 수 있는 가능성이 무한히 많다는 점을 고려하면 컨트롤러는 훨씬 더 작을 수 있다. 컨트롤러의 또 다른 장점은 신뢰를 유지할 필요가 없다는 것이다. 각 컨트롤러 노드는 신뢰 공간의 하위 집합에 해당한다. 이러한 하위 집합은 반드시 상호 배타적인 것은 아니다. 컨트롤러는 도달 가능한 신뢰 공간을 함께 포함하는 이러한 하위 집합 사이를 전이한다. 컨트롤러 자체는 신뢰 갱신에 의존하지 않고 각 관찰을 기반으로 새 노드를 선택한다. 이 경우 일부 도메인에서 비용이 많이 들 수 있다.

컨트롤러 정책을 따르는 효용은 상태 공간이 $X \times \mathcal{S}$인 MDP곱을 구성해 계산할 수 있다.

$$U(x,s) = \sum_a \psi(a \mid x) \left(R(s,a) + \gamma \sum_{s'} T(s' \mid s,a) \sum_o O(o \mid a,s') \sum_{x'} \eta(x' \mid x,a,o) U(x',s') \right) \qquad (23.1)$$

정책 평가를 위해 방정식 (23.1)에 주어진 선형 방정식 시스템을 해결한다. 또는 알고리듬 23.2와 같이 반복 정책 평가를 적용할 수 있다.

신뢰가 알려진 경우 현재 가치는 다음과 같다.

$$U(x,b) = \sum_s b(s) U(x,s) \qquad (23.2)$$

$U(x,s)$는 X의 각 노드 x에 대해 하나씩 알파 벡터 집합을 정의하는 것으로 생각할 수 있다. 각 알파 벡터 $\boldsymbol{\alpha}_x$는 $\boldsymbol{\alpha}_x(s) = U(x,s)$로 정의된다. 주어진 알파 벡터의 현재 값은 $U(x,b) = \mathbf{b}^\top \boldsymbol{\alpha}_x$이다.

컨트롤러와 초기 신뢰가 주어지면 다음과 같은 최대화를 통해 초기 노드를 선택할 수 있다.

$$x^* = \arg\max_x U(x,b) = \arg\max_x \mathbf{b}^\top \boldsymbol{\alpha}_x \qquad (23.3)$$

```
function utility(π::ControllerPolicy, U, x, s)
    S, A, O = π.P.S, π.P.A, π.P.O
    T, O, R, γ = π.P.T, π.P.O, π.P.R, π.P.γ
    X, ψ, η = π.X, π.ψ, π.η
    U'(a,s',o) = sum(η[x,a,o,x']*U[x',s'] for x' in X)
    U'(a,s') = T(s,a,s')*sum(O(a,s',o)*U'(a,s',o) for o in O)
    U'(a) = R(s,a) + γ*sum(U'(a,s') for s' in S)
    return sum(ψ[x,a]*U'(a) for a in A)
end

function iterative_policy_evaluation(π::ControllerPolicy, k_max)
    S, X = π.P.S, π.X
    U = Dict((x, s) => 0.0 for x in X, s in S)
    for k in 1:k_max
        U = Dict((x, s) => utility(π, U, x, s) for x in X, s in S)
    end
    return U
end
```

알고리듬 23.2 k_max 반복으로 유한 상태 컨트롤러 π의 효용을 계산하기 위해 반복 정책 평가를 수행하는 알고리듬. 효용 함수는 방정식 (23.1)에 따라 현재 컨트롤러 노드 x 및 상태 s에 대해 단일-단계 평가를 수행한다. 이 알고리듬은 반복 정책 평가를 MDP에 적용하는 알고리듬 7.3에서 적응됐다.

23.2 정책 반복

20.5절은 최적의 유한 기간 정책(알고리듬 20.8)에 도달하기 위해 조건부 계획에 노드를 점진적으로 추가하는 방법을 보여줬다. 23.2절에서는 컨트롤러에 노드를 점진적으로 추가해 무한 지평 문제를 최적화하는 방법을 보여준다. 정책 표현은 다르지만 23.2절에서 소개된 부분적으로 관찰 가능한 문제에 대한 정책 반복 버전은 완전히 관찰된 문제에 대한 정책 반복 알고리듬(7.4절)과 일부 유사하다.[2]

정책 반복(알고리듬 23.3)은 초기 컨트롤러에서 시작해 정책 평가와 정책 개선 사이를 반복한다. 정책 평가에서 방정식 (23.1)을 풀어 효용 $U(x, s)$를 평가한다. 정책 개선에서는 컨트롤러에 새 노드를 도입한다. 구체적으로는 결정적 행동 할당의 모든 조합 $\psi(a_i \mid x') = 1$과 결정적 후속 선택 분포 $\eta(x \mid x', a, o)$에 대해 새로운

2 여기에 주어진 정책 반복 방법은 다음 문헌을 참고하라. E. A. Hansen, "Solving POMDPs by Searching in Policy Space," in *Conference on Uncertainty in Artificial Intelligence(UAI)*, 1998.

노드 x'를 도입한다. 이 프로세스는 반복 k에서 노드의 집합 $X^{(k)}$에 $|\mathcal{A}||X^{(k)}|^{|\mathcal{O}|}$개의 새로운 컨트롤러 노드를 추가한다.[3] 예제 23.3에서 개선 단계를 보여준다.

정책 개선은 컨트롤러 정책의 기대 가치를 악화시킬 수 없다. $X^{(k)}$의 모든 노드 값은 변경되지 않은 상태로 유지된다. 해당 노드와 도달 가능한 후속 노드가 변경되지 않은 상태로 유지되기 때문이다. $X^{(k)}$가 최적의 컨트롤러가 아닌 경우 정책 개선에 도입된 새 노드 중 적어도 하나는 특정 상태에서 더 나은 기대 가치를 가질 것이고 따라서 전체 컨트롤러는 개선돼야만 한다.

3 가능한 모든 조합을 추가하는 것은 종종 가능하지 않다. 제한된 정책 반복이라는 대체 알고리듬은 하나의 노드만 추가한다. P. Poupart and C. Boutilier, "Bounded Finite State Controllers," in *Advances in Neural Information Processing Systems* (NIPS), 2003. 알고리듬은 중간에 숫자를 추가할 수도 있다. 예를 들어, 몬테 카를로 가치 반복에서는 각 반복 k에서 $O(n|\mathcal{A}||X^{(k)}|)$개의 새로운 노드를 추가한다. 여기서 n은 매개 변수다. H. Bai, D. Hsu, W. S. Lee, and V. A. Ngo, "Monte Carlo Value Iteration for Continuous-State POMDPs," in *International Workshop on the Algorithmic Foundations of Robotics* (WAFR), 2011.

알고리듬 23.3 고정된 반복 횟수 k_max 및 정책 평가 반복 횟수 eval_max로 지정된 POMDP $\mathcal{P}$에 대한 정책 반복. 알고리듬은 정책 평가(알고리듬 23.2)와 정책 개선을 반복적으로 적용한다. 가지치기 (pruning)는 알고리듬 23.4에서 구현된다.

```
struct ControllerPolicyIteration
    k_max    # 반복 횟수
    eval_max # 평가 반복 횟수
end

function solve(M::ControllerPolicyIteration, 𝒫::POMDP)
    𝒜, 𝒪, k_max, eval_max = 𝒫.𝒜, 𝒫.𝒪, M.k_max, M.eval_max
    X = [1]
    ψ = Dict((x, a) => 1.0 / length(𝒜) for x in X, a in 𝒜)
    η = Dict((x, a, o, x') => 1.0 for x in X, a in 𝒜, o in 𝒪, x' in X)
    π = ControllerPolicy(𝒫, X, ψ, η)
    for i in 1:k_max
        prevX = copy(π.X)
        U = iterative_policy_evaluation(π, eval_max)
        policy_improvement!(π, U, prevX)
        prune!(π, U, prevX)
    end
    return π
end

function policy_improvement!(π::ControllerPolicy, U, prevX)
    S, 𝒜, 𝒪 = π.𝒫.S, π.𝒫.𝒜, π.𝒫.𝒪
    X, ψ, η = π.X, π.ψ, π.η
    repeatX𝒪 = fill(X, length(𝒪))
    assign𝒜X' = vec(collect(product(𝒜, repeatX𝒪...)))
```

```
for ax' in assign𝒜X'
    x, a = maximum(X) + 1, ax'[1]
    push!(X, x)
    successor(o) = ax'[findfirst(isequal(o), 𝒜) + 1]
    U'(o,s') = U[successor(o), s']
    for s in 𝒮
        U[x, s] = lookahead(π.𝒫, U', s, a)
    end
    for a' in 𝒜
        ψ[x, a'] = a' == a ? 1.0 : 0.0
        for (o, x') in product(𝒪, prevX)
            η[x, a', o, x'] = x' == successor(o) ? 1.0 : 0.0
        end
    end
end
for (x, a, o, x') in product(X, 𝒜, 𝒪, X)
    if !haskey(η, (x, a, o, x'))
        η[x, a, o, x'] = 0.0
    end
end
end
```

예제 23.1의 우는 아기 컨트롤러에 정책 개선을 적용할 수 있다. 행동은 $\mathcal{A} = \{\text{먹이기, 노래하기, 무시하기}\}$이고 관찰은 $\mathcal{O} = \{\text{울음, 조용히 있기}\}$다. 정책 개선 백업 단계 결과는 $|\mathcal{A}||X^{(1)}|^{|\mathcal{O}|} = 3 \times 2^2 = 12$개의 새 노드다. 새 컨트롤러 정책에는 $\{x^1, \ldots, x^{14}\}$ 노드와 다음의 분포가 있다.

예제 23.3 컨트롤러 정책 표현을 사용해 우는 아기 문제에서 정책 반복의 일부로서의 개선 단계를 보여준다.

노드	행동	후속(아래의 모든 a에 대해)
x^3	$\psi($먹이기 $\mid x^3) = 1$	$\eta(x^1 \mid x^3, a,$ 울음$) = \eta(x^1 \mid x^3, a,$ 조용히 있기$) = 1$
x^4	$\psi($먹이기 $\mid x^4) = 1$	$\eta(x^1 \mid x^4, a,$ 울음$) = \eta(x^1 \mid x^4, a,$ 조용히 있기$) = 1$
x^5	$\psi($먹이기 $\mid x^5) = 1$	$\eta(x^1 \mid x^5, a,$ 울음$) = \eta(x^1 \mid x^5, a,$ 조용히 있기$) = 1$
x^6	$\psi($먹이기 $\mid x^6) = 1$	$\eta(x^1 \mid x^6, a,$ 울음$) = \eta(x^1 \mid x^6, a,$ 조용히 있기$) = 1$
x^7	$\psi($먹이기 $\mid x^7) = 1$	$\eta(x^1 \mid x^7, a,$ 울음$) = \eta(x^1 \mid x^7, a,$ 조용히 있기$) = 1$
x^8	$\psi($먹이기 $\mid x^8) = 1$	$\eta(x^1 \mid x^8, a,$ 울음$) = \eta(x^1 \mid x^8, a,$ 조용히 있기$) = 1$
$\vdots$	$\vdots$	$\vdots$

새 노드는 파란색이고 원래 두 노드는 검은색인 다음의 컨트롤러가 있다.

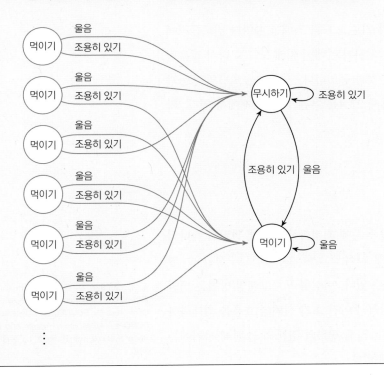

정책 개선 과정에서 추가된 많은 노드가 정책을 개선하지 않는 경향이 있다. 불필요한 노드를 제거하기 위해 정책 평가 후 가지치기를 수행한다. 그렇게 해도 컨트롤러의 최적 가치 함수는 저하되지 않는다. 가지치기 방법은 개선 단계와 함께 제공되는 노드의 기하급수적인 성장을 줄이는 데 도움이 될 수 있다. 경우에 따라 가지치기를 통해 루프가 형성돼 컨트롤러가 소형화될 수 있다.

기존 노드와 동일한 새 노드를 제거한다. 또한 다른 노드가 지배하는 새 노드를 제거한다. 노드 x는 다음과 같은 경우 다른 노드 x'에 의해 지배된다.

$$U(x, s) \leq U(x', s) \quad \text{모든 } s\text{에 대해} \tag{23.4}$$

기존 노드도 제거될 수 있다. 새 노드가 기존 노드를 지배할 때마다 컨트롤러에서 기존 노드를 정리한다. 삭제된 노드로의 전이는 대신 지배 노드로 다시 라우팅된다. 이 프로세스는 새 노드를 제거하는 것과 동일하다. 지배적인 노드의 행동과 후속 연결을 새로운 노드로 갱신한다. 예제 23.4는 우는 아기 문제에서 평가, 확장, 가지치기를 보여준다.

23.3 비선형 프로그래밍

정책 개선 문제는 모든 노드에서 ψ와 η를 동시에 최적화하는 것에 관련된 하나의 대규모 비선형 프로그래밍^{nonlinear programming} 공식(알고리듬 23.5)으로 구성할 수 있다.[4] 이 공식을 통해 범용 솔버를 적용할 수 있다. 비선형 프로그래밍 방법은 벨만 기대 방정식, 방정식 (23.1)을 만족시키면서 주어진 초기 신뢰의 효용을 최대화하기 위해 컨트롤러의 공간을 직접 탐색한다. 정책 평가와 정책 개선 단계 사이에는 교대가 없으며 컨트롤러 노드 수는 고정돼 있다.

주어진 초기 신뢰 b에 해당하는 초기 노드를 x^1으로 나타낸다. 그러면 최적화 문제는 다음과 같다.

4 C. Amato, D. S. Bernstein, and S. Zilberstein, "Optimizing Fixed-Size Stochastic Controllers for POMDPs and Decentralized POMDPs," *Autonomous Agents and Multi-Agent Systems*, vol. 21, no. 3, pp. 293–320, 2010.

$$\underset{U,\psi,\eta}{\text{maximize}} \quad \sum_s b(s)U(x^1,s)$$

제약 조건 $\quad U(x,s) = \sum_a \psi(a \mid x)\left(R(s,a) + \gamma \sum_{s'} T(s' \mid s,a) \sum_o O(o \mid a,s') \sum_{x'} \eta(x' \mid x,a,o)U(x',s')\right)$

모든 x,s에 대해

(23.5)

$$\psi(a \mid x) \geq 0 \quad \text{모든 } x,a\text{에 대해}$$

$$\sum_a \psi(a \mid x) = 1 \quad \text{모든 } x\text{에 대해}$$

$$\eta(x' \mid x,a,o) \geq 0 \quad \text{모든 } x,a,o,x'\text{에 대해}$$

$$\sum_{x'} \eta(x' \mid x,a,o) = 1 \quad \text{모든 } x,a,o\text{에 대해}$$

```
function prune!(π::ControllerPolicy, U, prevX)
    S, A, O, X, ψ, η = π.𝒫.S, π.𝒫.A, π.𝒫.O, π.X, π.ψ, π.η
    newX, removeX = setdiff(X, prevX), []
    # 새 노드에서 지배당한 노드 가지치기
    dominated(x,x') = all(U[x,s] ≤ U[x',s] for s in S)
    for (x,x') in product(prevX, newX)
        if x' ∉ removeX && dominated(x, x')
            for s in S
                U[x,s] = U[x',s]
            end
            for a in A
                ψ[x,a] = ψ[x',a]
                for (o,x'') in product(O, X)
                    η[x,a,o,x''] = η[x',a,o,x'']
                end
            end
            push!(removeX, x')
        end
    end
    # 새 노드에서 동일한 것을 가지치기함
    identical_action(x,x') = all(ψ[x,a] ≈ ψ[x',a] for a in A)
    identical_successor(x,x') = all(η[x,a,o,x''] ≈ η[x',a,o,x'']
```

알고리듬 23.4 정책 반복의 가지치기 단계. 정책 평가에 의해 계산된 효용 U와 이전 노드 목록인 prevX를 사용해 현재 정책 π의 노드 수를 줄인다. 첫 번째 단계는 점별로 지배당한 이전 노드를 개선된 노드로 대체해 이제 중복돼버린 해당 노드를 지배당한 것으로 표시한다. 두 번째 단계는 이전 노드와 동일한 새로 추가된 노드를 표시한다. 세 번째 단계는 새 노드 중 점별로 지배당한 노드를 표시한다. 마지막으로, 표시된 모든 노드는 제거된다.

```
            for a in 𝒜, o in 𝒪, x'' in X)
identical(x,x') = identical_action(x,x') && identical_successor(x,x')
for (x,x') in product(prevX, newX)
    if x' ∉ removeX && identical(x,x')
        push!(removeX, x')
    end
end
# 새로운 노드 중 지배당한 것 가지치기
for (x,x') in product(X, newX)
    if x' ∉ removeX && dominated(x',x) && x ≠ x'
        push!(removeX, x')
    end
end
# 컨트롤러 갱신
π.X = setdiff(X, removeX)
π.ψ = Dict(k => v for (k,v) in ψ if k[1] ∉ removeX)
π.η = Dict(k => v for (k,v) in η if k[1] ∉ removeX)
end
```

예제 23.3을 상기해보자. 여기서는 동일한 초기 컨트롤러를 사용하는 정책 반복의 첫 번째 반복을 보여준다. 정책 평가(왼쪽), 정책 개선(가운데), 선택적 가지치기 단계(오른쪽)의 두 가지 주요 단계로 구성된다.

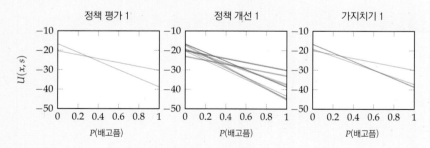

예제 23.4 컨트롤러 정책 표현을 사용해 우는 아기 도메인에서 평가, 개선, 가지치기 단계를 보여주는 정책 반복

정책 반복의 두 번째 반복은 동일한 패턴을 따른다.

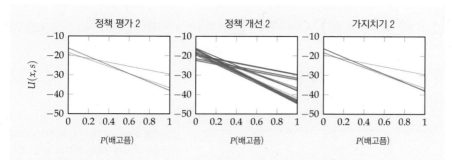

효용은 두 번째 반복 이후 거의 최적의 값으로 크게 개선됐다. 가지치기 단계는 현재 반복에서의 새 노드뿐만 아니라 이전 반복에서 지배되고 중복된 노드를 제거하는 것을 볼 수 있다.

이 문제는 전용 솔버를 사용해 효과적으로 해결할 수 있는 QCLP^{Quadratically} Constrained Linear Program로 작성할 수 있다.[5] 예제 23.5는 이 접근법을 보여준다.

5 일반적인 QCLP를 해결하는 복잡도는 NP-hard이지만 전용 솔버는 효율적인 근삿값을 제공한다.

23.4 그래디언트 상승

고정 크기 컨트롤러 정책은 그래디언트 상승(부록 A.11 참조)을 사용해 반복적으로 개선할 수 있다.[6] 그래디언트는 계산하기 어렵지만 다양한 그래디언트 기반 최적화 기술에 대한 컨트롤러 최적화 방법을 열어준다. 알고리듬 23.6은 알고리듬 23.7을 사용해 컨트롤러 그래디언트 상승을 구현한다.

6 N. Meuleau, K.-E. Kim, L. P. Kaelbling, and A. R. Cassandra, "Solving POMDPs by Searching the Space of Finite Policies," in *Conference on Uncertainty in Artificial Intelligence (UAI)*, 1999.

23.3절의 비선형 문제에 대한 명시적 기술을 살펴보자. 초기 신뢰 b 및 임의의 초기 컨트롤러 노드 x^1에 대해 다음과 같이 최대화하고자 한다.

$$\sum_s b(s)U(x^1, s) \tag{23.6}$$

효용 $U(x, s)$는 모든 x와 s에 대해 벨만 최적 식으로부터 정의된다.

$$U(x,s) = \sum_a \psi(a \mid x) \left(R(s,a) + \gamma \sum_{s'} T(s' \mid s,a) \sum_o O(o \mid a,s') \sum_{x'} \eta(x' \mid x,a,o) U(x',s') \right) \quad (23.7)$$

또한 ψ와 η는 적절한 확률 분포여야 한다. 그래디언트 상승을 적용하려면 선형 대수를 사용해 이 문제를 다시 작성하는 것이 더 편리하다.

알고리듬 23.5 초기 신뢰 b에서 시작하는 POMDP $\mathcal{P}$에 대한 최적의 고정 크기 컨트롤러 정책을 계산하기 위한 비선형 프로그래밍 방식. 유한 상태 컨트롤러의 크기는 노드 수 ℓ로 지정된다.

```
struct NonlinearProgramming
    b # 초기 신뢰
    ℓ # 노드 개수
end

function tensorform(𝒫::POMDP)
    𝒮, 𝒜, 𝒪, R, T, O = 𝒫.𝒮, 𝒫.𝒜, 𝒫.𝒪, 𝒫.R, 𝒫.T, 𝒫.O
    𝒮' = eachindex(𝒮)
    𝒜' = eachindex(𝒜)
    𝒪' = eachindex(𝒪)
    R' = [R(s,a) for s in 𝒮, a in 𝒜]
    T' = [T(s,a,s') for s in 𝒮, a in 𝒜, s' in 𝒮]
    O' = [O(a,s',o) for a in 𝒜, s' in 𝒮, o in 𝒪]
    return 𝒮', 𝒜', 𝒪', R', T', O'
end

function solve(M::NonlinearProgramming, 𝒫::POMDP)
    x1, X = 1, collect(1:M.ℓ)
    𝒫, γ, b = 𝒫, 𝒫.γ, M.b
    𝒮, 𝒜, 𝒪, R, T, O = tensorform(𝒫)
    model = Model(Ipopt.Optimizer)
    @variable(model, U[X,𝒮])
    @variable(model, ψ[X,𝒜] ≥ 0)
    @variable(model, η[X,𝒜,𝒪,X] ≥ 0)
    @objective(model, Max, b·U[x1,:])
    @NLconstraint(model, [x=X,s=𝒮],
        U[x,s] == (sum(ψ[x,a]*(R[s,a] + γ*sum(T[s,a,s']*sum(O[a,s',o]
        *sum(η[x,a,o,x']*U[x',s'] for x' in X)
        for o in 𝒪) for s' in 𝒮)) for a in 𝒜)))
```

```
@constraint(model, [x=X], sum(ψ[x,:]) == 1)
@constraint(model, [x=X,a=𝒜,o=𝒪], sum(η[x,a,o,:]) == 1)
optimize!(model)
ψ′, η′ = value.(ψ), value.(η)
return ControllerPolicy(𝒫, X,
    Dict((x, 𝒫.𝒜[a]) => ψ′[x, a] for x in X, a in 𝒜),
    Dict((x, 𝒫.𝒜[a], 𝒫.𝒪[o]), x′) => η′[x, a, o, x′]
        for x in X, a in 𝒜, o in 𝒪, x′ in X))
end
```

다음은 $b_0 = [0.5, 0.5]$인 우는 아기 문제에서 비선형 프로그래밍을 사용해 계산된 최적의 고정 크기 컨트롤러다. 최상위 노드는 x_1이다.

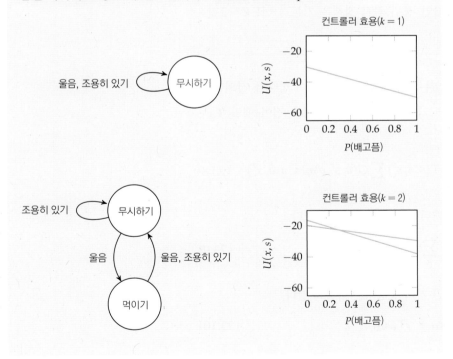

예제 23.5 k가 고정 크기 1, 2, 3으로 설정된 컨트롤러에서 비선형 프로그래밍 알고리듬. 각 행은 정책과 해당 효용(알파 벡터)을 왼쪽과 오른쪽에 각각 표시한다. 확률적 컨트롤러는 원으로 표시되며 가장 가능성이 높은 행동은 가운데에 있다. 나가는 선분은 주어진 관찰에 대한 후속 노드 선택을 보여준다. 노드 행동과 후속의 확률은 불투명도로 표시된다(불투명할수록 확률이 높고 확률이 낮을수록 투명하다).

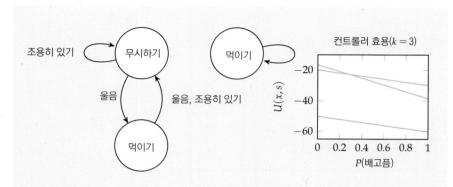

$k = 1$일 때 최적의 정책은 단순히 영원히 무시하는 것이다. $k = 2$일 때 최적의 정책은 우는 것이 관찰될 때까지 무시하는 것이며, 이때 최선의 행동은 아기에게 젖을 먹이고 다시 무시하는 것이다. 이 정책은 무한 기간 우는 아기 POMDP의 최적에 가깝다. $k = 3$인 경우 최적 정책은 기본적으로 $k = 2$일 때와 동일하게 유지된다.

여기서는 $X \times S$의 상태 공간이 있는 컨트롤러를 가진 전이 함수를 정의한다. $\theta = (\psi, \eta)$로 매개 변수화된 고정 크기 컨트롤러 정책의 경우 전이 행렬 $\mathbf{T_\theta} \in \mathbb{R}^{|X \times S| \times |X \times S|}$는 다음과 같다.

$$\mathbf{T_\theta}((x, s), (x', s')) = \sum_a \psi(x, a) T(s, a, s') \sum_o O(a, s', o) \eta(x, a, o, x') \quad (23.8)$$

매개 변수화된 정책에 대한 보상은 벡터 $\mathbf{r_\theta} \in \mathbb{R}^{|X \times S|}$로 표현된다.

$$\mathbf{r_\theta}((x, s)) = \sum_a \psi(x, a) R(s, a) \quad (23.9)$$

그러면 효용 $\mathbf{u_\theta} \in \mathbb{R}^{|X \times S|}$에 대한 벨만 기대 방정식은 다음과 같다.

$$\mathbf{u_\theta} = \mathbf{r_\theta} + \gamma \mathbf{T_\theta} \mathbf{u_\theta} \quad (23.10)$$

초기 노드-신뢰 벡터 $\boldsymbol{\beta} \in \mathbb{R}^{|X \times \mathcal{S}|}$를 고려할 수 있다. 여기서 $x = x^1$이면 $\boldsymbol{\beta}_{xs} = b(s)$이고 그렇지 않으면 $\boldsymbol{\beta}_{xs} = 0$이다. 효용 벡터 $\mathbf{u}_\theta \in \mathbb{R}^{|X \times \mathcal{S}|}$는 또한 모든 고정-크기 매개 변수화 컨트롤러 정책 $\boldsymbol{\theta} = (\psi, \eta)$에서 X와 $\mathcal{S}$에 대해 정의할 수도 있다. 이제 다음과 같이 최대화를 찾는다.

$$\boldsymbol{\beta}^\top \mathbf{u}_\theta \tag{23.11}$$

먼저 방정식 (23.10)을 다음과 같이 다시 기술한다.

$$\mathbf{u}_\theta = \mathbf{r}_\theta + \gamma \mathbf{T}_\theta \mathbf{u}_\theta \tag{23.12}$$

$$(\mathbf{I} - \gamma \mathbf{T}_\theta) \mathbf{u}_\theta = \mathbf{r}_\theta \tag{23.13}$$

$$\mathbf{u}_\theta = (\mathbf{I} - \gamma \mathbf{T}_\theta)^{-1} \mathbf{r}_\theta \tag{23.14}$$

$$\mathbf{u}_\theta = \mathbf{Z}^{-1} \mathbf{r}_\theta \tag{23.14}$$

편의상 여기서 $\mathbf{Z} = \mathbf{I} - \gamma \mathbf{T}_\theta$이다. 그래디언트 상승을 수행하려면 정책 매개 변수와 관련해 방정식 (23.15)의 편도 함수를 알아야 한다.

$$\frac{\partial \mathbf{u}_\theta}{\partial \theta} = \frac{\partial \mathbf{Z}^{-1}}{\partial \theta} \mathbf{r}_\theta + \mathbf{Z}^{-1} \frac{\partial \mathbf{r}_\theta}{\partial \theta} \tag{23.16}$$

$$= -\mathbf{Z}^{-1} \frac{\partial \mathbf{Z}}{\partial \theta} \mathbf{Z}^{-1} \mathbf{r}_\theta + \mathbf{Z}^{-1} \frac{\partial \mathbf{r}_\theta}{\partial \theta} \tag{23.17}$$

$$= \mathbf{Z}^{-1} \left(\frac{\partial \mathbf{r}_\theta}{\partial \theta} - \frac{\partial \mathbf{Z}}{\partial \theta} \mathbf{Z}^{-1} \mathbf{r}_\theta \right) \tag{23.18}$$

여기서 편의상 $\partial \theta$는 $\partial \psi(\hat{x}, \hat{a})$와 $\partial \eta(\hat{x}, \hat{a}, \hat{o}, \hat{x}')$를 둘 다 지칭한다.

$\mathbf{Z}$와 $\mathbf{r}_\theta$의 편도 함수를 계산하면 다음과 같은 4개의 방정식이 생성된다.

$$\frac{\partial \mathbf{r}_\theta((x, s))}{\partial \psi(\hat{x}, \hat{a})} = \begin{cases} R(s, a) & \text{만약 } x = \hat{x} \\ 0 & \text{그 외} \end{cases} \tag{23.19}$$

$$\frac{\partial \mathbf{r_\theta}((x,s))}{\partial \eta(\hat{x}, \hat{a}, \hat{o}, \hat{x}')} = 0 \tag{23.20}$$

$$\frac{\partial \mathbf{Z}((x,s),(x',s'))}{\partial \psi(\hat{x}, \hat{a})} = \begin{cases} -\gamma T(s, \hat{a}, s') \sum_o O(\hat{a}, s', o) \eta(\hat{x}, \hat{a}, o, x') & \text{만약 } x = \hat{x} \\ 0 & \text{그 외} \end{cases} \tag{23.21}$$

$$\frac{\partial \mathbf{Z}((x,s),(x',s'))}{\partial \eta(\hat{x}, \hat{a}, \hat{o}, \hat{x}')} = \begin{cases} -\gamma \psi(\hat{x}, \hat{a}) T(s, \hat{a}, s') O(\hat{a}, s', \hat{o}) \eta(\hat{x}, \hat{a}, \hat{o}, x') & \text{만약 } x = \hat{x} \text{ 그리고 } x' = \hat{x}' \\ 0 & \text{그 외} \end{cases} \tag{23.22}$$

마지막으로, 이 네 가지 그래디언트는 다음과 같이 식 (23.18)으로 대체된다.

$$\frac{\partial \mathbf{u_\theta}}{\partial \psi(\hat{x}, \hat{a})} = \mathbf{Z}^{-1} \left(\frac{\partial \mathbf{r_\theta}}{\partial \psi(\hat{x}, \hat{a})} - \frac{\partial \mathbf{Z}}{\partial \psi(\hat{x}, \hat{a})} \mathbf{Z}^{-1} \mathbf{r_\theta} \right) \tag{23.23}$$

$$\frac{\partial \mathbf{u_\theta}}{\partial \eta(\hat{x}, \hat{a}, \hat{o}, \hat{x}')} = \mathbf{Z}^{-1} \left(\frac{\partial \mathbf{r_\theta}}{\partial \eta(\hat{x}, \hat{a}, \hat{o}, \hat{x}')} - \frac{\partial \mathbf{Z}}{\partial \eta(\hat{x}, \hat{a}, \hat{o}, \hat{x}')} \mathbf{Z}^{-1} \mathbf{r_\theta} \right) \tag{23.24}$$

마침내 방정식 (23.11)의 원래 목표로 돌아갈 수 있다. 컨트롤러 그래디언트 상승은 X의 고정 노드 수와 임의의 정책 ψ 및 η로 시작한다. 반복 k에서 다음과 같이 이러한 매개 변수를 갱신한다.

$$\psi^{k+1}(x, a) = \psi^k(x, a) + \alpha \boldsymbol{\beta}^\top \frac{\partial \mathbf{u}_{\theta^k}}{\partial \psi^k(\hat{x}, \hat{a})} \tag{23.25}$$

$$\eta^{k+1}(x, a, o, x') = \eta^k(x, a, o, x') + \alpha \boldsymbol{\beta}^\top \frac{\partial \mathbf{u}_{\theta^k}}{\partial \eta^k(\hat{x}, \hat{a}, \hat{o}, \hat{x}')} \tag{23.26}$$

여기서 그래디언트 단계 크기 $\alpha > 0$이다. 이 갱신 이후 ψ^{k+1} 및 η^{k+1}은 더 이상 유효한 분포가 아닐 수 있다. 이를 유효하게 만들기 위해 그것들을 확률 심플렉스에 투영한다. 확률 심플렉스에 벡터 y를 투영하는 한 가지 방법은 L_2-노름에 따라 가장 가까운 분포를 찾는 것이다.

$$\begin{array}{ll} \underset{\mathbf{b}}{\text{minimize}} & \frac{1}{2} \|\mathbf{y} - \mathbf{b}\|_2^2 \\ \text{제약 조건} & \mathbf{b} \geq 0 \\ & \mathbf{1}^\top \mathbf{b} = 1 \end{array} \tag{23.27}$$

이 최적화는 알고리듬 23.6[7]에 포함된 간단한 알고리듬을 통해 정확하게 해결할 수 있다. 예제 23.6은 컨트롤러를 갱신하는 프로세스를 보여준다.

방정식 (23.6)의 최적화 목적 함수는 반드시 볼록일 필요는 없다.[8] 따라서 정상 그래디언트 상승은 초기 컨트롤러 따라 지역 최적값으로 수렴할 수 있다. 적응형 그래디언트 알고리듬을 적용하면 매끄럽고 빠르게 수렴할 수 있다.

7   J. Duchi, S. Shalev-Shwartz, Y. Singer, and T. Chandra, "Efficient Projections onto the ℓ_1-Ball for Learning in High Dimensions," in *International Conference on Machine Learning (ICML)*, 2008.

8   이 목적 함수는 20.3절에서 설명한 대로 신뢰-상태 b에 대해 부분별 선형 및 볼록함을 보장하는 효용 $U(x,b) = \sum_s b(s)U(x,s)$와 구별된다.

알고리듬 23.6 초기 신뢰 b에서 POMDP $\mathcal{P}$에 대한 컨트롤러 그래디언트 상승 알고리듬의 구현. 컨트롤러 자체는 고정된 크기의 ℓ 노드를 가진다. 초기 신뢰의 값을 최대로 개선하기 위해 단계 크기 α로 컨트롤러의 그래디언트를 따라 k_max 반복을 통해 개선된다.

```
struct ControllerGradient
    b      # 초기 신뢰
    ℓ      # 노드 개수
    α      # 그래디언트 단계
    k_max  # 최대 반복
end

function solve(M::ControllerGradient, 𝒫::POMDP)
    𝒜, 𝒪, ℓ, k_max = 𝒫.𝒜, 𝒫.𝒪, M.ℓ, M.k_max
    X = collect(1:ℓ)
    ψ = Dict((x, a) => rand() for x in X, a in 𝒜)
    η = Dict((x, a, o, x′) => rand() for x in X, a in 𝒜, o in 𝒪, x′ in X)
    π = ControllerPolicy(𝒫, X, ψ, η)
    for i in 1:k_max
        improve!(π, M, 𝒫)
    end
    return π
end

function improve!(π::ControllerPolicy, M::ControllerGradient, 𝒫::POMDP)
    𝒮, 𝒜, 𝒪, X, x1, ψ, η = 𝒫.𝒮, 𝒫.𝒜, 𝒫.𝒪, π.X, 1, π.ψ, π.η
    n, m, z, b, ℓ, α = length(𝒮), length(𝒜), length(𝒪), M.b, M.ℓ, M.α
    ∂U′∂ψ, ∂U′∂η = gradient(π, M, 𝒫)
    UIndex(x, s) = (s - 1) * ℓ + (x - 1) + 1
    E(U, x1, b) = sum(b[s]*U[UIndex(x1,s)] for s in 1:n)
    ψ′ = Dict((x, a) => 0.0 for x in X, a in 𝒜)
    η′ = Dict((x, a, o, x′) => 0.0 for x in X, a in 𝒜, o in 𝒪, x′ in X)
    for x in X
        ψ′x = [ψ[x, a] + α * E(∂U′∂ψ(x, a), x1, b) for a in 𝒜]
```

```
            ψ'x = project_to_simplex(ψ'x)
            for (aIndex, a) in enumerate(𝒜)
                ψ'[x, a] = ψ'x[aIndex]
            end
            for (a, o) in product(𝒜, 𝒪)
                η'x = [(η[x, a, o, x'] +
                        α * E(∂U'∂η(x, a, o, x'), x1, b)) for x' in X]
                η'x = project_to_simplex(η'x)
                for (x'Index, x') in enumerate(X)
                    η'[x, a, o, x'] = η'x[x'Index]
                end
            end
        end
        π.ψ, π.η = ψ', η'
end

function project_to_simplex(y)
    u = sort(copy(y), rev=true)
    i = maximum([j for j in eachindex(u)
                    if u[j] + (1 - sum(u[1:j])) / j > 0.0])
    δ = (1 - sum(u[j] for j = 1:i)) / i
    return [max(y[j] + δ, 0.0) for j in eachindex(u)]
end
```

```
function gradient(π::ControllerPolicy, M::ControllerGradient, 𝒫::POMDP)
    𝒮, 𝒜, 𝒪, T, O, R, γ = 𝒫.𝒮, 𝒫.𝒜, 𝒫.𝒪, 𝒫.T, 𝒫.O, 𝒫.R, 𝒫.γ
    X, x1, ψ, η = π.X, 1, π.ψ, π.η
    n, m, z = length(𝒮), length(𝒜), length(𝒪)
    X𝒮 = vec(collect(product(X, 𝒮)))
    T' = [sum(ψ[x, a] * T(s, a, s') * sum(O(a, s', o) * η[x, a, o, x']
        for o in 𝒪) for a in 𝒜) for (x, s) in X𝒮, (x', s') in X𝒮]
    R' = [sum(ψ[x, a] * R(s, a) for a in 𝒜) for (x, s) in X𝒮]
    Z = 1.0I(length(X𝒮)) - γ * T'
    invZ = inv(Z)
```

알고리듬 23.7 컨트롤러 그래디언트 상승 방법의 gradient 단계. 정책 그래디언트 $\partial U'\partial \psi$ 및 $\partial U'\partial \eta$에 대한 효용 U의 그래디언트를 구성한다.

```
∂Z∂ψ(hx, ha) = [x == hx ? (-γ * T(s, ha, s')
              * sum(O(ha, s', o) * η[hx, ha, o, x']
                  for o in 𝒪)) : 0.0
              for (x, s) in X𝑆, (x', s') in X𝑆]
∂Z∂η(hx, ha, ho, hx') = [x == hx && x' == hx' ? (-γ * ψ[hx, ha]
                      * T(s, ha, s') * O(ha, s', ho)) : 0.0
                  for (x, s) in X𝑆, (x', s') in X𝑆]
∂R'∂ψ(hx, ha) = [x == hx ? R(s, ha) : 0.0 for (x, s) in X𝑆]
∂R'∂η(hx, ha, ho, hx') = [0.0 for (x, s) in X𝑆]
∂U'∂ψ(hx, ha) = invZ * (∂R'∂ψ(hx, ha) - ∂Z∂ψ(hx, ha) * invZ * R')
∂U'∂η(hx, ha, ho, hx') = invZ * (∂R'∂η(hx, ha, ho, hx')
                      - ∂Z∂η(hx, ha, ho, hx') * invZ * R')

return ∂U'∂ψ, ∂U'∂η
end
```

균등 초기 신뢰 b_1을 가진 캐치볼 문제(부록 F.9)를 생각해보자. 다음 그림은 $k = 3$개인 노드의 잡기 문제에 적용된 그래디언트 상승 반복의 정책의 효용을 보여준다. 왼쪽 노드는 x_1이다.

반복 1에서 정책은 행동 선택이나 후속 선택 둘 다 본질적으로 랜덤이다.

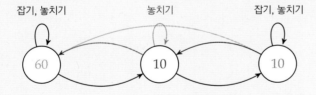

반복 50에서 에이전트는 공을 던질 수 있는 합리적인 거리(50)를 결정했지만 여전히 유용한 정보를 기억하기 위해 3개의 노드를 사용하지 않았다.

예제 23.6 고정 크기가 $\ell = 3$인 컨트롤러에 대한 컨트롤러 그래디언트 알고리듬의 데모. 정책은 알고리듬의 반복을 통해 자체적으로 개선되는 것으로 표시된다. 에이전트는 고정된 수의 노드를 가장 잘 사용하는 방법을 점진적으로 결정해 수렴에 대한 합리적이고 설명 가능한 정책을 생성한다. 확률적 컨트롤러는 원으로 표시되며 가장 가능성이 높은 행동은 가운데에 있다. 나가는 선분은 주어진 관찰에 대한 후속 노드 선택을 보여준다. 노드 행동 및 후속 행동의 확률은 불투명도로 표시된다(불투명할수록 확률이 높고 투명할수록 확률이 낮음).

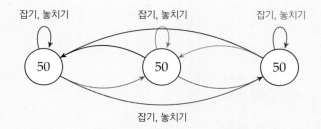

반복 500에서 정책은 고정된 3개 노드의 기억에 대해 다음과 같이 합리적인 계획을 구성했다.

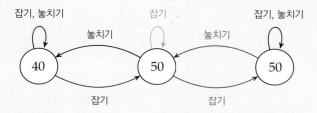

먼저 40 거리에서 공을 던지려고 한다. 아이가 공을 잡으면 범위가 50으로 늘어난다. 마지막 노드를 사용해 아이가 공을 잡은 횟수(최대 2회)를 기억해 거리를 선택한다.

23.5 요약

- 컨트롤러는 신뢰를 탐색하거나 유지하는 데 종속되지 않는 정책 표현이다.
- 컨트롤러는 노드, 행동 선택 함수, 후속 선택 함수로 구성된다.
- 노드와 컨트롤러 그래프는 추상적이다. 그러나 그것들은 무한히 도달할 수 있는 신뢰의 집합으로 해석될 수 있다.
- 컨트롤러 노드의 가치 함수는 알파 벡터로 해석될 수 있다.

- 정책 반복은 각 노드의 효용을 계산하는 정책 평가와 새 노드를 추가하는 정책 개선 간에 번갈아 나타난다.
- 정책 반복 중 가지치기는 각 개선 단계에서 노드의 기하급수적 증가를 줄이는 데 도움이 될 수 있다.
- 비선형 프로그래밍은 일반 최적화 문제로 최적의 고정 크기 컨트롤러를 찾는 것을 재구성해 기성 솔버와 기술을 사용할 수 있도록 해준다.
- 명시적인 POMDP 기반 그래디언트 단계의 이점을 통해 가치 함수를 직접 개선하기 위해 정책 공간을 컨트롤러 그래디언트 상승이 타고 올라간다.

23.6 연습 문제

연습 23.1 트리 기반 조건부 계획 및 신뢰 기반 표현에 비해 컨트롤러 정책 표현이 갖는 이점을 나열하라.

해법: 트리 기반 조건부 계획과 달리 컨트롤러는 무한정 실행할 수 있는 정책을 나타낼 수 있다. 기간에 따라 크기가 기하급수적으로 커지지 않는다.

신뢰 기반 표현과 비교할 때 컨트롤러 표현의 매개 변수 개수는 더 큰 문제의 알파 벡터 수보다 훨씬 적은 경향이 있다. 또한 고정된 양의 메모리에 대해 컨트롤러를 보다 쉽게 최적화할 수 있다.

실행 중에 컨트롤러는 신뢰 기반 정책에서 일어날 수 있는 것처럼 0으로 나누는 일이 절대 없다. 신뢰 기반 방법은 신뢰를 유지해야 한다. 방정식 (19.7)의 이산 상태 필터는 불가능한 관찰이 발생하면 0으로 나눈다. 이는 센서의 노이즈 관측이 $T(s, a, s')$와 $O(o \mid a, s')$의 모델이 정확하게 포착하지 않는 관측을 반환할 때 발생할 수 있다.

연습 23.2 컨트롤러 정책 반복은 결정적 행동 선택 함수와 후속 분포가 있는 노드만 추가한다. 이것이 결과 컨트롤러가 반드시 차선책이라는 것을 의미하는가?

해법: 컨트롤러 정책 반복은 한도 내에서 최적의 정책으로 수렴되도록 보장된다. 그러나 이 방법은 확률적 노드가 필요로 할 수 있는 최적 컨트롤러 정책의 보다 간결한 표현을 찾을 수 없다.

연습 23.3 정책 반복에서 노드 가지치기가 효용에 영향을 미치지 않음을 증명하라.

해법: x'를 어떤 반복 i의 새 노드라 하고 x를 반복 $i-1$로부터의 이전 노드라 하자. 표기에 따라 $\eta(x', a, o, x)$는 모든 새 노드 x'를 이전 반복의 후속 노드 x만 갖도록 정의한다. 따라서 각 상태 s에 대해 $U^{(i)}(x', s)$는 방정식 (23.1)에서 후속 $U^{(i-1)}(x, s')$에 대해서만 합산된다. 이는 x 자신으로의 자기-루프$^{\text{self-loop}}$를 포함해 반복 i에서 다른 효용이 $U^{(i)}(x', s)$에 영향을 미치지 않음을 의미한다.

초기 노드는 방정식 (23.3)에 의해 선택되기 때문에 가지치기 노드가 있건 없건 효용은 모든 신뢰에서 동일하다는 것을 확인해야 한다. 노드는 두 가지 방법 중 하나로 제거된다.

첫째, x'는 가지치기된 후속 x보다 모든 상태에서 더 높은 효용을 얻는다. 공식적으로 모든 s에 대해 $U^{(i)}(x, s) \leq U^{(i-1)}(x', s)$다. 가지치기 단계는 x를 U, ψ, η를 포함해 x'으로 대체한다. 구성상 U는 어떤 상태에서도 감소하지 않았다.

둘째, x는 기존 이전 노드 x'와 동일하다. 이는 전이 $\eta(x, a, o, x') = \eta(x', a, o, x')$를 의미한다. 이는 x가 γ만큼 감소된다는 점을 제외하고는 효용이 동일함을 의미한다. 즉 방정식 (23.1)에 의해 $\gamma U^{(i)}(x, s) = U^{(i-1)}(x, s)$ x를 제거하더라도 최종 효용에 영향을 미치지 않는다.

연습 23.4 크기 ℓ의 큰 고정 크기 컨트롤러에서 최적성을 얻기 위해 필요한, 최소 고정 크기 컨트롤러를 찾기 위해 비선형 프로그램 알고리듬을 사용하는 알고리듬을 고안하라. 이 경우 비선형 최적화 프로그램이 최적의 정책을 반환한다고 가정할 수 있다.

해법: 아이디어는 큰 고정 크기 컨트롤러의 효용을 알게 된 후 컨트롤러의 고정 크기를 증가시키는 외부 루프를 만드는 것이다. 먼저 초기 노드 x_1과 초기 신뢰 b_1에

서 큰 고정 크기 제어기의 효용 $U^* = \sum_s b_1(s) U(x_1, s)$를 계산해야 한다. 다음으로 컨트롤러의 크기 ℓ을 증가시키는 루프를 만든다. 각 단계에서 정책을 평가하고 효용 U^ℓ를 계산한다. 가정에 따라 반환된 컨트롤러는 고정 크기 ℓ에 대해 전역적으로 최적의 효용을 생성한다.

효용 U^ℓ에 도착하면, $U^\ell = U^*$일 경우 중지하고 정책을 반환한다.

연습 23.5 컨트롤러 그래디언트 상승 알고리듬의 그래디언트 단계를 분석하라. $|\mathcal{S}|$가 $|\mathcal{A}|$와 $|\mathcal{O}|$보다 크다고 가정하라. 그래디언트 단계에서 가장 계산 비용이 많이 드는 부분은 무엇인가? 이것을 어떻게 개선할 수 있는가?

해법: 역함수 $\mathbf{Z}^{-1} = (\mathbf{I} - \gamma \mathbf{T_\theta})$를 계산하는 것이 그래디언트 단계는 물론 전체 그래디언트 알고리듬에서 가장 많은 비용이 든다. 행렬 $\mathbf{Z}$는 크기가 $|X \times \mathcal{S}|$이다. 가우스-조단$^{\text{Gauss-Jordan}}$ 제거에는 $O(|X \times \mathcal{S}|^3)$의 연산이 소요된다. 여기 3은 최첨단 역행렬 알고리듬을 사용하면 2.3728639까지 줄일 수 있다.[9] 역행렬 계산을 돕기 위해 임시로 생성하는 행렬 T_θ도 $O(|X \times \mathcal{S}|^2 |\mathcal{A} \times \mathcal{O}|)$ 연산이 필요하다. 다른 모든 루프와 기타 임시 배열 생성에는 훨씬 적은 연산이 필요하다. 이는 근사 역기법$^{\text{inverse technique}}$을 사용해 개선할 수 있다.

9 F. L. Gall, "Powers of Tensors and Fast Matrix Multiplication," in *International Symposium on Symbolic and Algebraic Computation (ISSAC)*, 2014.

5부

다중 에이전트 시스템

지금까지 단일 에이전트$^{single\ agent}$의 관점에서 의사결정에 중점을 뒀뒀다. 이제 지금까지 논의한 핵심 개념을 여러 에이전트와 관련된 문제로 확장한다. 다중 에이전트^{multiagent} 시스템에서는 다른 에이전트를 잠재적 우군 또는 적군으로 모델링하고 시간이 지남에 따라 적응할 수 있다. 이러한 문제는 에이전트 상호 작용을 둘러싼 복잡성과 함께 에이전트 추론에 다른 에이전트를 추론하는 에이전트가 개입되는 등으로 인해 본질적으로 어렵다. 먼저 게임에 다중 에이전트 추론을 도입하는 것부터 시작해 단순 상호 작용의 균형을 계산하는 방법을 설명한다. 그런 다음 시간에 따른 다중 에이전트의 알고리듬을 설계하는 방법을 설명하고 균형으로 수렴하는 합리적 적응 학습 알고리듬을 알아본다. 상태 불확실성을 도입하면 문제 복잡성이 크게 증가하며 이 부분은 해결 과제를 강조한다. 27장에서는 공동의 목표를 가지고 함께 행동하기 위해 노력하는 협업 에이전트를 위한 다양한 모델과 알고리듬에 중점을 둔다.

24
다중 에이전트 추론

지금까지 단일 에이전트single agent를 위한 합리적인 결정을 내리는 데 중점을 뒀다. 이러한 모델은 다중 에이전트로 자연스럽게 확장된다. 에이전트가 상호 작용하면서 새로운 도전 과제가 발생한다. 에이전트들은 서로 돕거나 자신의 최선의 이익만을 위해 행동할 수 있다. 다중 에이전트 추론은 게임 이론game theory의 주제다.[1] 24장은 앞에서 소개한 개념을 기반으로 다중 에이전트 콘텍스트context로 확장한다. 의사결정 전략과 다중 에이전트 균형을 계산하기 위한 기본적인 게임 이론 접근 방식에 대해 알아보자.

24.1 단순 게임

단순 게임simple game(알고리듬 24.1)은 다중 에이전트 추론을 위한 기본 모델이다.[2] 각 에이전트 $i \in \mathcal{I}$는 자신의 누적 보상 r^i를 최적화하기 위해 행동 a^i를 선택한다. 결합 행동 공간joint action space $\mathcal{A} = \mathcal{A}^1 \times \cdots \times \mathcal{A}^k$는 각 에이전트에게 가용한 모든 행동

1 게임 이론에서의 여러 표준적 소개는 다음 문헌을 참고하라. D. Fudenberg and J. Tirole, Game Theory. MIT Press, 1991. R. B. Myerson, *Game Theory: Analysis of Conflict*. Harvard University Press, 1997. Y. Shoham and K. Leyton-Brown, *Multiagent Systems: Algorithmic, Game Theoretic, and Logical Foundations*. Cambridge University Press, 2009.

2 단순 게임은 게임의 표준형(표준 형태 게임 또는 행렬 게임이라고도 불린다)을 의미한다. 유한-기간 반복 게임과 무한-기간 이산 반복 게임, 무한-기간 할인 반복 게임을 포함한다. Y. Shoham and K. Leyton-Brown, *Multiagent Systems: Algorithmic, Game Theoretic, and Logical Foundations*. Cambridge University Press, 2009.

의 조합 $\mathcal{A}^i$로 구성된다. 에이전트 사이에 동시에 선택된 행동은 이 결합 행동 공간으로부터 병합돼 결합 행동$^{\text{joint action}}$ $\mathbf{a} = (a^1, \dots, a^k)$를 구성할 수 있다. 결합 보상 함수$^{\text{joint reward function}}$ $\mathbf{R}(\mathbf{a}) = (R^1(\mathbf{a}), \dots, R^k(\mathbf{a}))$는 결합 행동 $\mathbf{a}$로부터 생성된 보상을 나타낸다. 결합 보상은 $\mathbf{r} = (r_1, \dots, r^k)$로 나타낸다. 단순 게임에는 상태 또는 전이 함수가 포함돼 있지 않다. 예제 24.1은 단순 게임을 소개한다.

알고리듬 24.1 단순 게임의 데이터 구조

```
struct SimpleGame
    γ  # 할인 계수
    I  # 에이전트
    𝒜  # 결합 행동 공간
    R  # 결합 보상 함수
end
```

죄수의 딜레마$^{\text{prisoner's dilemma}}$는 재판 중인 2명의 죄수에 관한 2-에이전트, 2-행동 게임이다. 죄수들은 서로 협력해 자신들의 범죄에 묵비권을 행사할 수도 있고, 서로의 범죄에 대해 상대방을 배반하고 상대탓으로 주장할 수도 있다. 둘이 협력해 묵비권을 행사하면 둘 다 1년 형을 선고받는다. 에이전트 i가 협력하기 위해 묵비권을 행사하고, 다른 에이전트가 배반해 i탓으로 주장하면 i는 4년을 복역하고 다른 에이전트는 풀려난다. 둘 다 배반하면 모두 3년을 복역한다.

에이전트가 둘인 이 단순 게임은 표로 나타낼 수 있다. 행은 에이전트 1의 행동을 나타낸다. 열은 에이전트 2의 행동을 나타낸다. 에이전트 1과 2에 대한 보상은 각 셀에 표시된다.

예제 24.1 죄수의 딜레마로 알려진 단순 게임. 자세한 내용은 부록 F.10에 있다.

| | 에이전트 2 | |
	협력	배신
협력	−1, −1	−4, 0
배신	0, −4	−3, −3

결합 정책joint policy $\boldsymbol{\pi}$는 에이전트가 취하는 결합 행동에 대한 확률 분포를 지정한다. 결합 정책은 개별 에이전트 정책으로 분해할 수 있다. 에이전트 i가 행동 a를 선택할 확률은 $\pi^i(a)$로 주어진다. 게임 이론에서는 결정적 정책을 순수 전략pure strategy이라 부르고, 확률적 정책은 혼합 전략mixed strategy이라고 부른다. 에이전트 i의 관점에서 결합 정책 $\boldsymbol{\pi}$의 효용은 다음과 같다.

$$U^i(\boldsymbol{\pi}) = \sum_{\mathbf{a} \in \mathcal{A}} R^i(\mathbf{a}) \prod_{j \in \mathcal{I}} \pi^j(a^j) \tag{24.1}$$

알고리듬 24.2는 정책을 표현하고 그 효용을 계산하기 위한 루틴을 구현한다.

제로섬zero-sum 게임은 에이전트 간의 보상 합계가 0인 단순 게임 유형이다. 여기서 에이전트의 이익은 다른 에이전트의 손실로 귀결된다. 두 에이전트 $\mathcal{I} = \{1, 2\}$에 대한 제로섬 게임은 서로 상반된 보상 함수 $R^1(\mathbf{a}) = -R^2(\mathbf{a})$를 가진다. 이는 대개 이 보상 구조에 특화된 알고리듬을 사용해 해결한다. 예제 24.2는 이러한 게임을 설명한다.

24.2 대응 모델

결합 정책을 해결하기 위한 다양한 개념을 알아보기 전에 다른 에이전트들이 정책이 고정됐을 때 단일 에이전트 i의 대응을 모델링하는 방법부터 살펴보자. $(1,\ldots,i-1,\ i+1,\ldots,k)$를 줄여 $-i$로 표기하자. 이 표기법을 사용하면 결합 행동은 $\mathbf{a} = (a^i, \mathbf{a}^{-i})$로, 결합 보상은 $\mathbf{R}(a^i, \mathbf{a}^{-i})$로, 결합 정책은 $\boldsymbol{\pi} = (\pi^i, \boldsymbol{\pi}^{-i})$로 나타낼 수 있다. 이 절은 알려진 $\boldsymbol{\pi}^{-i}$에 대한 대응을 계산하는 다양한 기법에 대해 논의한다.

가위-바위-보는 두 에이전트의 제로섬 게임이다. 각 에이전트는 가위, 바위, 보 중 선택한다. 바위는 가위에게 이기고, 보는 바위에게 이기고, 가위는 보에게 이기며, 승자에게는 1점, 패자에게는 1점의 보상이 주어진다. 에이전트가 동일한 행동을 선택하면 둘 다 0을 보상으로 받는다. 일반적으로 에이전트가 둘인 반복 게임은 다음과 같이 일련의 보수의 행렬로 나타낼 수 있다.

$t = 1$

에이전트 2

	바위	보	가위
바위	0, 0	−1, 1	1, −1
보	1, −1	0, 0	−1, 1
가위	−1, 1	1, −1	0, 0

에이전트 1

$t = 2$

에이전트 2

	바위	보	가위
바위	0, 0	−1, 1	1, −1
보	1, −1	0, 0	−1, 1
가위	−1, 1	1, −1	0, 0

에이전트 1

⋯

예제 24.2 잘 알려진 가위-바위-보 게임은 제로섬 게임의 한 예다. 부록 F.11은 추가 세부 사항을 설명한다.

24.2.1 최선의 대응

다른 에이전트의 정책 $\boldsymbol{\pi}^{-i}$에 대한 에이전트 i의 최선의 대응best response은 다음을 만족하는 정책 π^i이다.

$$U^i(\pi^i, \boldsymbol{\pi}^{-i}) \geq U^i(\pi^{i\prime}, \boldsymbol{\pi}^{-i}) \tag{24.2}$$

모든 정책 $\pi^{i\prime} \neq \pi^i$에 대해, 즉 어떤 에이전트에 대한 최선의 대응은 다른 에이전트들의 고정된 정책 집합이 주어졌을 때, 다른 에이전트들이 정책을 변경하더라도 인센티브가 없는 정책이다. 여러 개의 최선의 대응이 있을 수 있다.

결정론적 정책으로 제한하면 상대의 정책 $\boldsymbol{\pi}^{-i}$에 대한 결정론적 최선의 대응은 계산하기 쉽다. 단순히 에이전트 i의 모든 행동을 반복하고, 다음 효용을 최대화 하는 행동을 반환하면 된다.

$$\arg\max_{a^i \in \mathcal{A}^i} U^i(a^i, \boldsymbol{\pi}^{-i}) \tag{24.3}$$

알고리듬 24.3은 이에 대한 구현을 보여준다.

```
struct SimpleGamePolicy
    p # 행동을 확률에 매핑하는 딕셔너리

    function SimpleGamePolicy(p::Base.Generator)
        return SimpleGamePolicy(Dict(p))
    end

    function SimpleGamePolicy(p::Dict)
        vs = collect(values(p))
        vs ./= sum(vs)
        return new(Dict(k => v for (k,v) in zip(keys(p), vs)))
    end

    SimpleGamePolicy(ai) = new(Dict(ai => 1.0))
end

(πi::SimpleGamePolicy)(ai) = get(πi.p, ai, 0.0)

function (πi::SimpleGamePolicy)()
    D = SetCategorical(collect(keys(πi.p)), collect(values(πi.p)))
    return rand(D)
end

joint(X) = vec(collect(product(X...)))

joint(π, πi, i) = [i == j ? πi : πj for (j, πj) in enumerate(π)]
```

알고리듬 24.2 에이전트와 관련된 정책은 행동을 확률에 매핑하는 딕셔너리로 표현된다. 정책을 구성하는 방법에는 여러 가지가 있다. 한 가지 방법은 딕셔너리 디렉터리를 전달하는 것인데, 이 경우 확률이 정규화된다. 또 다른 방법은 이 딕셔너리를 생성하는 생성기를 전달하는 것이다. 또한 행동을 전달해 정책을 구성할 수 있으며, 이 경우 해당 행동에 확률 1을 할당한다. 개별 정책 πi가 있는 경우에는 $\pi i(ai)$를 호출해 정책이 행동 ai와 연관될 확률을 계산할 수 있다. $\pi i()$를 호출하면 해당 정책에 따라 임의의 행동을 반환한다. joint($\mathcal{A}$)를 사용해 $\mathcal{A}$에서 결합 행동 공간을 구성할 수 있다. utility($\mathcal{P}$, π, i)를 사용하면 에이전트 i의 관점에서 게임 $\mathcal{P}$에서 결합 정책 π의 실행과 관련된 효용을 계산할 수 있다.

```
function utility(𝒫::SimpleGame, π, i)
    𝒜, R = 𝒫.𝒜, 𝒫.R
    p(a) = prod(πj(aj) for (πj, aj) in zip(π, a))
    return sum(R(a)[i]*p(a) for a in joint(𝒜))
end
```

```
function best_response(𝒫::SimpleGame, π, i)
    U(ai) = utility(𝒫, joint(π, SimpleGamePolicy(ai), i), i)
    ai = argmax(U, 𝒫.𝒜[i])
    return SimpleGamePolicy(ai)
end
```

알고리듬 24.3 단순 게임 𝒫의 경우 다른 에이전트가 π에서 정책을 실행하고 있는 경우, 에이전트 i에 대한 결정론적 최선의 대응을 계산할 수 있다.

24.2.2 소프트맥스 대응

소프트맥스^{softmax} 대응을 사용해 에이전트 i가 자신의 행동을 선택하는 방법을 모델링할 수 있다.[3] 6.7절에서 설명한 대로 인간은 종종 기대 효용에 대해 완벽하게 합리적인 최적화 도구가 아니다. 소프트맥스 대응 모델의 기본 원칙은 (일반적으로 인간) 에이전트가 오류의 비용이 상대적으로 낮을 때 최적화 과정에서 오류를 범할 가능성도 더 높다는 것이다. 정밀도 매개 변수 $\lambda \geq 0$가 주어지면 이 모델은 다음에 따라 행동 a^i를 선택한다.

$$\pi^i(a^i) \propto \exp(\lambda U^i(a^i, \boldsymbol{\pi}^{-i})) \qquad (24.4)$$

$\lambda \to 0$에 따라, 에이전트는 효용의 차이에 둔감해지고 랜덤으로 균등하게 정책을 선택한다. $\lambda \to \infty$에 따라, 정책은 결정론적 최적 대응에 수렴한다. λ는 데이터에서 학습할 수 있는 매개 변수로 취급할 수 있는데, 예컨대 최대 우도 추정(4.1절)을 사용할 수 있다. 다른 인간 에이전트의 예측 모델을 가진다면 최적의 행동을 처방하는 시스템 구축에 유용할 수는 있겠지만, 이 학습 기반 접근 방식은 행동을 규

3 이러한 종류의 모델은 때때로 로짓(logit) 대응 또는 양자(quantal) 대응이라고도 한다. 15.4절에서는 강화학습을 위한 방향 탐색 전략의 맥락에서 유사한 소프트맥스 모델을 소개했었다.

정하기보다 행동을 예측하는 것을 목표로 한다. 알고리듬 24.4는 소프트맥스 대응 구현을 보여준다.

```
function softmax_response(𝒫::SimpleGame, π, i, λ)
    𝒜i = 𝒫.𝒜[i]
    U(ai) = utility(𝒫, joint(π, SimpleGamePolicy(ai), i), i)
    return SimpleGamePolicy(ai => exp(λ*U(ai)) for ai in 𝒜i)
end
```

알고리듬 24.4 단순 게임 𝒫와 특정 에이전트 i에 대해 다른 에이전트가 π 정책을 실행하고 있다는 점을 고려하면 소프트맥스 대응 정책 πi를 계산할 수 있다. 이 계산에는 정밀도 매개 변수 λ를 지정해야 한다.

24.3 우월 전략 균형

어떤 게임에서는 한 에이전트가 다른 모든 에이전트의 정책에 대해 최상 대응 정책을 의미하는 우월 전략dominant strategy을 가질 수 있다. 예를 들어, 죄수의 딜레마(예제 24.1)에서 에이전트 1의 최선의 대응은 에이전트 2의 정책에 관계없이 배반하는 것이므로 배반이 에이전트 1의 우월 전략이 된다. 모든 에이전트가 우월 전략을 사용하는 결합 정책을 우월 전략 균형dominant strategy equilibrium이라고 한다. 죄수의 딜레마에서 두 에이전트가 모두 배반하는 결합 정책은 우월 전략 균형이다.[4] 많은 게임에는 우월 전략 균형이 없다. 예를 들어, 가위-바위-보(예제 24.2)에서 에이전트 1의 최상 대응은 에이전트 2의 전략에 따라 달라진다.

[4] 흥미롭게도 두 에이전트가 자신의 효용 함수에 대해 탐욕스럽게 행동하면 둘 모두에게 더 나쁜 결과를 초래한다. 둘 다 협력해 묵비권을 행사했다면 둘 다 3년이 아닌 1년 형을 받게 될 것이다.

24.4 내시 균형

우월 전략 균형 개념과 달리 내시 균형Nash equilibrium[5]은 유한한 행동 공간을 가진 게임에는 항상 존재한다. 내시 균형은 모든 에이전트가 최선의 대응을 따르는 결합 정책 **π**이다.[6] 즉, 내시 균형은 에이전트가 일방적으로 정책을 전이할 인센티브가 없는 결합 정책이다.

[5] 이 개념을 형식화 한 미국 수학자 존 내시(John Forbes Nash, Jr.)(1928–2015)의 이름을 따서 명명됐다. J. Nash, "Non-Cooperative Games," *Annals of Mathematics*, pp. 286–295, 1951.

[6] 연습 24.1은 행동 공간이 무한인 경우를 다룬다.

단일 게임에 다중 내시 균형이 존재할 수도 있다(연습 24.2). 때때로 내시 균형은 결정론적 정책을 포함할 수 있지만 항상 그런 것은 아니다(예제 24.3 참조). 내시 평균을 계산하는 것은 PPAD-complete 복잡도로서, NP-complete와는 다르지만(부록 C.2) 알려진 다항 시간 알고리듬이 없다.[7]

내시 균형을 찾는 문제는 최적화로 구성될 수 있다.

7   C. Daskalakis, P. W. Goldberg, and C. H. Papadimitriou, "The Complexity of Computing a Nash Equilibrium," *Communications of the ACM*, vol. 52, no. 2, pp. 89–97, 2009.

$$\underset{\boldsymbol{\pi},U}{\text{minimize}} \quad \sum_{i}\left(U^{i} - U^{i}(\boldsymbol{\pi})\right)$$

$$\text{제약 조건} \quad U^{i} \geq U^{i}(a^{i}, \boldsymbol{\pi}^{-i}) \text{ 모든 } i, a\text{에 대해}$$
$$\sum_{a^{i}} \pi^{i}(a^{i}) = 1 \text{ 모든 } i\text{에 대해}$$
$$\pi^{i}(a^{i}) \geq 0 \text{ 모든 } i, a^{i}\text{에 대해}$$

$$(24.5)$$

최적화 변수는 $\boldsymbol{\pi}$와 U의 매개 변수에 해당한다. 수렴 시 목적 함수는 0이 되며 U^{i}는 각 에이전트 i에 대해 방정식 (24.1)에서 계산된 정책 $\boldsymbol{\pi}$와 관련된 효용과 일치한다. 첫 번째 제약 조건은 에이전트가 일방적으로 행동을 변경해 더 잘 수행하는 일이 없도록 한다. 목적 함수와 마찬가지로 이 첫 번째 제약 조건은 최적화 변수 $\boldsymbol{\pi}$의 매개 변수 곱을 포함하기 때문에 비선형이다. 마지막 두 제약 조건은 선형이므로 $\boldsymbol{\pi}$가 행동에 대한 유효한 확률 분포 집합을 나타낸다. 알고리듬 24.5는 이 최적화 절차를 구현한다.

24.5 상관 균형

상관 균형correlated equilibrium은 에이전트가 독립적으로 행동한다는 가정을 완화해 내시 균형 개념을 일반화한다. 이 경우 결합 행동은 전체 결합 분포로부터 나온다. 상관된 결합 정책correlated joint policy $\pi(\mathbf{a})$는 모든 에이전트의 결합 행동에 대한 단일 분포다. 결과적으로 다양한 에이전트의 행동이 상관될 수 있으며, 정책이 개별 정책 $\pi^i(a^i)$로 분리되는 것을 방지한다. 알고리듬 24.6은 이러한 정책을 나타내는 방법을 보여준다.

예제 24.3 결정론적 및 확률론적 내시 균형

예제 24.1의 죄수의 딜레마에서 내시 균형을 찾고자 한다고 가정하자. 두 에이전트가 항상 배신하면 둘 다 −3의 보상을 받는다. 누구라도 다르게 행동하면 그 에이전트는 −4의 보상을 받게 된다. 따라서 다르게 행동할 인센티브가 없다. 따라서 두 에이전트 모두 배신하는 것이 죄수의 딜레마에 대한 내시 균형이다.

예제 24.2의 가위-바위-보 시나리오에서 내시 균형을 찾고자 한다고 가정하자. 한 에이전트의 모든 결정론적 전략은 다른 에이전트에 의해 쉽게 패배할 수 있다. 예를 들어, 에이전트 1이 바위를 내면 에이전트 2의 최선의 대응은 보다. 가위-바위-보에 대한 결정론적 내시 균형이 없기 때문에 확률론적 정책과 관련된 균형이 있어야 한다는 것을 알 수 있다. 각 에이전트가 균등하게 무작위로 행동을 선택한다고 가정하자. 이 해는 두 에이전트 모두에 대해 0이라는 기대 효용을 생성한다.

$$
\begin{aligned}
U^i(\boldsymbol{\pi}) = {} & 0\frac{1}{3}\frac{1}{3} - 1\frac{1}{3}\frac{1}{3} + 1\frac{1}{3}\frac{1}{3} \\
& + 1\frac{1}{3}\frac{1}{3} + 0\frac{1}{3}\frac{1}{3} - 1\frac{1}{3}\frac{1}{3} \\
& - 1\frac{1}{3}\frac{1}{3} + 1\frac{1}{3}\frac{1}{3} + 0\frac{1}{3}\frac{1}{3} \\
= {} & 0
\end{aligned}
$$

에이전트에 의한 다른 행동은 기대 보상을 감소시킬 것이며 이는 내시 균형을 찾았다는 것을 의미한다.

```
struct NashEquilibrium end

function tensorform(𝒫::SimpleGame)
    𝐼, 𝐴, R = 𝒫.𝐼, 𝒫.𝐴, 𝒫.R
    𝐼′ = eachindex(𝐼)
    𝐴′ = [eachindex(𝐴[i]) for i in 𝐼]
    R′ = [R(a) for a in joint(𝐴)]
    return 𝐼′, 𝐴′, R′
end

function solve(M::NashEquilibrium, 𝒫::SimpleGame)
    𝐼, 𝐴, R = tensorform(𝒫)
    model = Model(Ipopt.Optimizer)
    @variable(model, U[𝐼])
    @variable(model, π[i=𝐼, 𝐴[i]] ≥ 0)
    @NLobjective(model, Min,
        sum(U[i] - sum(prod(π[j,a[j]] for j in 𝐼) * R[y][i]
            for (y,a) in enumerate(joint(𝐴))) for i in 𝐼))
    @NLconstraint(model, [i=𝐼, ai=𝐴[i]],
        U[i] ≥ sum(
            prod(j==i ? (a[j]==ai ? 1.0 : 0.0) : π[j,a[j]] for j in 𝐼)
            * R[y][i] for (y,a) in enumerate(joint(𝐴))))
    @constraint(model, [i=𝐼], sum(π[i,ai] for ai in 𝐴[i]) == 1)
    optimize!(model)
    πi′(i) = SimpleGamePolicy(𝒫.𝐴[i][ai] => value(π[i,ai]) for ai in 𝐴[i])
    return [πi′(i) for i in 𝐼]
end
```

```
mutable struct JointCorrelatedPolicy
    p # 결합 행동으로부터 확률로의 딕셔너리 매핑
    JointCorrelatedPolicy(p::Base.Generator) = new(Dict(p))
end

(π::JointCorrelatedPolicy)(a) = get(π.p, a, 0.0)

function (π::JointCorrelatedPolicy)()
    D = SetCategorical(collect(keys(π.p)), collect(values(π.p)))
    return rand(D)
end
```

알고리듬 24.6 결합 상관 정책은 결합 행동을 확률에 매핑하는 딕셔너리로 표현된다. π가 결합 상관 정책이라면, π(a)를 평가하면 결합 행동 a와 관련된 확률이 반환된다.

상관 균형은 에이전트 i가 현재 행동 a^i에서 다른 행동 $a^{i\prime}$로 이탈해도 기대 효용을 증가시킬 수 없는 상관 결합 정책이다.

$$\sum_{\mathbf{a}^{-i}} R^i(a^i, \mathbf{a}^{-i})\pi(a^i, \mathbf{a}^{-i}) \geq \sum_{\mathbf{a}^{-i}} R^i(a^{i\prime}, \mathbf{a}^{-i})\pi(a^i, \mathbf{a}^{-i}) \tag{24.6}$$

예제 24.4는 이 개념을 보여준다.

독립 정책으로부터 항상 결합 정책을 형성할 수 있으므로 모든 내시 균형은 상관 균형이다.

$$\pi(\mathbf{a}) = \prod_{i=1}^{k} \pi^i(a^i) \tag{24.7}$$

개별 정책이 방정식 (24.2)를 충족하면 결합 정책은 방정식 (24.6)을 충족한다. 그러나 모든 상관 균형이 내시 균형인 것은 아니다.

선형 프로그래밍을 사용하면 상관 균형을 계산할 수 있다(알고리듬 24.7).

$$\text{maximize}_{\boldsymbol{\pi}} \quad \sum_i \sum_{\mathbf{a}} R^i(\mathbf{a})\pi(\mathbf{a})$$

제약 조건 $\quad \sum_{\mathbf{a}^{-i}} R^i(a^i, \mathbf{a}^{-i})\pi(a^i, \mathbf{a}^{-i}) \geq \sum_{\mathbf{a}^{-i}} R^i(a^{i\prime}, \mathbf{a}^{-i})\pi(a^i, \mathbf{a}^{-i})$ 모든 i, a^i, $a^{i\prime}$에 대해

$$\sum_{\mathbf{a}} \pi(\mathbf{a}) = 1$$

$$\pi(\mathbf{a}) \geq 0 \ \text{ 모든 } \mathbf{a}\text{에 대해}$$

(24.8)

예제 24.2의 가위-바위-보 시나리오를 다시 생각해보라. 예제 24.3에서 내시 균형은 두 에이전트가 무작위로 균등하게 행동을 선택하는 것이라는 점을 알 았다. 상관 균형에서는 상관 결합 정책 $\pi(\mathbf{a})$를 사용한다. 즉 (바위, 바위), (바 위, 보), (가위, 바위), (보, 바위) 등에 대한 분포를 찾아야 한다. 모두 9개의 가 능한 결합 행동이 있다.

먼저 에이전트 1이 바위를 선택하고, 에이전트 2가 가위를 선택하는 결합 정책을 생각해보자. 효용은 다음과 같다.

$$U^1(\pi) = 0\frac{0}{9} - 1\frac{0}{9} + 1\frac{9}{9} + 1\frac{0}{9} + \cdots = 1$$
$$U^2(\pi) = 0\frac{0}{9} + 1\frac{0}{9} - 1\frac{9}{9} - 1\frac{0}{9} + \cdots = -1$$

에이전트 2가 보로 전이하면 효용 1을 받게 된다. 따라서 이것은 상관 균형이 아니다. 대신 결합 행동이 $\pi(\mathbf{a}) = 1/9$로 무작위로 균등 선택된 상관 결합 정 책을 생각해보자.

$$U^1(\pi) = 0\frac{1}{9} - 1\frac{1}{9} + 1\frac{1}{9} + 1\frac{1}{9} + \cdots = 0$$
$$U^2(\pi) = 0\frac{1}{9} + 1\frac{1}{9} - 1\frac{1}{9} - 1\frac{1}{9} + \cdots = 0$$

이 결과에서 벗어나면 한 에이전트는 효용을 얻고 다른 에이전트는 효용을 잃 게 된다. 이것이 가위-바위-보의 상관 균형이다.

예제 24.4 가위-바위-보에서 상관 균형 을 계산

선형 프로그램은 다항 시간에 풀 수 있지만 결합 행동 공간의 크기는 에이전트의 수에 따라 기하급수적으로 증가한다. 제약 조건은 상관 균형을 강제한다. 그러나 목적 함수는 서로 다른 유효한 상관 균형 중에서 선택하는 데 사용할 수 있다. 표 24.1은 목적 함수에 대한 몇 가지 일반적인 선택을 제공한다.

```
struct CorrelatedEquilibrium end

function solve(M::CorrelatedEquilibrium, 𝒫::SimpleGame)
    ℐ, 𝒜, R = 𝒫.ℐ, 𝒫.𝒜, 𝒫.R
    model = Model(Ipopt.Optimizer)
    @variable(model, π[joint(𝒜)] ≥ 0)
    @objective(model, Max, sum(sum(π[a]*R(a) for a in joint(𝒜))))
    @constraint(model, [i=ℐ, ai=𝒜[i], ai'=𝒜[i]],
        sum(R(a)[i]*π[a] for a in joint(𝒜) if a[i]==ai)
        ≥ sum(R(joint(a,ai',i))[i]*π[a] for a in joint(𝒜) if a[i]==ai))
    @constraint(model, sum(π) == 1)
    optimize!(model)
    return JointCorrelatedPolicy(a => value(π[a]) for a in joint(𝒜))
end
```

알고리듬 24.7 상관 균형은 내시 균형보다 단순 게임 𝒫에 대한 최적의 일반적인 개념이다. 이는 선형 프로그램을 사용해 계산할 수 있다. 결과 정책은 상관 관계가 있다. 즉 에이전트가 확률적으로 결합 행동을 선택한다.

▼ **표 24.1** 다양한 상관 균형을 선택하는 방정식 (24.8)에 대한 대체 목적 함수. 설명은 다음 문헌에서 차용됐다. A. Greenwald and K. Hall, "Correlated Q-Learning," in *International Conference on Machine Learning (ICML)*, 2003.

이름	설명	목적 함수
실용적(utilitarian)	순효용을 최대화	$\text{maximize}_\pi \sum_i \sum_{\mathbf{a}} R^i(\mathbf{a})\pi(\mathbf{a})$
평등적(egalitarian)	모든 에이전트의 최소 효용을 최대화	$\text{maximize}_\pi \text{maximize}_i \sum_{\mathbf{a}} R^i(\mathbf{a})\pi(\mathbf{a})$
정치적(plutocratic)	모든 에이전트의 최대 효용을 최대화	$\text{maximize}_\pi \text{maximize}_i \sum_{\mathbf{a}} R^i(\mathbf{a})\pi(\mathbf{a})$
독재적(dictatorial)	에이전트 i의 효용을 최대화	$\text{maximize}_\pi \sum_{\mathbf{a}} R^i(\mathbf{a})\pi(\mathbf{a})$

24.6 반복 최상 대응

내시 균형을 계산하는 것은 계산 비용이 많이 들 수 있기 때문에 대체 접근 방식으로는 일련의 반복 게임에서 최상 대응을 반복적으로 적용하는 것이다. 반복 최상 대응iterated best response(알고리듬 24.8)에서는 에이전트 간을 무작위로 순환하며, 각 에이전트의 최상 대응 정책을 차례로 해결한다. 이 프로세스는 내시 균형으로 수렴될 수 있지만 특정 게임 부류에 대해서만 보장된다.[8] 많은 문제에서 순환이 관찰되는 것이 일반적이다.

8 예를 들어, 다음 문헌의 정리 19.12에서 설명한 것처럼 잠재적인 게임(potential game)으로 알려진 부류에 대해서 반복는 최상 대응이 수렴된다. N. Nisan, T. Roughgarden, É. Tardos, and V. V. Vazirani, eds., *Algorithmic Game Theory*, Cambridge University Press, 2007.

```
struct IteratedBestResponse
    k_max # 반복 횟수
    π     # 초기 정책
end

function IteratedBestResponse(𝒫::SimpleGame, k_max)
    π = [SimpleGamePolicy(ai => 1.0 for ai in 𝒜i) for 𝒜i in 𝒫.𝒜]
    return IteratedBestResponse(k_max, π)
end

function solve(M::IteratedBestResponse, 𝒫)
    π = M.π
    for k in 1:M.k_max
        π = [best_response(𝒫, π, i) for i in 𝒫.ℐ]
    end
    return π
end
```

알고리듬 24.8 반복 최상 대응에서는 에이전트 간을 순환하고 다른 에이전트에 대한 각자의 최상 대응을 적용한다. 알고리듬은 어떤 초기 정책으로 시작하고 k_max 반복 후에 중지한다. 편의상 단순 게임을 입력으로 사용하고 각 에이전트가 균등하게 무작위로 행동을 선택하는 초기 정책을 생성하는 생성자를 사용한다. 보다 복잡한 형태의 게임에 관해서는 25장에서 동일한 해결 함수를 재사용할 것이다.

24.7 계층적 소프트맥스

행동 게임 이론behavioral game theory으로 알려진 분야는 인간 에이전트를 모델링하는 것을 목표로 한다. 인간과 상호 작용해야 하는 의사결정 시스템을 구축할 때는 내시 균형을 계산하는 것이 항상 도움이 되지는 않는다. 인간은 종종 내시 균형 전략을 사용하지 않는다. 첫째, 게임에 여러 균형이 있는 경우 어떤 균형을 채택해야 하는지가 불분명할 수 있다. 균형이 하나뿐인 게임의 경우 인지적 한계로 인해 인간이 내시 균형을 계산하기 어려울 수 있다. 인간 에이전트가 내시 균형을 계산할 수 있더라도 상대방이 과연 해당 계산을 수행할 수 있는지 의심이 갈 수 있다.

문헌에는 많은 행동 모델을 다루고 있지만[9] 그중 한 가지는 24.6절의 반복 접근 방식을 소프트맥스 모델과 결합하는 것이다. 이 계층적 소프트맥스[hierarchical softmax] 접근법(알고리듬 24.9)[10]는 에이전트의 합리성의 깊이를 $k \geq 0$ 레벨로 모델링한다. 레벨 0 에이전트는 무작위로 균등 행동을 수행한다. 레벨 1 에이전트는 다른 플레이어가 레벨 0 전략을 채택한다고 가정하고 정밀도 λ의 소프트맥스 대응에 따라 조치를 선택한다. 레벨 k 에이전트는 레벨 $k-1$을 플레이하는 다른 플레이어의 소프트맥스 모델에 따라 행동을 선택한다. 그림 24.1은 단순 게임에 대한 이 접근법을 보여준다.

데이터에서 이 행동 모델의 k와 λ 매개 변수를 학습할 수 있다. 서로 다른 에이전트가 수행하는 결합 행동 모음이 있는 경우 주어진 k 및 λ에 대한 관련 우도를 계산할 수 있다. 그런 다음 최적화 알고리듬을 사용해 우도를 최대화하는 k 및 λ 값을 찾으려고 시도할 수 있다.

9 C. F. Camerer, *Behavioral Game Theory: Experiments in Strategic Interaction*. Princeton University Press, 2003.

10 이 방법은 종종 양자-레벨-k(quantal-level-k) 또는 로짓-레벨-k(logit-level-k)로 불린다. D. O. Stahl and P. W. Wilson, "Experimental Evidence on Players' Models of Other Players," *Journal of Economic Behavior & Organization*, vol. 25, no. 3, pp. 309–327, 1994.

```
struct HierarchicalSoftmax
    λ # 정밀도 매개 변수
    k # 레벨
    π # 초기 정책
end

function HierarchicalSoftmax(𝒫::SimpleGame, λ, k)
    π = [SimpleGamePolicy(ai => 1.0 for ai in 𝒜i) for 𝒜i in 𝒫.𝒜]
    return HierarchicalSoftmax(λ, k, π)
end
```

알고리듬 24.9 정밀도 매개 변수 λ 및 레벨 k가 있는 계층적 소프트맥스 모델. 디폴트로 모든 개별 행동에 균등 확률을 할당하는 초기 결합 정책으로 시작한다.

```
function solve(M::HierarchicalSoftmax, 𝒫)
    π = M.π
    for k in 1:M.k
        π = [softmax_response(𝒫, π, i, M.λ) for i in 𝒫.ℐ]
    end
    return π
end
```

이 최적화는 일반적으로 해석적으로 해결할 수 없지만 수치적 방법을 사용해 최적화를 수행할 수 있다.[11] 또는 다른 방법으로 매개 변수 학습에 베이지안 접근 방식을 사용할 수 있다.[12]

24.8 가상 플레이

서로 다른 에이전트에 대한 연산 정책에 대한 또 다른 접근 방식은 시뮬레이션에서 서로 플레이하고 가장 잘 대응하는 방법을 학습하는 것이다. 알고리듬 24.10은 시뮬레이션 루프의 구현을 보여준다. 각 반복에서 다양한 정책을 평가해 결합 행동을 얻은 다음 이 결합 행동은 에이전트에서 정책을 갱신하는 데 사용된다. 관찰된 결합 행동에 대응해 정책을 갱신하는 여러 방법을 사용할 수 있다. 24.8절은 에이전트가 다른 에이전트가 따르는 정책의 최대 우도 추정(16.1절에 설명된 대로)을 사용하는 가상 플레이에 중점을 둔다. 각 에이전트는 다른 에이전트가 해당 추정값에 따라 행동한다고 가정하고 자신의 최상 대응을 따른다.[13]

최대 우도 추정값을 계산하기 위해 에이전트 i는 에이전트 j가 a^j 행동을 수행하는 횟수를 추적해 $N^i(j, a^i)$ 표에 저장한다. 이러한 횟수는 임의의 값으로 초기화할 수 있지만 초기 균등 불확실성을 생성하기 위해 종종 1로 초기화된다. 에이전트 i는 각 에이전트 j가 확률적 정책을 따른다고 가정해 최상 대응을 계산한다.

11 J. R. Wright and K. Leyton-Brown, "Beyond Equilibrium: Predicting Human Behavior in Normal Form Games," in *AAAI Conference on Artificial Intelligence (AAAI)*, 2010.

12 J. R. Wright and K. Leyton-Brown, "Behavioral Game Theoretic Models: A Bayesian Framework for Parameter Analysis," in *International Conference on Autonomous Agents and Multiagent Systems (AAMAS)*, 2012.

13 G. W. Brown, "Iterative Solution of Games by Fictitious Play," *Activity Analysis of Production and Allocation*, vol. 13, no. 1, pp. 374–376, 1951. J. Robinson, "An Iterative Method of Solving a Game," *Annals of Mathematics*, pp. 296–301, 1951.

$$\pi^j(a^j) \propto N^i(j, a^j) \qquad (24.9)$$

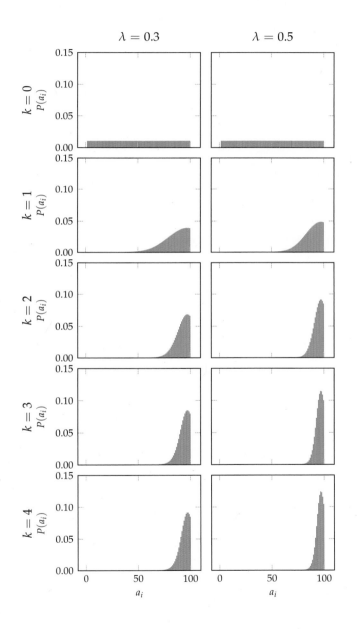

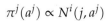

◀ **그림 24.1** 다양한 합리성 깊이 k와 정밀도 매개 변수 λ에 대해 여행자의 딜레마(부록 F.12에 설명)에 적용된 계층적 소프트맥스 모델. 사람들은 내시 균형이 단지 $2에 불과하더라도 $97에서 $100 사이의 행동을 선택하는 경향이 있다.

```
function simulate(𝒫::SimpleGame, π, k_max)
    for k = 1:k_max
        a = [πi() for πi in π]
        for πi in π
            update!(πi, a)
        end
    end
    return π
end
```

알고리듬 24.10 k_max 반복에 대한 단순 게임 𝒫의 결합 정책 시뮬레이션. 결합 정책 π는 update!(πi, a) 호출을 통해 개별적으로 갱신할 수 있는 정책 벡터다.

매 반복에서 각 에이전트는 다른 에이전트의 이러한 확률-개수 기반 정책을 가정하고, 최상 대응에 따라 행동하도록 한다. 그런 다음 수행한 행동에 대한 행동 수를 갱신한다. 알고리듬 24.11은 이 단순 적응 절차를 구현한다. 그림 24.2와 24.3은 가상 플레이를 사용해 시간이 지남에 따라 정책이 어떻게 발전하는지 보여준다. 가상 플레이는 내시 균형으로 수렴된다는 보장이 없다.[14]

14 구체적 배경은 다음 문헌을 참고하라. U. Berger, "Brown's Original Fictitious Play," *Journal of Economic Theory*, vol. 135, no. 1, pp. 572–578, 2007.

```
mutable struct FictitiousPlay
    𝒫  # 단순 게임
    i  # 에이전트 인덱스
    N  # 행동 개수 딕셔너리 배열
    πi # 현재 정책
end

function FictitiousPlay(𝒫::SimpleGame, i)
    N = [Dict(aj => 1 for aj in 𝒫.𝒜[j]) for j in 𝒫.ℐ]
    πi = SimpleGamePolicy(ai => 1.0 for ai in 𝒫.𝒜[i])
    return FictitiousPlay(𝒫, i, N, πi)
end

(πi::FictitiousPlay)() = πi.πi()

(πi::FictitiousPlay)(ai) = πi.πi(ai)
```

알고리듬 24.11 가상의 플레이는 단순 게임 𝒫의 에이전트 i를 위한 단순 학습 알고리듬으로서 이것이 그들의 확률적 정책이라고 가정하고 시간에 따른 다른 에이전트 행동 선택의 counts를 유지하고 평균화한다. 그런 다음 이 정책에 대한 최상 대응을 계산하고 해당하는 효용 최대화 행동을 수행한다.

```
function update!(πi::FictitiousPlay, a)
    N, 𝒫, 𝓘, i = πi.N, πi.𝒫, πi.𝒫.𝓘, πi.i
    for (j, aj) in enumerate(a)
        N[j][aj] += 1
    end
    p(j) = SimpleGamePolicy(aj => u/sum(values(N[j])) for (aj, u) in N[j])
    π = [p(j) for j in 𝓘]
    πi.πi = best_response(𝒫, π, i)
end
```

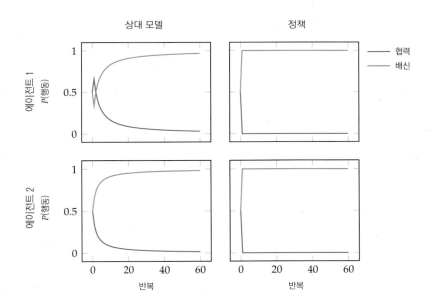

◀ **그림 24.2** 죄수의 딜레마 게임에서 서로 배우고 적응하는 두 가상 에이전트. 첫 번째 행은 반복에 대해 에이전트 1이 학습한 에이전트 2의 모델(왼쪽)과 에이전트 1의 정책(오른쪽)을 보여준다. 두 번째 행은 동일한 패턴을 따르지만 에이전트 2에 대한 것이다. 학습 행동의 변화를 설명하기 위해 다른 에이전트의 행동에 대한 각 에이전트 모델의 초기 카운트를 1에서 10 사이의 난수로 할당했다.

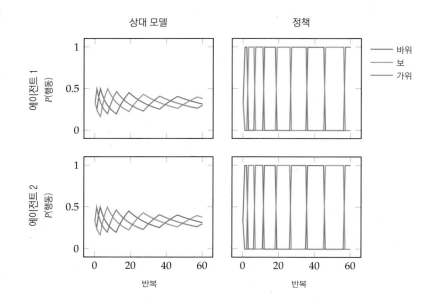

상대 모델   정책

에이전트 1 P(행동)

에이전트 2 P(행동)

바위
보
가위

반복   반복

◀ **그림 24.3** 가위-바위-보 게임에서 서로 배우고 적응하는 가상의 두 에이전트를 시각화한 것. 첫 번째 행은 시간 경과에 따른 에이전트 1이 학습한 에이전트 2의 모델(왼쪽)과 에이전트 1의 정책(오른쪽)을 보여준다. 두 번째 행은 동일한 패턴을 따르지만 에이전트 2에 대한 것이다. 학습 행동의 변화를 설명하기 위해 다른 에이전트의 행동에 대한 각 에이전트 모델의 초기 카운트를 1에서 10 사이의 난수로 할당했다. 이 제로섬 게임에서 가상의 에이전트는 확률적 정책 내시 균형에 수렴에 접근한다.

가상 플레이에는 다양한 변형이 있다. 부드러운 가상 플레이^{smooth fictitious play}[15]라고 불리는 한 가지 변형은 기대 효용과 함께 정책의 엔트로피와 같은 스무딩 함수를 사용해 최상 대응을 선택한다. 또 다른 변형은 합리적 학습^{rational learning} 또는 베이지안 학습^{Bayesian learning}이라고 한다. 합리적 학습은 베이지안 사전으로 공식화된 다른 에이전트의 행동에 대한 신뢰로 가상 플레이의 모델을 확장한다. 그러고나서 베이즈의 규칙은 결합 행동의 히스토리가 주어지면 신뢰를 갱신하는 데 사용된다. 전통적인 가상 플레이는 디리클레 사전을 사용한 합리적인 학습으로 볼 수 있다(4.2.2절).

15 D. Fudenberg and D. Levine, "Consistency and Cautious Fictitious Play," *Journal of Economic Dynamics and Control*, vol. 19, no. 5-7, pp. 1065-1089, 1995.

24.9 그래디언트 상승

그래디언트 상승(알고리듬 24.12)은 에이전트의 정책을 효용과 관련해 그래디언트에서 점진적으로 조정한다. 시각 t에서 에이전트 i의 그래디언트는 다음과 같다.

$$\frac{\partial U^i(\boldsymbol{\pi}_t)}{\partial \pi_t^i(a^i)} = \frac{\partial}{\partial \pi_t^i}\left(\sum_{\mathbf{a}} R^i(\mathbf{a}) \prod_j \pi_t^j(a^j)\right) = \sum_{\mathbf{a}^{-i}} R^i(a^i, \mathbf{a}^{-i}) \prod_{j \neq i} \pi_t^j(a^j) \quad (24.10)$$

그런 다음 표준 그래디언트 상승을 다음과 같이 사용할 수 있다.

$$\pi_{t+1}^i(a^i) = \pi_t^i(a^i) + \alpha_t^i \frac{\partial U^i(\boldsymbol{\pi}_t)}{\partial \pi_t^i(a^i)} \quad (24.11)$$

여기서 학습률은 α_t^i이다.[16] 23.4절의 POMDP 정책에서처럼 π_{t+1}^i는 유효한 확률 분포로 다시 투영돼야 할 수도 있다.

그러나 실제로 에이전트 i는 자신의 정책 π_t^i만 알고 있고 다른 에이전트의 정책을 모르므로 그래디언트 계산이 어렵다. 그러나 에이전트는 수행되는 결합 행동 $\mathbf{a}_t$를 관찰한다. 그들의 정책을 가상의 플레이에서처럼 추정하려고 시도할 수 있지만, 한 가지 간단한 접근 방식은 다른 에이전트의 정책이 그들의 가장 최근 행동을 재생하는 것이라고 가정하는 것이다.[17] 그런 다음 그래디언트는 다음과 같이 단순화된다.

$$\frac{\partial U^i(\boldsymbol{\pi}_t)}{\partial \pi_t^i(a^i)} = R^i(a^i, \mathbf{a}^{-i}) \quad (24.12)$$

그림 24.4는 단순 가위-바위-보 게임에서 이 접근법을 보여준다.

16 극소 그래디언트 상승(infinitesimal gradient ascent)은 역제곱근 학습률 $\alpha_t^i = 1/\sqrt{t}$을 사용한다. 극소라 불리는 이유는 $t \to \infty$일 때 $\alpha_t^i \to 0$이기 때문이다. 구현에서는 이 학습률을 사용한다. S. Singh, M. Kearns, and Y. Mansour, "Nash Convergence of Gradient Dynamics in General-Sum Games," in *Conference on Uncertainty in Artificial Intelligence (UAI)*, 2000.

17 이 접근법은 일반화 극소 그래디언트 상승(GIGA, Generalized Infinisimal Gradient Ascent)에서 사용된다. M. Zinkevich, "Online Convex Programming and Generalized Infinitesimal Gradient Ascent," in *International Conference on Machine Learning (ICML)*, 2003. 다음 문헌에서는 수렴을 돕기 위한 그래디언트 갱신 규칙의 변형이 제안됐다. M. Bowling, "Convergence and No-Regret in Multiagent Learning," in *Advances in Neural Information Processing Systems (NIPS)*, 2005.

```
mutable struct GradientAscent
    𝒫  # 단순 게임
    i  # 에이전트 인덱스
    t  # 시간 단계
    πi # 현재 정책
end

function GradientAscent(𝒫::SimpleGame, i)
    uniform() = SimpleGamePolicy(ai => 1.0 for ai in 𝒫.𝒜[i])
    return GradientAscent(𝒫, i, 1, uniform())
end

(πi::GradientAscent)() = πi.πi()

(πi::GradientAscent)(ai) = πi.πi(ai)

function update!(πi::GradientAscent, a)
    𝒫, 𝒯, 𝒜i, i, t = πi.𝒫, πi.𝒫.𝒯, πi.𝒫.𝒜[πi.i], πi.i, πi.t
    jointπ(ai) = [SimpleGamePolicy(j == i ? ai : a[j]) for j in 𝒯]
    r = [utility(𝒫, jointπ(ai), i) for ai in 𝒜i]
    π′ = [πi.πi(ai) for ai in 𝒜i]
    π = project_to_simplex(π′ + r / sqrt(t))
    πi.t = t + 1
    πi.πi = SimpleGamePolicy(ai => p for (ai, p) in zip(𝒜i, π))
end
```

알고리듬 24.12 단순 게임 𝒫의 에이전트 i에 대한 그래디언트 상승 구현. 알고리듬은 예상되는 효용을 개선하기 위해 그래디언트 상승에 따라 행동에 대한 분포를 점진적으로 갱신한다. 알고리듬 23.6의 사상 함수는 결과 정책이 유효한 확률 분포로 유지되도록 하는 데 사용된다.

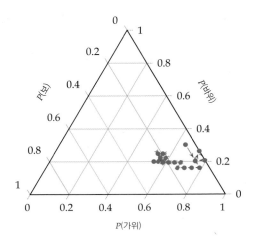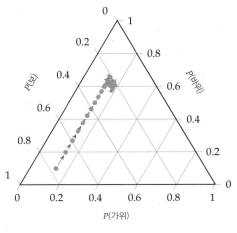

▲ **그림 24.4** 가위-바위-보 게임에서 임의로 초기화된 정책을 사용하는 2개의 그래디언트 상승 에이전트. 학습 속도가 $0.1/\sqrt{t}$인 알고리듬 24.12의 변형을 사용한다. 여기에는 20개의 정책 갱신이 표시된다. 단계 크기가 0이 되기 때문에 다른 시뮬레이션 추적이 수렴되더라도 확률적 정책의 다른 샘플은 다른 정책으로 수렴될 수 있다.

24.10 요약

- 단순 게임에서는 여러 에이전트가 예상 보상을 최대화하기 위해 경쟁한다.

- 최적성은 보상 사양에서 정책을 추출하기 위한 여러 가지 가능한 해의 개념이 존재하는 다중 에이전트 설정에서는 간단하지 않다.

- 다른 에이전트의 고정된 정책 집합에 대한 에이전트의 최상 응답은 이탈할 동기가 없는 것이다.

- 내시 균형은 모든 에이전트가 최선의 대응을 따르는 결합 정책이다.

- 상관 균형은 모든 에이전트가 에이전트 간의 상관 관계를 허용하는 단일 결합 행동 분포를 따른다는 점을 제외하면 내시 균형과 동일하다.

- '반복 최상 대응'에서는 최상 대응을 반복적으로 적용해 결합 정책을 신속하게 최적화할 수 있지만 일반적으로 수렴에 대한 보장은 없다.

- 계층적 소프트맥스는 합리성과 정밀도의 깊이 측면에서 에이전트를 모델링하려고 시도하며, 이는 과거 결합 행동에서 학습할 수 있다.

- 가상 플레이는 내시 균형으로 수렴할 가능성이 있는 최상 대응 정책을 찾기 위해 다른 에이전트에 대해 최대 가능성 행동 모델을 사용하는 학습 알고리듬이다.

- 그래디언트 상승에 이어 확률 심플렉스에 투영함으로써 정책을 학습할 수 있다.

24.11 연습 문제

연습 24.1 두 에이전트와 무한 수의 행동이 있어 내시 균형이 존재하지 않는 게임의 예를 제시하라.

해법: 각 에이전트의 행동 공간이 음의 실수로 구성돼 있고 보상이 행동과 같다고 가정한다. 가장 큰 음수가 존재하지 않기 때문에 내시 균형은 존재할 수 없다.

연습 24.2 결정론적 정책을 포함하는 두 에이전트, 두 행동, 두 내시 균형이 있는 게임의 예를 제시하라.

해법: 여기에 한 가지 예가 있다.[18] 2대의 항공기가 충돌 경로에 있고 각 항공기의 조종사가 충돌을 피하기 위해 상승 또는 하강 중 하나를 선택해야 한다고 가정한다. 두 조종사가 같은 기동을 선택하면 충돌이 발생하고 두 조종사 모두에게 −4의 효용이 간다. 상승은 하강보다 더 많은 연료를 필요로 하기 때문에 상승을 결정한 모든 조종사에게는 −1의 추가 페널티가 있다.

18 이 예는 다음 문헌에서 가져왔다. M. J. Kochenderfer, Decision Making Under Uncertainty: *Theory and Application*. MIT Press, 2015.

에이전트 2

상승 　　하강

	상승	하강
상승	$-5, -5$	$-1, 0$
하강	$0, -1$	$-4, -4$

에이전트 1

연습 24.3 기간이 1인 단순 게임에 대한 내시 균형인 정상성 결합 정책 $\boldsymbol{\pi}$가 주어졌을 때, 이것이 무한하거나 혹은 유한 기간으로 반복되는 동일한 단순 게임에 대한 내시 균형이기도 하다는 것을 증명하라.

해법: 내시 균형의 정의에 따라 모든 에이전트 i는 다른 모든 정책 $\pi^{i\prime} \neq \pi^i$에 대해 방정식 (24.2)에 따라 최상 대응 π^i를 수행한다.

$$U^i(\pi^i, \boldsymbol{\pi}^{-i}) \geq U^i(\pi^{i\prime}, \boldsymbol{\pi}^{-i})$$

U^i의 정의에 따라 다음과 같다.

$$U^i(\boldsymbol{\pi}) = \sum_{\mathbf{a} \in \mathbf{A}} R^i(\mathbf{a}) \prod_{j=1}^{k} \pi^j(a^j)$$

결합 정책은 시간이 지나도 모든 에이전트에 대해 일정하게 유지된다. 임의의 할인 계수($n < \infty$에 대해 $\gamma = 1$; $n \to \infty$에 대해 $\gamma < 1$)와 함께 임의의 기간 n을 적용한다. n 단계 후의 에이전트 i의 효용은 다음과 같다.

$$
\begin{aligned}
U^{i,n}(\boldsymbol{\pi}) &= \sum_{t=1}^{n} \gamma^{t-1} \sum_{\mathbf{a} \in \mathbf{A}} R^i(\mathbf{a}) \prod_{j=1}^{k} \pi^j(a^j) \\
&= \sum_{\mathbf{a} \in \mathbf{A}} R^i(\mathbf{a}) \prod_{j=1}^{k} \pi^j(a^j) \sum_{t=1}^{n} \gamma^{t-1} \\
&= U^i(\boldsymbol{\pi}) \sum_{t=1}^{n} \gamma^{t-1} \\
&= U^i(\boldsymbol{\pi}) c
\end{aligned}
$$

할인 계수는 상수 승수 $c > 0$가 된다. 따라서 방정식 (24.2)의 양변에 어떤 상수 승수를 곱해도 동일한 부등식이 돼 증명이 완성된다.

$$U^i(\pi^i, \boldsymbol{\pi}^{-i}) \geq U^i(\pi^{i\prime}, \boldsymbol{\pi}^{-i})$$

$$U^i(\pi^i, \boldsymbol{\pi}^{-i})c \geq U^i(\pi^{i\prime}, \boldsymbol{\pi}^{-i})c$$

$$U^i(\pi^i, \boldsymbol{\pi}^{-i}) \sum_{t=1}^{n} \gamma^{t-1} \geq U^i(\pi^{i\prime}, \boldsymbol{\pi}^{-i}) \sum_{t=1}^{n} \gamma^{t-1}$$

$$\sum_{t=1}^{n} \gamma^{t-1} U^i(\pi^i, \boldsymbol{\pi}^{-i}) \geq \sum_{t=1}^{n} \gamma^{t-1} U^i(\pi^{i\prime}, \boldsymbol{\pi}^{-i})$$

$$U^{i,n}(\pi^i, \boldsymbol{\pi}^{-i}) \geq U^{i,n}(\pi^{i\prime}, \boldsymbol{\pi}^{-i})$$

연습 24.4 내시 균형이 상관 균형임을 증명하라.

해법: 상관 관계가 없는 결합 정책 $\pi(\mathbf{a})$를 고려해보자. 어떤 에이전트 i에 대해 다음과 같다.

$$\pi(\mathbf{a}) = \prod_{j=1}^{k} \pi^j(a^j) = \pi^i(a^i) \prod_{j \neq i} \pi^j(a^j) \tag{24.13}$$

이 제약하의 상관 균형은 내시 균형의 정확한 정의를 형성한다는 것을 보여주는 것으로 충분하다. 방정식 (24.13)을 상관 균형의 정의에 적용하는 것부터 시작하자. 모든 i에 대해 π에서 0이 아닌 확률[19]의 모든 a^i 그리고 $a^{i\prime}$에 대해 다음이 성립한다.

[19] 즉 $\sum_{\mathbf{a}^{-i}} \pi(a^i, \mathbf{a}^{-i}) > 0$. 만약 이 값이 0이면 부등식은 $0 \geq 0$이므로 간단히 참이 된다.

$$\sum_{\mathbf{a}^{-i}} R^i(a^i, \mathbf{a}^{-i}) \pi(a^i, \mathbf{a}^{-i}) \geq \sum_{\mathbf{a}^{-i}} R^i(a^{i\prime}, \mathbf{a}^{-i}) \pi(a^i, \mathbf{a}^{-i})$$

$$\sum_{\mathbf{a}^{-i}} R^i(a^i, \mathbf{a}^{-i}) \pi^i(a^i) \prod_{j \neq i} \pi^j(a^j) \geq \sum_{\mathbf{a}^{-i}} R^i(a^{i\prime}, \mathbf{a}^{-i}) \pi^i(a^i) \prod_{j \neq i} \pi^j(a^j)$$

$$\sum_{\mathbf{a}^{-i}} R^i(a^i, \mathbf{a}^{-i}) \prod_{j \neq i} \pi^j(a^j) \geq \sum_{\mathbf{a}^{-i}} R^i(a^{i\prime}, \mathbf{a}^{-i}) \prod_{j \neq i} \pi^j(a^j) \tag{24.14}$$

이제 효용의 정의를 고려해보자.

$$U^i(\pi^i, \boldsymbol{\pi}^{-i}) = \sum_{\mathbf{a}} R^i(a^i, \mathbf{a}^{-i}) \prod_{j=1}^{k} \pi^j(a^j) = \sum_{a^i} \pi^i(a^i) \left(\sum_{\mathbf{a}^{-i}} R^i(a^i, \mathbf{a}^{-i}) \prod_{j \neq i} \pi^j(a^j) \right)$$

다음으로 방정식 (24.14)를 괄호 안의 항에 적용한다.

$$U^i(\pi^i, \boldsymbol{\pi}^{-i}) \geq \sum_{a^i} \pi^i(a^i) \left(\sum_{\mathbf{a}^{-i}} R^i(a^{i\prime}, \mathbf{a}^{-i}) \prod_{j \neq i} \pi^j(a^j) \right) = \left(\sum_{\mathbf{a}^{-i}} R^i(a^{i\prime}, \mathbf{a}^{-i}) \prod_{j \neq i} \pi^j(a^j) \right) \sum_{a^i} \pi^i(a^i) = \sum_{\mathbf{a}^{-i}} R^i(a^{i\prime}, \mathbf{a}^{-i}) \prod_{j \neq i} \pi^j(a^j)$$

이 방정식은 모든 행동 $a^{i\prime}$에 대해 성립한다. 결과적으로 확률 가중치를 적용해도 이 부등식의 우변은 유지된다. 임의의 다른 정책 $\pi^{j\prime}$를 가중치로 생각해보자.

$$U^i(\pi^i, \boldsymbol{\pi}^{-i}) \geq \sum_{a^i} \pi^{i\prime}(a^i) \sum_{\mathbf{a}^{-i}} R^i(a^i, \mathbf{a}^{-i}) \prod_{j \neq i} \pi^j(a^j) = U^i(\pi^{i\prime}, \boldsymbol{\pi}^{-i})$$

이 부등식은 최상 대응의 정의다. 이는 모든 에이전트 i에 대해 유효해야 하며 따라서 내시 균형의 정의를 형성한다. 요약하면 내시 균형은 상관 관계가 없는 결합 정책에 제약을 받는 특별한 종류의 상관 관계 균형이다.

연습 24.5 상관된 균형이 내시 균형으로 나타날 수 없는, 각각 두 행동을 가진 두 에이전트 게임의 예를 제시하라.

해법: 두 사람이 데이트를 하고는 싶지만 데이트 종류(이 경우 저녁 식사 또는 영화)에 대한 선호도는 상충되는 다음의 게임을 생각해보자.

에이전트 2

	저녁 식사	영화
저녁 식사	2, 1	0, 0
영화	0, 0	1, 2

(에이전트 1)

여기에는 확률론적 내시 균형이 존재한다. 에이전트 1은 π^1(저녁 식사) = 2/3 과 π^1(영화) = 1/3로 따른다. 에이전트 2는 π^2(저녁 식사) = 1/3 그리고 π^2(영화) = 2/3를 따른다. 효용은 다음과 같다.

$$U^1(\boldsymbol{\pi}) = \frac{2}{3}\cdot\frac{1}{3}\cdot 2 + \frac{2}{3}\cdot\frac{2}{3}\cdot 0 + \frac{1}{3}\cdot\frac{1}{3}\cdot 0 + \frac{1}{3}\cdot\frac{2}{3}\cdot 1 = \frac{2}{9}\cdot 2 + \frac{2}{9}\cdot 1 = \frac{2}{3}$$
$$U^2(\boldsymbol{\pi}) = \frac{2}{3}\cdot\frac{1}{3}\cdot 1 + \frac{2}{3}\cdot\frac{2}{3}\cdot 0 + \frac{1}{3}\cdot\frac{1}{3}\cdot 0 + \frac{1}{3}\cdot\frac{2}{3}\cdot 2 = \frac{2}{9}\cdot 1 + \frac{2}{9}\cdot 2 = \frac{2}{3}$$

그러나 두 에이전트가 공정한 동전 던지기 π(영화, 영화) = π(저녁 식사, 저녁 식사) = 0.5에 자신의 행동을 상관시켰다면 둘 다 저녁을 먹거나 영화를 보는 협업이 가능했을 것이다. 효용은 다음과 같다.

$$U^1(\boldsymbol{\pi}) = 0.5\cdot 2 + 0.0\cdot 0 + 0.0\cdot 0 + 0.5\cdot 1 = 0.5\cdot 2 + 0.5\cdot 1 = \frac{3}{2}$$
$$U^2(\boldsymbol{\pi}) = 0.5\cdot 1 + 0.0\cdot 0 + 0.0\cdot 0 + 0.5\cdot 2 = 0.5\cdot 1 + 0.5\cdot 2 = \frac{3}{2}$$

이것은 내시 균형으로는 불가능하다. 직관적으로 이 예에서는 확률적 가중치가 각 플레이어에 대해 독립적으로 각 행에 분산돼 있다. 반대로, 상관 균형은 특정 셀을 목표로 할 수 있다(이 경우 더 높은 보상으로).

연습 24.6 반복된 최상 대응이나 가상 플레이와 같은 알고리듬은 모든 게임에서 수렴되지는 않는다. 이 비수렴성을 보여주는 게임을 제시하라.

해법: 반복 최상 대응은 가위-바위-보에서 발산한다. 다음은 무작위 초기화를 사용한 처음 10번 반복의 예다.

반복	에이전트 1의 행동	에이전트 2의 행동	보상
1	보	바위	1.0, −1.0
2	보	가위	−1.0, 1.0
3	바위	가위	1.0, −1.0
4	바위	보	−1.0, 1.0
5	가위	보	1.0, −1.0
6	가위	바위	−1.0, 1.0

반복	에이전트 1의 행동	에이전트 2의 행동	보상
7	보	바위	1.0, −1.0
8	보	가위	−1.0, 1.0
9	바위	가위	1.0, −1.0
10	바위	보	−1.0, 1.0

가상 플레이도 '거의 가위-바위-보^{almost-rock-paper-scissors}' 게임[20]에도 수렴되지 않는다.

20 이 게임과 다른 많은 게임은 다음 문헌에 자세히 소개돼 있다. Y. Shoham and K. Leyton-Brown, *Multiagent Systems: Algorithmic, Game Theoretic, and Logical Foundations*. Cambridge University Press, 2009.

에이전트 2

	보	가위	가위
바위	0,0	0,1	1,0
가위	1,0	0,0	0,1
가위	0,1	1,0	0,0

에이전트 1

다음은 이 게임을 60회 반복하는 가상 플레이 에이전트의 예다.

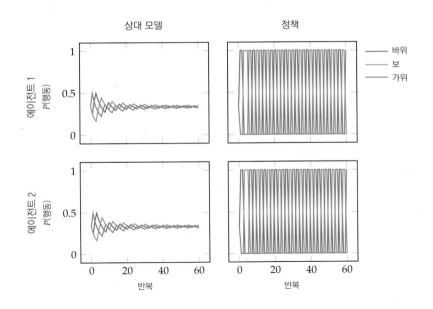

상대 모델 · 정책 · 바위 · 보 · 가위 · 에이전트 1 · 에이전트 2 · P(행동) · 반복

연습 24.7 여행자의 딜레마(부록 F.12)에서 반복 최상 대응은 무엇으로 수렴되는가?

해법: $2의 내시 균형으로 수렴한다.

25

순차적 문제

25장은 단순 게임을 여러 상태가 있는 순차적 문맥으로 확장한다. 마르코프 게임 MG, Markov Game은 자체 보상 함수를 가진 여러 에이전트를 포함하는 마르코프 결정 프로세스로 볼 수 있다.[1] 이 공식에서 전이는 결합 행동에 따라 달라지며 모든 에이전트는 자신의 보상을 최대화하려고 한다. 여기서는 상태 전이 모델을 고려하기 위해 단순 게임의 대응 모델과 내시 균형의 해 개념을 일반화한다. 25장의 마지막 부분에서는 에이전트가 관찰된 상호 작용의 정보와 보상 및 전이 함수에 대한 지식을 기반으로 정책을 조정하는 학습 기반 모델에 대해 설명한다.

1 MG는 확률 게임이라고도 하는데, 원래 MDP와 거의 같은 시기인 1950년대에 연구됐다. L. S. Shapley, "Stochastic Games," *Proceedings of the National Academy of Sciences*, vol. 39, no. 10, pp. 1095–1100, 1953. 이는 수십 년 후에 다중 에이전트 인공지능 커뮤니티에 도입됐다. M. L. Littman, "Markov Games as a Framework for Multi-Agent Reinforcement Learning," in *International Conference on Machine Learning (ICML)*, 1994.

25.1 마르코프 게임

MG(알고리듬 25.1)는 단순 게임을 확장해 공유 상태 $s \in \mathcal{S}$가 포함되도록 한다. 결합 행동 $\mathbf{a}$하에서, 상태 s에서 상태 s'로 전이할 우도는 전이 분포 $T(s' \mid s, \mathbf{a})$에 의해 주어진다. 각 에이전트 i는 자신의 보상 함수 $R^i(s, \mathbf{a})$에 따라 보상을 받는다. $R^i(s, \mathbf{a})$도 이제 상태에 따라 달라진다. 예제 25.1은 교통 통제를 MG로 구성할 수 있는 방법을 보여준다.

알고리듬 25.1 MG의 데이터 구조

```
struct MG
    γ  # 할인 계수
    𝓘  # 에이전트
    𝒮  # 상태 공간
    𝒜  # 결합 행동 공간
    T  # 전이 함수
    R  # 결합 보상 함수
end
```

자동차로 출근하는 통근자들을 생각해보라. 각 차량에는 출발 위치와 목적지가 있다. 각 자동차는 목적지에 도달하기 위해 가용한 여러 도로 중 하나를 택할 수 있지만 이러한 도로는 운전하는 데 걸리는 시간이 다르다. 주어진 도로에 운전하는 자동차가 많을수록 모두 느리게 움직이게 된다.

이 문제는 MG다. 에이전트는 자동차의 통근자이고, 상태는 도로에 있는 모든 자동차의 위치이며, 행동은 다음에 어떤 도로를 택할지 결정하는 데 해당한다. 상태 전이는 결합 행동에 따라 모든 자동차 에이전트를 전진시킨다. 부정적인 보상은 도로에서 운전에 소요되는 시간에 비례한다.

예제 25.1 MG로서의 교통 통제. MDP와 같은 단일 에이전트 모델을 사용해 이 문제를 모델링할 수 없다. 다른 에이전트의 행동은 알 수 없고 보상만 알 수 있기 때문이다. 여기서는 단순 게임에서와 유사하게 상호 작용을 통해 균형을 찾거나 정책을 배우려고 노력할 수 있다.

MG의 결합 정책 $\boldsymbol{\pi}$는 주어진 현재 상태에서 결합 행동에 대한 확률 분포를 지정한다. MDP와 마찬가지로 과거 히스토리보다는 현재 상태에 의존하는 정책에 집중할 것이다. 왜냐하면 주어진 현재 상태와 미래 상태 및 보상은 히스토리와 조건부 독립이기 때문이다. 또한 시간에 구애받지 않는 정상성^{stationary} 정책에 중점을 둘 것이다. 에이전트 i가 상태 s에서 행동 a를 선택할 확률은 $\pi^i(a \mid s)$로 주어진다. 종종 $\boldsymbol{\pi}(s)$로 결합 행동에 대한 분포를 표기한다.

에이전트 i의 관점에서 결합 정책 $\boldsymbol{\pi}$의 효용은 MDP에 대해 7.2절에서 소개한 정책 평가의 변형을 사용하면 계산할 수 있다. 결합 정책 $\boldsymbol{\pi}$를 따를 때 상태 s에서 에이전트 i에 대한 보상은 다음과 같다.

$$R^i(s, \boldsymbol{\pi}(s)) = \sum_{\mathbf{a}} R^i(s, \mathbf{a}) \prod_{j \in \mathcal{I}} \pi^j(a^j \mid s) \tag{25.1}$$

$\boldsymbol{\pi}$를 따를 때 상태 s에서 s'로 전이할 확률은 다음과 같다.

$$T(s' \mid s, \boldsymbol{\pi}(s)) = \sum_{\mathbf{a}} T(s' \mid s, \mathbf{a}) \prod_{j \in \mathcal{I}} \pi^j(a^j \mid s) \tag{25.2}$$

무한 기간 할인 게임에서 상태 s에서 에이전트 i에 대한 효용은 다음과 같다.

$$U^{\boldsymbol{\pi},i}(s) = R^i(s, \boldsymbol{\pi}(s)) + \gamma \sum_{s'} T(s' \mid s, \boldsymbol{\pi}(s)) U^{\boldsymbol{\pi},i}(s') \tag{25.3}$$

이는 정확히 풀 수 있다(알고리듬 25.2).

```
struct MGPolicy
    p # 상태를 단순 게임 정책으로 매핑하는 딕셔너리
    MGPolicy(p::Base.Generator) = new(Dict(p))
end

(πi::MGPolicy)(s, ai) = πi.p[s](ai)
(πi::SimpleGamePolicy)(s, ai) = πi(ai)

probability(𝒫::MG, s, π, a) = prod(πj(s, aj) for (πj, aj) in zip(π, a))
reward(𝒫::MG, s, π, i) =
    sum(𝒫.R(s,a)[i]*probability(𝒫,s,π,a) for a in joint(𝒫.𝒜))
transition(𝒫::MG, s, π, s') =
    sum(𝒫.T(s,a,s')*probability(𝒫,s,π,a) for a in joint(𝒫.𝒜))
```

알고리듬 25.2 MG 정책은 24장에서 소개한, 상태로부터 단순 게임 정책으로의 매핑이다. 생성기를 전달해 딕셔너리 형태로 매핑을 생성할 수 있다. 정책(MG 또는 단순 게임)이 상태 s에서 행동 a_i를 수행하는 데 할당하는 확률은 $\pi_i(s, a_i)$다. $R^i(s, \boldsymbol{\pi}(s))$와 $T(s' \mid s, \boldsymbol{\pi}(s))$를 계산하기 위한 함수도 제공된다. 정책 평가 함수는 벡터 식 $U^{\boldsymbol{\pi},i}$를 계산한다.

```
function policy_evaluation(𝒫::MG, π, i)
    𝒮, 𝒜, R, T, γ = 𝒫.𝒮, 𝒫.𝒜, 𝒫.R, 𝒫.T, 𝒫.γ
    p(s,a) = prod(πj(s, aj) for (πj, aj) in zip(π, a))
    R' = [sum(R(s,a)[i]*p(s,a) for a in joint(𝒜)) for s in 𝒮]
    T' = [sum(T(s,a,s')*p(s,a) for a in joint(𝒜)) for s in 𝒮, s' in 𝒮]
    return (I - γ*T')\R'
end
```

25.2 대응 모델

24장에서 소개한 대응 모델을 MG에 일반화할 수 있다. 그렇게 하려면 상태 전이 모델을 고려해야 한다.

25.2.1 최상 대응

에이전트 i에 대한 대응 정책$^{response \ policy}$이란 주어진 다른 에이전트의 고정된 정책 π^{-i}에 대해 기대 효용을 최대화하는 정책 π^i이다. 다른 에이전트의 정책이 고정되면 문제는 MDP로 축소된다. 이 MDP의 상태 공간은 $\mathcal{S}$이고 행동 공간은 $\mathcal{A}^i$이다. 전이와 보상 함수는 다음과 같이 정의할 수 있다.

$$T'(s' \mid s, a^i) = T(s' \mid s, a^i, \boldsymbol{\pi}^{-i}(s)) \tag{25.4}$$

$$R'(s, a^i) = R^i(s, a^i, \boldsymbol{\pi}^{-i}(s)) \tag{25.5}$$

이는 에이전트 i에 대한 최상 대응이기 때문에 MDP는 보상 R^i만 사용한다. 이 MDP를 해결하면 에이전트 i에 대한 최상 대응 정책이 생성된다. 알고리듬 25.3은 이에 대한 구현을 보여준다.

```
function best_response(𝒫::MG, π, i)
    S, 𝒜, R, T, γ = 𝒫.S, 𝒫.𝒜, 𝒫.R, 𝒫.T, 𝒫.γ
    T'(s,ai,s') = transition(𝒫, s, joint(π, SimpleGamePolicy(ai), i), s')
    R'(s,ai) = reward(𝒫, s, joint(π, SimpleGamePolicy(ai), i), i)
    πi = solve(MDP(γ, S, 𝒜[i], T', R'))
    return MGPolicy(s => SimpleGamePolicy(πi(s)) for s in S)
end
```

알고리듬 25.3 MG 𝒫의 경우 다른 에이전트가 π에서 정책을 실행하고 있는 경우 에이전트 i에 대한 결정론적 최상 대응 정책을 계산할 수 있다. 7장의 방법 중 하나를 사용해 MDP를 정확하게 풀 수 있다.

25.2.2 소프트맥스 대응

이전 장에서 수행한 것과 유사하게 각 상태에서 다른 에이전트의 정책에 확률적 대응을 할당하는 소프트맥스 대응 정책softmax response policy을 정의할 수 있다. 결정론적 최선의 대응 정책을 구축할 때처럼 고정 정책 π^{-i}의 에이전트 환경을 가진 MDP를 해결한다. 그런 다음 1-단계 예측을 사용해 행동 가치 함수 $Q(s, a)$를 추출한다. 소프트맥스 반응은 다음과 같다.

$$\pi^i(a^i \mid s) \propto \exp(\lambda Q(s, a^i)) \tag{25.6}$$

정밀도 매개 변수는 $\lambda \geq 0$이다. 알고리듬 25.4는 이 구현을 보여준다. 이 접근 방식은 계층적 소프트맥스의 해를 생성하는 데 사용할 수 있다(24.7절). 실제로 알고리듬 24.9를 직접 사용할 수 있다.

```
function softmax_response(𝒫::MG, π, i, λ)
    S, 𝒜, R, T, γ = 𝒫.S, 𝒫.𝒜, 𝒫.R, 𝒫.T, 𝒫.γ
    T'(s,ai,s') = transition(𝒫, s, joint(π, SimpleGamePolicy(ai), i), s')
    R'(s,ai) = reward(𝒫, s, joint(π, SimpleGamePolicy(ai), i), i)
    mdp = MDP(γ, S, joint(𝒜), T', R')
    πi = solve(mdp)
    Q(s,a) = lookahead(mdp, πi.U, s, a)
    p(s) = SimpleGamePolicy(a => exp(λ*Q(s,a)) for a in 𝒜[i])
    return MGPolicy(s => p(s) for s in S)
end
```

알고리듬 25.4 정밀도 매개 변수 λ를 가진 결합 정책 π에 대한 에이전트 i의 소프트맥스 대응

25.3 내시 균형

내시 균형 개념은 MG로 일반화할 수 있다.[2] 단순 게임과 마찬가지로 모든 에이
전트는 서로에게 최상 대응을 수행하며 이탈할 인센티브가 없다. 할인된 무한 기
간을 가진 모든 유한 MG는 내시 균형을 갖는다.[3]

단순 게임의 맥락에서 풀었던 것과 유사한 비선형 최적화 문제를 풀면 내시 균
형을 찾을 수 있다. 이 문제는 예측 효용 편차의 합계를 최소화하고 정책을 유효
한 분포로 제한한다.

$$
\begin{aligned}
\underset{\boldsymbol{\pi}, U}{\text{minimize}} \quad & \sum_{i \in \mathcal{I}} \sum_{s} \left(U^i(s) - Q^i(s, \boldsymbol{\pi}(s)) \right) \\
\text{제약 조건} \quad & U^i(s) \geq Q^i(s, a^i, \boldsymbol{\pi}^{-i}(s)) \text{ 모든 } i, s, a^i \text{에 대해} \\
& \sum_{a^i} \pi^i(a^i \mid s) = 1 \text{ 모든 } i, s \text{에 대해} \\
& \pi^i(a^i \mid s) \geq 0 \text{ 모든 } i, s, a^i \text{에 대해}
\end{aligned}
\tag{25.7}
$$

여기서

$$
Q^i(s, \boldsymbol{\pi}(s)) = R^i(s, \boldsymbol{\pi}(s)) + \gamma \sum_{s'} T(s' \mid s, \boldsymbol{\pi}(s)) U^i(s')
\tag{25.8}
$$

이 비선형 최적화 문제는 알고리듬 25.5에서 구현되고 해결된다.[4]

25.4 가상 플레이

단순 게임의 맥락에서 했던 것처럼 시뮬레이션으로 에이전트를 실행해 결합 정책
에 도달하기 위한 학습 기반 접근 방식을 취할 수 있다. 알고리듬 25.6은 상태 전
이를 처리하기 위해 24장에서 소개한 시뮬레이션 루프를 일반화한다. 시뮬레이션
에서 실행되는 다양한 정책은 상태 전이와 여러 에이전트가 수행한 행동에 기반
해 자체적으로 갱신된다.

2 시간이 지나도 변하지 않는다는 점에서 정
책이 고정돼 있다고 가정하기 때문에 여기에서
다루는 내시 균형은 고정 마르코프 완전 균형이다.

3 A. M. Fink, "Equilibrium in a Stochastic
n-Person Game," *Journal of Science of the
Hiroshima University, Series A-I*, vol. 28, no.
1, pp. 89–93, 1964.

4 J. A. Filar, T. A. Schultz, F. Thuijsman,
and O. Vrieze, "Nonlinear Programming and
Stationary Equilibria in Stochastic Games,"
Mathematical Programming, vol. 50, no. 1–3,
pp. 227–237, 1991.

정책 갱신을 위한 한 가지 접근 방식은 24장의 가상 플레이의 일반화(알고리듬 25.7)를 사용하는 것인데,[5] 이는 다른 에이전트의 정책에 대해 최대 우도 모델을 유지하는 것이다. 최대 우도 모델은 각 에이전트가 취하는 행동 외에 상태를 추적한다. 에이전트 j가 상태 s에서 a^j 행동을 수행하는 횟수를 추적해 표 $N(j, a^j, s)$에 저장한다. 표는 일반적으로 1로 초기화한다. 그런 다음 각 에이전트 j가 상태-종속 확률 정책을 따른다고 가정해 최상의 대응을 계산할 수 있다.

5 W. Uther and M. Veloso, "Adversarial Reinforcement Learning," Carnegie Mellon University, Tech. Rep. CMU-CS-03-107, 1997. M. Bowling and M. Veloso, "An Analysis of Stochastic Game Theory for Multiagent Reinforcement Learning," Carnegie Mellon University, Tech. Rep. CMU-CS-00-165, 2000.

$$\pi^j(a^j \mid s) \propto N(j, a^j, s) \tag{25.9}$$

```
function tensorform(𝒫::MG)
    𝒯, 𝒮, 𝒜, R, T = 𝒫.𝒯, 𝒫.𝒮, 𝒫.𝒜, 𝒫.R, 𝒫.T
    𝒯' = eachindex(𝒯)
    𝒮' = eachindex(𝒮)
    𝒜' = [eachindex(𝒜[i]) for i in 𝒯]
    R' = [R(s,a) for s in 𝒮, a in joint(𝒜)]
    T' = [T(s,a,s') for s in 𝒮, a in joint(𝒜), s' in 𝒮]
    return 𝒯', 𝒮', 𝒜', R', T'
end

function solve(M::NashEquilibrium, 𝒫::MG)
    𝒯, 𝒮, 𝒜, R, T = tensorform(𝒫)
    𝒮', 𝒜', γ = 𝒫.𝒮, 𝒫.𝒜, 𝒫.γ
    model = Model(Ipopt.Optimizer)
    @variable(model, U[𝒯, 𝒮])
    @variable(model, π[i=𝒯, 𝒮, ai=𝒜[i]] ≥ 0)
    @NLobjective(model, Min,
        sum(U[i,s] - sum(prod(π[j,s,a[j]] for j in 𝒯)
            * (R[s,y][i] + γ*sum(T[s,y,s']*U[i,s'] for s' in 𝒮))
            for (y,a) in enumerate(joint(𝒜))) for i in 𝒯, s in 𝒮))
    @NLconstraint(model, [i=𝒯, s=𝒮, ai=𝒜[i]],
        U[i,s] ≥ sum(
            prod(j==i ? (a[j]==ai ? 1.0 : 0.0) : π[j,s,a[j]] for j in 𝒯)
            * (R[s,y][i] + γ*sum(T[s,y,s']*U[i,s'] for s' in 𝒮))
```

알고리듬 25.5 이 비선형 프로그램은 MG $\mathcal{P}$에 대한 내시 균형을 계산한다.

```
            for (y,a) in enumerate(joint(𝒜))))
        @constraint(model, [i=ℐ, s=𝒮], sum(π[i,s,ai] for ai in 𝒜[i]) == 1)
        optimize!(model)
        π' = value.(π)
        πi'(i,s) = SimpleGamePolicy(𝒜'[i][ai] => π'[i,s,ai] for ai in 𝒜[i])
        πi'(i) = MGPolicy(𝒮'[s] => πi'(i,s) for s in 𝒮)
        return [πi'(i) for i in ℐ]
end
```

```
function randstep(𝒫::MG, s, a)
    s' = rand(SetCategorical(𝒫.𝒮, [𝒫.T(s, a, s') for s' in 𝒫.𝒮]))
    r = 𝒫.R(s,a)
    return s', r
end

function simulate(𝒫::MG, π, k_max, b)
    s = rand(b)
    for k = 1:k_max
        a = Tuple(πi(s)() for πi in π)
        s', r = randstep(𝒫, s, a)
        for πi in π
            update!(πi, s, a, s')
        end
        s = s'
    end
    return π
end
```

알고리듬 25.6 무작위 단계를 수행하고 MG에서 전체 시뮬레이션을 실행하는 함수. 시뮬레이션 함수는 b에서 무작위로 샘플링된 상태에서 시작해 k_max 단계에 대한 결합 정책 π를 시뮬레이션한다.

상태 s에서 결합 행동 **a**를 관찰한 후 각 에이전트 j에 대해 다음과 같이 갱신한다.

$$N(j, a^j, s) \leftarrow N(j, a^j, s) + 1 \qquad (25.10)$$

다른 에이전트의 행동 분포가 변경되면 효용을 갱신해야 한다. MG의 효용은 상태 종속성 때문에 단순 게임보다 계산이 훨씬 더 어렵다. 25.2.1절에 설명한 대로 다른 에이전트에 대해 할당한 모든 고정 정책 $\boldsymbol{\pi}^{-i}$은 MDP를 유도한다. 가상 플레이에서 $\boldsymbol{\pi}^{-i}$ 할당은 방정식 (25.9)에 의해 결정된다. 갱신할 때마다 MDP를 해결하는 대신 갱신을 주기적으로 적용하는 것이 일반적이며, 이는 비동기식 가치 반복에서 채택한 전략이기도 하다. 가상 플레이의 예는 예제 25.2에 나와 있다.

상태 s에 대한 정책 $\pi^i(s)$는 주어진 상대 모델 $\boldsymbol{\pi}^{-i}$ 및 계산된 효용 U^i으로부터 도출된다. 그런 다음 최상 대응을 선택한다.

$$\arg\max_a Q^i(s, a, \boldsymbol{\pi}^{-i}) \qquad (25.11)$$

여기 구현에서는 MG 정책 각 상태의 보상이 해당 Q^i인 단순 게임 정책이라는 속성을 사용한다.

```
mutable struct MGFictitiousPlay
    𝒫 # 마르코프 게임
    i # 에이전트 인덱스
    Qi # 상태-행동 가치 추정
    Ni # 상태-행동 개수
end

function MGFictitiousPlay(𝒫::MG, i)
    𝒥, 𝒮, 𝒜, R = 𝒫.𝒥, 𝒫.𝒮, 𝒫.𝒜, 𝒫.R
    Qi = Dict((s, a) => R(s, a)[i] for s in 𝒮 for a in joint(𝒜))
    Ni = Dict((j, s, aj) => 1.0 for j in 𝒥 for s in 𝒮 for aj in 𝒜[j])
    return MGFictitiousPlay(𝒫, i, Qi, Ni)
end

function (πi::MGFictitiousPlay)(s)
    𝒫, i, Qi = πi.𝒫, πi.i, πi.Qi
    𝒥, 𝒮, 𝒜, T, R, γ = 𝒫.𝒥, 𝒫.𝒮, 𝒫.𝒜, 𝒫.T, 𝒫.R, 𝒫.γ
    πi'(i,s) = SimpleGamePolicy(ai => πi.Ni[i,s,ai] for ai in 𝒜[i])
```

알고리듬 25.7 MG 𝒫에서 에이전트 i에 대한 가상 플레이는 각 상태의 시간 경과에 따른 다른 에이전트 행동 선택의 Ni 수를 유지하고 이것이 확률 정책이라고 가정해 평균화한다. 그런 다음 이 정책에 대한 최상 대응을 계산하고 해당하는 효용 최대화 행동을 수행한다.

```
        πi'(i) = MGPolicy(s => πi'(i,s) for s in 𝒮)
        π = [πi'(i) for i in 𝒯]
        U(s,π) = sum(πi.Qi[s,a]*probability(𝒫,s,π,a) for a in joint(𝒜))
        Q(s,π) = reward(𝒫,s,π,i) + γ*sum(transition(𝒫,s,π,s')*U(s',π)
                                           for s' in 𝒮)
        Q(ai) = Q(s, joint(π, SimpleGamePolicy(ai), i))
        ai = argmax(Q, 𝒫.𝒜[πi.i])
        return SimpleGamePolicy(ai)
end


function update!(πi::MGFictitiousPlay, s, a, s')
    𝒫, i, Qi = πi.𝒫, πi.i, πi.Qi
    𝒯, 𝒮, 𝒜, T, R, γ = 𝒫.𝒯, 𝒫.𝒮, 𝒫.𝒜, 𝒫.T, 𝒫.R, 𝒫.γ
    for (j,aj) in enumerate(a)
        πi.Ni[j,s,aj] += 1
    end
    πi'(i,s) = SimpleGamePolicy(ai => πi.Ni[i,s,ai] for ai in 𝒜[i])
    πi'(i) = MGPolicy(s => πi'(i,s) for s in 𝒮)
    π = [πi'(i) for i in 𝒯]
    U(π,s) = sum(πi.Qi[s,a]*probability(𝒫,s,π,a) for a in joint(𝒜))
    Q(s,a) = R(s,a)[i] + γ*sum(T(s,a,s')*U(π,s') for s' in 𝒮)
    for a in joint(𝒜)
        πi.Qi[s,a] = Q(s,a)
    end
end
```

포식자-먹이 육각 세계 MG(부록 F.13)에는 포식자(빨간색)와 먹이(파란색)가 하나씩 있다. 포식자가 먹이를 잡으면 10의 보상을 받고 먹이는 −100의 보상을 받는다. 그렇지 않으면 두 에이전트는 −1의 보상을 받는다. 에이전트는 동시에 이동한다. 가상의 플레이에는 10단계마다 초기 상태로 재설정을 적용한다.

포식자가 먹이를 쫓는 법을 배우고 먹이가 도망가는 법을 배우는 것을 관찰한다. 흥미롭게도 포식자는 먹이가 동쪽 모퉁이로 달려가 기다린다는 사실도 알게 된다. 먹이는 이 모퉁이에서 기다리면 포식자가 먹이를 향해 뛰어올 때 즉시 도망칠 수 있다는 것을 학습한다. 여기서 먹이는 포식자가 북동쪽으로 이동할 때 서쪽으로 이동해 포식자를 피한다.

다음 그림은 포식자와 먹이 모두에 대해 강조된 상태(포식자와 먹이의 육각 위치)의 상대 모델 학습을 보여준다.

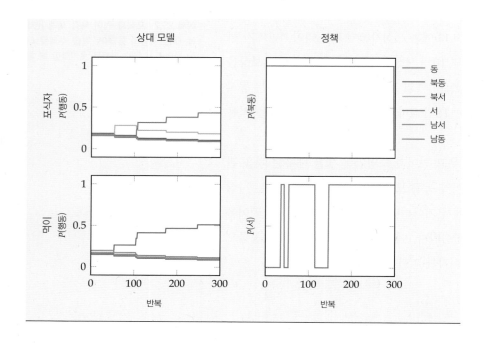

25.5 그래디언트 상승

단순 게임에 대해 이전 장에서 수행한 것과 유사한 방식으로 그래디언트 상승(알고리듬 25.8)을 사용해 정책을 학습할 수 있다. 이제 상태를 고려해야 하며 행동 가치 함수를 학습해야 한다. 각 시간 단계 t에서 모든 에이전트는 상태 s_t에서 결합 행동 $\mathbf{a}_t$를 수행한다. 단순 게임의 그래디언트 상승에서와 같이 에이전트 i는 에이전트의 정책 $\boldsymbol{\pi}_t^{-i}$을 관찰된 행동 $\mathbf{a}_t^{-i}$라고 가정한다. 그래디언트는 다음과 같다.

$$\frac{\partial U^{\boldsymbol{\pi}_t,i}(s_t)}{\partial \pi_t^i(a^i \mid s_t)} = \frac{\partial}{\partial \pi^i(a^i \mid s_t)}\left(\sum_{\mathbf{a}}\prod_j \pi^j(a^j \mid s_t)Q^{\boldsymbol{\pi}_t,i}(s_t,\mathbf{a}_t)\right) \quad (25.12)$$

$$= Q^{\boldsymbol{\pi}_t,i}(s_t,a^i,\mathbf{a}_t^{-i}) \quad (25.13)$$

그래디언트 단계는 상태 s가 포함되고 기대 효용 추정값 Q_t^i가 제외된다는 점을 제외하면 24장과 유사한 패턴을 따른다.

$$\pi_{t+1}^i(a^i \mid s_t) = \pi_t^i(a^i \mid s_t) + \alpha_t^i Q^i(s_t, a^i, \mathbf{a}^{-i}) \qquad (25.14)$$

다시 말하지만, 이 갱신은 정책 π_{t+1}^i가 유효한 확률 분포를 보장하기 위해 투영이 필요할 수 있다.

25.4절의 가상 플레이와 마찬가지로 Q_t^i를 추정해야 한다. Q-러닝을 사용할 수 있다.

$$Q_{t+1}^i(s_t, \mathbf{a}_t) = Q_t^i(s_t, \mathbf{a}_t) + \alpha_t \left(R^i(s_t, \mathbf{a}_t) + \gamma \max_{a^{i\prime}} Q_t^i(s_{t+1}, a^{i\prime}, \mathbf{a}_t^{-i}) - Q_t^i(s_t, \mathbf{a}_t) \right) \qquad (25.15)$$

역제곱근 학습률 $\alpha_t = 1/\sqrt{t}$를 사용할 수 있다. 탐색도 필요하다. 아마도 $\epsilon_t = 1/\sqrt{t}$ 와 함께 ϵ-그리디 전략을 사용할 수 있을 것이다.

25.6 내시 Q-러닝

또 다른 학습 기반 접근 방식은 내시 Q-러닝(알고리듬 25.9)으로, Q-러닝(17.2절)에서 영감을 얻었다.[6] 이 방법은 에이전트가 서로의 변화하는 정책에 반응할 때 적용되는 행동 가치 함수의 추정값을 유지한다. 행동 가치 함수를 갱신하는 과정에서 내시 균형을 계산해 다른 에이전트의 행동을 모델링한다.

6   J. Hu and M. P. Wellman, "Nash Q-Learning for General-Sum Stochastic Games," *Journal of Machine Learning Research*, vol. 4, pp. 1039–1069, 2003.

```
mutable struct MGGradientAscent
    𝒫  # 마르코프 게임
    i  # 에이전트 인덱스
    t  # 시간 단계
    Qi # 상태-행동 가치 추정
    πi # 현재 정책
end

function MGGradientAscent(𝒫::MG, i)
    𝒯, 𝒮, 𝒜 = 𝒫.𝒯, 𝒫.𝒮, 𝒫.𝒜
    Qi = Dict((s, a) => 0.0 for s in 𝒮, a in joint(𝒜))
    uniform() = Dict(s => SimpleGamePolicy(ai => 1.0 for ai in 𝒫.𝒜[i])
                    for s in 𝒮)
    return MGGradientAscent(𝒫, i, 1, Qi, uniform())
end

function (πi::MGGradientAscent)(s)
    𝒜i, t = πi.𝒫.𝒜[πi.i], πi.t
    ε = 1 / sqrt(t)
    π′(ai) = ε/length(𝒜i) + (1-ε)*πi.πi[s](ai)
    return SimpleGamePolicy(ai => π′(ai) for ai in 𝒜i)
end

function update!(πi::MGGradientAscent, s, a, s′)
    𝒫, i, t, Qi = πi.𝒫, πi.i, πi.t, πi.Qi
    𝒯, 𝒮, 𝒜i, R, γ = 𝒫.𝒯, 𝒫.𝒮, 𝒫.𝒜[πi.i], 𝒫.R, 𝒫.γ
    jointπ(ai) = Tuple(j == i ? ai : a[j] for j in 𝒯)
    α = 1 / sqrt(t)
    Qmax = maximum(Qi[s′, jointπ(ai)] for ai in 𝒜i)
    πi.Qi[s, a] += α * (R(s, a)[i] + γ * Qmax - Qi[s, a])
    u = [Qi[s, jointπ(ai)] for ai in 𝒜i]
    π′ = [πi.πi[s](ai) for ai in 𝒜i]
    π = project_to_simplex(π′ + u / sqrt(t))
    πi.t = t + 1
    πi.πi[s] = SimpleGamePolicy(ai => p for (ai, p) in zip(𝒜i, π))
end
```

알고리듬 25.8 MG 𝒫의 에이전트 i에 대한 그래디언트 상승. 알고리듬은 예상 효용을 개선하기 위해 그래디언트 상승에 따라 방문한 상태에서 행동 분포를 점진적으로 갱신한다. 알고리듬 23.6의 투영 함수는 결과 정책이 유효한 확률 분포로 유지되도록 하는 데 사용된다.

내시 Q-러닝을 따르는 에이전트는 결합 행동 가치 함수 $\mathbf{Q}(s, \mathbf{a})$의 추정값을 유지한다. 이 행동 가치 함수는 이 가치 함수로 구성된 단순 게임에서 계산된 내시 평형을 사용해 모든 상태 전이 후에 갱신된다. 결합 행동 $\mathbf{a}$에 이어 s에서 s'로 전이한 후 동일한 에이전트 수와 동일한 결합 행동 공간의 단순 게임을 구성하지만 보상 함수는 $\mathbf{R}(\mathbf{a'}) = \mathbf{Q}(s', \mathbf{a'})$가 되도록 하는 s'의 추정 가치와 같다.

에이전트는 다음 행동 $\mathbf{a'}$에 대해 내시 균형 정책 $\boldsymbol{\pi'}$를 계산한다. 도출된 정책하에서 후속 상태의 기대 효용은 다음과 같다.

$$\mathbf{U}(s') = \sum_{\mathbf{a'}} \mathbf{Q}(s', \mathbf{a'}) \prod_{j \in \mathcal{I}} \pi^{j'}(a^{j'}) \tag{25.16}$$

그런 다음 에이전트는 가치 함수를 갱신한다.

$$\mathbf{Q}(s, \mathbf{a}) \leftarrow \mathbf{Q}(s, \mathbf{a}) + \alpha \left(\mathbf{R}(s, \mathbf{a}) + \gamma \mathbf{U}(s') - \mathbf{Q}(s, \mathbf{a}) \right) \tag{25.17}$$

여기서 학습률 α는 일반적으로 상태 동작 횟수 $\alpha = 1/\sqrt{N(s, \mathbf{a})}$의 함수다.

일반 Q-러닝과 마찬가지로 모든 상태와 행동이 충분히 자주 시도되도록 p를 보장하는 탐색 전략을 채택해야 한다. 알고리듬 25.9에서 에이전트는 ϵ-그리디 정책을 따른다. 확률 $\epsilon = 1/\sum_{\mathbf{a}}(N(s, \mathbf{a}))$로 무작위로 균등 행동을 선택한다. 그렇지 않으면 내시 균형의 결과를 사용한다.

```
mutable struct NashQLearning
    𝒫 # 마르코프 게임
    i # 에이전트 인덱스
    Q # 상태-행동 가치 추정
    N # 수행한 행동의 히스토리
end

function NashQLearning(𝒫::MG, i)
    ℐ, 𝒮, 𝒜 = 𝒫.ℐ, 𝒫.𝒮, 𝒫.𝒜
    Q = Dict((j, s, a) => 0.0 for j in ℐ, s in 𝒮, a in joint(𝒜))
    N = Dict((s, a) => 1.0 for s in 𝒮, a in joint(𝒜))
    return NashQLearning(𝒫, i, Q, N)
end

function (πi::NashQLearning)(s)
    𝒫, i, Q, N = πi.𝒫, πi.i, πi.Q, πi.N
    ℐ, 𝒮, 𝒜, 𝒜i, γ = 𝒫.ℐ, 𝒫.𝒮, 𝒫.𝒜, 𝒫.𝒜[πi.i], 𝒫.γ
    M = NashEquilibrium()
    𝒢 = SimpleGame(γ, ℐ, 𝒜, a -> [Q[j, s, a] for j in ℐ])
    π = solve(M, 𝒢)
    ϵ = 1 / sum(N[s, a] for a in joint(𝒜))
    πi'(ai) = ϵ/length(𝒜i) + (1-ϵ)*π[i](ai)
    return SimpleGamePolicy(ai => πi'(ai) for ai in 𝒜i)
end

function update!(πi::NashQLearning, s, a, s')
    𝒫, ℐ, 𝒮, 𝒜, R, γ = πi.𝒫, πi.𝒫.ℐ, πi.𝒫.𝒮, πi.𝒫.𝒜, πi.𝒫.R, πi.𝒫.γ
    i, Q, N = πi.i, πi.Q, πi.N
    M = NashEquilibrium()
    𝒢 = SimpleGame(γ, ℐ, 𝒜, a' -> [Q[j, s', a'] for j in ℐ])
    π = solve(M, 𝒢)
    πi.N[s, a] += 1
    α = 1 / sqrt(N[s, a])
    for j in ℐ
        πi.Q[j,s,a] += α*(R(s,a)[j] + γ*utility(𝒢,π,j) - Q[j,s,a])
    end
end
```

알고리듬 25.9 MG 𝒫에서 에이전트 i에 대한 내시 Q-러닝. 이 알고리듬은 모든 에이전트에 대한 상태-행동 가치 함수를 학습하기 위해 결합 행동 Q-러닝을 수행한다. Q로 단순 게임을 만들고 알고리듬 24.5를 사용해 내시 균형을 계산한다. 그런 다음 균형은 가치 함수를 갱신하는 데 사용된다. 이 구현은 또한 상태-결합-행동 쌍이 방문하는 횟수에 비례하는 변수 학습률을 사용하며 N에 저장된다. 또한 ϵ-그리디 탐색을 사용해 모든 상태와 행동이 탐색되도록 한다.

25.7 요약

- MG는 다중 에이전트에 대한 MDP의 확장 또는 순차 문제에 대한 단순 게임의 확장이다. 이러한 문제에서는 여러 에이전트가 경쟁하고 시간이 지남에 따라 개별적으로 보상을 받는다.
- 내시 균형은 MG로 공식화할 수 있지만 이제 모든 상태에서 전체 에이전트의 모든 행동을 고려해야 한다.
- 내시 균형을 찾는 문제는 비선형 최적화 문제로 공식화될 수 있다.
- 알려진 전이 함수를 사용하고 행동 가치의 추정값을 통합함으로써 가상의 플레이를 MG에 일반화할 수 있다.
- 그래디언트 상승 접근법은 확률적 정책을 반복적으로 개선하며 모델을 가정할 필요가 없다.
- 내시 Q-러닝은 전통적인 Q-러닝을 멀티에이전트 문제에 적용하고 다른 플레이어의 모델로 구성된 단순 게임의 내시 균형을 해결한다.

25.8 연습 문제

연습 25.1 MG가 MDP와 단순 게임의 확장임을 보여라. MDP를 MG로 공식화하고 단순 게임을 MG로 공식화해 이를 보여라.

해법: MG는 단순 게임을 일반화한다. $\mathcal{I}$, $\mathcal{A}$, $\mathbf{R}$의 단순 게임의 경우 자체 루프가 있는 단일 상태만 있으면 MG를 구성할 수 있다. 즉 이 MG는 다음을 가진다. $\mathcal{S} = \{s^1\}$, $T(s^1 \mid s^1, \mathbf{a}) = 1$, $\mathbf{R}(s^1, \mathbf{a}) = \mathbf{R}(\mathbf{a})$.

　MG는 MDP를 일반화한다. $\mathcal{S}$, $\mathcal{A}$, T, R의 모든 MDP는 에이전트를 이 단일 에이전트로 할당해 MG를 구성할 수 있다. 즉 이 MG는 다음을 가진다. $\mathcal{I} = \{1\}$, $\mathcal{A}^1 = \mathcal{A}$, $T(s' \mid s, \mathbf{a}) = T(s' \mid s', a)$, $\mathbf{R}(s, a) = R(s, a)$.

연습 25.2 에이전트 i의 경우 주어진 다른 에이전트 $\boldsymbol{\pi}^{-i}$의 고정 정책에 대해 결정론적 최적 응답보다 더 큰 효용을 제공하는 확률적 최적 응답이 있을 수 있는가? 내시 균형에서 확률적 정책을 고려하는 이유는 무엇인가?

해법: 아니다. 다른 에이전트의 고정 정책이 주어진 경우 $\boldsymbol{\pi}^{-i}$가 결정론적 최고 효용을 얻기에 충분하다. 최상 대응은 25.2절에 설명된 대로 MDP를 해결하는 것으로 공식화할 수 있다. 결정론적 정책은 최적의 효용 최대화를 제공하기에 충분하다는 것이 입증됐다. 따라서 MG에서 최상 대응에 대해서도 마찬가지다. 내시 균형에서 최상 대응은 모든 에이전트에 대해 유효해야 한다. 결정론적 최상 대응은 확률론적 대응과 유용성이 같을 수 있지만, 다른 에이전트가 이탈하기를 원하지 않도록 균형은 확률론적 대응이 필요할 수 있다.

연습 25.3 25장에서는 정상성 마르코프 정책에 대해서만 설명했다. 어떤 다른 범주의 정책이 있는가?

해법: 이른바 행동 정책^{behavioral policy} $\pi^i(\mathbf{h}_t)$는 완전한 히스토리 $\mathbf{h}_t = (\mathbf{s}_{1:t}, \mathbf{a}_{1:t-1})$에 의존하는 정책이다. 이러한 정책은 다른 에이전트의 플레이 히스토리에 따라 달라진다. 비정상성^{nonstationary} 마르코프 정책 $\pi^i(s, t)$는 시간 단계 t에 종속되지만 전체 히스토리에는 종속되지 않는 정책이다. 예를 들어, 포식자-먹이 육각 세계 문제에서 처음 10개의 시간 단계 동안 육각에서의 행동은 동쪽으로 가는 것이고 10개의 시간 단계 후에는 서쪽으로 가는 것일 수 있다.

비정상성이 아닌 내시 균형이 있을 수 있다. 비-마르코프^{non-Markov} 결합 정책이나 정상성인 비-마르코프 결합 정책 등이있을 수 있다. 그러나 모든 정상성 MG에는 정상성 마르코프 내시 균형이 있음이 입증됐다.

연습 25.4 MG에서 가상의 플레이는 효용을 추정해야 한다. 효용을 계산하는 다양한 접근 방식과 그 장단점을 나열하라.

해법: 알고리듬 25.7은 방문한 상태와 모든 결합 행동에 대해 단일 백업을 수행한다. 이 접근 방식은 단일 백업이기 때문에 상대적으로 효율적이라는 이점이 있다.

해당 상태에서 모든 결합 행동을 갱신하면 관찰되지 않은 행동을 탐색하게 된다. 이 접근 방식의 단점은 적절한 정책을 얻기 위해 모든 상태에서 이 갱신을 여러 번 수행해야 할 수도 있다는 것이다.

대안은 방문한 상태와 실제로 수행된 결합 행동만 갱신하는 것이므로 갱신 단계가 더 빨라진다. 단점은 전체 범위의 결합 행동을 탐색하는 데 더 많은 단계가 필요하다는 것이다.

또 다른 대안은 모든 갱신 단계에서 수렴될 때까지 모든 상태에서 가치 반복을 수행하는 것이다. 갱신할 때마다 상대방의 모델이 변경된다는 점을 기억하라. 이는 25.2.1절에서 결정론적 최상 대응에 대해 설명된 대로 새로운 MDP를 유도한다. 결과적으로 각 갱신 후에 가치 반복을 다시 실행해야 한다. 이 접근 방식의 이점은 효용 Q^i가 시간이 지남에 따라 모든 상태를 고려하기 때문에 각 단계에서 가장 정보에 입각한 결정을 내릴 수 있다는 것이다. 단점은 갱신 단계가 계산적으로 매우 비싸다는 것이다.

26

상태 불확실성

지금까지 논의된 다중 에이전트 모델은 모든 에이전트가 실제 상태를 관찰할 수 있다고 가정했다. 부분 관찰 가능성을 포함하도록 MDP를 확장할 수 있던 것처럼 MG를 확장해 부분 관찰 가능 마르코프 게임[POMG, Partially Observable Markov Game]을 생성할 수 있다.[1] 실제로 POMG는 이 책에 제시된 다른 모든 문제를 일반화한다. 이러한 복잡한 문제는 여러 에이전트가 환경에 대한 부분적 관찰 또는 잡음 관찰을 수신하는 도메인을 나타내는 데 사용할 수 있다. 이러한 일반성은 POMG를 모델링하고 해결하는 것을 계산적으로 어렵게 만든다. 26장에서는 POMG를 정의하고 정책 표현을 설명하며 해법을 제시한다.

26.1 부분 관찰 가능 마르코프 게임

POMG(알고리듬 26.1)는 부분 관찰 가능성에 대한 MG의 확장 또는 다중 에이전트에 대한 POMDP의 확장으로 볼 수 있다. 각 에이전트 $i \in \mathcal{I}$는 공유된 상태 s에

1 POMG는 부분 관찰 가능 확률 게임(POSG, Partially Observable Stochastic Game)으로도 불린다. POMG는 불확실한 정보를 가진 확장 형태 게임과 밀접하게 연계된다. H. Kuhn, "Extensive Games and the Problem of Information," in *Contributions to the Theory of Games II*, H. Kuhn and A. Tucker, eds., Princeton University Press, 1953, pp. 193–216. 이 모델은 나중에 인공지능 커뮤니티에 소개됐다. E. A. Hansen, D. S. Bernstein, and S. Zilberstein, "Dynamic Programming for Partially Observable Stochastic Games," in *AAAI Conference on Artificial Intelligence (AAAI)*, 2004.

서의 지역 관찰 o^i에만 기반해 행동 $a^i \in \mathcal{A}^i$를 선택한다. 시스템 $s \in \mathcal{S}$의 참 상태는 모든 에이전트가 공유하지만 반드시 완전히 관찰 가능한 것은 아니다. 초기 상태는 알려진 초기 상태 분포 b에서 추출된다. 결합 행동 $\mathbf{a}$하에 상태 s에서 s'로 전이할 우도는 $T(s' \mid s, \mathbf{a})$를 따른다. 결합 보상 $\mathbf{r}$은 MG에서의 $R^i(s, \mathbf{a})$를 따라 생성된다. 각 에이전트는 자신의 누적 보상을 최대화하기 위해 노력한다. 모든 에이전트가 결합 행동 $\mathbf{a}$를 수행한 후 결합 관찰joint observation은 결합 관찰 공간joint observation space $\mathcal{O} = \mathcal{O}^1 \times \cdots \times \mathcal{O}^k$로부터의 환경 $o = (o^1, \ldots, o^k)$에 의해 발현된다. 그런 다음 각 에이전트는 이 결합 관찰로부터 개별 관찰 o^i를 받는다. 예제 26.1에서는 우는 아기 문제를 다중 에이전트로 확장한다.

POMDP에서는 19장에서 논의한 것처럼 신뢰-상태를 유지할 수 있었지만 POMG에서는 이 접근 방식이 불가능하다. 결합 행동과 결합 관찰이 관측되지 않기 때문에 개별 에이전트는 POMDP에서와 같은 종류의 신뢰 갱신을 수행할 수 없다. 결합 행동에 대한 확률 분포를 추론하려면 각 에이전트가 서로를 추론하는 다른 에이전트를 추론해야 하며, 이들은 또 서로에 대해 추론하고 있다. 다른 관찰에 대한 분포를 추론하는 것은 관찰이 다른 에이전트의 행동에 종속되기 때문에 복잡하다.[2]

POMG에 대한 신뢰를 명시적으로 모델링하는 것은 어렵기 때문에 행동을 결정하기 위해 신뢰가 필요하지 않은 정책 표현에 초점을 맞출 것이다. 이전의 장들에서 POMDP에 대해 소개한 트리 기반 조건부 계획 표현과 그래프 기반 컨트롤러 표현을 사용할 수 있다. MG에서와 같이 POMG의 각 에이전트는 정책 π^i에 따라 작동하거나 동등하게 에이전트는 결합 정책 $\boldsymbol{\pi} = (\pi^1, \ldots, \pi^k)$에 따라 같이 행동할 수 있다.

2 상호 작용 POMDP(IPOMDP, Interactive POMDP) 모델은 이 무한 회귀를 포착하려 시도한다. P. J. Gmytrasiewicz and P. Doshi, "A Framework for Sequential Planning in Multi-Agent Settings," *Journal of Artificial Intelligence Research*, vol. 24, no. 1, pp. 49–79, 2005. 이는 시간과 깊이에 대해 동시에 추론하므로 계산상 복잡하지만, 이러한 모델의 알고리듬은 실용적 사용례의 목표에 대해서는 놀랍도록 진일보됐다. E. Sonu, Y. Chen, and P. Doshi, "Decision-Theoretic Planning Under Anonymity in Agent Populations," *Journal of Artificial Intelligence Research*, vol. 59, pp. 725–770, 2017.

```
struct POMG
    γ # 할인 계수
    ℐ # 에이전트
    S # 상태 공간
    𝒜 # 결합 행동 공간
    O # 결합 관찰 공간
    T # 전이 함수
    O # 결합 관찰 함수
    R # 결합 보상 함수
end
```

우는 아기 문제를 다중 에이전트 POMG로 일반화하는 것을 알아보자. 아기를 돌보는 2명의 보호자가 있다. POMDP 버전에서와 같이 상태는 배고프거나 포만감을 느끼는 아기다. 각 보호자의 행동은 아기에게 젖을 주거나 노래를 부르거나 무시하는 것이다. 두 보호자가 동일한 행동을 선택하면 비용이 절반으로 줄어든다. 예를 들어, 2명의 보호자가 아기에게 젖을 먹이면 보상은 −5가 아니라 −2.5가 된다. 그러나 보호자는 아기의 상태를 완전하게 관찰하지 못한다. 대신, 그들은 아기 울음의 시끄러운 정도의 관찰에만 의존하며 둘 다 동일한 관찰을 한다. 보상 구조의 결과로 서로 돕는 것과 그리디하게 선택하는 것 사이에는 트레이드 오프가 있다.

예제 26.1. POMG로 다중 보호자 우는 아기 문제. 부록 F.14는 추가 세부 사항을 보여준다.

26.2 정책 평가

26.2절에서는 트리 기반 조건부 계획 또는 그래프 기반 컨트롤러로 표현해 결합 정책을 평가하는 방법에 대해 설명한다. POMDP의 맥락에서와 같이 조건부 계획을 사용해 결정적 정책을 나타내고 컨트롤러를 사용해 확률적 정책을 나타낸다.

26.2.1 조건부 계획 평가

조건부 계획(20.2절)은 행동이 노드와 연결되고 관찰이 선분과 연결되는 트리임을 상기하라. 각 에이전트에는 고유한 트리가 있으며 처음에는 해당 루트와 연결된 행동을 선택한다. 관찰 후 각 에이전트는 트리 아래로 진행해 관찰과 관련된 선분을 취한다. 행동을 취하고 관찰에 기반해 선분을 선택하는 프로세스는 트리 끝에 도달할 때까지 계속된다. 예제 26.2는 각 에이전트에 대한 조건부 계획으로 구성된 결합 정책을 보여준다.

예제 26.2 다중 보호자의 우는 아기 문제에서 조건부 계획을 사용하는 2-에이전트, 2-단계 결합 정책

다음은 여러 보호자의 우는 아기 문제에 대한 2-단계 조건부 계획으로 표현되는 결합 정책 $\boldsymbol{\pi} = (\pi^1, \pi^2)$다.

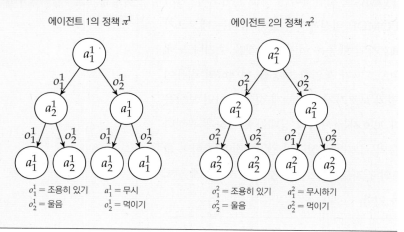

상태 s에서 시작할 때 POMDP의 방정식 (20.8)에서 수행된 것처럼 결합 효용 함수 $\mathbf{U}^{\boldsymbol{\pi}}$를 재귀적으로 계산할 수 있다.

$$\mathbf{U}^{\boldsymbol{\pi}}(s) = \mathbf{R}(s, \boldsymbol{\pi}()) + \gamma \left[\sum_{s'} T(s' \mid s, \boldsymbol{\pi}()) \sum_{\mathbf{o}} O(\mathbf{o} \mid \boldsymbol{\pi}(), s') \mathbf{U}^{\boldsymbol{\pi}(\mathbf{o})}(s') \right] \quad (26.1)$$

여기서 $\boldsymbol{\pi}()$는 $\boldsymbol{\pi}$와 관련된 트리의 루트에 있는 행동 벡터이고, $\boldsymbol{\pi}(\mathbf{o})$는 결합 관찰 $\mathbf{o}$의 구성 요소를 관찰하는 다양한 에이전트와 관련된 하위 계획 벡터다.

초기 상태 분포 b의 정책 $\boldsymbol{\pi}$와 관련된 효용은 다음과 같다.

$$\mathbf{U}^{\boldsymbol{\pi}}(b) = \sum_s b(s)\mathbf{U}^{\boldsymbol{\pi}}(s) \qquad (26.2)$$

알고리듬 26.2는 이에 대한 구현을 보여준다.

```
function lookahead(𝒫::POMG, U, s, a)
    𝒮, 𝒪, T, O, R, γ = 𝒫.𝒮, joint(𝒫.𝒪), 𝒫.T, 𝒫.O, 𝒫.R, 𝒫.γ
    u' = sum(T(s,a,s')*sum(O(a,s',o)*U(o,s') for o in 𝒪) for s' in 𝒮)
    return R(s,a) + γ*u'
end

function evaluate_plan(𝒫::POMG, π, s)
    a = Tuple(πi() for πi in π)
    U(o,s') = evaluate_plan(𝒫, [πi(oi) for (πi, oi) in zip(π,o)], s')
    return isempty(first(π).subplans) ? 𝒫.R(s,a) : lookahead(𝒫, U, s, a)
end

function utility(𝒫::POMG, b, π)
    u = [evaluate_plan(𝒫, π, s) for s in 𝒫.𝒮]
    return sum(bs * us for (bs, us) in zip(b, u))
end
```

알고리듬 26.2 조건부 계획은 유한 기간 POMG에서의 정책을 나타낸다. 이들은 알고리듬 20.1에서 단일 에이전트에 대해 정의된다. 상태 s에서 시작할 때 조건부 계획으로 표시되는 결합 정책 π의 실행과 관련된 효용을 계산할 수 있다. 초기 상태 분포 b에서 효용 계산은 다른 상태에서 시작할 때 효용의 가중 평균을 취한다.

26.2.2 확률적 컨트롤러 평가

컨트롤러(23.1절)는 확률 그래프로 표시된다. 에이전트 i와 관련된 컨트롤러는 행동 분포 $\psi^i(a^i \mid x^i)$와 후속 분포 $\eta^i(x^{i\prime} \mid x^i, a^i, o^i)$로 정의된다. 결합 노드 $\mathbf{x}$가 활성화되고 결합 정책 $\boldsymbol{\pi}$를 따르는 상태 s에 있는 것의 효용은 다음과 같다.

$$\mathbf{U}^{\boldsymbol{\pi}}(\mathbf{x},s) = \sum_{\mathbf{a}} \prod_i \psi^i(a^i \mid x^i) \left(\mathbf{R}(s,\mathbf{a}) + \gamma \sum_{s'} T(s' \mid s,\mathbf{a}) \sum_{\mathbf{o}} O(\mathbf{o} \mid \mathbf{a},s') \sum_{\mathbf{x}'} \prod_i \eta^i(x^{i\prime} \mid x^i,a^i,o^i) \mathbf{U}^{\boldsymbol{\pi}}(\mathbf{x}',s') \right) \tag{26.3}$$

이 맥락의 정책 평가는 이 선형 방정식 시스템을 해결하는 것이다. 또는 POMDP 에 대한 알고리듬 23.2와 유사한 반복 정책 평가를 사용할 수 있다. 초기 상태 분 포 b와 결합 컨트롤러 상태 $\mathbf{x}$에서 시작할 때의 효용은 다음과 같다.

$$\mathbf{U}^{\boldsymbol{\pi}}(\mathbf{x},b) = \sum_s b(s)\mathbf{U}(\mathbf{x},s) \tag{26.4}$$

예제 26.3은 결합 확률 컨트롤러를 보여준다.

다음은 우는 아기 문제에서 2명의 보호자에 대한 결합 컨트롤러 정책 $\boldsymbol{\pi} = (\pi^1, \pi^2)$ 이다. 각 컨트롤러에는 2개의 노드가 있다. $X^i = \{x_1^i, x_2^i\}$

에이전트 1의 정책 π^1 에이전트 2의 정책 π^2

o^1 = 조용히 있기 a^1 = 무시하기
o^1 = 배고픔 a^1 = 먹이기

예제 26.3 다중 보호자의 우는 아기 문 제에 대해 컨트롤러를 사용한 두 에이전 트 결합 정책

26.3 내시 균형

단순 게임 및 MG와 마찬가지로 POMG에서 내시 균형은 모든 에이전트가 서로 에 대한 최상 대응 정책에 따라 행동해 에이전트가 정책에서 벗어날 동기가 없는 경우다. POMG에서 내시 균형은 계산적으로 해결하기 매우 어려운 경향이 있다. 알고리듬 26.3은 POMG에서 d-단계 내시 균형을 계산한다. 예제 26.4와 같이

단순 게임을 구성하기 위해 가능한 모든 d-단계 결합 조건부 계획을 열거한다. 이 단순 게임의 내시 균형은 POMG의 내시 균형이기도 하다.

단순 게임에는 POMG와 동일한 에이전트가 있다. POMG의 모든 결합 조건부 계획에 대한 단순 게임의 결합 행동이 있다. 각 행동에 대해 받는 보상은 POMG의 결합 조건부 계획에 따른 효용과 동일하다. 이렇게 구성된 단순 게임의 내시 균형은 바로 POMG의 내시 균형으로 적용될 수 있다.

```
struct POMGNashEquilbrium
    b # 초기 신뢰
    d # 조건부 계획의 깊이
end

function create_conditional_plans(𝒫, d)
    𝓘, 𝒜, 𝒪 = 𝒫.𝓘, 𝒫.𝒜, 𝒫.𝒪
    Π = [[ConditionalPlan(ai) for ai in 𝒜[i]] for i in 𝓘]
    for t in 1:d
        Π = expand_conditional_plans(𝒫, Π)
    end
    return Π
end

function expand_conditional_plans(𝒫, Π)
    𝓘, 𝒜, 𝒪 = 𝒫.𝓘, 𝒫.𝒜, 𝒫.𝒪
    return [[ConditionalPlan(ai, Dict(oi => πi for oi in 𝒪[i]))
        for πi in Π[i] for ai in 𝒜[i]] for i in 𝓘]
end

function solve(M::POMGNashEquilbrium, 𝒫::POMG)
    𝓘, γ, b, d = 𝒫.𝓘, 𝒫.γ, M.b, M.d
    Π = create_conditional_plans(𝒫, d)
    U = Dict(π => utility(𝒫, b, π) for π in joint(Π))
    𝒢 = SimpleGame(γ, 𝓘, Π, π -> U[π])
    π = solve(NashEquilibrium(), 𝒢)
    return Tuple(argmax(πi.p) for πi in π)
end
```

알고리듬 26.3 내시 균형은 어느 깊이 d 까지의 모든 조건부 계획의 단순 게임을 생성해 초기 상태 분포 b를 가진 POMG 𝒫에 대해 계산된다. 여기서는 알고리듬 24.5를 사용해 이 단순 게임에서 내시 균형을 해결한다. 편의상 가장 가능성이 높은 결합 정책을 선택한다. 또는 실행 시작 시 결합 정책을 무작위로 선택할 수 있다.

2단계 기간으로 여러 명의 보호자가 있는 우는 아기 문제를 고려하라. 각 에이전트 i에 대해 세 가지 행동이 있음을 기억하라.

$$\mathcal{A}^i = \{a_1^i, a_2^i, a_3^i\} = \{\text{먹이기, 노래하기, 무시하기}\}$$

그리고 두 가지 관찰이 있다.

$$\mathcal{O}^i = \{o_1^i, o_2^i\} = \{\text{울음, 조용히 있기}\}$$

이 POMG를 단순 게임으로 변환하면 다음과 같은 게임 표가 생성된다. 각 보호자는 완전한 조건부 계획에 해당하는 단순 게임 행동을 선택한다. 각 에이전트에 대한 단순 게임 보상은 결합 정책과 관련된 효용이다.

예제 26.4 행동이 조건부 계획에 해당되는 단순 게임으로 변환해 다중 보호자가 있는 우는 아기 문제에서 내시 균형을 계산

26.4 동적 프로그래밍

내시 균형을 계산하기 위해 이전 절에서 취한 접근 방식은 일반적으로 행동이, 가능한 모든 조건부 계획에 어느 정도 깊이까지 대응하기 때문에 계산 비용이 매우 높다. POMDP(20.5절)에 대한 가치 반복 접근 방식을 채택할 수 있다. 여기에서는 고려된 조건부 계획 집합의 깊이를 확장하고 최적이 아닌 계획을 가지치기하는 것을 반복했다. 최악의 계산 복잡도는 모든 정책 트리의 전체 확장과 동일하지만 이 증분 접근 방식은 상당한 절감 효과를 가져올 수 있다.

알고리듬 26.4는 이 동적 프로그래밍 방식을 구현한다. 모든 1-단계 계획을 구성하는 것부터 시작한다. 다른 계획에 지배당하는 모든 계획을 제거한 뒤 1-단계 계획의 모든 조합을 확장해 2-단계 계획을 생성한다. 확장과 가지치기를 번갈아 하는 이 절차는 원하는 기간에 도달할 때까지 반복된다.

가지치기 단계에서는 지배된 모든 정책을 제거한다. 에이전트 i에 속하는 정책 π^i는 항상 π^i만큼의 성능을 발휘하는 다른 정책 $\pi^{i'}$가 존재하는 경우 제거될 수 있다. 계산 비용이 많이 들지만 이 조건은 선형 프로그램을 풀어서 확인할 수 있다. 이 프로세스는 POMDP의 컨트롤러 노드 가지치기(알고리듬 23.4)와 관련이 있다.

i에 대한 별도의 선형 프로그램을 푸는 것은 계산적으로 힘들다. 대신, 최적의 정책을 제거하지 않는 것이 보장되지만 최적이 아닌 모든 정책을 제거할 수는 없는 훨씬 더 효율적인 접근 방식을 취할 수 있다. 정책 π^i는 다른 정책 $\boldsymbol{\pi}^{-i}$와 상태 s 사이에 다음처럼 되는 $b(\boldsymbol{\pi}^{-i}, s)$가 존재하지 않을 경우 $\pi^{i'}$에 의해 지배된다.

$$\sum_{\boldsymbol{\pi}^{-i}} \sum_s b(\boldsymbol{\pi}^{-i}, s) U^{\pi^{i'}, \boldsymbol{\pi}^{-i}, i}(s) \geq \sum_{\boldsymbol{\pi}^{-i}} \sum_s b(\boldsymbol{\pi}^{-i}, s) U^{\pi^i, \boldsymbol{\pi}^{-i}, i}(s) \qquad (26.5)$$

여기서 b는 다른 에이전트와 정책과 상태에 대한 결합 분포다. 26장의 시작 부분에서 언급했듯이 신뢰-상태를 계산하는 것은 일반적으로 불가능하지만 방정식 (26.5)은 개별 정책 지배에 대한 신뢰 공간을 확인한다.

방정식 (26.5)을 확인하기 위해 단일 선형 프로그램을 구성할 수 있다.[3]

3 방정식 (20.16)에서 POMDP의 알파 벡터를 정리하기 위해 유사한 선형 프로그램을 만들었다.

알고리듬 26.4 동적 프로그래밍은 초기 신뢰 b와 기간 깊이 d가 주어지면 POMG $\mathcal{P}$에 대한 내시 균형 π를 계산한다. 각 단계에서 정책 트리와 예상 효용을 반복적으로 계산한다. 각 반복의 가지치기 단계는 적어도 하나의 가용한 다른 정책 트리보다 기대 효용이 낮은 정책 트리인 지배된 정책을 제거한다.

```
struct POMGDynamicProgramming
    b    # 초기 신뢰
    d    # 조건부 계획 깊이
end

function solve(M::POMGDynamicProgramming, 𝒫::POMG)
    ℐ, 𝒮, 𝒜, R, γ, b, d = 𝒫.ℐ, 𝒫.𝒮, 𝒫.𝒜, 𝒫.R, 𝒫.γ, M.b, M.d
    Π = [[ConditionalPlan(ai) for ai in 𝒜[i]] for i in ℐ]
    for t in 1:d
        Π = expand_conditional_plans(𝒫, Π)
        prune_dominated!(Π, 𝒫)
    end
    𝒢 = SimpleGame(γ, ℐ, Π, π -> utility(𝒫, b, π))
    π = solve(NashEquilibrium(), 𝒢)
    return Tuple(argmax(πi.p) for πi in π)
end

function prune_dominated!(Π, 𝒫::POMG)
    done = false
    while !done
        done = true
        for i in shuffle(𝒫.ℐ)
            for πi in shuffle(Π[i])
                if length(Π[i]) > 1 && is_dominated(𝒫, Π, i, πi)
                    filter!(πi' -> πi' ≠ πi, Π[i])
                    done = false
                    break
                end
            end
        end
    end
end
```

```
function is_dominated(𝒫::POMG, Π, i, πi)
    𝒯, 𝒮 = 𝒫.𝒯, 𝒫.𝒮
    jointΠnoti = joint([Π[j] for j in 𝒯 if j ≠ i])
    π(πi′, πnoti) = [j==i ? πi′ : πnoti[j>i ? j-1 : j] for j in 𝒯]
    Ui = Dict((πi′, πnoti, s) => evaluate_plan(𝒫, π(πi′, πnoti), s)[i]
              for πi′ in Π[i], πnoti in jointΠnoti, s in 𝒮)
    model = Model(Ipopt.Optimizer)
    @variable(model, δ)
    @variable(model, b[jointΠnoti, 𝒮] ≥ 0)
    @objective(model, Max, δ)
    @constraint(model, [πi′=Π[i]],
        sum(b[πnoti, s] * (Ui[πi′, πnoti, s] - Ui[πi, πnoti, s])
        for πnoti in jointΠnoti for s in 𝒮) ≥ δ)
    @constraint(model, sum(b) == 1)
    optimize!(model)
    return value(δ) ≥ 0
end
```

선형 프로그램이 가능하다는 것은 π^i가 다른 어떠한 $\pi^{i'}$에 의해서도 지배되지 않는다는 것을 의미한다.

$$\underset{\delta,b}{\text{maximize}} \quad \delta$$

$$\text{제약 조건} \quad b(\boldsymbol{\pi}^{-i}, s) \geq 0 \text{ 모든 } \boldsymbol{\pi}^{-i}, s\text{에 대해}$$

$$\sum_{\boldsymbol{\pi}^{-i}} \sum_s b(\boldsymbol{\pi}^{-i}, s) = 1 \tag{26.6}$$

$$\sum_{\boldsymbol{\pi}^{-i}} \sum_s b(\boldsymbol{\pi}^{-i}, s)\left(U^{\pi^{i'},\boldsymbol{\pi}^{-i},i}(s) - U^{\pi^i,\boldsymbol{\pi}^{-i},i}(s)\right) \geq \delta \text{ 모든 } \pi^{i'}\text{에 대해}$$

가지치기 단계는 임의로 에이전트 i를 선택하고 각 정책의 우세를 확인해 지배된 정책을 제거한다. 이 프로세스는 모든 에이전트를 통과해 지배된 정책을 더 이상 찾지 못할 때까지 반복된다. 예제 26.5는 여러 명의 보호자가 우는 아기 문제에 대한 이 프로세스를 보여준다.

동적 프로그래밍으로 해결한 다중 보호자가 있는 우는 아기 문제를 생각해보라. 처음에 깊이 $d = 2$인 정책은 다음과 같다.

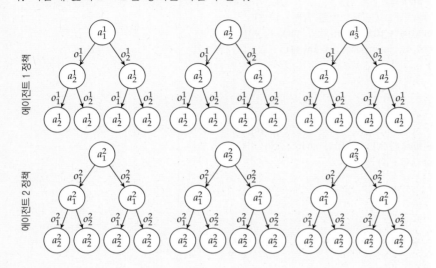

가지치기 단계 후 에이전트 정책은 다음과 같다.

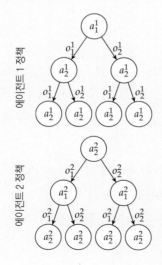

이 경우 가지치기 단계는 최상의 결합 정책을 찾는다. 이 접근 방식은 알고리 듬의 다음 반복에서 고려해야 하는 가능한 결합 정책의 수를 크게 줄인다.

26.5 요약

- POMG는 POMDP를 여러 에이전트로 일반화하고 MG는 부분 관찰 가능성으로 일반화한다.

- 에이전트는 대개 POMG에 대한 신뢰를 유지할 수 없기 때문에 정책은 일반적으로 조건부 계획 또는 유한 상태 컨트롤러의 형태를 취한다.

- POMG에 대한 d-단계 조건부 계획의 형태인 내시 균형은 가능한 모든 POMG 결합 정책으로 구성된 결합 행동이 있는 단순 게임에서의 내시 균형을 찾아 얻을 수 있다.

- 탐색 공간을 제한하기 위해 지배된 계획을 가지치기하면서 더 깊은 조건 부 계획 집합을 반복적으로 구성함으로써 내시 균형을 보다 효율적으로 계산하는 데 동적 프로그래밍 접근 방식을 사용할 수 있다.

26.6 연습 문제

연습 26.1 POMG가 POMDP와 MG를 모두 일반화함을 보여라.

해법: 모든 POMDP는 하나의 에이전트 $\mathcal{I} = \{1\}$를 가진 POMG로 정의할 수 있다. 상태 S는 동일하고 $\mathbf{A} = (\mathcal{A}^1)$와 $\mathbf{O} = (\mathcal{O}^1)$의 행동도 동일하다. 따라서 상태 전이, 관찰 함수, POMG의 보상도 바로 그렇다. 내시 균형 최적화는 하나의 에이전트만 있으므로 기대 가치의 간단한 최대화가 발생하는데 이는 POMDP와 동일하다.

모든 MG에 대해 동일한 에이전트 $\mathcal{I}$, 상태 $\mathcal{S}$, 결합 행동 $\mathbf{A}$, 전이 T, 결합 보상 $\mathbf{R}$ 로 POMG를 정의할 수 있다. 개별 관찰은 상태 $\mathcal{O}^i = S$로 할당된다. 그런 다음 관찰 함수는 결정론적으로 각 에이전트에 참 상태 $\mathbf{o} = (s', \ldots, s')$이면 $O(\mathbf{o} \mid \mathbf{a}, s') = 1$ 를 제공하고, 그렇지 않으면 0을 제공한다.

연습 26.2 에이전트 간의 통신을 POMG 프레임워크에 어떻게 통합할 수 있는가?

해법: 에이전트의 행동 공간을 확장해 통신 행동을 포함할 수 있다. 다른 에이전트 는 관찰 모델에 따라 이러한 통신 행동을 관찰할 수 있다.

연습 26.3 에이전트는 항상 의사 소통할 인센티브가 있나?

해법: POMG의 에이전트는 종종 경쟁적이며, 이 경우 다른 사람과 통신할 인센 티브가 없다. 그들의 보상이 어느 정도 일치한다면 그들은 의사 소통하고자 할 수 도 있다.

연습 26.4 깊이 d에는 가능한 결합 조건부 계획이 얼마나 많이 있는가?

해법: 모두 $|\mathcal{A}|^{(|\mathcal{O}|^d - 1)/(|\mathcal{O}| - 1)}$개의 가능한 d-단계 단일-에이전트 조건부 계획이 있 음을 기억하자. 에이전트 전체에서 이러한 단일 에이전트 조건부 계획의 모든 조 합을 사용해 조건부 계획의 결합 정책을 구성할 수 있다. d-단계 다중 에이전트 조건부 계획의 수는 다음과 같다.

$$\prod_{i \in \mathcal{I}} |\mathcal{A}^i|^{(|\mathcal{O}^i|^d - 1)/(|\mathcal{O}^i| - 1)}$$

연습 26.5 에이전트 i의 효용 $U^{\boldsymbol{\pi}, i}$ 측면에서 POMG에 대한 최상의 응답을 정의하 라. POMG에 대해 반복 최상 응답을 제안하라.

해법: 초기 신뢰 b에서 다른 에이전트의 정책 $\boldsymbol{\pi}^{-i}$에 대한 에이전트 i의 최상 반응 은 방정식 (24.2)에 따라 모든 정책 $\pi^{i'}$과 함께 다음과 같이 정의된다.

$$U^{\pi^i, \boldsymbol{\pi}^{-i}, i}(b) \geq U^{\pi^{i'}, \boldsymbol{\pi}^{-i}, i}(b)$$

조건부 계획의 경우 $u^{\pi,i}$는 방정식 (26.1)과 방정식 (26.2)로 정의된다.

　반복 최상의 응답에 대한 구현은 24.2.1절을 따른다. 먼저 알고리듬 26.3과 같은 조건부 계획과 단순 게임을 생성할 수 있다. 그런 다음 알고리듬 24.8을 사용해 최상의 응답을 반복할 수 있다.

27

협업 에이전트

많은 다중 에이전트 도메인은 협업적으로서 모든 에이전트가 공동의 공유 목표를 향해 행동하면서 환경에서 독립적으로 행동한다. 응용 분야로는 로봇 수색 및 구조에서부터 행성간 탐사 로버^{rover}에 이르기까지 다양하다. 부분적으로 관찰 가능한 분산형 마르코프 결정 프로세스^{Dec-POMDP, Decentralized Partial Observable Markov Decision Process}는 이러한 협업 에이전트 설정에 초점을 맞추면서 POMG의 일반성을 포착한다.[1] 이 모델은 여러 개별 에이전트 목적 함수 사이에서 균형을 찾는 것과는 반대로 단일 공유 목적 함수로 인해 확장 가능한 근사 알고리듬에 더 적합하다. 27장에서는 Dec-POMDP 모델을 제시하고 하위 부류^{subclass}를 강조하며 이를 최적으로 그리고 근사적으로 해결하는 알고리듬을 설명한다.

1   D. S. Bernstein, R. Givan, N. Immerman, and S. Zilberstein, "The Complexity of Decentralized Control of Markov Decision Processes," *Mathematics of Operation Research*, vol. 27, no. 4, pp. 819–840, 2002. 보다 포괄적인 소개는 다음 문헌을 참고하라. F. A. Oliehoek and C. Amato, *A Concise Introduction to Decentralized POMDPs*. Springer, 2016.

27.1 부분적으로 관찰 가능한 분산형 마르코프 결정 프로세스

Dec-POMDP(알고리듬 27.1)는 모든 에이전트가 동일한 목적 함수를 공유하는 POMG다. 모든 에이전트 $i \in \mathcal{I}$는 지역 관찰 $o^i \in \mathcal{O}^i$에 기반해 지역 행동 $a^i \in \mathcal{A}^i$를 선택한다. 시스템 $s \in \mathcal{S}$의 참 상태는 모든 에이전트에 공유된다. 상태 s와 공동 행동 $\mathbf{a}$를 기반으로 $R(s, \mathbf{a})$에 의해 단일 보상이 생성된다. 모든 에이전트의 목표는 지역 부분 관찰 가능성하에서 시간에 대해, 공유된 예상 보상을 최대화하는 것이다. 예제 27.1은 포식자-먹이 문제에서 Dec-POMDP 버전을 설명한다.

포식자 팀이 도망치는 한 마리의 먹이를 잡으려고 애쓰는 포식자-먹이 육각 세계 문제를 생각해보자. 포식자는 독립적으로 움직인다. 먹이는 포식자가 차지하지 않는 이웃 셀^{cell}로 무작위로 이동한다. 포식자는 먹이를 잡기 위해 협업해야 한다.

예제 27.1 DecPOMDP로서의 협업 포식자-먹이 문제. 추가 세부 사항은 부록 F.15에 나와 있다.

POMG와 관련된 많은 도전 과제가 Dec-POMDP에서도 계속해서 나타난다. 에이전트들이 신뢰-상태를 유지하기 어려운 것과 관련된 문제가 그중 하나다. 여기서는 조건부 계획이나 컨트롤러로 표현된 정책에 초점을 맞추고 있다. 이전 장에서 소개된 동일한 알고리듬을 정책 평가에 사용할 수 있다. 필요한 것은 각 에이전트 i의 $R^i(s, \mathbf{a})$를 Dec-POMDP의 $R(s, \mathbf{a})$와 동일하게 하는 POMG를 생성하는 것뿐이다.

```
struct DecPOMDP
    γ  # 할인 계수
    ℐ  # 에이전트
    𝒮  # 상태 공간
    𝒜  # 결합 행동 공간
    𝒪  # 결합 관찰 공간
    T  # 전이 함수
    O  # 결합 관찰 함수
    R  # 보상 함수
end
```

알고리듬 27.1 Dec-POMDP의 데이터 구조. 알고리듬 24.2의 joint 함수를 사용하면 𝒜 또는 𝒪처럼 제공된 집합의 모든 조합을 생성할 수 있다. tensorform 함수는 Dec-POMDP 𝒫를 텐서(tensor) 표현으로 변환한다.

27.2 하위 부류

Dec-POMDP의 많은 주요 하위 부류가 존재한다. 이러한 하위 부류들을 분류하는 것은 특정 구조를 활용하는 알고리듬을 설계할 때 유용하다.

흥미로운 속성 중 하나는 **결합 완전 관측성**^{joint full observability}으로, 각 에이전트가 상태의 측면을 관측하며, 그들의 관측을 결합하면 실제 상태를 고유하게 확인할 수 있다. 그러나 에이전트들은 서로 관측을 공유하지 않는다. 이 속성은 $O(\mathbf{o} \mid \mathbf{a}, s') > 0$이면 $P(s' \mid \mathbf{o}) = 1$임을 보장한다. 결합 완전 관측성을 가진 Dec-POMDP는 분산형 마르코프 의사결정 프로세스^{Dec-MDP, Decentralized Markov Decision Process}라고 불린다. Dec-POMDP와 Dec-MDP 문제 모두 시계열의 단계 수가 상태의 수보다 적을 때 NEXP-complete 문제다.[2]

많은 설정에서 Dec-POMDP의 상태 공간은 각 에이전트와 환경에 대해 하나씩 분해^{factored}된다. 이를 분해된 Dec-POMDP라고 한다. $\mathcal{S} = \mathcal{S}^0 \times \mathcal{S}^1 \times \mathcal{S}^k$이며, $\mathcal{S}^i$는 에이전트 i와 연계된, 분해된 상태 성분이고 $\mathcal{S}^0$는 일반 환경과 연계된 분해된 상태 성분이다. 예를 들어, 포식자-먹이 결합 문제에서 각 에이전트는 위치에 대한 고유한 상태 요소를 가지며 먹이의 위치는 상태 공간의 환경 구성 요소와

2   NP와 PSPACE의 복잡도와 달리 NEXP는 P가 아님이 알려져 있다. 따라서 Dec-MDP와 Dec-POMDP는 다항 시간 알고리듬이 없다. D. S. Bernstein, R. Givan, N. Immerman, and S. Zilberstein, "The Complexity of Decentralized Control of Markov Decision Processes," *Mathematics of Operation Research*, vol. 27, no. 4, pp. 819–840, 2002.

연결된다.

어떤 문제에서는 분해된 Dec-POMDP가 다음 속성 중 하나 이상을 가질 수 있다.

- 전이 독립성^{transition independence}: 이는 에이전트가 서로의 상태에 영향을 미치지 않을 수 있다는 것이다.

$$T(\mathbf{s}' \mid \mathbf{s}, \mathbf{a}) = T^0(s^{0\prime} \mid s^0) \prod_i T^i(s^{i\prime} \mid s^i, a^i) \tag{27.1}$$

- 관찰 독립성^{observation independence}: 이는 에이전트의 관찰이 오직 그들의 지역 상태와 행동에만 종속된다는 것이다.

$$O(\mathbf{o} \mid \mathbf{a}, \mathbf{s}') = \prod_i O^i(o^i \mid a^i, s^{i\prime}) \tag{27.2}$$

- 보상 독립성^{reward independence}: 이는 보상은 다수의 독립 부분으로 분해될 수 있다는 것이다.[3]

$$R(\mathbf{s}, \mathbf{a}) = R^0(s^0) + \sum_i R^i(s^i, a^i) \tag{27.3}$$

3 여기서는 보상 구성 요소를 합으로 표시했지만, 임의의 단조 증가 함수를 대신 사용해 보상 독립성을 유지할 수 있다.

계산 복잡도는 표 27.1에 요약된 대로 이러한 독립 속성 중 어느 것이 충족되는지에 따라 크게 달라질 수 있다. 확장성을 개선하기 위해 문제를 모델링할 때 이러한 독립성을 고려하는 것이 중요하다.

▼ 표 27.1 서로 다른 독립성 가정을 가진 분해된 Dec-POMDP의 복잡도

독립성	복잡도
전이, 관찰, 보상	P-complete
전이와 관찰	NP-complete
모든 부분집합	NEXP-complete

네트워크 분산 부분 관찰 가능 마르코프 결정 프로세스^{ND-POMDP, Network Distributed Partially Observable Markov Decision Process}는 전이 및 관찰 독립성과 특별한 보상 구조를 갖춘 Dec-POMDP다. 보상 구조는 조정 그래프^{coordination graph}로 표시된다. 이 책의 앞 부분에서 사용된 그래프와 달리 조정 그래프는 일종의 초그래프^{hypergraph}인데 선 분이 여러 노드를 연결할 수 있다. ND-POMDP 초그래프의 노드는 다양한 에 이전트에 해당한다. 선분은 보상 함수에서 에이전트 간의 상호 작용과 관련된다. ND-POMDP는 선분이 연결되는 상태 및 동작 구성 요소에 따라 달라지는 보상 구성 요소 R_j를 초그래프의 각 선분 j와 연결한다. ND-POMDP의 보상 함수는 단순히 선분과 관련된 보상 구성 요소의 합이다. 그림 27.1은 다음과 같이 분해할 수 있는 보상 함수를 생성하는 조정 그래프를 보여준다.

$$R_{123}(s_1, s_2, s_3, a_1, a_2, a_3) + R_{34}(s_3, s_4, a_3, a_4) + R_5(s_5, a_5) \qquad (27.4)$$

센서 네트워크와 대상 추적 문제는 종종 ND-POMDP로 구성된다.

ND-POMDP 모델은 전이와 관찰 독립적인 Dec-MDP 모델과 유사하지만 결합 전체 관찰 가능성 가정을 만들지는 않는다. 모든 관찰을 공유하더라도 세계 의 참 상태는 알려지지 않을 수 있다. 또한 분해된 전이와 관찰이 있더라도 정책 이 지역 상태에서 행동으로 매핑되는 전이 및 관찰 Dec-MDP 사례와 달리 NDPOMDP의 정책은 관찰 히스토리에서 행동으로 매핑된다. 최악의 복잡도는 Dec-POMDP와 동일하게 유지되지만 ND-POMDP의 알고리듬은 일반적으로 에이전트 수에서 훨씬 더 확장 가능하다. 조정 그래프가 덜 연결될수록 확장성이 높아질 수 있다.

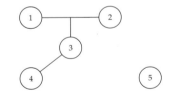

▲ 그림 27.1 5개의 에이전트가 있는 ND-POMDP 구조. 세 가지 초선분(hyperedge) 이 있다. 하나는 에이전트 1, 2, 3을 포함한 다. 다른 하나는 에이전트 3과 4. 그리고 에이전트 5 그 자체 하나가 있다.

에이전트가 페널티 없이 자신의 행동과 관찰 내용을 완벽하게 전달할 수 있다면 집단적 신뢰-상태를 유지할 수 있다. 이 모델을 다중 에이전트 MDP^{MMDP, Multiagent MDP} 또는 다중 에이전트 POMDP^{MPOMDP, Multiagent POMDP}라고 한다. MMDP와 MPOMDP는 전이, 관찰, 보상 독립성이 있는 경우에도 발생할 수 있다. 이전의 장에서 설명한 모든 MDP 또는 POMDP 알고리듬을 적용해 이러한 문제를 해결할 수 있다.

표 27.2에는 이러한 하위 부류 중 일부가 요약돼 있다. 그림 27.2는 책에서 설명한 모델들 사이의 관계를 설명해주고 있다.

▼ **표 27.2** Dec-POMDP 하위 부류는 유형 및 계산 복잡도로 분류된다. '관찰 가능성'은 공유 상태를 관찰할 수 있는 정도를 나타낸다. '통신'은 협업 에이전트가 서로 모든 관찰 내용을 자유롭게 공유할 수 있는지 여부를 나타낸다. 자유로운 통신은 모델 외부에서 발생한다(예: 로봇의 고속 무선 연결). 일반 커뮤니케이션은 에이전트가 이를 사용할 수 없고 행동을 통해 (일반적으로 불완전하게) 커뮤니케이션해야 하는 경우다.

에이전트	관찰 가능성	통신	모델
단일	전체	–	MDP
단일	부분	–	POMDP
복수	전체	자유	MMDP
복수	전체	일반	MMDP
복수	결합 전체	자유	MMDP
복수	결합 전체	일반	Dec-MDP
복수	부분	자유	MPOMDP
복수	부분	일반	Dec-POMDP

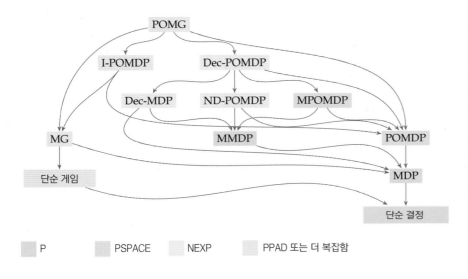

◀ **그림 27.2** 이 책에서 논의된 모델에 대한 분류. 부모는 이 다이어그램에서 자녀를 일반화한다. 예를 들어, DecPOMDP는 여러 에이전트를 지원해 POMDP를 일반화한다. 노드의 색상은 그림의 왼쪽 하단에 표시된 것처럼 계산 복잡도를 나타낸다. 여기에 나열된 복잡도는 이 책에 제시된 공통 모델, 정책, 목적 함수 공식에 대한 것이다. 보다 자세한 설명은 다음 문헌을 참고하라. C. Papadimitriou and J. Tsitsiklis, "The Complexity of Markov Decision Processes," *Mathematics of Operation Research*, vol. 12, no. 3, pp. 441–450, 1987. 또한 다음을 참고하라. S. Seuken and S. Zilberstein, "Formal Models and Algorithms for Decentralized Decision Making Under Uncertainty," *Autonomous Agents and Multi-Agent Systems*, vol. 17, no. 2, pp. 190–250, 2008.

27.3 동적 프로그래밍

Dec-POMDP의 동적 프로그래밍^{dynamic programming} 알고리듬은 각 단계에서 벨만 백업을 적용하고 지배된 정책을 제거한다. 이 프로세스는 각 에이전트가 동일한 보상을 공유한다는 점을 제외하면 POMG의 동적 프로그래밍과 동일하다. 알고리듬 27.2는 이 절차를 구현한다.

```
struct DecPOMDPDynamicProgramming
    b # 초기 신뢰
    d # 조건 계획의 깊이
end

function solve(M::DecPOMDPDynamicProgramming, 𝒫::DecPOMDP)
    𝓘, 𝒮, 𝒜, 𝒪, T, O, R, γ = 𝒫.𝓘, 𝒫.𝒮, 𝒫.𝒜, 𝒫.𝒪, 𝒫.T, 𝒫.O, 𝒫.R, 𝒫.γ
    R'(s, a) = [R(s, a) for i in 𝓘]
    𝒫' = POMG(γ, 𝓘, 𝒮, 𝒜, 𝒪, T, O, R')
    M' = POMGDynamicProgramming(M.b, M.d)
    return solve(M', 𝒫')
end
```

알고리듬 27.2 동적 프로그래밍은 초기 신뢰 b와 기간 깊이 d가 주어진 Dec-POMDP 𝒫에서 최적의 결합 정책 π를 계산한다. DecPOMDP는 POMG의 특별한 협업 부류이므로 POMG 알고리듬을 직접 사용할 수 있다.

27.4 반복 최상 응답

결합 정책을 직접 탐색하는 대신, 반복 최선 대응 형태를 수행할 수 있다(알고리듬 27.3). 이 접근 방식에서는 다른 에이전트가 고정된 정책을 따르고 있다고 가정하고 반복적으로 에이전트를 선택하고 최상 응답 정책을 계산한다.[4] 이 근사 알고리듬은 한 번에 하나의 에이전트에 대해서만 최상의 정책을 선택하기 때문에 일반적으로 빠르다. 또한 모든 에이전트가 동일한 보상을 공유하기 때문에 비교적 적은 반복 후에 종료되는 경향이 있다.

반복 최상 응답은 임의의 초기 공동 정책 $\boldsymbol{\pi}_1$에서 시작된다. 프로세스는 에이전트에 대해 무작위로 반복된다. 에이전트 i가 선택되면 정책 π^i는 다른 에이전트의 고정 정책 $\boldsymbol{\pi}^{-i}$에 대해 초기 신뢰 분포 b로 최상 응답으로 갱신된다.

$$\pi^i \leftarrow \arg\max_{\pi^{i\prime}} U^{\pi^{i\prime}, \boldsymbol{\pi}^{-i}}(b) \tag{27.5}$$

동률일 경우에는 현재 정책을 선호한다. 에이전트가 정책 변경을 중지하면 이 프로세스가 종료될 수 있다.

4 이 형식의 알고리듬은 정책의 결합 균형-기반 탐색(JESP, Joint Equilibrium-based Search for Policies)이라고도 불린다. R. Nair, M. Tambe, M. Yokoo, D. Pynadath, and S. Marsella, "Taming Decentralized POMDPs: Towards Efficient Policy Computation for Multiagent Settings," in *International Joint Conference on Artificial Intelligence (IJCAI)*, 2003. 동적 프로그래밍을 수행하면 좀 더 개선될 수 있다.

이 알고리듬은 빠르고 수렴이 보장되지만 항상 최상의 결합 정책을 찾는 것은 아니다. 그것은 내시 균형을 찾기 위해 반복 최선 반응에 의존하지만, 그들과 관련된 다른 효용을 가진 많은 내시 균형이 있을 수 있다. 이 접근 방식은 그중 하나만 찾는다.

27.5 휴리스틱 검색

모든 결합 정책을 확장하는 대신 휴리스틱 검색(알고리듬 27.4)은 고정된 수의 정책을 탐색한다.[5] 이는 반복을 통해 저장돼 기하급수적인 성장을 방지한다. 휴리스틱 탐색은 깊이 d에 도달할 때까지만 최상의 결합 정책을 확장하려고 시도해 검색을 안내한다.

알고리듬의 각 반복 k는 일련의 결합 정책 Π_k를 유지한다. 이 집합은 초기에 모든 1-단계 조건부 계획으로 구성된다. 후속 반복은 조건부 계획을 완전히 확장해 시작된다. 목표는 다음 반복을 위해, 고정된 수를 추가하는 것이다.

집합에 추가할 조건부 계획을 결정할 때 효용을 극대화할 가능성이 더 큰 정책을 우선적으로 고려한다. 그러나 조건부 계획을 상향식으로 확장하기 때문에 초기 신뢰-상태 b에서 정책을 단순히 평가할 수 없다. 대신, 미래의 $d - k$ 단계에 대한 추정치가 필요한데 이는 무작위 행동을 취하고 상태 전이와 관찰을 시뮬레이션하고 지속적으로 신뢰를 갱신함으로써 계산한다. 반복 k에서의 이 신뢰는 b_k로 표시된다. 각각의 가용한 결합 정책 $\pi \in \Pi_k$에 대해 효용 $U^{\pi}(b_k)$를 조사해 효용을 최대화하는 결합 정책을 추가하기 위해 찾는다. 예제 27.2는 이 프로세스를 보여준다.

5 이 기법은 기억-제한 동적 프로그램(MBDP, Memory-Bounded Dynamic Programming)으로도 알려져 있다. S. Seuken and S. Zilberstein, "Memory-Bounded Dynamic Programming for Dec-POMDPs," in *International Joint Conference on Artificial Intelligence (IJCAI)*, 2007. 다중 에이전트 A^* (MMA^*) 등의 다른 휴리스틱 알고리듬도 있다. D.Szer, F. Charpillet, and S. Zilberstein, "MAA*: A Heuristic Search Algorithm for Solving Decentralized POMDPs," in *Conference on Uncertainty in Artificial Intelligence (UAI)*, 2005.

```
struct DecPOMDPIteratedBestResponse
    b      # 초기 신뢰
    d      # 조건부 계획의 깊이
    k_max  # 반복 횟수
end

function solve(M::DecPOMDPIteratedBestResponse, 𝒫::DecPOMDP)
    𝓘, 𝒮, 𝒜, 𝒪, T, O, R, γ = 𝒫.𝓘, 𝒫.𝒮, 𝒫.𝒜, 𝒫.𝒪, 𝒫.T, 𝒫.O, 𝒫.R, 𝒫.γ
    b, d, k_max = M.b, M.d, M.k_max
    R′(s, a) = [R(s, a) for i in 𝓘]
    𝒫′ = POMG(γ, 𝓘, 𝒮, 𝒜, 𝒪, T, O, R′)
    Π = create_conditional_plans(𝒫, d)
    π = [rand(Π[i]) for i in 𝓘]
    for k in 1:k_max
        for i in shuffle(𝓘)
            π′(πi) = Tuple(j == i ? πi : π[j] for j in 𝓘)
            Ui(πi) = utility(𝒫′, b, π′(πi))[i]
            π[i] = argmax(Ui, Π[i])
        end
    end
    return Tuple(π)
end
```

알고리듬 27.3 협업 DecPOMDP 𝒫에 대한 반복 최상 대응은 조건부 계획 정책의 공간을 빠르게 검색하기 위해 각 에이전트에 대해 결정론적 최상 대응을 수행한다. solve 함수는 최대 k_max 단계에 대해 이 절차를 실행해 깊이 d의 조건부 계획에 대한 초기 믿음 b에서 값을 최대화한다.

27.6 비선형 계획법

비선형 프로그래밍NLP, NonLinear Programming(알고리듬 27.5)을 사용해 고정 크기의 최적의 결합 컨트롤러 정책 표현을 찾을 수 있다.[6] 이 방법은 23.3절의 POMDP에 대한 NLP 접근 방식을 일반화한다.

6 C. Amato, D. S. Bernstein, and S. Zilberstein, "Optimizing Fixed-Size Stochastic Controllers for POMDPs and Decentralized POMDPs," *Autonomous Agents and Multi-Agent Systems*, vol. 21, no. 3, pp. 293–320, 2010.

```
struct DecPOMDPHeuristicSearch
    b       # 초기 신뢰
    d       # 조건부 계획의 깊이
    π_max   # 정책 개수
end

function solve(M::DecPOMDPHeuristicSearch, 𝒫::DecPOMDP)
    𝒯, 𝒮, 𝒜, 𝒪, T, O, R, γ = 𝒫.𝒯, 𝒫.𝒮, 𝒫.𝒜, 𝒫.𝒪, 𝒫.T, 𝒫.O, 𝒫.R, 𝒫.γ
    b, d, π_max = M.b, M.d, M.π_max
    R′(s, a) = [R(s, a) for i in 𝒯]
    𝒫′ = POMG(γ, 𝒯, 𝒮, 𝒜, 𝒪, T, O, R′)
    Π = [[ConditionalPlan(ai) for ai in 𝒜[i]] for i in 𝒯]
    for t in 1:d
        allΠ = expand_conditional_plans(𝒫, Π)
        Π = [[] for i in 𝒯]
        for z in 1:π_max
            b′ = explore(M, 𝒫, t)
            π = argmax(π -> first(utility(𝒫′, b′, π)), joint(allΠ))
            for i in 𝒯
                push!(Π[i], π[i])
                filter!(πi -> πi != π[i], allΠ[i])
            end
        end
    end
    return argmax(π -> first(utility(𝒫′, b, π)), joint(Π))
end

function explore(M::DecPOMDPHeuristicSearch, 𝒫::DecPOMDP, t)
    𝒯, 𝒮, 𝒜, 𝒪, T, O, R, γ = 𝒫.𝒯, 𝒫.𝒮, 𝒫.𝒜, 𝒫.𝒪, 𝒫.T, 𝒫.O, 𝒫.R, 𝒫.γ
    b = copy(M.b)
    b′ = similar(b)
    s = rand(SetCategorical(𝒮, b))
    for τ in 1:t
        a = Tuple(rand(𝒜i) for 𝒜i in 𝒜)
        s′ = rand(SetCategorical(𝒮, [T(s,a,s′) for s′ in 𝒮]))
        o = rand(SetCategorical(joint(𝒪), [O(a,s′,o) for o in joint(𝒪)]))
        for (i′, s′) in enumerate(𝒮)
```

```
            po = O(a, s', o)
            b'[i'] = po*sum(T(s,a,s')*b[i] for (i,s) in enumerate(S))
        end
        normalize!(b', 1)
        b, s = b', s'
    end
    return b'
end
```

그림의 협업 포식자-먹이 문제를 살펴보자. 휴리스틱 검색을 깊이 $d = 3$에 적용하고 각 반복에서 3개의 정책을 유지한다. 반복 $k = 1$ 후 정책은 다음과 같다.

예제 27.2 협업 포식자-먹이 육각 세계 문제에 대한 휴리스틱 검색 탐색 및 조건부 계획 확장. 포식자는 빨간색과 녹색이다. 먹이는 파란색이다.

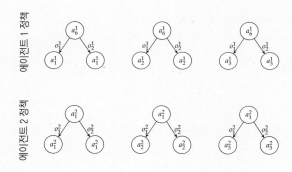

다음 반복 $k = 2$에서는 휴리스틱 탐색이 초기 신뢰에서 시작되고 휴리스틱 탐색에 이어 $d - k - 3 - 2 = 1$ 단계를 취한다. 다음의 3개 조건부 계획을 선택하는 데 사용된 탐색된 신뢰는 다음과 같다.

$b_1 = [0.0, 0.0, 0.0, 0.0, 0.0, 0.0, 0.17$
$\quad\quad 0.0, 0.03, 0.01, 0.0, 0.0, 0.05, 0.0$
$\quad\quad 0.01, 0.23, 0.0, 0.08, 0.01, 0.0, 0.0$
$\quad\quad 0.14, 0.0, 0.03, 0.22, 0.0, 0.01]$

$b_2 = [0.0, 0.21, 0.03, 0.0, 0.04, 0.01, 0.0$
$\quad\quad 0.05, 0.01, 0.0, 0.08, 0.03, 0.0, 0.0$
$\quad\quad 0.01, 0.0, 0.0, 0.01, 0.08, 0.34, 0.03$
$\quad\quad 0.02, 0.05, 0.01, 0.0, 0.01, 0.0]$

$b_3 = [0.0, 0.03, 0.01, 0.0, 0.03, 0.01, 0.0$
$\quad\quad 0.15, 0.05, 0.0, 0.01, 0.0, 0.0, 0.0$
$\quad\quad 0.0, 0.0, 0.0, 0.03, 0.06, 0.11, 0.32$
$\quad\quad 0.06, 0.03, 0.01, 0.01, 0.04, 0.06]$

반복 $k = 2$ 이후의 정책은 다음과 같다.

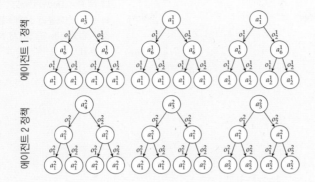

신뢰는 루트 노드의 행동과 그 아래의 두 하위 트리를 결정하는 데 사용됐다.
이러한 하위 트리는 이전 반복의 트리에서 구축된다.

주어진 각 에이전트 i의 고정된 노드 집합 X^i, 초기 신뢰 b, 초기 결합 노드 $\mathbf{x}_1$
에 대해 최적 문제는 다음과 같다.

$$\underset{U, \psi, \eta}{\text{maximize}} \quad \sum_s b(s)U(\mathbf{x}_1, s)$$

제약 조건 $\quad U(\mathbf{x}, s) = \sum_{\mathbf{a}} \prod_i \psi^i(a^i \mid x^i) \left(R(s, \mathbf{a}) + \gamma \sum_{s'} T(s' \mid s, \mathbf{a}) \sum_{\mathbf{o}} O(\mathbf{o} \mid \mathbf{a}, s') \sum_{\mathbf{x}'} \prod_i \eta^i(x^{i\prime} \mid x^i, a^i, o^i) U(\mathbf{x}', s' \right.$

모든 $\mathbf{x}$, s에 대해

$\psi^i(a^i \mid x^i) \geq 0$ 모든 i, x^i, a^i에 대해

$\sum_a \psi^i(a^i \mid x^i) = 1$ 모든 i, x^i에 대해

$\eta^i(x^{i\prime} \mid x^i, a^i, o^i) \geq 0$ 모든 i, x^i, a^i, o^i, $x^{i\prime}$에 대해

$\sum_{x^{i\prime}} \eta^i(x^{i\prime} \mid x^i, a^i, o^i) = 1$ 모든 i, x^i, a^i, o^i에 대해

$$(27.6)$$

```
struct DecPOMDPNonlinearProgramming
    b # 초기 신뢰
    ℓ # 각 에이전트의 노드 개수
end

function tensorform(𝒫::DecPOMDP)
    𝒥, 𝒮, 𝒜, 𝒪, R, T, O = 𝒫.𝒥, 𝒫.𝒮, 𝒫.𝒜, 𝒫.𝒪, 𝒫.R, 𝒫.T, 𝒫.O
    𝒥' = eachindex(𝒥)
    𝒮' = eachindex(𝒮)
    𝒜' = [eachindex(𝒜i) for 𝒜i in 𝒜]
    𝒪' = [eachindex(𝒪i) for 𝒪i in 𝒪]
    R' = [R(s,a) for s in 𝒮, a in joint(𝒜)]
    T' = [T(s,a,s') for s in 𝒮, a in joint(𝒜), s' in 𝒮]
    O' = [O(a,s',o) for a in joint(𝒜), s' in 𝒮, o in joint(𝒪)]
    return 𝒥', 𝒮', 𝒜', 𝒪', R', T', O'
end

function solve(M::DecPOMDPNonlinearProgramming, 𝒫::DecPOMDP)
    𝒫, γ, b = 𝒫, 𝒫.γ, M.b
    𝒥, 𝒮, 𝒜, 𝒪, R, T, O = tensorform(𝒫)
    X = [collect(1:M.ℓ) for i in 𝒥]
    jointX, joint𝒜, joint𝒪 = joint(X), joint(𝒜), joint(𝒪)
    x1 = jointX[1]
    model = Model(Ipopt.Optimizer)
    @variable(model, U[jointX,𝒮])
    @variable(model, ψ[i=𝒥,X[i],𝒜[i]] ≥ 0)
    @variable(model, η[i=𝒥,X[i],𝒜[i],𝒪[i],X[i]] ≥ 0)
    @objective(model, Max, b·U[x1,:])
    @NLconstraint(model, [x=jointX,s=𝒮],
        U[x,s] == (sum(prod(ψ[i,x[i],a[i]] for i in 𝒥)
                *(R[s,y] + γ*sum(T[s,y,s']*sum(O[y,s',z]
                    *sum(prod(η[i,x[i],a[i],o[i],x'[i]] for i in 𝒥)
                        *U[x',s'] for x' in jointX)
                    for (z, o) in enumerate(joint𝒪)) for s' in 𝒮))
                for (y, a) in enumerate(joint𝒜))))
    @constraint(model, [i=𝒥,xi=X[i]],
            sum(ψ[i,xi,ai] for ai in 𝒜[i]) == 1)
```

```
@constraint(model, [i=𝓘,xi=X[i],ai=𝒜[i],oi=𝒪[i]],
            sum(η[i,xi,ai,oi,xi'] for xi' in X[i]) == 1)
optimize!(model)
ψ', η' = value.(ψ), value.(η)
return [ControllerPolicy(𝒫, X[i],
        Dict((xi,𝒫.𝒜[i][ai]) => ψ'[i,xi,ai]
            for xi in X[i], ai in 𝒜[i]),
        Dict((xi,𝒫.𝒜[i][ai],𝒫.𝒪[i][oi],xi') => η'[i,xi,ai,oi,xi']
            for xi in X[i], ai in 𝒜[i], oi in 𝒪[i], xi' in X[i]))
    for i in 𝓘]
end
```

27.7 요약

- Dec-POMDP는 공유된 목표를 향해 함께 일하는 에이전트 팀을 모델로 하는 완전히 협력적인 POMG이며, 각 에이전트는 지역 정보만 사용해 개별적으로 행동한다.

- POMG에서와 같이 신뢰-상태를 결정하는 것은 불가능하기 때문에 정책은 일반적으로 조건부 계획 또는 컨트롤러로 표현돼 각 에이전트는 개별적 관찰 시퀀스를 개별 행동에 매핑할 수 있다.

- Dec-POMDP의 많은 하위 부류가 존재하며 계산 복잡도가 다르다.

- 동적 프로그래밍은 반복적으로 가치 함수를 계산하고 선형 프로그램을 사용해 반복할 때 지배된 정책을 가지치기한다.

- 반복 최상 대응은 한 번에 하나의 에이전트에 대한 최상의 효용 최대화 대응 정책을 계산해 반복적으로 결합 균형으로 수렴한다.

- 휴리스틱 검색은 휴리스틱에 따라 각 반복에서 고정된 정책 하위 집합을 검색한다.

- 비선형 프로그래밍을 사용해 고정 크기의 컨트롤러를 생성할 수 있다.

27.8 연습 문제

연습 27.1 결합 전체 관찰 가능성이 있는 Dec-MDP가 상태를 알고 있는 에이전트와 다른 이유는 무엇인가?

해법: 전체 결합 관찰 가능성은 에이전트가 개별 관찰 내용을 공유하는 경우 팀이 실제 상태를 알 수 있음을 의미한다. 이것은 계획 중에 오프라인으로 수행할 수 있다. 따라서 Dec-MDP에서 참 상태는 기본적으로 계획 중에 알려진다. 문제는 에이전트가 개별 관찰 내용을 공유해야 하는데 이는 실행 중에는 온라인으로 수행할 수 없다는 것이다. 따라서 계획에서는 여전히 다른 에이전트가 수행한 불확실한 관찰에 대해 추론해야 한다.

연습 27.2 전이, 관찰, 보상 독립성을 갖춘 Dec-MDP를 위한 빠른 알고리듬을 제안하라. 그것이 옳다는 것을 증명하라.

해법: 분해된 Dec-MDP가 세 가지 독립 가정을 모두 충족하면 MDP를 분리할 수 있다. 각 에이전트 i의 MDP에 대한 결과 정책 π^i는 최적의 결합 정책을 형성하기 위해 연합된 것으로 해결할 수 있다. 이 사실을 증명하기 위해 각 에이전트의 개별 MDP의 유용성을 고려하라.

$$U^{\pi^i}(s^i) = R\left(s^i, \pi^i()\right) + \gamma\left[\sum_{s^{i\prime}} T^i\left(s^{i\prime} \mid s^i, \pi^i()\right) \sum_{o^i} O^i\left(o^i \mid \pi^i(), s^{i\prime}\right) U^{\pi^{i(o^i)}}(s^{i\prime})\right]$$

방정식 (26.1)에서와 같이 $\pi^i()$는 i의 조건부 계획의 루트의 행동을 나타내고, $\pi^i(o^i)$는 관찰 o^i를 만든 후의 i의 하위 계획을 나타낸다. 각각의 기여를 합산하면 다음과 같다.

$$\sum_i U^{\pi^i}(s) = \sum_i \left[R\left(s^i, \pi^i()\right) + \gamma\left[\sum_{s^{i\prime}} T^i\left(s^{i\prime} \mid s^i, \pi^i()\right) \sum_{o^i} O^i\left(o^i \mid \pi^i(), s^{i\prime}\right) U^{\pi^{i(o^i)}}(s^{i\prime})\right]\right]$$

T^i와 O^i를 단일 확률 분포 P로 결합하고 합계를 이동하고 보상 독립성의 정의를 적용할 수 있다.

$$\sum_i U^{\pi^i}(s) = \sum_i \left[R\left(s^i, \pi^i()\right) + \gamma \left[\sum_{s^{i\prime}} P\left(s^{i\prime} \mid s^i, \pi^i()\right) \sum_{o^i} P\left(o^i \mid \pi^i(), s^{i\prime}\right) U^{\pi^i(o^i)}(s^{i\prime}) \right] \right]$$

$$= \sum_i R\left(s^i, \pi^i()\right) + \sum_i \left[\gamma \left[\sum_{s^{i\prime}} P\left(s^{i\prime} \mid s^i, \pi^i()\right) \sum_{o^i} P\left(o^i \mid \pi^i(), s^{i\prime}\right) U^{\pi^i(o^i)}(s^{i\prime}) \right] \right]$$

$$= R(s, \pi()) + \sum_i \left[\gamma \left[\sum_{s^{i\prime}} P\left(s^{i\prime} \mid s^i, \pi^i()\right) \sum_{o^i} P\left(o^i \mid \pi^i(), s^{i\prime}\right) U^{\pi^i(o^i)}(s^{i\prime}) \right] \right]$$

이제 우리는 모든 계승자 s와 관찰 o를 무시한다. 전이와 관찰 독립성 때문에 이러한 i가 아닌 다른 에이전트의 상태와 관찰 요인에 대한 분포를 자유롭게 조건화할 수 있으며, 이는 s 및 o에 대한 조건화와 동일한다. 그런 다음 전이 및 관찰 독립성의 정의를 적용할 수 있다. 마지막으로 합계를 옮기고 $U^{\boldsymbol{\pi}}(s)$를 얻는다.

$$\sum_i U^{\pi^i}(s) = R(s, \boldsymbol{\pi}()) + \sum_i \left[\gamma \left[\sum_{s'} P\left(s' \mid s^i, \pi^i()\right) \sum_o P\left(o \mid \pi^i(), s^{i\prime}\right) U^{\pi^i(o^i)}(s^{i\prime}) \right] \right]$$

$$= R(s, \boldsymbol{\pi}()) + \sum_i \left[\gamma \left[\sum_{s'} P\left(s^{0\prime} \mid s^0\right) \prod_j P\left(s^{j\prime} \mid s^i, \pi^i()\right) \sum_o \prod_j P\left(o^j \mid \pi^i(), s^{i\prime}\right) U^{\pi^i(o^i)}(s^{i\prime}) \right] \right]$$

$$= R(s, \boldsymbol{\pi}()) + \sum_i \left[\gamma \left[\sum_{s'} P\left(s^{0\prime} \mid s^0\right) \prod_j P\left(s^{j\prime} \mid s, \boldsymbol{\pi}()\right) \sum_o \prod_j P\left(o^j \mid \boldsymbol{\pi}(), s'\right) U^{\pi^i(o^i)}(s^{i\prime}) \right] \right]$$

$$= R(s, \boldsymbol{\pi}()) + \sum_i \left[\gamma \left[\sum_{s'} T(s' \mid s, \boldsymbol{\pi}()) \sum_o O(o \mid \boldsymbol{\pi}(), s') U^{\pi^i(o^i)}(s^{i\prime}) \right] \right]$$

$$= R(s, \boldsymbol{\pi}()) + \gamma \left[\sum_{s'} T(s' \mid s, \boldsymbol{\pi}()) \sum_o O(o \mid \boldsymbol{\pi}(), s') \left[\sum_i U^{\pi^i(o^i)}(s^{i\prime}) \right] \right]$$

$$= R(s, \boldsymbol{\pi}()) + \gamma \left[\sum_{s'} T(s' \mid s, \boldsymbol{\pi}()) \sum_o O(o \mid \boldsymbol{\pi}(), s') U^{\boldsymbol{\pi}(o)}(s') \right]$$

$$= U^{\boldsymbol{\pi}}(s)$$

이는 방정식 (26.1)에서 도출된 Dec-MDP 효용 함수이며 증명이 완성된다.

연습 27.3 Dec-POMDP 휴리스틱 검색에서 휴리스틱으로 MMDP 또는 MPOMDP를 어떻게 사용할 수 있나?

해법: 계획을 위한 자유로운 소통을 가정할 수 있다. 각 시간 단계 t에서 모든 에이전트는 $\mathbf{a}_t$와 $\mathbf{o}_t$를 알고 있기 때문에 다중 에이전트 신뢰 b_t를 유지할 수 있으므로 MPOMDP가 생성된다. 이 MPOMDP 해는 정책 트리 검색을 안내하는 휴리스틱으로 사용할 수 있다. 또는 참 상태와 결합 행동이 알려져 있다고 가정하는 휴리스틱을 만든다. 그 결과 MMDP가 생성되며 휴리스틱으로도 사용할 수 있다. 이러한 가정은 계획에만 사용된다. 실행은 여전히 Dec-POMDP로 에이전트는 자유로운 소통 없이 개별 관찰을 얻는다. 둘 중 하나의 휴리스틱 결과는 휴리스틱 탐색을 위한 결합 정책 $\hat{\boldsymbol{\pi}}$가 된다.

연습 27.4 최상 대응 컨트롤러를 어떻게 계산할 수 있나? 이것이 반복 최상의 대응에서 어떻게 사용될 수 있는지 설명하라.

해법: 에이전트 i의 경우 비선형 프로그램을 해결해 최상 대응 컨트롤러 X^i, ψ^i, η^i를 계산할 수 있다. 이 프로그램은 27.6절에 주어진 것과 유사하지만, 지금은 $\mathbf{X}^{-i}$, $\boldsymbol{\psi}^{-i}$, $\boldsymbol{\eta}^{-i}$가 주어졌으며 더 이상 변수가 아니라는 점만 다르다.

$$\underset{U, \psi^i, \eta^i}{\text{maximize}} \quad \sum_s b(s) U(\mathbf{x}_1, s)$$

제약 조건
$$U(\mathbf{x}, s) = \sum_{\mathbf{a}} \prod_i \psi^i(a^i \mid x^i) \left(R(s, \mathbf{a}) + \gamma \sum_{s'} T(s' \mid s, \mathbf{a}) \sum_{\mathbf{o}} O(\mathbf{o} \mid \mathbf{a}, s') \sum_{\mathbf{x}'} \prod_i \eta^i(x^{i\prime} \mid x^i, a^i, o^i) U(\mathbf{x}', s') \right)$$

모든 $\mathbf{x}$, s에 대해

$$\psi^i(a^i \mid x^i) \geq 0 \quad \text{모든 } x^i, a^i \text{에 대해}$$
$$\sum_a \psi^i(a^i \mid x^i) = 1 \quad \text{모든 } x^i \text{에 대해}$$
$$\eta^i(x^{i\prime} \mid x^i, a^i, o^i) \geq 0 \quad \text{모든 } x^i, a^i, o^i, x^{i\prime} \text{에 대해}$$
$$\sum_{x^{i\prime}} \eta^i(x^{i\prime} \mid x^i, a^i, o^i) = 1 \quad \text{모든 } x^i, a^i, o^i \text{에 대해}$$

컨트롤러 정책에 알고리듬 27.3을 적용해 이 프로그램은 내부 최상 대응 행동을 대체한다.

부록

A
수학적 개념

이 부록은 이 책에서 사용된 일부 수학적 개념에 대한 간략한 개요를 보여준다.

A.1 측도 공간

측도 공간measure space의 정의를 소개하기 전에 먼저 집합 Ω에 대한 시그마-대수학의 개념에 대해 알아볼 것이다. 시그마-대수학은 다음과 같은 Ω의 부분 집합의 모음 Σ다.

1. $\Omega \in \Sigma$.
2. $E \in \Sigma$이면 $\Omega \setminus E \in \Sigma$(여집합에 대해 닫혀 있음).
3. $E_1, E_2, E_3, \ldots \in \Sigma$이면 $E_1 \cup E_2 \cup E_3 \ldots \in \Sigma$(가산 합집합에 대해 닫혀 있음).

요소 $E \in \Sigma$는 **가측 집합**measurable set이라 불린다.

측도 공간measure space은 집합 Ω, 시그마-대수 Σ, 측도 $\mu : \Omega \rightarrow \mathbb{R} \cup \{\infty\}$에 의해 정의된다. μ가 측도이려면 다음 성질을 만족해야 한다.

1. $E \in \Sigma$이면 $\mu(E) \geq 0$(비음수성).

2. $\mu(\varnothing) = 0$.

3. $E_1, E_2, E_3, \ldots \in \Sigma$가 서로소pairwise disjoint이면 $\mu(E_1 \cup E_2 \cup E_3 \ldots) = \mu(E_1) + \mu(E_2) + \mu(E_3) + \cdots$이다(가산 가법성).

A.2 확률 공간

확률 공간probability space은 $\mu(\Omega) = 1$이라는 요구 사항이 있는 측정 공간(Ω, Σ, μ)이다. 확률 공간의 맥락에서 Ω은 표본 공간이라고 하고, Σ는 이벤트 공간이라고 하며, μ(또는 더 일반적으로 P)는 확률 측정이다. 확률 공리[1]는 $\mu(\Omega) = 1$이라는 요구 사항과 함께 측정 공간의 비음수성 및 가산 가법성을 나타낸다.

1 이 공리는 종종 콜모로고프 공리(Kolmorogov axioms)라 불린다. A. Kolmogorov, *Foundations of the Theory of Probability*, 2nd ed. Chelsea, 1956.

A.3 측도 공간

측도의 집합을 측도 공간이라고 한다. 거리 측도라고도 하는 측도 d는 X의 요소 쌍을 모든 $x, y, z \in X$에 대해 음이 아닌 실수로 매핑하는 함수다.

1. $d(x, y) = 0$ iff $x = y$(구별 불가능자의 동일성identity of indiscernibles).

2. $d(x, y) = d(y, x)$(대칭symmetry).

3. $d(x, y) \leq d(x, z) + d(z, y)$(삼각부등식triangle inequality).

A.4 노름 벡터 공간

노름 벡터 공간^normed vector space^은 벡터 공간 X와 X의 요소를 음이 아닌 정수로 매핑하는 노름 $\| \cdot \|$로 구성되며, 모든 스칼라 α와 벡터 $\mathbf{x}$, $\mathbf{y}$에 대해 다음과 같이 되도록 하는 것이다.

1. $\|\mathbf{x}\| = 0$ iff $\mathbf{x} = 0$.

2. $\|\alpha\mathbf{x}\| = |\alpha|\|\mathbf{x}\|$ (절대 균질^absolutely homogeneous^).

3. $\|\mathbf{x} + \mathbf{y}\| \leq \|\mathbf{x}\| + \|\mathbf{y}\|$ (삼각부등식^triangle inequality^).

L_p 노름은 일반적으로 사용되는 노름 집합이며 스칼라 $p \geq 1$로 매개 변수화된다. 벡터 $\mathbf{x}$의 L_p 노름은 다음과 같다.

$$\|\mathbf{x}\|_p = \lim_{\rho \to p}(|x_1|^\rho + |x_2|^\rho + \cdots + |x_n|^\rho)^{\frac{1}{\rho}} \tag{A.1}$$

여기서 극한은 무한대 노름 L_∞를 정의하는 데 필요하다. 여러 L_p 규범이 그림 A.1에 나와 있다.

노름은 측도 $d(\mathbf{x}, \mathbf{y}) = \|\mathbf{x} + \mathbf{y}\|$를 정의해 벡터 공간에서 거리 측도를 유도하는 데 사용할 수 있다. 그런 다음 예를 들어, L_p 노름을 사용해 거리를 정의할 수 있다.

L_1: $\|\mathbf{x}\|_1 = |x_1| + |x_2| + \cdots + |x_n|$

이 측도는 종종 택시 노름(taxicab norm)이라고 한다.

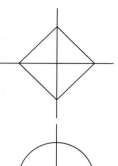

L_2: $\|\mathbf{x}\|_2 = \sqrt{x_1^2 + x_2^2 + \cdots + x_n^2}$

이 측도는 종종 유클리드 노름(Euclidean norm)이라 불린다.

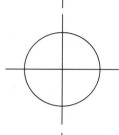

L_∞: $\|\mathbf{x}\|_\infty = \max(|x_1|, |x_2|, \cdots, |x_n|)$

이 측도는 종종 최대(max) 노름, 체비쇼프(Chebyshev) 노름 또는 체스판(chessboard) 노름이라고 한다. 후자의 이름은 왕이 체스에서 두 칸 사이를 이동하는 데 필요한 최소 이동 횟수에서 유래했다.

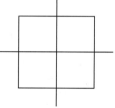

A.5 양의 정부호

$\mathbf{x}^\top \mathbf{A}\mathbf{x}$가 원점을 제외한 모든 점에 대해 양수이면 대칭 행렬 $\mathbf{A}$는 양의 정부호^{positive} definite이다. 즉 모든 $\mathbf{x} \neq 0$에 대해 $\mathbf{x}^\top \mathbf{A}\mathbf{x} > 0$이다. $\mathbf{x}^\top \mathbf{A}\mathbf{x}$가 항상 음수가 아닌 경우 대칭 행렬 $\mathbf{A}$는 양의 준정부호^{positive semidefinite} 행렬이다. 즉 모든 $\mathbf{x}$에 대해 $\mathbf{x}^\top \mathbf{A}\mathbf{x}$ ≥ 0이다.

A.6 볼록성

두 벡터 $\mathbf{x}$와 $\mathbf{y}$의 볼록 집합은 다음의 결과다.

$$\text{어떤 } \alpha \in [0, 1]\text{에 대해} \quad \alpha\mathbf{x} + (1 - \alpha)\mathbf{y} \tag{A.2}$$

볼록 조합은 m개 벡터로부터 만들 수 있다.

$$w_1\mathbf{v}^{(1)} + w_2\mathbf{v}^{(2)} + \cdots + w_m\mathbf{v}^{(m)} \tag{A.3}$$

여기서 $\mathbf{w}$는 음이 아닌 가중치로서 그 합은 1이 된다.

볼록 집합은 집합의 두 점 사이에 그려진 선이 완전히 집합 내에 있는 집합이다. 수학적으로 $\mathcal{S}$에 있는 모든 $\mathbf{x}$, $\mathbf{y}$와 $[0, 1]$의 모든 α에 대해 다음을 만족하면 집합 $\mathcal{S}$는 볼록이다.

$$\alpha\mathbf{x} + (1 - \alpha)\mathbf{y} \in \mathcal{S} \tag{A.4}$$

볼록 집합과 비볼록 집합이 그림 A.2에 표시됐다.

◀ **그림 A.2** 볼록 및 비볼록 집합

볼록 집합   비볼록 집합

볼록 함수^{convex function}는 도메인이 볼록 집합인 그릇 모양^{bowl-shaped}의 함수다. '그릇 모양'이란 정의역의 두 점 사이에 그어진 선이 함수 아래에 놓이지 않는 함수임을 의미한다. $\mathcal{S}$의 모든 $\mathbf{x}$, $\mathbf{y}$ 그리고 $[0, 1]$의 α에 대해 다음을 만족하면 함수 f는 볼록 집합에 대해 볼록하다.

$$f(\alpha \mathbf{x} + (1 - \alpha)\mathbf{y}) \leq \alpha f(\mathbf{x}) + (1 - \alpha)f(\mathbf{y}) \qquad (A.5)$$

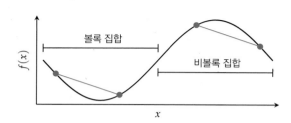

◀ **그림 A.3** 함수 중 볼록 부분과 비볼록 부분

함수의 볼록 및 비볼록 영역은 그림 A.3에 나와 있다.

$\mathcal{S}$의 모든 $\mathbf{x}$, $\mathbf{y}$ 그리고 $(0, 1)$의 α에 대해 다음을 만족하면 함수 f는 볼록 집합에 대해 **강볼록**strictly convex한다.

$$f(\alpha \mathbf{x} + (1 - \alpha)\mathbf{y}) < \alpha f(\mathbf{x}) + (1 - \alpha)f(\mathbf{y}) \qquad (A.6)$$

강볼록 함수는 최대 하나의 최솟값을 갖는 반면, 볼록 함수는 평평한 영역을 가질 수 있다.[2] 강볼록과 비강볼록nonstrictly convex의 예는 그림 A.4에 나와 있다.

2 볼록 함수의 최적화는 다음 문헌의 주제다. S.Boyd and L. Vandenberghe, *Convex Optimization*. Cambridge University Press, 2004.

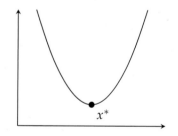

전역 최솟값이 하나인 강볼록 함수

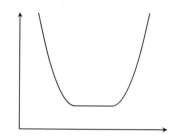

고유한 전역 최솟값이 없는 볼록 함수

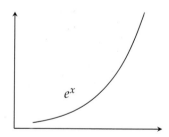

전역 최솟값이 없는 강볼록 함수

▲ **그림 A.4** 모든 볼록 함수가 단일 전역 최솟값을 갖는 것은 아니다.

$-f$가 볼록일 경우 함수 f는 오목concave이다. 또, $-f$가 강볼록이면, f는 강오목 strictly concave이다.

A.7 정보 내용

값 x에 확률 $P(x)$를 할당하는 이산 분포가 있는 경우, x를 관찰하는 정보 내용 information content[3]은 다음과 같이 주어진다.

$$I(x) = -\log P(x) \tag{A.7}$$

정보 내용의 단위는 로그의 밑수에 따라 다르다. 일반적으로 자연 로그(밑이 e인)를 가정해 단위 nat를 쓰는데, 이는 자연natural의 줄인 말이다. 정보 이론적인 맥락에서 기본은 종종 2이며 그때의 단위는 비트bit다. 이 양은 메시지의 분포가 지정된 분포를 따를 때 최적의 메시지 인코딩에 따라 값 x를 전송하는 데 필요한 비트 수로 생각할 수 있다.

3 때때로 정보 콘텐츠는 정보 이론 분야의 창시자인 클로드 섀넌(Claude Shannon)을 기리기 위해 섀넌 정보라고 한다. C. E. Shannon, "A Mathematical Theory of Communication," *Bell System Technical Journal*, vol. 27, no. 4, pp. 623–656, 1948.

A.8 엔트로피

엔트로피entropy는 불확실성의 정보 이론적 척도다. 이산 확률 변수 X와 관련된 엔트로피는 기대 정보 내용이다.

$$H(X) = \mathbb{E}_x[I(x)] = \sum_x P(x)I(x) = -\sum_x P(x)\log P(x) \tag{A.8}$$

여기서 $P(x)$는 x에 할당된 질량이다.

$p(x)$가 x에 할당된 밀도인 연속 분포의 경우 미분 엔트로피differential entropy(연속 엔트로피continuous entropy로도 알려짐)는 다음과 같이 정의된다.

$$h(X) = \int p(x)I(x)\,dx = -\int p(x) \log p(x)\,dx \qquad (A.9)$$

A.9 교차 엔트로피

다른 분포에 대한 한 분포의 교차 엔트로피$^{cross\ entropy}$는 기대 정보 내용으로 정의할 수 있다. 질량 함수 $P(x)$를 갖는 하나의 이산 분포와 질량 함수 $Q(x)$를 갖는 다른 분포가 있는 경우 Q에 대한 P의 교차 엔트로피는 다음과 같이 주어진다.

$$H(P,Q) = -\mathbb{E}_{x \sim P}[\log Q(x)] = -\sum_x P(x) \log Q(x) \qquad (A.10)$$

밀도 함수 $p(x)$와 $q(x)$를 가진 연속 분포의 경우는 다음과 같다.

$$H(p,q) = -\int p(x) \log q(x)\,\mathrm{d}x \qquad (A.11)$$

A.10 상대 엔트로피

쿨백-라이블러$^{KL,\ Kullback\text{-}Leibler}$ 발산^{divergence}으로도 불리는 상대 엔트로피$^{relative\ entropy}$는 하나의 확률 분포가 그 참조^{reference} 분포로부터 얼마나 다른지에 대한 측도다.[4] $P(x)$와 $Q(x)$가 질량 함수인 경우 Q에서 P로의 KL 발산은 기댓값을 P로 했을 때 로그 차이의 기댓값이다.

$$D_{\mathrm{KL}}(P \parallel Q) = \sum_x P(x) \log \frac{P(x)}{Q(x)} = -\sum_x P(x) \log \frac{Q(x)}{P(x)} \qquad (A.12)$$

이 수량은 P의 서포트가 Q 서포트의 부분 집합인 경우에만 정의된다. 합산은 0으로 나누는 것을 피하기 위해 P의 서포트에 대해 수행한다.

4 이 측도를 소개한 미국의 두 수학자 쿨백(Solomon Kullback)(1907~1994)과 라이블러(Richard A.Leibler)(1914~2003)의 이름에서 유래한 명칭이다. S. Kullback and R. A. Leibler, "On Information and Sufficiency," *Annals of Mathematical Statistics*, vol. 22, no. 1, pp. 79–86, 1951. S. Kullback, *Information Theory and Statistics*, Wiley, 1959.

밀도 함수 $p(x)$와 $q(x)$를 가진 연속 분포의 경우는 다음과 같다.

$$D_{\mathrm{KL}}(p \parallel q) = \int p(x) \log \frac{p(x)}{q(x)} \, \mathrm{d}x = - \int p(x) \log \frac{q(x)}{p(x)} \, \mathrm{d}x \quad \text{(A.13)}$$

마찬가지로 이 수량은 p의 서포트가 q 서포트의 부분 집합인 경우에만 정의된다. 0으로 나누기를 피하기 위해 적분은 p의 서포트에 대해 수행한다.

A.11 그래디언트 상승

그래디언트 상승은 f가 미분 가능 함수일 때 함수 $f(x)$를 최대화하려고 시도하는 일반적인 접근 방식이다. 먼저 점 $\mathbf{x}$에서 시작해 다음의 갱신 규칙을 반복적으로 적용한다.

$$\mathbf{x} \leftarrow \mathbf{x} + \alpha \nabla f(\mathbf{x}) \quad \text{(A.14)}$$

여기서 $\alpha > 0$은 단계 계수step factor라고 한다. 이 최적화 접근 방식의 아이디어는 지역 최댓값에 도달할 때까지 그래디언트 방향으로 단계를 취하는 것이다. 이 방법을 사용해 전역 최댓값을 찾을 수 있다는 보장은 없다. 작은 α 값을 사용하면 일반적으로 지역 최댓값에 가까워지기 위해서 더 많은 반복이 필요하다. 큰 α 값을 사용하면 종종 지역 최적값에 도달하지 못한 채 주위에서 튀게 된다. 반복에서 α가 상수이면, 이를 학습률learning rate이라고도 한다. 많은 응용 프로그램에서는 각 반복에서 $\mathbf{x}$를 갱신하는 것과 함께 다음과 같이 α도 갱신하는 감쇠 단계 계수decaying step factor를 사용한다.

$$\alpha \leftarrow \gamma \alpha \quad \text{(A.15)}$$

여기서 $0 < \gamma < 1$은 감쇠 계수다.

A.12 테일러 확장

테일러 급수[Taylor series]라고도 불리는 함수의 테일러 확장[Taylor expansion][5]은 이 책에서 사용되는 많은 근사에 중요하다. 미적분학의 첫 번째 기본 정리[6]로부터 우리는 다음을 알고 있다.

$$f(x+h) = f(x) + \int_0^h f'(x+a)\,\mathrm{d}a \qquad \text{(A.16)}$$

이 정의를 내포하면 x에 대한 f의 테일러 확장이 생성된다.

$$f(x+h) = f(x) + \int_0^h \left(f'(x) + \int_0^a f''(x+b)\,\mathrm{d}b \right) \mathrm{d}a \qquad \text{(A.17)}$$

$$= f(x) + f'(x)h + \int_0^h \int_0^a f''(x+b)\,\mathrm{d}b\,\mathrm{d}a \qquad \text{(A.18)}$$

$$= f(x) + f'(x)h + \int_0^h \int_0^a \left(f''(x) + \int_0^b f'''(x+c)\,\mathrm{d}c \right) \mathrm{d}b\,\mathrm{d}a \qquad \text{(A.19)}$$

$$= f(x) + f'(x)h + \frac{f''(x)}{2!}h^2 + \int_0^h \int_0^a \int_0^b f'''(x+c)\,\mathrm{d}c\,\mathrm{d}b\,\mathrm{d}a \qquad \text{(A.20)}$$

$$\vdots \qquad \text{(A.21)}$$

$$= f(x) + \frac{f'(x)}{1!}h + \frac{f''(x)}{2!}h^2 + \frac{f'''(x)}{3!}h^3 + \dots \qquad \text{(A.22)}$$

$$= \sum_{n=0}^{\infty} \frac{f^{(n)}(x)}{n!}h^n \qquad \text{(A.23)}$$

여기 주어진 공식에서 x는 일반적으로 고정되고 함수는 h로 계산된다. 종종 $f(x)$의 테일러 확장을 어떤 한 점 a에 대해 기술해 x에 대한 함수로 유지되게 하면 편리하다.

5 이 개념을 도입한 영국 수학자 테일러(Brook Taylor)(1685~1731)의 이름을 따서 명명됐다.

6 미적분학의 첫 번째 기본 정리는 함수를 도함수의 적분과 연계시킨다.

$$f(b) - f(a) = \int_a^b f'(x)\,\mathrm{d}x$$

$$f(x) = \sum_{n=0}^{\infty} \frac{f^{(n)}(a)}{n!}(x-a)^n \qquad \text{(A.24)}$$

테일러 확장은 함수를, 단일점에서 반복된 도함수에 기반해 다항식 항들의 무한 합으로 나타낸다. 모든 해석적 함수는 지역 이웃 내에서 테일러 확장으로 나타낼 수 있다. 테일러 확장의 처음 몇 항을 사용하면 함수를 지역적으로 근사할 수 있다. 그림 A.5는 $x = 1$에 대해 $\cos(x)$에 대한 점점 더 나은 근사를 보여준다. 항을 더 많이 포함하면 지역 근삿값의 정확도가 높아지지만 확장점으로부터 멀어질수록 여전히 오류가 누적된다.

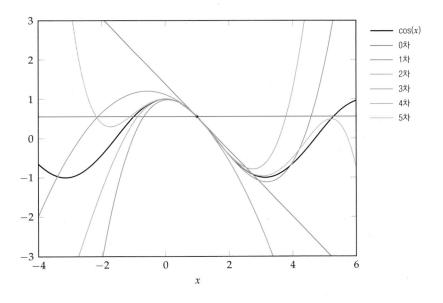

◀ **그림 A.5** 테일러 확장의 처음 n항을 기반으로 1 근처에서 $\cos(x)$의 연속 근사

선형 테일러 근사는 테일러 확장의 처음 두 항을 사용한다.

$$f(x) \approx f(a) + f'(a)(x-a) \qquad \text{(A.25)}$$

2차 테일러 근사는 처음 세 항을 사용한다.

$$f(x) \approx f(a) + f'(a)(x - a) + \frac{1}{2}f''(a)(x - a)^2 \qquad \text{(A.26)}$$

이런 식으로 계속된다.

다차원에서 $\mathbf{a}$에 대한 테일러 확장은 다음과 같이 일반화된다.

$$f(\mathbf{x}) = f(\mathbf{a}) + \nabla f(\mathbf{a})^\top (\mathbf{x} - \mathbf{a}) + \frac{1}{2}(\mathbf{x} - \mathbf{a})^\top \nabla^2 f(\mathbf{a})(\mathbf{x} - \mathbf{a}) + \dots \qquad \text{(A.27)}$$

처음 두 항은 $\mathbf{a}$에서 접평면을 형성한다. 세 번째 항은 지역 곡률을 통합한다. 책에서는 여기에 표시된 처음 세 항만 사용한다.

A.13 몬테 카를로 추정

몬테 카를로 추정을 사용하면 입력 x가 확률 밀도 함수 p를 따를 때 함수 f의 기댓값을 계산할 수 있다.

$$\mathbb{E}_{x \sim p}[f(x)] = \int f(x)p(x)\,\mathrm{d}x \approx \frac{1}{n}\sum_i f(x^{(i)}) \qquad \text{(A.28)}$$

여기서 $x^{(1)}, \dots, x^{(n)}$는 p에서 추출했다. 추정값의 분산은 $\mathrm{Var}_{x \sim p}[f(x)]/n$와 같다.

A.14 중요도 샘플링

중요도 샘플링을 통해 다른 분포 q로부터 추출된 샘플의 $\mathbb{E}_{x \sim p}[f(x)]$를 계산할 수 있다.

$$\mathbb{E}_{x \sim p}[f(x)] = \int f(x)p(x)\,\mathrm{d}x \qquad \text{(A.29)}$$

$$= \int f(x) p(x) \frac{q(x)}{q(x)} \, \mathrm{d}x \qquad (A.30)$$

$$= \int f(x) \frac{p(x)}{q(x)} q(x) \, \mathrm{d}x \qquad (A.31)$$

$$= \mathbb{E}_{x \sim q} \left[f(x) \frac{p(x)}{q(x)} \right] \qquad (A.32)$$

앞의 식은 q로부터 추출된 샘플 $x^{(1)}, \ldots, x^{(n)}$을 사용해 근사할 수 있다.

$$\mathbb{E}_{x \sim p}[f(x)] = \mathbb{E}_{x \sim q} \left[f(x) \frac{p(x)}{q(x)} \right] \approx \frac{1}{n} \sum_i f(x^{(i)}) \frac{p(x^{(i)})}{q(x^{(i)})} \qquad (A.33)$$

A.15 수축 매핑

수축 매핑contraction mapping f는 측도 공간에 대한 함수와 관련해 다음과 같이 정의된다.

$$d(f(x), f(y)) \leq \alpha d(x, y) \qquad (A.34)$$

여기서 d는 측도 공간과 $0 \leq \alpha < 1$와 연계된 거리 측도다. 따라서 수축 매핑은 집합의 두 구성원 사이의 거리를 줄인다. 이러한 함수를 수축contraction 또는 수축자contractor라고도 한다.

축소 매핑을 반복적으로 적용하면 집합 내 모든 두 구성원 사이의 거리가 0이 된다. 수축 매핑 정리contraction mapping theorem 또는 바나치 고정 소수점 정리Banach fixed-point theorem[7]에 따르면 비어 있지 않은 완전complete 측도 공간[8]에 대한 모든 수축 매핑은 고유한 고정점을 갖는다. 또한 해당 집합의 모든 요소 x에 대해 축소 매핑을 해당 요소 반복 적용하면 그 고정점으로 수렴된다.

어떤 함수 f가 측도 공간에서 수축 매핑임을 보이면 앞서 제시된 개념과 관련

7 이 정리를 처음으로 기술한 바나치(Stefan Banach)(1892~1945)의 이름에서 유래했다.

8 완전 측도 공간이란 그 공간의 모든 코시 (Cauchy) 시퀀스가 한 점으로 수렴하는 것을 의미한다. 시퀀스 $x_1, x_2, \ldots$가 모든 정수 $\epsilon > 0$에 대해 모든 정수 $i, j > n$가 $d(x_i, x_j) < \epsilon$가 되도록 하는 정수 n이 존재하면 코시라고 한다.

된 다양한 수렴 증명에 유용하다. 예를 들어, 벨만 연산자가 최대-노름^{max-norm}의
가치 함수 공간에 대한 축소 매핑임을 보여줄 수 있다. 수축 매핑 정리를 적용하
면 벨만 연산자를 반복 적용해 고유 가치 함수로 수렴된다는 것을 증명할 수 있
다. 예제 A.1은 간단한 축소 매핑을 보여준다.

함수 $\mathbf{f}(\mathbf{x}) = [x_2/2 + 1, x_1/2 + 1/2]$를 고려해보자. $\mathbf{f}$가 집합 $\mathbb{R}^2$과 유클리드
거리 함수에 대한 수축 매핑임을 보일 수 있다.

$$
\begin{aligned}
d(\mathbf{f}(\mathbf{x}), \mathbf{f}(\mathbf{y})) &= \|\mathbf{f}(\mathbf{x}) - \mathbf{f}(\mathbf{y})\|_2 \\
&= \|[x_2/2 + 1, x_1/2 + 1/2] - [y_2/2 + 1, y_1/2 + 1/2]\|_2 \\
&= \|[\tfrac{1}{2}(x_2 - y_2), \tfrac{1}{2}(x_1 - y_1)]\|_2 \\
&= \tfrac{1}{2}\|[(x_2 - y_2), (x_1 - y_1)]\|_2 \\
&= \tfrac{1}{2}d(\mathbf{x}, \mathbf{y})
\end{aligned}
$$

$\mathbb{R}^2$의 점에 $\mathbf{f}$를 반복 적용한 효과를 도식화할 수 있고, 그들이 $[5/3, 4/3]$ 쪽
으로 어떻게 수렴하는지 보일 수 있다.

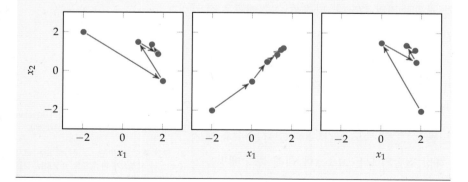

708

A.16 그래프

그래프 $G = (V, E)$는 노드(꼭짓점이라고도 함) 집합 V와 선분 E로 정의된다. E는 노드 쌍 (v_i, v_j)이다. 그림 A.6은 그래프의 예를 보여준다. 선분 $e \in E$ 노드의 쌍 (v_i, v_j)이다. 여기서는 주로 선분의 방향이 지정되고 부모-자식 관계를 정의하는 **방향 그래프**^{directed graph}에 중점을 둔다. 선분 $e = (v_i, v_j)$는 종종 v_i에서 v_j로의 화살표로 그려지는데, v_i는 부모이고 v_j는 자식이 된다. v_i와 v_j를 연결하는 선분이 있으면 v_i와 v_j는 이웃^{neighbor}이라고 한다. 노드 v_i의 모든 부모 집합은 $\mathrm{Pa}(v_i)$로 표시된다.

노드 v_i에서 노드 v_j까지의 경로^{path}는 v_i와 v_j를 연결하는 선분의 시퀀스다. 이 경로가 선분 방향을 따라 노드에서 노드로 따르는 경우 **방향 경로**^{directed path}라고 한다. 무방향 경로^{undirected path}는 선분의 방향에 관계없는 경로다. 노드 v_j는 v_i에서 v_j로의 방향 경로가 존재하는 경우 v_j는 v_i의 후손이다. 순환^{cycle}은 어떤 노드에서 자기 자신의 방향 경로다. 그래프에 순환이 없으면 **비순환**^{acyclic} 그래프다.

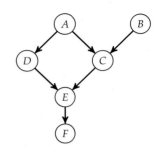

▲ **그림 A.6** 그래프의 예. 여기서 $\mathrm{Pa}(C)$ = $\{A, B\}$다. 시퀀스 (A, C, E, F)는 방향 경로이고 (A, C, B)는 무방향 경로다. 노드 A는 C와 D의 부모다. 노드 E는 B의 자손이다. C의 이웃에는 A, B, E가 있다.

B
확률 분포

부록 B는 책에서 소개된 주제와 관련된 몇 가지 확률 분포군을 요약한다.[1] 분포는 확률 질량 함수 또는 확률 밀도 함수로 표시되며 각 분포를 제어하는 매개 변수와 함께 관련 함수가 제공된다. 다음 그림은 다양한 매개 변수가 분포에 미치는 영향을 보여준다. 색인에는 책 본문에서 이러한 분포가 사용되는 참조 페이지가 있다. 어떤 분포는 일변량^{univariate}이며, 이는 스칼라 변수에 대한 분포임을 의미한다. 다른 것들은 다변량^{multivariate}, 즉 여러 변수에 대한 분포다.

1 이러한 분포는 Distributions.jl에서 구현된다. M. Besançon, T. Papamarkou, D. Anthoff, A. Arslan, S. Byrne, D. Lin, and J. Pearson, "Distributions.jl: Definition and Modeling of Probability Distributions in the Julia Stats Ecosystem," 2019. arXiv: 1907.0861 1v1.

이름	매개 변수		분포 함수
균등 $\mathcal{U}(a, b)$	a b	하한 상한	$p(x) = \frac{1}{b-a}$ 여기서 $x \in [a, b]$

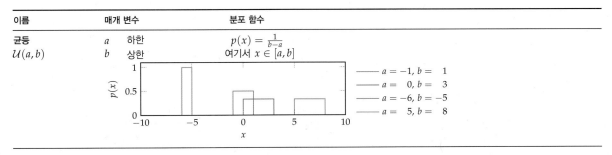

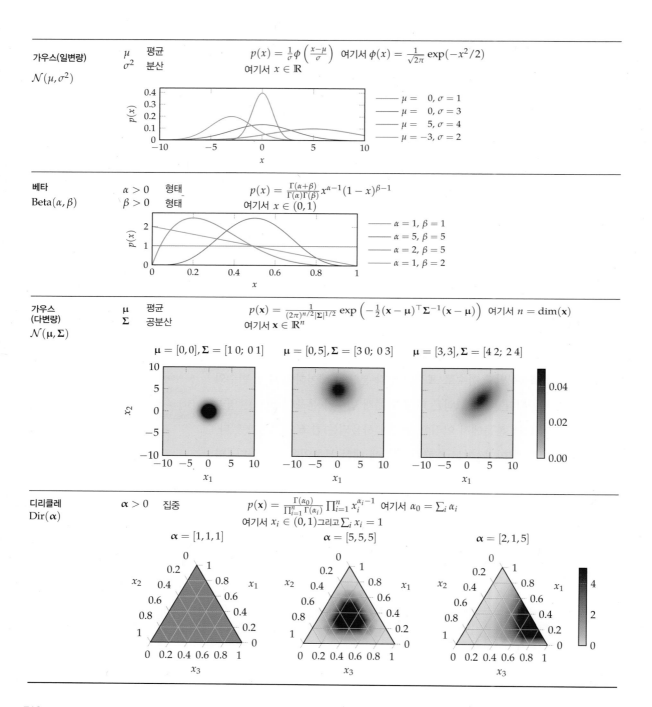

| 가우스(일변량)
$\mathcal{N}(\mu, \sigma^2)$ | μ 평균
σ^2 분산 | $p(x) = \frac{1}{\sigma} \phi\left(\frac{x-\mu}{\sigma}\right)$ 여기서 $\phi(x) = \frac{1}{\sqrt{2\pi}} \exp(-x^2/2)$
여기서 $x \in \mathbb{R}$ |

$\mu = 0, \sigma = 1$
$\mu = 0, \sigma = 3$
$\mu = 5, \sigma = 4$
$\mu = -3, \sigma = 2$

| 베타
$\mathrm{Beta}(\alpha, \beta)$ | $\alpha > 0$ 형태
$\beta > 0$ 형태 | $p(x) = \frac{\Gamma(\alpha+\beta)}{\Gamma(\alpha)\Gamma(\beta)} x^{\alpha-1}(1-x)^{\beta-1}$
여기서 $x \in (0,1)$ |

$\alpha = 1, \beta = 1$
$\alpha = 5, \beta = 5$
$\alpha = 2, \beta = 5$
$\alpha = 1, \beta = 2$

| 가우스
(다변량)
$\mathcal{N}(\boldsymbol{\mu}, \boldsymbol{\Sigma})$ | $\boldsymbol{\mu}$ 평균
$\boldsymbol{\Sigma}$ 공분산 | $p(\mathbf{x}) = \frac{1}{(2\pi)^{n/2}|\boldsymbol{\Sigma}|^{1/2}} \exp\left(-\frac{1}{2}(\mathbf{x}-\boldsymbol{\mu})^{\top}\boldsymbol{\Sigma}^{-1}(\mathbf{x}-\boldsymbol{\mu})\right)$ 여기서 $n = \dim(\mathbf{x})$
여기서 $\mathbf{x} \in \mathbb{R}^n$ |

$\boldsymbol{\mu} = [0,0], \boldsymbol{\Sigma} = [1\ 0;\ 0\ 1]$ $\boldsymbol{\mu} = [0,5], \boldsymbol{\Sigma} = [3\ 0;\ 0\ 3]$ $\boldsymbol{\mu} = [3,3], \boldsymbol{\Sigma} = [4\ 2;\ 2\ 4]$

| 디리클레
$\mathrm{Dir}(\boldsymbol{\alpha})$ | $\boldsymbol{\alpha} > 0$ 집중 | $p(\mathbf{x}) = \frac{\Gamma(\alpha_0)}{\prod_{i=1}^{n}\Gamma(\alpha_i)} \prod_{i=1}^{n} x_i^{\alpha_i-1}$ 여기서 $\alpha_0 = \sum_i \alpha_i$
여기서 $x_i \in (0,1)$ 그리고 $\sum_i x_i = 1$ |

$\boldsymbol{\alpha} = [1,1,1]$ $\boldsymbol{\alpha} = [5,5,5]$ $\boldsymbol{\alpha} = [2,1,5]$

C
계산 복잡도

다양한 알고리듬을 논의할 때는 알고리듬을 완료하는 데 필요한 자원을 나타내는 계산 복잡도를 분석하면 유용하다.[1] 우리는 일반적으로 시간 또는 공간 복잡도에 관심이 있다. 이 부록에서는 복잡도를 나타내는 데 일반적으로 사용되는 점근적 표기법을 알아본다. 그런 다음 책의 알고리듬과 관련된 몇 가지 복잡도 부류를 알아보고 결정 가능성decidability 문제에 대해 알아본다.

C.1 점근적 표기법

점근적 표기법asymptotic notation은 종종 함수의 성장을 묘사하는 데 사용된다. 이 표기법은 때때로 빅오big-Oh 표기법이라고 한다. 함수의 성장률이 종종 함수의 차수order로도 불리기 때문에 차수를 의미하는 첫 문자 O가 사용된다. 이 표기법은 수치적 방법과 관련된 오류 또는 알고리듬의 시간 또는 공간 복잡도를 설명하는 데 사용

1 알고리듬 분석은 전산학 중 큰 분야다. 그 입문서로는 다음 문헌을 참고하라. O. Goldreich, *Computational Complexity: A Conceptual Perspective*. Cambridge University Press, 2008. 엄밀히 따지자면 튜링(Turing) 기계와 같은 개념과 계산 모델의 도입이 필요하지만 여기에서는 생략한다.

할 수 있다. 이 표기법은 인수가 특정 값에 접근할 때 함수의 상한을 보여준다.

수학적으로 $x \to a$일 때 $f(x) = O(g(x))$이면 $f(x)$의 절댓값은 a에 충분히 가까운 x의 값에 대해 $g(x)$의 절댓값에 어떤 양의 유한 수 c를 곱한 값으로 제한된다.

$$|f(x)| \leq c|g(x)| \quad \text{for } x \to a \tag{C.1}$$

대개 $f(x) = O(g(x))$라는 식으로 등호를 약간 다른 표현으로 표기하기도 한다. 예를 들어, $x^2 = O(x^2)$와 $2x^2 = O(x^2)$이지만, 물론 $x^2 \neq 2x^2$이다. 일부 수학 책에서 $O(g(x))$는 $g(x)$보다 빠르게 성장하지 않는 모든 함수 집합을 나타낸다. 예를 들어, $5x^2 \in O(x^2)$이다. 예제 C.1은 점근적 표기법을 보여준다.

$f(x)$가 항들의 선형 조합$^{\text{linear combination}}$[2]이면 $O(f)$는 가장 빨리 증가하는 항의 차수에 해당한다. 예제 C.2는 여러 항의 차수를 비교한다.

$x \to \infty$일 때 $f(x) = 10^6 e^x$라고 간주하자. 여기서 f는 상수 10^6과 e^x의 곱이다. 상수는 다음과 같이 단순히 경계 상수 c에 통합될 수 있다.

$$|f(x)| \leq c|g(x)|$$
$$10^6|e^x| \leq c|g(x)|$$
$$|e^x| \leq c|g(x)|$$

따라서 $x \to \infty$일 때 $f = O(e^x)$이다.

2 선형 조합은 항의 가중 합이다. 벡터 $\mathbf{x}$의 항들이라고 하면 선형 조합은 $w_1 x_1 + w_2 x_2 + \cdots = \mathbf{w}^\top \mathbf{x}$다.

예제 C.1 상수 곱하기 함수에 대한 점근적 표기법

$f(x) = \cos(x) + x + 10x^{3/2} + 3x^2$를 생각해보자. 여기서 f는 항들의 선형 조합이다. $\cos(x)$, x, $x^{3/2}$, x^2 항은 x가 무한대에 가까워질수록 값이 증가하는 순서로 정렬된다. c와 함께 $f(x)$를 도식화한다. 여기서 c는 $c|g(x=2)|$가 $f(x=2)$를 초과하도록 각 항에 대해 선택됐다.

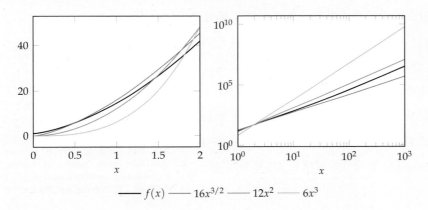

— $f(x)$ —— $16x^{3/2}$ —— $12x^2$ —— $6x^3$

충분히 큰 수 x에 대해 $f(x)$가 항상 $c|x^{3/2}|$보다 작게 하는 상수 c는 없다. $\cos(x)$와 x도 마찬가지다.

$f(x) = O(x^3)$이고 일반적으로 $m \geq 2$에 대해 $f(x) = e^x$같은 다른 함수 부류와 함께 $f(x) = O(x^m)$임을 알 수 있다. 일반적으로 가장 엄격한 상한을 제공하는 차수에 대해 논의한다. 따라서 $x \to \infty$일 때 $f = O(x^2)$이다.

C.2 시간 복잡도 부류

특정 문제 해결의 어려운 정도는 여러 시간 복잡도 부류로 그룹화할 수 있다. 이 책 전반에 걸쳐 자주 등장하는 중요 부류는 다음과 같다.

- P: 다항 시간 내에 풀 수 있는 문제

- NP: 다항 시간 내에 해를 검증할 수 있는 문제
- NP-hard: 최소한 NP에서 가장 어려운 문제만큼 어려운 문제
- NP-complete: NP-hard인 동시에 NP에 있는 문제

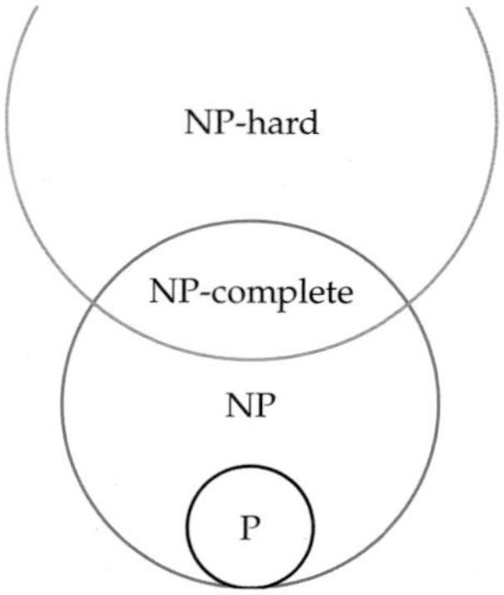

이러한 복잡도 부류의 공식적인 정의는 다소 복잡한다. 일반적으로 $P \neq NP$라고 믿고 있지만, 아직 증명되지는 않았으며 수학에서 가장 중요한 미해결 문제 중 하나로 남아 있다. 사실, 현대 암호화는 NP-hard 문제를 해결하기 위한 알려진 효율적인(즉 다항식 시간) 알고리듬이 없다는 사실에 의존하고 있다. 그림 C.1은 $P \neq NP$라는 믿음하에 복잡도 부류 사이의 관계를 보여주고 있다.

특정 문제 Q가 NP-hard인지 여부를 증명하는 일반적인 접근 방식은 알려진 NP-complete 문제[3] Q'에서 Q 인스턴스로의 다항식 변환을 제시하는 것이다. 3SAT 문제는 알려진 첫 번째 NP-complete 문제이며 예제 C.3에서 논의된다.

▲ **그림 C.1** 복잡도 부류

3 잘 알려진 NP-complete 문제는 많이 있으며, 다음 문헌을 참고하라. R. M. Karp, "Reducibility Among Combinatorial Problems," in *Complexity of Computer Computations*, R. E. Miller and J. W. Thatcher, eds., Plenum, 1972, pp. 85–103.

C.3 공간 복잡도 부류

알고리듬을 완료하는 데 필요한 메모리 양을 나타내는 또 다른 복잡도 부류는 공간과 관련이 있다. 복잡도 부류 PSPACE는 시간에 대한 고려 없이 다항의 공간으로 풀 수 있는 모든 문제 집합을 포함한다. 시간과 공간 복잡도 사이에는 근본적인 차이가 있는데, 시간은 재사용할 수 없지만 공간은 재사용할 수 있다는 점이다. 우리는 P와 NP가 PSPACE의 하위 집합이라는 것을 알고 있다. 아직 알려지지 않았지만 PSPACE에는 NP에 없는 문제가 포함돼 있는 것으로 생각되고 있다. 다항식 시간 변환을 통해 NP-hard 및 NP-complete 부류에서 했던 것처럼 PSPACE-hard 및 PSPACE-complete 부류를 정의할 수 있다.

부울 충족 가능성^{Boolean satisfiability}의 문제는 부울 공식이 충족 가능한지 여부를 결정하는 것이다. 부울 방정식은 n개의 부울 변수 $x_1, \ldots x_n$에 관한, 논리곱^{conjunctions}($\wedge$), 논리합^{disjunction}($\vee$), 논리부정^{negations}($\neg$)으로 이뤄진다. 리터럴^{literal}은 변수 x_i 또는 그의 논리부정인 $\neg x_i$ 이다. 3SAT 절은 3개 리터럴의 논리합이다(예: $x_3 \vee \neg x_5 \vee x_6$). 3SAT 식은 다음과 같은 3SAT 절의 논리곱이다.

$$F(x_1, x_2, x_3, x_4) = \begin{matrix} (& x_1 & \vee & x_2 & \vee & x_3 &) & \wedge \\ (& \neg x_1 & \vee & \neg x_2 & \vee & x_3 &) & \wedge \\ (& x_2 & \vee & \neg x_3 & \vee & x_4 &) & \end{matrix}$$

3SAT의 어려움은 공식을 참으로 만드는 값을 변수에 할당할 수 있는지 여부를 알아내는 것이다. 앞의 공식의 경우 다음과 같다.

$$F(\text{참, 거짓, 거짓, 참}) = \text{참}$$

따라서 공식은 충족 가능^{satisfiable}하다. 일부 3SAT 문제에 대해 만족스러운 과제를 쉽게 찾을 수 있지만, 때로는 빠른 검사만으로는 풀기 어려운 경우가 있다. 만족스러운 할당이 이뤄질 수 있는지 여부를 알아내는 한 가지 방법은 가능한 모든 변수의 진리 값인 2^n개의 가능한 값을 열거하는 것이다. 충족 가능한 진리 할당이 존재하는지 여부를 알아내는 것은 어렵지만, 진리 할당이 충족 가능으로 이어지는지 여부는 선형 시간으로 확인할 수 있다.

예제 C.3 3SAT 문제는 처음으로 알려진 NP-complete 문제다.

C.4 결정 가능성

결정 불가능^{undecidable} 문제는 항상 유한한 시간 내에 해결할 수 없다. 아마도 가장 유명한 결정 불가능한 문제 중 하나는 정지^{halting} 문제일 것이다. 이 문제는 충분히 표현적인 언어[4]가 입력으로 들어올 경우 과연 종료할 것인가를 알아내는 것이다.

4 기술적 요구 사항은 튜링-완전(Turing complete) 또는 계산 범용적(computationally universal)인데, 모든 튜링 머신을 시뮬레이션하는 데 사용 가능하다는 의미다.

일반적으로 이러한 분석을 수행할 수 있는 계산 범용적인 알고리듬은 없다는 것이 입증됐다. 일부 프로그램이 종료되는지 여부를 올바르게 알아낼 수 있는 알고리듬이 존재하지만, 임의의 프로그램이 종료되는지 여부를 결정할 수 있는 알고리듬은 없다.

D
신경 표현

신경망^{neural network}은 비선형 함수의 모수적 표현이다.[1] 신경망으로 표현되는 함수는 미분 가능하므로 확률적 그래디언트 하강법과 같은 그래디언트 기반 최적화 알고리듬이 매개 변수를 최적화해 원하는 입력-출력 관계를 더 근사화할 수 있다.[2] 신경 표현은 확률 모델, 효용 함수, 의사결정 정책을 나타내는 등의 의사결정과 관련된 다양한 문맥에서 도움이 될 수 있다. 이 부록에서는 몇 가지 관련 아키텍처에 대해 설명한다.

D.1 신경망

신경망은 θ로 모수화돼 입력 $\mathbf{x}$를 매핑해 출력 $\mathbf{y}$를 생성하는 미분 가능 함수 $\mathbf{y} = \mathbf{f}_\theta(\mathbf{x})$다. 최근 신경망에는 수백만 개의 매개 변수가 있을 수 있으며, 고차원 이미지 혹은 비디오 형식의 입력을 다차원 분류나 음성과 같은 고차원 출력으로

[1] 신경망이란 이름은 생물학적 뇌의 신경망의 영감으로부터 유래됐다. 여기서는 이러한 생물학적 고리에 대해 논의하지 않을 것이지만 개요와 역사적 관점은 다음 문헌을 참고하라. B. Müller, J. Reinhardt, and M. T. Strickland, *Neural Networks*. Springer, 1995.

[2] 곧 설명하겠지만 계층이 많은 신경망에 적용되는 이 최적화 프로세스를 종종 딥러닝(deep learning)이라고 한다. 다음 문헌을 포함해 전적으로 이 기술만을 설명하는 책들이 많다. I. Goodfellow, Y. Bengio, and A. Courville, *Deep Learning*. MIT Press, 2016. 줄리아 패키지 Flux.jl는 다양한 학습 알고리듬에 대한 효율적 구현을 제공해준다.

변환하는 데 사용할 수 있다.

네트워크 매개 변수 $\boldsymbol{\theta}$는 일반적으로 네트워크 출력이 원하는 출력으로부터 얼마나 떨어져 있는지와 관련된 스칼라 손실 함수$^{\text{loss function}}$ $\ell(\mathbf{f}_{\boldsymbol{\theta}}(\mathbf{x}), \mathbf{y})$를 최소화하도록 조정된다. 손실 함수와 신경망 모두 미분 가능하므로 모수화 $\nabla_{\boldsymbol{\theta}}\ell$와 관련해 손실 함수의 그래디언트를 사용해 모수화를 반복적으로 개선한다. 이 과정은 종종 신경망 훈련^{training} 또는 매개 변수 튜닝$^{\text{parameter tuning}}$으로 불린다. 이는 예제 D.1에 설명돼 있다.

신경망은 일반적으로 입력-출력 쌍 $\mathbf{D}$의 데이터셋에 대해 훈련된다. 이 경우 데이터셋에 대한 집계 손실을 최소화하기 위해 매개 변수를 조정한다.

$$\underset{\boldsymbol{\theta}}{\arg\min} \sum_{(\mathbf{x},\mathbf{y}) \in \mathbf{D}} \ell(\mathbf{f}_{\boldsymbol{\theta}}(\mathbf{x}), \mathbf{y}) \tag{D.1}$$

예제 D.1 신경망 및 매개 변수 튜닝의 기초

매우 단순한 신경망 $f_{\boldsymbol{\theta}}(x) = \theta_1 + \theta_2 x$를 고려해보자. 우리는 신경망이 집의 제곱 피트 값 x를 취한 뒤, 집의 가격을 예측하기 바란다. 손실 함수 $\ell(y_{\text{pred}}, y_{\text{true}}) = (y_{\text{pred}} - y_{\text{true}})^2$를 사용해 예상 주택 가격과 실제 주택 가격 사이의 제곱 편차를 최소화하려고 한다. 훈련 쌍이 주어지면 그래디언트를 계산할 수 있다.

$$\begin{aligned}
\nabla_{\boldsymbol{\theta}} \ell(f(x), y_{\text{true}}) &= \nabla_{\boldsymbol{\theta}} (\theta_1 + \theta_2 x - y_{\text{true}})^2 \\
&= \begin{bmatrix} 2(\theta_1 + \theta_2 x - y_{\text{true}}) \\ 2(\theta_1 + \theta_2 x - y_{\text{true}})x \end{bmatrix}
\end{aligned}$$

초기 모수화가 $\boldsymbol{\theta} = [10{,}000, 123]$이고 입력-출력 쌍이 $(x = 2{,}500,\ y_{\text{true}} = 360{,}000)$인 경우 손실 그래디언트는 $\nabla_{\boldsymbol{\theta}}\ell = [-85{,}000, -2.125 \times 10^8]$이 된다. 함수 근사를 개선하기 위해 반대 방향으로 작은 단계를 취한다.

최근의 문제는 데이터셋이 매우 큰 경향이 있어 방정식 (D.1)의 그래디언트를 계산하는 데 비용이 많이 든다. 손실 그래디언트를 계산하기 위해 이러한 배치를 사용해 각 반복에서 훈련 데이터의 무작위 하위 집합을 샘플링하는 것이 일반적이다. 계산을 줄이는 것 외에도 배치 크기가 더 작은 그래디언트를 계산하는 것은 그래디언트에 약간의 확률성을 도입해 지역 최솟값에 갇히지 않도록 훈련하는 데 도움이 된다.

D.2 피드포워드 네트워크

신경망은 일반적으로 일련의 계층을 통해 입력을 전달하도록 구성된다.[3] 계층이 많은 네트워크를 종종 심층^{deep}이라고 한다. 피드포워드 네트워크$^{feedforward\ network}$에서 각 계층은 아핀 변환$^{affine\ transform}$을 적용한 다음 비선형 활성화 함수를 요소별로 적용한다.[4]

$$\mathbf{x}' = \phi.(\mathbf{Wx} + \mathbf{b}) \tag{D.2}$$

여기서 행렬 $\mathbf{W}$와 벡터 $\mathbf{b}$는 계층과 관련된 매개 변수다. 완전히 연결된 계층은 그림 D.1에 나와 있다. 출력 계층의 차원은 $\mathbf{W}$가 정방형이 아닌 경우 입력 계층의 차원과 다르다. 그림 D.2는 동일한 네트워크를 보다 간결하게 나타낸 것이다.

3 이론적으로는 충분히 큰 단일 계층 신경망은 모든 함수를 근사할 수 있다. 다음 문헌을 참고하라. Pinkus, "Approximation Theory of the MLP Model in Neural Networks," *Acta Numerica*, vol. 8, pp. 143–195, 1999.

4 활성화 함수에 의해 도입된 비선형성은 생물학적 뉴런의 활성화 동작과 유사 작용을 하며, 여기서 입력이 축적돼 결국 뉴런을 발화시킨다. A. L. Hodgkin and A. F. Huxley, "A Quantitative Description of Membrane Current and Its Application to Conduction and Excitation in Nerve," *Journal of Physiology*, vol. 117, no. 4, pp. 500–544, 1952.

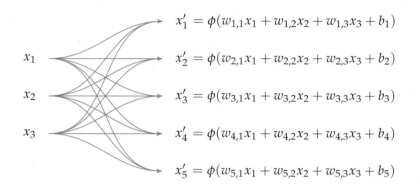

$$x_1' = \phi(w_{1,1}x_1 + w_{1,2}x_2 + w_{1,3}x_3 + b_1)$$

$$x_2' = \phi(w_{2,1}x_1 + w_{2,2}x_2 + w_{2,3}x_3 + b_2)$$

$$x_3' = \phi(w_{3,1}x_1 + w_{3,2}x_2 + w_{3,3}x_3 + b_3)$$

$$x_4' = \phi(w_{4,1}x_1 + w_{4,2}x_2 + w_{4,3}x_3 + b_4)$$

$$x_5' = \phi(w_{5,1}x_1 + w_{5,2}x_2 + w_{5,3}x_3 + b_5)$$

◀ **그림 D.1** 3-성분 입력과 5-성분 출력이 있는 완전 연결 계층

그들 사이에 활성화 함수가 없으면 여러 개의 연속적인 아핀 변환은 하나의 동등한 아핀 변환으로 축소될 수 있다.

$$\mathbf{W}_2(\mathbf{W}_1\mathbf{x} + \mathbf{b}_1) + \mathbf{b}_2 = \mathbf{W}_2\mathbf{W}_1\mathbf{x} + (\mathbf{W}_2\mathbf{b}_1 + \mathbf{b}_2) \tag{D.3}$$

이러한 비선형성은 신경망이 임의의 타깃 함수에 맞게 적응할 수 있도록 하는 데 필요하다. 설명을 위해 그림 D.3은 비선형 함수를 근사화하도록 훈련된 신경망의 출력을 보여준다.

▲ **그림 D.2** 그림 D.1의 보다 간결한 묘사. 신경망 계층은 편의상 종종 블록 또는 슬라이스로 표시된다.

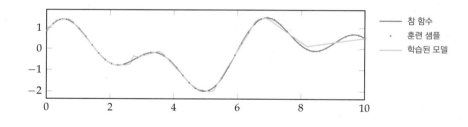

◀ **그림 D.3** 제곱 오차를 최소화하기 위해 비선형 함수의 샘플에 적합화된 심층 신경망. 이 신경망에는 각 중간 표현에 10개의 뉴런을 가진 4개의 아핀 계층이 있다.

일반적으로 사용되는 많은 유형의 활성화 함수가 있다. 생물학적 영감과 마찬가지로 입력이 낮을 때는 0에 가깝고 입력이 높을 때는 큰 경향이 있다. 몇 가지 일반적인 활성화 함수가 그림 D.5에 나와 있다.

722

때때로 특정 효과를 얻기 위해 특수 계층이 도입된다. 예를 들어, 그림 D.4에서 출력이 2개 요소 범주 분포를 나타내도록 하기 위해 마지막에 소프트맥스 계층을 사용했다.

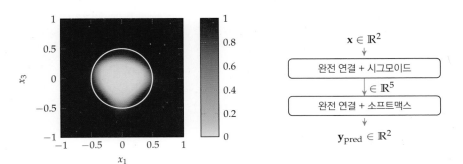

◀ **그림 D.4** 주어진 좌표가 원(흰색으로 표시됨) 내에 있는지 여부를 분류하도록 훈련된 단순한 2계층 완전 연결 네트워크. 비선형성은 신경망이 복잡한 비선형 결정 경계를 형성할 수 있도록 한다.

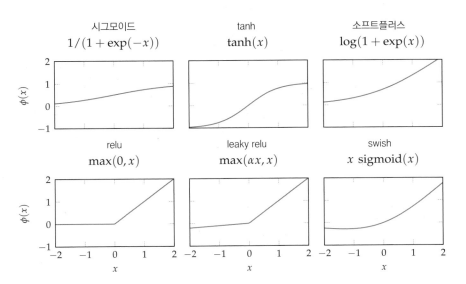

◀ **그림 D.5** 몇 가지 일반적인 활성화 함수

소프트맥스 함수는 지수 함수를 각 요소에 적용한다. 이를 통해 이들이 양수가 되도록 보장하게 되고 그다음 결괏값을 재정규화한다.

$$\text{softmax}(\mathbf{x})_i = \frac{\exp(x_i)}{\sum_j \exp(x_j)} \tag{D.4}$$

신경망의 그래디언트는 대개 **역누적**reverse accumulation을 사용해 계산된다.[5] 이 방법은 모든 입력 매개 변수를 사용해 신경망을 평가하는 정방향 단계로 시작한다. 역방향 단계에서는 각 관심 항의 그래디언트가 출력으로부터 다시 입력으로 계산된다. 역누적은 도함수에 대한 체인 규칙을 사용한다.

$$\frac{\partial \mathbf{f}(\mathbf{g}(\mathbf{h}(\mathbf{x})))}{\partial \mathbf{x}} = \frac{\partial \mathbf{f}(\mathbf{g}(\mathbf{h}))}{\partial \mathbf{h}} \frac{\partial \mathbf{h}(\mathbf{x})}{\partial \mathbf{x}} = \left(\frac{\partial \mathbf{f}(\mathbf{g})}{\partial \mathbf{g}} \frac{\partial \mathbf{g}(\mathbf{h})}{\partial \mathbf{h}} \right) \frac{\partial \mathbf{h}(\mathbf{x})}{\partial \mathbf{x}} \tag{D.5}$$

예제 D.2는 이 프로세스를 보여준다. 많은 딥러닝 패키지는 이러한 자동 미분 기술을 사용해 그래디언트를 계산한다.[6] 사용자가 자신의 그래디언트를 제공할 필요가 거의 없다.

5 이 프로세스는 일반적으로 역전파 (backpropagation)라고 불리며 특히 스칼라 손실 함수에 적용된 역누적을 나타낸다. D. E. Rumelhart, G. E. Hinton, and R. J. Williams, "Learning Representations by Back-Propagating Errors," Nature, vol. 323, pp. 533-536, 1986.

6 A. Griewank and A. Walther, *Evaluating Derivatives: Principles and Techniques of Algorithmic Differentiation*, 2nd ed. SIAM, 2008.

D.3 매개 변수 정규화

신경망은 일반적으로 과소 결정underdetermined되며, 이는 동일한 최적 훈련 손실을 초래할 수 있는 여러 매개 변수 인스턴스화가 있음을 의미한다.[7] 매개 변수 규제화 parameter regularization(가중치 규제화weight regularization라고도 함)를 사용하는 것도 일반적인데, 큰 매개 변수 값에 페널티를 주기 위해 손실 함수에 추가적인 항을 도입한다. 규제화는 또한 네트워크가 훈련 데이터에 대해 과도하게 특화되지만 낯선unseen 데이터에 대해서는 일반화하지 못하는 경우에 발생하는 과적합을 방지하는 데 도움이 된다.

규제화는 종종 모수화의 L_2-노름 형식을 취한다.

7 예를 들어, 최종 소프트맥스 계층이 있는 신경망이 있다고 가정해보자. 해당 계층에 대한 입력은 동일한 출력을 생성하면서 크기를 조정할 수 있으므로 동일한 손실이 발생한다.

$$\underset{\boldsymbol{\theta}}{\arg\min} \sum_{(x,y)\in \mathbf{D}} \ell(f_{\boldsymbol{\theta}}(x), y) + \beta \|\boldsymbol{\theta}\|^2 \tag{D.6}$$

여기서 양의 스칼라 β는 매개 변수 규제화의 강도를 제어한다. 스칼라는 대개 매우 작은 값인데 규제화를 도입함으로써 훈련 집합이 희생당하는 정도를 최소화한다.

예제 D.2 훈련 데이터가 주어진 매개 변수 그래디언트를 계산하기 위해 역누적을 사용하는 방법

예제 D.1의 신경망과 손실 함수를 기억하자. 여기서는 손실 계산을 위한 계산 그래프를 그렸다.

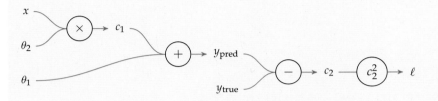

역누적은 계산 그래프가 평가되는 정방향 경로부터 시작된다. 이번에도 $\theta = [10{,}000, 123]$를 사용하고 입력-출력 쌍 $(x = 2{,}500, y_{\text{true}} = 360{,}000)$은 다음과 같다.

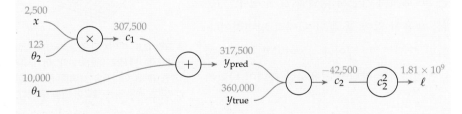

그런 다음 트리를 백업해 그래디언트를 계산한다.

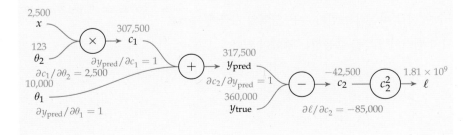

마지막으로 다음을 계산한다.

$$\frac{\partial \ell}{\partial \theta_1} = \frac{\partial \ell}{\partial c_2} \frac{\partial c_2}{\partial y_{\text{pred}}} \frac{\partial y_{\text{pred}}}{\partial \theta_1} = -85{,}000 \cdot 1 \cdot 1 = -85{,}000$$

$$\frac{\partial \ell}{\partial \theta_2} = \frac{\partial \ell}{\partial c_2} \frac{\partial c_2}{\partial y_{\text{pred}}} \frac{\partial y_{\text{pred}}}{\partial c_1} \frac{\partial c_1}{\partial \theta_2} = -85{,}000 \cdot 1 \cdot 1 \cdot 2500 = -2.125 \times 10^8$$

D.4 컨볼루션 신경망

신경망은 이미지 또는 라이더 스캔과 같은 기타 다차원 구조를 입력으로 가질 수 있다.

상대적으로 작은 256×256 RGB 이미지(그림 D.6와 유사)조차 $256 \times 256 \times 3$ = 196,608 개체를 가진다. $m \times m \times 3$ 이미지를 입력으로 사용하고 n개 출력의 벡터를 생성하는 완전 연결된 계층은 $3m^2n$개의 가중치 행렬을 갖게 된다. 많은 수의 매개 변수를 학습하는 것은 계산 비용이 많이 들 뿐만 아니라 낭비적이다. 이미지의 정보는 일반적으로 이동–불변translation-invariant이다. 즉 이미지 내에서 한 픽셀씩 오른쪽으로 이동시킨 객체는, 동일하지는 않더라도 유사한 출력이 나와야 한다.

컨볼루션 계층[8]은 더 작고 완전 연결된 윈도우를 움직여 출력을 생성함으로써 계산량을 크게 줄이는 동시에 이동 불변을 지원한다. 훨씬 더 적은 수의 매개 변수를 학습하게 된다. 이러한 매개 변수는 시각 피질의 뉴런이 수용 영역의 자극에 반응하는 것과 거의 같은 방식으로 지역 텍스처texture를 수용하는 경향이 있다.

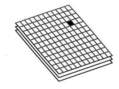

▲ **그림 D.6** 이미지와 같은 다차원 입력은 벡터를 텐서로 일반화한다. 여기서는 3계층 RGB 이미지를 보여준다. 이러한 입력에는 매우 많은 항목이 있을 수 있다.

8 Y. LeCun, L. Bottou, Y. Bengio, and P. Haffner, "Gradient-Based Learning Applied to Document Recognition," *Proceedings of the IEEE*, vol. 86, no. 11, pp. 2278–2324, 1998.

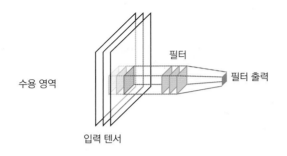

수용 영역

필터

필터 출력

입력 텐서

◀ **그림 D.7** 컨볼루션 계층은 이미지와 같은 입력 텐서에 필터를 반복적으로 적용해 출력 텐서를 생성한다. 이 그림은 필터의 각 적용이 출력 텐서에서 단일 항목을 생성하기 위해 작은 수용 필드에 적용된 작고 완전 연결된 계층처럼 작동하는 방식을 보여준다. 각 필터는 정해진 스트라이드(stride)에 따라 입력에서 이동한다. 결과 출력에는 필터 수만큼 많은 계층이 있다.

컨볼루션 계층은 특징 또는 커널 집합로 구성되며, 각각은 입력 텐서의 더 작은 영역을 입력할 수 있는 완전 연결된 계층과 같다. 그림 D.7에서는 단일 커널은 한 번 적용됐다. 이러한 특징에는 전체 깊이가 있다. 즉 입력 텐서가 $n \times m \times d$이면 특징의 세 번째 차원도 d다. 특징은 첫 번째 차원과 두 번째 차원 모두에서 입력 위를 슬라이드해 여러 번 적용된다. 스트라이드가 1×1이면 전체 k개 필터가 가능한 모든 위치에 적용되고 출력이 $n \times m \times k$차원이 된다. 스트라이드가 2×2이면, 필터는 적용 때마다 1, 2차원에서 2만큼 이동해 출력의 크기는 $n/2 \times m/2 \times k$이 된다. 컨볼루션 신경망은 각 계층에서 세 번째 차원에서 증가하고, 처음 2개 차원에서 감소하는 것이 일반적이다.

컨볼루션 계층은 입력이 적용되는 위치에 관계없이 각 필터가 동일하게 동작하기 때문에 이동-불변이다. 이 속성은 공간 처리에서 특히 유용하다. 입력 이미지의 이동이 유사한 출력을 생성해 신경망이 공통 특징을 더 쉽게 추출할 수 있기 때문이다. 개별 특징은 색상 및 질감과 같은 지역 속성을 학습하는 방법을 배우는 경향이 있다.

MNIST 데이터셋에는 28 × 28의 형태로 된 필기체 단색 숫자 이미지가 들어 있다. 이 데이터셋은 이미지 분류 네트워크를 테스트하는 데 자주 사용된다. 그림에는 MNIST 이미지를 입력으로 해 가능한 10자리에 대한 범주 확률 분포를 생성하는 샘플 컨볼루션 신경망이 있다. 컨볼루션 계층은 특징을 효율적으로 추출하는 데 사용된다. 모델은 네트워크 깊이가 증가함에 따라 처음 두 차원에서 축소되고 세 번째 차원(특징 수)에서 확장된다. 결국 1차원과 2차원에 도달하면 전체 이미지의 정보가 모든 특징에 영향을 미칠 수 있다. 평탄화^{flatten} 연산은 $1 × 1 × 32$ 입력을 취해 이를 32-성분 출력으로 평탄화한다. 이러한 연산은 컨볼루션 계층과 완전 연결 계층 사이를 이동할 때 일반적이다. 이 모델에는 19,722개의 매개 변수가 있다. 학습 데이터의 우도를 최대화하도록 매개 변수를 조정할 수 있다.

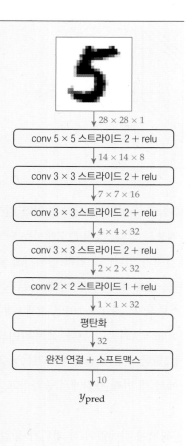

예제 D.3 MNIST 데이터셋에 대한 컨볼루션 신경망

D.5 순환 네트워크

지금까지 논의된 신경망 아키텍처는 시간적 또는 순차적 입력에는 적합하지 않다. 시퀀스 연산은 비디오의 이미지를 처리하거나 일련의 단어를 번역하거나 시

계열 데이터를 추적할 때 발생한다. 이러한 경우 출력은 가장 최근의 입력 이외의 데이터에도 종속된다. 또한 지금까지 논의된 신경망 아키텍처는 가변 길이 출력을 자연스럽게 생성하지 않는다. 예를 들어, 에세이를 작성하는 신경망은 기존의 완전 연결된 신경망을 사용해서는 훈련하기 어려울 것이다.

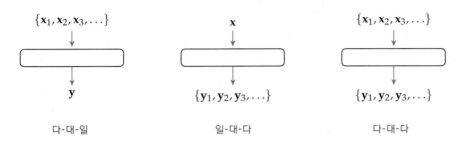

다-대-일   일-대-다   다-대-다

▶ **그림 D.8** 전통적인 신경망은 자연스럽게 가변 길이 입력을 받아들이거나 가변 길이 출력을 생성하지 않는다.

신경망에 순차 입력, 순차 출력 또는 둘 다 있는 경우(그림 D.8)에 순환 신경망을 사용해 여러 반복에 걸쳐 작동할 수 있다. 이러한 신경망은 시간이 지남에 따라 정보를 유지하기 위해 메모리라고도 하는 순환 상태 r을 유지한다. 예를 들어, 번역에서 문장의 앞부분에 사용된 단어는 문장 뒷부분에서 적절히 번역하기 위해서 관련이 있을 수 있다. 그림 D.9는 기본 순환 신경망의 구조와 동일한 신경망이, 시간에 대해 확장된 더 큰 신경망으로 이해될 수 있는 방법을 보여준다.

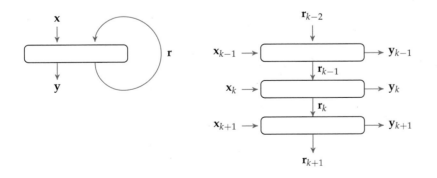

▶ **그림 D.9** 순환 신경망(왼쪽)과 동일한 순환 신경망이 시간에 따라 펼쳐져 있다(오른쪽). 이러한 네트워크는 네트워크가 반복 간에 정보를 전송할 수 있는 일종의 메모리를 운영할 수 있도록 하는 반복 상태 r을 유지한다.

이 펼쳐진 구조는 그림 D.10과 같이 다양한 순차 신경망을 생성하는 데 사용할
수 있다. 다-대-다 구조는 여러 형태로 나타난다. 한 형식에서 출력 시퀀스는 입
력 시퀀스로부터 시작한다. 또 다른 형태에서는 출력 시퀀스가 입력 시퀀스부터
시작하지 않는다. 가변 길이 출력을 사용할 때 신경망 출력 자체가 종종 시퀀스가
시작되거나 끝나는 시기를 나타낸다. 순환 상태는 입력 시퀀스가 전달된 후 추가
입력과 마찬가지로 종종 0으로 초기화되지만 반드시 그럴 필요는 없다.

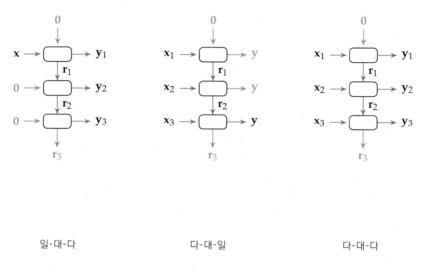

일-대-다   다-대-일   다-대-다

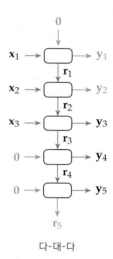

다-대-다

▲ **그림 D.10** 순환 신경망은 시간에 따라
전개돼 다른 관계를 생성할 수 있다. 사용
하지 않거나 기본 입력 및 출력은 회색으
로 표시된다.

여러 단계에 걸쳐 펼쳐지는 여러 계층을 가진 순환 신경망은 매우 깊은 신경망
을 효과적으로 생성한다. 훈련 중에 그래디언트는 손실 함수와 관련해 계산된다.
손실 함수에서 더 먼 계층의 기여도는 손실 함수에 가까운 계층의 기여도보다 작
은 경향이 있다. 이는 심층 신경망이 상위 계층에서는 사라질 정도로 작은 그래디
언트를 갖게 되는 그래디언트 소멸vanishing gradient 문제로 이어진다. 이러한 작은 그
래디언트는 훈련을 느리게 한다.

매우 깊은 신경망은 또한 계층을 통한 연속적인 그래디언트 기여가 결합돼 매우 큰 값을 생성하게 되는 그래디언트 폭발$^{exploding\ gradient}$로 인해 어려움을 겪을 수 있다. 이러한 큰 값은 학습을 불안정하게 만든다. 예제 D.4는 폭발 그래디언트와 사라지는 그래디언트를 모두 보여준다.

소멸 및 폭발 그래디언트를 설명하기 위해 relu 활성화를 사용해 완전 연결된 1차원 계층으로 구성된 심층 신경망을 생각해보자. 예를 들어, 네트워크에 3개의 계층이 있는 경우 출력은 다음과 같다.

$$f_\theta(x) = \text{relu}(w_3\ \text{relu}(w_2\ \text{relu}(w_1 x_1 + b_1) + b_2) + b_3)$$

손실 함수에 대한 그래디언트는 f_θ의 그래디언트에 따라 달라진다.

연속 계층의 그래디언트 기여도가 1 미만인 경우, 첫 번째 계층 w_1과 b_1의 매개 변수에서 소멸 그래디언트가 생길 수 있다. 예를 들어, 계층 중 하나라도 relu 함수에 음수 입력이 있는 경우 해당 입력의 그래디언트가 0이 돼 그래디언트가 완전히 사라진다. 덜 극단적인 경우로서 가중치가 모두 $\mathbf{w} = 0.5\ 1$, 오프셋이 모두 $\mathbf{b} = \mathbf{0}$이고 입력 x가 양수라고 가정해보자. 이 경우 w_1에 대한 그래디언트는 다음과 같다.

$$\frac{\partial f}{\partial w_1} = x_1 \cdot w_2 \cdot w_3 \cdot w_4 \cdot w_5 \ldots$$

네트워크가 깊을수록 그래디언트가 작아진다. 연속 계층의 그래디언트 기여도가 1보다 크면 첫 번째 계층의 매개 변수에서 폭발적인 그래디언트가 발생한다. 가중치를 $\mathbf{w} = \mathbf{2}\mathbf{1}$로 늘리기만 하면 동일한 그래디언트가 갑자기 모든 계층에서 두 배가 된다.

예제 D.4 심층 신경망에서 그래디언트 소멸 및 폭발이 어떻게 발생하는지 보여준다. 이 예제에서는 매우 간단한 신경망을 사용한다. 더 크고 완전히 연결된 계층에서는 동일한 원칙이 적용된다.

그래디언트 폭발은 종종 그래디언트 클리핑clipping, 규제화 및 매개 변수를 작은 값으로 초기화하는 등으로 처리할 수 있지만 이러한 방법은 단지 그래디언트 소실 문제로 이동시킬 뿐이다. 순환 신경망은 그래디언트 소실 문제를 완화하기 위해 특별히 구성된 계층을 사용하는 경우가 많다. 메모리 유지 여부를 선택적으로 판단해 작동하며 이러한 게이트는 메모리와 그래디언트를 조절하는 데 도움이 된다. 두 가지 일반적인 순환 계층은 LSTM Long Short-Term Memory[9]과 GRU Gated Recurrent Unit[10]다.

D.6 오토인코더 네트워크

신경망은 종종 이미지나 포인트 클라우드point cloud와 같은 고차원 입력을 처리하는 데 사용된다. 이러한 고차원 입력은 실제 정보 콘텐츠가 표시되는 고차원 공간보다 훨씬 낮은 차원으로 구성돼 있는 경우가 많다. 이미지의 픽셀은 주변 픽셀과 높은 상관 관계를 갖는 경향이 있으며, 포인트 클라우드에는 종종 많은 연속성 영역이 있다. 우리는 때로는 데이터셋을 훨씬 더 작은 특징 집합 또는 임베딩embedding으로 변환해 데이터셋의 정보 내용을 이해하기를 원한다. 이 압축 또는 표현 학습representation learning에는 많은 장점이 있다.[11] 저차원 표현은 베이지안 네트워크처럼 그렇지 않았다면 적용이 어려웠을 기존 머신러닝 기술을 적용하는 데 도움이 될 수 있다. 데이터셋의 정보 내용을 이해하기 위해 특징을 검사할 수 있으며 이러한 특징을 다른 모델에 대한 입력으로 사용할 수 있다.

오토인코더autoencoder는 상위 수준 입력으로부터 저차원 특징 표현을 발견하도록 훈련된 신경망이다. 오토인코더 네트워크는 고차원 입력 $\mathbf{x}$를 받아 동일한 차원의 출력 $\mathbf{x}'$를 생성한다. 병목bottleneck이라 불리는 하위 차원의 중간 표현을 통과하도록 네트워크 아키텍처를 설계한다. 이 병목에서의 활성화 $\mathbf{z}$는 명시적으로 관찰되지 않는 잠재 공간latent space에 존재하는 저차원 특징이다. 이러한 아키텍처는 그림

9 S. Hochreiter and J. Schmidhuber, "Long Short-Term Memory," *Neural Computation*, vol. 9, no. 8, pp. 1735–1780, 1997.

10 K. Cho, B. van Merriënboer, C. Gulcehre, D. Bahdanau, F. Bougares, H. Schwenk, and Y. Bengio, "Learning Phrase Representations Using RNN Encoder-Decoder for Statistical Machine Translation," in *Conference on Empirical Methods in Natural Language Processing (EMNLP)*, 2014.

11 이러한 차원 감소는 주성분 분석과 같은 전통적인 머신러닝 기술을 사용해 수행할 수도 있다. 신경 모델은 더 많은 유연성을 허용하고 비선형 표현을 처리할 수 있다.

D.11에 나와 있다.

오토인코더가 입력을 재현하도록 훈련한다. 예를 들어, 출력 $\mathbf{x}'$가 $\mathbf{x}$와 최대한 일치하도록 하기 위해 L_2-노름을 최소화하면 된다.

$$\underset{\boldsymbol{\theta}}{\text{minimize}} \quad \underset{\mathbf{x} \in \mathbf{D}}{\mathbb{E}} [\| f_{\boldsymbol{\theta}}(\mathbf{x}) - \mathbf{x} \|_2] \tag{D.7}$$

보다 강력한 특징 임베딩을 생성하기 위해 종종 잡음이 입력에 추가된다.

$$\underset{\boldsymbol{\theta}}{\text{minimize}} \quad \underset{\mathbf{x} \in \mathbf{D}}{\mathbb{E}} [\| f_{\boldsymbol{\theta}}(\mathbf{x} + \boldsymbol{\epsilon}) - \mathbf{x} \|_2] \tag{D.8}$$

재구성 손실을 최소화하기 위한 훈련은 오토인코더가 원래 입력을 정확하게 재구성하기에 충분한 가장 효율적인 저차원 인코딩을 찾도록 강제한다. 또한 훈련을 특정 특징 집합으로 안내할 필요가 없다는 점에서 훈련은 비지도[unsupervised] 학습이다.

훈련 후 병목 위의 오토인코더의 상단 부분은 입력을 특징 표현으로 변환하는 인코더[encoder]로 사용할 수 있다. 오토인코더의 아래쪽 부분은 특징 표현을 입력 표현으로 변환하는 디코더[decoder]로 사용할 수 있다. 디코딩은 이미지 또는 기타 고차원 출력을 생성하도록 신경망을 훈련할 때 유용하다. 예제 D.5는 필기 숫자에 대해 학습된 임베딩을 보여준다.

그림 D.12에 표시된 가변 오토인코더는 오토인코더 프레임워크를 확장해 확률적 인코더를 학습한다.[12] 결정론적 샘플을 출력하는 대신 인코더는 인코딩에 대한 분포를 생성하므로 모델이 인코딩에 신뢰 분포를 할당할 수 있다.

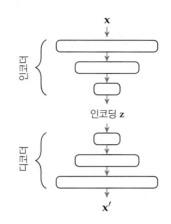

▲ **그림 D.11** 오토인코더는 저차원 병목을 통해 고차원 입력을 통과시킨 다음 원래 입력을 재구성한다. 재구성 손실을 최소화하면 효율적인 저차원 인코딩이 가능하다.

12 D. Kingma and M. Welling, "Auto-Encoding Variational Bayes," in *International Conference on Learning Representations (ICLR)*, 2013.

수학적 편의를 위해 종종 대각 공분산 행렬이 있는 다변량 가우시안 분포를 사용한다. 이 경우 인코더는 인코딩 평균과 대각 공분산 행렬을 모두 출력한다. 가변 오토인코더는 인코딩 구성 요소를 단위 가우시안에 가깝게 유지하면서 예상되는 재구성 손실을 최소화하도록 훈련된다. 전자는 각 경로 $\mathbf{z} \sim \mathcal{N}(\boldsymbol{\mu}, \boldsymbol{\sigma}^{\top}\mathbf{I}\boldsymbol{\sigma})$를 사용해 인코딩 분포에서 단일 샘플을 취함으로써 달성된다. 역전파가 작동하려면 일반적으로 신경망에 대한 추가 입력으로 임의의 노이즈 $\mathbf{w} \sim \mathcal{N}(\mathbf{0}, \mathbf{I})$를 넣고 $\mathbf{z} = \boldsymbol{\mu} + \mathbf{w} \odot \boldsymbol{\sigma}$에 따라 샘플을 얻는다.

성분들은 또한 KL 발산을 최소화해 단위 가우시안에 가깝게 유지된다(부록 A.10).[13] 이 목적 함수는 부드러운 잠재 공간 표현이 되도록 해 준다. 네트워크는 잠재적 표현을 확산시키는 것에 대해 불이익을 부여한다(큰 $\|\boldsymbol{\mu}\|$값). 그리고 각 표현을 매우 작은 인코딩 공간(작은 $\|\boldsymbol{\sigma}\|$ 값)에 집중해 잠재 공간의 더 나은 적용 범위를 보장한다. 결과적으로 디코더의 부드러운 변형은 부드러운 출력을 유도할 수 있다. 이 속성을 통해 디코더를 생성 모델generative model로 사용할 수 있다. 여기서 단위 다변량 가우시안으로부터의 샘플을 디코더에 입력해 원 공간에서의 실제 같은 샘플을 생성할 수 있다. 병합된 손실 함수는 다음과 같다.

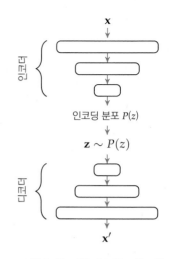

▲ **그림 D.12** 가변 오토인코더는 인코딩에 대한 확률 분포를 생성하는 저차원 병목을 통해 고차원 입력을 전달한다. 디코더는 이 인코딩에서 샘플을 재구성해 원래 입력을 재구성한다. 따라서 가변 오토인코더는 각 인코딩된 특징에 신뢰 분포를 할당할 수 있다. 그런 다음 디코더를 생성 모델로 사용할 수 있다.

$$\underset{\boldsymbol{\theta}}{\text{minimize}} \quad \underset{\mathbf{x} \in \mathbf{D}}{\mathbb{E}} \left[\|\mathbf{x}' - \mathbf{x}\|_2 + c \sum_{i=1}^{|\boldsymbol{\mu}|} D_{\text{KL}} \left(\mathcal{N} \left(\mu_i, \sigma_i^2, \right) \,\middle\|\, \mathcal{N}(0, 1) \right) \right]$$

$$\text{제약 조건} \quad \boldsymbol{\mu}, \boldsymbol{\sigma} = \text{encoder}(\mathbf{x} + \boldsymbol{\epsilon})$$

$$\mathbf{x}' = \text{decoder}(\boldsymbol{\mu} + \mathbf{w} \odot \boldsymbol{\sigma}) \tag{D.9}$$

여기서 제약 조건은 $\boldsymbol{\mu}, \boldsymbol{\sigma} = \text{encoder}(\mathbf{x} + \boldsymbol{\epsilon})$, $\mathbf{x}' = \text{decoder}(\boldsymbol{\mu} + \mathbf{w} \odot \boldsymbol{\sigma})$이다. 여기서 두 손실 사이의 균형은 스칼라 $c > 0$에 의해 조정된다. 예제 D.6은 필기체 숫자에서 학습된 잠재 공간에서 이 프로세스를 보여준다.

가변 오토인코더는 인코더를 조건부 분포 $q(\mathbf{z} \mid \mathbf{x})$로 나타내어 도출한다. 여기서 $\mathbf{x}$는 관찰된 입력 공간에 속하고 $\mathbf{z}$는 미관찰 임베딩 공간에 있다. 디코더는 $p(\mathbf{x} \mid \mathbf{z})$

13 두 단위 가우스의 KL 발산은 다음과 같다.

$$\log\left(\frac{\sigma_2}{\sigma_1}\right) + \frac{\sigma_1^2 + (\mu_1 - \mu_2)^2}{2\sigma_2^2} - \frac{1}{2}$$

의 다른 방향으로 추론을 수행하며, 이 경우도 확률 분포를 출력한다.

$q(\mathbf{z} \mid \mathbf{x})$와 $p(\mathbf{z} \mid \mathbf{x})$ 사이의 KL 발산을 최소화하고자 하는데, 이는 $\mathbb{E}[\log p(\mathbf{x} \mid \mathbf{z})] - D_{\mathrm{KL}}(q(\mathbf{z} \mid \mathbf{x}) \parallel p(\mathbf{z}))$를 최소화하는 것과 같다. 여기서 $p(\mathbf{z})$는 사전이며, 인코딩 분포를 편향시키는 단위 다변량 가우스다. 따라서 재구성 손실과 KL 발산을 얻는다.

D.7 적대적 네트워크

헬리콥터 조종 입력의 이미지 또는 시퀀스 등의 고차원 출력을 생성하도록 신경망을 훈련시키길 원할 때가 있다. 출력 공간이 크면 훈련 데이터는 상태 공간 중 아주 작은 영역만 다룰 수 있다. 따라서 순전히 가용 데이터만으로 훈련하는 것은 비현실적인 결과 또는 과적합을 유발할 수 있다. 우리는 일반적으로 신경망이 그럴듯한 출력을 생성하기를 원한다. 예를 들어, 이미지를 제작할 때 이미지가 사실적으로 보이길 원한다. 모방 학습(18장)과 같이 인간 운전을 모방할 때 차량이 일반적으로 차선을 유지하고 다른 차량에 적절하게 반응하기를 원한다.

오토인코더를 사용해 MNIST 데이터셋에 대한 임베딩을 훈련할 수 있다. 이 예제에서는 예제 D.3의 컨볼루션 네트워크와 유사한 인코더를 사용한다. 단, 2차원 출력과 소프트맥스 계층은 제외된다. 인코더를 미러링하는 디코더를 구성하고 재구성 손실을 최소화하기 위해 전체 네트워크를 훈련한다. 다음은 훈련 후 MNIST 데이터셋의 10,000개 이미지에 대한 인코딩이다. 각 인코딩은 해당 숫자에 따라 색상이 지정된다.

예제 D.5 MNIST 숫자에 대해 학습된 2차원 임베딩의 시각화

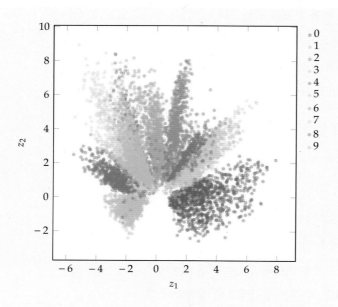

숫자가 원점에서 대략적으로 방사형으로 분포된 영역으로 군집화되는 경향이 있음을 알 수 있다. 1과 7의 인코딩이 비슷한 점에 주목하라. 이는 두 숫자가 비슷해 보이기 때문이다. 훈련은 비지도 학습이며 네트워크에는 숫자 값에 대한 정보가 제공되지 않는다. 그럼에도 이러한 클러스터가 생성된다.

예제 D.5에서는 MNIST 데이터셋에서 오토인코더를 훈련했다. 동일한 네트워크를 적용해 병목 지점에서 2차원 임베딩 대신 2차원 평균 및 분산 벡터를 생성한 다음 재구성 손실과 KL 발산을 모두 최소화하도록 훈련할 수 있다. 여기서는 MNIST 데이터셋에 대해 동일한 10,000개의 이미지에 대한 평균 인코딩을 보여준다. 각 인코딩은 해당 숫자에 따라 다시 색상이 지정된다.

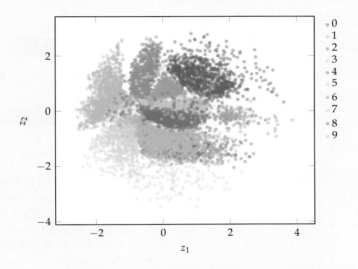

예제 D.6 MNIST 숫자에 대해 가변 오코 인코더를 사용해 학습한 2차원 임베딩의 시각화. 여기서는 인코딩 공간에 늘어선 입력으로부터 디코딩된 출력을 보여준다.

가변 오토인코더는 또한 각 숫자에 대한 임베딩 공간에서 클러스터를 생성하지만 이번에는 평균이 0인 단위 분산 가우시안 분포에 따라 대략적으로 분포된다. 이번에도 4와 9가 상당히 중첩된 것을 보면 일부 인코딩이 얼마나 유사한지 확인할 수 있다.

비명목적^{off-nominal} 출력이나 동작에 벌점을 가하는 한 가지 일반적인 접근 방식은 그림 D.13과 같은 판별기로 적대적 학습을 사용하는 것이다.[14] 판별자^{discriminator}는 신경망 출력을 받아들이고 훈련 집합의 실제 출력과 주 신경망의 출력을 구별하는 방법을 학습하는 이진 분류기 역할을 하는 신경망이다. 생성기^{generator}라고도 하는 주 신경망은 판별자를 속이도록 훈련돼 데이터셋과 구별하기 더 어려운 출력을 자연스럽게 생성한다. 이 기술의 주요 이점은 출력이 훈련 데이터와 일치하지 않는 방법을 식별하거나 정량화하기 위한 특수한 특징을 설계할 필요가 없이 판별자가 이러한 차이를 자연스럽게 학습하도록 할 수 있다는 것이다.

실제 출력을 생성하려는 기본 신경망과 주 네트워크 출력과 실제 예를 구별하는 판별기 네트워크의 두 가지 신경망이 있다는 점에서 학습은 적대적이다. 그들은 서로를 능가하기 위해 각각 훈련하고 있다. 훈련은 각 네트워크가 차례로 개선되는 반복 프로세스다. 상대적 성능의 균형을 맞추는 것이 때로는 어려울 수 있다. 한 네트워크가 너무 좋아지면 다른 네트워크가 막힐 수 있다.

14 이러한 기술은 다음 문헌을 참고하라. I. Goodfellow, J. Pouget-Abadie, M. Mirza, B. Xu, D. Warde-Farley, S. Ozair, A. Courville, and Y. Bengio, "Generative *Adversarial Nets*," in *Advances in Neural Information Processing Systems* (NIPS), 2014.

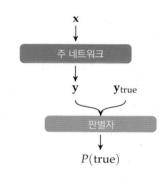

▲ **그림 D.13** 적대적 생성 네트워크(generative adversarial network)는 판별자를 사용해 주 네트워크가 보다 사실적인 출력을 생성하도록 강제함으로써 기본 네트워크의 출력을 더욱 사실적으로 만든다.

E
검색 알고리듬

탐색 문제는 연속적인 결정론적 전이 과정을 통해 얻는 보상을 최대화할 수 있는 적절한 행동 시퀀스를 찾는 것과 관련이 있다. 탐색 문제는 결정론적 전이 함수가 있는 마르코프 결정 프로세스(제 II부에서 다룸)다. 잘 알려진 탐색 문제로는 슬라이딩 타일 퍼즐, 루빅스 큐브, 소코반, 목적지까지의 최단 경로 찾기 등이 있다.

E.1 검색 문제

검색 문제search problem에서는 관찰 상태 s_t에 기반해 시각 t에서 행동을 선택한 다음 보상 r_t를 받는다. 행동 공간 A은 가능한 행동의 집합이고 상태 공간 S은 가능한 상태의 집합이다. 일부 알고리듬은 이러한 집합이 유한하다고 가정하지만 일반적으로 그렇지는 않다. 상태는 결정론적으로 발전하며 현재 상태와 취해진 행동에만 종속된다. 상태 s에서 유효한 행동 집합을 $A(s)$로 표기한다. 유효한 행동이 없는 경우 상태는 **흡수**[absorbing]된 것으로 간주돼 향후 모든 시간 단계에 대해 보상을 제공하지 않는다. 예를 들어, 목표 상태는 일반적으로 흡수 상태가 된다.

결정적 상태 전이 함수 $T(s, a)$는 후속 상태 s'를 생성한다. 보상 함수 $R(s, a)$는 상태 s에서 행동 a를 실행할 때 받는 보상을 생성한다. 검색 문제는 일반적으로 미래 보상에 불이익을 주는 할인 계수 γ를 포함하지 않는다. 목표는 보상 또는 수익의 합을 최대화하는 일련의 행동을 선택하는 것이다. 알고리듬 E.1은 검색 문제를 표현하기 위한 데이터 구조를 보여준다.

알고리듬 E.1 검색 문제 데이터 구조

```
struct Search
    𝒮 # 상태 공간
    𝒜 # 유효 행동 함수
    T # 전이 함수
    R # 보상 함수
end
```

E.2 검색 그래프

유한한 상태와 행동 공간이 있는 검색 문제는 검색 그래프로 나타낼 수 있다. 노드는 상태에 해당하고 선분은 상태 간 전이에 해당한다. 소스에서 대상 상태로의 각 선분과 관련된 것은 해당 상태 전이를 초래하는 행동과 소스 상태에서 해당 행동을 수행할 때 예상되는 보상이다. 그림 E.1은 3×3 슬라이딩 타일 퍼즐에서 이러한 검색 그래프의 하위 집합을 보여준다.

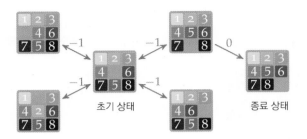

◀ **그림 E.1** 그래프로 묘사된 슬라이딩 타일 퍼즐의 몇 가지 상태. 최종 해 상태에 도달하기 위해 초기 상태에서 두 가지 전이를 수행할 수 있다. 선분의 숫자는 보상을 나타낸다.

많은 그래프 검색 알고리듬은 초기 상태에서 검색을 수행하고 거기에서 펼쳐진다. 그렇게 함으로써 이러한 알고리듬은 검색 트리를 추적한다. 초기 상태는 루트 노드이며 검색 중에 s에서 s'로 전이할 때마다 s에서 새 노드 s'로의 선분이 검색 트리에 추가된다. 동일한 슬라이딩 타일 퍼즐에 대한 검색 트리가 그림 E.2에 나와 있다.

E.3 순방향 검색

아마도 가장 간단한 그래프 검색 알고리듬은 순방향 검색(알고리듬 E.2)으로서, 깊이(또는 기간) d까지 가능한 모든 행동-상태 전이를 살펴봄으로써 초기 상태 s에서 취할 수 있는 최상의 행동을 알아낸다. 깊이 d에서 알고리듬은 상태 $U(s)$ 값의 추정값을 사용한다.[1] 알고리듬은 깊이-우선 탐색 방법으로 자신을 재귀적으로 호출해 트리를 탐색하고 최적의 행동 a, 유한-기간 기댓값 u의 튜플을 반환한다.

1 이 장의 근사 가치 함수는 사용 가능한 행동이 없는 상태에 있을 때는 0을 반환할 것이다.

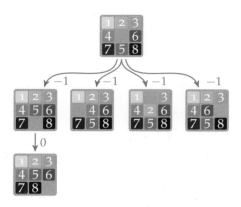

▶ 그림 E.2 그림 E.1의 3슬라이딩 타일 퍼즐에 대한 그래프는 트리 검색 문제로 나타낼 수 있다. 검색은 루트 노드에서 시작해 트리 아래쪽으로 흐른다. 이 경우 원하는 최종 상태로 경로를 이동할 수 있다.

```
function forward_search(𝒫::Search, s, d, U)
    𝒜, T, R = 𝒫.𝒜(s), 𝒫.T, 𝒫.R
    if isempty(𝒜) || d ≤ 0
        return (a=nothing, u=U(s))
    end
    best = (a=nothing, u=-Inf)
    for a in 𝒜
        s' = T(s,a)
        u = R(s,a) + forward_search(𝒫, s', d-1, U).u
        if u > best.u
            best = (a=a, u=u)
        end
    end
    return best
end
```

알고리듬 E.2 현재 상태 s로부터 이산 탐색 문제 𝒫에 대한 대략적인 최적의 행동을 찾기 위한 순방향 탐색 알고리듬. 검색은 깊이 d까지 수행되며, 이 지점에서 근삿값 함수 U로 최종 값이 추정된다. 반환된 명명된 튜플은 최상의 행동 a와 유한 기간 예상 값 u로 구성된다.

그림 E.3은 슬라이딩 타일 퍼즐에서 순방향 검색을 실행해 얻은 검색 트리의 예를 보여준다. 깊이 우선 검색은 낭비일 수 있다. 주어진 깊이에 대해 도달 가능한 모든 상태를 방문한다. 깊이 d까지 검색하면 $O(|\mathcal{A}|^d)$개 노드와 $|\mathcal{A}|$개 행동을 탐색하게 된다.

E.4 분기 및 제한

분기 및 제한^{branch and bound}(알고리듬 E.3)으로 알려진 일반적인 방법은 기댓값에 대한
상한 및 하한 도메인 정보를 사용해 계산량을 크게 줄일 수 있다. 상태 s에서 행동
a를 취한 결과의 상한값은 $\overline{Q}(s, a)$이다. 상태 s로부터의 보상에 대한 하한은 $U(s)$
다. 분기 및 제한은 깊이-우선-검색과 동일한 절차를 따르지만 상한에 따라 행동
을 반복하고 반환할 수 있는 최적의 가능 값이 이미 발견된 것보다 높은 경우에만
후속 노드로 진행한다. 이전 행동을 따른다. 분기 및 제한 검색은 예제 E.1에서 정
방향 검색과 비교돼 있다.

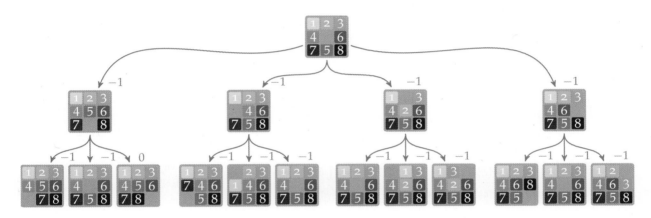

▲ **그림 E.3** 슬라이딩 타일 퍼즐에서 깊이 2까지 순방향 검색을 실행해 발생하는 검색 트리. 두 단계로 도달할 수 있는 모든 상태를 방문하고 일부는 두 번 이상 방문한다. 단말 노드에 대해 하나의 경로가 있음을 알 수 있다. 해당 경로는 −1을 반환하는 반면 다른 모든 경로는 −2를 반환한다.

```
function branch_and_bound(𝒫::Search, s, d, Ulo, Qhi)
    𝒜, T, R = 𝒫.𝒜(s), 𝒫.T, 𝒫.R
    if isempty(𝒜) || d ≤ 0
        return (a=nothing, u=Ulo(s))
    end
    best = (a=nothing, u=-Inf)
    for a in sort(𝒜, by=a->Qhi(s,a), rev=true)
        if Qhi(s,a) ≤ best.u
            return best # safe to prune
        end
        u = R(s,a) + branch_and_bound(𝒫,T(s,a),d-1,Ulo,Qhi).u
        if u > best.u
            best = (a=a, u=u)
        end
    end
    return best
end
```

육각 세계 검색 문제에서 분기 및 제한 사용을 고려해보자. 검색 문제의 행동은 결정론적 전이를 유발하므로 육각-세계 MDP와 달리 해당 행동이 수행될 때 항상 인접한 타일로 올바르게 전이된다.

원은 시작 상태를 나타낸다. 모든 전이에는 −1의 보상이 발생한다. 파란색 타일은 종료이며 들어갈 때 보상 5를 생성한다.

여기에서는 순방향 검색과 분기 모두에 대한 검색 트리를 표시하고 깊이를 4로 제한한다. 분기 및 제한에서 하한은 $\underline{U}(s) = -6$ 그리고 상한은 $\overline{Q}(s, a) = 5 - \delta(T(s, a))$를 사용했다. 여기서 함수 $\delta(s)$는 최소 수다. 주어진 상태에서 최종 보상 상태까지의 최소 단계 수다. 분기 및 제한의 검색 트리는 분기 및 제한은 최적이 아닌 것을 알고 있는 부분은 무시할 수 있기 때문에 순방향 검색의 부분 집합이다.

상한으로 인해 분기 및 제한은 오른쪽 이동을 먼저 평가하고 그것이 마침 최적이므로 최적의 행동 순서를 즉시 식별하고 다른 행동을 탐색하지 않을 수 있다. 시작과 목표 상태가 뒤바뀌면 검색 트리가 더 커진다. 최악의 경우 순방향 검색만큼 커질 수 있다.

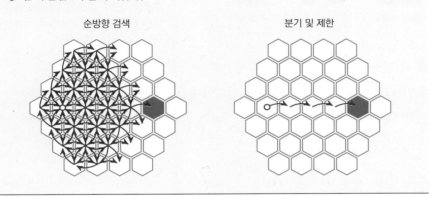

순방향 검색   분기 및 제한

분기 및 제한은 순방향 검색에 대한 계산을 줄이는 것을 보장하지는 않는다. 두 접근 방식 모두 최악의 경우 동일한 시간 복잡도를 갖는다. 알고리듬의 효율성은 휴리스틱에 크게 좌우된다.

E.5 동적 프로그래밍

순방향 검색이나 분기 및 제한은 이전에 상태를 방문한 적이 있는지 여부를 기억하지 않는다. 둘은 각각 이러한 상태를 여러 번 평가해 계산 자원을 낭비한다. 동적 프로그래밍$^{dynamic\ programming}$(알고리듬 E.4)은 특정 하위 문제가 이전에 해결된 시기를 기억해 중복 행동을 방지한다. 동적 프로그래밍은 최적의 하위 구조$^{optimal\ substructure}$라는 속성을 가진 문제에 적용할 수 있는데, 최적의 하위 구조란 하위 문제의 최적 해로부터 전체 최적의 해를 구성할 수 있는 문제다. 예를 들어, s_1에서

$s3$까지의 최적 동작 시퀀스가 s_2를 통과하는 경우 s_1에서 s_2 및 s_2에서 s_3까지의 하위 경로도 최적이다. 이 하위 구조는 그림 E.4에 나와 있다.

초기 상태   중간 상태   최종 상태

◀ **그림 E.4** 왼쪽의 상태 시퀀스는 초기 상태에서 최종 상태까지의 최적 경로를 형성한다. 최단 경로 문제는 최적의 하위 구조를 가진다. 즉 초기 상태에서 중간 상태로의 시퀀스와 중간 상태에서 최종 상태로의 시퀀스도 최적이다.

그래프 검색의 경우 상태를 평가할 때 먼저 전이표^{transposition table}를 확인해 해당 상태를 이전에 방문한 적이 있는지 확인하고, 방문했다면 저장된 값을 반환한다.[2] 그렇지 않으면 상태를 평가하고 전이표에 저장한다. 순방향 검색과의 비교는 그림 E.5에 나와 있다.

2   비용이 많이 드는 계산 결과를 나중에 다시 계산하지 않고 검색할 수 있도록 캐싱하는 것을 메모이제이션(memoization)이라고 한다.

E.6 휴리스틱 검색

휴리스틱 검색[3](알고리듬 E.5)은 보상의 상한인 제공된 휴리스틱 함수 $\overline{U}(s)$를 기반으로 행동을 정렬해 분기 및 제한을 개선한다. 동적 프로그래밍과 마찬가지로 휴리스틱 검색에는 중복 계산을 피하기 위해 상태 평가를 캐시할 수 있는 메커니즘이 있다. 또한 휴리스틱 검색에는 분기 및 제한에 필요한 하한값 함수가 필요하지 않다.[4]

3   휴리스틱 검색은 정보 검색(informed search) 또는 최고-우선 검색(best-first search)이라고도 한다.

4   여기서의 구현은 두 가지 가치 함수를 사용하는데, 각각 검색 안내를 위한 휴리스틱과 최종 상태 평가를 위한 근사 가치 함수다.

```
function dynamic_programming(𝒫::Search, s, d, U, M=Dict())
    if haskey(M, (d,s))
        return M[(d,s)]
    end
    𝒜, T, R = 𝒫.𝒜(s), 𝒫.T, 𝒫.R
    if isempty(𝒜) || d ≤ 0
        best = (a=nothing, u=U(s))
    else
        best = (a=first(𝒜), u=-Inf)
        for a in 𝒜
            s' = T(s,a)
            u = R(s,a) + dynamic_programming(𝒫, s', d-1, U, M).u
            if u > best.u
                best = (a=a, u=u)
            end
        end
    end
    M[(d,s)] = best
    return best
end
```

알고리듬 E.4 전이표 M을 가진 순방향 탐색에 적용되는 동적 프로그래밍. 여기서 M은 이전 평가에서 깊이-상태 튜플을 저장하는 딕셔너리로, 메서드가 이전에 계산된 결과를 반환할 수 있도록 한다. 검색은 깊이 d까지 수행되며, 이 지점에서 근삿값 함수 U로 종단 값이 추정된다. 반환된 명명된 튜플은 최상의 행동 a와 유한 기간 기대 가치 u로 구성된다.

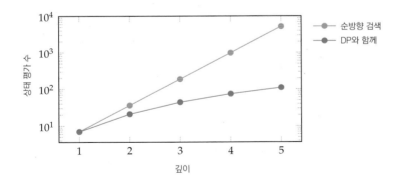

◀ **그림 E.5** 예제 E.1의 육각 세계 검색 문제에서 동적 프로그래밍으로 보강된 순방향 검색과 순수 순방향 검색에 대한 상태 평가 수의 비교. 동적 프로그래밍은 결과를 캐싱해 상태 방문의 기하급수적인 증가를 피할 수 있다.

```
function heuristic_search(𝒫::Search, s, d, Uhi, U, M)
    if haskey(M, (d,s))
        return M[(d,s)]
    end
    𝒜, T, R = 𝒫.𝒜(s), 𝒫.T, 𝒫.R
    if isempty(𝒜) || d ≤ 0
        best = (a=nothing, u=U(s))
    else
        best = (a=first(𝒜), u=-Inf)
        for a in sort(𝒜, by=a->R(s,a) + Uhi(T(s,a)), rev=true)
            if R(s,a) + Uhi(T(s,a)) ≤ best.u
                break
            end
            s' = T(s,a)
            u = R(s,a) + heuristic_search(𝒫, s', d-1, Uhi, U, M).u
            if u > best.u
                best = (a=a, u=u)
            end
        end
    end
    M[(d,s)] = best
    return best
end
```

알고리듬 E.5 검색 문제 𝒫를 해결하기 위해 상태 s에서 시작해 최대 깊이 d까지 검색하는 휴리스틱 검색 알고리듬. 휴리스틱 Uhi는 검색을 안내하는 데 사용되며, 근사 가치 함수 U는 최종 상태에서 평가되며, 깊이-상태 튜플을 가진 딕셔너리 형식의 전이 표 M은 알고리듬이 이전에 탐색된 상태의 값을 캐시할 수 있도록 한다.

행동은 즉각적인 보상과 미래 총보상의 휴리스틱 추정을 더한 값을 기준으로 정렬된다.

$$R(s,a) + \overline{U}(T(s,a)) \tag{E.1}$$

최적성을 보장하려면 휴리스틱이 허용 가능하고 일관성이 있어야 한다. 허용 가능한 휴리스틱은 참 가치 함수의 상한이다. 일관된 휴리스틱은 이웃 상태로 전이해 얻은 예상 보상보다 결코 적지 않다.

$$\overline{U}(s) \geq R(s,a) + \overline{U}(T(s,a)) \tag{E.2}$$

748

이 방법은 예제 E.2에서 분기 및 제한 검색과 비교된다.

우리는 예제 E.1과 같은 육각 세계 검색 문제에 휴리스틱 검색을 적용할 수 있다. 여기서는 휴리스틱 $\overline{U}(s) = 5 - \delta(s)$를 적용한다. 여기서 $\delta(s)$는 분기 및 제한(왼쪽) 또는 휴리스틱 검색(오른쪽) 중 하나를 수행했을 때 각 출발 상태로부터 방문한 상태의 수다. 분기 및 제한은 목표 상태의 왼쪽 및 근처의 상태에서도 마찬가지로 효율적이지만 휴리스틱 검색은 모든 초기 상태에서 효율적으로 검색할 수 있다.

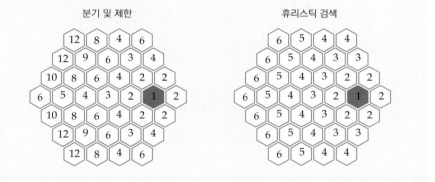

예제 E.2 분기 및 제한 검색에 비교해 휴리스틱 검색으로 얻을 수 있는 절감 비교. 휴리스틱 검색은 예측 휴리스틱 값에 따라 행동을 자동으로 정렬한다.

F

문제

'F. 문제'에서는 이 책에서 사용되는 결정 문제 중 일부를 다룬다. 표 F.1은 이러한 문제의 중요한 특성 중 일부를 요약한 것이다.

▼ **표 F.1** 문제 요약. `DecisionMakingProblems.jl` 패키지는 이러한 문제를 구현한다.

문제	$|\mathcal{I}|$	$|\mathcal{S}|$	$|\mathcal{A}|$	$|\mathcal{O}|$	γ
육각 세계	–	변동	6	–	0.9
2048	–	∞	4	–	1
카트-폴	–	$(\subset \mathbb{R}^4)$	2	–	1
산악 차량	–	$(\subset \mathbb{R}^2)$	3	–	1
단순 레귤레이터	–	$(\subset \mathbb{R})$	$(\subset \mathbb{R})$	–	1 또는 9
비행 충돌 회피	–	$(\subset \mathbb{R}^3)$	3	–	1
우는 아기	–	2	3	2	0.9
기계 교환	–	3	4	2	1
캐치볼	–	4	10	2	0.9
죄수의 딜레마	2	–	에이전트당 2	–	1
가위-바위-보	2	–	에이전트당 3	–	1
여행자의 딜레마	2	–	에이전트당 99	–	1

문제	$\mathcal{I}$	$\mathcal{S}$	$\mathcal{A}$	$\mathcal{O}$	γ
포식자-먹이 육각 세계	변동	변동	에이전트당 6	–	0.9
다중 보호자 우는 아기	2	2	에이전트당 3	에이전트당 2	0.9
협업 포식자-먹이 육각 세계	변동	변동	에이전트당 6	에이전트당 2	0.9

F.1 육각 세계 문제

육각 세계 문제는 목표 상태에 도달하기 위해 타일 맵을 통과해야 하는 간단한 MDP다. 타일 맵의 각 셀은 MDP의 상태를 나타낸다. 여섯 방향 중 어느 방향으로든 이동을 시도할 수 있다. 각 행동의 효과는 확률적이다. 그림 F.1에서와 같이 지정된 방향으로 0.7의 확률로 1단계 이동하고, 각각 0.15의 확률로 인접한 방향 중 하나로 1단계 이동한다.

그리드의 바깥쪽 테두리에 부딪히면 전혀 움직이지 않고 1.0의 비용이 소모된다. 특정 셀에서 어떤 행동을 취하면 지정된 보상이 제공되고 최종 상태로 이동한다. 종료 상태에서는 더 이상 보상을 받지 못한다. 따라서 육각 세계 문제의 총 상태 수는 전체 타일 수에 최종 상태 하나를 더한 것이다. 그림 F.2는 이 책 전체에서 사용되는 2개의 육각 세계 문제 구성에 대한 최적의 정책을 보여준다. 더 큰 인스턴스를 '육각 세계'라고 하고 더 작고 단순한 인스턴스를 '직선 육각 세계'라고 한다.[1] 직선 육각 세계 공식은 가장 오른쪽 셀의 단일 보상을 가진 상태에서 보상이 전파되는 방식을 설명하는 데 사용된다.

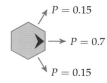

▲ **그림 F.1** 육각 세계 문제에서의 행동은 확률적 영향을 미친다.

[1] 직선 공식은 일반적인 벤치마크 MDP인 홀(hall) 문제와 유사하다. 다음 문헌의 예제를 참고하라. L. Baird, "Residual Algorithms: Reinforcement Learning with Function Approximation," in *International Conference on Machine Learning (ICML)*, 1995.

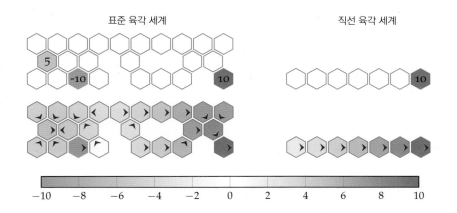

표준 육각 세계

직선 육각 세계

◀ **그림 F.2** 표준 육각 세계와 직선 육각 세계 문제. 맨 위 행은 최종 보상이 있는 기본 문제 설정과 최종 보상을 가진 육각의 색상을 보여준다. 맨 아래 행에는 기댓값에 따라 색상이 지정된 각 문제에 대한 최적의 정책이 표시되며 화살표는 각 상태에서 수행할 행동을 나타낸다.

F.2 2048

2048 문제는 4 × 4 보드에서 플레이하는 유명한 게임에 기반하고 있다.[2] 보드는 처음에 2개의 타일을 제외하고 비어 있으며 각 타일은 2 또는 4의 값을 가질 수 있다. 임의로 선택된 시작 상태가 그림 F.3에 나와 있다.

에이전트는 모든 타일을 왼쪽, 아래, 오른쪽 또는 위로 이동할 수 있다. 방향을 선택하면 모든 타일이 해당 방향으로 밀려난다. 타일은 벽이나 다른 값의 다른 타일에 부딪히면 멈춘다. 동일한 값을 가진 다른 타일에 부딪힌 타일은 해당 타일과 병합돼 결합된 값을 가진 새 타일을 형성한다. 이동 및 병합 후 임의의 열린 공간에 값 2 또는 4의 새 타일이 생성된다. 이 프로세스는 그림 F.4에 나와 있다.

더 이상 타일을 이동해 빈 공간을 생성할 수 없으면 게임이 종료된다. 보상은 2개의 타일이 합쳐질 때만 획득하며 보상 값은 합쳐진 타일의 값과 같다. 병합이 일어나는 상태-행동 전이의 예는 그림 F.5에 있다.

2 이 게임은 가브리엘레 치룰리(Gabriele Cirulli)가 2014년에 개발했다.

▲ **그림 F.3** 2048 문제의 임의 시작 상태는 각각 값이 2 또는 4인 2개의 타일로 구성된다.

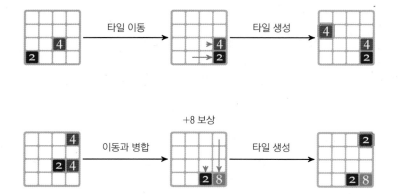

◀ **그림 F.4** 2048에서의 행동은 선택한 방향으로 모든 타일을 이동시킨 다음 빈 공간에 새 타일을 생성한다.

◀ **그림 F.5** 여기에서 down 행동은 모든 타일을 이동하는 데 사용되며, 결과적으로 2개의 4타일을 병합해 8타일을 생성하고 8의 보상을 받는다.

일반적인 전략은 코너를 선택하고 해당 방향으로 이어지는 두 가지 행동을 번갈아 가며 수행하는 것이다. 이 행동은 더 큰 값이 모서리에 있고 새로 생성된 타일이 주변에 있도록 타일을 계층화하는 경향이 있다.

F.3 카트-폴

카트-폴 문제[3]는 폴 밸런싱 문제$^{pole\ balancing\ problem}$라고도 하며 에이전트가 카트를 앞뒤로 움직인다. 그림 F.6에서 볼 수 있듯이 이 수레에는 회전 고리로 고정된 기둥이 부착돼 있어 수레가 앞뒤로 움직일 때 기둥이 회전하기 시작한다. 목표는 허용된 측면 경계 내에서 카트를 유지하면서 폴을 수직으로 균형을 유지하는 것이다. 이와 같이 이 조건이 충족되는 단계마다 1의 보상을 획득하고 조건이 충족되지 않을 때마다 0-보상의 최종 상태로 전이된다.

행동은 카트에 왼쪽 또는 오른쪽 힘 F를 적용하는 것이다. 상태 공간은 카트의 측면 위치 x, 측면 속도 v, 폴의 각도 θ 및 폴의 각속도 ω의 네 가지 연속 변수로 정의된다. 문제는 카트의 질량 m_{cart}, 폴의 질량 m_{pole}, 폴 길이 ℓ, 힘 크기 $|F|$, 중력 가속도 g, 시간 간격 Δt, 최대 x 편차, 최대 각 편차, 카트와 폴 사이 또는 카트

3 A. G. Barto, R. S. Sutton, and C. W.Anderson, "Neuronlike Adaptive Elements That Can Solve Difficult Learning Control Problems," *IEEE Transactions on Systems, Man, and Cybernetics*, vol. SMC-13, no. 5,pp. 834 – 846, 1983.

와 트랙 사이의 마찰 손실에 관련된다.[4]

주어진 입력 힘 F에 대해 폴의 각가속도[angular acceleration]는 다음과 같다.

$$\alpha = \frac{g \sin(\theta) - \tau \cos(\theta)}{\frac{\ell}{2}\left(\frac{4}{3} - \frac{m_{\text{pole}}}{m_{\text{cart}}+m_{\text{pole}}}\cos(\theta)^2\right)} \tag{F.1}$$

여기서 다음과 같다.

$$\tau = \frac{F + \omega^2 \ell \sin\theta/2}{m_{\text{cart}} + m_{\text{pole}}} \tag{F.2}$$

그리고 횡방향 카트 가속도는 다음과 같다.

$$a = \tau - \frac{\ell}{2}\alpha \cos(\theta) \frac{m_{\text{pole}}}{m_{\text{cart}} + m_{\text{pole}}} \tag{F.3}$$

상태는 오일러[Euler] 적분으로 갱신된다.

$$\begin{aligned}
x &\leftarrow x + v\Delta t \\
v &\leftarrow v + a\Delta t \\
\theta &\leftarrow \theta + \omega\Delta t \\
\omega &\leftarrow \omega + \alpha\Delta t
\end{aligned} \tag{E.4}$$

카트-폴 문제는 일반적으로 $U(-0.05, 0.05)$에서 추출된 각 임의의 값으로 초기화된다. 측면 또는 각도 편차가 초과될 때까지 롤아웃이 실행된다.

4 여기서는 OpenAI Gym에 구현된 매개 변수를 사용한다. G. Brockman, V. Cheung, L. Pettersson, J. Schneider, J. Schulman, J. Tang, and W. Zaremba, "OpenAI Gym," 2016. arXiv: 1606.01540v1.

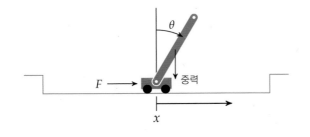

◀ **그림 F.6** 카트-폴 문제에서 카트는 폴의 균형을 맞추기 위해 왼쪽과 오른쪽을 번갈아 가며 가속해야 한다. 폴은 주어진 각도 이상으로 넘어질 수 없으며 카트는 주어진 한계를 벗어나 이동할 수 없다.

F.4 산악 차량

산악 차량 문제[5]에서 차량은 계곡을 벗어나 오른쪽으로 운전해야 한다. 계곡 벽은 충분히 가파르기 때문에 속도가 충분하지 않은 상태에서 맹목적으로 목표를 향해 가속하면 차량이 멈추고 다시 미끄러진다. 에이전트는 언덕을 오를 수 있는 충분한 모멘텀을 얻기 위해 먼저 왼쪽으로 가속하는 방법을 배워야 한다.

상태는 차량의 수평 위치 $x \in [-1.2, 0.6]$ 와 속도 $v \in [-0.07, 0.07]$이다. 주어진 시간 단계에서 차량은 왼쪽 가속($a = -1$), 오른쪽 가속($a = 1$), 또는 무가속 ($a = 0$)을 한다. 매번 -1의 보상을 받고 차량이 $x = 0.6$을 지나서 계곡의 오른쪽으로 올라서면 종료한다. 문제의 시각화가 그림 F.7에 나와 있다.

5 이 문제는 다음 문헌에서 소개됐다. A. Moore, "Efficient Memory-Based Learning for Robot Control," Ph.D. dissertation, University of Cambridge, 1990. 이산 공간으로 이를 보다 대중적으로 쉬운 형태로 제시한 것은 다음 문헌을 참고하라. S. P. Singh and R. S. Sutton, "Reinforcement Learning with Replacing Eligibility Traces," *Machine Learning*, vol. 22, pp. 123-158, 1996.

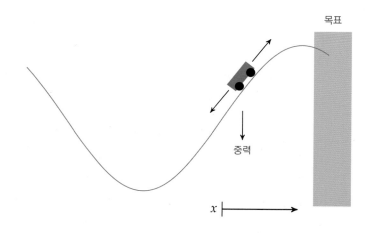

◀ **그림 F.7** 산악 차량 문제에서 차량이 언덕을 오르기 위해 왼쪽과 오른쪽으로 번갈아가며 가속해야 한다. 목표 영역은 파란색으로 표시된다.

산악 차량 문제에서 전이는 결정론적이다.

$$v' \leftarrow v + 0.001a - 0.0025\cos(3x)$$
$$x' \leftarrow x + v'$$

속도 갱신에서 중력 항은 동력이 부족한 차량을 다시 계곡 바닥으로 몰아가는 것이다. 전이는 상태 공간의 경계에 고정된다.

산악 차량 문제는 총 보상 지연 문제의 좋은 예다. 목표 상태에 도달하려면 여러 행동이 필요하므로 훈련되지 않은 에이전트는 일관된 단위 페널티 외에 다른 어떤 것도 받기 어렵다. 최고의 학습 알고리듬은 목표에 도달하는 궤적에서 나머지 상태 공간으로 지식을 효율적으로 전파할 수 있다.

F.5 단순 레귤레이터

단순 레귤레이터 문제^{simple regulator problem}는 단일 상태의 단순 선형 2차 레귤레이터 문제다. 이는 단일 실수 값 상태와 단일 실수 값 행동을 가진 MDP이다. 전이는 선형 가우시안이므로 후속 상태 s'이 가우시안 분포인 $\mathcal{N}(s + a, 0.1^2)$에서 추출된다. 보상은 2차 $R(s, a) = -s^2$이며, 행동에 종속되지 않는다. 이 책의 예제에서는 초기 상태 분포 $\mathcal{N}(0.3, 0.1^2)$를 사용한다.

최적 유한 기간 정책은 7.8절의 기법을 사용해서는 도출할 수 없다. 이 경우, $\mathbf{T}_s = [1]$, $\mathbf{T}_a = [1]$, $\mathbf{R}_s = [-1]$, $\mathbf{R}_a = [0]$이고 w는 $\mathcal{N}(0, 0.1^2)$에서 추출된다. 리카티^{Riccati} 방정식을 적용하려면 $\mathbf{R}_a$가 음의 정부호여야 하는데 그렇지 않다.

최적 정책은 $\pi(s) = -s$이며, 결과적으로 원점을 중심으로 한 후속 상태 분포가 생성된다. 정책 그래디언트를 다룬 장들에서 매개 변수화된 정책 $\pi_\theta(s) = \mathcal{N}(\theta_1 s, \theta_2^2)$를 배웠다. 이러한 경우 단순 레귤레이터 문제에 대한 최적의 매개 변수화는 $\theta_1 = -1$이고 θ_2는 점근적으로 0에 가깝다.

단순 레귤레이터 문제에서는 최적 가치 함수도 원점 중심에 있고, 보상은 2차 함수로 감소한다.

$$U(s) = -s^2 + \frac{\gamma}{1-\gamma} \mathbb{E}_{s \sim \mathcal{N}(0,0.1^2)} \left[-s^2 \right]$$
$$\approx -s^2 - 0.010 \frac{\gamma}{1-\gamma}$$

F.6 항공기 충돌 회피

항공기 충돌 회피 문제는 침입 항공기를 피하기 위해 항공기에 상승 또는 하강 주의보를 발령할 시기를 결정하는 것이다.[6] 세 가지 행동에는 권고 없음, 5m/s 하강 명령 및 5m/s 상승 명령이 있다. 침입자는 일정한 수평 근접 속도로 정면으로 다가오고 있다. 상태는 침입 항공기에 대해 측정된 항공기의 고도 h, 수직 속도 $\dot{h}$, 앞서의 행동 a_{prev} 및 잠재적 충돌까지의 시간 t_{col}로 지정된다. 그림 F.8은 문제의 시나리오를 보여준다.

6 이 형식은 다음 문헌에 있는 것을 고도로 단순화한 것이다. M. J. Kochenderfer and J. P. Chryssanthacopoulos, "Robust Airborne Collision Avoidance Through Dynamic Programming," Massachusetts Institute of Technology, Lincoln Laboratory, Project Report ATC-371, 2011.

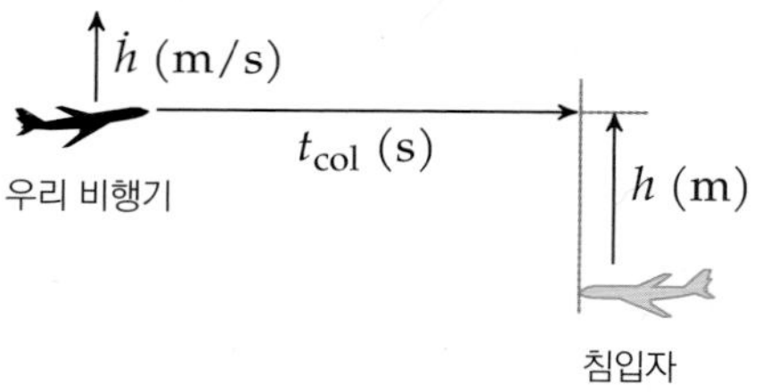

◀ **그림 F.8** 항공기 충돌 회피 문제의 상태 변수

주어진 행동 a에 대해 상태 변수는 다음과 같이 갱신된다.

$$h \leftarrow h + \dot{h}\Delta t \tag{F.5}$$
$$\dot{h} \leftarrow \dot{h} + (\ddot{h} + v)\Delta t \tag{F.6}$$
$$a_{\text{prev}} \leftarrow a \tag{F.7}$$
$$t_{\text{col}} \leftarrow t_{\text{col}} - \Delta t \tag{F.8}$$

여기서 $\Delta t = 1$s이고 v는 연관된 확률 0.25, 0.5, 0.25인 -2, 0 또는 2m/s^{2}의 이산 분포로부터 선택된다. $\ddot{h}$값은 다음과 같이 주어진다.

$$\ddot{h} = \begin{cases} 0 & a = \text{권고 없음일 경우} \\ a/\Delta t & \text{if } |a - \dot{h}|/\Delta t < \ddot{h}_{\text{limit}} \\ \text{sign}(a - \dot{h})\ddot{h}_{\text{limit}} & \text{나머지} \end{cases} \quad \text{(F.9)}$$

여기서 $h_{\text{limit}} = 1\text{m/s}^2$이다.

$t_{\text{col}} < 0$일 때 행동을 취하면 에피소드가 종료된다. $t_{\text{col}} = 0$일 때 침입자가 50m 이내에 들어오면 1의 패널티가 있고, $a \neq a_{\text{prev}}$이면 0.01의 페널티가 있다.

역학이 결정론적으로 t_{col}을 감소시키기 때문에 역방향 유도 가치 반복(7.6절)을 사용해 이산화된 그리드에서 항공기 충돌 회피 문제를 효율적으로 해결할 수 있다. 최적 가치 함수와 정책의 조각이 그림 F.9에 묘사돼 있다.

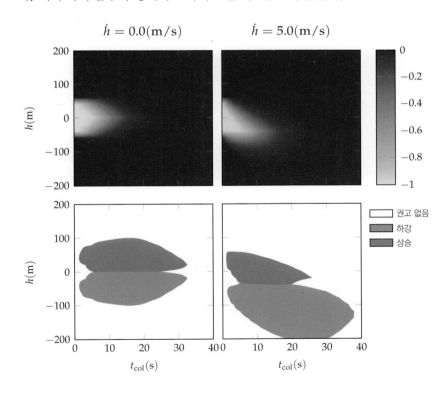

◀ **그림 F.9** 항공기 충돌 회피 문제에 대한 최적 가치 함수 슬라이스(상단) 및 정책 슬라이스(하단). 가치 함수와 정책은 수직 분리율이 0일 때 0을 중심으로 대칭적이지만, 수직 분리율이 0이 아니면 왜곡된다. 전반적으로 우리 항공기는 침입자 항공기가 접근할 때까지 행동을 취할 필요가 없다.

F.7 우는 아기

우는 아기 문제[7]는 2개의 상태, 3개의 행동, 2개의 관찰이 있는 단순 POMDP다.

여기서의 목표는 아기를 돌보는 것이며, 아기에게 젖을 먹일지, 노래를 불러줄지, 무시할지를 단계마다 선택함으로써 아기를 돌본다.

아기는 시간이 지남에 따라 배가 고파진다. 우리는 아기가 배고픈지 직접 관찰하지 않는다. 대신, 아기가 울고 있는지의 형태로 소리의 관찰을 얻는다. 상태, 행동, 관찰 공간은 다음과 같다.

$$\mathcal{S} = \{배부름, 배고픔\}$$
$$\mathcal{A} = \{먹이기, 노래하기, 무시하기\}$$
$$\mathcal{O} = \{울음, 조용히 있기\}$$

젖을 먹이기는 항상 아기를 만족시킬 것이다. 아기를 무시하면 배부른 아기가 배고파질 위험이 있으며, 배고픈 아기는 계속 배고프게 된다. 아기에게 노래를 불러주는 것은 무시와 동일한 전이 역학을 사용하는 정보 수집 행동이지만, 배부를 때(배고프지 않을 때) 울 가능성은 없고, 배고파서 울 가능성이 올라간다.

전이 역학은 다음과 같다.

$$T(배부름 \mid 배고픔, 먹이기) = 100\%$$
$$T(배고픔 \mid 배고픔, 노래하기) = 100\%$$
$$T(배고픔 \mid 배고픔, 무시하기) = 100\%$$
$$T(배부름 \mid 배부름, 먹이기) = 100\%$$
$$T(배고픔 \mid 배부름, 노래하기) = 10\%$$
$$T(배고픔 \mid 배부름, 무시하기) = 10\%$$

7 책의 우는 아기 문제는 원래 문제의 확장 버전이다. 다음 문헌에는 좀 더 단순화된 우는 아기 문제를 볼 수 있다. M. J. Kochenderfer, *Decision Making Under Uncertainty: Theory and Application*, MIT Press, 2015.

관찰 역학은 다음과 같다.

$$O(울음 \mid 먹이기, 배고픔) = 80\%$$

$$O(울음 \mid 노래하기, 배고픔) = 90\%$$

$$O(울음 \mid 무시하기, 배고픔) = 80\%$$

$$O(울음 \mid 먹이기, 배부름) = 10\%$$

$$O(울음 \mid 노래하기, 배부름) = 0\%$$

$$O(울음 \mid 무시하기, 배부름) = 10\%$$

보상 함수는 아기가 배고프면 취한 행동과 상관없이 −10의 보상을 할당한다. 아기에게 먹이를 주는 노력은 −0.5점의 추가적인 보상을 더한다. 아기를 돌보는 사람으로서 우리는 할인 계수 $\gamma = 0.9$의 무한 기간 정책을 찾는다. 그림 F.10은 최적 가치 함수와 관련 정책을 보여준다.

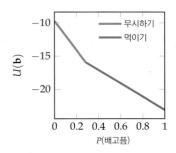

▲ **그림 F.10** 우는 아기 문제에 대한 최적의 정책. 이 무한 기간 해는 어떤 신뢰-상태에 대해서도 노래하는 것을 권장하지 않는다. 그림 20.3에서 볼 수 있듯이 이 문제의 일부 유한 기간 버전에서는 노래하는 것이 최적이다.

F.8 기계 교체

기계 교체 문제는 제품을 생성하는 기계를 유지 관리하는 개별 POMDP다.[8] 이 문제는 상대적으로 단순하고 최적 정책 영역의 크기와 모양이 다양하기 때문에 사용된다. 특정 기간에 대한 최적 정책에서는 그림 F.11처럼 동일한 행동이 최적인 분리된 영역도 있다.

8 R. D. Smallwood and E. J. Sondik, "The Optimal Control of Partially Observable Markov Processes over a Finite Horizon," *Operations Research*, vol. 21, no. 5, pp. 1071–1088, 1973. 원래 문제 공식에는 잔존 가치(salvage value) 또는 작동하는 부품 수와 동일한 최종 보상(terminal reward)이 포함된다. 이 책에서는 최종 보상을 별도로 모델링하지 않는다. 최종 보상은 문제 상태에 기간을 명시적으로 포함하면 프레임워크에 포함될 수 있다.

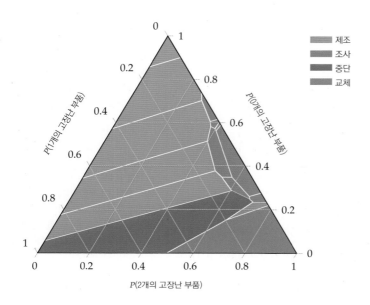

◄ **그림 F.11** 기계 교체 문제에 대한 14-단계 최적 정책에는 제조가 최적인 분리된 영역이 있다. 각 다각형은 특정 알파 벡터가 우세한 영역에 해당한다.

기계는 제대로 작동할 때 제품을 생산한다. 시간이 지남에 따라 기계의 두 가지 기본 부품은 함께 또는 개별적으로 고장나 제품에 결함이 생길 수 있다. 제품을 검사하거나 기계의 구성 요소를 직접 검사해 기계의 결함 여부를 간접적으로 관찰할 수 있다.

문제의 상태는 $\mathcal{S} = \{0, 1, 2\}$이고, 고장난 내부 부품의 개수에 해당한다. 네 가지 행동이 있는데 각 생산 주기 전에 사용된다.

1. 제조^{manufacture}: 제품을 만들며, 제품을 검사하지 않는다.

2. 조사^{examine}: 제품을 만들고, 제품을 검사한다.

3. 중단^{interrupt}: 제품을 중단하고 조사해 고장난 부품을 교체한다.

4. 교체^{replace}: 제품 중단 후 두 부품을 모두 교체한다.

제품을 검사하면 결함 여부를 관찰할 수 있다. 다른 모든 행동은 고장나지 않은 부품만 관찰한다.

기계의 부품은 각 생산 주기마다 고장날 확률이 독립적으로 10%다. 고장난 각 부품은 결함이 있는 제품을 생성할 확률이 50%다. 결함이 없는 제품은 보상이 1인 반면 결함이 있는 제품은 보상이 0이다. 전이 역학은 제품이 만들어지기 전에 부품 고장이 결정된다고 가정하므로 완전한 기능을 갖춘 기계에 대한 제조 행동은 1의 보상을 생성할 확률이 100%가 아니다.

제조 행동에는 페널티가 없다. 제품을 조사하면 0.25의 페널티가 있다. 라인을 중단하면 기계를 검사하는 데 0.5의 비용이 들고, 제품이 만들어지지 않으며, 고장난 부품당 비용이 1씩 발생한다. 두 부품을 단순히 교체하면 항상 2의 비용이 발생하지만 검사 비용은 없다.

전이, 관찰, 보상 함수는 표 F.12에 나와 있다.

▼ **표 F.12** 기계 교체 문제에 대한 전이, 관찰, 보상 함수

행동		$T(s' \mid s,a)$				$O(o \mid a,s')$			$R(s,a)$
			s'				o		
제조	s	0.81	0.18	0.01	s'	1	0	s	0.9025
		0	0.9	0.1		1	0		0.475
		0	0	1		1	0		0.25
조사	s	0.81	0.18	0.01	s'	1	0	s	0.6525
		0	0.9	0.1		0.5	0.5		0.225
		0	0	1		0.25	0.75		0
중단	s	1	0	0	s'	1	0	s	−0.5
		1	0	0		1	0		−1.5
		1	0	0		1	0		−2.5
교체	s	1	0	0	s'	1	0	s	−2
		1	0	0		1	0		−2
		1	0	0		1	0		−2

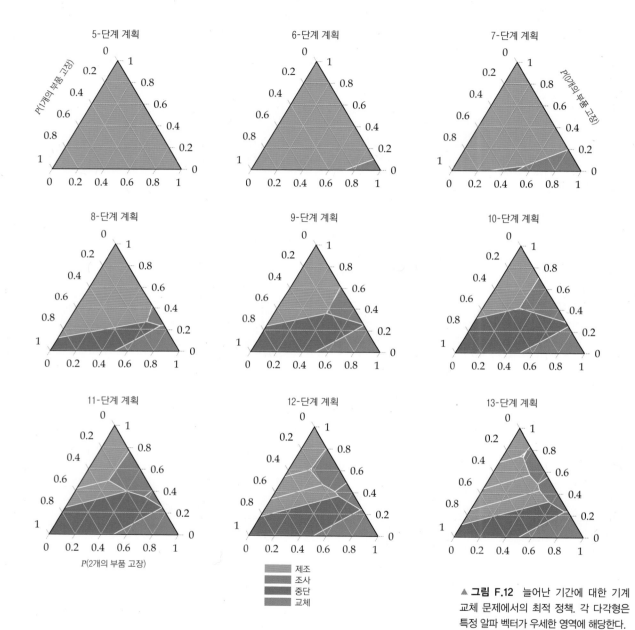

제조
조사
중단
교체

▲ **그림 F.12** 늘어난 기간에 대한 기계 교체 문제에서의 최적 정책. 각 다각형은 특정 알파 벡터가 우세한 영역에 해당한다.

F.9 캐치볼

캐치볼 문제에서 철수는 아버지의 던지기를 성공적으로 잡고 싶고 더 먼 거리의 캐치볼을 선호한다. 그러나 그는 던지는 거리와 성공적으로 잡을 확률 사이의 관계에 대해 확신하지 못했다. 그가 공을 던지든 혹은 잡든 상관없이 그가 성공적으로 잡을 확률은 같다는 것을 알고 있다. 그리고 그는 집에 가기 전에 그의 기대 효용을 최대화하기 위해 한정된 횟수의 캐치볼을 시도했다.

그림 F.13에서 볼 수 있듯이 철수는 거리 d에서 던져진 공을 성공적으로 잡을 확률을 모델링한다.

$$P(\text{공잡기} \mid d) = 1 - \frac{1}{1 + \exp\left(-\frac{d-s}{15}\right)} \tag{F.10}$$

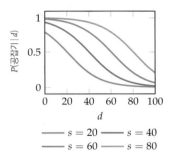

▲ **그림 F.13** 네 가지 숙련도 S에 대해 거리 d의 함수로서의 공을 잡을 확률

여기서 숙련도는 알 수 없으며 시간이 지나도 변하지 않는다.

일 관리를 쉽게 유지하기 위해 철수는 s가 이산 집합 $\mathcal{S} = \{20, 40, 60, 80\}$에 속한다고 가정한다. 성공적인 캐치볼에 대한 보상은 거리와 같다. 잡기에 실패하면 보상은 0이다. 철수는 유한 횟수의 던지기 시도에 대한 보상을 최대화하려고 한다. 던질 때마다 철수는 이산 집합 $\mathcal{A} = \{10, 20, \dots, 100\}$에서 거리를 선택한다. 그는 이산 집합에서 균등 분포로부터 시작한다. 먼저 $\mathcal{S}$에 대한 균등 분포로부터 시작한다.

F.10 죄수의 딜레마

죄수의 딜레마는 상충되는 목표를 가진 에이전트와 관련된 게임 이론의 고전적인 문제다. 재판을 받고 있는 2명의 죄수가 있다. 그들은 서로 협력해 공동 범죄에 대해 침묵하거나 혹은 배신해 범죄를 상대의 짓으로 돌릴지 선택할 수 있다. 서로 협력하면 둘 다 1년 동안 복역한다. 에이전트 i가 협력하고 다른 에이전트 $-i$가

배신을 하면 i는 4년을 복역하고 $-i$는 풀려난다. 둘 다 배신하면 둘 다 3년을 복역한다.[9]

게임에는 두 에이전트 $\mathcal{I} = \{1, 2\}$와 행동 $\mathcal{A} = \mathcal{A}^1 \times \mathcal{A}^2$가 있다. 여기서 $\mathcal{A}^i = \{$협력, 배신$\}$이다. 그림 F.14의 표는 개별 보상을 나타낸다. 행은 에이전트 1의 행동을 나타낸다. 열은 에이전트 2의 행동을 나타낸다. 에이전트 1과 2에 대한 보상은 각 셀에 표시된다. 즉 $R^1(a^1, a^2)$, $R^2(a^1, a^2)$이다. 게임은 한 번 플레이하거나 여러 번 반복할 수 있다. 무한한 기간의 경우 할인 계수 $\gamma = 0.9$를 사용한다.

9 터커(A. W. Tucker)는 이 게임의 이름을 짓고 스토리를 형식화했다. 이 문제는 메릴 플러드(Merrill Flood)와 멜빈 드레셔(Melvin Dresher)가 1950년에 만든 원 문제에 기초하고 있다. 히스토리는 다음 문헌을 참고하라. W. Poundstone, *Prisoner's Dilemma*, Doubleday, 1992.

◀ **그림 F.14** 죄수의 딜레마와 관련된 보상

에이전트 2

	협력	배신
협력	$-1, -1$	$-4, 0$
배신	$0, -4$	$-3, -3$

에이전트 1

F.11 가위-바위-보

전 세계에서 흔히 볼 수 있는 게임 중 하나는 가위-바위-보다. 가위-바위-보 중하나를 선택할 수 있는 에이전트가 2명 있다. 바위가 가위를 이기므로 바위를 낸 에이전트에게는 단위 보상이 주어지고 가위를 낸 에이전트에게는 단위 패널티가발생한다. 가위는 보를 이기므로 가위를 낸 에이전트에게는 단위 보상이, 보를 낸에이전트에게는 단위 페널티가 주어진다. 마지막으로, 보가 바위를 이기므로 보를 낸 에이전트에는 단위 보상이, 바위를 낸 에이전트에는 단위 페널티가 발생한다.

에이전트 $\mathcal{I} = \{1, 2\}$와 행동 $\mathcal{A} = \mathcal{A}^1 \times \mathcal{A}^2$가 있고 각 $\mathcal{A}^i = \{$바위, 보, 가위$\}$다. 그림 F.15는 게임과 관련된 보상을 보여주며 각 셀은 $R^1(a^1, a^2)$, $R^2(a^1, a^2)$를 나타낸다. 게임은 한 번 플레이하거나 여러 번 반복할 수 있다. 무한한 기간의 경우 할인 계수 $\gamma = 0.9$를 사용한다.

에이전트 2

	바위	보	가위
바위	0, 0	−1, 1	1, −1
보	1, −1	0, 0	−1, 1
가위	−1, 1	1, −1	0, 0

에이전트 1

◀ **그림 F.15** 가위-바위-보 게임 관련 보상

F.12 여행자의 딜레마

여행자의 딜레마는 항공사에서 2명의 여행자가 가진 동일한 여행 가방 2개를 잃어버리는 게임이다.[10] 항공사는 여행자에게 여행 가방의 가치를 적어달라고 요청한다. 금액은 2달러에서 100달러 사이다. 만약 둘이 적은 값이 같으면 둘 다 해당 값을 얻는다. 그렇지 않으면 값이 낮은 여행자는 적은 값에 2달러를 더한 값을 받고 높은 값을 쓴 여행자는 낮은 값에서 2달러를 뺀 값을 받는다. 즉 보상 함수는 다음과 같다.

10 K. Basu, "The Traveler's Dilemma: Paradoxes of Rationality in Game Theory," *American Economic Review*, vol. 84, no. 2, pp. 391–395, 1994.

$$R_i(a_i, a_{-i}) = \begin{cases} a_i & \text{만약 } a_i = a_{-i} \\ a_i + 2 & \text{만약 } a_i < a_{-i} \\ a_{-i} - 2 & \text{그 외} \end{cases} \tag{F.11}$$

대부분의 사람들은 97달러에서 100달러 사이를 쓰는 경향이 있다. 그러나 다소 반직관적으로 내시 균형은 2달러에 불과하다.

F.13 포식자-먹이 육각 세계

포식자-먹이 육각 세계 문제는 포식자와 먹이로 구성된 여러 에이전트를 포함하도록 육각 세계 역학을 확장한다. 포식자는 가능한 한 빨리 먹이를 잡으려고 하고, 먹이는 포식자에게서 최대한 오래 도망치려 한다. 육각 세계의 초기 상태는 그림 F.16에 나와 있다. 이 게임에는 최종 상태가 없다.

포식자 집합 $\mathcal{I}_{\text{pred}}$와 먹이 $\mathcal{I}_{\text{prey}}$가 있고 여기서 $\mathcal{I} = \mathcal{I}_{\text{pred}} \cup \mathcal{I}_{\text{prey}}$다. 상태에는 각 에이전트의 위치가 포함된다. $\mathcal{S} = \mathcal{S}^1 \times \cdots \times \mathcal{S}^{|\mathcal{I}|}$이며 $\mathcal{S}^i$는 모든 육각 위치와 동일하다.

포식자 $i \in \mathcal{I}_{\text{pred}}$와 먹이 $j \in \mathcal{I}_{\text{prey}}$가 $s_i = s_j$와 같은 육각에 있으면 먹이는 잡힌다. 그러면 먹이 j는 임의의 육각 셀로 이동되는데, 이는 육각 세계에 나타나는 그 자손을 나타낸다. 그렇지 않으면 상태 전이는 독립적이며 원래 육각 세계에 설명된 대로다.

하나 이상의 포식자와 하나 이상의 먹이가 우연히 모두 같은 셀에 있으면 포식자는 하나 이상의 먹이를 잡을 수 있다. n개의 포식자와 m개의 먹이가 모두 같은 셀을 공유하는 경우 포식자는 m/n의 보상을 받는다. 예를 들어, 2명의 포식자가 1마리의 먹이를 함께 잡으면 각각 1/2의 보상을 받는다. 3명의 포식자가 함께 5마리의 먹이를 잡으면 각각 5/3의 보상을 받는다. 움직이는 포식자는 단위 페널티를 받는다. 먹이는 페널티 없이 이동할 수 있지만 먹히면 100의 페널티를 받는다.

◀ **그림 F.16** 포식자-먹이 육각 세계의 초기 상태. 포식자는 빨간색이고 먹이는 파란색이다. 화살표는 초기 셀에서 개별 에이전트가 수행한 잠재적인 행동을 나타낸다.

F.14 다중 보호자 우는 아기

다중 보호자 우는 아기 문제는 우는 아기 문제의 다중 에이전트 확장이다. 각 보호자 $i \in \mathcal{I} = \{1, 2\}$에 대해 상태, 행동, 관찰은 다음과 같다.

$$\mathcal{S} = \{배고픔, 배부름\} \tag{F.12}$$

$$\mathcal{A}^i = \{먹이기, 노래하기, 무시하기\} \tag{F.13}$$

$$\mathcal{O}^i = \{울음, 조용히 있기\} \tag{F.14}$$

전이 역학은 둘 중 어떤 보호자라도 아기를 만족시키기 위해 젖을 먹일 수 있다는 점을 제외하면 원래 우는 아기 문제와 유사하다.

$$T(배부름 \mid 배고픔, (먹이기, *)) = T(배부름 \mid 배고픔, (*, 먹이기)) = 100\% \tag{F.15}$$

여기서 $*$는 가능한 모든 다른 변수 할당을 나타낸다. 그렇지 않고 행동이 먹이기가 아니면 아기는 이전과 같이 포만감과 배고픔 사이를 전이한다.

$$T(배고픔 \mid 배고픔, (*, *)) = 100\% \tag{F.16}$$

$$T(배부름 \mid 배부름, (*, *)) = 50\% \tag{F.17}$$

관찰 역학도 단일 에이전트 버전과 유사하다. 그러나 그 모델은 두 보호자가 아기에 대해 동일한 관찰을 수행하지만 서로의 돌봄 행동 선택에 있어서는 반드시 동일한 것은 아님을 보장한다.

$$O((울음, 울음) \mid (노래하기, *), 배고픔) = O((울음, 울음) \mid (*, 노래하기), 배고픔) = 90\% \tag{F.18}$$

$$O((조용히 있기, 조용히 있기) \mid (노래하기, *), 배고픔) = O((조용히 있기, 조용히 있기) \mid (*, 노래하기), 배고픔) = 10\% \tag{F.19}$$

$$O((울음, 울음) \mid (노래하기, *), 배부름) = O((울음, 울음) \mid (*, 노래하기), 배부름) = 0\% \tag{F.20}$$

행동이 노래하기가 아닌 경우 관찰은 다음과 같다.

$$O((울음, 울음) \mid (*, *), 배고픔) = O((울음, 울음) \mid (*, *), 배고픔) = 90\% \tag{F.21}$$

$$O((조용히 있기, 조용히 있기) \mid (*, *), 배고픔) = O((조용히 있기, 조용히 있기) \mid (*, *), 배고픔) = 10\% \tag{F.22}$$

$$O((울음, 울음) \mid (*, *), 배부름) = O((울음, 울음) \mid (*, *), 배부름) = 0\% \tag{F.23}$$

$$O((조용히 있기, 조용히 있기) \mid (*, *), 배부름) = O((조용히 있기, 조용히 있기) \mid (*, *), 배부름) = 100\% \tag{F.24}$$

두 보호자는 아기가 배고플 때 아기를 돕고 싶어하며 두 보호자에게 -10.0의 페널티를 할당한다. 그러나 첫 번째 보호자는 먹이기를 선호하고 두 번째 보호자는 노래 부르기를 선호한다. 먹이기의 경우 첫 번째 보호자는 단 -2.5점을, 두 번째 보호자는 추가적인 벌점 -5.0을 받는다. 노래를 부르는 경우 첫 번째 보호자는 -0.5의 페널티를 두 번째 보호자는 단 -0.25의 벌점을 받는다.

F.15 협업 포식자-먹이 육각 세계

협업 포식자-먹이 육각 세계는 포식자 팀이 하나의 움직이는 먹이를 쫓는 포식자-먹이 육각 세계의 변형이다. 포식자는 먹이를 잡기 위해 협력해야 한다. 먹이는 포식자가 차지하지 않는 이웃 셀로 무작위로 이동한다.

포식자는 또한 환경에 대한 시끄러운 지역 관찰만 한다. 각 포식자 i는 먹이가 이웃 셀 내에 있는지 여부를 감지한다($O^i = \{먹이, 없음\}$). 포식자는 움직일 때마다 -1의 보상을 받는다. 포식자 중 하나 이상이 먹이를 잡으면 포식자는 10의 보상을 받는다. 즉 포식자와 동일한 셀에 있다는 의미다. 이 시점에서 먹이는 무작위로 새 셀을 할당받으며 이는 포식자가 다시 사냥을 시작할 수 있는 새로운 먹이가 도착했음을 나타낸다.

G
줄리아

줄리아는 무료 오픈소스 과학 프로그래밍 언어다.[1] 파이썬[Python], MATLAB, R과 같은 언어에서 영감을 얻은 비교적 새로운 언어다. 이 책에서 사용하기로 선택한 이유는 알고리듬이 간결하게 표현되고 매우 고급 언어[2]이므로 가독성이 높으면서도 빠르기 때문이다. 이 책은 줄리아 버전 1.7과 호환된다. 이 부록에서는 포함된 코드를 이해하는 데 필요한 개념을 소개하며 언어의 많은 고급 기능은 생략한다.

G.1 유형

줄리아는 진리 값, 숫자, 문자열, 배열, 튜플, 딕셔너리로 주어진 데이터를 나타낼 수 있는 다양한 기본 유형을 갖고 있다. 사용자는 자신의 유형을 정의할 수도 있다. G.1절에서는 몇 가지 기본 유형을 사용하는 방법과 새 유형을 정의하는 방법에 대해 설명한다.

1 줄리아는 다음 링크(http://Julialang.org)에서 얻을 수 있다.

2 C++와 같은 언어와 달리 줄리아는 프로그래머가 메모리 관리 및 기타 하위 수준 세부 사항에 대해 걱정할 필요가 없지만 필요한 경우 하위 수준 제어를 허용한다.

G.1.1 부울

부울^{Bool}로 작성된 줄리아의 부울 유형에는 `true` 및 `false` 값이 있다. 이러한 값을 변수에 할당할 수 있다. 변수 이름은 유니코드^{Unicode}를 포함해 몇 가지 제한 사항이 있는 모든 문자열이 될 수 있다.

```
α = true
done = false
```

변수 이름은 등호 왼쪽에 나타난다. 변수가 할당될 값은 오른쪽에 있다. 줄리아 콘솔에서 할당할 수 있다. 콘솔 또는 REPL$^{Read, Eval, Print, Loop}$은 평가 중인 표현식에 대한 응답을 반환한다. # 기호는 줄의 나머지 부분이 주석임을 나타낸다.

```
julia> x = true
true
julia> y = false; # 세미콜론은 콘솔 출력을 억제한다.
julia> typeof(x)
Bool
julia> x == y # 같은지 테스트
false
```

표준 부울 연산자가 지원된다.

```
julia> !x      # not
false
julia> x && y # and
false
julia> x || y # or
true
```

G.1.2 숫자

줄리아는 다음과 같이 정수 및 부동 소수점 숫자를 지원한다.

```
julia> typeof(42)
Int64
julia> typeof(42.0)
```

Float64

여기서 Int64는 64비트 정수를 나타내고 Float64는 64비트 부동 소수점 값을 나타낸다.[3] 표준 수학 연산을 수행할 수 있다.

3 32비트 시스템에서 42와 같은 정수 리터 럴은 Int32로 해석된다.

```julia
julia> x = 4
4
julia> y = 2
2
julia> x + y
6
julia> x - y
2
julia> x * y
8
julia> x / y
2.0
julia> x ^ y # 지수
16
julia> x % y # 나머지
0
julia> div(x, y) # 버림 나누기는 정수를 반환
2
```

x와 y가 정수인 경우에도 x / y의 결과는 Float64라는 점에 유의하라. 이러한 연산을 대입과 동시에 수행할 수도 있다. 예를 들어, x += 1은 x = x + 1의 줄임이다.

비교할 수도 있다.

```julia
julia> 3 > 4
false
julia> 3 >= 4
false
julia> 3 ≥ 4 # 유니코드도 작동한다. 콘솔에서 \ge[tab]을 사용하라.
false
julia> 3 < 4
true
```

```
julia> 3 <= 4
true
julia> 3 ≤ 4 # 유니코드도 작동한다. 콘솔에서 \le[tab]을 사용하라.
true
julia> 3 == 4
false
julia> 3 < 4 < 5
true
```

G.1.3 문자열

문자열^{string}은 문자의 배열이다. 특정 오류를 보고하는 경우를 제외하고 이 교과서에서는 문자열을 많이 사용하지 않는다. String 유형의 객체는 " 문자를 사용해 구성할 수 있다.

예를 들어, 다음과 같다.

```
julia> x = "optimal"
"optimal"
julia> typeof(x)
String
```

G.1.4 기호

기호^{symbol}는 식별자를 나타낸다. 연산자를 사용해 작성하거나 문자열로 구성할 수 있다.

```
julia> :A
:A
julia> :Battery
:Battery
julia> Symbol("Failure")
:Failure
```

G.1.5 벡터

벡터는 일련의 값을 저장하는 1차원 배열이다. 대괄호를 사용하며, 요소는 쉼표로 구분해 벡터를 구성할 수 있다.

```julia
julia> x = [];                      # 빈 벡터
julia> x = trues(3);                # 3개의 참값을 가진 부울 벡터
julia> x = ones(3);                 # 3개의 1을 가진 벡터
julia> x = zeros(3);                # 3개의 0을 가진 벡터
julia> x = rand(3);                 # 0과 1 사이의 3개의 랜덤 수
julia> x = [3, 1, 4];               # 정수의 벡터
julia> x = [3.1415, 1.618, 2.7182]; # 부동 소수점 벡터
```

배열 컴프리헨션array comprehension을 사용해 벡터를 만들 수 있다.

```julia
julia> [sin(x) for x in 1:5]
5-element Vector{Float64}:
  0.8414709848078965
  0.9092974268256817
  0.1411200080598672
 -0.7568024953079282
 -0.9589242746631385
```

벡터의 유형을 검사할 수 있다.

```julia
julia> typeof([3, 1, 4])              # Int64의 1차원 배열
Vector{Int64} (alias for Array{Int64, 1})
julia> typeof([3.1415, 1.618, 2.7182]) # Float64의 1차원 배열
Vector{Float64} (alias for Array{Float64, 1})
julia> Vector{Float64} # 1차원 배열의 별칭alias
Vector{Float64} (alias for Array{Float64, 1})
```

대괄호를 사용해 벡터 요소를 지정한다.

```julia
julia> x[1]        # 인덱스 1의 첫 번째 요소
3.1415
julia> x[3]        # 세 번째 요소
2.7182
julia> x[end]      # 배열의 마지막은 end를 사용
2.7182
```

```
julia> x[end-1]    # 배열의 마지막 바로 앞을 지정
1.618
```

배열에서 다양한 요소를 추출할 수 있다. 범위는 콜론 표기를 사용해 지정된다.

```
julia> x = [1, 2, 5, 3, 1]
5-element Vector{Int64}:
 1
 2
 5
 3
 1

julia> x[1:3]     # 첫 요소 3개를 추출
3-element Vector{Int64}:
 1
 2
 5

julia> x[1:2:end] # 다른 요소를 모두 추출
3-element Vector{Int64}:
 1
 5
 1

julia> x[end:-1:1] # 전체 요소를 역순으로 추출
5-element Vector{Int64}:
 1
 3
 5
 2
 1
```

배열에서 다양한 연산을 수행할 수 있다. 함수 이름 끝에 있는 느낌표는 함수가 입력을 변경^{mutate}(즉, 바꿈)함을 나타내는 데 사용된다.

```
julia> length(x)
5
julia> [x, x]                 # 연결
2-element Vector{Vector{Int64}}:
 [1, 2, 5, 3, 1]
 [1, 2, 5, 3, 1]
```

```
julia> push!(x, -1)        # 마지막에 요소 추가
6-element Vector{Int64}:
 1
 2
 5
 3
 1
-1
julia> pop!(x)             # 마지막에서 요소 제거
-1
julia> append!(x, [2, 3])  # x의 뒤에 [2, 3] 추가
7-element Vector{Int64}:
 1
 2
 5
 3
 1
 2
 3
julia> sort!(x)            # 요소를 정렬해 같은 벡터를 변경
7-element Vector{Int64}:
 1
 1
 2
 2
 3
 3
 5
julia> sort(x);            # 요소를 새로운 벡터로 정렬
julia> x[1] = 2; print(x)  # 처음 요소를 2로 변경
[2, 1, 2, 2, 3, 3, 5]
julia> x = [1, 2];
julia> y = [3, 4];
julia> x + y               # 벡터 추가
2-element Vector{Int64}:
 4
 6
julia> 3x - [1, 2]         # 스칼라로 곱하고 차감
```

```
2-element Vector{Int64}:
 2
 4
julia> using LinearAlgebra
julia> dot(x, y)          # LinearAlgebra를 사용한 다음 점곱 연산
11
julia> x·y                # 유니코드 글자를 사용한 점곱, 콘솔에서 \cdot[tab] 사용
11
julia> prod(y)            # y이 모든 원소를 곱함
12
```

벡터에 다양한 함수를 요소별로 적용하면 종종 유용하다. 이것은 브로드캐스팅 broadcasting의 한 형태다. 인픽스infix 연산자(예: +, * 및 ^)를 사용하면 요소별 브로드 캐스팅을 나타내기 위해 점dot을 붙인다. sqrt 및 sin과 같은 함수를 사용할 때는 점을 뒤에 붙인다.

```
julia> x .* y # 요소별 곱셈
2-element Vector{Int64}:
 3
 8
julia> x .^ 2 # 요소별 제곱
2-element Vector{Int64}:
 1
 4
julia> sin.(x) # 요소별 sin 적용
2-element Vector{Float64}:
 0.8414709848078965
 0.9092974268256817
julia> sqrt.(x) # 요소별 sqrt 적용
2-element Vector{Float64}:
 1.0
 1.4142135623730951
```

G.1.6 행렬

행렬은 2차원 배열이다. 벡터와 마찬가지로 대괄호를 사용해 구성된다. 공백을 사

용해 동일한 행의 요소를 구분하고 세미콜론을 사용해 행을 구분한다. 또한 범위
를 사용해 행렬 및 출력 부분 행렬을 인덱싱할 수 있다.

```julia
julia> X = [1 2 3; 4 5 6; 7 8 9; 10 11 12];
julia> typeof(X)   # Int64의 2-차원 배열
Matrix{Int64} (alias for Array{Int64, 2})
julia> X[2]         # 열우선 정렬로 두 번째 요소
4
julia> X[3,2]       # 세 번째 행과 두 번째 열의 요소
8
julia> X[1,:]       # 첫 행 추출
3-element Vector{Int64}:
 1
 2
 3
julia> X[:,2]       # 두 번째 열 추출
4-element Vector{Int64}:
 2
 5
 8
11
julia> X[:,1:2]     # 첫 두 열 추출
4×2 Matrix{Int64}:
 1  2
 4  5
 7  8
10 11
julia> X[1:2,1:2]  # x의 좌상단으로부터 2x2 부분 행렬 추출
2×2 Matrix{Int64}:
 1  2
 4  5
julia> Matrix{Float64}  # 2차원 배열의 별칭
Matrix{Float64} (alias for Array{Float64, 2})
```

또한 다양한 특수 행렬을 구성하고 배열 컴프리헨션을 사용할 수 있다.

```julia
julia> Matrix(1.0I, 3, 3)              # 3x3 항등 행렬
3×3 Matrix{Float64}:
 1.0  0.0  0.0
```

```
 0.0  1.0  0.0
 0.0  0.0  1.0
julia> Matrix(Diagonal([3, 2, 1]))        # 3x3 대각 행렬. 대각은 3, 2, 1
3×3 Matrix{Int64}:
 3  0  0
 0  2  0
 0  0  1
julia> zeros(3,2)                          # 0의 3x2 행렬
3×2 Matrix{Float64}:
 0.0  0.0
 0.0  0.0
 0.0  0.0
julia> rand(3,2)                           # 3x2 랜덤 행렬
3×2 Matrix{Float64}:
 0.41794  0.881486
 0.14916  0.534639
 0.736357 0.850574
julia> [sin(x + y) for x in 1:3, y in 1:2] # 배열 컴프리헨션
3×2 Matrix{Float64}:
 0.909297  0.14112
 0.14112  -0.756802
-0.756802 -0.958924
```

행렬 연산에는 다음과 같은 것이 있다.

```
julia> X'              # 복소수 켤레 전치
3×4 adjoint(::Matrix{Int64}) with eltype Int64:
 1  4  7  10
 2  5  8  11
 3  6  9  12
julia> 3X .+ 2         # 스칼라를 곱하고 스칼라를 더하기
4×3 Matrix{Int64}:
  5   8  11
 14  17  20
 23  26  29
 32  35  38
julia> X = [1 3; 3 1]; # 가역행렬 생성
julia> inv(X)          # 역행렬
2×2 Matrix{Float64}:
```

```
   -0.125   0.375
    0.375  -0.125
julia> pinv(X)           # 유사역행렬(LinearAlgebra 필요)
2×2 Matrix{Float64}:
   -0.125   0.375
    0.375  -0.125
julia> det(X)            # 행렬식(LinearAlgebra 필요)
-8.0
julia> [X X]             # 수평 연결, hcat(X, X)과 동일
2×4 Matrix{Int64}:
 1  3  1  3
 3  1  3  1
julia> [X; X]            # 수직 연결, vcat(X, X)과 동일
4×2 Matrix{Int64}:
 1  3
 3  1
 1  3
 3  1
julia> sin.(X)           # sin을 요소별 적용
2×2 Matrix{Float64}:
 0.841471  0.14112
 0.14112   0.841471
julia> map(sin, X)       # sin을 요소별 적용
2×2 Matrix{Float64}:
 0.841471  0.14112
 0.14112   0.841471
julia> vec(X)            # 배열을 행렬로 재구성
4-element Vector{Int64}:
 1
 3
 3
 1
```

G.1.7 튜플

튜플은 순서가 지정된 값의 목록이며, 데이터 유형이 다른 값을 담을 수 있다. 튜플은 괄호로 구성된다. 벡터와 비슷하지만 값을 변경할 수 없다.

```
julia> x = ()    # 빈 튜플
()
julia> isempty(x)
true
julia> x = (1,) # 하나의 원소를 가진 튜플은 마지막에 쉼표가 필요
(1,)
julia> typeof(x)
Tuple{Int64}
julia> x = (1, 0, [1, 2], 2.5029, 4.6692) # 세 번째 요소는 벡터
(1, 0, [1, 2], 2.5029, 4.6692)
julia> typeof(x)
Tuple{Int64, Int64, Vector{Int64}, Float64, Float64}
julia> x[2]
0
julia> x[end]
4.6692
julia> x[4:end]
(2.5029, 4.6692)
julia> length(x)
5
julia> x = (1, 2)
(1, 2)
julia> a, b = x;
julia> a
1
julia> b
2
```

G.1.8 명명된 튜플

명명된 튜플은 튜플과 비슷하지만 각 항목에는 고유한 이름이 있다.

```
julia> x = (a=1, b=-Inf)
(a = 1, b = -Inf)
julia> x isa NamedTuple
true
julia> x.a
1
```

```
julia> a, b = x;
julia> a
1
julia> (; :a=>10)
(a = 10,)
julia> (; :a=>10, :b=>11)
(a = 10, b = 11)
julia> merge(x, (d=3, e=10))  # 2개의 명명된 튜플 병합
(a = 1, b = -Inf, d = 3, e = 10)
```

G.1.9 딕셔너리

딕셔너리는 키-값 쌍의 모음이다. 키-값 쌍은 이중 화살표 연산자 =>로 표시된다.

배열과 튜플과 마찬가지로 대괄호를 사용해 딕셔너리에 색인을 생성할 수 있다.

```
julia> x = Dict(); # 빈 딕셔너리
julia> x[3] = 4 # 키 3을 값 4에 연계
4
julia> x = Dict(3=>4, 5=>1) # 두 키-값 쌍을 가진 딕셔너리 생성
Dict{Int64, Int64} with 2 entries:
  5 => 1
  3 => 4
julia> x[5]           # 키 5와 연계된 값을 반환
1
julia> haskey(x, 3) # 딕셔너리에 키 3이 있는지 확인
true
julia> haskey(x, 4) # 딕셔너리에 키 4가 있는지 학인
false
```

G.1.10 복합 유형

복합 유형은 명명된 필드의 모음이다. 기본적으로 복합 유형의 인스턴스는 변경할 수 없다. struct 키워드를 사용한 다음 새 유형에 이름을 지정하고 필드 이름을 나열한다.

```
struct A
    a
    b
end
```

  `mutable` 키워드를 추가하면 인스턴스가 변경될 수 있다.

```
mutable struct B
    a
    b
end
```

  복합 유형은 괄호를 사용해 구성되며 그 사이에 각 필드의 값을 전달한다.

```
x = A(1.414, 1.732)
```

  이중 콜론 연산자를 사용해 모든 필드의 유형을 지정할 수 있다.

```
struct A
    a::Int64
    b::Float64
end
```

이러한 유형 표기는 첫 번째 필드에 대해 `Int64`를 전달하고 두 번째 필드에 대해 `Float64`를 전달해야 한다. 편의상 이 책에서는 유형 주석을 사용하지 않지만 그렇게 하면 성능이 저하된다. 유형 주석을 사용하면 컴파일러가 특정 유형에 대한 기본 코드를 최적화할 수 있으므로 줄리아는 런타임 성능을 향상시킬 수 있다.

G.1.11 추상 유형

지금까지는 우리가 구성할 수 있는 유형인 구체적 유형에 대해 알아봤다. 그러나 구체적 유형은 유형 계층 구조의 일부일 뿐이다. 구체적 유형 및 기타 추상 유형의 상위 유형인 추상 유형^{abstract type}도 있다.

  `supertype`과 `subtypes` 함수를 사용하면 그림 G.1에 표시된 `Float64` 유형의 유형 계층 구조를 탐색할 수 있다.

```
julia> supertype(Float64)
AbstractFloat
julia> supertype(AbstractFloat)
Real
julia> supertype(Real)
Number
julia> supertype(Number)
Any
julia> supertype(Any)          # Any는 계층의 최상에 있다.
Any
julia> using InteractiveUtils  # 스크립트의 subtypes에서 필요
julia> subtypes(AbstractFloat) # 다른 AbstractFloats 유형
4-element Vector{Any}:
 BigFloat
 Float16
 Float32
 Float64
julia> subtypes(Float64)        # Float64는 subtypes를 갖지 않는다.
Type[]
```

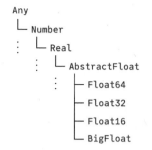

▲ **그림 G.1** Float64 유형의 유형 계층 구조

자체 추상 유형을 정의할 수도 있다.

```
abstract type C end
abstract type D <: C end # D는 C의 추상 subtype
struct E <: D # E는 D의 subtype인 복합 유형
    a
end
```

G.1.12 모수적 유형

줄리아는 매개 변수를 사용하는 유형인 모수적 유형^{parametric type}도 지원한다. 모수적 유형에 대한 매개 변수는 중괄호 안에 제공되며 쉼표로 구분된다. 우리는 이미 딕셔너리 예제에서 모수적 유형을 봤다.

```
julia> x = Dict(3=>1.4, 1=>5.9)
Dict{Int64, Float64} with 2 entries:
  3 => 1.4
  1 => 5.9
```

딕셔너리의 경우 첫 번째 매개 변수는 키 유형을 지정하고 두 번째 매개 변수는 값 유형을 지정한다. 이 예제에는 Int64 키와 Float64 값이 있어 Dict{Int64,Float64} 유형의 딕셔너리를 만든다. 줄리아는 입력을 기반으로 이러한 유형을 추론할 수 있었지만 명시적으로 지정할 수도 있었다.

```julia
julia> x = Dict{Int64,Float64}(3=>1.4, 1=>5.9);
```

자체 모수적 유형을 정의하는 것이 가능하지만 문맥상 그렇게 할 필요가 없었다.

G.2 함수

함수는 튜플로 제공되는 인수를 반환되는 결과로 매핑한다.

G.2.1 명명된 함수

명명된 함수를 정의하는 한 가지 방법은 function 키워드를 사용하고 그 뒤에 함수 이름과 인수 이름의 튜플을 사용하는 것이다.

```julia
function f(x, y)
    return x + y
end
```

대입 형식을 사용해 함수를 간단하게 정의할 수도 있다.

```julia
julia> f(x, y) = x + y;
julia> f(3, 0.1415)
3.1415
```

G.2.2 익명 함수

익명 함수anonymous function는 명명된 변수에 대입될 수 있지만 이름이 지정되지 않는다. 익명 함수를 정의하는 한 가지 방법은 화살표 연산자를 사용하는 것이다.

```
julia> h = x -> x^2 + 1 # 익명 함수에 입력 x를 변수 h에 대입
#1 (generic function with 1 method)
julia> h(3)
10
julia> g(f, a, b) = [f(a), f(b)]; # 함수 f에 a와 b를 적용해 배열 반환
julia> g(h, 5, 10)
2-element Vector{Int64}:
  26
 101
julia> g(x->sin(x)+1, 10, 20)
2-element Vector{Float64}:
 0.4559788891106302
 1.9129452507276277
```

G.2.3 호출 가능 객체

유형을 정의하고 함수를 연관시켜 해당 유형의 객체를 호출 가능[callable]하게 할 수 있다.

```
julia> (x::A)() = x.a + x.b     # 앞서 정의한 A 타입에 인수가 없는 함수 추가
julia> (x::A)(y) = y*x.a + x.b # 단일 인수 함수 추가
julia> x = A(22, 8);
julia> x()
30
julia> x(2)
52
```

G.2.4 선택적 인수

인수에 기본값을 할당해 해당 인수의 지정을 선택 사항으로 만들 수 있다.

```
julia> f(x=10) = x^2;
julia> f()
100
julia> f(3)
9
julia> f(x, y, z=1) = x*y + z;
```

```
julia> f(1, 2, 3)
5
julia> f(1, 2)
3
```

G.2.5 키워드 인수

함수는 호출될 때 명명되는 인수인 키워드 인수를 사용할 수 있다. 키워드 인수는
모든 위치 인수 뒤에 제공된다. 세미콜론은 키워드 앞에 배치돼 다른 인수와 구분
된다.

```
julia> f(; x = 0) = x + 1;
julia> f()
1
julia> f(x = 10)
11
julia> f(x, y = 10; z = 2) = (x + y)*z;
julia> f(1)
22
julia> f(2, z = 3)
36
julia> f(2, 3)
10
julia> f(2, 3, z = 1)
5
```

G.2.6 디스패치

함수에 전달되는 인수의 유형은 이중 콜론 연산자를 사용해 지정할 수 있다. 동일
한 함수의 여러 메서드가 제공되면 줄리아는 적절한 메서드를 실행한다. 실행할
메서드를 선택하는 메커니즘을 디스패치^{dispatch}라고 한다.

```
julia> f(x::Int64) = x + 10;
julia> f(x::Float64) = x + 3.1415;
julia> f(1)
```

```
11
julia> f(1.0)
4.141500000000001
julia> f(1.3)
4.4415000000000004
```

주어진 인수의 유형과 가장 잘 일치하는 유형 서명이 있는 메서드가 사용된다.

```
julia> f(x) = 5;
julia> f(x::Float64) = 3.1415;
julia> f([3, 2, 1])
5
julia> f(0.00787499699)
3.1415
```

G.2.7 스플래팅

... 연산자를 사용해 벡터 또는 튜플의 요소를 함수의 인수로 표시하면 종종 유용
하다.

```
julia> f(x,y,z) = x + y - z;
julia> a = [3, 1, 2];
julia> f(a...)
2
julia> b = (2, 2, 0);
julia> f(b...)
4
julia> c = ([0,0],[1,1]);
julia> f([2,2], c...)
2-element Vector{Int64}:
 1
 1
```

G.3 제어 흐름

조건부 평가 및 루프를 사용해 프로그램의 흐름을 제어할 수 있다. G.3절에서는 이 책에서 사용되는 일부 구문을 보여준다.

G.3.1 조건부 평가

조건부 평가는 부울 표현식의 값을 확인한 다음 적절한 코드 블록을 평가한다. 이를 수행하는 가장 일반적인 방법 중 하나는 if 문을 사용하는 것이다.

```
if x < y
    # x < y이면 실행
elseif x > y
    # x > y이면 실행
else
    # x == y인 경우 실행
end
```

물음표 및 콜론 구문과 함께 삼항 연산자$^{\text{ternary operator}}$를 사용할 수도 있다. 이 연산자는 물음표 앞의 부울 식을 확인한다. 표현식이 참으로 평가되면 콜론 앞에 오는 것을 반환한다. 그렇지 않으면 콜론 뒤에 오는 것을 반환한다.

```
julia> f(x) = x > 0 ? x : 0;
julia> f(-10)
0
julia> f(10)
10
```

G.3.2 루프

루프^{loop}를 사용하면 식을 반복적으로 평가할 수 있다. 루프의 한 유형은 while 키워드가 지정된 조건이 충족될 때까지 표현식 블록을 반복적으로 평가하는 while 루프다. 다음 예에서는 배열 x의 값을 합산한다.

```
X = [1, 2, 3, 4, 6, 8, 11, 13, 16, 18]
s = 0
while !isempty(X)
    s += pop!(X)
end
```

　루프의 또 다른 유형은 for 키워드를 사용하는 for 루프다. 다음 예제도 배열 X 의 값을 합산하지만 X를 수정하지는 않는다.

```
X = [1, 2, 3, 4, 6, 8, 11, 13, 16, 18]
s = 0
for y in X
    s += y
end
```

in 키워드는 = 또는 ∈로 바꿀 수 있다. 다음 코드 블록은 동일하다.

```
X = [1, 2, 3, 4, 6, 8, 11, 13, 16, 18]
s = 0
for i = 1:length(X)
    s += X[i]
end
```

G.3.3 반복자

for 루프 및 배열 컴프리헨션과 같은 맥락으로 콜렉션^{collection}을 반복할 수 있다. 다양한 반복자를 시연하기 위해 반복자가 생성한 모든 항목의 배열을 반환하는 collect 함수를 사용한다.

```
julia> X = ["feed", "sing", "ignore"];
julia> collect(enumerate(X)) # 개수와 요소를 반환
3-element Vector{Tuple{Int64, String}}:
 (1, "feed")
 (2, "sing")
 (3, "ignore")
julia> collect(eachindex(X)) # 1:length(X)과 동일
3-element Vector{Int64}:
```

```
 1
 2
 3
julia> Y = [-5, -0.5, 0];
julia> collect(zip(X, Y)) # 다중 반복자를 동시에 반복
3-element Vector{Tuple{String, Float64}}:
 ("feed", -5.0)
 ("sing", -0.5)
 ("ignore", 0.0)
julia> import IterTools: subsets
julia> collect(subsets(X)) # 모든 부분집합에 반복
8-element Vector{Vector{String}}:
 []
 ["feed"]
 ["sing"]
 ["feed", "sing"]
 ["ignore"]
 ["feed", "ignore"]
 ["sing", "ignore"]
 ["feed", "sing", "ignore"]
julia> collect(eachindex(X)) # 인덱스를 반복해 콜렉션 생성
3-element Vector{Int64}:
 1
 2
 3
julia> Z = [1 2; 3 4; 5 6];
julia> import Base.Iterators: product
julia> collect(product(X,Y)) # 다중 반복자의 데카르트 곱을 반복
3×3 Matrix{Tuple{String, Float64}}:
 ("feed", -5.0)   ("feed", -0.5)   ("feed", 0.0)
 ("sing", -5.0)   ("sing", -0.5)   ("sing", 0.0)
 ("ignore", -5.0) ("ignore", -0.5) ("ignore", 0.0)
```

G.4 패키지

패키지^{package}는 추가 기능을 제공하기 위해 가져올 수 있는 줄리아 코드 및 기타 외부 라이브러리의 모음이다. G.4절에서는 이 책에서 구축하는 몇 가지 주요 패키지를 간략하게 알아본다. Distributions.jl과 같은 등록된 패키지를 추가하려면 다음처럼 실행할 수 있다.

```
using Pkg
Pkg.add("Distributions")
```

패키지를 갱신하려면 다음과 같이 사용한다.

```
Pkg.update()
```

패키지를 사용하려면 다음과 같이 using 키워드를 사용한다.

```
using Distributions
```

G.4.1 그래프.jl

Graphs.jl 패키지(버전 1.4)를 사용하면 그래프를 나타내고 연산을 수행할 수 있다.

```
julia> using Graphs
julia> G = SimpleDiGraph(3);    # 3개 노드를 가진 방향 그래프 생성
julia> add_edge!(G, 1, 3);      # 노드 1부터 3까지 선분 추가
julia> add_edge!(G, 1, 2);      # 노드 1에서 2까지 선분 추가
julia> rem_edge!(G, 1, 3);      # 노드 1에서 3까지 선분 제거
julia> add_edge!(G, 2, 3);      # 노드 2에서 3까지 선분 추가
julia> typeof(G)
Graphs.SimpleGraphs.SimpleDiGraph{Int64}
julia> nv(G)                    # 노드 개수(꼭짓점이라고도 함)
3
julia> outneighbors(G, 1)       # 노드 1에서 외부로 나가는 이웃 목록
1-element Vector{Int64}:
 2
julia> inneighbors(G, 1)        # 노드 1로 들어오는 이웃 목록
Int64[]
```

G.4.2 분포.jl

Distributions.jl 패키지(버전 0.24)를 사용해 확률 분포로부터 표현, 적합화, 샘플링
한다.

```julia
julia> using Distributions
julia> dist = Categorical([0.3, 0.5, 0.2]) # 범주형 분포 생성
Distributions.Categorical{Float64, Vector{Float64}}(support=Base.OneTo(3), p=[0.3, 0.5, 0.2])
julia> data = rand(dist)                    # 샘플 생성
2
julia> data = rand(dist, 2)                 # 두 샘플 생성
2-element Vector{Int64}:
23
julia> μ, σ = 5.0, 2.5;                      # 정규 분포의 매개 변수 정의
julia> dist = Normal(μ, σ)                   # 정규 분포 생성
Distributions.Normal{Float64}(μ=5.0, σ=2.5)
julia> rand(dist)                            # 분포로부터의 샘플
3.173653920282897
julia> data = rand(dist, 3)                  # 세 샘플 생성
3-element Vector{Float64}:
 10.860475998911657
  1.519358465527894
  3.0194180096515186
julia> data = rand(dist, 1000);              # 여러 샘플 생성
julia> Distributions.fit(Normal, data) # 샘플에 정규 분포를 적합화
Distributions.Normal{Float64}(μ=5.085987626631449, σ=2.4766229761489367)
julia> μ = [1.0, 2.0];
julia> Σ = [1.0 0.5; 0.5 2.0];
julia> dist = MvNormal(μ, Σ)                 # 다변량 정규 분포 생성
FullNormal(
dim: 2
μ: [1.0, 2.0]
Σ: [1.0 0.5; 0.5 2.0]
)
julia> rand(dist, 3)                         # 세 샘플 생성
2×3 Matrix{Float64}:
 0.834945 -0.527494 -0.098257
 1.25277 -0.246228 0.423922
```

```
julia> dist = Dirichlet(ones(3))        # 디리클레 분포 Dir(1,1,1) 생성
Distributions.Dirichlet{Float64, Vector{Float64}, Float64}(alpha=[1.0, 1.0, 1.0])
julia> rand(dist)                        # 분포에서 샘플링
3-element Vector{Float64}:
 0.19658106436589923
 0.6128478073834874
 0.1905711282506134
```

G.4.3 JuMP.jl

JuMP.jl 패키지(버전 0.21)를 사용해 GLPK.jl 및 Ipopt.jl에 포함된 것과 같은 다양한
솔버를 사용해 해결할 수 있는 최적화 문제를 지정한다.

```
julia> using JuMP
julia> using GLPK
julia> model = Model(GLPK.Optimizer)          # 모델 생성 후 GLPK를 솔버로 사용
A JuMP Model
Feasibility problem with:
Variables: 0
Model mode: AUTOMATIC
CachingOptimizer state: EMPTY_OPTIMIZER
Solver name: GLPK
julia> @variable(model, x[1:3])               # 변수 x[1], x[2], x[3] 정의
3-element Vector{JuMP.VariableRef}:
 x[1]
 x[2]
 x[3]
julia> @objective(model, Max, sum(x) - x[2]) # 최대화 목적 함수 정의
x[1] + 0 x[2] + x[3]
julia> @constraint(model, x[1] + x[2] ≤ 3)    # 제약 추가
x[1] + x[2] <= 3.0
julia> @constraint(model, x[2] + x[3] ≤ 2)    # 또 다른 제약 추가
x[2] + x[3] <= 2.0
julia> @constraint(model, x[2] ≥ 0)           # 또 다른 제약 추가
x[2] >= 0.0
julia> optimize!(model)                        # 해결
julia> value.(x)                               # x에서 요소의 최적 값 추출
```

```
3-element Vector{Float64}:
 3.0
 0.0
 2.0
```

G.5 편의 함수

이 책의 알고리듬을 보다 간결하게 지정할 수 있는 몇 가지 함수가 있다. 다음 함수는
딕셔너리 및 명명된 튜플과 작업할 때 유용하다.

```
Base.Dict{Symbol,V}(a::NamedTuple) where V =
    Dict{Symbol,V}(n=>v for (n,v) in zip(keys(a), values(a)))
Base.convert(::Type{Dict{Symbol,V}}, a::NamedTuple) where V =
    Dict{Symbol,V}(a)
Base.isequal(a::Dict{Symbol,<:Any}, nt::NamedTuple) =
    length(a) == length(nt) &&
    all(a[n] == v for (n,v) in zip(keys(nt), values(nt)))
```

```
julia> a = Dict{Symbol,Integer}((a=1, b=2, c=3))
Dict{Symbol, Integer} with 3 entries:
  :a => 1
  :b => 2
  :c => 3
julia> isequal(a, (a=1, b=2, c=3))
true
julia> isequal(a, (a=1, c=3, b=2))
true
julia> Dict{Dict{Symbol,Integer},Float64}((a=1, b=1)=>0.2, (a=1, b=2)=>0.8)
Dict{Dict{Symbol, Integer}, Float64} with 2 entries:
  Dict(:a=>1, :b=>1) => 0.2
  Dict(:a=>1, :b=>2) => 0.8
```

이산 집합에 대한 분포를 나타내기 위해 SetCategorical을 정의한다.

```
struct SetCategorical{S}
    elements::Vector{S} # Set elements (could be repeated)
    distr::Categorical # Categorical distribution over set elements
```

```
    function SetCategorical(elements::AbstractVector{S}) where S
        weights = ones(length(elements))
        return new{S}(elements, Categorical(normalize(weights, 1)))
    end

    function SetCategorical(
            elements::AbstractVector{S},
            weights::AbstractVector{Float64}
        ) where S

        ℓ₁ = norm(weights,1)
        if ℓ₁ < 1e-6 || isinf(ℓ₁)
            return SetCategorical(elements)
        end
        distr = Categorical(normalize(weights, 1))
        return new{S}(elements, distr)
    end
end

Distributions.rand(D::SetCategorical) = D.elements[rand(D.distr)]
Distributions.rand(D::SetCategorical, n::Int) = D.elements[rand(D.distr, n)]
function Distributions.pdf(D::SetCategorical, x)
    sum(e == x ? w : 0.0 for (e,w) in zip(D.elements, D.distr.p))
end
julia> D = SetCategorical(["up", "down", "left", "right"],[0.4, 0.2, 0.3, 0.1]);
julia> rand(D)
"up"
julia> rand(D, 5)
5-element Vector{String}:
"left"
"up"
"down"
"up"
"left"
julia> pdf(D, "up")
0.3999999999999999
```

참고 문헌

1. P. Abbeel and A. Y. Ng, "Apprenticeship Learning via Inverse Reinforcement Learning," in *International Conference on Machine Learning (ICML)*, 2004 (cit. on p. 361).

2. J. Agar, *Science in the 20th Century and Beyond*. Polity, 2012 (cit. on p. 10).

3. S. Amari, "Natural Gradient Works Efficiently in Learning," *Neural Computation*, vol. 10, no. 2, pp. 251–276, 1998 (cit. on p. 253).

4. C. Amato, D. S. Bernstein, and S. Zilberstein, "Optimizing Fixed-Size Stochastic Controllers for POMDPs and Decentralized POMDPs," *Autonomous Agents and Multi-Agent Systems*, vol. 21, no. 3, pp. 293–320, 2010 (cit. on pp. 478, 551).

5. D. Amodei, C. Olah, J. Steinhardt, P. Christiano, J. Schulman, and D. Mané, "Concrete Problems in AI Safety," 2016. arXiv: 1606.06565v2 (cit. on p. 13).

6. P. Anand, "Are the Preference Axioms Really Rational?" *Theory and Decision*, vol. 23, no. 2, pp. 189–214, 1987 (cit. on p. 112).

7. D. Ariely, *Predictably Irrational: The Hidden Forces That Shape Our Decisions*. Harper, 2008 (cit. on p. 122).

8. S. Arnborg, D. G. Corneil, and A. Proskurowski, "Complexity of Finding Embeddings in a *k*-Tree," *SIAM Journal on Algebraic Discrete Methods*, vol. 8, no. 2, pp. 277–284, 1987 (cit. on p. 52).

9. M. S. Arulampalam, S. Maskell, N. Gordon, and T. Clapp, "A Tutorial on Particle Filters for Online Nonlinear / Non-Gaussian Bayesian Tracking," *IEEE Transactions on Signal Processing*, vol. 50, no. 2, pp. 174–188, 2002 (cit. on p. 390).

10. K. J. Åström, "Optimal Control of Markov Processes with Incomplete State Information," *Journal of Mathematical Analysis and Applications*, vol. 10, no. 1, pp. 174–205, 1965 (cit. on p. 407).

11. P. Auer, N. Cesa-Bianchi, and P. Fischer, "Finite-Time Analysis of the Multiarmed Bandit Problem," *Machine Learning*, vol. 47, no. 2–3, pp. 235–256, 2002 (cit. on p. 187).

12. T. Ayer, O. Alagoz, and N. K. Stout, "A POMDP Approach to Personalize Mammography Screening Decisions," *Operations Research*, vol. 60, no. 5, pp. 1019–1034, 2012 (cit. on p. 4).

13. H. Bai, D. Hsu, W. S. Lee, and V. A. Ngo, "Monte Carlo Value Iteration for Continuous-State POMDPs," in *International Workshop on the Algorithmic Foundations of Robotics (WAFR)*, 2011 (cit. on p. 475).

14. L. Baird, "Residual Algorithms: Reinforcement Learning with Function Approximation," in *International Conference on Machine Learning (ICML)*, 1995 (cit. on p. 610).

15. Y. Bar-Shalom, X. R. Li, and T. Kirubarajan, *Estimation with Applications to Tracking and Navigation*. Wiley, 2001 (cit. on p. 383).

16. D. Barber, *Bayesian Reasoning and Machine Learning*. Cambridge University Press, 2012 (cit. on p. 53).

17. A. G. Barto, R. S. Sutton, and C. W. Anderson, "Neuronlike Adaptive Elements That Can Solve Difficult Learning Control Problems," *IEEE Transactions on Systems, Man, and Cybernetics*, vol. SMC-13, no. 5, pp. 834–846, 1983 (cit. on p. 611).

18. A. G. Barto, S. J. Bradtke, and S. P. Singh, "Learning to Act Using Real-Time Dynamic Programming," *Artificial Intelligence*, vol. 72, no. 1–2, pp. 81–138, 1995 (cit. on p. 197).

19. K. Basu, "The Traveler's Dilemma: Paradoxes of Rationality in Game Theory," *American Economic Review*, vol. 84, no. 2, pp. 391–395, 1994 (cit. on p. 622).

20. R. Bellman, "Minimization Problem," *Bulletin of the American Mathematical Society*, vol. 62, no. 3, p. 270, 1956 (cit. on p. 399).

21. R. Bellman, *Eye of the Hurricane: An Autobiography*. World Scientific, 1984 (cit. on p. 136).

22. R. E. Bellman, *Dynamic Programming*. Princeton University Press, 1957 (cit. on pp. 133, 138).

23. A. Bemporad and M. Morari, "Robust Model Predictive Control: A Survey," in *Robustness in Identification and Control*, A. Garulli, A. Tesi, and A. Vicino, eds., Springer, 1999, pp. 207–226 (cit. on p. 204).

24. J. Bentham, *Theory of Legislation*. Trübner & Company, 1887 (cit. on p. 8).

25. U. Berger, "Brown's Original Fictitious Play," *Journal of Economic Theory*, vol. 135, no. 1, pp. 572–578, 2007 (cit. on p. 507).

26. D. Bernoulli, "Exposition of a New Theory on the Measurement of Risk," *Econometrica*, vol. 22, no. 1, pp. 23–36, 1954 (cit. on p. 112).

27. D. S. Bernstein, R. Givan, N. Immerman, and S. Zilberstein, "The Complexity of Decentralized Control of Markov Decision Processes," *Mathematics of Operation Research*, vol. 27, no. 4, pp. 819–840, 2002 (cit. on pp. 545, 546).

28. D. P. Bertsekas, *Dynamic Programming and Optimal Control*. Athena Scientific, 2007 (cit. on p. 148).

29. D. P. Bertsekas, *Reinforcement Learning and Optimal Control*. Athena Scientific, 2019 (cit. on p. 335).

30. D. P. Bertsekas and J. N. Tsitsiklis, *Introduction to Probability*. Athena Scientific, 2002 (cit. on p. 20).

31. M. Besançon, T. Papamarkou, D. Anthoff, A. Arslan, S. Byrne, D. Lin, and J. Pearson, "Distributions.jl: Definition and Modeling of Probability Distributions in the JuliaStats Ecosystem," 2019. arXiv: 1907.08611v1 (cit. on p. 573).

32. W. M. Bolstad and J. M. Curran, *Introduction to Bayesian Statistics*. Wiley, 2016 (cit. on p. 11).

33. B. Bonet and H. Geffner, "Labeled RTDP: Improving the Convergence of Real-Time Dynamic Programming," in *International Conference on Automated Planning and Scheduling (ICAPS)*, 2003 (cit. on p. 197).

34. F. Borrelli, A. Bemporad, and M. Morari, *Predictive Control for Linear and Hybrid Systems*. Cambridge University Press, 2019 (cit. on p. 200).

35. M. Bouton, A. Nakhaei, K. Fujimura, and M. J. Kochenderfer, "Safe Reinforcement Learning with Scene Decomposition for Navigating Complex Urban Environments," in *IEEE Intelligent Vehicles Symposium (IV)*, 2019 (cit. on p. 3).

36. M. Bouton, J. Tumova, and M. J. Kochenderfer, "Point-Based Methods for Model Checking in Partially Observable Markov Decision Processes," in *AAAI Conference on Artificial Intelligence (AAAI)*, 2020 (cit. on p. 293).

37. M. Bowling, "Convergence and No-Regret in Multiagent Learning," in *Advances in Neural Information Processing Systems (NIPS)*, 2005 (cit. on p. 509).

38. M. Bowling and M. Veloso, "An Analysis of Stochastic Game Theory for Multiagent Reinforcement Learning," Carnegie Mellon University, Tech. Rep. CMU-CS-00-165, 2000 (cit. on p. 521).

39. S. Boyd and L. Vandenberghe, *Convex Optimization*. Cambridge University Press, 2004 (cit. on pp. 200, 565).

40. R. I. Brafman and M. Tennenholtz, "R-MAX—A General Polynomial Time Algorithm for Near-Optimal Reinforcement Learning," *Journal of Machine Learning Research*, vol. 3, pp. 213–231, 2002 (cit. on p. 323).

41. D. Brockhoff, A. Auger, N. Hansen, D. Arnold, and T. Hohm, "Mirrored Sampling and Sequential Selection for Evolution Strategies," in *International Conference on Parallel Problem Solving from Nature*, 2010 (cit. on p. 224).

42. G. Brockman, V. Cheung, L. Pettersson, J. Schneider, J. Schulman, J. Tang, and W. Zaremba, "OpenAI Gym," 2016. arXiv: 1606.01540v1 (cit. on p. 611).

43. G. W. Brown, "Iterative Solution of Games by Fictitious Play," *Activity Analysis of Production and Allocation*, vol. 13, no. 1, pp. 374–376, 1951 (cit. on p. 505).

44. C. B. Browne, E. Powley, D. Whitehouse, S. M. Lucas, P. I. Cowling, P. Rohlfshagen, S. Tavener, D. Perez, S. Samothrakis, and S. Colton, "A Survey of Monte Carlo Tree Search Methods," *IEEE Transactions on Computational Intelligence and AI in Games*, vol. 4, no. 1, pp. 1–43, 2012 (cit. on pp. 187, 276).

45. J. A. Bucklew, *Introduction to Rare Event Simulation*. Springer, 2004 (cit. on p. 287).

46. W. L. Buntine, "Theory Refinement on Bayesian Networks," in *Conference on Uncertainty in Artificial Intelligence (UAI)*, 1991 (cit. on p. 104).

47. C. F. Camerer, *Behavioral Game Theory: Experiments in Strategic Interaction*. Princeton University Press, 2003 (cit. on p. 504).

48. A. R. Cassandra, M. L. Littman, and N. L. Zhang, "Incremental Pruning: A Simple, Fast, Exact Method for Partially Observable Markov Decision Processes," in *Conference on Uncertainty in Artificial Intelligence (UAI)*, 1997 (cit. on p. 416).

49. J. Chakravorty and A. Mahajan, "Multi-Armed Bandits, Gittins Index, and Its Calculation," in *Methods and Applications of Statistics in Clinical Trials*, N. Balakrishnan, ed., vol. 2, Wiley, 2014, pp. 416–435 (cit. on p. 309).

50. D. M. Chickering, "Learning Bayesian Networks is NP-Complete," in *Learning from Data: Artificial Intelligence and Statistics V*, D. Fisher and H.-J. Lenz, eds., Springer, 1996, pp. 121–130 (cit. on p. 97).

51. D. M. Chickering, "Learning Equivalence Classes of Bayesian-Network Structures," *Journal of Machine Learning Research*, vol. 2, pp. 445–498, 2002 (cit. on p. 106).

52. D. M. Chickering, D. Heckerman, and C. Meek, "Large-Sample Learning of Bayesian Networks is NP-Hard," *Journal of Machine Learning Research*, vol. 5, pp. 1287–1330, 2004 (cit. on p. 97).

53. K. Cho, B. van Merriënboer, C. Gulcehre, D. Bahdanau, F. Bougares, H. Schwenk, and Y. Bengio, "Learning Phrase Representations Using RNN Encoder-Decoder for Statistical Machine Translation," in *Conference on Empirical Methods in Natural Language Processing (EMNLP)*, 2014 (cit. on p. 592).

54. E. K. P. Chong, R. L. Givan, and H. S. Chang, "A Framework for Simulation-Based Network Control via Hindsight Optimization," in *IEEE Conference on Decision and Control (CDC)*, 2000 (cit. on p. 207).

55. B. Christian, *The Alignment Problem*. Norton & Company, 2020 (cit. on p. 13).

56. G. F. Cooper, "The Computational Complexity of Probabilistic Inference Using Bayesian Belief Networks," *Artificial Intelligence*, vol. 42, no. 2–3, pp. 393–405, 1990 (cit. on p. 53).

57. G. F. Cooper and E. Herskovits, "A Bayesian Method for the Induction of Probabilistic Networks from Data," *Machine Learning*, vol. 4, no. 9, pp. 309–347, 1992 (cit. on pp. 97, 100).

58. T. H. Cormen, C. E. Leiserson, R. L. Rivest, and C. Stein, *Introduction to Algorithms*, 3rd ed. MIT Press, 2009 (cit. on p. 136).

59. A. Corso, R. J. Moss, M. Koren, R. Lee, and M. J. Kochenderfer, "A Survey of Algorithms for Black-Box Safety Validation," *Journal of Artificial Intelligence Research*, vol. 72, pp. 377–428, 2021 (cit. on p. 281).

60. A. Couëtoux, J.-B. Hoock, N. Sokolovska, O. Teytaud, and N. Bonnard, "Continuous Upper Confidence Trees," in *Learning and Intelligent Optimization (LION)*, 2011 (cit. on p. 197).

61. F. Cuzzolin, *The Geometry of Uncertainty*. Springer, 2021 (cit. on p. 19).

62. G. B. Dantzig, "Linear Programming," *Operations Research*, vol. 50, no. 1, pp. 42–47, 2002 (cit. on p. 8).

63. C. Daskalakis, P. W. Goldberg, and C. H. Papadimitriou, "The Complexity of Computing a Nash Equilibrium," *Communications of the ACM*, vol. 52, no. 2, pp. 89–97, 2009 (cit. on p. 498).

64. A. P. Dempster, N. M. Laird, and D. B. Rubin, "Maximum Likelihood from Incomplete Data via the EM Algorithm," *Journal of the Royal Statistical Society, Series B (Methodological)*, vol. 39, no. 1, pp. 1–38, 1977 (cit. on p. 87).

65. S. L. Dittmer and F. V. Jensen, "Myopic Value of Information in Influence Diagrams," in *Conference on Uncertainty in Artificial Intelligence (UAI)*, 1997 (cit. on p. 119).

66. J. Duchi, S. Shalev-Shwartz, Y. Singer, and T. Chandra, "Efficient Projections onto the ℓ_1-Ball for Learning in High Dimensions," in *International Conference on Machine Learning (ICML)*, 2008 (cit. on p. 485).

67. M. J. Dupré and F. J. Tipler, "New Axioms for Rigorous Bayesian Probability," *Bayesian Analysis*, vol. 4, no. 3, pp. 599–606, 2009 (cit. on p. 20).

68. M. Egorov, Z. N. Sunberg, E. Balaban, T. A. Wheeler, J. K. Gupta, and M. J. Kochenderfer, "POMDPs.jl: A Framework for Sequential Decision Making Under Uncertainty," *Journal of Machine Learning Research*, vol. 18, no. 26, pp. 1–5, 2017 (cit. on p. 381).

69. C. Elkan, "The Foundations of Cost-Sensitive Learning," in *International Joint Conference on Artificial Intelligence (IJCAI)*, 2001 (cit. on p. 373).

70. P. H. Farquhar, "Utility Assessment Methods," *Management Science*, vol. 30, no. 11, pp. 1283–1300, 1984 (cit. on p. 114).

71. J. A. Filar, T. A. Schultz, F. Thuijsman, and O. Vrieze, "Nonlinear Programming and Stationary Equilibria in Stochastic Games," *Mathematical Programming*, vol. 50, no. 1–3, pp. 227–237, 1991 (cit. on p. 521).

72. A. M. Fink, "Equilibrium in a Stochastic n-Person Game," *Journal of Science of the Hiroshima University, Series A-I*, vol. 28, no. 1, pp. 89–93, 1964 (cit. on p. 520).

73. C. Finn, S. Levine, and P. Abbeel, "Guided Cost Learning: Deep Inverse Optimal Control via Policy Optimization," in *International Conference on Machine Learning (ICML)*, 2016 (cit. on p. 368).

74. P. C. Fishburn, "Utility Theory," *Management Science*, vol. 14, no. 5, pp. 335–378, 1968 (cit. on p. 111).

75. P. C. Fishburn, "The Axioms of Subjective Probability," *Statistical Science*, vol. 1, no. 3, pp. 335–345, 1986 (cit. on p. 20).

76. H. Freudenthal, "Simplizialzerlegungen von Beschränkter Flachheit," *Annals of Mathematics*, vol. 43, pp. 580–582, 1942 (cit. on p. 445).

77. M. C. Fu, "Gradient Estimation," in *Simulation*, S. G. Henderson and B. L. Nelson, eds., Elsevier, 2006, pp. 575–616 (cit. on p. 231).

78. D. Fudenberg and D. Levine, "Consistency and Cautious Fictitious Play," *Journal of Economic Dynamics and Control*, vol. 19, no. 5–7, pp. 1065–1089, 1995 (cit. on p. 509).

79. D. Fudenberg and J. Tirole, *Game Theory*. MIT Press, 1991 (cit. on p. 493).

80. D. Gaines, G. Doran, M. Paton, B. Rothrock, J. Russino, R. Mackey, R. Anderson, R. Francis, C. Joswig, H. Justice, K. Kolcio, G. Rabideau, S. Schaffer, J. Sawoniewicz, A. Vasavada, V. Wong, K. Yu, and A.-a. Agha-mohammadi, "Self-Reliant Rovers for Increased Mission Productivity," *Journal of Field Robotics*, vol. 37, no. 7, pp. 1171–1196, 2020 (cit. on p. 5).

81. F. L. Gall, "Powers of Tensors and Fast Matrix Multiplication," in *International Symposium on Symbolic and Algebraic Computation (ISSAC)*, 2014 (cit. on p. 490).

82. S. Garatti and M. C. Campi, "Modulating Robustness in Control Design: Principles and Algorithms," *IEEE Control Systems Magazine*, vol. 33, no. 2, pp. 36–51, 2013 (cit. on p. 207).

83. A. Garivier, T. Lattimore, and E. Kaufmann, "On Explore-Then-Commit Strategies," in *Advances in Neural Information Processing Systems (NIPS)*, 2016 (cit. on p. 303).

84. A. Geramifard, T. J. Walsh, S. Tellex, G. Chowdhary, N. Roy, and J. P. How, "A Tutorial on Linear Function Approximators for Dynamic Programming and Reinforcement Learning," *Foundations and Trends in Machine Learning*, vol. 6, no. 4, pp. 375–451, 2013 (cit. on p. 162).

85. M. Ghavamzadeh, S. Mannor, J. Pineau, and A. Tamar, "Bayesian Reinforcement Learning: A Survey," *Foundations and Trends in Machine Learning*, vol. 8, no. 5–6, pp. 359–483, 2015 (cit. on p. 326).

86. S. B. Gillispie and M. D. Perlman, "The Size Distribution for Markov Equivalence Classes of Acyclic Digraph Models," *Artificial Intelligence*, vol. 141, no. 1–2, pp. 137–155, 2002 (cit. on p. 106).

87. J. C. Gittins, "Bandit Processes and Dynamic Allocation Indices," *Journal of the Royal Statistical Society. Series B (Methodological)*, vol. 41, no. 2, pp. 148–177, 1979 (cit. on pp. 299, 309).

88. J. Gittins, K. Glazebrook, and R. Weber, *Multi-Armed Bandit Allocation Indices*, 2nd ed. Wiley, 2011 (cit. on p. 309).

89. P. W. Glynn, "Likelihood Ratio Gradient Estimation for Stochastic Systems," *Communications of the ACM*, vol. 33, no. 10, pp. 75–84, 1990 (cit. on p. 234).

90. P. J. Gmytrasiewicz and P. Doshi, "A Framework for Sequential Planning in Multi-Agent Settings," *Journal of Artificial Intelligence Research*, vol. 24, no. 1, pp. 49–79, 2005 (cit. on p. 534).

91. D. E. Goldberg and J. Richardson, "An Experimental Comparison of Localization Methods," in *International Conference on Genetic Algorithms*, 1987 (cit. on p. 394).

92. D. E. Goldberg, *Genetic Algorithms in Search, Optimization, and Machine Learning*. Addison-Wesley, 1989 (cit. on p. 215).

93. O. Goldreich, *Computational Complexity: A Conceptual Perspective*. Cambridge University Press, 2008 (cit. on p. 575).

94. I. Goodfellow, Y. Bengio, and A. Courville, *Deep Learning*. MIT Press, 2016 (cit. on p. 581).

95. I. Goodfellow, J. Pouget-Abadie, M. Mirza, B. Xu, D. Warde-Farley, S. Ozair, A. Courville, and Y. Bengio, "Generative Adversarial Nets," in *Advances in Neural Information Processing Systems (NIPS)*, 2014 (cit. on p. 597).

96. L. Graesser and W. L. Keng, *Foundations of Deep Reinforcement Learning*. Addison Wesley, 2020 (cit. on p. 344).

97. A. Greenwald and K. Hall, "Correlated Q-Learning," in *International Conference on Machine Learning (ICML)*, 2003 (cit. on p. 503).

98. A. Griewank and A. Walther, *Evaluating Derivatives: Principles and Techniques of Algorithmic Differentiation*, 2nd ed. SIAM, 2008 (cit. on p. 585).

99. E. A. Hansen, "Solving POMDPs by Searching in Policy Space," in *Conference on Uncertainty in Artificial Intelligence (UAI)*, 1998 (cit. on p. 475).

100. E. A. Hansen, D. S. Bernstein, and S. Zilberstein, "Dynamic Programming for Partially Observable Stochastic Games," in *AAAI Conference on Artificial Intelligence (AAAI)*, 2004 (cit. on p. 533).

101. N. Hansen and A. Ostermeier, "Adapting Arbitrary Normal Mutation Distributions in Evolution Strategies: The Covariance Matrix Adaptation," in *IEEE International Conference on Evolutionary Computation*, 1996 (cit. on p. 221).

102. A. Harutyunyan, M. G. Bellemare, T. Stepleton, and R. Munos, "$Q(\lambda)$ with Off-Policy Corrections," in *International Conference on Algorithmic Learning Theory (ALT)*, 2016 (cit. on p. 343).

103. T. Hastie, R. Tibshirani, and J. Friedman, *The Elements of Statistical Learning: Data Mining, Inference, and Prediction*, 2nd ed. Springer Series in Statistics, 2001 (cit. on pp. 172, 174).

104. M. Hauskrecht, "Value-Function Approximations for Partially Observable Markov Decision Processes," *Journal of Artificial Intelligence Research*, vol. 13, pp. 33–94, 2000 (cit. on pp. 427, 429, 436).

105. D. Heckerman, D. Geiger, and D. M. Chickering, "Learning Bayesian Networks: The Combination of Knowledge and Statistical Data," *Machine Learning*, vol. 20, no. 3, pp. 197–243, 1995 (cit. on p. 104).

106. F. S. Hillier, *Introduction to Operations Research*. McGraw-Hill, 2012 (cit. on p. 12).

107. J. Ho and S. Ermon, "Generative Adversarial Imitation Learning," in *Advances in Neural Information Processing Systems (NIPS)*, 2016 (cit. on p. 369).

108. S. Hochreiter and J. Schmidhuber, "Long Short-Term Memory," *Neural Computation*, vol. 9, no. 8, pp. 1735–1780, 1997 (cit. on p. 592).

109. A. L. Hodgkin and A. F. Huxley, "A Quantitative Description of Membrane Current and Its Application to Conduction and Excitation in Nerve," *Journal of Physiology*, vol. 117, no. 4, pp. 500–544, 1952 (cit. on p. 582).

110. R. Hooke and T. A. Jeeves, "Direct Search Solution of Numerical and Statistical Problems," *Journal of the ACM (JACM)*, vol. 8, no. 2, pp. 212–229, 1961 (cit. on p. 215).

111. R. A. Howard, "Information Value Theory," *IEEE Transactions on Systems Science and Cybernetics*, vol. 2, no. 1, pp. 22–26, 1966 (cit. on p. 119).

112. J. Hu and M. P. Wellman, "Nash Q-Learning for General-Sum Stochastic Games," *Journal of Machine Learning Research*, vol. 4, pp. 1039–1069, 2003 (cit. on p. 526).

113. A. Hussein, M. M. Gaber, E. Elyan, and C. Jayne, "Imitation Learning: A Survey of Learning Methods," *ACM Computing Surveys*, vol. 50, no. 2, pp. 1–35, 2017 (cit. on p. 355).

114. IEEE History Center Staff, "Proceedings of the IEEE Through 100 Years: 2000–2009," *Proceedings of the IEEE*, vol. 100, no. 11, pp. 3131–3145, 2012 (cit. on p. 387).

115. J. E. Ingersoll, *Theory of Financial Decision Making*. Rowman and Littlefield Publishers, 1987 (cit. on p. 115).

116. G. N. Iyengar, "Robust Dynamic Programming," *Mathematics of Operations Research*, vol. 30, no. 2, pp. 257–280, 2005 (cit. on p. 289).

117. T. Jaakkola, M. I. Jordan, and S. P. Singh, "On the Convergence of Stochastic Iterative Dynamic Programming Algorithms," *Neural Computation*, vol. 6, no. 6, pp. 1185–1201, 1994 (cit. on p. 336).

118. E. T. Jaynes, "Information Theory and Statistical Mechanics," *Physical Review*, vol. 106, no. 4, pp. 620–630, 1957 (cit. on p. 368).

119. E. T. Jaynes, *Probability Theory: The Logic of Science*. Cambridge University Press, 2003 (cit. on pp. 19, 20).

120. F. V. Jensen and T. D. Nielsen, *Bayesian Networks and Decision Graphs*, 2nd ed. Springer, 2007 (cit. on p. 116).

121. I. L. Johansen and M. Rausand, "Foundations and Choice of Risk Metrics," *Safety Science*, vol. 62, pp. 386–399, 2014 (cit. on p. 281).

122. K. D. Julian and M. J. Kochenderfer, "Distributed Wildfire Surveillance with Autonomous Aircraft Using Deep Reinforcement Learning," *AIAA Journal of Guidance, Control, and Dynamics*, vol. 42, no. 8, pp. 1768–1778, 2019 (cit. on p. 4).

123. S. J. Julier and J. K. Uhlmann, "Unscented Filtering and Nonlinear Estimation," *Proceedings of the IEEE*, vol. 92, no. 3, pp. 401–422, 2004 (cit. on p. 387).

124. L. P. Kaelbling, M. L. Littman, and A. R. Cassandra, "Planning and Acting in Partially Observable Stochastic Domains," *Artificial Intelligence*, vol. 101, no. 1–2, pp. 99–134, 1998 (cit. on p. 407).

125. L. P. Kaelbling, *Learning in Embedded Systems*. MIT Press, 1993 (cit. on p. 305).

126. A. B. Kahn, "Topological Sorting of Large Networks," *Communications of the ACM*, vol. 5, no. 11, pp. 558–562, 1962 (cit. on p. 55).

127. D. Kahneman and A. Tversky, "Prospect Theory: An Analysis of Decision Under Risk," *Econometrica*, vol. 47, no. 2, pp. 263–292, 1979 (cit. on p. 122).

128. S. M. Kakade, "A Natural Policy Gradient," in *Advances in Neural Information Processing Systems (NIPS)*, 2001 (cit. on p. 254).

129. S. M. Kakade and J. Langford, "Approximately Optimal Approximate Reinforcement Learning," in *International Conference on Machine Learning (ICML)*, 2002 (cit. on p. 256).

130. R. E. Kálmán, "A New Approach to Linear Filtering and Prediction Problems," *ASME Journal of Basic Engineering*, vol. 82, pp. 35–45, 1960 (cit. on p. 383).

131. R. M. Karp, "Reducibility Among Combinatorial Problems," in *Complexity of Computer Computations*, R. E. Miller and J. W. Thatcher, eds., Plenum, 1972, pp. 85–103 (cit. on p. 577).

132. E. Kaufmann, "On Bayesian Index Policies for Sequential Resource Allocation," *Annals of Statistics*, vol. 46, no. 2, pp. 842–865, 2018 (cit. on p. 305).

133. M. Kearns and S. Singh, "Near-Optimal Reinforcement Learning in Polynomial Time," *Machine Learning*, vol. 49, no. 2/3, pp. 209–232, 2002 (cit. on p. 323).

134. M. J. Kearns, Y. Mansour, and A. Y. Ng, "A Sparse Sampling Algorithm for Near-Optimal Planning in Large Markov Decision Processes," *Machine Learning*, vol. 49, no. 2–3, pp. 193–208, 2002 (cit. on p. 187).

135. L. G. Khachiyan, "Polynomial Algorithms in Linear Programming," *USSR Computational Mathematics and Mathematical Physics*, vol. 20, no. 1, pp. 53–72, 1980 (cit. on p. 147).

136. D. Kingma and M. Welling, "Auto-Encoding Variational Bayes," in *International Conference on Learning Representations (ICLR)*, 2013 (cit. on p. 593).

137. D. E. Kirk, *Optimal Control Theory: An Introduction*. Prentice-Hall, 1970 (cit. on p. 2).

138. M. J. Kochenderfer, *Decision Making Under Uncertainty: Theory and Application*. MIT Press, 2015 (cit. on pp. 3, 511, 615).

139. M. J. Kochenderfer and T. A. Wheeler, *Algorithms for Optimization*. MIT Press, 2019 (cit. on pp. 102, 172, 213, 250).

140. M. J. Kochenderfer and J. P. Chryssanthacopoulos, "Robust Airborne Collision Avoidance Through Dynamic Programming," Massachusetts Institute of Technology, Lincoln Laboratory, Project Report ATC-371, 2011 (cit. on p. 614).

141. M. J. Kochenderfer, J. P. Chryssanthacopoulos, and P. Radecki, "Robustness of Optimized Collision Avoidance Logic to Modeling Errors," in *Digital Avionics Systems Conference (DASC)*, 2010 (cit. on p. 289).

142. D. Koller and N. Friedman, *Probabilistic Graphical Models: Principles and Techniques*. MIT Press, 2009 (cit. on pp. 32, 36, 97).

143. A. Kolmogorov, *Foundations of the Theory of Probability*, 2nd ed. Chelsea, 1956 (cit. on p. 562).

144. H. Koontz, "The Management Theory Jungle," *Academy of Management Journal*, vol. 4, no. 3, pp. 174–188, 1961 (cit. on p. 12).

145. B. O. Koopman, *Search and Screening: General Principles with Historical Applications*. Pergamon Press, 1980 (cit. on p. 11).

146. F. Kschischang, B. Frey, and H.-A. Loeliger, "Factor Graphs and the Sum-Product Algorithm," *IEEE Transactions on Information Theory*, vol. 47, no. 2, pp. 498–519, 2001 (cit. on p. 53).

147. A. Kuefler, J. Morton, T. A. Wheeler, and M. J. Kochenderfer, "Imitating Driver Behavior with Generative Adversarial Networks," in *IEEE Intelligent Vehicles Symposium (IV)*, 2017 (cit. on p. 375).

148. H. Kuhn, "Extensive Games and the Problem of Information," in *Contributions to the Theory of Games II*, H. Kuhn and A. Tucker, eds., Princeton University Press, 1953, pp. 193–216 (cit. on p. 533).

149. S. Kullback and R. A. Leibler, "On Information and Sufficiency," *Annals of Mathematical Statistics*, vol. 22, no. 1, pp. 79–86, 1951 (cit. on p. 567).

150. S. Kullback, *Information Theory and Statistics*. Wiley, 1959 (cit. on p. 567).

151. H. Kurniawati, D. Hsu, and W. S. Lee, "SARSOP: Efficient Point-Based POMDP Planning by Approximating Optimally Reachable Belief Spaces," in *Robotics: Science and Systems*, 2008 (cit. on pp. 440, 442).

152. Y. LeCun, L. Bottou, Y. Bengio, and P. Haffner, "Gradient-Based Learning Applied to Document Recognition," *Proceedings of the IEEE*, vol. 86, no. 11, pp. 2278–2324, 1998 (cit. on pp. 587, 588).

153. R. Lee, M. J. Kochenderfer, O. J. Mengshoel, G. P. Brat, and M. P. Owen, "Adaptive Stress Testing of Airborne Collision Avoidance Systems," in *Digital Avionics Systems Conference (DASC)*, 2015 (cit. on p. 294).

154. J. Lehrer, *How We Decide*. Houghton Mifflin, 2009 (cit. on p. 122).

155. T. P. Lillicrap, J. J. Hunt, A. Pritzel, N. Heess, T. Erez, Y. Tassa, D. Silver, and D. Wierstra, "Continuous Control with Deep Reinforcement Learning," in *International Conference on Learning Representations (ICLR)*, 2016. arXiv: 1509.02971v6 (cit. on p. 274).

156. L.-J. Lin, "Reinforcement Learning for Robots Using Neural Networks," Ph.D. dissertation, Carnegie Mellon University, 1993 (cit. on p. 345).

157. R. J. A. Little and D. B. Rubin, *Statistical Analysis with Missing Data*, 3rd ed. Wiley, 2020 (cit. on p. 84).

158. M. L. Littman, "Markov Games as a Framework for Multi-Agent Reinforcement Learning," in *International Conference on Machine Learning (ICML)*, 1994 (cit. on p. 517).

159. M. L. Littman, A. R. Cassandra, and L. P. Kaelbling, "Learning Policies for Partially Observable Environments: Scaling Up," in *International Conference on Machine Learning (ICML)*, 1995 (cit. on p. 427).

160. W. S. Lovejoy, "Computationally Feasible Bounds for Partially Observed Markov Decision Processes," *Operations Research*, vol. 39, no. 1, pp. 162–175, 1991 (cit. on p. 445).

161. O. Madani, S. Hanks, and A. Condon, "On the Undecidability of Probabilistic Planning and Related Stochastic Optimization Problems," *Artificial Intelligence*, vol. 147, no. 1–2, pp. 5–34, 2003 (cit. on p. 427).

162. S. Mannor, R. Y. Rubinstein, and Y. Gat, "The Cross Entropy Method for Fast Policy Search," in *International Conference on Machine Learning (ICML)*, 2003 (cit. on p. 218).

163. H. Markowitz, "The Utility of Wealth," *Journal of Political Economy*, vol. 60, no. 2, pp. 151–158, 1952 (cit. on p. 114).

164. Mausam and A. Kolobov, *Planning with Markov Decision Processes: An AI Perspective.* Morgan & Claypool, 2012 (cit. on p. 197).

165. S. B. McGrayne, *The Theory That Would Not Die.* Yale University Press, 2011 (cit. on p. 30).

166. R. C. Merton, "Optimum Consumption and Portfolio Rules in a Continuous-Time Model," *Journal of Economic Theory*, vol. 3, no. 4, pp. 373–413, 1971 (cit. on p. 4).

167. N. Meuleau, K.-E. Kim, L. P. Kaelbling, and A. R. Cassandra, "Solving POMDPs by Searching the Space of Finite Policies," in *Conference on Uncertainty in Artificial Intelligence (UAI)*, 1999 (cit. on p. 481).

168. D. A. Mindell, *Between Human and Machine: Feedback, Control, and Computing Before Cybernetics.* JHU Press, 2002 (cit. on p. 11).

169. V. Mnih, K. Kavukcuoglu, D. Silver, A. Graves, I. Antonoglou, D. Wierstra, and M. Riedmiller, "Playing Atari with Deep Reinforcement Learning," 2013. arXiv: 1312.5602v1 (cit. on p. 345).

170. N. Moehle, E. Busseti, S. Boyd, and M. Wytock, "Dynamic Energy Management," in *Large Scale Optimization in Supply Chains and Smart Manufacturing*, Springer, 2019, pp. 69–126 (cit. on p. 208).

171. G. Molenberghs, G. Fitzmaurice, M. G. Kenward, A. Tsiatis, and G. Verbeke, eds., *Handbook of Missing Data Methodology.* CRC Press, 2014 (cit. on p. 82).

172. A. Moore, "Efficient Memory-Based Learning for Robot Control," Ph.D. dissertation, University of Cambridge, 1990 (cit. on p. 612).

173. A. W. Moore, "Simplicial Mesh Generation with Applications," Ph.D. dissertation, Cornell University, 1992 (cit. on pp. 168, 170).

174. A. W. Moore and C. G. Atkeson, "Prioritized Sweeping: Reinforcement Learning with Less Data and Less Time," *Machine Learning*, vol. 13, no. 1, pp. 103–130, 1993 (cit. on p. 321).

175. G. E. Moore, "Cramming More Components onto Integrated Circuits," *Electronics*, vol. 38, no. 8, pp. 114–117, 1965 (cit. on p. 11).

176. O. Morgenstern and J. von Neumann, *Theory of Games and Economic Behavior.* Princeton University Press, 1953 (cit. on p. 8).

177. R. Motwani and P. Raghavan, *Randomized Algorithms.* Cambridge University Press, 1995 (cit. on p. 54).

178. B. Müller, J. Reinhardt, and M. T. Strickland, *Neural Networks.* Springer, 1995 (cit. on p. 581).

179. K. P. Murphy, *Probabilistic Machine Learning: An Introduction.* MIT Press, 2022 (cit. on p. 71).

180. R. B. Myerson, *Game Theory: Analysis of Conflict*. Harvard University Press, 1997 (cit. on p. 493).

181. R. Nair, M. Tambe, M. Yokoo, D. Pynadath, and S. Marsella, "Taming Decentralized POMDPs: Towards Efficient Policy Computation for Multiagent Settings," in *International Joint Conference on Artificial Intelligence (IJCAI)*, 2003 (cit. on p. 550).

182. J. Nash, "Non-Cooperative Games," *Annals of Mathematics*, pp. 286–295, 1951 (cit. on p. 498).

183. R. E. Neapolitan, *Learning Bayesian Networks*. Prentice Hall, 2003 (cit. on p. 97).

184. A. Y. Ng, D. Harada, and S. Russell, "Policy Invariance Under Reward Transformations: Theory and Application to Reward Shaping," in *International Conference on Machine Learning (ICML)*, 1999 (cit. on p. 343).

185. A. Y. Ng and M. Jordan, "A Policy Search Method for Large MDPs and POMDPs," in *Conference on Uncertainty in Artificial Intelligence (UAI)*, 2000 (cit. on p. 232).

186. N. J. Nilsson, *The Quest for Artificial Intelligence*. Cambridge University Press, 2009 (cit. on pp. 7, 9).

187. N. Nisan, T. Roughgarden, É. Tardos, and V. V. Vazirani, eds., *Algorithmic Game Theory*. Cambridge University Press, 2007 (cit. on p. 503).

188. F. A. Oliehoek and C. Amato, *A Concise Introduction to Decentralized POMDPs*. Springer, 2016 (cit. on p. 545).

189. C. Papadimitriou and J. Tsitsiklis, "The Complexity of Markov Decision Processes," *Mathematics of Operation Research*, vol. 12, no. 3, pp. 441–450, 1987 (cit. on pp. 427, 549).

190. J. Pearl, *Probabilistic Reasoning in Intelligent Systems: Networks of Plausible Inference*. Morgan Kaufmann, 1988 (cit. on p. 36).

191. J. Pearl, *Causality: Models, Reasoning, and Inference*, 2nd ed. Cambridge University Press, 2009 (cit. on p. 33).

192. J. Peng and R. J. Williams, "Incremental Multi-Step Q-Learning," *Machine Learning*, vol. 22, no. 1–3, pp. 283–290, 1996 (cit. on p. 341).

193. J. Peters and S. Schaal, "Reinforcement Learning of Motor Skills with Policy Gradients," *Neural Networks*, vol. 21, no. 4, pp. 682–697, 2008 (cit. on pp. 234, 243, 253).

194. M. Peterson, *An Introduction to Decision Theory*. Cambridge University Press, 2009 (cit. on p. 111).

195. A. Pinkus, "Approximation Theory of the MLP Model in Neural Networks," *Acta Numerica*, vol. 8, pp. 143–195, 1999 (cit. on p. 582).

196. R. Platt Jr., R. Tedrake, L. P. Kaelbling, and T. Lozano-Pérez, "Belief Space Planning Assuming Maximum Likelihood Observations," in *Robotics: Science and Systems*, 2010 (cit. on p. 454).

197. D. A. Pomerleau, "Efficient Training of Artificial Neural Networks for Autonomous Navigation," *Neural Computation*, vol. 3, no. 1, pp. 88–97, 1991 (cit. on p. 355).

198. W. Poundstone, *Prisoner's Dilemma*. Doubleday, 1992 (cit. on p. 621).

199. P. Poupart and C. Boutilier, "Bounded Finite State Controllers," in *Advances in Neural Information Processing Systems (NIPS)*, 2003 (cit. on p. 475).

200. W. B. Powell, *Reinforcement Learning and Stochastic Optimization*. Wiley, 2022 (cit. on p. 161).

201. W. B. Powell, *Approximate Dynamic Programming: Solving the Curses of Dimensionality*, 2nd ed. Wiley, 2011 (cit. on p. 161).

202. M. L. Puterman, *Markov Decision Processes: Discrete Stochastic Dynamic Programming*. Wiley, 2005 (cit. on p. 133).

203. M. L. Puterman and M. C. Shin, "Modified Policy Iteration Algorithms for Discounted Markov Decision Problems," *Management Science*, vol. 24, no. 11, pp. 1127–1137, 1978 (cit. on p. 141).

204. J. Robinson, "An Iterative Method of Solving a Game," *Annals of Mathematics*, pp. 296–301, 1951 (cit. on p. 505).

205. R. W. Robinson, "Counting Labeled Acyclic Digraphs," in *Ann Arbor Conference on Graph Theory*, 1973 (cit. on p. 99).

206. S. Ross and J. A. Bagnell, "Efficient Reductions for Imitation Learning," in *International Conference on Artificial Intelligence and Statistics (AISTATS)*, 2010 (cit. on p. 358).

207. S. Ross and B. Chaib-draa, "AEMS: An Anytime Online Search Algorithm for Approximate Policy Refinement in Large POMDPs," in *International Joint Conference on Artificial Intelligence (IJCAI)*, 2007 (cit. on p. 464).

208. S. Ross, G. J. Gordon, and J. A. Bagnell, "A Reduction of Imitation Learning and Structured Prediction to No-Regret Online Learning," in *International Conference on Artificial Intelligence and Statistics (AISTATS)*, vol. 15, 2011 (cit. on p. 358).

209. S. Ross, J. Pineau, S. Paquet, and B. Chaib-draa, "Online Planning Algorithms for POMDPs," *Journal of Artificial Intelligence Research*, vol. 32, pp. 663–704, 2008 (cit. on p. 453).

210. D. E. Rumelhart, G. E. Hinton, and R. J. Williams, "Learning Representations by Back-Propagating Errors," *Nature*, vol. 323, pp. 533–536, 1986 (cit. on p. 585).

211. G. A. Rummery and M. Niranjan, "On-Line Q-Learning Using Connectionist Systems," Cambridge University, Tech. Rep. CUED/F-INFENG/TR 166, 1994 (cit. on p. 338).

212. S. Russell and P. Norvig, *Artificial Intelligence: A Modern Approach*, 4th ed. Pearson, 2021 (cit. on pp. 2, 116).

213. D. Russo, B. V. Roy, A. Kazerouni, I. Osband, and Z. Wen, "A Tutorial on Thompson Sampling," *Foundations and Trends in Machine Learning*, vol. 11, no. 1, pp. 1–96, 2018 (cit. on p. 306).

214. A. Ruszczyński, "Risk-Averse Dynamic Programming for Markov Decision Processes," *Mathematical Programming*, vol. 125, no. 2, pp. 235–261, 2010 (cit. on p. 282).

215. T. Salimans, J. Ho, X. Chen, S. Sidor, and I. Sutskever, "Evolution Strategies as a Scalable Alternative to Reinforcement Learning," 2017. arXiv: 1703.03864v2 (cit. on p. 224).

216. T. Schaul, J. Quan, I. Antonoglou, and D. Silver, "Prioritized Experience Replay," in *International Conference on Learning Representations (ICLR)*, 2016 (cit. on p. 345).

217. P. J. H. Schoemaker, "The Expected Utility Model: Its Variants, Purposes, Evidence and Limitations," *Journal of Economic Literature*, vol. 20, no. 2, pp. 529–563, 1982 (cit. on p. 111).

218. J. Schulman, S. Levine, P. Moritz, M. Jordan, and P. Abbeel, "Trust Region Policy Optimization," in *International Conference on Machine Learning (ICML)*, 2015 (cit. on p. 254).

219. J. Schulman, P. Moritz, S. Levine, M. Jordan, and P. Abbeel, "High-Dimensional Continuous Control Using Generalized Advantage Estimation," in *International Conference on Learning Representations (ICLR)*, 2016. arXiv: 1506.02438v6 (cit. on p. 269).

220. J. Schulman, F. Wolski, P. Dhariwal, A. Radford, and O. Klimov, "Proximal Policy Optimization Algorithms," 2017. arXiv: 1707.06347v2 (cit. on p. 257).

221. S. Seuken and S. Zilberstein, "Memory-Bounded Dynamic Programming for Dec-POMDPs," in *International Joint Conference on Artificial Intelligence (IJCAI)*, 2007 (cit. on p. 550).

222. S. Seuken and S. Zilberstein, "Formal Models and Algorithms for Decentralized Decision Making Under Uncertainty," *Autonomous Agents and Multi-Agent Systems*, vol. 17, no. 2, pp. 190–250, 2008 (cit. on p. 549).

223. R. D. Shachter, "Evaluating Influence Diagrams," *Operations Research*, vol. 34, no. 6, pp. 871–882, 1986 (cit. on p. 119).

224. R. D. Shachter, "Probabilistic Inference and Influence Diagrams," *Operations Research*, vol. 36, no. 4, pp. 589–604, 1988 (cit. on p. 119).

225. R. D. Shachter, "Efficient Value of Information Computation," in *Conference on Uncertainty in Artificial Intelligence (UAI)*, 1999 (cit. on p. 119).

226. A. Shaiju and I. R. Petersen, "Formulas for Discrete Time LQR, LQG, LEQG and Minimax LQG Optimal Control Problems," *IFAC Proceedings Volumes*, vol. 41, no. 2, pp. 8773–8778, 2008 (cit. on pp. 148, 149).

227. G. Shani, J. Pineau, and R. Kaplow, "A Survey of Point-Based POMDP Solvers," *Autonomous Agents and Multi-Agent Systems*, vol. 27, pp. 1–51, 2012 (cit. on p. 432).

228. C. E. Shannon, "A Mathematical Theory of Communication," *Bell System Technical Journal*, vol. 27, no. 4, pp. 623–656, 1948 (cit. on p. 565).

229. L. S. Shapley, "Stochastic Games," *Proceedings of the National Academy of Sciences*, vol. 39, no. 10, pp. 1095–1100, 1953 (cit. on p. 517).

230. Z. R. Shi, C. Wang, and F. Fang, "Artificial Intelligence for Social Good: A Survey," 2020. arXiv: 2001.01818v1 (cit. on p. 12).

231. Y. Shoham and K. Leyton-Brown, *Multiagent Systems: Algorithmic, Game Theoretic, and Logical Foundations*. Cambridge University Press, 2009 (cit. on pp. 493, 515).

232. D. Silver, G. Lever, N. Heess, T. Degris, D. Wierstra, and M. Riedmiller, "Deterministic Policy Gradient Algorithms," in *International Conference on Machine Learning (ICML)*, 2014 (cit. on p. 272).

233. D. Silver, J. Schrittwieser, K. Simonyan, I. Antonoglou, A. Huang, A. Guez, T. Hubert, L. Baker, M. Lai, A. Bolton, et al., "Mastering the Game of Go Without Human Knowledge," *Nature*, vol. 550, pp. 354–359, 2017 (cit. on p. 276).

234. D. Silver and J. Veness, "Monte-Carlo Planning in Large POMDPs," in *Advances in Neural Information Processing Systems (NIPS)*, 2010 (cit. on p. 457).

235. S. Singh, M. Kearns, and Y. Mansour, "Nash Convergence of Gradient Dynamics in General-Sum Games," in *Conference on Uncertainty in Artificial Intelligence (UAI)*, 2000 (cit. on p. 509).

236. S. P. Singh and R. S. Sutton, "Reinforcement Learning with Replacing Eligibility Traces," *Machine Learning*, vol. 22, pp. 123–158, 1996 (cit. on p. 612).

237. S. P. Singh and R. C. Yee, "An Upper Bound on the Loss from Approximate Optimal-Value Functions," *Machine Learning*, vol. 16, no. 3, pp. 227–233, 1994 (cit. on p. 142).

238. R. D. Smallwood and E. J. Sondik, "The Optimal Control of Partially Observable Markov Processes over a Finite Horizon," *Operations Research*, vol. 21, no. 5, pp. 1071–1088, 1973 (cit. on p. 617).

239. T. Smith and R. G. Simmons, "Heuristic Search Value Iteration for POMDPs," in *Conference on Uncertainty in Artificial Intelligence (UAI)*, 2004 (cit. on p. 442).

240. E. Sonu, Y. Chen, and P. Doshi, "Decision-Theoretic Planning Under Anonymity in Agent Populations," *Journal of Artificial Intelligence Research*, vol. 59, pp. 725–770, 2017 (cit. on p. 534).

241. M. T. J. Spaan and N. A. Vlassis, "Perseus: Randomized Point-Based Value Iteration for POMDPs," *Journal of Artificial Intelligence Research*, vol. 24, pp. 195–220, 2005 (cit. on p. 433).

242. J. C. Spall, *Introduction to Stochastic Search and Optimization*. Wiley, 2003 (cit. on p. 234).

243. D. O. Stahl and P. W. Wilson, "Experimental Evidence on Players' Models of Other Players," *Journal of Economic Behavior & Organization*, vol. 25, no. 3, pp. 309–327, 1994 (cit. on p. 504).

244. G. J. Stigler, "The Development of Utility Theory. I," *Journal of Political Economy*, vol. 58, no. 4, pp. 307–327, 1950 (cit. on p. 8).

245. M. J. A. Strens, "A Bayesian Framework for Reinforcement Learning," in *International Conference on Machine Learning (ICML)*, 2000 (cit. on p. 330).

246. F. P. Such, V. Madhavan, E. Conti, J. Lehman, K. O. Stanley, and J. Clune, "Deep Neuroevolution: Genetic Algorithms Are a Competitive Alternative for Training Deep Neural Networks for Reinforcement Learning," 2017. arXiv: 1712.06567v3 (cit. on p. 215).

247. Z. N. Sunberg and M. J. Kochenderfer, "Online Algorithms for POMDPs with Continuous State, Action, and Observation Spaces," in *International Conference on Automated Planning and Scheduling (ICAPS)*, 2018 (cit. on p. 457).

248. R. Sutton, "Learning to Predict by the Methods of Temporal Differences," *Machine Learning*, vol. 3, no. 1, pp. 9–44, 1988 (cit. on p. 341).

249. R. S. Sutton, "Dyna, an Integrated Architecture for Learning, Planning, and Reacting," *SIGART Bulletin*, vol. 2, no. 4, pp. 160–163, 1991 (cit. on p. 318).

250. R. S. Sutton and A. G. Barto, *Reinforcement Learning: An Introduction*, 2nd ed. MIT Press, 2018 (cit. on pp. 9, 335).

251. U. Syed and R. E. Schapire, "A Reduction from Apprenticeship Learning to Classification," in *Advances in Neural Information Processing Systems (NIPS)*, 2010 (cit. on p. 357).

252. C. Szepesvári and T. Lattimore, *Bandit Algorithms*. Cambridge University Press, 2020 (cit. on p. 299).

253. D. Szer, F. Charpillet, and S. Zilberstein, "MAA*: A Heuristic Search Algorithm for Solving Decentralized POMDPs," in *Conference on Uncertainty in Artificial Intelligence (UAI)*, 2005 (cit. on p. 550).

254. W. R. Thompson, "On the Likelihood That One Unknown Probability Exceeds Another in View of the Evidence of Two Samples," *Biometrika*, vol. 25, no. 3/4, pp. 285–294, 1933 (cit. on p. 306).

255. S. Thrun, "Probabilistic Robotics," *Communications of the ACM*, vol. 45, no. 3, pp. 52–57, 2002 (cit. on p. 10).

256. S. Thrun, W. Burgard, and D. Fox, *Probabilistic Robotics*. MIT Press, 2006 (cit. on pp. 379, 385, 394).

257. K.S. Trivedi and A. Bobbio, *Reliability and Availability Engineering*. Cambridge University Press, 2017 (cit. on p. 92).

258. A.M. Turing, "Intelligent Machinery," National Physical Laboratory, Report, 1948 (cit. on p. 9).

259. A. Tversky and D. Kahneman, "The Framing of Decisions and the Psychology of Choice," *Science*, vol. 211, no. 4481, pp. 453–458, 1981 (cit. on pp. 123, 124).

260. W. Uther and M. Veloso, "Adversarial Reinforcement Learning," Carnegie Mellon University, Tech. Rep. CMU-CS-03-107, 1997 (cit. on p. 521).

261. R. Vanderbei, *Linear Programming, Foundations and Extensions*, 4th ed. Springer, 2014 (cit. on p. 147).

262. H. van Hasselt, "Double Q-Learning," in *Advances in Neural Information Processing Systems (NIPS)*, 2010 (cit. on p. 338).

263. S. Vasileiadou, D. Kalligeropoulos, and N. Karcanias, "Systems, Modelling and Control in Ancient Greece: Part 1: Mythical Automata," *Measurement and Control*, vol. 36, no. 3, pp. 76–80, 2003 (cit. on p. 7).

264. J. von Neumann and O. Morgenstern, *Theory of Games and Economic Behavior*. Princeton University Press, 1944 (cit. on p. 112).

265. A. Wächter and L.T. Biegler, "On the Implementation of an Interior-Point Filter Line-Search Algorithm for Large-Scale Nonlinear Programming," *Mathematical Programming*, vol. 106, no. 1, pp. 25–57, 2005 (cit. on p. 205).

266. C.J.C.H. Watkins, "Learning from Delayed Rewards," Ph.D. dissertation, University of Cambridge, 1989 (cit. on pp. 336, 341).

267. D.J. White, "A Survey of Applications of Markov Decision Processes," *Journal of the Operational Research Society*, vol. 44, no. 11, pp. 1073–1096, 1993 (cit. on p. 134).

268. M. Wiering and M. van Otterlo, eds., *Reinforcement Learning: State of the Art*. Springer, 2012 (cit. on p. 299).

269. D. Wierstra, T. Schaul, T. Glasmachers, Y. Sun, J. Peters, and J. Schmidhuber, "Natural Evolution Strategies," *Journal of Machine Learning Research*, vol. 15, pp. 949–980, 2014 (cit. on pp. 219, 222).

270. R.J. Williams, "Simple Statistical Gradient-Following Algorithms for Connectionist Reinforcement Learning," *Machine Learning*, vol. 8, pp. 229–256, 1992 (cit. on p. 245).

271. B. Wong, "Points of View: Color Blindness," *Nature Methods*, vol. 8, no. 6, pp. 441–442, 2011 (cit. on p. xxi).

272.   J. R. Wright and K. Leyton-Brown, "Beyond Equilibrium: Predicting Human Behavior in Normal Form Games," in *AAAI Conference on Artificial Intelligence (AAAI)*, 2010 (cit. on p. 505).

273.   J. R. Wright and K. Leyton-Brown, "Behavioral Game Theoretic Models: A Bayesian Framework for Parameter Analysis," in *International Conference on Autonomous Agents and Multiagent Systems (AAMAS)*, 2012 (cit. on p. 505).

274.   N. Ye, A. Somani, D. Hsu, and W. S. Lee, "DESPOT: Online POMDP Planning with Regularization," *Journal of Artificial Intelligence Research*, vol. 58, pp. 231–266, 2017 (cit. on p. 459).

275.   B. D. Ziebart, A. Maas, J. A. Bagnell, and A. K. Dey, "Maximum Entropy Inverse Reinforcement Learning," in *AAAI Conference on Artificial Intelligence (AAAI)*, 2008 (cit. on p. 365).

276.   M. Zinkevich, "Online Convex Programming and Generalized Infinitesimal Gradient Ascent," in *International Conference on Machine Learning (ICML)*, 2003 (cit. on p. 509).

찾아보기

의사결정 알고리듬

줄리아로 이해하는 에이전트와 강화학습

발 행 | 2024년 7월 31일

지은이 | 마이켈 J. 코첸더퍼 · 팀 A. 윌러 · 카일 H. 레이
옮긴이 | 이 병 욱

펴낸이 | 옥 경 석
편집장 | 황 영 주
편 집 | 김 진 아
　　　　임 지 원
　　　　김 은 비
디자인 | 윤 서 빈

에이콘출판주식회사
서울특별시 양천구 국회대로 287 (목동)
전화 02-2653-7600, 팩스 02-2653-0433
www.acornpub.co.kr / editor@acornpub.co.kr

한국어판 ⓒ 에이콘출판주식회사, 2024, Printed in Korea.
ISBN 979-11-6175-859-6
http://www.acornpub.co.kr/book/algorithms-decision

책값은 뒤표지에 있습니다.